复旦百年经典文库

中外历史论集

周谷城 著

姜义华 编

复旦大学出版社

周谷城先生（1898—1996）

凡　例

一、"复旦百年经典文库"旨在收录复旦大学建校以来长期任教于此、在其各自专业领域有精深学问并蜚声学界的学人所撰著的经典学术著作,以彰显作为百年名校的复旦精神,以及复旦人在一个多世纪岁月长河中的学术追求。入选的著作以具有代表性的专著为主,并酌情选录论文名篇。

二、所收著作和论文,均约请相关领域的专家整理编订并撰写导读,另附著者小传及学术年表等,系统介绍著者的学术成就及该著作的成书背景、主要内容和学术价值。

三、所收著作,均选取版本优良的足本、精本为底本,并尽可能参考著者手稿及校订本,正其讹误。

四、所收著作,一般采取简体横排;凡较多牵涉古典文献征引及考证者,则采用繁体横排。

五、考虑到文库收录著述的时间跨度较大,对于著者在一定时代背景下的用语风格、文字习惯、注释体例及写作时的通用说法,一般予以保留,不强求统一。对于确系作者笔误及原书排印讹误之处,则予以径改。对于异体字、古体字等,一般改为通行的正体字。原作中缺少标点或仅有旧式标点者,统一补改新式标点,专名号从略。

六、各书卷首,酌选著者照片、手迹,以更好展现前辈学人的风采。

目　录

附录

生活系统

自　　序

现在有许多青年,开口"我的人生观"闭口"我的人生观。"对于生活的本身,全不细心去研究一下。我以为这样不研究生活的本身,全凭自己的意见,来高谈那虚无缥缈的人生观,终究是谈不出什么结果的。我写这书的动机,即伏于此。

我写这书的目的,只有一个。就是要说明生活进行所必经过的几种很显明的状态。换言之,就是要说明生活的真相。我以为要有正确的人生观,必须先明白生活的真相。人生观绝不是瞎揣出来的;我们必须先研究生活的本身,得了结果,才有建设人生观的把握。在这书内,我那谈人生观的热心,完全放下了。我一心只想说明生活的真相。但所有的说明,都只可算为试探,难免有与事实不符之处。不过当我正在说叙的时候,我心里却未常一刻忘记了事实。

第一章　绪　　论

有些人说:"人生问题,是人人所必遇着的问题。"这句话自然是很真,但它的意义究竟是有限的。它并不是说人类生活,就只是一些问题;也并不是说人类舍问题之外便无生活。它的意义只是说问题是生活上不能免的;生活是人人所有的,故生活上之问题也是人人所必遇着的。但我们若从事实上看去,无问题之生活,也是人人所必遇着的。这话人或不信,但事实上却是如此。有小孩于此,从他父亲处要得皮球一个;拿着皮球洋洋得意的抛着。兴高的时候,便抛个不休;身体倦了,便不抛了。在小孩这种生活上也有问题吗?虽然小孩要玩耍的时候玩耍,要休息的时候休息,事事如愿以偿,生活上固无问题。假如要玩耍而不可得、要休息而不可得的时候,也无问题吗?不错,这时候的确是他那生活上发生问题的时候。但我们也决不能因此便说小孩所过的生活,尽是些有问题的生活。问题未发生之先,或问题既解决之后,他那生活上,固是绝无问题的。他只是抛球,并不知道自己在那儿抛球。他只是高兴,并不知道自己为何高兴,更不知道自己是很高兴的。我们对于这种情形,或者可以说这是小孩的特点。小孩脑筋简单,知识不开,不知计及久远,故如此其快乐,不觉生活上有什么问题。或者可以说小孩的生活是游戏,不是工作,故无问题发生。但我们就成人观察,无问题的生活,也是人人所必遇着的。成人的生活,固是工作的居多,游戏的很少。但工作的生活,也未必尽是一些问题。乡下的农人,几个不是做工的,几个是纯粹游戏的?他们日出而作,日入而息;耕田而食,凿井而饮;倘得丰收,各人养活一家的人口,他们固不知道生活上有些什么问题。一年如此,两年也是如此;前辈如此,子孙也是如此;那么所谓人生问题,永远不会到他们的脑筋里去!虽然我们或可以说农人欲望不奢,事业简单,固不遇什么大问题。但我们细察人类生活,有时虽就事业繁复,责任重大;然生活全体,也未必尽是一些问题。舍问题外,未必全无无问题之生活。譬如一国的元首的事业可谓繁复极矣,责任可谓重大极矣。我们可以断言他的生活尽只是一些问题吗?如果尽只是一些问题,那一定是他那生活与全人类不同:时时刻刻所遇的都是问题!一定是他那脾气与全人类不同:遇着问题,绝不解决!不然,他那生活总有些不成问题的时候。

无问题之生活现在我们可以承认了。但承认无问题之生活并非否认生活上之问题。譬如有革命党多人,积数十年之心力,要推倒一国之政府。一旦事机泄漏,不仅所谋不遂,而且政府里大肆通缉,各人均有下狱或牺牲性命的危险:这大概不能不算生活上的大问题。我们或者可以自宽自解曰:此种大问题之发生,完全由于事业太大。但此类大事,仍是人作的;故此类问题仍是人间不能免之问题。就退一步说,革命事业,不必人人都干;反之人人都不干;那么因革命下狱或就戮的危险,总可以免去。但不革命时,当政者若发了狂,横征暴敛,吸尽人民膏血。此时虽可免去革命失败之危险,却逃不脱横征暴敛之苦待。退一步不作革命党人,固很可以;若作安分守己之平民且不可得,那便再无退步了。然则当政者发了狂的时候,横征暴敛之苦,硬不能免。虽然此类事情是偶然的。但偶然并不是绝无。所以此类苦况,人人还是有遭遇的机会。我们现在且丢开这类大事不讲了。且就一两件小事来说。但事虽小,当事者遭遇危险或困难之机会也不能免。譬如有一荡小划者,以渡人过河为业。事可谓简单已极。一旦荡舟中流,大风陡起,性命且不可保。这时他的生活上不成问题吗?如果不成问题,除非他自己早已打算葬于江鱼之腹。虽然荡舟之事虽小,然在水上,其危险自是一定的。倘在陆地上营一种极平常之事,一定没有什么困难。譬如农夫,其生活便安全极了。但安全为一事,有无困难,为又一事。农夫之生活果无问题吗?果绝无困难吗?倘一年之耕,偶因天变,收获减少,不能养活一家人口,这时果无问题吗?这时我们或者还自慰曰:工作的生活,固不能免困难之发生。若游戏的生活,殆可以断言必无问题或困难。但事实上又不然。游戏的生活上之困难与工作的生活上之困难,纵不得多,也决不得少。

由此看来,生活无论如何复杂,总有些不成问题的时候。反之生活无论如何简单,总有遇着困难的时候。生活的这两个方面,是人人所必遇着的。遇着的次数是数不清的。并且生活之所以为生活。正因为这两个方面在这里彼此互相交替。不过我们的偏见,总战不过公平的判断。看见了一面,便看不见他面。认识了一面,便忘却了他面。不特如此。看见了无问题的这一面,认清了这一面的时候,便进而正式主张,谓人类生活尽是无问题的。即或间有问题,也说是偶然的。反之看见了有问题的这一面,认清了这一面的时候,便谓人类生活尽是有问题的。间或有无问题的时候,也说是偶然的。因此便发生所谓人生观者。虽然人生观发生之原因,固不止此,但此种现象总是发生人生观之一种原因。现在我们且把人生观与生活区别清楚,再进而叙述几种关于人生的主张。生活与人生观之区别,究竟何在?我们仔细研究起来,可得下列诸异点。(一)生活为根本的,人生观为后起的。无人生观之生活固在在皆是;若生活且没有,而谓有人生观,那便是荒谬绝伦了。人生观是附丽于生活上的,正如毛之附丽于皮上一样。谓先有皮然后有毛可以,谓先有毛然后有皮不可。谓毛可以改变皮之性质及状态可以,谓皮是由毛产生的不可。生活与人生观的关系也是这样。谓先有生活,然后有人生观可以;谓先有人生观然后有生活不可。谓人生观可以改变生活之性质及状态可以,谓生活是由人生观产生的不可。何以故?因生活为根本的、人生观为后起的故也。因人生观附丽于生活之上故也。(二)生活为客观的,人生观为主观的。客观的者,本有其事,只需我们去认明。主观的者,本无其事,然而我们可以凭自己的意思创造出来。譬如有桌子于此,客观的也;桌子之有用无用,主观的也。一张桌子,许多常态心理的人看了,各人所与之名或不同;然各人之承认有此物;则是一样。至于桌子之用处,则一人一个样:甲有甲的用处,乙有乙的用处。生活与人生观之不同,也是如此。各人生活的性质及状态傲有不同之处,但其根本之方向,则绝对一致。根本之方向唯何?即在不死,即在生活。虽然有些自杀的人,其生活之方向,好像是在死不在生,好像恰与常态心理的人相反。但这里我们千万不可误认他的生活在死不在生。他之自杀,只是他那人生观逼迫出来的结果。未自杀之先，他之生活固是生不是死。人生观可以改变生活，甚至可以消灭生活。但生活未消灭之先，固仍是客观的存在。（三）生活是生物的，人生观是伦理的。生物的，只是向前进行，不问为何向前进行。小孩之抛球，只是抛球，不问为何抛球。抛球快乐，只是快乐，不问应否快乐。农人之耕田而食，凿井而饮；只是耕田而食，凿井而饮；不问为何耕田而食，凿井而饮。人生观是伦理的，所以便要问到为何的了。快乐吧，生活本来是快乐的吗？应当快乐的吗？悲哀吧，生活本来是悲哀的吗？应当悲哀的吗？奋斗吧，生活本来是奋斗的吗？应当只有奋斗吗？生活只是生物的进行，人生观则是伦理的批判。（四）生活是无目的的，人生观是有目的的。生活只是生活，生活之前面，有无目的，目的是什么，皆所不问的。人生观则是有目的的。譬如行路，生活只是在路上向前行，人生观则问由此路行往那里去。生活只问在路上怎样行好，人生观则问行到那里去好。总之，生活是无目的的，人生观是有目的的。（五）生活是不论价值的，人生观是论价值的。生活只是在路上走，并不问有价值或无价值。人生观则要问果值得在路上走吗？不走不更有价值吗？如果免不了要在路上走一遭，这样走不比那样走有价值得多吗？走得顺利，走得方便，就算有价值吗？

　　生活是根本的，人生观是后起的；生活是客观的，人生是主观的；生活是生物的，人生观是伦理的；生活是无目的的，人生观是有目的的；生活是不论价值的，人生观是论价值的。我们不研究人生问题则已，如果要研究，生活与人生观之不同，是要分辨清楚的。但许多研究人生问题的人，因急于要确定人生观，遂无暇顾及生活之本身。然人生观之确定，生活之本身为其先决问题。生活不明，人生观无法确定。正如我们要知道桌子有何用，必先知道桌子为何物。假如有木桌于此，既好看，又结实，又中用。因不知道它的本身有这几个特色，遂任意断定曰"此桌无用"，这未免太冤枉了这桌子。又如有纸糊的桌子于此，因不知道它是纸糊的，遂任意断定曰"此桌可用三百年"，这未免太冤枉了这一个断定！我们如不研究生活之本身，便任意下种种断定曰"生活是有价值的"，"生活是无价值的"，"人生是应当如此的"，"人生是应当如彼的。"这些断定与揣哑谜有何区别呢？然今日国内一些的所谓人生观，却正是这样揣出来的！我们现在且分述几种要紧的于下。

　　第一，奋斗的人生观。这种人生观以为人类的生活，只是奋斗。奋斗之外，便无所谓生活了。以为环境的缺陷，不顺利，是必然的。心理之向前追逐，是不能免的。天灾人患是不能免的；避免灾患，又是人类的天性。以此趋吉而避凶的我,常与缺陷不顺利的环境相遇;其间的冲突是不能免的。我们不打算生活则已;如要生活,只有对此物我冲突之局,奋力前进;只有努力,只有吃苦。环境无利顺的时候,心向无停止的时候,那么物我之间的冲突也是无消灭的时候。我们不打算生活则已;如要生活,奋斗、努力、吃苦是不能免的,是无已时的。农人是以耕田为生的。能担保永无虫蝗水旱吗?能担保年年有丰收吗?天灾来了,收获减少了,或没有了,将如之何?从此不打算生活了,自无问题。如要生活,舍吃苦、努力、奋斗以图创造新局面之外,别无他法。由此看来,生活只是奋斗,奋斗之外,实无所谓生活。这种人生观,我们也不必反对。物我之间的冲突,我们知道是不能免的。生活上之奋斗,我们也知道是不可少的,但我们不能不问一句:生活果只是奋斗否?奋斗之外,果无他种生活否?世上果有为吃苦而吃苦、为努力而努力、为奋斗而奋斗的人吗?奋斗之前,就是奋斗吗?奋斗之后,还是奋斗吗?奋斗果是无间断的吗?若奋斗是有间断的,若奋斗之前或后的境界与奋斗之时的境界不同,是非奋斗的:那么这"奋斗即生活,舍奋斗无生活"的话便不可靠了。主张奋斗的人生观的人们,果能答此诸问否?虽然我们也相信主张奋斗的人生观的人们一定会说:奋斗是永续的,不间断的。生活也是不间断的,所以奋斗即是生活。但就事实上看,奋斗都是有目的的,都是有所为而奋斗。然则目的达到的时候,所为满足的时候,奋斗便当停止。农人因收获减少而创造新局面,固是奋斗。但局面创好之时,便是一次奋斗成功。便是这一次奋斗的收束。这样看来,奋斗是有间断的、有目的的、有成功可言的。那么奋斗之后,便有不奋斗者在。何得谓舍奋斗之外无生活呢?主张奋斗者或可曰:生活上固有非奋斗之部分,但我们可以因有奋斗之部分而主张"奋斗即生活"。不过这又与主张不奋斗者何别呢?主张不奋斗者曰:生活上固有必须奋斗之部分,但我们可以因有不须奋斗之部分而主张"不奋斗即生活"。主张奋斗者承认此说吗?

第二,自然的人生观。自然的人生观与奋斗的人生观便大不同了。奋斗的人生观以为物我之间的冲突是无已时的,所以奋斗也是无已时的。自然的人生观则以为物我之间,并没有冲突。不但没有冲突,而且是很调和、很融合的。不但很调和融合,而且辨不出物我之间的分别来。物与我直是变成一体了。物即是我,我即是物。我不知道何者为物,何者为我。更不知道物之所以为物,我之所之为我。有人于此,居清溪之上,耕数亩之田,理乱不知,世变不闻。既未遇过天灾,又未遇过人患。一年之耕,可供三年之食。有事便作,无事便息。安其居,果其腹,物来顺应,临事泰然,真是自然极了。这种生活,不独是主张的人觉得很好;我们且可以断定,凡打算生活的人,没有不羡慕的。不过赞成为一事,有无此种生活为又一事。(一)这种生活,就过去的事实看,果然有吗?果有从未经过天变人患之安乐窝吗?彼处清溪之上耕五亩之田者,果绝未遇过天灾人患吗?果从来就是安其居果其腹的吗?地未熟之先,住室尚未起好之先,就是安其居果其腹的吗?腹不能果,居不能安的时候,还能处之泰然吗?(二)虽然过去固未曾有过这样好的境界,安知将来永不能有这样好的境界呢?不过我们要问,将来纵有此种自然生活的顺境,然而我们都是现在的人,都生活于现在,果用何法以达到将来的境界?用不知其然而然的方法吗?则能否达得到将来的境,便无把握,用严格的一定的方法,我们依着它努力向前作去吗?则生活自身已不是自然的了!(三)虽然将来能否有此境界,故不可必。但现在如果业已有此自然生活的境界,那我们便无法否认了。不过我们要知道:现在有此种生活,或有其事。但此种生活能否长此保持其现状,不生动摇,殊是问题。物境之中,果永无变动吗?无论好大的天灾人患,都可以不知其然而然的避免吗?如果不能,那生活上便免不了非自然的现象之发生。何况现有的自然生活,还是假设的。主张自然生活的人们,如果别有理由,我们固不得知。如无别种理由,则其说实在难通。

第三,信仰的人生观。主张这种人生观的人,自然有很充足的理由。并且他的理由,我们也不能随便否认。人类的欲望,变化如此其多;自然环境,变化又如此其多;社会现象,又如此其复杂;我们如果不坚定其意志、确定其心向,不照着一个标准,立下一个信仰,能生活得下去吗?我们在环境中活动,结果如此其不可靠;利害祸福,是很难预测的。我们可以偶因小故,就取消生活吗?生活的前途,固很危险,但我们只有依着信仰,向前走去。所以不论生活则已,要论生活,舍信仰之外,便别无所谓生活。这种主张,很有理由。但我们不相信生活之全部,即是信仰,我们就事实看去,并找不出全部皆为信仰之生活。一信仰一实现之后,他信仰未发生之先,生活的本身,或是奋斗的,或是自然的,固不一定有什么信仰。主张信仰的人生观的人们一定曰:我们的信仰如果迟早可以实现,那么生活上当然有无信仰之时期。倘信仰而为终身不能实现的,那么我们的生活不就是信仰之全部吗?不过我们要问,终身不能实现之信仰,还可以称之为信仰否?终身不能实现之信仰,果有意的不知实现,抑本为绝对的不能实现?立一信仰,故意不予实现,是为糊涂。信仰而绝对不能实现,是为盲从。虽然,我们也承认,有些信仰,好像一万年后,也不会实现。譬如信仰上帝的,几时能够实现其信仰,固不可预知。但我们也决不能说信上帝者是为信仰而信仰。他们之信上帝,实有是相信自己能得福,能得见上帝。倘福也得了,上帝也见了;他们的信仰不就实现了吗?信仰实现了,新信仰尚未发生,便无信仰了。何得谓生活全部皆是信仰呢?退一步言,信仰如果未实现;然求所以达到实现之种种手段,固非属于信仰本身之范围:何得谓人生就只是信仰呢?

这三种人生观,究竟何由而发生的呢?据我看来,不出下列几种原因。(一)由于环境之不同、观察点之不同,遂生出种种不同的假定。环境之现状有顺利的、有不顺利的。环境曾赐我们以福利,也曾赐我们以痛苦。环境之变化,有时很合我们的生活,有时却与我们的生活很不相容。我们有时只看见那顺利的、幸福的、适于生活的方面,而不看见其他的一面。有时只看见那不顺利的、痛苦的、不适合我们生活的一面,而不看见其他的一面。看见好的方面者,遂忘记坏的方面。以为环境总是好的,总是与我们相融的,我们无时无刻不在享受它所赐予的幸福。因此遂主张自然的人生观,以为生活总是自然的,物我总是调和、融合、浑而为一的。看见坏的方面者遂忘记好的方面。以为环境只有坏的一面,只是危险的、不顺利的、痛苦的。我们如要生活,实有无法逃脱它的压迫。因此便主张奋斗的人生观。以为生活只是奋斗,以为奋斗即是生活之全部,我们只好认定奋斗为生活之目标。如果两方面都见到了,都未曾忘记;固不至有十分偏于一面的人生观。但环境之变化是无常的,我们如不立定一个信仰,终究不能生活。因此遂主张信仰的人生观。(二)虽然观察环境,固可以产出人生观。但人生观之发生,并非单只由于观察环境。心理的希望,心理的趋向,实为产出人生观之一大原因。眼见环境之压迫、困难,然不甘屈服于其下,总思有以征服之。因遂主张奋斗的人生观。或虽看见环境之不顺利,然因期望顺利之心甚切,遂忘却一切,竟以环境终究是与我融合的,而正式主张自然的人生观。信仰的人生观亦未始不是受了期望心的影响而产出。心里期望生活是有结果的,遂相信生活有结果。心里果毫无所期望的时候也会立下一定的信仰吗?信仰果是为信仰而信仰吗?不是于信仰之外有所期望吗?(三)察看环境,固是产出人生观之一原因。心理的希望或趋向,固也是产出人生观之一原因。此外还有一个最大的原因。即观察过去生活之结果,可以促使人生观成立。人类的生活,无论其为好为歹、为顺利为不顺利;都有一定的结果。既有了结果,回头察看的时候,便生出种种解释。因谓某种结果好,某种坏;某种有价值,某种无价值。如要得有价值的好结果,似乎努力可以办到,奋斗可以办到,因遂主张奋斗的人生观。如要免去无价值的坏结果,似乎努力奋斗也可以办到。主张自然生活者则以为好结果是必然的。我们未曾得到好结果，只因违反了自然的方向，只因未顺着自然走得。信仰的人生观也可以由观察过去生活而产出。因过去结果之无定，遂建立信仰以为安身立命之所。至于厌世的人生观，差不多完全是由观察过去生活的结果而产生的。譬于叔本华以为生活的意志是只图伸展的，但回看过去生活的结果，这意志却有些不能伸展的时候。便因此失望，因此悲哀，遂想到要取消生活。于是取消生活，反变成了他的人生观！其实我们研究生活的时候，只要不挟成见，何常找不出意志伸展的时候来。叔本华自己谓意志有时不能伸展，反面即已嘿认意志有时伸展了。何得只据一面，而以取消生活为人生观呢？

上述三种原因，固为产出人生观之根本原因。但此种根本原因为一事。我们能否由研究生活之本身，而建立一较为稳固之人生观，为又一事。环境之变化，心理之期望，过去生活之结果，虽皆是与生活相关连之事，但不是生活之本身。我们要规定人生之意义及价值，要建立稳固之人生观，而不能认清生活之本身为何物，那么总免不了瞎揣，总免不了武断。譬如我们要规定桌子的用途，而不问桌子为木作的，抑为纸糊的，非瞎揣而何？

我们现在已经知道几种不稳固之人生观了，又知道此种人生观的原因，不足以为稳固之人生观的根据。现在我们且进而研究几种另外的主张。这几种主张，可以说是鉴于上述的几种人生观之不完全而发的。主张的人，以为我们已有的人生观，无一个适合的。而我们却非有一个最适合的不可。于是就现有者加以斟酌，加以改变，而重新提出。

这些主张中间，最显著的，就是"以科学代自然"之说。主张这说的人，以为现在是物竞天择的时候。自然的生活、物我浑融的生活、不知其然而然的生活、无所为而为的生活，是不足以图存的。如欲图存，一面须尽力将自然的生活屏弃；一面尽力采取科学的、物我奋斗的、知其然而然的、有所为而为的生活。自然的生活，是我与物调和的生活、我与物相游乐的生活。于今不然了，不能调和了，不能游乐了。科学的生活，是以我御物的生活、我与物相竞争的生活。我们于今只有与物界竞争，与物界奋斗，乃可以图存。这种以科学代自然的主张，最明显的表示，就在主张吸取西洋文明，排斥中国旧有的文明。现在国内一般热心的少年，莫不以为中国固有的文明，是一种与自然相周旋的文明。所以中国人的生活，也就是一种与自然相周旋、不能图存的生活。我们如要保全生活，只有扫除自然的惰性生活，尽量吸取西洋奋勇的克服自然的科学生活。这个主张的动机未尝不好，只可惜事实上未必尽如所言。（一）所谓自然的生活，究竟是指什么？

指营生的种种工具、种种方法而言吗？我们固未见得所有的工具都是自然的、所有的方法都是自然的。譬如农人的生活，大家都以为是再自然没有了。但农人所用的那张犁是上帝替他们作的吗？他们所播的种，是上帝替他们撒下的吗？我们只可以说他们的工具、方法不精良，不中用；万不能说他们这些工具和方法是自然的，是不期然而然的。然则自然生活，或者是指那生活的情状而言。譬如肚子饿了，有饭吃，便吃起来；吃饱了，很快乐，便快乐起来。这种情状，确是很自然的。但这种自然，是不应当有的吗？有饭吃的时候，还要饿才好吗？快乐的时候，硬要哭才好吗？主张以科学代自然者或曰：自然生活，不是屈服自然的，是屈服于自然的（明达如梁任公先生亦有此笼统之言）。但我们就事实上看，并不见得这样。我们知道农人所耕之田，每年须翻转一次；我国农人的田，每年的确翻转了；并且以后年年还要是这样翻转呢！这不是克服自然吗？我们只可说他们克服自然的能力不高，克服自然以后，所生的结果太小；却万不能说他们不克服自然。（二）所谓西洋的科学生活，或奋斗生活又何所指。指电机火车，轮船……吗？但这只是些营生的工具，并非生活之本身。谓西洋人居高楼、开跳舞会为奋斗吗？无论何人，也不得承认。不特不承认，且必曰：这是再自然没有的了。谓克服自然为奋斗吗？但克服自然是人类所共有的事。（三）主张以科学生活代自然生活者，以西洋生活代中国生活者，究怎样代法？混指拔去中国生活、搬进西洋生活吗？那么西洋人那种高楼大厦是不可住的。因为一住了，就太自然了！指利用他们的电机火车吗？那却只是窃取他们那精良的工具代我们那不精良的，并非取他们的生活代我们的生活。学他们的克服自然吗？我们却早已在这里"克"，只是没有他们那样能干。以后只有加劲的"克"，万不能说自己停工！这样看来，所谓以科学生活代自然生活之说，不是不通，便是笼统。

与上说正相反对的，又有一种惊人的议论。以为现在西洋的物质文明正要转成东洋的精神文明了。西洋的奋斗生活，正在转入东洋的自然生活。发这种议论的，可分为两派：一派为主张改变人生的，一派为说明现在实事的。说明事实的，以为现在西洋文明快要破产了，西洋人已为奋斗的，克服自然的生活所疲困了。西洋人大有投入东洋自然的艺术的生活之倾向。为此说者，多是一些替东洋文明捧角的人！其他一派主张变更生活方向的，则以为西洋人那种奋斗生活，实在到了痛苦万分的时候。大家都已不能堪了。欲图拯救，非直截的投入东洋艺术生活不可。前一派人，现在很多。他们把那一偏之见，说得津津有味，大有"欲救西洋，舍我其谁"之慨。我们固甚希望东洋文明有扬眉吐气之日。但我们对于那称道东洋生活、叹息西洋生活的人们,要问一句:东方人的生活果是自然的否? 果是艺术的否? 也曾奋斗过没有? 现在是否正在奋斗? 西方人的生活,果只是奋斗否? 也曾过过自然安闲的日子否? 西方人有投向东方生活之倾向从那里看出? 谓有些学者在那儿鼓吹自然生活吗? 鼓吹精神生活吗? 其实这样鼓吹的人,早先何常没有? 我们可以说西洋人早先过的是东方生活,现在才堕入这倒霉的奋斗生活吗? 其次对于主张转向东方生活的人,我们也要问一句:所谓转向,究竟怎样转法? 怎样向法? 停止自己的生活来学东方人呢,还是修改自己生活上之缺点,便叫做过东方生活? 如果是前者,那只是将一个西方人变成一个东方人。 如果是后者,那只是自己生活上之进步。生活上有了进步,就叫做转向东方吗? 然则东方人自己生活有了进步,又是转向什么?

最后还有一说,即是"以美育代宗教"之说。这说倡自蔡孑民先生。蔡先生是提倡美育的急先锋。他以为人生的方向,是要由差别界达到自由平等之实体界。美术的功效在化除差别界,引人趋入实体界;故最适于人生。这样说来,固好极了。但对于"代宗教"三字,我们便有点怀疑。(一)宗教这件事,在生活上是否为根本的? 如果是根本的,可否用一件与他本身不相同的东西来代替? (二)宗教的成分,就蔡先生"以美育代宗教"的原文看,好像就是表面的仪式与里面的信仰两者。然则以美育代宗教,还是以美育代替表面的仪式呢,抑代里面的信仰呢? (三)蔡先生好像是以美育代宗教仪式的。至于信仰,则主张以哲学的信仰来代替。然则为何不说以美育代宗教仪式、以哲学信仰代宗教信仰呢? (四)哲学信仰与宗教信仰固都是信仰。以哲学的来代替宗教的,只是改良信仰。至于信仰这件事,在生活上还是根本的。由这种种方面看来,蔡先生的"以美育代宗教"之说,似有加以明白叙述之必要。

以科学代自然之说,既不圆满;以自然代奋斗之说,又很难通;以美育代宗教之说,也不明了。然而主张的人,仍是各自极力的主张。但这几种主张,都只注重生活的一面。此外还有些主张并重生活之各方面的。这些主张,把生活上一些不同的方面拼在一块,我们可以总称之为生活上各方面拼合之主张。(一)中西参将。现在有许多忧时之士,以为中国现时实在贫弱极了。如果欲图强,非采仿西洋的科学不可。然同时又怕中国自己也有些妙品,舍不得抛弃。于是中国的也保存,西洋的也采仿,竟成一种中西参将的办法。(二)与此说最相近的,莫如梁漱溟先生的主张,梁先生是极有主张的人,生活的各方面,也看得极透彻。他说现在我们应当把中国固有的孔子的态度重新拿出。然同时却非尽量输入西洋的科学不可。中国固有的人生态度,在他看来,是物我调和融洽的,我与自然相游乐的。是理智运用直觉的。西洋的人生态度是意欲向前追逐的,直觉运用理智的。两方面是否如此,暂且不说。就令如此,然两者既有如此的不同,果如何可以并立呢?理智运用直觉的态度和直觉的运用理智的态度拼在一块,果成一种什么现象?用什么运用什么?二者拼合之必要,梁先生说及了;拼合的手续,却未说及!(三)科学的艺术化。主张这说的人,有两个动机。一方面以为科学是很重要的,不可少的。然同时又说科学太干燥了、太偏于理智一面了。于是主张科学艺术化。但科学的艺术化几个字,很是难懂。所谓科学的艺术化,是要将科学化成艺术呢,还是要将科学与艺术合而为一呢?如果要将科学化成艺术,那么未化成之先,便只有科学。既化成之后,便只有艺术。果如何化法且不提。纵令能够化,那与前所述的以自然代科学之说又何异呢?如果要将科学与艺术合而为一;那么既合成之后,科学既不成其为科学,艺术复不成其为艺术了。那究竟是一种什么情形呢?很待说明。(四)科学、艺术、信仰三者平均发展。这说表面看来,似乎很完全了。科学、艺术、信仰三者,都是生活上所有事。我们现在毫不偏袒,三者并重,不很好吗?但并重此三者为一事,此三者能否同时拼合在一块为又一事。我们知道此三事的性质,彼此是截然不同的。要强而拼合,用什么方法可以做到?单只不加偏袒,取一种折衷的办法,并重三者那不算事。三者能否并重,应并重否,很是问题。科学与宗教相容否,很是问题。艺术与科学相容否,很是问题。由此看来,中西参将之说,并未深究中西两方之内容;只为急于致用,故主张中西参将。重新拿出孔子态度,同时尽量输入西洋科学之说,对于中西两方之观察,好像很透彻。并且输入科学之必要,也说了很多。但既说两方态度根本不同,复要使他们合并,果做得到吗?方法如何?均未提及。至于科学艺术化的说法,更是难懂,前已说过了。最后科学、艺术、信仰三者并重之说,也不能言之成理。我们知道科学与艺术是相反的,信仰与科学也是不同的。要把三者同样注重有什么理由?近有人主张沟通文艺与科学;又有人主张沟通科学与宗教。其实科学是什么?艺术是什么?宗教是什么?彼此果有沟通的可能吗?所谓沟通,究是什么意思?都应有明白的答复。

有人说科学是属于理智的,艺术是属于情感的,信仰是属于意志的。然则我们要明白上述各种拼合的主张是否合理,要明白并重科学、艺术、宗教是否合理,首先便要问心理上之所谓知、情、意三者,究竟有没有。普通研究心理的人,都以为心理上有三个不相同的方面。这三个方面,并立于心中。彼此有极明显的区别。知有知的特点,情有情的特点,意有意的特点,譬如有花于此,初见之知其为花,此属于知的作用。久看之后,觉得非常愉快,非常爱惜,此属于情的作用。既爱之,便要向前伸手折下,此种要向前之心理,乃意的作用。普通一般的心理学,差不多都是这样讲。把这三种作用,看作心理的三种根本原素。虽然心理上知、情、意的三种作用,我们也承认。但这三者是否为一心的三个方面,是否为心理的三种根本原素,是否并立于一心,我们便不懂了。我们就事实看,只看见我们的心理有时显出一种特殊情形;这种情形,说他是知也好。有时情形又不同,说他是情也可。有时更显出一种不同的情形,说他是意也可。但这并不是说一个心理之内,有三种根本不同的原素。更不是说三种根本不同的原素,并立于一心之内。这三种情形,彼此虽然不同,虽然可以识别,但实际上只是一个分不开的心理,变化流行时,所经过的三种情状。说一个心理,包括三种原素,与说一个心理经过三种情状,意义很是不同。前者是讲实体,后者是讲情状。前者是讲实体的并立,后者是讲情状的变化。前者是讲几种本质的拼合,后者是讲几种情状的继续。拼合是说方面,继续是说先后。彼谓知、情、意为并立的三种原素者,亦曾察及实事否? 知、情、意如果是三个方面,那么当理智作用当权的时候,尚只是心理的一个方面当权。其余的情感方面、意志方面,同时便可以别营私事。为何就事实看去,理智当权的时候,就只有理智自己可以用事,情感意志都绝对的退休呢? 情感用事的时候,为何理智和意志都退休呢? 意志用事的时候,为何情感理智都退休呢? 主张三方面并立者或可曰:心理的三方面,并非不可同时用事,不过有时一方面较为显著罢了。譬如有人于此,深信私有财产制可以废除,这便是意志作用。他既这样信,同时便想法子去实现他的信仰;想法子不是理智作用吗? 法子想好了,私产制废除了,他便十分快乐;快乐不是情感作用吗? 为何说三方面同时不可各营私事呢? 不过我们仍不致为这些话所迷惑。我们还要问:此人想法子的时候,果是全副精神在那里想呢,还是只以一部分精神想,留下一部分兼营信仰作用? 如果是全副精神在那里想,那么当他想的时候,他那意志作用,便暂时间断了。如果是一部分精神在那里想,他一部分精神,同时在那里营信仰作用,那么这两者同时并立的情形,究竟是怎样的? 至于快乐的时候,当然是情感用事的时候。但此人快乐的时候,便是他的信仰实现的时候,便是他那意志作用宣布停工的时候。何得说他的情感与意志同时并营两事呢?

　　现在我们知道心理上并没有什么知、情、意三种不同的原素了。更没有什么同时并立于一处的三种不同的原素。我们只知道心理变化流行的时候,曾偶尔经过所谓知、情、意的几种情状。但这几种情状，只是先后继续的，绝不是并立拼合的。然则前述属于知的科学，属于情的艺术，属于意的信仰，又如何可以同时并重，如何可以同时拼合在一块呢？

虽然心理上之所谓三种原素，我们固不承认。但在时间上所经过的，有三种不同的情状，我们却不可不承认。因为观察实际的时候，于心理所经过的诸种情状中，我们硬可以看出知、情、意这三种特别的情状。反对三种原素为一事，承认三种情状为一事。然而在哲学上，却有些主张承认一种情状，便忽略其他的情状。以为所现出的那种情状，便是独一无二的，便可以笼罩生活的全部。殊不知各种情状，可以随时出现，可以随时互易。譬如柏格森氏（H. Bergson）便是偏重一种情状的。他以为生活只是生命向前奔流。生活的根本状态，为物我浑融的，为绝对自由的。理智作用，只是后起的，解决困难的手段。理智的我，是站在物以外的，与物对立的。至于根本的我，乃直觉的，与物浑融为一体的。柏氏的观察，再精透没有了。物我浑融的状态，本是生活一种根本状态，但承认了这一种根本状态，而不承认他种可以有的状态为根本的，那却不可。且物我浑融的状态，可以保其永久浑融，绝不发生动摇吗？倘一旦动摇，堕入理智用事的、物我对立的状态。那时我们便说生活不成其为生活了吗？虽然，物我对立的状态，固不及物我浑融的状态。但浑融的有时动摇，对立的有时绝对的不能免哩！研究柏格森的人，幸毋以柏格森发现了一个物我浑融的状态，便否认他种状态。与柏氏不同的有德国的欧根氏（R. Euken）。欧氏以为我们生活于此物质的、差别的、受时间支配的现前世界之中，万不能满足。于此世界之外，我们有一个新的、精神的、无差别的、不受时间支配的永久世界。我们的生活，是要努力的跳出此现前的物质世界，而达到永久的精神世界。欧氏依此种理论，便努力的提倡他之所谓精神生活。欧氏虽然承认，要达到永久的精神界，却非从此现前的物质界出发不可。物质界的存在，是不能否认的。但生活的最高价值，却只在精神界。欧氏此种主张，我们或未十分领会其精义。我们现在且只问一问：（一）永久的精神界，何时是达到的时候？何人可以达到？（二）未达到之先，所过的生活，是生活否？如不是生活，那么未曾过过生活的人正多哩！（三）如果在此现前的物质界奋斗，也有相当的价值，那么生活的价值，便不是单在精神界了。那么这现前的物质界与永久的精神界，其价值不同的标准又在哪里呢？柏氏、欧氏之外，现在最能令普通人满意的哲学家，杜威（J. Dewey）要算是一个了。杜威说：生活即是经验，经验即是应付环境。应付环境，在我们看来，也只是物我浑融，与物我对立两种情状的交替。浑融之局动摇或破裂,对立之局便起而继之。所谓奋斗,所谓解决问题,便因之而起。奋斗成功了,问题解决了,物我便又浑融起来了。应付环境,如果不这样分别说明,最易致误,最易误认奋斗为生活之全部,最易误认解决困难为生活的全部。杜氏常常说生活即应付环境,应付环境在解决困难;又常说教育在养成学生解决问题的态度,幸喜得他尚未轻视感情一面,尚未轻视福利一面!然而有件最奇怪的事。罗素(B. Russell)讲纯理哲学时,专重理智;讲实践哲学时,专重感情:杜氏竟说罗氏的态度为不一贯!竟说不知罗氏实践哲学,受了纯理哲学那一方面的影响!其实罗氏不独有时专重理智,有时专重感情哩,他也曾讲一讲什么自由人的信仰哩!他一个人果不应当时而重理智、时而重感情、时而讲信仰吗?我则以为这正是罗氏的长处。讲纯理哲学时,本是我从物里面跳出来的时候;本是物我对立,行动停止专用理智来静察的时候。讲实践哲学时,本是打算从物外跳入物里去活动的时候,本是理智停工,感情畅发的时候。一时感情用事,一时理智用事,本是生活上应有的情状;何谓不一贯?一个人终其身只有理智,或只有感情,或只有信仰;就叫做一贯了吗?世上有这样一贯的人吗?最近梁漱溟先生因要肯定中国人的生活是一贯的;被胡适之先生找出了几个例外,便没话答覆了!

上述各种关于人生的主张,无一合理者,无一能使我们满意者,其原因究在那里?为什么竟没有一个合理的关于人生的主张?综括起来,大概不出下列几种原因:(一)生活全体的真相未明。我们曾叙说过了,生活是根本。对于人生要有所主张,首先要明白生活是什么。生活的真相尚未明白,那能有正当的关于人生的主张?譬如有桌子于此,尚不知它是纸作的还是木作的,就要断定他可以用一万年,不是笑话吗?(二)研究生活之困难。生活之真相不明,并非偶然的,实在是因生活之本身不易研究。当生物学、心理学未成立的时候,要研究生活简直是无处可以下手。生物学、心理学、社会学既已成立之后,但要用来研究生活,也不容易。而生活之本身却非应用这些科学,实在不能研究。要应用这些科学既很为难,故生活之真相,总是不易明白。(三)主张某种生活者不到生活本身上去找各种问题之位置。生活之真相既未明白,一般研究人生问题者,遂以为人生的主张,与生活的本身,没有关系。于是遇着与生活有关的问题;或非研究生活本身不能解决的问题,均一意妄加解决。所以有好多问题表面虽似解决了,实则并未解决。因此有好多人生的主张,表面虽似确定可靠了,实则并不可靠。(四)缺乏科学的研究态度主张某种人生观者,虽然有时也从研究生活本身下手。但方法不精,态度不公平;不肯从生活本身上详加分析。立一言不问与事实符合与否。只要心里怎样想,口里便怎样说。所以定出来的人生观,总是不稳的,笼统的。(五)眼前问题之压迫。生活之本身未了解以先,本不应有什么主张,不应对于生活妄下断定。但眼前问题太多了,太关重要了,逼迫得人们不能不草草率率的定下一种人生的主张。譬如中国贫弱了,就主张中西参将。欧西人生太机械了,便主张以中国的自然生活,救西洋的机械生活。(六)为功利观念所缠。人们在消极方面既被问题压得不堪了,在积极方面,功利观念便异常发达,以为一有主张,一有定向便可以致效,便是万应灵丹,无病不可治。今日许多青年,开口人生观,闭口人生观,好像各人都把生活本身看透了,都真正有一定的人生观了! 其实何常有正直人生观,不过大家说来凑一凑热闹罢了。

现在我们不可再蹈前此的错误了。不可笼统含糊把什么人生观毅然决然的提出。我们且先把生活本身弄个明白。要达到这个目的,要研究生活的本身,要明白生活的真相,不可不一反前此错误的方法。我们研究生活,所持的态度如下:(一)只图阐明生活的本身,不急于立什么人生观。人生观是后起的,生活是根本的。生活的真相不明,人生观不可轻于立下。(二)依据科学方法,分析事实;不轻率提出什么主张。一本无所为而为的精神、客观的态度、探究事实的真相;成见武断,务排除尽净。(三)以生物的及心理的事实为中心。本欲研究生活,而离开生活体,凭空来议论,那只是说笑话。真要研究生活,是绝对不能离开生活体的,是绝对不可轻视生物的及心理事实的。

第二章　自我与环境分立

安宁平顺的生活,我与物浑融为一的生活,我与自然相游乐的生活,一定是人人所欢迎的。无所为而为的生活,不知其然而然的生活,更是人人所欢迎的。然欢迎此种生活为一事,生活是否永久如此为又一事。我们就事实看去,此种生活,固是人人所常常遇着的,然生活上之困难及问题,也是人人所遇着的。譬如一国的元首,统治一国,即是他的生活。一旦内乱起了,外患来了。要止内乱,既无善策;要防外患,又无兵力。这时说他那生活上没有问题,实在没有人相信。我们或者可以说,统治一国,其事太大、太困难,故发生问题。若处置小事,一定没有什么问题。然事实上却不如此。处理小事时,也常常遇着问题。譬如我此时正在提笔写字,事情可算小极了。似乎不会遇着什么问题。不过假使我的笔头从笔杆上落下来了,纸也糊坏了一大块,字也不能写了;然同时要写的欲望,却是很高。这时我不遇着了一个问题吗？这样说来，处置大事或小事，难事或易事，都有遇着问题的时候。但在这些情形之下，问题之所以为问题，完全由于自我对于所处之事，负有责任，故偶然的困难，便都成了问题。假使为元首者，不负统治一国之责，只以膺有元首的地位为目的，那么所谓内乱外患，在他都不成问题了。不过这里我们要分辨清楚：不负统治之责为一事，有无他种责任为又一事。不负统治之责，内忧外患，在彼看来，当然不成问题。然彼固以膺有元首地位为目的者。倘这个地位发生了动摇，在彼看来，也不成问题吗？再就写字一例而言。我提笔写字之时，笔头落了，纸弄坏了，即成为问题者，固只因我要写完这篇文章。倘我没有这个念头在心，那么笔落纸坏，在我便不成问题了。但我没有这个念头的时候，不打算写成此文的时候，果绝无他种目的吗？绝无他种目的，为何提笔来写？果有他种目的，则笔脱了，纸坏了，自成问题。或曰，我之写字，倘只以游戏为事，那么笔脱纸坏，便绝对不会成问题。但事实上却不然。游戏时所遇之问题，正与处理实际事务时所遇之问题相等。

　　游戏的活动，与实际的活动固不相同。游戏活动之目的，即在活动之本身。若实际活动之目的，则在本身以外。譬如小孩之抛球，目的即在抛球。抛球以外，固不望别有所成就。若成人之工作则大不然。譬如有木工于此，要起一所房子。起房子之"起"，固不是彼的目的。彼的目的，乃在起好一所房子。虽然目的之在活动的本身，与在活动以外，固很不同；然其同为有目的则是一样。故实际的活动常常遇着问题，游戏的活动，亦复常常遇着问题。譬如小孩之升放风筝，固是绝对的以游戏为事。然他所遇的问题，却非常的多。绳子断了，是一问题；风筝坏了，又是一问题。风太大了，是一问题；风太小了，又是一问题。如此一件游戏的事，问题且如此其多！虽然此等问题之所以为问题，或因小孩感情太强，不会忍耐。若成人游戏时，决不至有很多的问题发生。但事实却与我们所料想的相反。有成人一辈于此，相约结队出游。或到郊外散步，或到林中射猎，或到江滨游泳。然都是绝对以娱乐为目的的。但目的虽在娱乐，问题却不因此而不发生。到郊外散步吧，偶遇天雨，各人均未带雨具，则问题便来了。到林中去射猎吧，所带的枪，均放不响，则问题又来了。到江滨去游泳吧，水浪太大，则问题又来了。假使你要游泳，我要射猎；或你要到甲处游泳，而我因未到过乙处，必要到乙处去游泳，则问题更是层出不穷哩！我们能说成人忍耐力强，游戏时不遇问题吗？

　　然则我们的生活，不论其为实践的，或游戏的，问题之发生，总是不能免的。

不问实践的性质如何,不问游戏的性质如何,问题之发生,总是不能免的。综而言之,不论在何种情形之下,不论在何种时限之内,不论对于何人;问题之发生,总是不能免的。时限不同,情形不同,自我不同,然而发生问题之事实总是一样。然则当问题发生时,我们的生活的情状究竟是怎样的? 分析起来,有什么特点?

要明白问题发生时生活之情状为何,不可不首先弄清无问题时生活之情状。无问题时生活之情状,究是怎样? 简单答来,即是无问题。然则何由而后可以无问题呢? 假使环境很不顺利也无问题吗? 假使自我的心向无一定,也无问题吗? 自我的心向与行动的方向不一致时,也无问题吗? 行动与环境不相应时,也无问题吗? 我们从事实上观察,知道生活之所以无问题,有下列几个特点。(一)环境顺适,安定,常呈一种熟习,亲近之现象;与自我浑融为一体。自我在此中活动,途途是路,处处可通。顺顺利利,稳稳当当。这里是亲近熟习的,那里也是亲近熟习的。浑浑融融,毫无分别;与我和合,浑而为一。(二)心理的趋向与身体的行动浑而为一。我在环境中一动作一举止,都是出乎自然。我这样动作,并非我心里想了,要这样动作;只是不知其然而然的这样动作。动作就动作,停止就停止。这样动就这样动,那样动就那样动。心里并无安排,并无打算。并非要如此,只是动作的时候,自然如此。并非要不如彼,只是动作的时候,自然不如彼。心里无所于为,而无所不为。无所于合法,而无不合法。行动就是心向,心向就是行动。分而言之,固有所谓心向与行动。实则并无什么心向与行动之分。只是一个动作自发自收的在那里流转。(三)这个动作的本身既无心向与行动之分;同时复与环境和合融洽,浑为一体。动作的方向,与环境的方向,恰是一致。如此的环境当前,便发出如此的动作;如此的动作,便不期然而然的与环境调和融洽。环境与动作,此时只是两个空名词。实际上动作与环境已浑然一体了。严格地说来无问题时生活之情状,只是浑然的一个动作。既无所谓自我,又无所谓环境。既无所谓心理的趋向,又无所谓身体的行动。环境、身体、心理,在旁观者看来,自然可以一件一件的分辨清楚;然在生活者自己立言,则已溶成一体了。就是溶成一体了的这浑然的动作,生活者自己,亦复莫名其妙。只有我们旁观的人,可以勉强推想说有此一事。

无问题时,生活之情状,是如此的。问题发生时生活之情状,则大不如此。最初最易看出之特征,即是生活上发生震动。此种震动,可分别叙述如下。(一)环境现出变相。无问题时,环境是不能识别的;因其已与自我浑而为一。问题发生时,则突然现出新奇变异之状态,峙立于自我之外。此时自我虽仍旧向前动作,但不如前此之不期然而然的动作了。反之,乃期然而后然的动作了。环境前此为顺适的,此时好像有不顺适者在。前此为安定的,此时好像有不安定者在。前此为亲近熟习的,此时好像有不亲近熟习者在。前此为不可识别,此时好像可以识别了。前此我,本不打算要识别环境,此时好像要识别它了。因环境呈出这种变相,前此浑然一体的动作,现在并不见得浑然一体了。(二)心向出现,而趋向不定。无问题时,心向已与身体的行动合而为一了。并无所谓心向,更无所谓不定的趋向。问题发生时,心理的趋向,乃由身体的行动中跳出。对于环境吧,心理好像要出而加以判别。对于行动吧,心理也像要出而加以主持。前此动作,只是动作,并未安排动作,现在则好像有安排了。前此并无打算,现在则好像要打算了。(三)环境心向,行动三者分显。环境既已呈出异状了,心向既已由行动中跳出了,行动也不自然了,于是三者乃由浑然而分显。三者分显,生活乃大受震动。生活受震动,是为问题发生时第一种显而易见的情状。

单只震动,固是小事。但三者分显之后,自我与环境便冲突起来。然则究何由而发生冲突呢?不外下之数因。(一)由于环境之障碍。生活受震动时,环境即呈异状,显现于自我之前。倘只显现于自我之前,不予自我以何种打击,固无什么问题。但环境显出异状之后,即予自我以障碍。原为处处可通之环境,现在处处不可通了。原为处处顺利之环境,现在不顺利了。原为最适于自我活动之环境,现在不适合了。不可通,不顺利,不适合,故行动处处为它所阻。(二)倘环境发生了障碍,自我即停止活动,固仍可以无问题。但自我之活动,并不肯因障碍而停止。反而进行甚力,向前奋勉。环境顺利之时,只是和缓的进行;现在因环境不顺利,和缓的进行为不可能,于是激而发生奋斗的进行。愈受阻碍,愈奋勉前进。愈奋勉前进,所遇之阻碍愈多。阻碍甚多,前进甚力,自我与环境之冲突乃愈逼而愈紧。因环境之障碍,自我之奋勉向前,遂酿成物我之间激烈的冲突。是种冲突,乃问题发生时,生活上所呈的,第二种显而易见的情状。

自我与环境冲突之时,自我如果能占胜利,固仍无问题。不幸冲突之时,虽偶得胜利,但失败总居多数。我们讲到这里,又遇着一个问题。所谓失败,究用什么方法可以证明?何由知道某种行动为失败?某种行动为不失败?要问何由知道行为的失败,且先研究何由认识行为的成功?这样较为易入问题之中心。关于认识行为的成功一问题,普通一般人有一个最大的误会:即误以成功的行动之特征,为识别成功的行动之方法。实则怎样认识成功的行动为一事,何为成功的行动为又一事。我们现在只问怎样知道行动成了功,没有失败。不问何者叫作成功,不叫作失败。行动成了功,我们究竟怎样知道的呢? 我们且不高谈学理,专就事实观察,看成功是如何认识的。有小孩于此,手执皮球抛着。球也好,抛的地方也好,自己的手法也好,精力也好。抛时很是顺利,只是一五一十地往下数着。这可算是他那抛球的行动成功了。他何由知道他成功了? 大概说来,我们一定会说这是由于小孩的知识经验判断力等等所认识出来的。其实大不然。小孩抛球的行动成功时,他自己并不判断,并不推论,并不说他已成了功。他只是得意,他只是爽快,只是心里满足,只是洋洋焉有喜色。为什么得意,爽快,心里满足,而有喜色? 他自己简直莫名其妙。只是如此,并未想到为什么如此。这种得意洋洋的情形,只要行动成功时,便不期然而然的现出。这种情形,正像什么"行其所无事"的状态。正像"心里不着一些子"的状态。我们若勉强名它为直觉的状态,亦无不可。要问自我的行动有无成功,是否成功;恒视自我的生活上有无此种得意洋洋的状态,有无此种"不着一些子"的状态以为断。有人说,认识行动之成功,是由于我们理智的判断。那知道事实上并不是那样。我们那成功的符号,只是生活上的那种得意的状态。反之,失败的行动,又是怎样认明的呢? 我们何由知道我们失败了呢? 专信理智的人一定说,是由我们的理智判定的。实则不然。我们行动失败的时候,理智并不对我们宣布说我们的行动如何叫作失败。我们之所以认识行动的失败,也只是由于生活上的一种特别情状。且仍以小孩抛球为例。小孩抛球的时候,忽然球坏了,球场也忽然糟了,不适于抛球了,自己的手法也忽然不准了。然而抛球的精神,仍向前奋进不止。由是一面要抛球,一面抛不得,遂致抛球的行动失败。这种失败,何由而知道的呢? 谓由理智从结果上判别出来的吗? 抛球的行动无论成功与失败,均没有什么结果。理智固无所施其判断。且理智从不于失败之时,出而下判断。反之,从事实上看去,小孩抛球失败的时候,他只是不高兴、不爽快、不得意。很是无所措的样子:哭也不是,叫也不是。你以理喻他,他也是这样不得意的;你以好言劝慰他,他也是这样不得意的。虽然我们也知道,理智终究是要出来判断的;但刚失败时,理智固无所施其判断。此时小孩行动失败的符号,只是他那生活上那种不得意、不自在的情状。并不是理智从背后跳出来,说他失败了。这种不得意、不自在的情状,就是得意自在的情状之对面。不得意到极点,不自在到极点,便是失败到极点。此种极不得意不自在的情状,是问题发生时生活上所有的第三种显而易见的情状。

　　问题发生时,生活上最初所有的情状,为自我方面之心向和行动,与对面的环境分显独立。再紧一步,为第二种情状,为自我与环境之冲突。最后最紧迫的情状,为主观方面的不得意、痛苦、难堪。我们的生活一遇了问题便要经过这三种由和缓而紧迫的情状。譬如我此时以全副精神在这里写字,这写字便是我此时的生活。问题未发生时,我之所以为我,纸之所以为纸,笔之所以为笔,墨之所以为墨,我都不知道。即连写的这个动作,我也莫名其妙。在旁观者固是明其妙;但我自己是莫名其妙的在那里动。此时我的生活,只是物我浑融一体向前流动。一到问题发生了,此种浑融流行的状态,便动摇起来了。譬如忽然笔不好写了,于是纸墨等便件件分明显于我之前。行动也不自然了,我也现出很不安的样子。但奋勇向前的精神仍未稍杀。工具虽不好,我还是要写。我愈要写,工具愈见得不好了。因此便显出物我冲突之状。最后行动失败,自我便觉不自在,痛苦、难堪。

行动失败了,我们矫转说没有失败可以吗?自我觉得痛苦难堪的时候,矫转说不痛苦,不难堪可以吗?如果不可以,又怎样办呢?幸而生活自己能转弯。到了此时,便自然而然的转入另一种情状。这种新情状,我们研究生活的人看来,可算是改善它自己以前那段不自在、痛苦、难堪的情状的。但我们不能因它可以改善前一段生活,便说它自身不是生活。因为痛苦是不能免的,解除痛苦,也是自然的倾向。我们不能说有痛苦的生活为生活,解除痛苦的生活就不是生活。因为那样一来,生活便有断续了,那还算生活吗?生活自身是继续不断的;我们只能说无痛苦时为一种情状,有痛苦时为又一种情状,要解除痛苦时为又一种情状。我们现在且来研究这种解除痛苦的生活。这种生活是理智与环境对立的,身体的行动退到第二位去了。换句话说,这种生活,可以说是思想的状态。思想的状态,也可以分作几步讲。我们且首先来讲思想发生时之状态,或思想之发生。思想究何由而发生的呢?我们不能不说是由于环境之偶然的启示。当我们行动失败的时候,自我很觉痛苦难堪。正当痛苦的时候,环境中某一部分,偶尔触着自我,能使自我的痛苦立刻减轻。并使自我不知不觉的留恋那一部分。这种偶然的事实,我们且叫它作环境之偶然的启示。譬如有小孩于此,正在升放风筝。但放了很久,总放不起;便大不得意,心里好像痛苦难堪的样子。忽然看见另外一个小孩在地面的高处放起来了,这小孩自己便急忙跑到高处去放,果然好些。于是他很留意"高处放得起些"的这个事实。他自己的痛苦也不知不觉的减少了许多。这个启示,对于自我,可算是有两个很明显的影响:(一)引诱自我留意这个启示的本身。(二)减轻自我的痛苦。当痛苦减轻时,自我的那种"留意"，便是思想的雏形。由此看来，思想的发生，完全是由于环境之偶然的启示。由此偶然的启示，便酿成一个思想的雏形。

这种思想的雏形既经成立之后，对于行动有什么影响呢？有些人说，思想是指导行动的。这话，泛泛说来，本是不错。不过我们要注意说这话的"时候"。如果思想刚才发生的时候，刚成一个引子的时候，我们便说它有指导行动的能力，那是错了。就事实上看来，思想最初第一种责任，并不是积极的指导行动，乃消极的限制行动。当自我与环境冲突的时候，行动失败或出轨的时候，心里感着痛苦不安的时候；生活并未停止，奋勇向前的精神，并未稍杀。所以此时的行动，也是依旧进行。虽然失败，虽然出轨，但并未停顿，不过是无所成就致使自我痛苦而已。直至思想的雏形出现，便首先宣告停止身体的行动。但生活之所以为生活，原只是一种一往直前的奋力。表现此种奋力的，就是身体的行动。现在身体的行动，如果停止了，那不是生活停止了吗？不然。原来宣布停止身体行动的，并不是第三者，乃是思想。思想也是行动，也是代表一往直前的奋力的。不过身体的行动是显而易见的，思想的行动，是隐而不显的。身体的行动，是具体的改造局面的，思想的行动，是抽象的改造局面的。二者虽有这一点不同，然而同是行动，同是代表一往直前的奋力。所以思想出而宣布停止身体行动的时候，限制身体行动的时候，并非取消生活。因为思想自身就是生活。不过我们若只把思想当做工具，那生活便会有断续了。或谓思想出现的时候，并不限制身体的行动。思想与行动是并行的。但事实上却不如此。思想一出现，行动必受其限制。不过思想的时间愈长，限制的作用愈显而易见。思想的时间愈短，限制的作用不易看出罢了。但无论如何，思想消极限制行动的事实是不可忽视的。当小孩想着"高地方好放风筝些"的时候，在旁观者看来，小孩仍手执着绳子往高处拖，那能说他停止了行动呢？但我们要明白：此时小孩执着绳子往高处拖的行动，并非升放风筝的行动。升放风筝的行动，早已为他那思想宣布停止了。

当行动失败之后，思想出现之先，我们的生活，实在是不顺利的。心理方面，感觉着痛苦难堪，行动方面，又没有结果。行动的失败，心理的痛苦，交相为战，遂成为一段痛苦难堪的生活。这段生活，算是身体的活动与思想的活动的一个交关。是二者过渡时的一种情状。在这种情状之下，有效的行动失败了，无效了；循序的思想未成立，未上路；只剩下一种纷乱无序的行动，与一种痛苦难安的心理在那里交战。在此交战时期之先行动是有效的；在此时期之后，思想是有序的。但此段战期仍是生活。不过是一段不平安的生活罢了。虽不平安，不能说它不是生活;虽希望它缩短,不能预定它不发生。社会上有许多文学作品,都是成于此段生活中,都是代表此段生活的。

　　生活既已经过这段交战时期,思想便完全出现了。思想出现之后,立刻就消灭吗? 思想最初之责任为限制行动,最终的责任,还只是限制行动吗? 不然。思想出现之后,还要发展。最重要的责任,还在解放行动、指导行动。现在我们且专来研究思想之活动,看思想活动时生活的情状怎样。思想活动的时候,生活的情状,可概括为下列几个特点。(一)环境中各种现象之明朗。当行动顺利的时候,物我浑然一体的时候,物之所以为物,我之所以为我,行动者自己,固是莫名其妙的。到了思想当权的时候,生活由身体的活动转入思想的活动的时候,则大不然了。环境中之各种现象,一一朗然现于当前。原是浑然的,现在则是一件一件的散的。原来都无分别,现在则有分别了。原来一无所有,现在则无所不有。小孩抛球失败以后,如果还想要恢复他的行动,那么他前面的事物便是一一明显的。原来不知道球之所以为球,现则拿到手里观察。原来不知道有一个抛球之所,现则四处窥看,总以为有什么东西挡住了他的进行。原不知道有自己,现则反省,很诧异自己为什么忽然不能干了。总而言之,当他思想的时候,一切事物,都是件件分明的。(二)一切意义及价值观念之涌现。原不知道环境中何事与我有关系,何者无关系。也不知道何者有价值或无价值。更不知道何者有意义或无意义。现则遇事即问:这与我的行动有关吗? 这可以替我作些什么? 这可以引我到那里去? 这个与那个何者于我有利些? 我若依着这个作去,可得着什么? 例如我写字,忽然失败了,写不成了;便对自己问着:换一支笔不好些吗?换一张纸不好些吗? 多投一些墨不好些吗? 遇着什么,便问它能帮我一些什么。(三)自我之自由。当行动顺利的时候,所谓自我,本就是行动。行动既顺利,故自我也没有什么自由或不自由。到了行动失败的时候,自我便变成了一种身体的行动与心理的痛苦交战的情状。此时殆极不自由了。到了思想的境界,身体的行动既已停止,所谓自我,就只是思想的活动。身体的活动,与思想的活动,虽都是生活,虽都可以代表一往直前的奋力。但前者是具体的,后者是不具体的。前者遇着物境的障碍,即不能前进。后者遇着了物境的障碍,如未遇一样,仍可以进行无阻。前者要改造现前的局面,才可达到新局面。后者则不须改造现前的局面,便可以直接达到新局面。前者遇阻力不能行,后者遇阻力却能斗过。这样的思想的活动,不是自由的吗? 或曰思想是由痛苦难堪的生活逼迫出来的,那得谓之自由? 但这里我们要把思想之来路与去路分别清楚。思想之来,固是由于逼迫,固不自由;但既出来之后,其去路固是宽阔极了。其自己之活动,固是自由极了。

物境之明朗,意义及价值观念之涌现,并非偶然的。只缘自我与环境不是一体了,只缘自我与环境对立了。与环境对立,为什么环境便呈出明朗之象?为什么意义及价值观念,从而涌现?只缘思想之责任未尽。思想最初之责任为限制行动。但并非为限制而限制,乃为解放行动而限制行动。为欲解放行动,故缘着环境中各种事物追求,以期探得新航路,为限制了的行动谋出脱。这种解放作用,为思想的第二种责任。思想如要达到解放行动的目的,必须进行下列两事:(一)断定现前之局面。现前之局面是不适于身体活动的。不是有障碍,使行动不能向前;便是无通路可以引行动向前。此时思想便出而断定何处有阻碍,何处无通路;何种阻碍可以移动,何处可以开一条通路。(二)但单把局面断定了,行动未必就解放了。必定要进而拟定一个新局面。障碍之可移动者,以符号表之;不可移者,也以符号表之。路之可通者以符号表之;不可通者也以符号表之。要移去障碍,从何处移起,也为之规定。要开一条通路,从何处开起,也为之规定。这样表示出来的,规定出来的种种;我们若为之排定其先后,权衡其轻重,计算其缓急,而整理之,即为计划。平时我们不知道计划就是一个拟定的局面,就是加入身体的活动之后,所能实现的一个局面。因遂妄拟与现前局面不相干的计划。计划有时虽拟得好,但不是行动的航路,不足以解放行动!真正的计划,乃断定现前局面之后,所拟定的新局面。这个新局面是由现前局面中找出来的,可以为行动之航路线,可以解放行动。

新局面既经拟定,是行动的路线已经定了。行动便可以解放了。原来行动之停止,本是不得已而停止的。只因路途不通,行动无结果,心理痛苦难安;思想乃起而宣布停止行动。但身体的行动,是生活之根本情状。终身无思想的活动,不失为有生活。若终身无身体的活动,则是没有生活了。所以身体的活动,为生活之正面,为生活之根本情状。因暂时的失败而停止,是出于不得已。以思想的活动来代替身体的活动,并非谓思想的活动好些。只因身体的活动无路可走了。假设当前的局面顺利,固绝不至停止进行。今新局面既已拟定了,行动的路线又重新画定了,则久经限制了的行动,跃跃欲试的行动,乃重行恢复原状。局面虽然是新拟的,路线虽然是新画定的,但可以解放行动。

行动解放了,新拟的局面,果然可以立时实现,那么思想的责任算是尽了。但有时新拟的局面,不一定个个可以实现。于是不得不拿行动来迁就那可以实现的局面。此时思想乃出而履行它那第三种责任。此种责任,即在指导行动。我们已经知道:新局面是由思想拟定出来的,但新局面之所以为新,就在它能够解放行动。所以一讲到新局面或计划,便不能不顾到行动。前曾说过,思想是不具体的;前进的时候,遇着障碍,如同未遇一样。行动是具体的;遇着一个障碍,便是一个障碍。所以单由思想去拟定局面,可以拟得无数个。这无数的新拟的局面,如果不与行动相干,固可以各自独立。但它之所以被拟定,目的全在解放行动,全在作行动的新路线,全在引导行动向前。谓它与行动不相干,是绝对不通的,且失了它那存在的理由。新拟的局面,既是行动的航路线;但航路线是可以航行的。所以行动便依着这航路线向前进行。假使这种航线虽然画定了,而不可以航行;那么依着它进行的行动,不又会失败? 为免除失败计,我们的思想乃从新拟的局面中,去其最不可航行者,取其最可航行者。强身体的行动,依那可行的路进行,不依那不可行的路进行。这种强迫作用,是思想指导行动的作用。

前曾说过:思想既出之后,它的路途是宽极了的,它自身的行动是自由极了的。然而现在却说它所拟的局面有些可以解放行动,有些不可以;有些要得的,有些要不得的。为解放行动计,我们不能不舍去那要不得的,取那要得的。思想而果自由,则拟定的新局面为什么有要得要不得之分呢? 这不是思想极不自由的证据吗? 不然。我们要知道思想之拟定局面为一事,新局面之是否中用为一事。前者是思想的活动,后者乃思想之出品。出品之中用不中用与活动之自由不自由有何关系? 中用不中用,乃对行动而言;自由不自由,乃就思想自身说话。二者截然两事;何得因此便误会说,思想不自由呢? 或曰思想自身虽很自由,但为得要解放行动,不得不将自己所拟定的新局面去掉一些,采取一些。这样为行动来定去取,便是思想之不自由处。但这又不然。去取之权,仍操诸思想,思想要去那一个新拟的局面,或要取那一个,固仍有绝对的自由。或又曰,思想固是自由的。但行动是由思想解放出来的;行动而果遇着障碍,那便是思想间接的遇着了障碍,那便是思想的不自由了。不过我们前曾说过了:思想的活动,为我们的生活之一段;身体的活动,为生活之另一段。二者在时间上可以相连,而不能在空间拼合。生活转入身体活动的时候,则此时身体活动之自由不自由,是身体活动自己之事,与思想无干,因为这个时候,生活的本身就只是身体的活动,并没有思想这件事羼杂其间,而受其限制。当生活转入思想活动的时候,则此时思想之自由不自由,是思想自己之事,与身体的行动无干。因为此时,生活的本身,就只是思想,并无身体的行动来限制它。或又曰,思想是指导行动的,两者是相关的。倘行动遇着障碍的时候,思想乃被逼迫,出而指导行动:这不是思想的不自由吗?不过我们要知道:思想之指导行动,乃间接的拟定新局面,以便行动的进行,并不是直接将行动向这边指着,或向那边指着。思想被行动的障碍逼迫出来,固极不自由;但既出来之后;它那路途固是很宽的,它之拟定新局面,固是极自由的。

思想第一责任为限制行动,第二责任为解放行动,第三责任为指导行动。思想自身是自由的,与行动是相接连的:思想用事时,行动停止;行动用事时,思想停止。二者在时间上为继续的,各为生活之一段,并非生活上并立的两个方面。但行动与思想二者的同异,我们始终没有讲过。现在且先述一述它们的同点,然后进而述一述它们的异点。它们的同点有下列各项。(一)思想与行动同为生活:思想为生活之一段,行动为生活之又一段。二者均在时间上流动,彼此互相接连。(二)行动固是行动,思想亦为行动。行动固是向前追求,思想也是向前追求。有人说:思想是工具,是指导行动的。但把思想对行动看,这样说固很合理。若单说思想,则思想亦只是一种行动,亦只是在环境中向前追求。(三)行动愈完全,愈有准则,愈顺利,则是生活愈有次序。思想若愈完全,愈有准则,愈顺利,则生活亦愈有次序。所以有些人的生活,纯是思想的;有些人的生活,纯是行动的。盖二者本可以独立。同一个人,一时生活为思想的,一时生活为行动的,盖二者本可以各自独立发展,彼此并不相妨。

思想与行动之同点,已经知道了。异点又如何呢?比较起来,也有下列几项。(一)行动为具体的,思想为抽象的。行动是显于外的,思想是运于内的。行动之时,第三者可以察看。思想之时,倘全无物理的表示,则无从察看。盖行动为显而可见的,思想为隐而不可见的。(二)行动遇着障碍,倘障碍而为打不破的,则行动便行不通了。思想遇着障碍,则如同未遇障碍一样。行动遇了物境的障碍,则行不通;思想遇着了物境的障碍,何以独行得通呢?盖行动为具体的,物境的障碍,亦为具体的。以具体的与具体的相撞,固有一必失败者。故物境的障碍,若打不破,则行动非失败不可。思想为不具体的。以不具体的与具体的相撞,固不见有什么冲突。思想之所以能自由,亦即由于此。(三)行动为依着路线进行的,思想则为创造路线的。行动为循轨的,思想则为造轨道的。轨道之数,可以无穷,可行之轨道则有限。因此又得下之一异点。(四)行动有时遇着障碍,思想则遇了障碍如同未遇,即是不曾遇着障碍。(五)思想为限制,或解放,或指导行动的。行动则是被思想限制或指导或解放的。(六)行动之失败或障碍,逼出思想;思想创造局面或改造局面,以间接解放或指导行动。

杜威(Dewey)先生讲思想讲得最清楚。他说思想就是一副工具,是指挥行动的,是解决困难的,是引导行动向前的。他这种"工具说"的理由,他曾说得明明白白,很是持之有故。但还有应加说明之处。(一)杜威先生只曾把思想的作用说明了,把思想的职务说明了。至于思想本身,究竟是什么,他并没有论及。有人说我们既懂了思想的作用及职务,不必定要懂得思想的本身。譬如我们既知道桌子的用处,便不必问桌子的本身为何物。但能懂得桌子为何物,便更好些,我们或可因此而找出它那未尽的用处。于思想也是这样。懂得思想的本身时,我们或可因而找出思想的未尽的,未发现的用处。(二)杜威先生只说思想是指导行动的,是解放行动的。但如何指导,如何解放,他并未论及。思想就是工具,果可由我们拿到手中运用吗?果如木匠之斧头,铁匠之铁锥一样可以运用吗?(三)如果可以,则运用此工具者,又究是那一个?如曰"我"可以运用思想,则"我"与思想之别又何在?当思想可以被"我"运用的时候,我之所以为我的状态又是如何?生活之情状又是如何?在我们看来,杜威先生对于思想之功用,看得很是透彻。但思想之本身,究为何物,他未说明。思想解放行动及指导行动之方法,他未说明。思想与自我及生活之区别,他未说明。我们就实事看去,(一)思想乃是生活之一段,为不具体的行动,也是在环境中追逐的。(二)思想能拟定新局面或改造旧局面,以间接解放行动或指导行动。思想与局面有直接关系,与行动却只有间接的关系。(三)思想活动时,自我即是思想,我的生活也就是思想。

现在我们归结起来说生活上之困难是不可免的。实践方面固多问题,非实践的方面也多问题。因有问题,物我遂离而为二。初则生活上发生震动,继则物我冲突,末则生活变为痛苦难堪。生活之痛苦难堪,乃由于行动之失败。行动之失败,乃逼出思想。思想既逼出之后,其第一责任为限制行动,第二责任为解放行动,第三责任为指导行动。且其自身,为自由的。直接拟定局面或改造局面,间接解放行动或指导行动。行动与思想各为生活之一段,都是代表自我的,都是在时间上流行的。

第三章　自我与环境之浑然一体

由上章我们知道:无论何种生活,都有遇着问题的时候。问题发生之时,生活乃呈动摇之状。初则动摇,继则物我分立,次乃物我冲突,末乃痛苦难堪。因痛苦难堪,生活乃由身体的活动转入思想的活动。既入思想活动之后,自我与环境乃完全是对立的。此种自我与环境对立之情状,乃自问题发生以后至问题解决以前中间所经过的生活情状。此种情状,并非生活之积极状态,乃生活之消极的状态。并非生活必须有的状态,乃不得已而有的状态。并非谓此种生活好些,勉强求而得此。实为事势所迫,不能不有此。此种状态,并非我们所欢迎的;反之,乃是我们所厌恶的。不过我们不欢迎此种生活为一事,能否不过此种生活为又一事。我们虽不愿过此种物我对立的生活,但此种生活不能免的来了,我们却不能不承认它。不仅承认它,有时还以为它是很自然的哩!这种物我对立的生活之本身,我们固已明白了。我们现在便要问(一)此种生活之前一段,是否也是物我对立竞争的?(二)此种生活之后一段,是否仍是物我对立竞争的?换言之,此种物我对立的生活之来路是如何的?去路又是如何的?第二问留到下章来解答。我们现在试来解答第一问;看物我对立以前,生活的情状,究是怎样。

　　物我对立的生活,乃有问题的生活。然则无问题之生活,便不是物我对立的。现在且先述几种无问题时之生活。无问题之生活,是很普遍的。前章虽尽是述的有问题之生活,虽曾说了:问题为生活上所不可免的。但并未说:没有无问题之生活,也未说:生活尽只是一些问题,更未说:舍问题之外便没有生活。反之,就实际上观察,无问题之生活,倒很是普遍的。彼主张"奋斗即生活"者动辄曰:生活上就只是一些问题,舍问题之外实无所谓生活。何不回头看一看事实?就事实上看来,生活果就只是一些问题吗?有小孩于此,时时在他母亲的怀抱中。既不患没有吃的,又不患没有穿的。既不患失去了什么,又不患得不到什么。既无所谓向外追求,又无所谓不追求。既无所谓与人竞争,又无所谓不与人竞争。既无所谓取悦于人,又无所谓不取悦于人。吃奶、欢笑、手舞足跳都是莫知其然而然的。自己并不知道自己正在吃奶,欢笑,舞跳。睡的时候睡着,醒的时候醒着。笑的时候笑着,跳的时候跳着。既无所谓打算,又无所谓不打算。既无意于安排,又无意于不安排。睡,醒,笑,跳,都是不知其然而然的,不期其然而然的。小孩这种生活,也有问题吗?我们或者可以说,小孩无知识思想,不知道安排,打算,固不遇着问题。若成人知道安排,打算了,便有问题了。但成人的生活,也有无问题的。农人僻处乡村,耕田数亩,每年收入养活一家而有余,既不遇天灾又不遇人患。事来了便作,作了便休息。秋大熟的时候,便收获;收获之后,事来了又作,日出而出,日入而归。无所求于人,也无所谓不求于人。无所谓逐物,也无所谓不逐物。物来顺应,临事坦然。也如小孩在母亲的怀抱中一样。事事不知其然而然,不期其然而然。这样的生活,是有问题的吗? 虽然农事简单无变化,固为不发生问题之一原因。但我们若就复杂多变化的生活来看,无问题的时候,仍是很多。譬如我自己每日到各学校授课;所授之课,既各处不同;生徒的程度又不一致;材料讲完了,又要重新搜集;讲得不好,学生且要赶走你;说话失慎,学生便要轻视你。这种生活,好像很不稳固,好像是麻烦透了。然而我每日提着书包,到各校授课一次,回来之后,又找材料,又编讲义。固毫不感觉着什么问题。早饭后,提着书包出去,只是出去,并没有什么特别的打算、安排。到各处讲授,只是讲授,也没有什么特别的打算、安排。回来了,编讲义,只是编讲义,也没有什么特别的打算安排。今日如是,明日又如是。顺顺遂遂,爽爽快快。我也并没有想到要这样,我只是莫名其妙的这样。或问:"你果处处没有安排打算,都是莫名其妙的这样吗?"我答这问的时候,自然会说件件出于安排打算;处处有安排,打算,处处是知其然而然的。但我答的时候,便不是我作的时候了。我答的时候,便由这件推出那件的原因。但我作的时候,却只是莫名其妙地在那里作。谓我这生活有问题,我自己或者也会承认有问题。但我这样生活的时候,问题从未到我脑筋里来。我们或者可以说这种生活是平稳的,固没有问题。但就事实看,问题之有无,并不因情形或境遇之难易而定。顶难的境遇,顶险的情形之下可以毫不发生问题。譬如有大船于此,顺着水势,沿着江岸,向前流着。流行的时候,速度很快。忽而岸边有大石一块,不早防备,船将为所触破。当船未到石处,船上水手,手执着竹篙,跕在船头之上;篙则向岸上石头迎着。此时旁观者无不说水手遇着了大问题。然而水手自己却不知道什么问题。他之跕起只是跕起,并未经过特别的打算。持篙向石头抵着,也只是抵着,也没有什么特别的安排。我们或可说:水手之见石而跕起,不是打算安排吗? 因要抵石而持篙,不是打算安排吗? 我们固可以这样问,水手或者也答说他作的时候处处都打算了。但当他真正在作的时候,他却只是作;除却作之外,便没有什么了。

　　旁观者以为,很有问题之生活,在生活者自己都不是问题。然则"无问题"之生活之特征又在那里呢? 无问题之生活与有问题之生活区别究竟在那里? 上一章把有问题之生活讲了一遍,现在则要问一问无问题的生活之特征了。无问题之特征,第一点即是行动不遇障碍。生活者要怎样动,便已怎样动了;要动得快,便快快的动了。要动得慢,便慢慢的动了。行动之自身,虽或不同,然总是如意地动着。行动一发,便顺顺畅畅地前进。前面既无什么抵触,后面又无什么牵扯。一往直前,无所阻障。小孩之笑、跳,都是行动。但他笑的时候,便只是笑;跳的时候,便只是跳。既无什么东西阻之使不笑不跳,又无什么牵之使少笑些少跳些。农人之耕田也是这样。日出而作,并无什么东西阻之使不作,又无什么东西牵之使少作些。今天这样作,便这样作;既无牵扯,又无障碍。明日要那样作,便那样作;牵扯也没有,障碍也没有。我之出而教课,便可以顺顺利利地出而教课。归而读书,便顺顺利利地读书,毫无什么障碍,也毫无牵扯。水手之见石而起立,便起立;要持篙,便持篙。要持篙迎石而抵,便持篙迎石而抵。手要从左伸,便从左伸;要从右伸,便从右伸。情形虽很紧急,动作却可一往直前。无障碍,无牵扯。有问题时的行动便不是这样的了?这样一往直前的无牵扯的活动,是无问题时所独有的。

　　生活上无问题时,不独行动不遇障碍。即心理的欲求也都被行动所包摄了。换言之,即无独立之心理的活动,向前追逐。要走时,便走;则"要"的心理作用尚未成立,走的身体行动便已开始了。身体的动作,常发于心理的动作之先;故心理的动作,便无成立之机会。譬如"要走"这个事实,分拆看来,本有两种成分。一为"要",一为"走"。此二者固是相连的,但并不是相并的,并不是"要"的心理动作与"走"的身体动作同时并进。二者只是在时间上相连的。"要"占一个时期,则"走"便另占一个时期。时间固未有重复者,明天并不可提作与今天并立的一天。那么,凡不在同时间内之东西,便不可强谓为同时的。"要"占一时期,"走"又占一时期;那么"要"的时候,便无所谓"走","走"的时候,也便无所谓"要"了。刚"要走",便已"走"了,则是"要"之心理动作,不待成立,便已为"走"之身体动作所包摄了。无问题时,心理的动作不显,不独立向前追逐;并非谓生活者变成了木石:只因他那心理的动作未及成立,便已为身体的动作所摄去了。小孩子笑或跳,在理论上并不是绝无打算无安排。只是在事实上他那笑与跳的身体活动来得太快了,把他那尚未涌现出来的心理动作,早就包摄去了;把那我们所谓的"打算"、"安排",防止于无形了。农人的动作也是一样。不待打算安排,便早已如意的动作了。不待觉得"要"作,便"已"顺顺利利的作了。不待觉得不如意,便"已"如意了。我之一出一归,出则教课,归则预备;并非不安排不打算;实因不待安排,不待打算,而所要安排打算的,都已作了。水手之起立,并非不打算起立;实因不待打算,便已起立了。持篙抵石,也并不是不安排,实因不待安排,便已抵了。心理的动作包摄于身体的动作里面,这种情形,决非有问题时所能遇到的,乃无问题时所特有的。

心理的动作果是与身体的动作,相连而不相并的吗? 二者果只可于不同的时期之内继续,而不可于同一时期之内并立吗? 身体动作进行之时,果无心理的动作相伴随吗? 按之事实,果是这样吗? 譬于工厂里的工人,做工的时候,固是身体在那里动作。但同时心里很不愿做工;反之,只想停工。一面身体在那里"作"工,他一面,心里在那里"想"停工。这不是身体的动作,与心理的动作,同时并立吗? 我知道有很多人一定要这样问的。但这里我们却不要误会。这种心理与行动并立的情状,只是我们在第二章里面所讲的,"生活上之震动"。此时心理的动作,固已发动了,身体的动作,固仍在进行。但此二者是不相属的。"做工"固是身体的动作,但并非"想停工"的心理所期望的。"想停工"固是心理的动作,但并不能为那"做工"的身体活动所包摄。此时"想停工"的心理固已有了,但包摄此种心理的动作还没有发生。包摄此种心理活动的动作,究是什么动作呢? "停工"是也。"停工"在旁观的人看来,固不能算动作。但由"做工"而转入"停工","停工"固仍是动作。正如"坐"本不算动作,但由"立"或由"走"而转入"坐",则"坐"便是动作了。"睡"本不算动作,但由"坐"或由"立"而转入"睡",则"睡"便是动作了。工人之想停工,"想"乃心理的动作,"停工"则身体的动作也。由此看来,有"想"之心理时,便无"停工"之动作;有"工停"之动作时;"想"之心理,立时便会被包摄去。所以二者万不能同时并立;盖并立则为一矣。然则工人心理方面想停工之"想"与身体方面做工之"作",两种相反的活动同时并立的情状,究算什么情状呢? 这层我们在第二章里早说过了,叫作"生活上之震动"。所谓生活上之震动者,即问题业已发生;心向,行动,环境三者业已分显,且有由分显而冲突之象。工人一面想停工,一面仍做工,正是问题发生的时候,正是生活上发生震的时候;正是心向、行动、环境三者分显的时候,正是心向与行动冲突的时候:固不能拿来与无问题之生活相提并论。生活无问题时,心理的活动,是包摄于身体活动之内的。一切安排打算,皆不待成立,便为行动包摄去了。故无问题时之生活,只是一个浑然,一往直前的活动。一切打算,一切安排,一切心理的追逐,皆未及成立,便已被包摄去了。此种生活,只有在小孩方面,我们便容易看出。实则成人又何尝没有这种生活呢? 只因成人生活复杂,我们便说他没有这样的生活,其实是有的。

行动不遇障碍,为无问题时一个特征;无心理的追逐,为又一特征。但还有一个特征,即环境能适合自我之活动。无问题时,行动之不曾遇着障碍,也只因环境中没有障碍。无障碍,故途途是路,处处可通。因此行动向前时,便没有什么牵扯,没有什么障碍。不仅无障碍,而且很顺利。处处皆与自我之行动相合。处处皆迎合自我之行动,处处皆招致自我之行动,处处引诱自我之行动向前。无挂无碍,顺顺利利。不仅顺利,而且呈一种很稳定之状。途途固是路,且是稳定之路,很可靠,很稳当。这种无障碍,很顺利,很稳当之环境,乃无问题时,生活上之一个特点。

　　综上所论,可知无问题时,生活上有三大特点:(一)行动不曾遇着障碍,(二)没有心理的追逐,(三)环境顺利。分别而论,固有这三个特点。实则无问题时,生活之本身,固不可这样分开看,它只是一个一往直前的行动。环境吧,心向吧,都与这一往直前的活动,浑然成为一体。所谓自我,也就只是这个一往直前的活动。这个浑然一体的,一往直前的活动,即是生活之本来面目,即是生活之根本状态。何以知其如此呢?因为有问题之生活,是从它生出来的,它是物我对立的生活之前一段。这个活动,只是浑然的向前奔流:既不受何种牵扯,又不遇何种障碍。滔滔不息,自然而然。故无所谓独立向前追逐的心理,又无那清清楚楚,件件分明现于自我之前的环境,也无什么受心理支配的不自然的行动之分别,更无所谓独立之自我。反之,只有那一往直前浑然一体的流动。这个流动,生活者(假定有这样一个名词)自己,固仍是莫名其妙的。我们想不出的确的名字来,叫它作"生活"也可,叫它作"自我"也可;就用些哲学上的名字来名它,叫它作"天理流行"也可,叫它作柏格森所谓的"绵延"也可,叫它作"本体"也可,叫它作"真情之流"(朱谦之的话)也可,叫它作"绝对平等的实体界"也可。其实总只是这个一往直前的,浑然一体的,物我不分的,自然流行的,莫知其然而然的,无所为而为的一个状态。这个状态,旁观者固可为之分割区划,然它自身却只是浑然一体的。

　　这个状态的本身,算已略略的弄明了。现在我们且来讲一讲它的性质。这个状态之第一种特别性质为"安定"。有人说"既谓之一往直前的奔流,如何可以谓之安定呢?奔流与安定,固是极相反的,如何可用安定来形容奔流呢?"不错,奔流本与安定相反。但相反却可以相容。盖二者并非相反之两个实体:奔流为生活,安定只是形容此生活之状词。倘奔流而果顺畅,不发生震动,不呈露何种不自然之情状,如何不可以谓之安定呢?如走路固是向前的动作,我们可以因走得稳当,便谓"走"为"不走"吗?奔流也是这样;固是向前的活动:却有"安定"与"不安定"可言。我们不能说奔流得很安定,便是"不奔流"了。物我浑然一体的生活,只是一种很安定的一往直前的奔流。我们之所谓安定,是与生活上之震动相对而言的。生活受震动时,便呈一种物我分显之状;安定地向前奔流时,则无所谓分显之状。只是浑然地顺顺利利地前进。这样安定的前进,进也如未进一样,动也如未动一样。奔流也如未奔流一样。很像程明道先生之所谓"定"。程氏《定性书》有曰:"所谓定者,动亦定,静亦定,无将迎,无内外。"不过程氏所说的"定",是就心性言,我们之所谓"定",是就生活言。生活无问题的时候,心理的活动被包摄于身体的活动之内,与身体的活动融化为一。身体的活动,复与环境一致,与环境调和融合。这种与环境融合,浑然一体的活动,是很安定的。当其动之时,真所谓"无将迎",真所谓"无内外"。动时固是浑然一体,静时更是浑然一体。真所谓"动亦定,静亦定"。当水手见石,起而持篙抵石的时候,可算是活动的时候。然而此时他的活动,仍是浑然一体的;只是动着,不知缘何动着。反之如要他此时不动,倒反使他不安了,倒反是破坏了他那浑然一体的活动了。倒反使他那生活上发生一个很大的震动。

浑然一体的活动,物我不分的生活,无问题的生活,固是很安定的。但不仅很安定,而且很自然的。有植物一本于此,当春和气暖的时候,长得蓬蓬勃勃,我们便说这植物长得很自然。假使一旦用绳子系着,或用缸子罩着;那么便会即刻长成弯弯曲曲的样子,变成一种金黄的颜色与前此那蓬蓬勃勃的样子很相反。这时我们便说这植物长得不自然。所谓自然,就是依着一物原来的方向进行而不稍变之谓;就是依着原来的方向顺顺利利地进行,而不稍受挫折之谓。植物本是生长的;不故意地助之使长得快,不故意地限制之使不长;只是依着本来生长的趋向顺顺利利地长着,便是自然。生活也是这样,本是向前活动的。向前活动,本是生活原来的方向。依着这方向顺顺利利地进行既没有什么东西来助它使特别进行得快,又没有什么东西来妨碍它,使不得进行。进行得快,只是它自然的快;进行得慢,只是它自然的慢。这样进行,只是自然地这样;那样进行,只是自然地那样。水手之起立,只是自然地起立;持篙,只是自然地持篙;抵石,只是自然地抵石。险过了,放了篙子坐下,也只是自然地放了篙子坐下。活动是生活的根本方向。这样活动,就只这样活动;不故意要这样活动,也不故意不这样活动。这种情状,便是自然。正如植物之长,不要它如何长,也不要它不如何长,便是很自然的。或曰,水手遇石而起,便是他那活动受了石头的支配;那得谓之自然呢? 不错,他之起,本是因遇着石头而起。但这正是他的自然处,正是顺利处,正是活动与环境调和融合处。遇石时教他不起不得;不遇石时,教他早起亦不得;石过时,教他不停更不得。他之一起一停,纯任自然,绝无强勉。生活无问题的时候,物我浑然一体的时候,生活的本身,就只是一个顺顺利利的向前活动。这样的活动,是自然的。

　　但这样的自然,不是放纵吗？遇着巧,固可以在生的路上自然地进行。不遇巧时,不会流入死的路上去吗？朝着死的路途进行,不是一样地自然吗;这种疑问,固是不能免的。但我们要知道:生活的方向,究只有一个。生活的原来方向,是向前活动的;那么同时便不能说向后活动也是它的原来方向。生活既是要生的,同时便不能说它是要死的。正如火是炎上的,同时不能说它是润下的。水是润下的,同时不能说它是炎上的。既认草木之欣欣向荣为生长,同时便不能说,日就枯槁,也是生长。生活的根本方向是生活,同时不能说"死"、"不活"也是生活。虽然,生活固不是"死",固不是"不活"。不过生与死之分别为一事,生活者是否不由生转入死为又一事。生活者在生的路上进行为一事,是否不转入死的路上进行为又一事。自然生活,果不至堕入死境？不过这种怀疑,初看去似很近人情。实则出于一个极可笑的误会。这误会就是误将生活者与生活分为两事。这样分开之后,便有这种怀疑。便以为生活者有时固可以走生路,有时却还可以走死路。但我们就事实看来,生活者果可与生活分开吗？生活者离开了生活,还是生活者吗？生活离开了生活者,果还有生活这件事的存在吗？譬如我现在忽然不存在了,还有我的生活这件事吗？反之,我的生活忽然消灭了,我还可以称为一个生活者吗？如果可以,那么我们喊死尸为活人便也是很合理的了!我们自己承认吗？虽然生活者固不可与生活分离,但生活与生活之目标是可以分离的,并且本来是两件分离的事。那么以死为目标,生活者朝着这个目标进行,果是绝无的事吗？果是讲不通的事吗？不错,生活与生活之目标,是可以分的;以死为生活的目标,也或者是有的事。但这又不是我们所要讨论的事了。我们所要讨论的,是生活,不是生活之目标。讨论生活之目标,是属于人生观的事。我们现在便只讨论生活。生活之目标,固有时是"死"。但未达到此目标之先的生活,却不是死的。却只是生活。

　　由上看来,生活之根本方向,固是生活;生活者与生活固不可分离;未达到死的目标之先,生活固仍只是生活。但我们之所谓物我浑融的生活,既如此其自然,如此其不勉强,又毫无一点东西来控制它;那么它为何绝不堕入死坑,为何总是生着的呢？为何遇着了险境,也自然而然地戒备起来呢？戒备,固也是自然的。但为何遇险就自然的戒备,不遇险就自然的不戒备呢？水手之见石起立,固是自然的;其自然固如坐着的时候一样。但为何不遇石头时便自然地坐着;遇着石头时,便自然起立呢?总而言之,生活既是自然的,既是毫无控制的;为何从不因偶然的情形而转入死境?为何环境中有一个异点,动作也随着起一个异点?生活为何能够这样自然而然地趋吉避凶?

这些问题,好像没有法子可答覆。实则这并不是一些问题。只要我们承认了生活,则生活之自然而然的趋吉避凶,生活之不堕入死境,种种特点,我们便已一并承认了。倘没有这些特点,我们便不能称之为生活。既认之为生活,便不能不认定这些特点。这些特点,我们想不出相当的名词来,姑且称之为"临机应变"。生活之所以叫作生活,正因它能"临机应变"。但这个"临机应变",只是生活之特点,并不是一个什么独立的东西,站在生活的后面为生活作主宰。虽然有许多下流的宗教家是这样推拟,但我们却不以为然。我们知道无问题之生活,只是浑然向前的活动。"临机应变",是这活动之特点。这个特点,好像周濂溪先生之所谓"神"。濂溪先生曰:"寂然不动者,诚也,感而遂通者,神也……诚精故明,神应故妙。"又论物与神之别曰:"动而无静,静而无动,物也;动而无动,静而无静,神也;物则不通,神妙万物。"又曰:"发微不可见,充周不可穷之谓神。"不过濂溪先生之所谓神,是指心性言。他以为心理受了外界的刺激,便能反应;这个反应,便是心理之妙处。心理运动时,是自然的,如未动一样。静止时也是自然的,也如未静一样。无论何种刺激,都可以发生反应。反应初发时,其微殆为我们所不能知;但反应之发展是可以无穷的。我们之所谓"临机应变",虽很像他所说的"神";但我们是指生活而言。生活无问题时,只是一个物我不分的,浑然向前的活动。这个活动虽很自然,很顺利,很安定,同时却又是很"临机应变"的。这个"临机应变"的特点,只是生活之特点;并非生活背后的一种动力,可以支配生活的。生活之所以能够被称为生活,就因为它是"临机应变"的。我们如不承认这个特点,便是否认生活。因为生活与"临机应变"是不可分离的;正如生活者与生活之不可分而为二一样。我们既承认了生活,就不能不承认生活之所以叫作生活的特点。

由上看来,物我浑然一体的生活,第一特性为安定。但安定并不是拘板的,所以第二特性即为自然。自然却又不是放纵的,不是往而不返的,所以第三特性为"临机应变"。既安定,又自然,又能临机应变,所以向前奔流的时候,很是亭亭当当,顺顺利利,同时却又很机警,不至流入非生活的死境。这样的生活,便是物我分立以前之一段生活,便是物我浑然一体的生活。

或曰:物我浑然一体的生活,固懂得一个大概了。但讲这种生活时,专以身体的活动为中心,好像不大说得通。谓物我浑融时,心理的活动,被包摄于身体的活动之内,更是不通之论。人类是高等动物,其最特异之点,莫如心理之独立活动。进步最快的,莫如心理之独立活动;功用最大的,莫如心理之独立活动。身体的活动与心理的活动,彼此是很不同的,彼此是很相反的。自从有心理学以来,身心之别,便辨得很清楚了;心理之活动,与身体之活动,彼此虽很有关,但很有分别。今谓二者浑融为一,谓心理之动被身体之动所包摄,这如何讲得通呢? 不错,我们也很知道身心是有别的。身体之动与心理之动是不同的。但二者不同为一事,二者曾否浑融为一体,或能否浑融为一体为又一事,身心果从未浑融为一体过吗? 果永不能浑融为一体吗? 无问题时,心身也是对立的吗? 心理之动,果不被包摄于身体之动以内吗? 我们知道:心理之活动是从身体之活动中跳出来的。未跳出之先,不是没有什么心身之别吗?

心身既曾有浑融为一体之可能,那么物我浑融的时候,心理之活动被包摄于身体之活动,便不算什么稀奇了。反之,物我浑融时,心身二者如不融成一片,且反讲不通。我们且先述一点心理的活动摄入身体的活动之事实。譬如我们早起,穿衣,洗脸,吃早饭等等,固都是身体的活动。当我们作这种活动时,心理作用,果与之相伴随吗? 穿衣时,果是一面穿,一面想吗? 吃饭时,果是一面吃,一面想吗? 当用手爬饭到口里去时,心里果正在想此饭如何应该吃,如何吃才好等等问题吗? 我想凡吃过饭的人一定都答曰"否"。因为吃的动作,大可以不要想的动作帮忙哩。我们或可说,这是机械的动作,固不必想。但这正可以证实"想"的心理作用被摄入"吃"的身体作用里面去了。反对者又曰,假是小孩初次吃饭,一切都不会的时候,他便不能这样自然的吃着;他便觉着用左手也不好,用右手也不好。有时他便想用左手,有时便想用右手。此时小孩虽然觉着,虽然想着,但同时他还是吃着,这不是心身对立吗? 何得谓二者可以浑融成为一片呢? 不过我们要分清;此时小孩的生活,早已不是物我浑融的了,早已成了问题了。生活上早已起了大震动。心理之活动与身体之活动,早已分显为二了。我们所谓二者浑融,心理之活动,被摄入身体之活动,乃指无问题之生活而言,乃指物我浑然一体时之生活而言。生活无问题时,心理之活动被摄入身体之活动以内,是不可疑的事实,只需我们去察看,便可以看出。

反之,谓生活无问题时心理之活动仍为独立的,其说实不可通。既谓生活是物我浑然一体的,那么所谓"我"究竟是指什么? 指心身并立的我吗? 如果心身并立,则二者彼此无牵扯,心理的方向是否与身体的方向一致,二者彼此如有牵扯,方向如不一致,那么便是生活上起了震动,发生了问题,便不得谓之物我浑然。反之,二者之方向如果一致,同时彼此又无牵扯,心理之活动并不出而引导身体之活动向前,或阻止其前进,换言之,即绝不出来作事。那么我们又如何知道这两者是并立的呢?我们所能察觉出来的,只是一个身体的活动,我们为何要故意造出一个心理的活动与之并立呢?

或又曰,生活无问题时,心身或者是浑然一体的,或者是分不开的。但分不开为一事,心理的活动是否被包摄于身体的活动为又一事。反之,谓身体的活动被包摄于心理的活动之内,又何尝不可呢?谓无问题时之生活,就只是身体的向前活动,这不是太看轻了生活吗?这不是把生活当作机械的了吗?我们若反转来,谓无问题时之生活,就只是心理的活动,谓身体的活动,是被包摄于心理活动之内的,这不好些吗?这不是把生活看得高贵多了吗?不错,这样抬高生活是很近人情的,很是出于一片好心肠。但抬高生活为一事,认明事实为又一事。生活固可任我们去抬高,事实却不可任意改变。有其事,不能谓无其事,无其事不能说有其事。无问题时之生活,果是心理的活动,而不是身体的活动吗?那么这生活与思想又有何别?我们所谓思想时候的生活,固是这样的。但思想生活为不得已而有的;便不能谓之为浑然物我不分的。程明道先生好像是专重心性的。他的定性书上有句话说"圣人之常以其情顺万物而无情"。但这句话果讲得通吗?既曰无情,为何又曰情顺万物?既曰情顺万物,为何又叫作无情?我们若把身体的活动加进来,便讲得通了。情顺万物,只是身体的活动临机顺应万物。无情,便只是指无独立向前追逐的心理活动而言。程氏之意,是否如此,不得而知。但我们则以为非如此是讲不通的。就实际看来,生活之积极方面,生活之本来面目,都只是无心之动。都只是无打算,无安排,临机应变,不知其然而然的向前活动。谓这个活动是心理的不是身体的,那只是否认生物上的事实。我们试看,儿童的生活,可谓自然极了,可谓无尔我内外了。我们可以说他的生活是独立的心理活动,而不是浑然无挂碍的身体活动吗?

物我浑然一体时,心理的活动被包摄于身体的活动,我们现在固可以承认了。但还有一层,有人不肯承认。这层即主观方面的活动,与客观方面的环境调和融合,浑然一体之说。人们都说,活动是属于自我的,属于主观的,与物对峙的。反之,环境是属于自我以外的,属于客观的,与自我对峙的。二者处于极相反之地位,一内一外,一主一客,一我一物;无论何人,只要稍微研究过一点学问,没有不说这两者是相反的。今竟说它们是彼此不分的,是调和融合的,这如何讲得通呢？这样说，不是太不近人情了吗？不是太与事实不符了吗？我们知道这种种的诘问是不能免的。但自我方面的活动，与客观方面的环境，并不因这些诘问，就不调和融合了。

反之，谓二者不调和不融合，乃不可通之论。正如无问题时心身分立说之不通一样。譬如小孩之升放风筝，在旁观的看来，固然动作是动作，风筝是风筝。但小孩自己果曾觉得有此分别吗？他曾知道他之动为"放"风筝，他所"放"的为风筝吗？实则他并不曾分别这些。他放风筝时，只是放着，只是不知其然而然地动着。他之"放"是很自然的，是未遇障碍的，是与环境的方向一致的。反之，他放的时候，所处的环境是很顺利的，是没有障碍的，是与动作之方向一致的。动作的方向朝此，环境如此迎之。环境之方向如此，动作如此顺之。环境固未曾强期迎合动作，动作也未曾强期顺服环境。二者只是不期然而然地调和迎合。虽然，旁观者看来，二者固是分显对峙；但就生活者本身立言。此二者固是浑然一体，固毫无分别。难者或曰，二者的方向，固可以一致。但一致为一事，生活者是否不分别此二者为又一事。环境果是永无障碍的吗？一旦发生了障碍，不会独立分显于自我之前吗？自我之活动果永是畅畅快快的吗？一旦遇了障碍，不会与环境对峙起来吗？不错，这种事实，也是我们所承认的。环境有了障碍，自我的活动遇了障碍，那么彼此自然会分显对峙起来。不过彼此这样分显对峙的时候，生活便不是无问题的了，便不是物我不分的了。便不是浑然的、一往直前的活动了。反之，乃已转入我们之所谓物我对立的，有问题的生活了。在生活有问题时，物我本是对立的，我们业已于第二章详述过了。若在生活无问题时，物我则绝对的调和融合。若物我不调和融合，那么彼此定有牵扯挂碍之处。有牵扯挂碍，生活上还没有问题吗？

由上所述，可知生活无问题时，（一）心理的活动是被包摄于身体的活动之内的。（二）身体的活动，复与环境调和融合。这样的情状，乃无问题时之特色。现在我们且据这个情状来说明几个常见的名词。我们在哲学上常遇着什么"绝对，无差别之境。"许多哲学家曰，我们人类生活之目的，在由现象界达到实体界。实体界是绝对的，无差别的。蔡子民先生《对于教育之方针》一文有曰，"现象世界间，所以为实体界之障碍者，不外二种意识：一，人我之差别；二，幸福之营求。及达实体界，则意识界之营求泯，人我之见亦化。合现象世界个别之意见为浑同，而得与实体界吻合焉。"所谓"意识界之营求泯"，不就是无独立向前追逐的心理吗？不就是心理的活动，被包摄于身体的活动吗？"人我之见化，合现象界个别之意见为浑同"，不就是物我不分吗？不就是自我之活动与环境调和融合吗？程明道先生之所谓"仁者与天地万物为一体"，也就是我们所谓物我不分之情状。不然，我与天地万物，究何由可以变成一体呢？

"自由"这个名词，也是很常见的。所谓自由，究有什么意义？心身之别，既已融成一个浑然的动作；动作复与环境调和融合。动作向前时，毫无挂碍，毫无阻塞，这不是自由吗？我们之所谓自由，不是说不受阻塞，不遇挂碍吗？如果不是说不受阻塞及挂碍，那么自由，究怎样讲？如果是说不受阻塞及挂碍，那么与我们那浑然一体的活动有何区别？我们那浑然一体的活动是不期然而然的，是无打算安排的。所谓自由，不是这样的吗？是期然而后然的吗？是有打算安排的吗？果是那样那复成何意义？那不是自相矛盾吗？就实际上看，所谓自由，却只是浑然的物我不分的活动。

与"自由"很相近的一名词为"乐"。乐这个名词，也只是我们那物我不分的生活的一个形容字。物我不分的生活，是物我浑然一体的。"乐"不就是浑然一体的情状吗？不就是物我不分，内外浑然一体的情状吗？假如有人于此，时时遇着障碍，心理的活动，时时单独向前追逐，这人还很快乐吗？反之他若快乐的时候，环境中果还有障碍吗？他自己还有单独向前追逐的心理吗？小孩在他母亲怀抱中笑着跳着的时候，不是我们所谓乐的时候吗？他笑跳时，心身不是浑成一片了吗，身体的活动，不是与他自身以外的一切调和融合了吗？

现在我们且把这章的意义结束一下。我们从事实观察下去，觉得无问题之生活是很普遍的。其第一特点，即身体方面的活动不遇障碍。第二特点为无向前追逐的，单独活动的心理，第三特点为环境方面没有阻塞。因此生活的本身，遂变成一个浑然的一往直前的活动。这个活动是很安定的，很自然的，又是很临机应变的。心理的活动，不及成立，便为它包摄去了。它自身复与环境浑然成为一体。我们平常所谓平等无差别之境，所谓自由，所谓乐，都只是就这物我浑然一体的生活而言。这种物我浑然一体的生活，乃物我对立的，有问题的生活之前一段，乃思想之来路。至于物我对立的生活之后一段，或思想之去路，我们于下一章便要开始研究了。

第四章　信　仰　生　活

物我分立的生活之前一段算已明白了。现在且来解答我们那第二问题，来研究物我分立以后之生活，要懂得物我分立以后的生活，我们最好再把第二章所论的思想活动讨论一番。因为物我分立以后之生活,既是继物我分立的生活而出现,既是接思想活动而出现,那么我们如果深知思想之进行,及其最后之目的,便可以找出或种的暗示,作研究物我分立以后之生活的引子。思想之功用,我们于第二章中明明的指出三种:第一种为限制行动,第二种为解放行动,第三种为指导行动。这三种作用,除第一种外,第二种、第三种如果都实行了的时候,思想自身,也就随着取消了。譬如我写字的时候,忽然笔头上发生了毛病,不能写了。第一步的思想作用,便令我停工,令我莫写了。停工之后,我便尽力的想着,心理的活动乃脱离身体的活动,独立向前追逐,以期找出一条准路,以便解放行动。迨至准路找倒了,行动解放了,独立的心理活动,便立时取消。换言之,即思想作用,立时消灭。就行动而言,思想之目的在解放行动。就思想自身而言,思想之目的,却在不思想。这话人或不以为然,实在是至浅鲜之道理,而不容怀疑者。我们试观察日常生活上所有之思想,其目的果有不在取消其自身者否? 小孩升放风筝时费尽了气力,总放不起。于是停止坐着,静悄悄的想着。但他这想的目的,果就在想的自身吗? 在一般守旧的哲学家中,固有主张为思想而思想者。直到最近,杜威博士,乃正式宣布,谓思想是解放行动的,指导行动的。我们且进问一句:行动果然被解放了,或被指导了的时候,思想自身,不是随着就消灭了吗? 小孩静坐想着的时候,其目的固不在想的自身,乃在如何能够继续升放风筝之一问题。直到此问题解决了,风筝可以重行升放了,他的思想作用,果还在继续进行吗? 我曾记得梁漱溟先生,曾说过"以思想取消思想"的话。这话并不稀奇,乃是事实上一个至浅鲜的道理。因为行动既经解放之后,思想便会自然而然的取消。

　　思想为何要取消它自己? 要答这个问题,除开说"思想自身是苦痛的",殆没有别的答案。我们的生活,原来是蓬蓬勃勃的向前活动。到思想发生的时候,环境中处处是障碍,行动被逼,以至停止进行。思想如不努力,如不能拟定新局面;行动便永无解放之机会。本来的活动,今被压迫而停止。本来是顺顺利利的向前进行,今遇阻碍而不能伸展。这不是很苦痛的吗? 本来的活动,很是安定,很是自然。今则不仅不安定,不自然,行动自身,且被压迫以至无出头之地。这种情状,如果久延,殆没有人能忍受者。行动畅快的时候,只是一往直前,无挂无碍,大有沛然莫之能御的势子。直到思想用事的时候,行动只图伸展且不易得。这样把本来的真面目取消,换一个不当有的情状;把正面取消,换一个反面。这不是极不可受的吗? 生活如果转入这段情境里面的时候,没有不极感苦痛的,没有不急图振拔的。要图振拔，只有拟定一新局面，把行动赶快的解放。行动解放了，这段苦境便不期然而然的取消了。大革命党想尽了方法要革命，革命事实未发见之时，总是想着。及事实实见，行动解放了，思想上的苦痛便没有了。

思想之苦痛，乃就生活之消极方面而言。若就积极方面说话，生活乃朝着自然平顺之境流着的。正如河水一般，总是向着低处流，向着宽阔之处流，向着平坦之境流。这种舍苦痛之境，朝着平顺之境向前奔流的事实，乃生活之特点。因有这特点，故遇着不顺利之情境时，总是努力的冲过去。如万分冲不过时，便折转方向另图他适。但可以冲过去时，没有不急速冲过去的。盖苦痛之境，本是生活上所不当有的，不是生活之正面。而生活之本来方向又是朝平顺物我浑然之境流着的。故一入苦痛之境，便特别不安，特别不自然，急于要恢复那自然平顺之境。消极方面，有苦痛为之驱使，积极方面，有自然平顺之境为之诱导，所以生活既发生了问题之后，便努力奋进，以期即刻脱去苦痛之境，而达入平顺之境。由苦痛转入平顺，断非一步可以达到的，中间必有一番经过。这番经过，即信仰生活所占领之范围。

思想之境，既苦痛矣；平顺之境，是第三章中所讲的绝对无差等的乐境。然则信仰生活，不过是由苦到乐，中间所经过的一段生活。苦在后面驱使，乐也好像在前面诱导一般，生活乃奋力于这两极之间。对苦境只期脱去，对乐境则自然而然的倾向着。信仰生活之前进，乃介于这两者之间。倘无苦境在后，或无乐境在前，则信仰生活，便不能成立。生活上倘永无发生问题之机会，或永无解决问题之希望，既无物我对立的生活，又无物我浑然的生活，那么这信仰生活，便永无出现之机会。所谓信仰生活，本是相对之名，本是有了"有思想"之苦，及"无思想"之乐这两个观念以后的一个名词。倘既无物我对立竞争之苦，又无物我浑然融和之乐，那么这段由苦达乐的过渡生活，便没有存在之所了。不过这样说来，一定有人误认苦乐为生活之原动力。

苦乐果为促使生活向前的原动力吗？这一问题，有两个答案。一个为肯定的，即承认苦乐为促进生活之原动力。最初之功利派如边沁（Bentham）一辈，都是这样主张。以为我们人类之生活，只是趋乐避苦。人类行为之善恶，一以苦乐为标准。行为如果可以增进快乐，或减少痛苦即为善。行为如果只能增进痛苦，减少快乐即为恶。一行为所生的结果，如果快乐多于痛苦即为善，反之，痛苦若多于快乐则为恶。行为之标准，固纯以快乐与痛苦为断；生活之鹄的，也是以快乐与痛苦为转移的。人类之生活，只是趋吉避苦、去苦就乐。一切奋斗竞争、努力、牺牲,无一不是营求快乐、避免痛苦。法国吕邦(Gustave Le Bon)也是这样主张。他以为群生活动之大原动力,即在苦、乐二者。群生之感情的及心灵的生活,全隶于感受苦乐之感受性。苦乐为促使群生活动之方法。群生如果无此二者,即不能生存。此外还有许多学人们以为苦乐为生活之原动力的。其说法与此也差不多。总是说生活是完全受苦乐支配的。一切动作营为,都是为的去苦就乐。

与此说相反者,另有一种主张以为生活之原动力并不在苦乐。人类之所以生活,只是不得不生活,也只是为生活而生活。一切营为,并非预计要避去何种苦痛,也并非预计要达到何种快乐。我们的活动,只是活动。快乐或苦痛,乃后起的,乃动作之后,所附生的。并不是未动作之先,即有快乐与痛苦两者悬于我们之前,为动作之主力。譬如吃饭,固是一种动作。要吃饭之时,并非为快乐而吃饭,实在只因要吃饭而吃饭。未吃之时要吃,既吃之后,快乐随之。综而言之,快乐或痛苦,都是行动之后的附产,绝不是行动之主力。这样主张的人很多。德国的帕尔荪(Perlson)及美国的詹姆士(W. James)其最著者。他们都以为生活之原力就在生活,行动之原力就在行动。我们之生活,是为生活的,不是为快乐或苦痛的。帕尔荪于其所著《伦理之系统》中《至善快乐论》一章内论此最详。詹姆士于其所著心理学中曾说,"吾人感动表现之中,苦乐未常参与。何人曾为乐而皱眉? 何人因乐而呼吸?"最近杜威博士也不以快乐及痛苦为生活之原因。他于所著《伦理原理》(与达夫茨合著之《伦理学》之第二部)中,常常说及此事。他以为生活之原力,并不是苦乐。苦乐乃行动之后的附产。谓苦乐为生活之原力者,正如系车于马之前,叫马拖起走,实是倒置因果。杜氏之意与帕尔荪及詹姆士之意略同。都是否认苦乐为生活之原力。

谓苦乐为生活之原动力,如边沁辈所主张者,我们不敢赞成。谓苦乐非生活之原动力。如帕尔荪辈所主张者,我们也不敢赞成。我们固然说过苦境与乐境为信仰生活之两极,固然说过信仰生活之前后为苦乐。但与这两说截然不同。这两说彼此虽极相反:一则主张苦乐为生活之原力,一则否认苦乐为生活之原力。然有一共同之错误。主张苦乐为生活之原力者,误以生活与苦乐为分离的,以生活为一事,以苦乐为又一事。误以苦乐为有定之对象,生活为达此对象之进程,正如小孩失去了一个皮球,尽力寻找。皮球为对象,寻找为进程。快乐或痛苦,我们若就事实观察,果为(一) 有定之对象吗? (二)果可与生活分离吗? (三) 生活果是达到快乐或痛苦之进程吗? 实际上我们曾察知快乐或痛苦为实在,为具体的对象,可供生活去寻找否？就事实看,此种说话,实不可通。反之,否认苦乐为生活之原力者,也犯了同样的一个错误。也误以生活与苦乐为分离的,也以生活为一种进行,也以苦乐为有定的对象。他们虽不主张生活为达到苦或乐之进程,然其误以生活与苦乐为分离的,则为不可掩之事实。彼不以苦乐为生活之原力。反之,乃谓苦乐为生活之结果,为事后之附产。这样换转来说,好像是很近事实了。实则仍是误以苦乐与生活为可分离的。不过第一说以苦乐为生活之原因,第二说以苦乐为生活之结果,稍有不同。至于把苦乐从生活里面搬出来讲,同是一样的错误。因这个根本的错误,人生哲学上,便发生许多纠纷。承认苦乐为原因者,有时总免不了要受反对派之攻击。否认苦乐为原因者,有时也要受反对方面之攻击。盖二者本来都没有站得脚稳哩。

至于我们之所谓苦乐,则不是这样的。(一)我们之所谓苦乐,并不是客观的对象,并不是与生活分离的。反之,只是指生活的情状而言。只是生活上有这两种不同的状态。如果把苦乐两观念从生活里面抽出来讲的时候,把它们作形容词看固属可以;若视作两种独立的与生活分离的事物,那便没有意义了。所谓快乐,只是指生活;离开生活,快乐这个名词,就没有意义了。因快乐与生活本只是一件东西:就实体言,谓之生活;就性状言,谓之快乐;二者并不是彼此分离独立的。所谓苦痛,也是这样,也不是说生活本身以外的一件什么东西。(二)苦乐为任何人的生活所必经之情状。苦痛为有问题时生活之情状。因有问题时,生活已失其原来顺顺利利向前奔流之状,而达于不得已之境了,所以为苦痛的。无问题时,生活只是一往直前的奔流,毫不遇着阻碍;只是浑然一体的,无内外尔我之别。我们名此种情状为快乐,也只是因为它是浑然一往直前无挂无碍。这种无问题的生活,及有问题的生活,乃人人所必经过的,所以苦乐二境,也是人人所必遇的。(三)此种苦乐之境为变动的。苦境为生活上不得已而有的。我们生活到了这样的境况,实在是出于不得已。并非谓此种生活好些,故意霸占。反之乃时时设法与之脱离。一旦脱离了,这境况便消灭了。至于快乐之境,当生活尚未达到的时候,固不成为一个境况。直到生活脱去了苦境,达到了它的范围的时候,它才实现。这个境况,未达到之先,固不知其为快乐的。但既与苦境相反,且为脱去苦境之后所必须达到之境,我们强名它为乐,固属无妨。此两种境况,并不是两种同时并立的生活,更不是先生活而存在之两种境况。只是一个不断的生活,往前进行时,在时间上所呈露的两种相反的情状。(四)此两境不是直接相接连的,乃间接相接连的。间于这两者之间的那个状态,即是信仰生活。信仰生活之前,为苦痛之境,信仰生活之后,为快乐之境。(五)信仰生活自身是向前进行的。当其进行之时,一面渐与苦痛之境远离,他一面,乃渐与快乐之境接近。这种由苦达乐之进行,既不以苦乐为它追逐之目的,复不以苦乐为它生出之结果。若是那样,那便是以生活为一事,以苦乐为又一事了;那便是与事实相反了。反之,它只是向前进行。不过它之前(时间上之先)一段情状为苦的,它之后(时间上之迟)一段为乐。它只要进行,便不期然而然的离开了苦境,接近了乐境。就这个进行的本身讲,可以说它是去苦就乐的。就乐境方面讲,可以说乐境是引导行动向前的;就苦境方面讲,又可以说苦境是驱逐行动向前的。分而言之,固可以区为这三方面:一苦境,二向前之行动,三乐境。实则只有行动这件事。不过这个行动,是由苦达乐的。正如河水一般,由高处向平处流着。高处之流固是流,由高处以达到平处之流也是流,到了平处,流还是流。又如一个小小的圆木球,放在一个木槽内,由高处向低处滚着。在高处滚的是这球,由高处到低处的,也是这球,到了低处,滚的仍是这球。不过在高处之滚是不可久有的,低处之滚是必会达到的。我们的生活由有问题时,达到无问题时,也是这样,也是很必然的。这样看来,信仰生活,乃由有问题达到无问题之间的一段过渡生活。我们现在且来研究这段生活之本身。

　　信仰生活的成分,很是复杂。有的说,信仰就是意志作用。这是根据心理学的三分法而说的话。普通讲心理学的人,都以为心理有三个方面:科学属于知识一面,文艺美术属于情感一面,信仰则属于意志一面。我们就假定信仰是属于意志的;但意志作用这件事,很是复杂,很是难讲。所谓意志,究是什么? 其作用又如何? 它显作用的时候,果是单独进行,抑还有与之相伴随的它种成分? 如有它种成分,则它种成分又是一些什么? 与意志的本身有何种关系? 但这还只是就信仰说话,已经有这样复杂;若就信仰生活说话,不更复杂难讲吗?

　　但复杂难讲,并不是说绝不可解释。反之,我们若懂得了信仰生活与他段生活之关系,倒也不见得十分难讲。上面我们已经说过,信仰生活,是介于有问题与无问题之间的一种由苦达乐的过渡生活。我们现在依据这句话所关涉之各点讲下去,便可以明白信仰生活之各种成分。我们既谓信仰生活为由苦达乐的过渡,那么苦痛这件事实,是不可不注意的了。虽然我们若说苦痛就是信仰生活之主要成分或根本原因,那不仅别人不承认,就是我们自己也很不以为然。不过我们从反面看去,信仰生活,的确是与苦痛生活为缘的。假使一个人自有生以来,从未遇过什么问题,从未感着什么生活上的震动。所过的生活,都是物我不分的,浑然向前的活动。那么他还会发生什么信仰吗? 譬如小孩初生,无知无识,浑然一团和气,既未遇过问题,也未感着苦痛,我们也可以妄加推测说小孩有信仰吗? 反之,从他一面看去,倒很容易看出信仰这个事实是由苦痛或不自在所激成的。譬如许多的野蛮人遇着了问题,或碰着一些不能解释的事实,就当时的利害讲,非把问题解决,非把事实弄明,心理是万不能安的。正如梁漱溟先生所说"好像是无路可走的样子,走不下去——生活不下去——的样子"。因这缘故,便发生许多下等信仰。就是很文明的人,也是这样,遇着了不可解决的问题,便要设法找出一条通路,进行他那信仰的生活。不过通路未找出之先,信仰生活,还是没有。因为"找通路"与"过信仰生活",只是时间上先后的两段,不可同时并立的。

讲到这里,我们便遇着一个难题:所谓"找通路"究与思想作用有什么区别? 我们讲思想的时候,已经知道,思想的职务,在"拟定局面"以便解放行动。今谓"找出通路"以便进行信仰生活。然则"拟定局面"与"找出通路"二者,究竟有什么区别? 如果没有区别,可以的吗? 就事实看,是可以的。我们要知道,"找出通路",只是信仰生活的准备,并不是信仰生活的自身。所以"拟定局面"与"找出通路"二者尽可以一致,而思想与信仰绝不会合而为一。由此看来,信仰之前一步为"找通路",而"找通路"复与思想之职务相同;那么信仰之前一步即为思想是无疑的了。

不过我自己说无疑,人家未必也无疑。反之,我若说信仰是由思想而来,人家一定说我荒谬绝伦。信仰是属于意志的,思想是属于知识的。信仰属行,思想属知。二者截然两样,性质不同,作用不同,如何可以说信仰是由思想而来的呢? 譬如野蛮人之信奉蛇、黄鼠狼、火神、河神、瘟神,以及中国人之信奉祖宗鬼怪等等,是出于思想的信奉吗? 这样说未免太不近事实了。信奉这等事物的人,知识思想,实在很幼稚。从反面看去,知识思想愈高的人,这等信仰愈少。可见思想与信仰是成反比例的。今谓信仰出于思想,未免有点说不通。不独说不通,而且是很大的错误。我们只可说思想克服信仰,不可说信仰自思想而来。

但实在说起来,这种反问是很浅薄的,是很可笑的。我们只要拿这等信仰的来路或前一步的生活情状看一下,便知道信仰出自思想之说,是很平常的。我们应当明白野蛮人之信奉瘟神火神等,当其未信奉之时,固仍当用思想,并不是生来就只有信仰。未信仰此等物之先,固仍是努力在解释此等物,说明此等物。或以为此等物是有害的,或以为是有益的。或以为此等物能作福,或以为能作祟。

明确断定之后,便信奉之。野蛮人之解释此等物,说明此等物,无论如何不近人情,无论如何幼稚不合理;但当其解释之时,其心理作用,与我们那思想之拟定局面,固是一样的。我们不能说我们拟定的局面拟得很好,拟得很合理,就叫作思想;他们解释事物,解释得不合理,就不叫作思想。中国人之敬奉祖宗鬼怪,也是这样。当其未信奉之时,固也曾设法解释祖宗鬼怪之为何物。解释之后,始加信奉。虽然现在中国人之信奉祖宗鬼怪,好像生来就信奉。但这并非信仰不出于思想之证据。这只是因为此等信仰成立已久,已经变成了民族习惯,不须想了,不须解释了。当此等信仰未成立之先,固仍有一种说明。此种说明,其作用固与思想无异。

上面所述的这等信仰,乃下等的,其产此信仰之思想,也是很幼稚的。且是等信仰,是属于野蛮人的。但信仰与思想之关系,固无分于高等、下等,也无分于野蛮、文明。即高等信仰,文明人的信仰,其性质或有不同,然其与思想之关系则是一样。我们深信太阳天天会从东边出来,从西边落下。但当这等信仰未成立之时,果绝对没有说明的,我们固知道,我们的祖先初有此等信仰之时,天文学尚未发达。这等信仰,固不是天文学解释出来的结果。但天文学虽未成立,却仍可以有他种相当的说明。其说明虽不近人情,虽不合道理;然其作用,固与我们那思想之拟定局面是一样的。等到天文学发明以后,我们对于太阳运行的信仰,更加坚定。但这并不是盲目的信仰,只是因天文学能予我们以更详细更合理的说明,故信仰愈坚定。有人说,我们这等信仰是科学的信仰。科学的信仰,固必由思想而后可以产生。若野蛮人的下等信仰,则绝不是出于思想的。这种误谬推理,乃由于误认思想之结果为思想之进行。因野蛮人思想的结果不好,遂以为他们无思想的进行,故推论他们的信仰为非出自思想的。实则思想的结果与思想的进行完全为两事。野蛮人的信仰,虽是下等,然其成立之先,必有思想的进行,固是与文明人无异的。

野蛮人之信仰既是与文明人之信仰一样,同是由思想产生出来的,那么野蛮人与文明人,在思想与信仰这方面果是一样的吗?果无高下之分吗?不然,文明人是文明的,野蛮人还是野蛮的,文明人之信仰,与野蛮人之信仰,可以绝不相同,文明人之思想,与野蛮人之思想,也可以绝不相同。但信仰与思想之关系,信仰出自思想的这个事实,无论野蛮人也好,文明人也好,却是绝对一样的。文明人固然有思想,但思想是产生信仰的;野蛮人固然有信仰,但信仰是由思想产生的。文明人与野蛮人思想的结果虽很不同,信仰之对象虽很不同,但彼此均有思想的进行,彼此的信仰都是由此进行产生的。文明人之思想与信仰两者自身的性质,固是随时变化的进步的;但两者之关系总不变。野蛮人之思想与信仰两者自身的性质固很与文明人不同;固都很幼稚,然两者之关系总是不变。由此看来,文明人与野蛮人之不同,不在他们那思想与信仰之消长,不在他们那思想与信仰的分量之增减,只在他们那思想与信仰的内容或性质之不同。思想与信仰自身的变化,尽可以有千差万别,但二者之关系无论在何时是一样的,信仰总是出自思想的。

信仰之出现,固是思想的结果。但思想并不直接产出信仰。信仰是一种心理的倾向。所倾向的那个目标,是思想产生出来的。目标产出之后,信仰心便朝着它倾向着。我们在上面屡次说思想产生信仰,实是说思想产生信仰心之目标;不过目标刚定,信仰心便朝着它倾向。信仰之目标,与信仰心自身的倾向,实是同时的。所以思想刚产生了信仰之目标,我们便说它(思想)产生了信仰,并不算错。然则信仰之目标究竟是什么呢?质言之,就是我们在第二章里面所讲的,思想拟出来的一个新局面。野蛮人之信瘟神,瘟神这个名词,即是一个局面。无此信心之先,瘟神固不叫作瘟神。瘟神之所以叫作瘟神,全是无信心时以思想规定的。无信心时,思想以为有某物,在某处,能作威,能作福,能降祥,能降殃。如此断定之后,命以瘟神之名。此名既立,信心乃朝它倾向着。中国人之信祖宗神鬼,也是这样。无信心时,固无祖宗神鬼之名。迨至思想创出祖宗神鬼等名词以后,信心乃朝着它倾向。科学的信仰也是这样。略学过科学的人,都相信"地球于 3 659 422 日之内必绕日一周"。地球绕日……的这句话,是科学宣布出来的。既宣布之后,便是一个局面,信心便朝着它倾向。有人说,科学的信仰,固是出自思想。若下等信仰,则绝不是思想所产出的。这话我不相信。我以为信仰无论如何低劣,只要它有目标,那个目标便是思想的产品。野蛮人之信瘟神火神,是信瘟的神、火的神,并不是信瘟与火。既是信神,而神这东西,又不是具体的,又不是与草木鸟兽同类的。然则不是由思想构成的,果是什么构成的呢?如果说是信仰构成的,那么信仰自己,当那"构"之之时,便已变成思想了。

思想为信仰而建立一个目标,信仰心乃朝此目标倾向着。我们平常所谓信仰,就是指这目标,及信仰心对这目标之倾向两者而言。单有目标,而无信仰心对它倾向着,便不能谓之信仰。信仰只是一个抽象名词。它所代表的是信仰心之倾向及所向之目标。

讲到这里,便有人要问:信仰心与思想之活动有什么区别呢?这个疑问,是很合理的。我们且分成下列几点答覆：（一）信仰心是朝着目标倾向着的，思想则是寻找目标的。（二）信仰心是有定的；因为目标已经定了，信仰心只朝此目标倾向，不必别有所图。思想则是无定的；因为目标未定，尚须四处寻找。（三）信仰心起于找出目标之后，或与目标同时出现。思想则先目标而出。目标未定之时，正是思想用事之时。（四）信仰心因有了目标而显其作用，而生长而发育。思想则因有了目标而消灭而退避。由这四点看来，信仰心与思想之别，大概可以分辨清楚了。

信仰心与思想之别既明，但随着又来一问题：即信仰心与行动之关系究竟如何？换言之，即信仰成立之后对于行动有什么影响？这问题是关于信仰之效力的问题。信仰之效力当然很复杂。然其对于行动最大之效力，即在（一）使行动集中。我们的行动，当未有信仰之时，是很散的、很不集中的，是向各处乱投的。正如一杯之水，倒于平地上面，流虽是流，可是毫无一定的路道。这里是水，那里也是水。但这里也流得不顺畅，那里也流得不顺畅。我们的行动，当未有信仰来管辖时，也是这样，漫无一定的路道，直到有了信仰的时候，行动便集中了，便朝着一定的路道向前进行。正如水在河中流动一样，集成一路，并不分散。（二）使行动向前。行动原来是散的，但有了信仰，便集中了。不过单只集中了，而不能向前进行，那还不算行动。既是行动，便须向前进行。信仰之效力，正是使行动向前的。人当未有信仰之时，未有目标之时，行动总是无力的。及至有了信仰，向前的力量，便特别的大。譬如现在的学人们，个个都喜欢谈一谈什么"社会改造"。但实行改造社会的人很少，这都由于没有一定单纯之目标，一定的信仰之对象。所以行动的力量很薄弱。反之，那般稍有信仰的人，如真正信奉马克思主义的人，便不同了。他们的行动好像有力些，好像勇猛些。这只因他们略有信仰，故而如此。（三）使行动有定向。没有信仰时，行动是分散不集中的，是萎靡不振的。有了信仰，便集中了，便勇猛了。但单只集中，单只勇猛，倘无一定的方向，那便只是乱动。真正有效的行动是集中、勇猛而有定向的。信仰便能使行动有定向。信仰之目标，如果明确，信仰心又极热烈的朝着它倾向；那么行动也是朝着这目标进行的。今日信仰马克思主义的人的行动，很足以证明这个事实。马克思虽没有什么打倒国际侵略主义，及打倒国内军阀的口号；但信马克思者自己造出这两句话，持之很坚。于是一切行动，都朝着这两句话倾向。好像长江之水，一定由西方向东方流而不能稍变一个样。使行动集中，使行动向前，使行动有定向：算是信仰对于行动最显著的影响。现在我们只说这几点，也可以看出信仰的效力之大。

　　信仰对于行动之效力，算明白了。但信仰与行动之区别又怎样呢？这问题我们可用下列诸点来答覆。（一）信仰是行动之模型，行动是实现信仰之实质。模型是不具体的，实质则是具体的。譬如国内有许多真正信马克思主义的青年，开口闭口，总离不了"打倒国际的侵略主义及国内的军阀"。这两句话，简直是他们的一个模子。他们那具体的行动便是实现这模子的。正如画像的，先用铅笔打好一个影子，然后用颜色填进去。影子被颜色填满了，像也就画成了。行动之于信仰也是这样。信仰实现了，行动也就完成了。（二）信仰心倾向着信仰之目标，行动则依信仰心进行以实现目标。信仰心先出现，行动后出现。信仰好像是打先锋的，行动好像是打接应的。信仰心从我放射出去，行动便随着它向前进行。信仰心所达到之境，行动在一时虽未必能达到；然信仰心必提携诱导，使其能够达到。

　　行动、信仰心，以及信仰之目标，三者相互之关系，算已明白了。现在我们且进而讲一讲三者之次第，看那一个在时间上先出现，那一个先消灭。由上所说的种种看来，信仰之目标，算是首先成立的。我们已经知道：信仰是由思想产出来的。但思想最先产出的，只是一个新的局面。这个局面便是信仰之目标；所以信仰之成立，其最先出现的成分就是目标。目标既定之后，信仰心便朝着它倾向。倘无此目标，便无信仰心。信仰心是继着目标而起的，或是与目标同时出现的；但绝不能先目标而出现。信仰心之所以为信仰心，正因为它是倾向着某种目标的。倘无目标而谓有信仰心，那种信仰心（如果仍叫作信仰心）便不是我们所要讲的了。由此看来，信仰心乃继目标而起的，或与之同时而起的。信仰心既出，行动便随着而起。我们不论行动与信仰心出现之先后次第则已。如果要论它们那先后之次第，我们实在不能说行动是在先的，信仰心是在后的。虽然行动之后，有时固也发生信仰心。这样发出之信仰心，好像是在行动之后。但细心观察去，一定可以看出这样发生的信仰心，并不是真正直接继行动之后的。反之，乃行动遇了困难，逼出了思想，思想乃创设一个局面为信仰心之目标。不过为时甚短，好像信仰心是直接继行动之后而起的。实则信仰心万不是直接继续着行动的。至于行动，那倒是直接随信仰心而起的。由此看来，信仰之目标，最先发生，次乃发生信仰心，末乃发生行动。三者发生之先后次第就是如此。这种次第，是事实如此，万不能由我们倒置。

　　三者完全出现，成一种互相牵制之势。生活如果转到这种情势之下了，我们便谓之为信仰生活。但信仰生活，并不是永久不变的。我们于第一章批评主张信仰生活者之时即已论及。我们知道，信仰生活，也只是生活之一段。到了某个定点，信仰生活乃转入他种生活。譬如信奉马克思主义者，主张打倒国际帝国主义及国内军阀者，所过之生活，我们固可以说是信仰生活。但他们终身就只打算过这种生活吗？他们终身就只信奉，就只主张吗？终身不打算将所信奉的实现出来，所主张的实现出来吗？如果没有这种打算，而谓有信仰，有主张，那实在令人难信。所以信仰这个东西，总必有实现的时候。有时实现的时候固然很迟；但信仰之有意义，只因它有实现的可能性。倘无此可能性，便不是我们之所谓信仰了。信仰既有实现的可能性，那么信仰如果实现了，信仰生活，不就随着消灭了吗？不就随着转入他种生活情状里面去了吗？

然则信仰生活如果消灭的时候，生活又转入什么情状呢？我们就事实看来，除恢复物我浑然一体的情状之外，殆别无出脱。信仰实现之时候，便是行动完成的时候。行动完成，便是目标实现，目标实现，行动完成，信仰心固无所施其作用了。此时新问题尚未发生，旧目标已经达到。心理既无朝着某方追逐之必要，行动复无被牵制之痛苦，新问题未发生，思想复无所施其作用。在这种情形之下，如有活动，不是物我一体，无所为而为，不知其然而然的动作吗？这样的动作，不是我们所讲的物我浑然一体的生活吗？彼主张奋斗生活者，能够否认信仰生活转入物我浑然一体的生活这个事实吗？物我浑然一体的生活，即我们之所谓乐境。信仰生活既要达到这个境界，那么我们前面所说的"信仰生活为由苦达乐的过渡生活"这句话，算是没有疑义了。

讲到这里，我们所要讲的，算是讲完了。但所讲的都无问题了吗？我们自己当然以为没有问题了。但人家却不以为然，好像信我们不过的样子，常常拿着下面两个问题来责难我们。（一）信仰之对象，果是思想造出来的吗？（二）信仰果都可以实现吗？

发第一问的人，总以为信仰之对象，不一定是思想造出来的。若科学信仰之对象固可由思想造出；至于他种非科学的信仰或宗教的信仰之对象，则绝不是思想造出来的，反之，乃超于思想的，乃反乎知识的。明达如梁漱溟先生，好像也是这样主张。梁先生于《东西文化及其哲学》内论宗教之特点曰："宗教必以对于人的知识之超外背反立他的根据。"普通一般讲宗教信仰的人，都以为信仰是反乎知识的。譬如野蛮人之信奉瘟神、火神等，中国人之信奉祖先鬼怪等，西洋一部分人之相信上帝创造宇宙等，果可以思想解说么？果皆出自思想吗？火神、瘟神、祖宗、鬼怪、上帝创造宇宙,这等糊涂观念,果是思想制造出来的吗?

上面这段疑问不知不觉地又形成两个截然不同的问题:(一)信仰之对象果出自思想否?(二)信仰之对象果可以思想解说否?第一问我们早已答覆了。盖信仰之对象并不是与生俱生的。人类最初到世上来的时候,果就带了火神、瘟神、上帝创造宇宙等观念同来的吗?却不然。人类最初只有生活。直到生活遇了困难,生活不下去了,思想乃出而创设或拟定一个理想的局面,来作信仰之对象。不幸所拟的很幼稚,不是合理的科学,而是一些瘟神、火神、上帝创造宇宙等等,我们现在看不上眼的东西!但我们可因这些对象看不上眼,便说它们不是出自思想的吗?如不是出自思想的,然则是与生俱生的吗?如不是与生俱生,又不是出自思想,难道是信仰自己造出来的吗?信仰自己而能拟定局面,造出一定之对象,那种信仰便已变成了思想哩。

若"信仰之对象果可以用思想解说否"这个问题,更是不成问题之问题。夫信仰之对象,原来本没有的;只是后来生活上发生了困难,思想乃出而构造一个这样的对象,以为行动之出脱。既是思想构成的,为何不可用思想去解说呢?譬如有木匠于此,作成了一张桌子,你要他解说给你听,他果解说不来吗?他怎样作的,他便能怎样解说。野蛮人或文明人对于信仰的对象之解释,也是这样。他怎样构成一个对象,他便能怎样解说这个对象。他怎样构成一个瘟神,他便能怎样解说这个瘟神,我们不能因他解说得不称现在我们的意,便说他不能解说。梁漱溟先生说:"……例如那蛇与鼠,在礼拜它们的,都说它们是大仙,具有特别能力。若照我们的知识作用去论断,总说不下去……"(《东西文化及其哲学》页一百三十四)梁先生说这话,是要证明宗教信仰是背反知识思想的。那知道不仅不背反知识思想,反之,乃证明宗教信仰是出于知识思想的。礼拜蛇鼠的人说蛇鼠是大仙有特别能力,不就是知识的解说吗?未曾这样解说之先,也去礼拜吗?他们之说蛇鼠为大仙,有特别能力,与礼拜蛇鼠,果是一事吗?果都出于信仰心吗?虽然,谓蛇鼠为大仙的这种解说,固是很幼稚;但我们不能因它幼稚,因它与我们现在的意见不合,便说不是知识的解说。

现在我们且来答覆第二问。一切信仰,果都可以实现吗?对于这问题平常总只有否定的答覆,一般人都以为信仰不一定可以实现。譬如信仰上帝的,也以为上帝可以实现吗?不错,上帝这个东西,恐怕没有实现的时候。不过这里我们要问:凡信上帝的,果是信上帝这个名词呢?还是信上帝有什么作用?我们就事实看来,凡信上帝的,绝不是为上帝而信上帝,绝不是相信上帝这个名词,可以于某年某月变成一个有手有足的实在上帝。反之,乃相信由上帝这名词所发生的作用。譬如相信上帝能作威作福,或赏善罚恶;都只是信上帝的作用。作用这个东西,是可以设法避免或迎合的。凡信上帝能作福作威的,便有法子致福去威。倘福也致了,威也去了,不就是信仰实现了吗?凡信上帝能赏善罚恶的,便有法子行善避恶。倘善也行了,恶也避了,不就是信仰实现了吗?信蛇鼠的,也是这样。并不是相信由蛇鼠这两个名词,长成一条几尺长的蛇,及几斤重的鼠。反之,乃信蛇鼠所有的作用。作用是可以设法避免或迎合的。倘应避免的避免了,应迎合的迎合了,信仰不就实现了吗?反对者曰,信仰某对象之作用,就是信仰对象之自身。对于某种作用之信仰,固可以实现,信仰之自身,是不可以实现的。但我们只问一句这种不可实现的对象,除去了作用,果还有什么?不独上帝,就是一切优等劣等文明的野蛮的种种信仰,其对象果是单独存在的否?除开作用,果还有对象否?或曰,有些信上帝的,并不说上帝有什么作用。只说信上帝时,将来便可以见上帝。但这说正与我们所说的一致。我们说信仰,是可以实现的。这说以为信上帝便可以见上帝。那么到了见着上帝的时候,信仰不就实现了吗?虽然见上帝的时候,或者很迟;或竟迟至来世。但不能说见得迟,就是信仰不能实现。实在说来,信仰之能实现,固与迟早无关。迟实现也是实现,早实现也是实现。由此看来,信仰可以实现。这句话算是无疑了。或又曰,信仰固可以实现,但有些人虽有信仰,而不打算实现,且其信仰很坚。我们对于这些不必实现的坚强的信仰又将何说呢?不错,这种情形也是有的。但这是否为信仰,很是一问题。我们且留到第六章论科学的时候去解答。现在我们且把本章结束一下。

信仰生活,乃从思想生活来的。思想之自身,时时有倾向不思想的趋势。思想之时,生活是物我分离的,为一种变态。思想停了之后,生活乃折入物我浑然的情状之内了。由物我分离达到物我浑然,或可以说由苦境达到乐境,中间的过渡生活,即为信仰生活。苦境乃信仰生活之来路,乐境乃信仰生活之去路。苦乐乃生活之两种情状,并非生活以外的独立的东西。信仰生活之由苦达乐,乃自然的趋势。信仰之对象,乃知识思想所造成的。信仰与思想的关系,无论文明人、野蛮人都是一样的。文明人的或高等的信仰固是出于思想;野蛮人的或下等信仰,亦复是出于思想的。思想固有好坏之不同,但信仰之对象无论如何不合理,总是由思想而定。信仰既立,行动随之。行动完成了,目的达到了,信仰心也随着消灭。信仰消灭之后,旧目的已达到,新问题尚未发生,所有的新行动,均是无所为而为的,此时生活,殆已到了物我浑然一体之境了。

第五章　物我浑然一体的生活之动摇与生活进化

我们于第二章内,把物我分立之生活,讲了个大概。于第三章及第四章内,把物我浑然一体的生活及信仰生活,也讲了一个大概。物我浑然一体为生活之正向,为生活之本来面目,为物我分立的生活之前一段。信仰生活,为物我分立的生活之后一段,为由物我分离达到物我合一之过渡生活。把生活这样解释一周,好像把生活之内容都说明了,不过这样解释,仅只就已有的事实说明了一部分。至于物我浑融的生活为何转入物我分立的生活;物我分立的生活,何由转入信仰生活,均未论及。现在我们要进而问(一)物我浑然一体的生活,为何不能保其平衡的状态?为何一定要转入物我分立的状态之内?其转动之情形,又是如何?(二)物我分立的生活,何由转入信仰生活?转动时所经过之情状如何?有什么方法,可由物我分离的状态转到信仰生活的状态?第一组的问题,我们于本章内解释,第二组的问题,于下一章来答覆。

我们于第二章内曾说过:问题发生时,生活上必发生震动;震动愈大,物我便冲突起来;冲突到极点,生活便变成痛苦难堪的。我们现在要问:生活原来无问题,为何后来又发生问题?生活原来是物我一体,为何后来又发生震动?生活原来是爽爽快快的,为何后来又变成痛苦难堪?要答这些问题,除承认物我两方之变动外,实无更可靠之根据。反之,物我两方之变动,乃问题发生时之特征。我们能够找出某人的生活,当发生了问题时,物我两方都没有变动吗?换言之,物我两方都发生了变动时,生活不是发生了问题吗?且举一个实例来讲,譬如我此时正在写字,生活上算是毫无问题。忽然这生活上起一震动,发生了问题,不能继续往下写了。这时问题之所以为问题之根据在那里?从客观方面看,不是笔坏了,便是纸坏了。不是纸坏了,便是墨坏了。不是墨坏了,便是桌子坏了。不然,便是光线忽然变成太强或太弱,不便于写。再不然,便是空气忽然变成太冷或太热。从主观方面看去,不是手疲了,便是眼花了。不是眼花了,便是背痛起来了;不然,便是肚子饥起来了。倘不是主观方面发生了变动,又不是客观方面发生了变动,那么我只是顺顺利利的向前写将下去,所谓问题,究何由能够成立呢?反之,我这写字的生活,果真发生了问题时,主观方面,果绝无变动吗?客观方面,果绝无变动吗?问题成立之原因,不于两方面之变动上去推究,果从何处推究?如有另外的可以推究之处,那么它之存在果是超出物我两方面之外的吗？

问题发生之原因，固是由于物我两方发生变动。然则物我两方之变动，究何由而发生呢？总括说来，物我之所以变动，完全是由于运动。运动有天然之运动及自我之活动两大类。天然之运动，可以产生自我与环境两方面之变动；自我之活动，更可以产生自我与环境两方面之变动。譬如农人之遇着天灾，减少收获，算是环境方面之变动。这种变动，乃天然的运动之结果。又如我之写字，忽然天黑了不能写了，这也算是环境方面之变动。这种变动，又是天然的运动之结果。自我之活动，对于环境方面之变动，也有绝大的影响：所谓改造环境，征服天然，都是指自我之活动，对于环境所生之变动而言。自我之活动，势力愈大，环境方面之变动也大。天然之运动与自我之活动，二者固可以直接产生环境方面之变动；但同时复可以间接产生自我方面之变动。农人因天灾而减少收获，心理方面，不受若何之影响吗？反之，如不遇天灾；且因自己之努力而得丰满之收获，他心理方面还是同受了天灾一样的吗？又如我之写字，写久了，手疲了，这不是自我之活动对于自我所生之变动吗？又如小孩子之打球，忽然球破了，不能打了，这便是自我之活动对于环境所生之变动。又因打久了，身体疲倦起来了，这便是自我之活动对于自我所生之变动。总而言之，物我两方之变动，完全以天然的运动及自我之活动二者为准。这两种运动愈大，物我两方之变动也大。这两种运动若完全停止，物我两方之变动绝不会发生。这两种运动若永无停止之时，则物我两方之变动便永无已时。

物我两方之变动，如果仍能使物我彼此调和，不动摇其原来浑然一体之状，固仍不至有什么问题。不幸物我两方之变动，总免不了下列的几种结果：（一）环境变，自我不能随着变；（二）自我变，环境不能随着变；（三）环境之变不能与自我之变相应；（四）自我之变不能与环境之变相应。因有这种种结果，自我与环境之间，遂不免常常发生冲突。譬如农夫遇着天灾，收获减少，这算是环境方面之大变动。倘农人原来活动之方向就在减少收获，那么虽遇天灾，并不至于成为问题。不幸农人活动之方向，不在减少收获，恰与环境之变相反！又如工人在工厂做工，忽然筋力疲竭，只想休息。然为外力所阻，不能休息，这算是自我变了。环境不能与之相应，遂致二者之间发生冲突。总之，环境方面如果有变化，而能与自我之方向相投，固不至发生问题。自我方面，如果有变化，而能与环境之方向相投，也不至发生问题。自我与环境两方面都有大变动，倘变动之结果，彼此的方向完全一致，也不至发生什么问题。自我与环境两方面如果永无变动,更不至发生问题。唯物我两方之变动多,变动之结果,彼此不能相应的时候又最多。所以物我不能调和的时候也特别的多。

物我两方之变动不能调和时,生活如果就停止进行,那么仍不至于发生问题。只是世间并没有一种这样的生活,到了物我两方之变动不能调和时,便停止进行。反之,到了两方变动冲突时,生活不独不停止进行,且进行之力量,较平时为大。物我两方之变动愈不调和时,生活进行之力量愈大。我们于第三章内已经讲过:生活之正面,生活之本来面目,只是物我浑然一体之状。今物我两方之变动。不一致了,不符合了,发生冲突了;是失了生活之本来面目,是出了正向。凡生活出了正向时,便要特别的努力,以图冲过困难之境,而回复其原来物我浑然之状,所以生活到了物我两方之变动冲突时,没有不特别向前奋进的。一方面生活向前奋进,一方面物我之冲突为之阻挠。由是物我之冲突与生活之进行,遂致悖道而驰。

生活有向前奋进之趋势;而物我两方之变动,不能调和,且反而冲突,为生活进行之阻碍,于是生活上乃发生困难。所谓困难,就是物我变动彼此不调和之处。譬如小孩之升放风筝,好久放不起,小孩自己,很是不安,很是愤急。这时候我们便说他遇了困难。所谓困难,究指什么? 不就是指物我变动不调和之处吗? 小孩原来是不放风筝的,现在要放了,这算是自我方面之变动。原来风势很好,可以放风筝;现则风势太大或太小,不能升放,这算环境方面之变动。环境方面之变动,阻止放风筝;自我方面之变动,却要放风筝。二者之方向,全然相反,全不调和。这个不调和,就是生活上之困难。假使人类生活上,从未遇过这种不调和之时期,那么生活便永是物我浑然一体的,便永无所谓困难。盖困难实在只是物我变动之不调和。舍去这个不调和,我们实在找不出什么困难的事实。生活上之困难,是不能免的。因为生活总离不开运动,不是受天然的运动之影响,便是受自我亲身活动之影响。因运动便发生物我两方面之变动。此两方之变动如果能够调和一致,便无问题。不幸两方变动的结果,总有彼此不能调和之处。不调和之处,既然就是生活上之困难;那么不调和的事实不能免时,生活上的困难便也不能免。彼主张自然生活者,不知也曾看到这点否?

物我两方之变动不调和时,便是生活上之困难,这话我们本来承认。现在我们要问,生活上发生了困难时,生活者何由而知道的? 关于这一问题,有几种不相同的答案。一说以为困难之认识,乃由于先天之理性。困难发生时,先天的理性乃出而衡量轻重。困难是偶然的,先天的理性,好像是先我而存在的。所以人类之认识困难，并不需什么经验。只要困难发生时，便自然会认识出来。因先天的理性，长住不灭，可以照澈一切。这说姑无论其有理无理，姑无论其能否说明认识困难之事实；但于自我之外，找出一个莫名其妙的先天理性，与自我对立，这便是不合事实。所谓先天理性，究是什么东西？自我之外，果还有个长住不灭，与自我截然相反的东西吗？还有一说，以为一切困难之认识，乃由于后天之经验。一次遇着了困难，并不十分了了。屡次经验同样之困难，便知困难之所以为困难了。这说很近人情，但太看重了经验。其实困难这个东西，果是先经验，然后才知道的吗？事实上并不如此，凡遇着困难时，第一次便能认识，并不必假屡次经验的教训。此外还有一说以为困难之认识，乃由于自我之感情。以为感情是不可欺骗的，是感而遂通的。外物来了，困难的便感着困难，痛苦的便感着痛苦，这说错在分自我与感情为二。我们曾从事实研究过，感情这东西，并不是自我所有的一个什么独立机关，可以替自我来认识外物之困难。所谓感情，乃遇着困难之后，生活所有的情状，并不是未遇困难时认识困难之工具。与此说正相反的有所谓主知说。这说以为我们之认识困难，乃由于知识及思想的判断。困难来了非盲目的感情所能认识，乃理智作用推度出来的。这说之不近人情，不合事实，差不多不可言喻。理性乃冰冷的，推度事理的，纵能推知困难，却与不推知一样。我们从事实上观察去，理性认为困难的，在生活上却不算困难；反之生活上之困难，往往在理性上并不算困难。

上面这四个认识困难之方法有一个共同之错误。错在那里呢？简单说来，错在误把生活之本身与认识困难之机关视为独立相反之两事。第一说于生活之外找出一个莫名其妙的先天理性；第二说于生活之外，找出一个与生活不同的什么经验。第三说误把感情为生活上一个独立的认识困难的机关；第四说误把理智为可以站在生活外判断困难的机关。这四种说法彼此虽有不同之处，然根本错误则是相同的：都误把生活与认识困难之机关分为两截。都以为生活以外有个单独认识困难的机关。生活为一事，认识困难之机关为又一事。

我们若从事实上观察，便可以看出，困难发生了的时候，生活之情状是怎样的。譬如小孩升放风筝，放了许久没有放起，我们便可以说小孩是遇了困难。这时小孩生活的情状果是怎样的？从外面看去，他只是不快，他只是气忿，他只是发怒，他只是不得意，他只是焦急。但他这种不快、气忿、发怒、不得意、焦急是先天理性告他的吗？是后天经验告他的吗？是感情告他的吗？是理智告他的吗？不然，他这种种的状态，都是自然而然的，都是不期然而然。如定要说有什么东西在背后驱使他为此种种状态,那么舍困难之本身以外,殆别无所有。不过我们仍不能把这种种状态与所谓困难分为两截。反之,这两者是同时的;困难发生了,便有此种种状态;有此种种状态,便是发生了困难。此种种状态,乃困难之所以为困难的符号。假如没有这种种不快、气忿、不得意、焦急的状态,那么,无论生活上有什么困难,我们却无法认其为困难。反之,生活上如果已经呈露了此种种的情状,谓之无问题,也不可得。

此种不快、气忿、不得意、焦急的状态,虽为生活遇了困难时所不能免的状态,但生活一入此种状态之内,便要努力冲过。正在焦急不自在之时,正在努力向前奋进以期冲过此困难之时,环境中便发生一种偶然的启示。偶然的启示,我们于第二章内已经说过,就是环境中之某部分偶然触着自我,能使自我的困难立刻减轻,并使自我留恋此一部分。自从有了偶然的启示之后,生活乃由困难之境折入思想之境,或物我分立之境。但思想或物我分立之境,乃救济困难之境者;其后路或去向仍在假信仰生活,以图恢复物我浑然一体之状。困难之境,乃物我浑然一体的生活之末路,乃物我分立竞争之起点。前述物我分立之前一段生活为物我浑然一体的。困难之境,就是物我分立与物我浑然二者之间的过渡生活。物我浑然一体的生活,不能永保其平衡,常因天然的及自我的运动而发生震动。震动之结果,总免不了困难。至于物我分立之境或思想生活,也不是偶然而起的。只因困难之境,背反了生活之正向,动摇了生活之正向,迫不得已起而为之救济。

生活由物我浑然一体之境转入物我分立之境的过渡状态算已明白了,现在我们且进而研究生活之进化。我之所谓生活之进化,含有三义:(一)环境方面之改善,(二)自我方面之改善,(三)生活本身之轮转。我们不论生活之进化则已;如欲谈生活之进化,这三者是不可不分别论断的。反之,论断生活之进化,而不将此三方面分别论列,则进化之意义不能明,所指之对象不能明。原来生活所关切之方面,本就只有自我、环境,以及自我之活动。生活之状态为物我浑然一体的时候,这三者浑而为一体。物我对立的时候,自我与环境对立,有形之活动变而为无形之活动。生活转入信仰之境的时候,自我与环境虽然分显,但方向是一致的。环境之方向怎样,自我之方向也是怎样,实现自我的方向之行动也是与自我的方向一致的。总而言之,生活无论到了什么情状之下,其所关切之方面,在我们研究起来,总不外自我与环境及自我之活动三者。我们如要论生活之进化,依此三方面说去,较为着实些。

我们曾屡次说过,生活之进行为活动。物我浑融一体时,生活为无挂无碍的向前活动。物我分立时,身体的活动转而为心理的活动。生活到了信仰之境时,身体的活动,乃与心理的倾向并行。活动之状态虽有不同,然其为活动则是一样。凡活动是有结果的:不是改造客观方面之环境,便是改造主观方面之自我。不是两者同时改造,便是单独改造一面。譬如我之写字,算是一种具体的活动,算是我此时生活的进行。这个活动或进行,同时便有两种结果:(一)写成了字,(二)增进了写字之能力。写成了的字是环境方面之结果;增进的能力,是自我方面之结果。此两种结果,是否适合我以后生活的进行,且不预论,但无论如何,总是此时生活进行的两种结果。又如小孩之抛球,也是一种具体的活动;此种活动,虽无客观方面的结果,然于主观方面,自我方面,是有结果的。此时之抛球,对于将来之抛球,必有相当的影响。影响为好为歹,固不可知,但总是一种影响。又如有工人久作某种工作,工作之能力,早已固定了。那么他之做工,如自我方面好像没有什么改造。但客观方面是有改造的,所作出之工程,即改造之结果。并且主观方面也不能说没有改造:他之能力虽已固定,虽不能因做工而增加,但他继续工作时,身体果绝不疲劳吗?如果疲劳,不就是改造吗?总而言之,有活动时,就有结果。结果或为自我方面的,或为环境方面的;或者两方同时都有,或者只有一方独有;或为积极的,或为消极的;或在客观方面成就了什么或破坏了什么;或在主观方面增进了什么,或减去了什么。结果之种类、性质、分量虽有万不同,然其为结果则是一样。世上固没有一种活动,于自我与环境两方面毫无影响,毫无结果的。

结果之种类、性质、分量虽有万不同,然我们却可以分之为两大类:(一)适于继起的生活进行者,适于以后之活动者;(二)不适或背反后起的生活进行者,背反以后之活动者。小孩之抛球,无论其为成功,为失败;然小孩自己所得之结果,总不外可为他日抛球之助的,或背反他日抛球之进行的两种。农人之种田,无论其为成功,为失败;所得的结果,属于环境方面的也好,属于自我方面的也好。然其对于将来之进行,不是不利的,便是有利的;不是适合的,便是背反的。我之写字,也是这样。所得的结果,不是帮助我他日写字的进行的,便是背反我他日写字的进行的。总而言之,无论那样生活的进行,无论那种生活的运动;其结果,对于现在进行的本身而言,对于现在活动的本身而言,固有好与不好之分,固有成功与失败之分,固有顺利与不顺利之分。然其对于将来生活的影响,则总不外适合的或背反的两大类。

　　凡现在生活的结果,不论其为主观的或客观的,不论其为属于自我方面的,或属于环境方面的;只要于后起的生活有益,只要不背反后起的生活,便不期然而然的保存起来。于后起的生活无益的,或背反后起的生活的,便设法去消灭。保存好结果,消去坏结果,究以什么为标准呢? 何由而知道某件是好的,某件应当保存? 何由而知道某件是坏的,某件应当消去? 要答这问,仍须研究生活之本来面目。我们前曾说过,生活之本来面目,是物我浑然一体的向前奔流。这个奔流,总是要顺利的,总是要平稳的。总是要无挂无碍的。以前这个奔流的结果,对于以后这个奔流;如果没有障碍,反之,且能促进或帮助;那么便是好的,便会保存起来。何以要保存起来呢? 因为生活是要向前奔流的,保存起来了,便能够流得更顺畅,更爽快。若再要问为何要流得顺畅爽快? 那便是问生活为何要生活。那个问题,不是我所要研究的,我所要研究的,只是生活之本身。生活为何要生活? 且让那会想的人去研究罢! 以前生活的结果,若对于后起的生活,不独不能帮助其进行,反之,且是很有障碍的,那便是坏的,那便要设法去消灭。为何要消灭? 因为消灭了,生活之进行便能顺利了。

　　环境方面的结果,是有形的。这种有形的结果,如果因有利于后起的生活而被保存起来了,便叫作制度。自我方面的结果,是无形的。这种无形的结果,倘因有利于后起的生活而被保存起来了,便谓之经验。譬于家庭之组织,社会之组织,政治之组织,经济之组织,财产制度之成立,交易买卖之成立,语言文字之成立,风俗习惯之成立,道德法律之成立,皆制度也。都是利于继起的生活者。由现在到将来,这种种制度,虽未必都有益处,虽未必都可以保存;但由过去到现在,此种种制度,总是被视为最好的,最有利于生活的。经验也是这样。譬如利己心、利他心、公共心、团体心、服从性、敬仰心、诚实、和顺等等,皆经验也。都是利于后起的生活者。凡此种种,将来未必毫无变更,但由过去到现在,他们是被证明了,是认为有利无害的了。

　　或曰,已经保存了的制度与经验,如果都是有利于生活的,那么社会上为什么有许多有害无益的制度呢? 为什么有许多有害无益的经验呢? 譬如女子之缠细脚,穿耳朵,也是有利于生活的吗? 又如吃鸦片烟,打麻雀牌,赌博等等也都是有利于生活的吗? 又如说谎、欺诈、狡狯、利己等等都是很好的吗? 这样大胆地说一切过去的经验或制度都是最好的,都是最适于生活的,这不是很不合事实吗? 这不是很危险吗? 譬如畜奴的制度、买卖人口的制度、纳妾的制度、一妻多夫的制度;实在不是最好的,实在不是最合于生活的,为何可以叫作有利无害的呢？又如打仗、决斗等等野蛮举动，也是有利无害的吗？也是最适于生活的吗？若这样说来，不是大反常情吗？不错，这样说来，如果毫无限制、毫无条件，那真是不通之论。我们现在那敢说畜奴是合于生活呢？那敢说打牌、赌钱是合于生活呢？

不过这种种怀疑是很浅薄的。是出于一个顶大的误会：误以"已然"为"当然"，误以"过去"为"将来"，误以"事实"为"理想"，我们说一切已经保存了的经验或制度为最合于生活者，并不是泛说的，乃是说由过去到现在，已经保存了的经验或制度都被视为最合于生活的。并不是说由现在到将来，已经有了的经验或制度，永远要保存，永远要视为有利无害。我们之所以说过去的制度或经验为最合于生活者，也只是以事实为根据。就事实看，我们能说过去种种经验或制度未曾显过很大的作用吗？在生活上未曾奏过殊功吗？我们能说缠细脚在以前一般人看起来为不合于生活的吗？赌钱、打牌、蓄奴等等，在做此等事的人看来，果不是合于生活的吗？如果是不合于他们的生活，如果背反了他们的生活，他们为什么要争相保存？我们只能说这种种制度或经验，以前的人认为对的，我们不能再认为对了。以前所有的，我们不能再保存了。以前视为不坏的，以后不能再视为不坏了。但以前认此种种制度或经验为合于生活为一事，以后是否仍要认此种种为合于生活，为又一事。以前的为事实，以后的为理想；理想未实现之先，与已有的现成事实绝对的不能一致，不可混为一谈。

我们所谓生活之进化也就在这一点证明，也就在不满意已经有了的现成事实，同时要用思想构造一个新的，可实现而未实现的事实。不满意已经有了的现成事实，包含两种作用：（一）对于已有的事实加以攻击，加以批评，加以否认。不攻击，不批评，不能谓之不满意。（二）同时于现成的事实之外，用思想拟定一个新事实，以引导生活向前。盖已有的既不惬意，便不能依着它生活了。同时如不拟出一个新制度为生活进行之准则，生活便会不能前进。生活进化之可能，全在生活者自己有这种否认旧的，拟定新的之本事。我们说政治生活进化了，不是说打破了一个专制制度，拟定了一个民主制度为生活的准则吗？谓家庭生活进化了，不是说打破了一个一夫多妻制，拟定了一个一夫一妻制为生活的准则吗？我们说社会生活进化了，不是说打破了一个奴隶制，拟定了一个平等制度为准则吗？我们不谈生活之进化则已；如果要谈生活之进化，除开这种破坏旧的，拟定新的之作用外，别无他种证据。

不过讲到这里，我们又遇着一个问题。我们否认现成的制度或经验，究用什么作标准？何由知道某种制度及经验为好，某种为不好？前此不知道是坏的，为什么现在知道是坏的了呢？简单地说来，这完全是由于现在对于生活之方向，渐渐的认识得清楚了。认清了生活的方向，懂得生活的本来面目是怎样的了，于是拿着生活的本来面目作标准去衡量一切。凡合乎这个标准的便承认之，因其可以促进生活，可以帮助生活，使进行得更顺利。不合这标准的，便否认之，因其阻碍生活，使不能顺畅进行。生活的根本方向愈认得清，那么批评旧制的标准愈正确。完全认识了生活的根本方向时，那么批评旧制的标准便完全无误。不幸生活本来的面目，或根本方向，至今还没有被人类完全认识出来，所以改革生活的准则，总不十分正确。

　　生活之本来方向，虽未完全认识，但比过去，总算认识得较为清楚些了。然则究何由而认识的呢？要完全认识，究有一定的方法没有呢？这问题有个肯定的答覆如下：（一）由于生物学之进步。生物学未成立时，大家对于生活，都是莫名其妙的，都把生活当谜子来揣，有时且连"揣"都没有；只是莫名其妙的生活着。所以对于生活之根本方向，总是不懂。虽然生活本来只是莫名其妙的生活着。但要认识这莫名其妙的生活的自身，却非有他种法子不可。生物学发明了之后，我们便得了一个认识生活的大帮助。（二）由于历史的演进。历史本只是记载些过去的陈迹。当生物进化论未出现之先，历史本是死的。但历史之为物虽是死的，然人类经过长期的历史，不能毫无所得，对于生活所得的知识虽有限，但不能说全然没有。经过的历史愈久，对于生活的知识，也累积得渐多。（三）最近许多科学，如生理学、心理学、教育学、社会学、政治学、法律学、伦理学、人类学等等，对于生活本向之认识，都有极大的帮助。

　　生活之本来方向渐渐认明了，先认明的人或学者遂为之倡导。群众受其影响也略知生活本向之大概。于是各人本其所知者以批评已有的现成制度或经验。愈加批评，生活之意义也因之愈明。愈加批评，批评之方法也愈进步。愈加批评，已有的制度，便愈见得不合于生活。反之，生活者因受批评者之影响，也愈不安于现前的生活。于是前此很安定的生活，现在不安定了。前此认为合理的生活，现在不合理了。因之经验与制度便屡屡变动。生活之进行无已时，经验与制度之变动也无已时。

　　上面把经验与制度之变动，说过了大概。现在我们且进而说一说，物我浑融的生活，物我分立的生活，以及信仰生活，三者之轮转。我们前曾说过，生活之根本状态，是物我浑然一体的，一往直前的奔流。生活在这个状态之内，是很顺利的,很自然的,无挂无碍的。信仰生活之直接目的,在达到这个状态。思想或物我分立的生活之间接目的,也在达到这种状态。生活之根本方向如此,生活之最后倾向还是要如此。不过这物我浑融一体的状态,虽是很根本的,虽是生活之本来面目,但不能永保其平衡。反之,且常常发生问题,常常遇着困难。因问题及困难,生活便不得已的转入物我分立之境。到了物我分立之境时,身体的活动退让,心理的活动乃由身体的活动中跳出来独当一面。身体的活动是实际的改造局面的。心理的活动,则是抽象的拟定局面的。物我分立时,自我完全站在物之外面,不像物我浑融时,自我完全与物融和成为一体。但物我分立的生活,虽是不能免的,却不是最根本的,却不是应当久留的。它的目的在拟定一个新局面为身体的活动图出脱。迨局面拟定了,生活乃折入信仰之境。信仰生活进行时,物境的路道是定了的,心理的倾向也是定了的,身体的活动也是集中,有定向朝着前途猛进的。换言之,心理的倾向,及所向的目标,与行动的方向,三者完全是一致的。目标如果被达到了,信仰生活也便消灭了。信仰生活刚过去时,旧困难完全解除,新问题尚未发现,生活乃仍旧回到物我浑然一体之境。无论何人的生活,这三种境界——物我浑然一体,物我分立,信仰生活——总是轮转不息的。

每经一度浑融的生活,物我两方,便受变动一次。物方或破坏一局面,或改造一局面,或创立一局面。自我方面,或增加某种经验,或改变某种经验,或消失某种经验。从未有经过一度物我浑融的生活,物我两方不受影响,或不经变动者。一经变动,不是积极的,便是消极的;不是有益于后起之生活的,便是背反后起之生活的。浑融之时期愈长,物我两方之变动愈大。物我两方之变动愈大,对于后起的生活之影响也愈大。因有这种物我两方之实际的变动,生活之进化,乃不期然而然。只要生活不停止,变动也不停止,进化也不停止。

物我两方之变动,倘永远是调和的,是彼此相应的,那么生活之进化仍是有限的。但物我两方之变动,从未有能永久调和的。两方偶尔不调和,或物境的方向与自我的方向不一致,或自我的活动,与物境中之路道不同,问题便随着发生,困难也随着发生。困难既发生之后,生活乃呈动摇之状,于是思想乃出而用事。思想出自困难,复以改决困难,拟定新局面为其目的。某一新局面,必与前一局面不同;不是取消前一局面,便是改造前一局面。拟定的工夫愈多,思想的时期愈长,局面之差异愈大。生活无已时,困难之发生也无已时;困难无已时,思想之进行也无已时;思想之进行无已时,新局面之增加也无已时。某一新局面异于前一局面;某一新局面之拟定,为一进化之表征。进化之可能,多赖思想,思想在生活上竟是进化之母。

某一新局面既拟定之后,身体的活动便出而实现此新局面。此新局面未实现之先,身体的活动,总是向前勇猛的进行。于是思想所拟定的局面,乃得具体的实现。拟定的局面愈大,离实现之期愈远,需要身体的活动便愈多。身体的活动愈勇猛,愈集中,愈有效,新局面也愈易实现。思想无他事,只在拟定新局面。行动无他事,只在实现新局面。新局面是无穷的,所以行动也是无止境的。行动无止境,实现具体之新局面也无止境。

生活这样轮转一次,便可谓之进化一期。每经一期之进化,物我两方便改造一番。物我两方改造了一番,便是生活进化了一期。每一新局面具体实现之后,生活仍回到物我浑融之境。既到了浑融之境以后,所有的活动,便不是要达到一定之目的了,便不是要实现信仰了。反之,乃只是无所为而为的了,只是不期然而然的了。这种不期然而然的活动,无所为而为的活动,我们于第三章已经说了。我们名它为绝对、平等、无差别之境;或自由之境,或乐境。现在我们且加一句,谓之为艺术生活。

我们平常所说的艺术生活,不是这样的吗? 不是无所为而为的吗? 不是不期然而然的吗? 我们平常所谓艺术生活,第一特点在不用理智,不用分析的方法,贵直觉,贵能与物合而为一,贵无分别心,贵无计较利害之心。我们之所谓物我浑然一体的生活,不是这样的吗? 不是不用理智,不用分析方法吗? 所谓直觉,不就是物我不分之谓吗? 物我浑然一体的生活,不是无分别心,无计较利害之心吗? 艺术生活的第二特点,在没有自身以外的目的。生活之自身,就是目的。物我浑融一体的生活,不就是这样的吗? 不是无自身以外之目的吗? 不是生活之本身就是目的吗? 譬如小孩之抛球,除抛球以外,还有别的目的吗? 小孩之放风筝,除放风筝外,还有另外的目的吗? 诗人之赋诗,除赋诗以外,还有别的目的吗? 虽然现在有许多不通的诗人以作诗为达到改造社会或取得金钱之手段者。但这种诗人所过的生活是真的物我浑然一体的吗? 艺术生活第三特点在表现自我。这表现自我更是与物我浑然一体的生活无别。物我浑然一体时,自我不是绝对的表现出来了吗? 当思想用事时,自我还在拟定新局面。当信仰生活时,自我还是固着于一定之目标。及至物我浑然一体时,局面也实现了,思想也取消了,旧问题已经解决,新问题尚未发生,自我之行动绝对无挂无碍,不是实现而何? 艺术生活之第四特点为非功利的。所谓物我浑然一体的生活,不是非功利的吗? 小孩之抛球,果是为达到某种目的吗? 为赚钱吗? 为博得荣誉吗? 我们可以说小孩的行动是功利的吗?

　　或曰生活既可以达到物我浑然一体之境,既可以达到艺术生活之境,那么达到之后,便可以永不用思想、永不用功利的方法了。为何思想在生活上仍是不能免的呢? 为何物我分立竞争之生活仍是不能免的呢? 这种问题,我们已答覆了几次了。本章之前半,就是答这问题的。物我浑然之境之不能永久保其平衡,不能免去动摇,乃生活进化之特征,生活之进化,全靠这点。彼过艺术生活者,果可以过一世而不遇着动摇吗? 果可以过一世而不遇着困难吗? 世上果有一个艺术家终身没有用过理智的吗? 彼主张艺术生活的人,主张自然生活的人,只知物我浑然一体之好处,而不知道生活上之困难及问题,是任何人所不能避免的。于是偶尔遇着问题,便以为生活不成其为生活了,自己便生活不下去了! 幸喜得现在世人迷信纯粹艺术生活的人还少,生活这件事,还不至于被大多数人轻视。

　　总结本章说来,生活上问题之发生,殆由于物我两方之变动。这物我两方之变动,乃由于自我及天然界之运动。物我两方之变动不能调和,与生活之本向相背驰时,困难乃因之而生。困难既生,生活乃为之震动。此时思想或物我分立之生活乃代物我浑融的生活而起。生活之进化,全由于活动。活动之结果,利于继起的生活者保存之,背反继起的生活者消灭之。近来生活之本向,认识得愈清楚,已往的经验及制度,是否适合后来的生活,或背反后来的生活,愈易批判。生活之本向果全然认识清楚了,改革之方法,便不至再有错误了。生活之进行,乃由物我浑然一体而物我分立。由物我分立而信仰。物我浑融,物我分立以及信仰三者轮转不息,实际的局面之改造便无已时。实际的局面之改造无已时,生活的进化乃无已时。彼主张艺术生活或自然生活者,只知物我浑融的生活之好处,而不知道生活上之困难是自然的,是不能免的,那只是否认生活之进化。幸喜得现在这班梦想的人还少,大多数人还不至厌弃那有问题的生活。

第六章　科学在生活上之位置

　　生活如何由物我浑然一体之境转入物我分立之境,于前一章内说了个大概。生活如何由物我分立之境,或思想之境转入信仰之境,便是本章要讨论的事了。这一章内,我们要将生活由思想之境转入信仰之境的方法及经过情形来研究一番。我们于第四章内曾说过:思想最后之目的,在拟定新局面;一方为行动谋出脱,一方为取消自己(思想自身)。盖生活之本来面目,是物我浑然一体的,是一往直前的,是无挂无碍的。不幸为困难所迫,逼而转入思想之境。思想之境,虽是生活上所不能免的,虽是必然的结果,但总不是生活之正向,总不是生活之根本状态。所以生活一到了思想之境,便不能久留;反之,必努力向前冲去,以图恢复那物我浑融一体之根本状态。但努力向前冲去,并不是瞎碰。反之,乃是要拟出一个新的,较为合于生活的,使自我更满意的局面。这个局面拟好之后,思想自己立刻就消灭,行动立刻就解放,生活上痛苦难堪之境,立刻就过去了。

　　拟定新局面之方法,种类很多,我们现在且略举数种如下:第一以不拟定代拟定。这个方法,我们可以说是一种苟安的方法。主张这个方法的人,说好一点,就是旷达一派的人;说坏一点,就是堕落派的人。他们并不是不知道现前的局面之坏,并不是不知道现前的局面之应当改造。他们也不是说较好的局面,一定不能实现;也不是说较好的局面一定拟不出来。不过他们总觉得要破坏一个现前的局面,拟出一个新局面,这个办法,总是不合算的,对于自我,总是不经济的。我们生在这个世界上,究能过得几十年?究能破坏得几个旧局面?究能建设得几个新局面?算了罢!好的让它去好,坏的让它去坏罢!我们率性不管它罢!"何如一尊酒,一笑姑置之。"这两句话最可以代表这派人的办法。不过这样的办法,我们不敢赞成。并且主张这种办法的人,果能真正一切都不管吗?果然什么事都一笑置之吗?肚子饥起来了,肚皮且将饿穿的时候,也一笑置之吗?反之,彼所穿的,吃的,住的,也都是一笑笑得来的吗?我们固知道人生不过几十年。但这几十年之内,一切都要以一笑置之,事实上万办不到,纵办得到,这几十年的生活的价值未必就高得好多。何况事实上绝不能以一笑了妥一切。

　　第二,超现实而拟定一局面。这样的办法,固与第一种办法好多了,但也是很可怜的。主张这个办法的人,总以为现前的局面,是坏透了的,实在不可一日居了。我们如要重新拟出一个局面,为行动谋个出脱,只有与此不可一日居的旧的坏透了的局面完全脱离关系。现前这个坏局面,是无可挽救的了;既不可以利用,又不必留恋。我们只好直截了当与它脱离。新局面既是由我们自己自由拟出来的,自然是合意的。旧局面是我们所深恶痛绝的,只有决然舍去。现在一般什么办新村的人,很像要采用这个办法。他们之所谓新村,是再好没有的了。我们这个旧村,是他们所深恶痛绝的。他们对于我们的行动,很不满意。很以为不该在这坏透了的局面之下讨生活,动辄讥我们为没有觉悟。我的亲爱的朋友当中,也有些是这样主张的,也常说我没有觉悟。不过我要问一句:这样超现实而拟定的新局面,终究应当实现否?如不打算实现,还算得是一个新局面否?如要实现,果可与这坏透了的现前的局面完全脱离关系否?我们在这里所吃的是米饭,彼要与此完全脱离者,将来不吃我们这张不干净的口所吃的米吗? 我们耕田用犁,彼要与此脱离者,将来打算用手代犁吗? 我们所穿的是布衣,彼要与此脱离者,将来打算用树叶作衣服吗? 如果仍要吃米饭,用犁,穿布衣,还是请上帝恩赐呢,抑从我们这里拿去? 如仍要从这里拿去,又何得说与此完全脱离了。退一步言,彼主张与我们这坏局面脱离关系者,果不常常注意这里的消息吗? 如绝不注意,何曾知道这里坏透了? 如常常注意,何得说与此绝无关系?

第三,以现实为合理,勉强迁就承认之。主张这个办法的多半是些守旧怕改革的人,他们总以为现前的局面都是好的,都是合理。我们之所以觉得它不好者,只因我们自己不会过这种日子,不会享受这种局面。只因我们自己不自足,妄生一些侥幸心,妄图改革,所以现前的好局面,也变成不好的了。假使我们知足安分,懂得天地间消息盈虚之理,事事能够顺乎天理之自然,不妄图改作,便没有什么不好的局面。这班人极力称赞现前局面之好,极力反对改革,极以不自满为非,极力主张守成,极力主张安分知足。这种办法与那些堕落派的办法自然高出万倍,与那种超现实而拟出的办法,也要好些。不过反对改革是错了的。因为改革这件事,并不是我们任意弄出来的,实在是不得不然的,是生活上所不能免的。这派人反对不自满,反对不知足也错了。因为生活是进化的,满足的局面万无持久之理。至于主张守成,那更错了。原来生活只是向前奔流的,物我两方之变动是无已时的,哪有成局可守?

第四,由现前的不好的局面里拟出一个新局面。这种办法,不独是我们不反对的,而且是我们不能不承认的。因为现前的局面之变坏,或不与自我之方向相应,是生活上绝对不能免的事实。生活遇了这种机会,遇着环境与自我不相一致时,万不能苟安。既不能苟安,便不得不设法前进。要前进,舍否认现前的局面,及另拟新局面以外,别无他法。所以由现前的局面里拟出一个新局面来是很合理的。既不完全与旧局面脱离关系,又不完全拘守着旧的局面。既不完全超现实而拟新局面,又不否认新局面,且很努力的设法拟定新局面。这种办法,我们万不能说不赞同。譬如遇着了困难,我们能假装作没有遇困难的混过去吗? 如不能混过去,不努力拟定新局面,又将如之何? 要拟定新局面,果可以不与现前的局面为谋吗? 如果可以,那么这新拟的局面,究用何法可以具体的实现。老实说来,这个方法,倒是一个最好的,倒是个不能不采取的方法。

由上面所讲的看来,生活遇了困难,转入思想之境以后,对付的方法,虽有种种,而最好的却只有一种。这种方法,就是由现前的局面里拟出一个新局面来。

然则这新局面,究竟怎样拟法呢?其步骤如何?这是本章最要紧的问题。这个问题,可依次解答。我们要拟定新局面时,首先便要确定旧局面里困难之所在。凡旧局面不中用了的时候,与自我相背反的时候,便是中间有顶大的困难。我们要从这旧局面里拟出一个新局面来,便不能不注意这里面的困难。因为这里面的困难是阻止我们向前进行的。如不注意它,如不设法取消它,虽有好的新局面,也不一定能够实现。如要取消已有的困难,那么困难究在那里,便不能不问及了。倘不问及这一点,只知道要改革,究竟改革什么?倘不问及这一点,只知道要维新,新究竟在那里?超于现实之外的吗?可以跳出现在的局面单独实现的吗?所以我们不打算消去困难则已,如果打算了,便不能不确定困难之所在。

但单只知道困难之所在还不够,还嫌太笼统。我们如果要想消去那已有的困难,必定要进而确定那困难之范围、性质、分量或强度等。困难之所在,既已找出来了,我们便要问:这困难所延及之范围究有好广。那些事件是这范围以内的,那些事件是这范围以外的。那些应当视为与这困难相连的,那些是不相连的,把界限明明的定出来,便易于下手去消灭它。范围定了,性质却也不可忽视。我们在实际生活上常常遇着些问题或困难,其性质是很可注意的。倘不先把它的性质弄明,妄去设法消灭,便往往不能达到目的。分量或强度也是极关重要的。假如有一极大的困难于此,只因不明它的强度,误以为是很小的,随便忽略过去,往往弄到可以改决的困难,变成不可改决的。容易解决的困难,变成很难解决的。困难之性质、分量或强度,及所在之处,并不是生活上之要素,本可以不注意。但要解决它的时候,要设法消去它以图另建新局面的时候,便不能不注意了。

困难之所在,困难之性质范围,强度都已明白了,倘不设法去消灭它,那么困难仍是困难。我们要认明困难,目的在取消困难。困难之可以移动者移动之。困难之可以改变者改变之。困难之可以避危或逃脱者避免之或逃脱之。我们之目的,总在使困难变成非困难。我们对于困难是这样处理,并不是因为无事干而故意为此。只因困难是生活上之困难,能使生活不能向前进行的困难。我们若不设法消去,生活便不能进行。虽然消去困难为消极之事,但是很有益之事。虽是生活上所不应当有的,但是不能不有的。我们之所以能够生活,能够向前进行,就在能忍这暂时的苦,就在有这一点消灭困难之勇气。倘遇困难而不能消灭,那我们的生活,便就只是困难了。生活之价值虽不在困难,但生活之希望,却在能够消去困难。

但消去困难,只是消极的。我们于积极方面,还要拟定新局面。所谓从现实里面拟出一新局面者,只是一面,消去现实里的困难,一面依据现实而拟出一与现实不同而可以实现的新局面。生活之特色,就在能拟新局面。生活之进化,也就在能拟新局面。消去困难,为消极的使生活"得"顺顺利利的向前进行。拟定局面,为积极的使生活"能"顺顺利利的向前进行。思想之所以为思想,就在拟定新局面。思想之责任及进行,都只在拟定新局面。我们平常说某人正在思想,所谓思想,果何所指? 不是说他正在那里拟局面吗? 除开可以实现之局面。除开拟局面之心理的行动,还有什么思想? 所谓思想,果还有别的意义吗? 局面之拟定,是思想之所以为思想的理由。思想之进行,就是拟出新局面之动作。生活由物我分立之境,能否转入信仰之境,就看思想能否拟定新局面而定。

所拟定之局面,如果为直接解放行动的,为解放一己之行动的,为暂时的,为特殊的,便谓之计划。所拟定之局面,如果为间接解放行动的,为解放大多数人之行动的,为永久的,为普遍的,便谓之科学。我们平常所谓计划,不就是拟定了的局面吗? 所谓设计,不就是去拟定局面吗? 计划有什么用处? 不就在解放行动吗? 不就在作行动之指导吗? 不就是思想之结果吗? 虽然有时计划只是规定行动的步骤,并不是拟定一个什么空间的局面。不过我要问,如果不拟定局面,行动究如何规定? 所谓规定,究何所指? 不是说某处要用某种行动,某种行动用于某处吗? 倘不拟出一个局面来,我们就事实看,实在无法可以规定行动。规定行动这句话,除拟定局面作行动之指导外别无意义。科学也是一样,也只是拟好了的局面。当我们创造科学之时,不就是拟定局面之时吗? 不过所拟的局面,不是暂时的,不是特殊的;乃永久的,乃普遍的罢了。我们研究科学时,动辄曰从一般的事实中抽出普遍的原理。所谓原理,不就是新拟的一个局面吗? 不是可以作行动之指导的吗;倘一条原理不能作行动之向导,不能为大多数人的行动之出脱,那么所谓原理,究有什么意义? 不过科学上的原理,虽是由事实中抽出来的,虽可以为一般人的行动之出脱,但暂时一般人不一定个个需要它。它之用处,是有定的,是不可怀疑的;一般人用不用它,另是一问题,与它之有用毫不相涉。譬如流体力学中浮沉之原理有曰:"凡物体之重,大于同容积液体之重,则沉;物体之重小于同容积液体之重,则浮;物体之重,等于同容积液体之重,不沉亦不浮。"这个原理,不就是一个局面吗? 这个局面,虽不必人人要用,但它之有用,是无疑的。它之能够为行动之向导,是无疑的。

虽然科学与计划之用处相同,但相异之处,仍多极了。我们万不能因二者之功用相同,遂谓二者为一事。现在我们且将科学成立之经过情形,先为说明;然后乃述一述它的特征;最后来解答关于科学之各种问题。我们要建立科学时最初一步的工作是什么?凡略研究过科学的人,莫不说是观察实事。观察为认识事物之基本条件。为建立科学之最初下手处。我们要于某类事物中拟出一个局面,找出一个条理,首先必将该类事物认识透彻。认识之方法第一步就在观察。所谓观察,就是集注意力于事物之某一部分,努力取得该事物之印象。世间万物,我们未必件件都注意。只有立意要观察某事物时,就特别加以注意。注意之时,集我们之心力于事物之某一部,历少许时间,生活上便留有该事物之某一部的一个痕迹。要于一类事物中抽出一条原理,必将这类事物所有的痕迹留下。虽然所有的痕迹,不一定都能留下。但能够都留下,便更方便些。假使一点痕迹都不能留下,那么这事物虽与我们有关,也和无关系差不多。与我们无关的东西,我们要认识它的时候,总不如认识与我们有关的东西那么容易。所以观察实事为建立科学之始基。观察的作用,如照相器之摄取物相一样。不加丝毫改作于原物,不加批评,不加推论,只期取得原物之印象。印象取得愈多,认识便愈容易。譬如有植物一本于此,我们如果要观察它,只须将我们的注意力集中于此植物,努力取得此物之印象便够了。

我们如要于一类事物中抽出一个原理,单只观察,还不算事。单观察未必就能抽出一类事物之原理来。我们必进而详细的记述那所观察的结果。我们之所以要观察事物,目的并不在观察之自身,乃在要认识所观察之对象。乃在将所观察的结果作以后探讨的资料。假如只有观察,那么所观察的,也只是在时间上留了一个痕迹,万不能拿来作以后研索的对象。然而我们要认识一类事物,要从一类事物中抽出原理来,却非纯用观察所能了事的;必须于观察之外,另有继起的研索。那么便非将所观察的结果详细的记载起来不可。观察如照相之照,记载则如作成照片一般。单有观察,而无记载,那便是有照相之作用,而无照出来的相片。记载之种类,因观察而不同;观察的是什么,则记载的也是什么。观察的为外表的形态,则记载也只止于外表的形态。观察的为里面的性质,则记载的便只是性质。观察的为各种关系,则所记载的也只是关系。总之,观察只是时间上流转的动作;要把所观察的结果,变成空间的可以继续研究的材料,非假记载不可。

记载的东西就谓之科学吗?那么与照相片有什么区别呢?与各种游记、日记有什么区别呢?所以要创立科学时,必将所记载之对象分别部类。所记载的东西，虽很记得翔实，但仍只是些凌杂无章的。这样杂乱无章的东西，一个人纵知道很多，也只是一种常识。我们倘将这种杂乱的东西，依其多数最要紧之同点或异点汇分起来，为之排比其次第，断定其先后，便是有次序的常识了，便已有科学意味了。就事实上看，有许多科学，简直就是这样的。譬如动物形态学、植物形态学，仅只将动物之形态，植物之形态，详细记载，分别门类。这样的科学，只是有次序的常识而已。但科学本要利用常识的，并非超常识的。常识而有次序，便已入了科学的范围了。这种只有记载的科学，有时我们称之为记载学，以与所谓说明学相对待。我们知道，现在的科学，除数学较为的确外，余均在进步中，内容尚在时时变动。所以有许多科学，虽高出常识不多，我们仍不能不称之为科学。不过科学的程度尚幼稚罢了。

虽然，我们对于许多事物，现在只能达到分类记载的地步而止。不过科学之进步是无止境的，它的最后完整的形式是永久达不到的。所以我们无论对于较为完整的，或较为幼稚的科学，我们总还在替它谋进步，因为它的进步是无止境的。因此对于分类记载，我们便不能即表满足，必进而为较精深之研究。分类记载之后，较为精深的工夫就是分析。我们要认明一类事物，不能只以外形为准。反之，必认明其各种属性。但各种属性，非从外表观察所能识别的。于是不得不进而分析事物之全部，以图识别其一切属性。实则分析作用，我们可以说是一种较精的观察作用。粗浅的观察作用，只能观察事物之易于观察的部分，如植物之外形，动物之外形等。分析作用，则可以观察事物之难于观察的部分，观察事物之内部的结构，及内部各部分所有之特点。分析愈精，则对于内部之观察愈周，认识的属性或特点也愈多。科学的目的，就求真这方面讲，只是要精详可靠。所以不怕分析工夫用得多。

事物既经详细的分析以后，各种属性，也多认识了许多。不过单只多认识些较精微的属性，还不算事。这些精微的属性，发现之后，仍是乱杂无次序的。倘不加以整理，虽分析出来了，仍是无用。我们如要使科学进步，必须将已知的各种属性，比较其同异，分别其门类，断定其关系，而为之整理。

单只分出一类事物的一个一个的属性，倘不找出各种属性彼此相互之关系，或各种属性与他种事物之属性彼此相互的关系，那么对于这一类事物的知识，仍不能算完全。我们如要真正知道一类事物，必须将这类事物与各方面的关系一一知道清楚方行。实在说来，所谓知道一类事物，究只是指知道一类事物与各方的关系而言。我们对于各种关系知道愈多，便算是对于含有此种关系的事物之知识愈富。假如一旦将一类事物与各方面所能有的关系尽数知道,那便是对于这类事物彻底了解了。倘对于一类事物与各方面能够有的关系一个也不知道,那便是对于这类事物,毫无知识。本来一类事物之所以为事物,若就科学的知识而论,完全是些关系构成的。舍一切关系之外,殆无所谓科学的知识。虽然,我们也知道有许多全无科学知识的人,对于某类事物所有之关系,毫不知道,但我们不能说他们绝对不知道某类事物。不过这种不知道事物之关系,而徒谓知道事物,我们万不能称之为科学的知识。科学的知识只是些关系,只是些用文字代表之关系。倘取消文字,取消关系,我们如果还有知识;那种知识,只可以称之为感觉;万不能称之为科学的知识。科学的知识,完全是用思想构成的,用文字代表的一些关系。譬如我说:"水是无色透明的液体。"这句话便是我对于水的一点知识。这点知识,便是一个关系。"水"是一个词。"无色透明体"又是一个词。这两个词的关系的种类,以"是"字表之。倘除开关系,及代表关系的文字,究剩下一些什么,可以算为科学的知识?罗素先生常常说"逻辑构成的关系"。我们之所谓科学的知识,很与他之所谓"逻辑构成的关系"相近。

或曰:事物之关系无穷,我们如要认识一类事物时,必须将该类事物所能够有的关系,尽数规定,用文字表出来,那如何办得到呢?如果办不到,我们不没有法子可以认识事物吗?且所谓科学的知识,果就是一些用文字表出来的关系吗?所谓关系,就是事物之真相吗?这些问题是很合理的。不过我们要反问一句:如果舍去关系不讲,我们对于一类事物所有的科学知识,究竟是什么?如果谓关系不能得事物之真相,那么别种方法,果能得事物之真相否?虽然一类事物所能够有的关系,本是无穷;要完全穷究出来,本办不到。不过我们不能说绝对一点都找不出来。如果能够找出一些来,不就是对于该类事物所有的知识吗?且所谓一类事物,其界限及范围实在很无的确的标准。我们只能以某几种关系为中心,集成一个团体,勉强称之为对于一类事物所有的有限知识。至于要透彻世间万物所能够有的一切关系,虽不能说绝对的不可能,但未达到那可能之境以前,我们只能以某一团的关系,作为对于某类事物的有限知识。

虽然一类事物对于各方所能够有的关系,固可由我们用思想拟定出来,或照罗素的话,用逻辑构造出来,但这样拟定出来的或构造出来的关系,果都是一定的,不变的,可靠的吗?譬如我说"水可以作油,用来点灯"。这句话算是一个关系。这样的关系可靠吗?如不可靠,又怎样办?这时候我们不能不借助于一般人所谓实验的方法了。实验的方法,是证明关系用的。先拟定某种关系,然后用实验去证明这拟定的关系,究为必然的与否? 如"水可以点灯"的这个关系不甚可靠时,我们便实行将水来点灯,看究竟可以点灯否? 又如谓"水遇热则变为气体"。这个关系如不甚可靠时,我们便可以设法加热于水,使之变热,看水究竟能因热而变成气体否。关系之创始,只靠我们用思想去拟。关系之成立,必需用实验来证明。所拟定的关系,经过实验之后,如不一定,如不可靠,便不算关系。反之,所拟定的关系,经过实验之后,如果可靠,如果恰如我们拟它的时候所预期的,那么这关系便真了。

这样证明出来的关系,就创立科学而论,谓之真理,或谓之原则;就解放行动而论,谓之局面,或谓之计划。不过计划是暂时的,是特殊的,是立刻就要解放行动的,是仓促拟就的。至于真理,乃较为永久的,较为普遍的,不一定立刻有人去利用它来解放行动,且是精心实验出来的。两者成立之经过,虽很不相同,然彼此所有之目的,是完全相同的。两者精密之度,虽很不相同,然彼此所有之目的,是完全相同的。暂时之计划,是人人所必有的,较为永久之真理,不一定人人都知道。彼只图解决现前之困难的人们(如实用主义者)最看得起暂时的计划。至于科学的真理他们虽大声疾呼的要提倡;但总有点被那现前之困难及功利思想所驱使,不能忠心去提倡。所以这一般人,对于那轻视科学的人,便竭力加以攻击。对于那不十分计算功利而尽忠于科学的人,便称之为多事,为无聊。近来胡适之先生对于张君劢先生及梁任公先生等很想要攻击。对于科学大家罗素先生那一辈人,很像要称之为无聊,诮之为多事,称之为野心太大的样子。这种重功利而不重功利,不重功利而重功利的态度,倒也是苦心救世的表征。不重功利,又怕人家忘记了人生。专重功利,又怕人家忘记了科学。

不过就事实看来,我们却用不着这样。原来科学这个东西,本要分为下列两点来看: (一)科学成立之经过,(二)科学存在之理由。如果要成立一种科学,要抽出一些较为普遍,较为永久,较为可靠之原理,以组成一个系统;我们只能用纯粹的思想,万不能杂入一些功利观念。反之,可靠之原理抽出来了,系统也组成了,科学也成立了,功利观念是不可无的。科学尚在进行之时,尚未成立之时,如果杂以功利观念,那么便求不出可靠的真理。科学既成立之后(前曾说过无绝对完全之科学,但一部分一部分的成立是有的),若无功利观念,倒反失了科学的价值。原来科学本只是一个较为合理的计划,本是拟出来的一个较为合理的局面。这局面暂时虽不一定有人去利用他解放行动;但它之用处,并不因无人用它而消灭。反之,它之所以能够存在之理由,且完全在它的功用上。不过我们不能因它存在之理由在功用，便说它当正在要成立而未成立的时候，也要以功利为手段，来促它成立。科学成立之经过，是一个本质问题，是要研究"科学是什么"。科学存在之理由，是一个效用问题，是要研究"科学能什么"。但"科学能什么"之一问题，必在"科学是什么"一问题已经解决之后才可以解决。正如我们要问桌子有什么用，必先问桌子的本质是什么。倘不问桌子的本质，急急忙忙拿一张纸糊的桌子去作木桌子用，不糟了吗？我们对于科学，不必持那种似功利非功利的骑墙态度。我们要把科学分为本质与效用两方面看。对于科学之本质，绝对不容功利的手段来处理。本质既已成立之后，即纯粹的、客观的、必然的关系既经证明之后；那么任你讲功利也好，不讲功利也好；它的本质总不至于受冤枉的待遇。虽然科学成立之后，不一定中我们的用，我们也不一定用它。但它之真理断不因我们之用它与否而变更。盖它之"真"为本质的，它之"用"为后起的，二者固不容妄为倒置。我们必先求出科学之真，然后讲求科学之用。求真之时，只能为真而求真。真既求出了，然后来讲用。万不能先拿一个功用观念作标准，以为合此者即为科学，不合者便不是科学。更不能将真与用混为一谈，持一种骑墙态度，时而重功利，时而不重功利。

事物之关系，既经证明，即为原理。将一类事物之原理组成一个系统，即为科学。单是一些原理，未组成系统时，只可谓为可以组成科学的一些原理，却不可即称之为科学。所谓科学，乃将关于一类事物之一群原理，组成的一个有机系统。合之为科学，分之为原理。我们平常所谓科学，不是一群原理所组成的系统吗？譬如光学，不是关于光之一类原理所组成的系统吗？力学，不是关于力之一类原理所组成的系统吗？电学，不是关于电之一类原理所组成的系统吗？

这样构成的科学，有下列的几个特征：第一，为由事实中抽出之条理系统。人类的思想本是极自由的，本可以超于事实之外，而显其作用。只有建立科学之思想作用，万不是超事实而显其作用的；反之，乃于事实之内显其作用的。其起点为事实，其所经过的，也是事实。其所拟出之关系，也是事实之关系。离开事实，科学的思想，固无从运用。彼超现实而想入非非者，固亦大有人在，但科学绝不是这种不依事实之思想所能够造出来的。科学思想是以事实为对象的，以事实为根据的，以事实为依靠的。我们固知道科学是思想构成的；但构成科学的思想，绝不能离事实而独立。

科学思想，虽不能脱离事实，科学虽是由事实中抽绎出来的；但科学自身决不是事实。科学之成立，固不能离开事实；但成立了的科学，却决非事实之本身。

思想是建设科学的,不是建设事实的,科学是由事实中建设出来的,但既出来之后,便不是事实了。所以科学之第二特征,即为非事实的。倘科学而仍是事实,那么科学还有什么意义?我们就各种科学看来,无论它那精密之度怎样,无论它那完备之程度怎样;顶精密也好,顶不精密也好;顶完备也好,顶不完备也好。只要它可以被称为科学,它便是非事实的。事实是事实,科学是科学。我们不能因为科学是出自事实的,便谓它是事实。近来科学这名词,在中国也有人注意了。但注意的人们,听说科学是以事实为根据的,往往误认事实为科学。其实科学与事实截然两样。事实绝不是科学,科学绝不是事实。

　　然则科学既不是事实,究竟是什么呢?简单说来,科学乃是用文字代表的一些原理。所谓原理,乃思想构成的,乃思想依据事实构成的。这种用思想构成的原理,一一以文字表出,再组成一有机的系统,便是科学。所以舍文字,科学实在无法成立。虽然,我们没有文字时,固仍可以有科学的思想。但无文字时,决不能成立有系统之科学。文字是表现科学的符号,原理是构成科学的材料。材料未组成系统之先,便已要用文字表示。既组成系统之后,仍非用文字来表示不可。文字是科学之表面,原理是科学之里面。有里面而无表面,不成其为科学。科学是以文字代表的一些原理所构成的系统。这个系统,与事实完全两样。文明愈进步,运用文字的能力也愈进步,所以科学的原理,也易于用文字来表现。

　　第四,科学的原理是证明出来的。前面说过,科学之原理是从事实中抽出的。但从事实中抽出,未必就可靠,未必就是真的,未必就可以为构成科学的材料。真正构成科学的原理,乃实验过了的,或是可以实验的。纵令有时不能直接实验,但必有他种方法,可以证明其必为真的。科学之所以为科学,就因为它那材料是可靠的,是真实无误的,是必然的。譬如说"水遇热则化为气"这句话必须是可以证明的,可靠。不然,便不能称之为科学上的原理,便无构成科学的资格。构成科学的种种原理,都是很可靠的。都是较为永久不变的。平时我们所谓意见,所谓武断,所谓臆说,恰与此相反;都是不可靠的,不必然的。倘意见武断、臆说等也可以证明为普遍的,为真实的,为可靠的,为必然的,那么也可以说是科学的原理,也可以作为构成科学的材料。原来武断与原理,并不一定是相反的,不过前者没有被证明,后者被证明了。被证明了的武断,即是原理。

　　科学之原理,既不是事实。那么无其事,而有一个原理可以吗?不然,科学之原理,虽非事实,但是由事实中抽出的。虽非事实,但是代表事实之关系的。凡关系,不能无事实而凭空拟出。虽然关系是思想构成的,拟定的,好像不必要事实。并且前面已经说过,科学原理,并不是事实之本身,好像科学与事实毫不相干。但实际上不然。科学虽非事实的,但是出自事实的。科学虽非事实,但是代表事实之关系的。有些人以为科学原理是根据事实而拟出的,便误认科学的原理为事实。有些人以为科学既非事实之本身,便误谓科学原理为与事实无关的。实在都错了。我们之所谓科学原理,乃由事实中抽出的。原理之本身,即是事实之关系。换言之,科学乃出自事实的,但不是事实。不是事实,但不是谓与事实无关。反之,乃代表事实之关系的,乃将事实之各种关系拟成的一个系统。

此外还有一个特征:即科学为客观的,而非主观的。我们屡次说:科学原理是我们用思想拟定出来的,用逻辑构成的。但我们不能因此就说科学是主观的,说科学就是思想。思想可以构成科学,思想自己并不是科学。科学是思想构成的,是思想拟定出来的,但科学自己,并不是思想。科学是思想的结果,是静的。思想是建设科学的进程,是动的。科学是拟成了的局面,思想是拟局面的。我们不能因为一个局面是思想拟出来的,就说那个局面是思想。正如我们不能因为字是手写出来的,就说字是手。所以科学之成立,绝不能不用思想;但科学绝不是思想。科学既成立之后,决不因我们的思想而有所变更。它之成立,固是由于我们的思想,但它之存在,绝不是因为我们有思想。科学之本身,完全是客观的。客观性为科学之第六特征。

科学之特征,固不止此。但我们也不必再多讲了。现在且来讲一讲关于科学的两个问题。关于科学的问题,最使我注意的,就是科学之效用问题。关于这问题,有许多争论。有的说科学只在应用。应用是科学之所以为科学的基础。倘科学而不能应用,那便不成其为科学了。有的说科学只在求真。真即是科学之所以为科学的基础。倘科学而不能求真那便不成其为科学了。这两种主张,好像是极相反的,好像是极不相容的。近来有一派新维实论者,好像是只主张求真;有一派实际主义者,好像是只主张应用。我们就科学之本身而论,这两说都很有偏颇之处。科学之为物,我们既不能说是不求真理的,又不能说是不讲应用的。但同时我们又不能说科学只是求真理的,复不能说,科学只是讲应用的。我们应当把科学分为(一) 成立之经过,(二) 存在之理由两方面看。科学成立之经过,是只讲真理的。如不讲真理,科学便不能成立。科学存在之理由,是要讲应用的。如不讲应用,那么虽就存在,也等于不存在。不过科学应用之方面有许多不同就是。罗素说,有许多纯理的科学,是不讲应用的,是为娱乐思想的。但娱乐思想,也只是一种应用。假使某种纯理科学,既不能解决生活上的实际问题,又不能使思想娱乐,换言之,即不能作思想运动之对象,那么虽存在,犹如不存在。虽然有好多科学,在现前既不能解决实际问题,又不能娱乐思想,好像是毫无用处。但现在无用为一事,将来是否有用为又一事。我们不能因在现前没有被人利用,就说科学应当是无用的。反之,科学之用处,本是后来发现的。譬如心理学初成立的时候,有什么用处?后来则很有用,尤其是对于教育一方面有用。又如进化之理,最初本是解释生物事实的,后则对于人生方面、教育方面、政治方面,均有极大的用处。科学之用途,虽是后来发现的,但正因为有用途可以被人发现,所以科学能够存在。假如有某种科学于此,在现前是毫无用处的,同时我们又能断定它将来也毫无用处;那么,这样的科学有存在的理由吗?并且在事实上果有这样的科学吗?我们大胆说,决不会有的。不过科学存在之理由虽在应用,我们却不能说科学成立之经过,也是只讲应用的。反之,科学当成立而未成立时,绝对只讲真不讲用。彼专重应用者,殆只顾到科学存在之理由这一面。专重真理者,殆只看到科学成立之经过这一面。二者因观点不同,遂生出相反的主张。实则两方面都不可忽视。

　　科学存在之理由,固在应用。但科学发生之动机也是应用吗?关于这问题,也有两派意见。一派以为科学是起于应用的,起于需要的;无需要便不会有科学。许多科学,在目前看来,好像离应用是很远的。譬如高深之数学,几乎没有用处。但当其初发生时,是应用的,决不是偶然而起的。数之观念的发生,由于要计算实物;几何学之发生,是由于要测量地亩。总而言之,一切科学,都是起于应用。有好多科学,现在看来,好像不甚有用;但当初发生之动机,仍是应用。还有一派与此恰相反的意见以为科学之发生,乃偶然的,并非由于应用。譬如奈端见苹果落地而发明"吸引定律",瓦德见水壶盖冲起而发明蒸气之理。这些发明,不都是偶然的吗?不都是科学上的大发明吗?由此看来,一切科学,当是起于偶然。这一说我们不敢赞成。我们赞成前一说,我们认定科学发生之动机是应用。奈端或瓦德的这种偶然事实,与我们的主张并不矛盾,我们有法子为之说明。譬如"奈端见苹果落地而发明吸引定律"这个事实,我们本应当分为两截看。见苹果落地为一事,发明吸引定律为又一事。苹果落地,虽是偶然的事实;吸引定律,虽是科学的原理。但二者果可混为一事吗?我们可以说,吸引定律就是苹果落地吗?苹果落地就是吸引定律吗?实在不是这样的。苹果落地这种事实只是我们在第二章里面所讲的环境中偶然之启示。所谓偶然的启示,只是环境中某部分,忽然触着自我,能使自我当时的困难立刻减轻,并引导自我留恋这部分的环境。思想的进行,遂因之畅快些,容易些。但思想本身,并不是偶然的启示。思想的结果,更不是偶然的启示。奈端所见的"苹果落地",只是环境中偶然的启示。吸引定律之发明,乃思想之结果。不过有了这偶然的启示,他的思想便进行得畅快些;所以发明这个定律,也较为容易些。但我们不能因此便说偶然的启示就是定律之发明。更不能因此便说科学之起源,不是由于应用。反之,一切科学之发生,都是由于应用。不过应用有种种不同的意义,不一定是解决日常生活上的问题罢了。但应用的意义虽不同,然其为应用则是一样。虽不是解决日常生活上的问题,然无论如何,总是满足生活上某种的需要。科学之发生,既是由于应用的,所以某种原理之出现,某种发明之出现,当初总有满足生活上某种需要的作用。奈端之发明吸引定律,当时必定是有所为,必定是对于各种运动体,有要加以说明之欲望。吸引定律发明了,他的欲望便也满足了。虽然,不满足这个欲望,他固不至于挨饿肚子。但我们之所谓欲望并没有规定种类。这样满足欲望,不叫作应用吗? 瓦德之发明蒸气之理,虽然得有偶然的启示。但蒸气之理,最初即是有用的,最初即曾满足了瓦德自己的某种欲望。如果不然,它便不会成为一种发明。推而言之,一切发明,一切原理之出现,最初总是应用的。不过应用的范围,不一定在面包问题的范围之内罢了。

由此看来,科学之起始,也是由于功用。正如科学存在之理由一样。科学存在之理由在功用,科学发生之动机在功用。只有科学成立之经过不在功用。讲到这里,人或以为我们这个理由不充足。科学之始,既讲功用;科学之终,也讲功用。为什么只有由未成立达到已成立的这段过渡时期内不讲功用? 但这并不是一个不可答之问题。这正是人类之特点。正因为人类能够延长这种不讲功用的过渡时期,所以得到的功用,特别的大。这个时期愈长,最后所得的功用愈大。愈短,所得的功用也愈小。这个不讲功用,单为科学而思考的时期应否延长为另一问题,但它若延长了,那么最后所得的结果是要大些的,功用是要大些的。

前面我们曾说过:科学也只是用思想拟定出来的一个较为详尽的计划,一个较为精确的局面。这个计划或局面,也如普通计划或局面一样的;也是介在物我分离的生活与信仰生活之间的,也是物我分离的生活转入信仰生活之间的媒介。不过普通的计划或局面多半是个人拟出来的。是暂时应用的,是个人的生活由物我分立之境,转入信仰之境的过渡。科学的计划或局面,往往是多数人(科学家),拟出来的,是永久应用的,是大多数人的生活由物我分立之境转入信仰之境的过渡。普通的计划或局面,是暂时应用的,拟出来就要用,所以好像较为有用些。科学的计划或局面,是永久应用的,拟出来时,不一定立刻被人利用,所以好像没有好多用处,实际上却不是这样。普通的计划或局面,只有特殊的个人用得,只有暂时用得;科学的计划或局面,则是大多数人用得的,是永久用得的,所以后者还是胜于前者。

将来科学进步,世间万物,都被科学说明了的时候;人类对于世间万物都拟得有相当的局面,划得有相当的航线的时候,生活前途,便愈顺畅了。生活便愈容易由物我分离之境转入信仰之境,由信仰之境转入物我浑然一体之境了。科学的责任,不在别处;只在从万物当中画出一些路线来,拟出一些局面来,任人类去游行。人类的生活,果永久在物我浑融一体之境以内,果永不遇着困难,果永不发生动摇,那么科学便不必要了。但我们已经证明了:物我浑融之生活,虽是人人所必有的,虽是生活之根本方向,虽是生活之最后方向,但不能保其永无变动。反之,物我分离之生活,虽是人人所不必有的,虽不是生活之根本方向,更不是生活之最后方向,但不能保其永不发生。倘发生了,便要借重计划或科学了。因为计划或科学,都是拟出来的局面,都是生活由物我分立之境转入信仰之境所必经的过渡。物我能够浑融一体,生活能够顺顺利利的一往直前的奔流时,我们绝不至多事,去故意弄这科学的玩意儿。但不得已的发生了动摇,不能一往直前奔流时,便只有求救于科学。但求救于科学,并不是要维持物我分立的生活,乃是要取消物我分立的生活,间接由信仰生活达到物我浑然一体的乐境。

总结说来,科学也只是一种解决困难的正当计划或局面。不过较普通的计划为精详,为可靠罢了。其成立之经过,最初一步为观察实事,次为将所观察之结果记载而类分之。所谓记载学者,其程度即到分类记载而止。不过科学之进步是无止境的。较完全之科学,必不能止于分类记载,必也进而分析事物之内容,考出其属性。再进而拟定事物之各种关系。关系不可靠者证明之。证明了的关系,即是原理。将一类事物所有的原理组成有机的系统,用文字表出来便是科学。科学是出自事实的,但非事实;出自思想,但不是思想。是可靠的,是代表事物之关系的,是客观的。其发生之动机为应用,其存在之理由,亦为应用。但其成立之经过,绝不能为功用观念所左右,反之,乃为真而求真的。这个为真而求真的时期如果延得愈长,那么最后所得的效果也愈大。科学在生活上之位置,如普通的计划一样。也是介于物我分立之生活与信仰生活之间的。也是物我分立的生活达到信仰生活所必经之过渡。物我分立的生活,或有问题的生活如不能免,那么科学之功用便永不会消灭的。

第七章　结　　论

由前几章讨论之结果，我们可以知道生活的大概情形了。生活之根本方向，是物我浑然一体的，是一往直前的，是无挂无碍的，是不知其然而然的，是无所为而为的。这种生活，是很普遍的，是人人所必有的。其特点为（一）身体方面的活动不遇障碍；（二）无单独向前追逐的心理；（三）环境方面没有阻碍。身体方面的活动，与心理方面的活动浑而为一。心理的活动，未及完全成立，即被身体的活动包摄去了。这种身心浑而为一的动作，复与环境调和融合；于是生活便变成一种物我浑融一体的状态。这种生活，在旁观者看来，或生活者自己过后推论起来，追忆起来；自然不是浑融一体的，自然是件件分明的，自然环境是环境，自我是自我，活动是活动。不过生活正到了这种情状之内的时候，生活者自己对于一切，都是莫名其妙的。他只是活动着，他并不知道为何要活动；他只是活动着，并不知道为何要这样活动。平常所谓绝对平等无差别之境，所谓自由之境，所谓快乐之境，所谓艺术生活，与此很相近。

但这种生活，是不能永保其平衡的。生活上之问题，是不能免的；生活上之困难，也是不能免的。生活到了有问题之时候，到了困难之境，便震动起来。原来生活是物我浑融一体的；此时便不能浑融一体了。原来是一往直前的，此时便不能一往直前了。原来是无挂无碍的，此时便有挂有碍了。原来身体的活动，心理的活动，以及环境三者是浑然一体不可分析的，现则件件分明了。这种状态是生活所不应有的，但是不可免的。是要设法避免的，但是不能避免。生活一经转入此境，生活者便觉痛苦难堪。便呈出很不自然的样子。行动也出轨了，心理的活动也跃跃欲试了；环境与自我，也将要悖道而驰了。这样的生活，是很难过的。

因其难过，思想乃出而显其作用。思想之进行，即是生活之进行。生活到了思想之境的时候，身体的行动便即刻被宣布停止。此时生活乃呈一种物我分立之状。所谓环境，乃清清楚楚的现于自我之前。身体的活动，也被心理的活动代替了。此时心理的活动，虽是单独进行，但自由极了。盖心理的活动为不具体的，环境的障碍阻它不住。它的第一责任，在停止身体方面之行动；第二责任，在解放行动；第三责任为指导行动。但心理的活动，对于身体的活动，所施的这种种作用，并不是直接的，乃间接的。间接的由事实当中，拟出一个局面或计划。局面或计划拟好之后，便是一种引导行动向前的航线，便是解放行动的关键。生活到了物我分立的时候，所谓自我的活动，差不多就是心理的活动。换言之，就是思想的进行，并不是生活之正面，并不是生活之本来面目。更不是生活之最后的方向。反之，乃要恢复物我浑融一体的生活之过渡。这段生活的结果，便是拟出来的局面。

拟定局面，即是设立计划，即是建设科学。计划与科学最后之目的是相同的；都是解放行动的，都是于环境中划出路线，任人去游行。不过计划不如科学之精，计划之成立，不如科学之成立之为难。计划与科学，在生活上之位置是相等的；都是生活由物我分立转入信仰之境的过渡，都是介于物我分立的生活与信仰生活之间的。二者的用处相同，在生活上之位置相同，其成立之原动力亦复相同。盖二者都是用思想构成的，用逻辑构成的。生活能够由物我分立之境转入信仰之境，全赖有这种计划或科学。人类生活之特点，也就在能设立计划，能创造科学。设立计划与创造科学所历之时间愈久，则最后所得的结果便愈大。

计划也设好了，科学也成立了，那么行动便有出路了。这时信仰生活，便继物我分立的生活而起。信仰生活进行时，心理的倾向是有定的，心理所向之对象也是有定的，行动之方向也是有定的。所谓心理所向之对象，即是物我分立时所拟出之局面。局面既经拟定，心理便朝着它倾向。心理既朝着所拟定之局面倾向，行动便随心理的方向进行。不过心理先行射出之时，便已到了目的地，便已到了所向之点。行动则须经过较长的时间，方能达到心理所向之点。心理所向之目标，为一个模型。行动则将此模型实现出来。生活到了这种境遇的时候，心向、行动、环境三者虽是彼此分明的，但三者的方向，完全是一致的，完全在一条路线上。心理方向与行动一致，行动与环境中所有之路道一致。所以进行的时候，很是勇猛，势力很集中，效力很大。到了信仰之目标完全实现了的时候，行动便另换一个方向，信心便随着消灭。这时生活便又折入原来物我浑融一体之境了。所有的行动又是无所为而为的了，又是不知其然而然的了。

倘生活回复浑然一体之状时，能够永保其物我浑融一体，那便好了。但这个状态，是不能永保其平衡的。因为生活的进行，即是活动。活动的结果，即是物我两方面之变动。物我两方既呈变动之后，如果仍能彼此调和融合，仍能彼此浑融一体，那么生活上仍不至发生什么问题，仍不至呈出何种困难。但物我两方发生变动之后，虽有仍能调和融合的时候，然不调和，不融合的时候，总不能免。彼主张自然生活者，主张艺术生活者，都忽略了这一点。都只看清了物我浑融一体的生活之好处，而不知道物我浑融一体的生活，是不能永保其平衡的。都只知道生活应当是物我一体的，而不知道物我总有不能一体的时候。都只知道顺顺畅畅之生活好过,而不知道不顺不畅之生活也不能不过。都只知道物我浑融一体之境,是绝对至善的,而不知道这种境况不能永久保留不变。都只知道物我分立之境非生活之本来面目,而不知道这个境况是生活上永久不能避免的。他们看见了生活之一段情形,遂以为生活就是这一段情形。因此之故,生活转入物我分立之境的时候,便以为不是生活了,便以为完全错了。那知实际上并不是这样的。由我们研究的结果看来,物我浑融一体的生活,是人人所有的,是人人所曾享受过的,是人人必须要享受的。但人人所有的,所曾有的,所必须有的,并不是说永不动摇,永不变化。反之,乃时时变化的,时时更换的。刚入物我浑融一体之境,便有发生动摇之可能。盖物我两方之变动是不能免的,所以物我浑融的生活之动摇,也是不能免的。我们知这生活是这样的,所以当生活上发生了动摇时,并不骇怕,并不痛恨,仍只是向前生活着。

生活将到物我分立之境的时候,物我两方便呈一种冲突竞争之状。生活者便觉得痛苦难安。因痛苦难安,生活乃正式折入思想之境,折入物我分离之境。思想之境,物我分立之境,虽是生活所不能免的,虽是一种必然之境;但并不是我们所要保持,使永久不变的。反之,这段生活,乃只是一段过渡生活。借这段生活,生活乃能回复它那本来的面目。回复它那物我浑然一体的状态。思想之最后结果为不思想;物我分立之境的最后结果为物我合一。彼主张"奋斗即生活"者,没有看清这一点。他们总以为生活即是奋斗,总以为物我分立竞争之境是生活的唯一状态。总以为生活除了物我分立竞争以外,便没有别的了。只知道生活是奋斗,不知道奋斗之中,便含有不奋斗之意义。只知道奋斗,并不知道奋斗之结果,在不奋斗。只知道奋斗是不能免的,不知道奋斗是要不奋斗的。只知道奋斗是生活上不能免之情状,不知道奋斗是达到不奋斗的一种过渡情状。因此之故,看见别人享受自然生活时,便以为非生活,便以为错了。我们从所研究的结果看起来,生活并非就是奋斗。奋斗之结果乃在不奋斗。物我分立之生活的最后方向是物我合一的。物我分立之生活,虽是不能免的,但也不是应当久留的。虽是必然的,但不是必须的。主张"奋斗即生活"者,没有看到这一点,实在错了。

奋斗生活或物我分立的生活之最后结果,为造出局面,为替行动画出路线。局面造出了,路线画好了,生活便折入信仰之境。信仰生活进行之时,心理有了定向,行动也有了定向,心理所向之目标,也是一定的。三者的方向,全然一致。不过这样三者全然一致,心理与行动全然朝着一个定点进行的状态,完全是思想构造出来的。是继物我分立的生活而起的。它的前一段为物我分立的生活,它的后一段,为物我浑然一体的生活。它自身是时时间断。物我分立时,思想用事时,这种状态还未出现。目的实现了时,这种状态也随着消灭。彼主张"信仰即生活"者没有看到这一点。总以为生活就只是信仰。仅看见了信仰生活之本身,而不知道信仰生活还有一个前路,也还有一个后路。前路不是信仰,乃建立信仰的。后路也不是信仰,乃接信仰而起的。信仰并不能笼罩生活之全部。我们知道信仰在生活上很占重要位置,但生活并不就是信仰。反之,信仰只是生活上的一种状态。但这种状态,并非独一无二的,它之前后,还有别种状态。彼主张"信仰即生活"者却未看清这一点!

　　由我们研究的结果看起来,生活之全体,是变动不息的。其状态是时时变换的。物我浑然一体之境,有时不能不折入痛苦难堪之境。痛苦难堪之境,绝对不能不折入纯粹思想之境。纯粹思想之境,绝对不能不折入信仰之境。信仰之境,绝对不能不复入物我浑然一体之境。生活是这样轮转一次,便是进化一周。轮转不已,便是进化无穷。虽然我们固深信生活是这样轮转进化的。但有些人,对于生活自身,并未深加考虑,便随便立出些主张来。上面所说的这三者,是很显著的。但除此以外,还有许多特别的主张,与生活的真相,并不相合。这些主张,都是一些头痛医头,脚痛医脚的主张;都是些无基础的主张。

　　这些主张中间最普遍的,就是以西洋的生活,代替中国的生活。这样主张的人们,总以为西洋的生活,是克服自然的,是运用科学的,是以智慧支配环境的,是奋斗的。中国的生活,是与自然融合的,是与自然相游乐的,是不计较的,是无所为而为的,是不知其然而然的。最近又看见中国到了很衰弱之境,不能与列强竞争了;物质文明,也丝毫都没有进步。于是以为中国的生活,是要不得的。何以要不得?因为它是与自然融合的,与自然相游乐的。假设以西洋那种克服自然的生活,与自然界对立竞争的生活来代替中国的生活,那中国便会强,中国人便会文明起来。这样主张的人倒也费了苦心。只可惜没有过细去理会得事实。所以这种主张仍是根本错误的。就事实看,中国的生活,虽是与自然融合,虽与自然相游乐,但并不是不克服自然的,并不是从来未与自然对立竞争过的。不过与自然竞争的方法不及西洋的罢了。西洋的生活,虽是克服自然的,虽是与自然对立竞争的;但并不是从不与自然融合,并不是从不与自然相游乐。换言之,无论中国人的生活也好,西洋人的生活也好;根本上大体是相同的。都有与自然对立竞存的时候,都有与自然调和融合的时候。我们万不能说:某种人的生活永久为物我对立竞争的,某种人的生活,永久为物我调和融合的。彼主张以西洋生活代替中国生活者,徒只知道中国之衰弱,便妄立一些主张,竟把事实丢在一边,恶乎可?

与这一种主张不相同者,有一种另外的主张。什么主张?即以艺术代宗教之说。主张以艺术代宗教者,仅看见了关于宗教方面的事情,总有些与艺术相同的。关于艺术方面的事情,总有些与宗教方面的事情相同的。因这种偶然的相同,便主张以艺术代宗教。我们就前几章所述的结果看:艺术生活,是物我浑然一体的。宗教生活,是心向,行动,以及环境的方向三者完全一致的。换言之,宗教生活即是信仰生活。物我浑然一体的生活,是人人所必有的,然而不是永久可以不变的。既变之后,又不是永久可以不回复的。信仰生活,也是人人所必有的;但信仰实现之后,这种生活,便随着转了方向;并不是一去不复再来的。我们知道的生活,是时时轮转不息的。我们如何可以用生活上的某一种情状永久代替其他的不能免的情状呢?所以就生活的本身看,以艺术生活代替宗教生活之主张,也是不对的,也是不察实际,任意主张的。

此外还有一种以艺术生活代替科学生活之主张。这样主张的人,看透了艺术生活之好处,知道艺术生活是极自然的,极快乐的;是与环境调和融合的,是与环境相游乐的。又看透了科学生活是很苦的,是物我对立竞争的,是奋斗的。于是极力的主张,极力的提倡以艺术生活,代替科学的生活。并不平心静气的考一考生活全部所不能免的各种情状。并不知道艺术生活之不能永保其平衡,并不知道科学生活是达到艺术生活之过渡。并不知道这两者在生活上是不能任意取消其一而保留其他的。就实际看艺术生活,虽是极好,虽是生活之根本状态,虽是生活之最后方向,虽是人人所留恋的,虽是人人所羡慕的;但无论如何,不能永保其平衡,不能因人之留恋羡慕就永久不变。科学生活,虽是苦的,虽没有艺术生活那么快乐,但无论如何是不能免的。艺术生活,不能永保其不生变动,所以科学生活,便不能根本的取消。彼主张以艺术生活代替科学生活者,为何不平心静气的看一看事实?为何不看看生活全体所不能免的,所不能不遇的各种情状?

我们就生活的本身研究,知道生活是时时轮转的。物我浑然一体之生活,不能不转入物我分立之生活;物我分立之生活,不能不转入信仰生活。信仰生活之终点,仍旧是物我浑然一体的。彼不察实情者,总以为生活是一根直线,总以为生活只有一种情状。主张自然生活者,主张信仰生活者,主张奋斗生活者,各人看见了生活之一面,便以为生活只有这一面。于是各人妄立主张,各人固执一说,以为自己的主张是对的,人家的主张是不对的。至于主张以某种生活代某种生活者,同时固看见了生活之两面。但仍固执一面,而鄙弃他一面。同一个生活,竟可以任人妄加许多的主张! 这都是不察生活的实况所生的结果。假如略研究了一下生活的全部,知道了生活所不能不遇的各种情状,知道生活是轮转不息的,那么便不至发生这许多纠纷。不幸世人不喜欢平心去研究生活之本身,以致异说纷纷。

纷纷的异说,现在还正在起劲哩。除却上面这些不合事实的主张之外,最近还有些更新奇的主张。第一为艺术与科学合并的主张。这样主张的人,以为生活应该是多方面的,应该要使各方面互相调和。艺术是生活的一面,科学是生活的又一面。二者是应当调和合并起来的;单是艺术生活,固不行,单是科学也不行。反之,二者是应当合并的。他们以为生活本是多方面的。一面营艺术生活,同时又一面营科学生活。科学生活虽很枯窘,却有艺术生活为之调和。艺术生活虽很放荡,却有科学生活为之整顿。二者互相牵制,同时并立,使生活不致偏于一面。我们就事实看,生活却不能是这样合并。我们过某种生活时,生活是单纯的。万不是一部分的自我过一种生活,同时他一部分的自我,又过另一种生活。自我从不能是这样分开。我们无论过某种生活时,自我总是完全的,总是单纯的。从不能把一个整整的自我剖成几部分,同时过几种不相同的生活。艺术生活,与科学生活,万不能同时并过。反之,二者只能在时间上相接连,断不能在空间上相比并。艺术生活去了,科学生活继之。二者在时间上是可以相接连的,但不是过艺术生活,亦过科学生活。因为二者是不能合并的。现在许多学人们不懂得这个时间上的接连,与空间的并立之区别。因此之故,彼主张生活应当单纯者,偶尔看见一个人既能过科学生活,又能过艺术生活,便大大的诧异起来。殊不知他这两种相反的生活,并不是同时并过的;反之,乃在时间上继续过的。他当过艺术生活时,只是过艺术生活;过科学生活时,只是过科学生活。二者并非同时拼在一块。至于主张生活应当复杂者,偶尔看见一个人能够过几种不同的生活,便以为是同时并过的,便以为生活应该复杂。见了其他的人不是这样,便以为是不善调和。实则一个人何常能够同时过两种以上的生活? 反之,又何尝永久只过一种生活? 生活是轮转不息的,一时为这样,过一时又是一样。艺术生活与科学生活是人人所必有的,但绝对不是同时并有的。乃在时间上继续有的。彼主张艺术生活与科学生活合并者,只知道要将此二者拼合,殊不知道此二者是不能拼合的。只知道要拼合,殊不知此二者只可在时间上相接连。

　　与上说最相近者,有所谓科学的艺术化之说。主张科学艺术化的人,总以为科学生活太枯燥了,太机械了,太板滞了,太偏于理智了。我们如要过有意义的生活,过丰富的、自然的生活,只有科学艺术化之一法。如果科学能够艺术化;那么我们一方面既可以应用科学,保存科学的精神;一方面又可以享受艺术生活的真乐。生活既是科学的,又是艺术的,二者兼全,再好没有了。这种主张之含糊笼统,我们于第一章内已经批评过了。这样主张的人,其根本错误之点,在不懂得生活之真相。他们总以为生活是空间的东西一样,总以为它如化学上的原素一样,可以分散,可以合并,可以将许多不同种的原素化为一种。总以为艺术与科学是可以化合为一体的。实在说来,科学与艺术如果化成了一体的时候,科学还成其为科学,艺术还成其为艺术吗?就生活的进行看,这两者果是渐趋混合的吗?却不尽然。生活只是轮转不息的,当轮转的时候,所经过的各种状态是先后在时间上接连的,并不是同时在空间能够化合的。生活愈进化,即生活轮转之次数愈多,各种状态便分显得愈清楚,无论如何,决不能彼此化合起来。反之,只能彼此在时间上连接起来。彼主张科学艺术化者,不察生活之实际,所以致误。

　　还有一种调和之说,以为我们的生活,应该是各方面调和的。科学、信仰、艺术,三者应该调和融合。我们的生活,既不可没有信仰的分子,又不可没有科学的分子,更不可没有艺术的分子。我们如要有完全无缺的生活,如要有丰富的生活,万不可有其一而忘其他。更不可偏重其一而轻其他。生活上这三方面应该保持其平衡,应该调和融合。这样主张的人,看见了艺术、科学、信仰三者各个的好处,于是就主张调和这三者。这种调和的主张,倒也很可敬佩。只可惜没有弄清生活之真相,没有明白生活进行的状态。总以为生活是一件空间的东西,可以分割,可以合拢。那知道事实上全不是这样的。生活乃单一的,不可分割的,是在时间上轮转的。虽然,同一个人,本可以过各种不同的生活。同一个人,本可以过艺术的,科学的,信仰的各种生活。不过我们万不能因为一个人可以有这几种不同的生活,便以为这几种生活,对于一个人是同时并立的。实在说来,无论何人的生活,在一个时限(时限无论久暂)之内,从不是多方面混合的。反之,乃单一的,不可分的。各种不同的生活,只是在时间上先后相接连的。并不是在空间上拼合的。生活之进行,是轮转不息的。艺术生活、科学生活、信仰生活在时间上,是互相更迭的,从来不是在同时相重的。彼主张调和科学、艺术、信仰者,不察生活之实际,只知道这三者之好处,便毅然主张调和此三者。便含含糊糊要将此三者拼合起来。那知道这三者在时间上虽是必定要相接连的,在空间是绝对不能拼合的。

与科学、艺术、信仰三者相关的,有所谓知、情、意者。有许多人主张什么知的生活,又有些人主张什么情的生活,又有些人主张什么意的生活。就哲学上讲,有所谓唯知主义、唯情主义、唯意主义等。彼主张知的生活者,以为生活应当以知为主,其他都是附属的。他们总以为知、情、意这三件事情,是三种成分,可以任我们随便处置。我们要把这三者一齐看重就一齐看重。要偏重一件,就可以偏重一件。主知的生活,便是偏重知这方面的。但生活果是这样的吗?果可以只重知的方面的吗?并不尽然。生活之进行,只是轮转不息的。各种不同的情状,在时间上是必须经过的。万不能任我们只有知的生活,更不能由我们不过他种的生活。倘知的生活,就是我们所谓科学的生活,就是我们所谓物我分立的生活,那么这种生活,是不能永久不变的,反之,乃只是一种过渡生活,只是生活全体所不能不经过的一种情状。彼主张知的生活者,不察事实,便以此一种生活,代替生活之全体,实在错了。

与此相反的,有所谓情感的生活及意志的生活者。主张情感的生活者,总以为情感是最重要的。我们如要过最丰富,最有意义、最有价值的生活,只有尽量的发舒情感。殊不知情感有不能不压制的时候。殊不知情感也只是生活的一种情状,并不能笼罩生活之全体。生活之全体,是时时变动的;一种情状,不能永保其不变。至于主张意志的生活者,也犯了同样的错误,也没有看清生活的全体。只知道意志是很必要的,在生活上是不可缺的。便毅然决然的主张意志的生活,以为意志可以代表生活之全部。实则意志也只是生活上之一种情状。这种情状,既不能永久不变。变了之后,又不能永久的不回复。生活的全体,就是各种不同的情状在时间上互相更迭。

心理学上的知、情、意三方面之分,实在是错误的。通常的学人们,都以为心理是生活以外的独立存在的实体。都以为这个实体是有多方面的。各种方面,是可分可合的。我们当营知的作用的时候,情的或意的作用,虽未明白显出,却是与知的作用并立的。不过暂时停止罢了。我们正当营情的作用时,知的或意的作用,虽不明显,却是与情的作用并立的,不过暂时停止罢了。我们营意的作用时,情的或知的作用,也只是暂时停工,其存在是与意的作用相并的。这样把心理看成一个生活以外的独立的实体,这样把心理看成一个复杂的,多方面合成的实体,我们实在找不出理由来。我们就实际看去,所谓知、情、意,只是生活在时间上经过的几种状态。并不是一个心里面的三种成分,更不是三种可以任意分合的成分,我们所谓知,只是指生活到了物我分显之境而言;所谓意,只是指心理行动均有定向而言;所谓情,只是指生活到了物我浑融一体之境而言。譬如哭,算是情的状态了。哭的时候,不是物我浑融一体的吗?不是心身之活动分别不清了吗?哭的时候,曾单独用心理去想清了然后哭的吗?不是无所为而为,不知其然而然的吗?又如认识某种植物,算是知的状态了。当认识的时候,不是自我与环境对立分显吗?见了好看的植物,便想向前采折。这算是意志的状态了。此时心理的活动与身体的活动不都是朝那植物倾向着吗?我们仔细考察起来,心理并不是离开生活的;实在就是生活之本身。平常所谓知、情、意,并不是心理上的几种原素,乃生活的几种状态。这几种状态,是人人所不能不经过的。这几种状态,是在时间上继续更迭的。彼主张知、情、意为心理上的三种成分,三个方面者,只是未曾考察事实。

由我们所研究的结果看,可以知道科学生活是什么了;可以知道科学是什么了。所谓科学生活,只是指心理之单独活动而言;只是指心理之拟定局面而言。生活上有了问题的时候,生活不能向前的时候,心理便从行动当中跳出,第一步停止行动,第二步努力拟定新局面,以期解放行动。拟定新局面,完全是心理的单独进行。这样行动退到第二位,心理单独向前进行,努力拟定新局面的活动,我们称之为思想也可以,称之为理智作用也可以,称之为思想生活,或理智生活也可以,称之为科学生活也可以。至于拟出来的局面,用思想构造出来的局面如果较普通的计划精详些,确定些,可靠些,变化少些,可以永久被人利用,可以解放大多数人的行动的,便是科学。总括说来,我们之所谓科学生活,就是指拟定新局面之单独的心理活动,或思想活动而言。我们之所谓科学,就是指拟定出来的,用逻辑构成的局面而言。拟定新局面之心理活动,与普通建设计划之思想作用根本上是一样的。拟出来的局面,与普通设出来的计划,根本上也是一样的。两种活动,都是为行动谋解放。两种活动的结果,都是解放行动的。不过彼此有精确与否及可靠与否之差别而已。

开始拟局面,是为生活上之困难及问题所迫。所以科学之起源,或科学发生之动机为应用。倘生活上永无问题,永无困难,科学的思想之进行,便永远会没有。今科学的思想,完全为问题及困难逼出的,所以科学发生之动机在解决困难。解决困难,即是应用。科学既经成立之后,其存在之理由也在应用。因为科学就是用思想拟出来的局面。这个局面之最后的功用,还是解放行动。虽然它不一定解放行动,不一定有人利用它去解放行动;但它之所以能够存在总在应用。至于科学成立之经过,则完全是为真而求真的。科学当要成立而未成立时,是纯以真理为标准的,是绝不为功用观念所支配的。这种不讲功用的时期愈长,科学之功用便愈大。

局面拟定了,心理的方向也一定了,行动的方向与心理的方向也一致了。不过心理先达到所向之目标,行动后到罢了。这种心理与行动一致的时候的生活,我们称之为信仰生活。信仰生活,是思想的结果。是由物我分立达到物我浑融一体的过渡生活。信仰之目标实现了,行动完成了;心理、行动、环境便又浑然一体了。这样浑融一体的生活,我们称之为艺术生活。

艺术生活,为生活之根本状态。因为一切思想、奋斗问题等都是从此演生出来的。生活上倘没有思想、困难等等事实发生,那么艺术生活,便永久不至于变动。人类便可以永久过物我浑融一体之生活。不幸当生活进行之时,物我两方之变动是绝对不能免的。两方变动之结果,又是不能绝对一致的,不能绝对调和融合的。于是生活上之问题、困难等等便绝对的不能免,因此乃发生思想。但思想这件事并不是生活之最后的状态。反之,乃要经过信仰之境,间接达到物我浑融一体之境的。所以生活之最后的方向,仍是物我浑融一体,仍是一种艺术生活。

生活由物我浑融一体之境,折入物我分立之境,由物我分立之境,复转入信仰之境。由信仰之境,又转入物我浑融之境。无论个人的生活也好,团体的生活也好。文明人的生活也好,野蛮人的生活也好。中国人的生活也好,西洋人的生活也好。老年人的生活也好,少年人的生活也好。都是这样轮转不息的。每次轮转所经过的时间,无论长也好,短也好,物我两方总要经一番变动。生活之轮转无已时,物我两方之变动也无已时,因之生活之进化便没有止境。

商务印书馆一九二四年出版

中国农村社会之新观察[*]

1. 耕地之由公有而私有

（一）原始共产社会。吾人生于现代所谓文明社会之内，习见私产制度已久；拥护私产制度之心理，几成第二天性。于是推想初民时代之财产制度，亦必与现代相同。实则大谬不然。古之财产，纵不能完全称为共有，但亦决不能完全称为私有。古代人民，最初谋生之法，为采集果实。次为猎食禽兽。后乃进入耕种时代。当其采集果实之时，或猎食禽兽之时，其行动常为团体的，而非个人的，故所采得之果实，或捕得之禽兽，亦常为团体所享受，而非为个人所享受。此种情形，直至耕种时代，虽稍有变更，然仍无大差异。耕种某地，常为一族人，或一群人之共同行动。耕种之结果，常为一族人或一群人共同享受。此种"共同享受"之制，在初民时代，殆甚通行。英国法理学者 Main 于其所著《古代法律》一书中述此最详。彼谓古之财产制度，殆为"共同享受"（common ownership）而非"单独享受"（seperate ownership）。财产之形式，亦常与家族或群体之公权相符。美国社会学者（Morgan）博士于其所著《原始社会》一书中，更举许多实例为之证明。即在今日野蛮社会之中，财产共有制之痕迹，仍不难找出。

（二）所谓井田时代。上述原始共产社会，完全为野蛮时代之形式。若社会稍进于文明，生产事业，已脱渔猎时代而入耕种时代，财产制度，当然有一番整理，如划分耕地，及规定授与耕地等等制度更是必要之图。我国古昔，有所谓井田时代，即是一例。井田制度，言人人殊。然周秦以来，谈政治经济者，无不称此为理想之制。关于井田制的详情，今不可考。其主要之旨，乃在收天下之田为公有，而均分之于各家，使其自由收益使用。《孟子》上所称"方田为井。井九百亩。

---

    * 本文于 1927 年 4 月武汉《中央日报》副刊连载，后又汇集在泰东书局 1929 年出版的《农村社会新论》中。

其中为公田,八家皆私百亩。公事毕,然后敢治私事……"即井田制之缩影。所谓八家皆私百亩,并不是说八家各有私田百亩,乃谓八家各可向政府领田百亩,自由收益使用。自己无力使用时,仍须归还政府。盖所有权属于政府,而非属于私人也。在此种制度之下,有数特点,值得注意。1. 政府之收益,限于八家公耕之部分,即井字中间之部分也。2. 耕地属于政府,而非私人所有。3. 八个私家。除公耕百亩而外,余力所得,自己得自由享受。4. 耕地所有权既不属于私人,故不发生买卖田地之事,故不发生地主与佃户之关系。5. 农村中无掠夺阶级与被掠夺阶级之对立。此种制度,后来有说确有其事者,又有说确无其事者。吾人以社会进化之眼光视之,野蛮共产制之后,应有一个时代为比较合理的公产时代。井田之制,吾人决不可断然谓确无其事也。

(三) 合理的私产制。井田之制,在夏、殷、周时,据云确曾盛行。直至春秋、战国,始渐废弃。历史上称,秦孝公时有商鞅其人,佐孝公废井田,开阡陌。井田之废,当然不是一人之力,更不是政府一道命令所能成功。自有客观的环境迫使不能不废。大约春秋、战国之时,中国社会,已大有进步,因之人口日繁,旧有井田,不敷耕种之用。有识者流,乃主张废井田制,开辟阡陌,以济耕地之穷。阡陌既开,政府或者明令规定,人民得保私有土地之权;于是井田之制,不期废而自废矣。

井田制既废,私产制代兴。不过由古代公产制到现代私产制,中间必定有一时期,曾行较为合理的私产制。吾人生于今日不合理的私产制之下,或可称之为合理的私产制(所谓合理的,并非非事实的,乃云非现代的也)。私产制度,随便看去,殆为万恶之源。实则在合理的情形之下,未必有如是之坏。吾所谓合理的情形,意即谓在人类社会之中,无压迫者与被压迫者之分,无掠夺者与被掠夺者之分。一言以蔽之,无现代社会中所有的不平等的现象。譬如一人,有田十亩,自己耕耘;所得结果,直接归自己及其家人骨肉享受;绝无现代所谓纳租之事。又有一人,有田三十亩,亦由自己耕耘;所得结果,亦直接归自己及其家人骨肉享受。绝不似现代田多者自己不耕,而向他人索租之事。所谓田多者,只因人口多,生产力大,故多耕数亩或数十亩之田。耕耘所得之结果,完全归劳动者享受;绝无第三者从中掠夺。反之,田少者,亦只因人口少,生产力小,故耕田亦较少。然所得结果,亦完全归自己享受,不被他人掠夺。在此种情形之下,财产之制,虽为私有,而非公有;然较之今日之私有制,则合理得多也。

(四) 私产制的变化。合理的私产制,如能维持得长久,社会问题,虽亦发生,但不至十分迫切。不幸此种私产制,行之未久,即失去平衡,而起变化。变化之方式不外二者:一由中产之家向上变为极富者;二由中产之家向下变为极贫者。中国自有私产制度以后,通人学者所最关心的问题,即此贫富悬殊问题,所谓"不患寡而患不均"者此也。仲长统《昌言》中有一段文章,述井田制废后贫富悬殊之理极详。其说曰:"井田之变,豪人货殖。馆舍布于州群,田亩连于方国。身无半通青纶之命,而窃三辰龙章之服。不为编户一伍之长,而有千室名邑之役。荣乐过于封君,势力侔于守令。财赂自营,犯法不坐。刺客死士,为之投命。至使弱力小智之子,被穿帷败,至死不敛。冤枉穷困,不敢自理。虽亦由纲禁疏阔,盖分田无限,使之然也。"此段文章描写贫富悬殊之理,精透无比。中国财产制度,殆由原始共产时代,进而入于井田时代;由井田时代,变而入于合理的私产时代。再由合理的私产时代,进到不合理的贫富悬殊时代。吾人现在正居于此不合理的私产时代之中。此种私产制的内容、弊病,不可不彻底了解。

2. 地主与佃户的关系

(五)耕地之买卖,与发财之欲望。在私产制下,尽管贫富悬殊;倘政府明令禁止买卖田地,其为害仍不至如今日之烈。不幸井田制废后,人民既得私有田地,于是买卖田地之制,随之以兴。在田地可被买卖之先,人民虽保存私有田地;各人田地,虽有多少之别;但多者仍为有限之多,少者仍为有限之少。直至买卖田地之制通行,凡有发财之大欲者,偶得机缘,便尽量发展其欲望,大买田地。但在一方,既有买者;在他一方,必有卖者。买者愈富,卖者愈贫,卒之贫富悬殊,几至不可思议。富者可以田连阡陌,贫者竟至地无立锥。仲长统所谓"不为编户一伍之长,而有千室名邑之役"者,当是买卖田地之制通行以后之事也。自从田地可以被人自由买卖之后,富者有田,自己却无暇耕种,贫者有暇,自己又无田可耕。至是农村中之矛盾现象便日甚一日;不平等之现象,日甚一日,所谓地主与佃户的关系从此乃大发展;掠夺者与被掠夺者之关系从此乃大发展。

(六)地主之成因。欲将地主与佃户之关系阐明,最宜先将地主成立之原因问问。何谓地主?当然是有发财之大欲者。不过发财之欲,人人都有,为何某也变为地主,某也变为无地立锥之贫民?此中原因,不可不论。地主之所以变为地主,盖有数因:1. 承继先人遗产。先人发有大财,传诸子孙。子孙受之,坐享现成。政府既不向其抽遗产税,且唯恐保护之不周。此为造成地主之一因。2. 做贪官污吏,搜刮民财,以成地主。出膺官吏,而不搜刮民财者,历史上少有其事。

搜刮民财,除满足欲壑外,而不置产者,天下断无此种蠢人。3. 以重利向他人盘剥。如稍有资财,即借诸他人以索厚利。或用以经商,或营他种生利之业,均可发财。4. 由于自己勤勉而发财而成地主者,亦有其事。不过此种事实,殊不多见。5. 因偶然之机会而发财者。如赌博抽彩,以及其他种种侥幸之事偶尔成功皆可致富,皆可造成地主资格。地主资格,既经造成,便开始向人掠夺。掠夺之唯一对象,即为佃户。

(七)何谓佃户。地主尽量发财,尽量植产,将他人耕地,无限制的买入;同时对方必有人将耕地卖出。地主长得愈多愈大,则丧失耕地者必随而愈多。所谓佃户,即自己丧失耕地向地主租田耕种,以营生者。在私产制度之下,买卖田地之制,既甚通行;凡稍有耕地者,稍一不慎,即必堕为佃户。反之,稍一遇巧,亦可升为地主。凡堕为佃户者,多半由于下列数种情形:1. 先人遗产,不甚雄厚,所凭藉以生利者少。2. 自己智力,不及他人,不善于经营生产事业,不善于管理生利事业。又往往为良心所压迫,不肯盘剥别人。3. 体力较弱,不适于劳作。在农村社会之中所有劳作,均甚费力;体力弱者,当然不能与他人竞争。4. 天灾流行。自己原有财产,既不甚多,凭藉不厚,既已竞争他人不赢,重以天灾,何能抵御?故一个农村中,倘不幸而遭一年或两年之旱灾,或水灾,或虫蝗,该村之中,除少数人能乘机变为地主外,余则一概沦为佃户,做地主之奴隶。5. 人事之变化。如家遭不幸,或地遭兵燹,皆可以化有产者为无产者,化自耕农为佃户或雇农。上述种种,只是大端。详细情形,不胜枚举。综之农民之贫穷,或无产化,原因甚多。懒惰两字,不能概括一切。农民既经穷到无地可耕,便开始向他人做奴隶!

(八)佃户取得耕地使用权的手续。吃饭一事,如不成为问题,则耕地所有权之或有或无,都无关重要。不幸亘古以来,吃饭问题,从不易于解决。于是在农村中,在工业尚未发生之农村中,耕地所有权之或有或无,便成为奴隶与主人之关键。盖粮食不能从天降下;欲得食者,必须工作。然在农村之中,工作所凭借之物(生产工具),耕地最为重要。今耕地尽在地主之手,则无耕地者。不得不向地主投降,不得不设法向地主取得耕地之使用权。

耕地使用权,究用何种手续,始能取得?通例由地主提出若干严酷条件,令佃户写一张佃约。将所有条件,一概列于佃约之上。条件之最普通而为吾人所习见者:1. 佃户缴纳地主之地租若干。2. 缴纳地租之手续及期限。如俗所谓"秋收之后,晒干车净,送至上仓"是也。3. 进庄钱之多少及性质。所谓进庄钱者,即佃户向地主所缴纳之一种担保品。凡佃户进庄,或租得地主之田时,例须随田亩之多少,向地主缴进庄钱若干,以担保自己决不至违反佃约上所载各项条件。进庄钱为铜圆或银圆或其他等等极须注明。4. 田亩之多少及耕作年限之久暂。凡奴隶性最强之佃户,例能取得地主之欢心,多享几年使用耕地之权。5. 佃户对地主之一切奴隶关系,如向地主服务,送礼品于地主等等是也。条件双方承认,佃约已经书就,则地主与佃户之关系,俗所谓东佃关系,乃正式成立。自是而后,佃户准备卖力,地主静待收租。农村社会之中,便"如此这般"的开始不平等矣。

(九)总收入的分配。地主之田,既经租出,便入于生产行程之中,加以劳力,经过一定时间,便得一种收入。此种收入,如何分配?尽归地主,断无此理。尽归佃户,又断无其事。通例地主与佃户各得一部分,因此两方各应实得若干,便有种种不同之习惯。举其要者,约有三种:1. 俗所谓对开。譬如一亩之田,耕种之后,出谷五石。此五石谷,平分于东佃两方,地主得二石五斗,佃户亦得二石五斗。此为对开。对开分配法,在各地又有不同。2. 三七开。意即谓于若干亩田之总收入中,地主取七成,佃户取三成,恰为三七之分配。如一亩田,出谷五石,地主分三石五斗,佃户一石五斗是也。3. 四六开。上述两者,第一种,地主认为太不利于自己!第二种若通行,则为佃户者,恐皆将饿死。于是乎有较为适中分配法。现在通行之四六开是也。就一亩田言,假如一亩田出谷五石,地主得三石,佃户得两石;即为四六开。此种分法,最为通行。吾人视为一种定例可也。

(十)进庄钱对于分配之影响。或以为上述三种分配之法,都出虚构。事实上并无此种分法。所谓三七开、四六开,实在未有其事。即对开亦少见之例。反之,耕地所有出产,佃户实分去多半,地主仅得最少部分。举例言之,一亩之田,出谷五石,佃户通常能得三石,或三石五斗,甚至四石。地主所得,不过两石,或一石五斗,甚至一石。若果如此,则与上述三种分法,恰恰相反。上所述者,似为谣言。但实际上绝不是如此。此等事实,容或有之,然细察其内容,则与上述之例,无不合者。盖佃户分配较多,并非真多!地主分配较少,并非真少。实因佃户进庄时所缴之进庄钱,对于双方分配之量发生影响也。

进庄钱之意义,就一方面言,固为佃户对于地主之一宗担保品。然就另一方面言,实为佃户放出之一宗货品。在私产制度之下,凡放债者,必得利息。凡借债者,必出利息。今佃户之债(即进庄钱)放于地主之手,故佃户一身,兼备两重资格:一为佃户,一为债权者。地主借有佃户之债(即收得进庄钱),故其一身,亦兼两重资格:一为地主,一为债务者。于是佃户一方面须纳地租,以尽佃户之义务,同时须收息,以享债权者之权利。地主,一方须收地租,以享地主之权利,同时须出利息以尽债务者之义务。由是可知佃户对于收入分配得多,并非真多。只因自己缴有进庄钱于地主,例须从地主应得之租额中,扣出一部分,作为进庄钱之利息。地主分配得少,并非真少。只因自己收有佃户之进庄钱,例须从佃户应纳之租额中,退还一部分,作为进庄钱之利息也。例如有佃户于此,租得地主之田十亩。每年收入总额,有五十石谷。依四六开之通例,佃户应得谷二十石,地主应得谷三十石。但佃户租田之时,曾缴进庄钱百圆。每年每圆,计利息谷一斗。则一百圆钱,一年应得息谷十石。佃户原来只应得谷二十石,今扣回利息十石,共只得谷二十石矣。事实内容,如是如是。而谓非四六开,可乎?故凡谓佃户分配得少,地主分配得多者,皆为进庄钱之影响所蒙蔽也。

(十一)佃户的地位与进庄钱。进庄钱本为佃户缴于地主之担保品。然就其可以生息一点而观,殆为一种生利资本(interest-bearing capital)(生利资本之义,详见马克思《资本论》第三卷)。佃户租田之时,如不缴进庄钱,表面似甚方便。盖不纳庄钱,可以租得耕地。究其实际,凡不纳进庄钱者,殆完全为地主的奴隶。因除凭体力以换得些微生活费外,毫无他种凭借,以生利也。反之,若佃户租田之时,如果缴进庄钱,则其地位,便随进庄钱之多寡而生差异。不缴进庄钱,则纯为地主之奴隶。略缴少许,则可凭此稍得利息。多缴则可多得利息。迨应得之利息,可以抵偿应纳之租额时,则佃户名虽仍是佃户,实际上已变成自耕农矣。不纳地租,可以耕田矣。由此观之,佃户之地位,常随进庄钱之多寡而有变迁,不缴进庄钱则其地位最低,略缴则其地位略高,多缴则其地位更高。缴得最多,则与自耕农相去不远矣。故凡租田耕种者,只须自己力能设法,无有不想多纳进庄钱者。盖此种钱,本为一种资本也。

3. 地 租 论

(十二)何谓地租。地主有田,租与佃户。佃户租得地主之田,耕耘之后,年所收入,分出一部,送与地主,谓之地租,前论地主与佃户对于总收入之分配时,所谓"对开"、"四六开"、"三七开"中,地主所得之十分之五(对开)或十分之四(四六开)或十分之七(三七开)等等,即地租也。地租一项。自有地主与佃户之关系以后,即成问题。不过曩者,此种问题,纯由地主与佃户私自解决,并未形成社会问题。政府对此,更不过问。于今则不然矣。国民党第二次全国代表大会,关于农民运动,曾决议规定最高租额。近来各处农村中,提出减租之要求者,更不知凡几。似此则地租问题便急待解决矣。欲决此题,最宜先将地租之意义及性质略加分析。分析之后,如得问题中心之所在,则解决之法,不难定矣。

(十三)地租的解释。地租之意义及性质,究竟如何,论者不一。归纳言之,约有三说:1. 从耕地之生产功用着眼者。其说曰,耕地有生产之用。佃户虽能耕耘劳作,若无地主供给耕地,则其力无所施。力无所施,则不能有所获。若是则佃户年所收入之总额,几乎全是地主之耕地所赐与者。故佃户预纳地主以租(马寅初博士常谓,劳动固然神圣,资本亦复神圣,说与此近)。此说有误。假如有耕地数亩于此,自春至冬,不加劳力,不入于生产行程之中,能有出产否?能有所获否?如果不能,则佃户年所收入,当是劳动的结果,何可谓为地主之耕地所赐与者?以劳动的结果,分出一部,送与地主,只可称为赠品,绝无他种合理的解释。

2. 从报酬地主的勤劳一方面着眼者。其说曰,地主置买耕地,颇费勤劳,今将耕地租与他人,则租之者,如有所获,当分一部,送与地主。用以报酬地主曩日置买耕地所费去之勤劳,此其为说,颇似有理。特于报酬二字,含有歧义,未能看清。地主费去勤劳,买得耕地,则耕地之所有权,即勤劳之报酬也。若佃户所获,乃报酬佃户自己耕耘之勤劳者,与地主何干?今将地主已得报酬(耕地之所有权),略而不讲;将佃户应得之报酬,分去大半,送与地主。是误地主与佃户两方报酬之义为一谈也。如此而欲解释地租之义,其何可能?

3. 从金钱的功用着眼者。其说曰,置买耕地,必费金钱。金钱为最有用之物。今买得耕地,租与他人,自己则一无所有。是无异将有用之金钱,化为泡影矣。置买耕地者其何能堪?故佃户须纳租以偿之。细审此说,亦含大错。金钱固为有用之物,耕地又何尝非有用之物?以金钱买得耕地,乃以有用之物,易有用之物。今买之者舍而不耕,是置有用之物不用,非以有用之物易无用之物也。佃户取他人所不用者小心利用,终岁勤劳。一有所获,必送他人一大部分,果何为哉?

(十四)地租的真意。由上种种解释观之,所谓地租,乃佃户对地主之一种无条件的赠品。就地主方面而言,乃地主自佃户掠得之物。反复推求,均不能找出他种合理的解释。欲将此义,详为说明,最宜先将耕种之事,与普通生产之事,同等看待,而加一番分析。例如有耕地一亩于此,欲耕耘之,使能出谷五石。当其未耕耘之先,果需何物,乃能出谷五石?分析观之,需要三事:一曰天力,二曰人力,三曰种子、工具、牛力、肥料等。合此三事,乃能出谷五石。则五石谷者乃此三事造成者也。天力不要报酬,且舍而不讲。人力究有报酬多少?五石谷之中,除去种子、工具、牛力、肥料等等消耗而外,余者概为人力之报酬。假定一亩耕地,种子、工具、牛力、肥料等等消耗需谷一石;则余谷四石,即为人力之纯粹报酬。今无端从此四石谷之中抽出一部,送与地主,地主则无条件的接收此一部分。由此观之,所谓地租,非佃户对地主之一种无条件的赠品而何?若就地主方面而言,直是地主向佃户无条件取得之物品也。

(十五)地租与剩余价值。一亩耕地,耕耘之后,其总收入,假定为五石谷。五石谷中消耗于种子、工具、牛力、肥料等件者约一石谷,此一石谷,相当于马克思《资本论》中所谓常量资本。余谷四石,若依前章所述"四六开"之法分配之,则地主须得三石,佃户只得一石。盖"四六开"系就总收入五石谷而言。五石谷中,地主得三石,恰为十分之六成。此六成即为地租。相当于马克思《资本论》中所谓剩余价值。余谷两石,属于佃户。特佃户须供给常量资本,即须预备种子、工具、牛力、肥料等等费用。此等费用,一亩田中,至少需谷一石。故一亩耕地之总收入,虽有五石谷,然除去地租三石,余者仅两石。两石之中,除去常量资本一石,余者仅一石。此一石谷系归佃户实得者;其性质甚有似乎马克思《资本论》中之所谓变量资本。一亩耕地之总收入,有五石谷。除去常量资本应费一石外,余四石本完全为劳动之结果,本应全归佃户所有。于今不然。地主要分去三石,佃户仅得一石。换言之,即佃户得谷一石时,同时必有三石谷被地主取去也。以三比一,则地主取自佃户者殆为百分之三百。此种比例,甚有似乎马克思《资本论》中所谓剩余价值之比(rate of suplus value)(详见马克思《资本论》第一卷)。地主取自佃户之度如此之高,而谓中国农村社会中无掠夺者与被掠夺者之别,其谁肯信?

(十六)地租的商品化及阻禁之事。地主掠得地租,在最初本只用以养命。用不完时,则分诸戚族。欧洲封建时代,亦复如此。在此种情形之下,地租之与物,不过造成不劳而食之寄生阶级而已。其本来养命之功用,仍未丧失。直至地主与佃户之关系发展至于最高度之时,贫者愈贫,富者愈富之时,地主愈少佃户愈多之时,地主愈大,佃户愈贫之时;所谓地租,乃渐渐变化其性质。前此仅足以养命之地租,仅足以维持寄生阶级之生活之地租,今则余剩太多,不得不设法售出。至是向来用以养命之食料,今乃一变而为发财之商品矣。自是厥后,农村中便生出一种古怪现象:一面有食料太多,须设法售出境外者;一面有终日啼饥而不能得一饱者。此种现象,当然难堪。俗所谓"阻禁"之事,即发源于此。"阻禁"可大别之为两种。1. 政府为人民阻禁。当年岁饥荒,贫民几将饿死之时,富而大之地主,仍有余剩。余剩者,仍欲出售境外。政府对此,偶尔施行保护贫民之策,禁止剩余食品,出售境外。此为"阻禁"之一种。2. 贫民自动的阻禁。贫民行将饿死之时,富者如果不顾,仍将剩余食品,出售境外;则自动地起来,直接阻止。此为"阻禁"之又一种。"阻禁"之事,无论出于政府或出于贫民,其目的总在调均贫富食料,救济饥荒。在私产制度之下,殆有重大之意义也。

(十七)地租的资本化。剩余租额,既经售出,可爱之金钱便到地主之手矣。有此金钱,如何消耗?如何处置?据我所闻,处置之法,约有三端:1. 吃喝嫖赌以消耗之。此法,土豪子弟,住于城市而为少爷者,曾惯用之。乡下之老土豪,则不肯用。虽然,生产固应以消耗为目的。不过佃户生产,地主消耗,于理为不平,吃喝嫖赌以消耗之,其法亦不妥。2. 埋于地下,化为死资本(dead capital)。在我国银行业尚未发达之时,有产者又胆小如鼠,不肯贷与他人;只有此法可以积资。故此法在农村社会之中,最为通行。3. 稍有胆量,稍有常识之地主,则将金钱贷与贫农,以榨取利息。或存于大都市之银行以收利息。或再置耕地以收地租。至是,向之所谓地租,乃复化成掠夺劳动之资本矣。此时农村中之怪现象为何?就财富论,有一钱莫名者,有钱多无处可以使用者。就劳动论,有掠夺劳动者,有劳动被掠者。农村社会不宁之状,由是乃日甚一日!

(十八)地租与土豪。地租兑得现钱,若用吃喝嫖赌之法以消耗之,则为道德所不许。若化成死资本,则讲经济者必曰,太不经济。由是置买耕地以收租或放债以生息,乃变成处置现钱之通法。众人复从而歌颂之。所谓道德,亦从而演出许多名目,以拥护此种发财之道。于是置买耕地,或放债,乃变为农村中最通行之两大事。放债一事,暂且不讲。置买耕地,则大有可讲之处。譬如地主李君,有地百亩。年收地租,可三百石。三百石中,假如每年食用,需一百石。则存余者尚二百石。此二百石地租,如为稻谷,则依现在时价售出,至少可得大洋八百元。八百元大洋,又可买耕地十亩。此十亩耕地,年收地租,又可三十石。一年之后,李君剩余之租额,必由二百石,增至二百三十石矣。将此二百三十石租之价贷与贫农,或存于银行;三数年后,又可置买地若干亩。循此以往,每年所收地租愈多,则置买耕地之资格愈易养成。置买耕地之资格愈易养成,则置买耕地之次数,必与年俱进。不数年间,大地主之资格养成矣。再进一步,土豪之资格取得矣。此种现象,即资本之累积(accumulation of capital)。自有此种现象以后,农村中贫富之分,便愈离愈远。富者变为土豪,贫者或流为土匪。两土激战,今正其时!

4. 农民的无产化

(十九) 自耕农的落伍。在私产制度之下,贫富原无一定。偶得机缘,便可大富。反之若偶遭不利,便将贫至不能生存。大富何由而致?上章所述,即其主要原因。今从反面研究,且看贫穷之原因,又在何处。并将各种农民之贫苦现象,一一叙述。先从自耕农述起。自耕农之落伍,或变为佃农,有何原因?据第二节第七项所述,有五种原因:1. 先人遗产,不甚雄厚,所凭借以生利者少。2. 自己智力,不及他人,不善于经营生产事业。3. 体力较弱,不适于劳作。4. 天灾流行,无法抵御。5. 人事变化,无法预防。至若 6. 懒惰,当然亦是一种原因也。在私产制度之下,自由竞争,最为激烈。上述各种原因,任遭一种,即已失去竞争能力。随时随地,有落伍之虞。随时随地,有化作无业游民之虞。加之以封建阶级之压迫,大地主之环攻,其穷也殆如流水之就下而莫可御。积年累月,恰足自给之自耕农,变为不能自给之自耕农。不能自给之耕农,如果无法挽回自己之厄运,便只有降格而为佃农。盖环境压迫,不得不如是也。

(二十) 佃农。自耕农如果堕为佃农,真是大不幸事。农人之受压迫最甚者,莫佃农若。今日中国,最大多数之农民皆属此类。此类农民,依其缴于地主之进庄钱的多寡或有无,又可大别为三种(进庄钱与佃户的地位之关系,见第二章十一节):1. 缴进庄钱最多者。此种佃农,地位较高。盖进庄钱,原有生利资本(interest-beariny capital)之效用。缴出之后,应收利息。佃户如果缴进庄钱最多,则应得之利息亦多。应得之利息多,则扣回地主应得之地租亦多(即少纳地租)。扣至不纳租时,则地位便与自耕农相等矣。2. 缴进庄钱较少者。此种佃农,其地位与第一种远逊。所缴之进庄钱,除作担保品外,无他效用。以云生利,则为数无多;扣减之地租,殊属有限。依吾所见,此种农民,已渐成地主之奴隶矣。若稍反抗地主,则恐无地可耕而失业。若不反抗,则唯有死受压迫而已。3. 完全不缴进庄钱者。此种佃农,就一方面看,地位甚高。就另一方面看,则完全为奴隶而已。地主不要彼之进庄钱,不要彼之担保品,似为尊重彼之人格。故彼之地位,似乎甚高。但不要进庄钱,不要担保品,然要地租,则特别多,斯则大不幸矣。此种佃农,年所收入之最大部分,须缴于地主;自己毫无凭借可以生利。地位与第一种及第二种佃农,均相差甚远。质言之,已入于奴隶之境矣。

（二一）过量耕种及农妇与童农。佃户缴纳地主之租额，如此之高，自己收入如此之少；同时吃饭问题，又不能不解决。于是逼得无路可通。唯一救济之法，只有延长工作时间，多种耕地。向来一人，耕地十亩者，今或耕十五亩，以便增加收入。因此耕作时间，便较前增加二分之一。假如一人耕十亩地，平均计算，一年之内，至少有四个月紧急工作。在此四个月中，彼一人每日至少须耕作十四小时。今耕作时间，增加二分之一，则每日便须耕作二十一小时乃可。在事实上如何可行？于是儿童、妇女，便从此大遭其殃。儿童七八岁时，本是开始受教育之时。今竟为农事所迫，不得不舍教育不受，出而从事耕作。农村中牧牛、收粪、砍柴等事，皆儿童间接对耕作所尽之责也。近来农村教育极不发展，小学校内，往往缺乏学生；非农民厌弃洋学，不愿开通也；只缘农事纷忙，虽七八岁之小儿，亦无暇受教育也！至于妇女，向来本只主中馈，任纺绩者，今亦为农事所迫，不得不抛弃户内大部工作，而从事于南亩。吾人试于农作纷忙时，散步乡间，便能懂得此种情形矣。彼城市中纨袴子弟，一见乡下小儿之顽钝，妇人之粗笨，以为天生如此。谁知重大原因，乃在地租收得太重！

（二二）耕地的缺乏，与雇农之来源。佃农如此过量耕种，多种耕地，在自己一方面，固须延长工作时间，并驱儿童妇女，从事耕作。然同时对于自身以外之农民，亦发生一种影响。影响维何，即耕地之缺乏是也。曩者一人，耕地十亩，假如有百人于此，则所耕之地，共只千亩。今每人加耕五亩，则一百人，便须加地五百亩。然耕地有限。加地五百亩，从何处来？竞争之结果，便是一部分人丧失耕地。照一人耕十亩计算，五百亩地，可供五十人耕种。今此百人，须多种耕地五百亩，则此百人以外之农民，必有五十人无地可耕者。此种情形，若充分发展，则农村中必生一种新的矛盾现象。即一方面有种地过多，工作繁重，至不能堪者；他一方面，有种地太少，或无地可耕，因而闲散，因而失业者。前者且不具论，后者则流为雇农，或变为游民，而形成农村中之后备军，甚可注意也。

（二三）雇农之苦况。雇农可大别之为三种：一为长工，二为月工，三为零工。长工生活最苦。就吾省（湖南）情形而论，凡被雇为长工者，每年工资，自十圆至五十圆不等。每年三百六十五日，至少须作三百四十日之工，每日工作时间，至少十四小时。每日十四小时，一年之内，以三百四十日计算共做工四千七百六十小时。每年工资，假定为五十圆，则每日约得工资一角四分有奇。每小时约得一分有奇。以与现在当大学教授，每小时得薪金六七圆者比，则差数真大得可怕。月工生活，与长工无异。特工作期间，不必限定一年。通常雇月工者，多在农工紧急之时。故为月工者,所任工作,极为繁重。每日工作时间,亦较平时稍长。工资大约每月五圆。月以三十日计,每日约得一角六分有奇。每日工作,至少有十六小时;故每小时,所得工资仍只一分有奇!零工系作一日算一日者。每日工作时间,大约只十二小时,每日工资,约一角四分至一角六分或两角不等。似此则零工生活,比月工长工皆优。世人为何重视长工月工,而轻视零工?有原因在。盖长工月工生活虽较零工为苦,然甚稳定。零工生活,虽较月工长工为优,然极不稳定。故孔老二之信徒,极力鼓吹失业农民(此处指无地可耕之农民而言)作长工或月工。然稍有智慧之男子,情愿作零工,而不愿作长工或月工。结果作长工或月工者多是奴隶终身。作零工者,多半变为游民或流为盗匪。两者均不能得善果!盖农民生活至此,已入绝境,本已无路可通也!

(二四)农民中的后备军。耕地既形缺乏,多数农民,无地可耕,因而失业。失业者日积日众,于是农村中之后备军乃渐形成,资本家欲尽量掠夺劳动者,乃不得不加重劳动者之工作,更不得不延长劳动者之工作时间。因此之故,便有许多劳动者失业。失业者便形成所谓劳动后备军。今农村中地主因欲重取地租;农民乃不得不加重工作,及延长工作时间。因此之故,便有许多农民失业。失业者便形成所谓农民后备军。近来农村中渐有人满之患,游手好闲者日多,流为盗匪者亦复不少。譬如吾湘南部,筑汽车路,招募工人;广告一出,不出三五日,有成千成万者至。又如此次北伐,招募兵夫;最初两月,极其容易。至若流为盗匪,结队成群者,为数仍多。凡此等等,并非由于生殖率(birth rate)增高,并非如俗语所说"人是树上结的,人是树兜孔里攒出来的"。实是地租太重,失业者多,有以使然也!人口之多,未必已多到如是之可怕也。

5. 封 建 之 局

(二五)农村中的上层建筑。农村中的生产关系,经济情形,既是如此;故其上层建筑,概依此种关系或情形而发展。所谓道德,所谓风俗习惯,所谓思想,以及社会的活动,教育的设施,政治的组织,无一不是依此种关系或情形而有所变异,而呈出特殊色彩。譬如道德,在地主方面,则尚慈悲、宽大、仁爱、谦恭等等。在农民方面,则尚诚实、勤俭、服从、信义等等。盖如此恰恰可以维持贫富之分,维持压迫者与被压迫者之分,而不至于混乱也。至于风俗习惯,色彩更鲜明。在地主或压迫阶级一方面,如此如此;则在农民或被压迫阶级方面,便如彼如彼。盖两方之经济情形互异,故风俗习惯,因而不同也。若学术思想,更是畸形的经济组织之产物;同时复是维持此畸形的经济组织之利器也。孔老二之思想,宋代通人(?)之理学,皆是好例。孔老二曰:"贫而无谄,富而无骄。"宋代通人曰:"饿死事小,失身事大。"皆所以维持贫富之分者也。至若社会的活动,教育的设施,政治的组织,到今日殆已完全为压迫阶级所独有,完全为压迫者对付被压迫者之武器。农村中之上层建筑,随此种情形而发展;农村中之封建局面,乃随上层建筑而形成。此观察农村社会者所不可不留意者也。

(二六)农村中的教育。农村中的教育,可从两方面观察之:1. 从教育之本身的性质观察;换言之,即研究教育有何种用处,有何种效果。2. 从教育势力所及之范围观察;换言之,即研究受教育者为谁,得受教育之机会者为谁。就第一点论,农村中之教育,完全为一种拥护地主阶级,或压迫阶级,或封建阶级(feudalists)之教育。其主旨在灌输孔孟思想。一方面造成统驭被压迫阶级之政治人材,如讼棍、乡绅等。他一方面养成贫苦子弟服从封建阶级之奴隶思想,以便任人宰制,任人欺凌。从前私塾盛行,固属如此;近来新式学校教育,虽已输入乡村,然其精神,仍与前此无异。再就教育势力所及之范围而论,得受教养者,殆最少数。此中原因:1. 由于教育机关太少;2. 由于学校须征最重之学费;3. 由于贫苦农民无暇入学。有此数因,故只有最少数地主之子弟,或土豪之子弟,能够入学校受教育。教育之精神,原来只配维持或助长封建之局。今受教育者又只有地主土豪之子弟。故今之农村教育,只可称为封建的教育。在一方面有制造封建局面之功能;在他一方面,有维持封建局面之效果。此外有一趣事,可于此处附带述之。近数年来,各大都会,不成形的法政学校,特别发达。法政学生,亦特别众多。此种情形,人多不解其故。岂知与农村中之封建局面,切切相关。盖农村中之封建局面,需人维持。封建局面底下之农民有时不免发生反抗;故在在要人镇压。土豪地主,于兹有一妙法,即竞送子弟到都市上学习法律,以便回来主持地方公事,维持封建局面,拥护自身利益,镇压有反抗精神之农民。都会上不成形的法政学校之多,即由于此,殆一有趣之事也。

(二七)政治组织。农村中的政治组织,纯为地主土豪的政治组织。此乃地主土豪用以镇压农民,刮削农民之工具也。通例县署之下,至少有两级政治机关。一为镇董会或与镇董会相类之物。一为镇董会以下之区董或团总或甲长以及与此类家伙相当之物。区董或团总直接指挥区董甲长等等。县署则勾结军阀以宰制一县。镇董会之人员,概为土豪地主。或由县署委任,或由地方推举。县署委任镇董会人员,以不得罪巨室为原则,故土豪地主,当然的被委。至若推举,实际上殆等于自举。原来土豪地主，经济势力，本在他人之上；又因垄断教育，智识技能，组织能力，及统驭才干，均超人一等，贫苦农民，经济势力，几等于零，又因未受教育，蠢如鹿豕。对土豪地主，向来尊为神圣。推举镇董会人员，不举土豪地主而何？土豪地主，既上政治舞台，便把持镇董会。在事实上殆已成为一镇（或与镇相当之区域）之皇帝矣。更因地域辽阔，复位置几个小土豪或小地主，以直接驾驭农民。于是大小土豪，大小地主，垂拱平章于上。贫苦农民，无业游民，叫苦呻吟于下。在下者敢怒而不敢言，在上者敢言而不必怒。孔老二曰："富而无骄易，贫而无怨难。"富而无骄，真易事也，贫而无怨，洵难矣哉！孟夫子曰："劳心者治人，劳力者治于人。治于人者食人，治人者食于人。"治人者食于人，在事实上，本是如此。劳心与否，则不得知。劳力者治于人，治于人者食人；在事实上，都是如此。呜呼，孔孟思想，与农村中封建局面，密合竟至如此！

（二八）劣绅在农村中的地位。土豪地主，把持一切，压迫贫苦农民，其情形已令人难受。复有所谓劣绅为之作伥，为之助桀为虐。劣绅多半受有相当之教育。盖不受丝毫教育，亦决不配为劣绅也。其经济地位，则不甚优越。经济地位，既不优越，为何能受教育？盖有原因。1. 在农村中，人多以耕读两事并重，以为斯乃两条正路。故有许多农民，家虽清苦，亦必送子弟入学，以期光大门楣。结果因家太清苦，无法谋生，不得不流为劣绅。2. 有许多富豪之家，因特种原因，忽然变为贫苦。当其为富豪之时，子弟当然受有教育。迄至贫苦之时，往之受有教育者，今乃谋生无方，于是被逼而走劣绅之路。加之农村社会之中，长衣阶级，向被尊重。因此有劣绅资格者，乃终朝不脱鞋袜，身被长衣，逍遥乡井，以期博得一班无知农民之推重。其在农村中之最大工作，厥为 1. 挑拨是非，2. 包揽词讼，3. 为土豪地主保镖，4. 欺凌无知农民，5. 四处敲诈。土豪地主，得此种劣人，为之奔走，为之保镖，焉得不十分器重，焉得不十分优容？劣绅人虽讨厌，然甚寒苦。得此恩人，又焉得不兴味横生，十分卖力，为土豪地主作伥？至是土豪、地主、劣绅，乃水乳交融，其相投有如胶漆。自有劣绅以后，封建之局，又得一重保障。贫苦农民受压迫之程度，又深一层。

（二九）县署的功用。大小土豪，联成一气。所谓劣绅也者，又从而拥护之。贫苦农民，已处于高压之下矣。复有县署，高高在上，鉴察一切。军阀时代之县署，殆亦完全为维持封建局面之机关。上则勾结军阀，下则指挥土豪劣绅。军阀得此机关，刮削人民之时乃得不费气力，而能措置裕如。土豪劣绅，有此机关，便觉有所依附。在农村中，便能威风凛凛的冲来冲去。由是县署乃成为一可有而不可无之机关。上有军阀,为之维持。下有土豪劣绅,为之拥护。作县官者,又多为土豪劣绅之子弟,或军阀官僚之后人,压迫贫苦农人,已成第二天性。若乃凭借县署,肆行无忌。许多难堪之德政,概出县官一人。贫苦农民,处此重重压迫之下,虽然敢怒而不敢言,甚或习以为常,不觉有何压迫。不过人类究是动物,究有知觉。受压迫过度时,究有不少表示反抗,起而作恶为非,或径向压迫阶级开始斗争者:今举数例,以见一斑。

（三十）农村中斗争的开始。贫苦农民因受压迫过甚,起而与土豪地主直接冲突之例最多;特世人不知,以为无关重要。实则是封建社会开始崩溃之恶耗。吾乡曩者,有一乞丐,因患急病,死于道途。后有多人,将此乞丐之尸身,乘夜于送于土豪之门前。及早,土豪知悉,大为诧异,大为声张。讵知多数贫苦农民,同时出来说话,谓此人之死,乃因受土豪殴伤。为死者申冤起见,须令土豪出银圆两千。土豪无法抵御,毕竟屈服,出银圆两千。又有一次,有一贫苦少年,向某土豪借贷,大遭冷遇。于是乃愤而投身军界。后来升任连长,率军队由家乡过境。回忆曩日遭某土豪冷遇之事,心殊不甘,乃带士兵数人,向该土豪捐款。该土豪竟不敢抗拒,出款若干。此类事例,固甚可笑。详细察之,则有背景,有来历,有原因。事虽出于偶然,但决不是偶然之事。吾人若放大眼光,直可称之为贫苦农民向土豪地主、封建阶级进攻。封建势力正当雄厚之时,若赤裸裸的进攻,易遭杀身之祸。贫苦农民,亦有脑筋,决不至如此蠢干。故或于送死尸,以造成一种法律的根据。或率带兵士,以作为相当之后援。手段甚为巧妙。此种实例,乃农村中斗争之开始,乃封建局面崩溃之先声。此外与此种实例性质相近,而形式不同之事,举之不可胜举。久居乡间者,当可了了。至若男妇老幼,结队成群,吃"排家饭"(即无饭吃者,结队成群,到有饭可吃之家,无条件的去吃饭。)失业农民,向土豪地主,强迫借贷,往往不幸被土豪地主,诬为土匪而遭杀身之祸者,更不知凡几! 而谓此为偶然之事,恶乎可?

（三一）结论。1. 因农村社会中的经济组织不良,农村中之人,乃分为贫者富者,遂古之时(所谓理想的私产时代,参阅第一章第三节),贫富之差,或不甚远。2. 后因自由竞争的结果,贫富乃日益悬殊。譬如农民,以自耕农之资格竞争,如果顺利得胜,三五年后,可以变为土豪,竞争不利而失败,三五年后,便变成无业而游食之民,甚或流为土匪。3. 农村中的经济组织,既是如此,故一切上层建筑,亦循此而为畸形的发展。4. 所有社会的活动,教育的设施,政治的组织,以及风俗习惯、学术思想,概为此种畸形的发展之结果。5. 所谓封建之局即于此种畸形的发展之中结胎,生长,完成。6. 在封建局面之下,大小土豪,大小劣绅,贪官污吏,大小军阀,站在一边,连成一座铁壁。7. 军阀指挥贪官污吏而维持之。贪官污吏,利用土豪劣绅,而驾驭之。土豪劣绅,则直接支配农民,或命令团总保甲一类之人以制驭农民。8. 在此座铁壁之下,所有贫苦农民,或失业农民被严重压迫,几至欲生不得,欲死不能。9. 情形如此,被压迫者,如非木石,一定反抗。10. 反抗的结果,乡村次序大乱。现为挽救颓俗起见,极宜釜底抽薪,力求民生问题之解决。

6. 帝国主义与农民

(三二) 帝国主义。封建势力垂死之时,帝国主义忽然侵入。侵入之后,封建势力,赖以维持,又得重张气焰。帝国主义,亦得封建势力之拥护,而在中国大显神通。叙述至此,不得不将帝国主义,特别提出,略加解释;然后再考究其与中国及中国农民之关系焉。何谓帝国主义? 说者谓系资本主义发达到最高度之一个阶级,即为帝国主义。资本主义因何而发达? 盖由于机器发明,生产技术进步,工业革命。在十八世纪以前西洋生产技术,仍甚幼稚。一切生产,概须凭人力,凭手艺为之,故生产品,极为有限;除供给各个人之需要而外,无多剩余。直至十八世纪,科学发达,机器发明。曩日凭人力,凭手艺以生产者,今概代以机器。其功效乃十倍,百倍,千倍,甚至万倍于曩昔。曩日生产迟钝,生产品除供要需而外,无多剩余。今则生产神速,工厂制发达,加以工厂主宰制劳动者之方法巧妙;如是所有产品,除供要需而外,剩余之多,几乎多至不可思议。生产品剩余太多;工厂主资本家,自己消耗有限,工厂内之劳动者,各人仅有赤手两只,空口一张,绝无替厂主销售剩余产品之资格。除工厂主与劳动者而外,如尚有人类,则概为资本家压迫,正在垂死之中,亦无替工厂主销售产品之力。至是工厂主资本家,赚钱之术穷矣,掠夺工人剩余劳动(suplus labor)之术穷矣,榨取劳工血汗之术穷矣。乃不得不向经济落后之处,寻找市场,以便消纳剩余产品,期再榨取劳工之血汗,填补自己无边之欲壑。消纳产品,刮取各地现金,其数量之多,亦可多至不可思议。现金太多,如不继续投入生产行程(process of production)之中,作为榨取劳工血汗之具,则不得不出借于各贫穷之国,以便生息。于是向国外寻找市场,以消纳商品;寻找债务者,以消纳资本,乃成为今日资本家之两件大事。资本家欲完成此两件大事,则必凭藉政府之力,外交之力,军队之力,宣传之力,以及其他种种力量,种种凭藉,向外发展,向外侵略。如此向外发展,向外侵略,殆即资本主义发达到最高度之一个阶段,殆即帝国主义。(关于帝国主义,读者须多看别人之专门著作。此处因限于篇幅,及本篇之体制,不能多讲也。)

(三三)帝国主义与中国。帝国主义侵略之对象为殖民地,为弱小民族,为经济落后之国家。中国,经济落后之国家也。故大当侵略之冲。八十余年以前,英帝国主义之势力,即首先侵入中国。一千八百四十年,中国与英帝国主义者开始鸦片之战。战争结果,为我国与英帝国主义者定立《南京条约》。由《南京条约》,乃生出翌年之《虎门条约》。自是厥后,美法两帝国主义者,亦连袂而来。一千八百四十四年六月,《中美条约》成立;九月,《中法条约》成立。由此四种条约,中国所受之损失为 1. 割地。依《南京条约》,我国将香港全岛割让与英。2. 赔款。依《南京条约》,我国纳赔款二千一百万元于英国。3. 外人在中国设定居留地。依《南京条约》,我国将广州、福州、厦门、宁波、上海五处开为通商口岸。4. 外人在中国取得领事裁判权。外人在中国境内,不受中国法之制裁,而受各该本国领事之管辖。5. 协定关税制。从此而后,中国关税,乃不能自主。自鸦片战争后,我国丧失藩地凡三。安南为法夺去,缅甸为英夺去,暹罗则为英法两国夺去。直至中日战役,我国损失于日本者为:1. 中国认朝鲜为独立国;2. 赔日本军费二万万两;3. 割辽东半岛,台湾及彭湖列岛于日本;4. 对于日本臣民,与以最惠国待遇。中日战争后,各帝国主义加于中国之压迫,乃日甚一日。或租借要地:如德租胶州,英租旅顺口、大连湾,法租广州湾,英租九龙半岛是也。或划定势力范围:如英以长江一带及西藏为势力范围,法以云南为势力范围,日以东三省及福建为势力范围是也。爰迄一千九百年夏间,义和团事起,中国农民,乃向各帝国主义者,作一次大规模的民族运动。不幸失败,中国 1. 赔款四万五千万两,2. 将大沽炮台及北京与天津间之军备悉数撤去,3. 划定北京公使馆区域。上述三项,特最要者;其他详情,不及备述。自鸦片战争至义和团事件,中经六十余年。在此长期之中,各帝国主义在中国之势力,已蒂固根深。中国亦已沦为次殖民地。局势如此,各帝国主义唯有向中国农民,尽量刮削;中国农民亦唯有任其宰割,任其刮削而已。自义和团事件或庚子联军之役以至今日,完全为各帝国主义者宰割中国农民之时。中国农民,在此长时期中,忍痛含辛。到今日殆已忍无可忍矣。

(三四)帝国主义与中国农民。帝国主义给与中国农民之第一种影响,即使中国农民变为帝国主义的消耗者,而失去中国之生产者的资格。帝国主义,在中国取得市场,将中国变为次殖民地;于是将其剩余产品,尽量输入中国。输入之时,中国之海关税权,如能自主,对于外来货品如能自由的科以较重之进口税,则外货之行销中国,或者不至如今日之畅旺;中国土产,被外货压倒,或者不至如今日之厉害。不幸海关税权,操于外人之手;关税制度,为与外人协定者。对于外货之输入,科税甚轻;对于国货之输出,反科重税。换言之,即利于外货之输入,而不利于国货之输出。因此缘故,帝国主义之剩余产品,乃在中国畅销;中国土产,乃完全被其压倒。加以中国封建阶级、资产阶级酷爱洋货之精良,厌弃土货之拙笨;舍土货不用而用洋货。于是贫苦农民,虽愿用土货,不用洋货;然以洋货来势太凶,无法抵御;土货行销不易,遂致无货可用。结果如何?贫苦农民,亦为此来势汹汹之洋势力所转,由土货之生产者,一变而为洋货之消耗者,一变而为帝国主义剩余产品之消耗者!

(三五)帝国主义与中国农民(续)。帝国主义给与中国农民之第二种影响即使中国农民变为帝国主义之生产者,同时失去国货之消耗者的资格,帝国主义,侵入中国之后,中国实业界之命运,几全操诸彼之掌握。中国人自办之实业,则有帝国主义者所投之资本。帝国主义者自己,复在中国自由创办实业。于是中国情形,遂变到与欧洲资产阶级革命(bourgeois revolution)以后的情形一样。中国守财奴之资本及帝国主义者之资本,同时在中国发达;资本生产制度(system of capitalist production)渐见盛行;大规模之工厂,亦日多一日。贫苦农民,因谋生无路,遂相率离开农村,跑入工厂,为资本家及帝国主义者之牺牲品,替他们生产,任他们宰割!至于未入工厂之农民,表面似乎未遭此劫,仍为独立之农民,且能造作农产品输出国外,赚他人之钱。但实际上亦殊不然。盖中国之农产品。概为原料,而非精制造品。输到国外,立即转入资本家之工厂中,以便再加精造。若是,则中国农民表面上似能造作农产品,输到国外以赚钱;实则仍是为帝国主义者及资本家之工厂造原料。身虽居于中国,实则与帝国主义者及资本家之工厂内的工人同一命运,同为被压迫者,同为被掠夺者。盖生产行程之全体,本包括原料之生产,及商品之完成等等而言。故资本家榨取劳动者之血汗,非独工厂内工人之血汗被其榨取,即原料生产者之血汗,亦复被其榨取也。中国农民,恰为帝国主义者及资本家之原料生产者,故亦间接遭彼辈之大殃。吾谓帝国主义给与中国农民之第二种影响为,使中国农民变为帝国主义之生产者此也。至谓失去国货之消耗者的资格,则因国货(指制造品,非指原料)在国内,本已不能行销,且亦无货行销;而农民自己,则除为封建阶级、土豪地主,卖死力而外,实在无力为人消耗货品也。

（三六）帝国主义与封建势力的结合。帝国主义，给与中国农民之影响，当然不仅上述两者。吾特提出此两者单独叙述，意在使人特别注意也。至若帝国主义给与中国之总影响，则在维持中国原有之封建势力，而助长之，并与之结合。中国原来之封建势力，其心核为地主、土豪、劣绅。地主、土豪、劣绅之上，则有贪官污吏、买办阶级。军阀则其最上层之建筑也。帝国主义侵入中国之后，想在中国，培植实力，巩固基础；于是豢养一班军阀，以作御用品。军阀得帝国主义者之豢养，其势大张。其他各种封建势力亦复随之大张。反之，帝国主义因得封建势力之拥护，乃在中国，肆行无忌。至是封建势力，与帝国主义，乃在中国，紧紧结合。封建势力，以帝国主义为护符；帝国主义，以封建势力为基础：两者相合，造成一座铁壁；摇而不能动，摧而不能毁。农民被压在此座铁壁之下，只有死路一条，于是中山先生的民生主义遂有不能不从速实行之势。

论中国古代性欲统治

概说　中国的多妻制为何独盛行于统治阶级里呢？这有一条通俗的定律，可以解释之。定律维何？"饱暖思淫欲"是也。饱暖思淫欲，本是一句极通俗，而且俗到不堪的话。但在统治阶级里的多妻制上，却成了一条铁律。中国自有阶级对立的事实以后，自特权者、剥削者、统治者与无权者、被剥削者、被统治者两两对立以后，多妻之制，就在前者里面盛行起来。这毫无别的缘故，只因为他们剥削农民的东西，多到恰如其分，生活十分丰裕；饱暖到不能再饱暖的程度了，淫欲便如火一样暴发起来。因此就形成了统治阶级里的多妻制。以饱暖思淫欲为原因而形成多妻制的这种事实，我们现在只要没有瞎眼，也随处可以看得见。中国近代的统治者或剥削者，或特权者主要的成分是军阀、贪官、污吏、土豪、买办等等；被统治者或被剥削者，或无权利者主要的成分是农民及工人。试问在这两大类人之中，能拥三妻四妾的是前者还是后者？这也只要有眼睛的人，便可以答复说是前者。今日中国，只有军阀、贪官、污吏、土豪、买办等等能拥三妻四妾。因为他们的生活十分丰裕，饱暖到不能再饱暖了，所以淫欲也就如火一样的暴发起来。所以饱暖思淫欲这一句俗到不堪的话，竟成了中国统治阶级里面多妻制的铁律。多妻制盛行，性欲充分发泄；于是历代专供统治阶级的总头子发泄性欲的女子乃多至不可胜数。随着增加的费用也多至不可胜数，增设的官吏也多至不可胜数，引用的亲戚也多至不可胜数。充其量可以危及统治阶级全体之存在。史称夏桀亡国，由于妹喜；商纣亡国，由于妲己；周幽亡国，由于褒姒。这等事迹，历史上的记载，还不甚详。若夏、商、周三代以后，关于性欲的事，触目皆是。性欲的势力，在统治阶级里，竟高出一切之上。我们从某一方面看去，称中国的统治为性欲统治，实非过当。

原来性欲这件事，在人类中本有极大的势力；与吃饭穿衣，同一重要。所以几千年以前，儒家的正统学者孟夫子便公开的说"食色性也"。近来奥国有一个医生名叫佛罗伊德(Frued)因诊治神经病，发见性欲在人类中势力之大；首先著一本书,名曰《解心术导言》(*Introduction to Psychoanalysis*)者,以说明性欲如何如何能支配人类中一切的一切。在佛罗伊德的眼中,世界上除去性欲以外,几乎什么都没有了!现在章士钊住在德国寂寞到无可如何了,竟拿着佛氏以性欲为中心的学说来解释中国的五常,公然在《东方杂志》里著成《五常解》(《东方杂志》第二十六卷第十三号),以性欲来说明仁、义、礼、智、信。乍看起来,这是何等的荒谬绝伦!谁知仔细看起来,不独仁、义、礼、智、信可以拿性欲来解释;就是统治大业,也可以拿性欲来说一个相当透彻。所以近来刘仁舫博士,不惜牺牲时间精力,著成《天下太平书》,提倡其所谓坤化主义,也是因为看透了性欲势力之大也。不过我最为刘博士担心,我深恐坤化主义未倡成之先,统治者首先拿着政治上的优越势力,掠夺他人的财产,以期痛痛快快的满足性欲!因为性欲的势力虽大,然未得十分饱暖以前,是不能痛快发泄的。为要达到痛快发泄的目的,首先须谋到一个十分饱暖。中国历史上的统治者凭着政治的优越势力,向人民剥削,饱暖是都办到了的;于是乎可以痛痛快快的发泄性欲,于是乎我也以性欲统治为题而作文章。

多妻 以这两个字做小标题,太文雅了。历代统治阶级选择来发泄性欲的女子,除了最高等的那个所谓后者以外,其余自夫人以下的若干女子,名称有种种色色,不能尽叫做妻。不过我一时想不出好的字眼,且借用"多妻"两字。所谓多妻,究竟多到一个什么程度?这在经书里面有正式的记载,起码可以多至百二十人以上。《礼记·曲礼》:"天子有后,有夫人,有世妇,有嫔,有妻,有妾。"《昏义》说:"古者后立六宫、三夫人、九嫔、二十七世妇、八十一御妻。"《周礼》上说:"内宰以阴礼教六宫。"郑司农注说:"阴礼,妇人之礼。六宫后五前一,王之妃百二十人,后一人,夫人三人、嫔九人、世妇二十七、女御八十一人。"见于经典的便有这样多。《孟子·尽心》篇曰:"食前方丈,侍妾数百人。"赵岐注云:"侍妾众多至数百人。"《墨子·辞过》篇曰:"今之君其畜私也,大国拘女累千,小国累百;是以天下之男寡无妻,女多拘无夫。男女失时,故民少。君实欲民之众,而恶其寡,当畜私不可以不节。"《管子·小国》篇也说:"齐襄公高台广池,湛乐饮酒。用猎毕弋,不听国政;卑圣侮士,惟女是崇;九妃六嫔,陈妾数千;食必梁肉,衣必文绣。而戎士冻饥,戎马待游车之弊,戎士待陈妾之余;倡优侏儒在前,而贤臣在后;是以国家不日益而月长。"《后汉书·荀爽传》有曰:"三代之季,淫而无节。瑶台倾宫,陈妾数百。阳竭于上,阴隔于下。"由上种种看起来,多妻之制,在秦以前,已盛行于统治阶级里了。秦朝也是充满着性欲势力的。《史记·秦始皇本纪》云:

"秦每破诸侯,写放其宫室,作之咸阳北阪上,南临渭。自雍门以东,至泾渭,殿屋复道,周阁相属。所得诸侯美人,钟鼓以充之。"《三辅旧事》云:"后宫列女万余人,气上冲于天。"《留侯世家》云:"沛公入秦宫;宫室、帷帐、狗马、重宝、妇女以千数。意欲留居之。樊哙谏沛公出舍,沛公不听。"把这两段话合起来看,我们可以想见秦时发泄性欲的设备之完了了。中国历史上首先建统一之大帝国的是秦。秦之皇帝完成了这个大业,大概享了无限的说不出的幸福。性欲当然是称心满意的发泄了。汉朝一般无赖之徒(胡适之《白话文学史》上卷里称汉之皇帝为无赖之徒),爬上了统治阶级,踏入了政治舞台,有机会剥削人民以图十足的饱暖。发泄性欲方法,当然随便就学会了。人虽无赖,性欲却是天生现成。一旦得了十足的饱暖,性欲便暴发起来。《汉书·外戚传》云:"汉兴,因秦之称号,帝母称皇太后,祖母称太皇太后,嫡称皇后,妾皆称夫人,又有美人、良人、八子、七子、长使、少使之号焉;至武帝制婕妤、经娥、容华、充依,各有爵位;而元帝加昭仪之号,凡十四等云。昭仪位视丞相,爵比诸侯王;婕妤视上卿,比列侯;娙娥视中二千石,比关内侯;容华视真二千石,比大上造;美人视二千石,比少上造;八子视千石,比中更;充依视千石,比左更;七子视八百石,比右庶长;良人视八百石,比左庶长;长使视六百石,比五大夫;少使视四百石,比公乘;王官视三百石,顺常二百石;无涓、共和、娱灵、保林、良使、夜者皆视百石;上家人子、中家人子,视有秩斗食云。"只此一段,便可想见当时女子在统治阶级里的重要。后汉也是一样。《后汉书·陈蕃传》述陈蕃上疏之言曰:"比年收敛,十伤五六;万人饥寒,不聊生活。而采女数千,食肉衣绮,脂油粉黛,不可赀计。鄙谚曰:盗不过五女门,以女贫家也。今后宫之女,岂不贫国乎?且聚而不御,必生忧悲之感。"又《吕强传》述吕在灵帝时上之疏言曰:"臣又闻后宫采女,数千余人。衣食之费,日数百金。比谷虽贱,而户有饥色。按当贵而令更贱者,由赋法繁数以解县。官寒不敢衣,饥不敢食;民有斯厄,而莫之恤。宫女无用,填积后庭;天下虽复尽力耕桑,犹不能供。"魏因汉法,母后之号,皆如旧制。自夫人以下,世有增损。晋朝统治者多妻之事,更是骇人听闻。《晋书·胡贵嫔传》曰:"武帝多内宠,掖庭殆将万人;而并宠者甚众,帝莫知所适。常乘羊车,恣其所之,至便宴寝。宫人乃取竹叶插户,以盐汁洒地,而引帝车。"性欲之强,有令人不可思议处。只此一例,便可想见一般。隋朝的情形,比起晋朝来,也是有过之而无不及。《隋书·炀帝纪》称:炀帝大业八年密诏江淮诸郡,阅视民间童女姿质端丽者每岁贡之。唐朝的情形,也骇人听闻。《唐书·宦者列传》云:"玄宗承平,财用富足,不爱赏赐爵位。开元、天宝中,宫嫔大率至四万。宦官衣黄衣以上三千员,衣朱紫千余人。"财用富足,自然可以多弄些女子来满足性欲。至于赏赐爵位,目的本只在防特权者的捣乱。可不赏赐的时候,当然以不赏赐为省事。就上面所述种种看来,历史上的事迹,也就令人骇怕了。《文献通考·帝系考》第五更引有洪容斋《笔记》里面的扼要之言曰:"自汉以来,帝王后妃之多,唯汉灵帝、吴归命侯、晋武帝、宋仓梧王、齐东昏侯、陈后主。晋武至于万人。唐世明皇为盛,白乐天《长恨歌》云:'后宫佳丽三千人。'杜子美《剑器行》亦云:'先帝侍女八千人',盖言其多也。《新唐史》所叙,谓开元天宝中,宫嫔大率至四万。嘻!其甚矣!隋大业离宫遍天下。所在皆置宫女。故裴寂为晋阳宫监,以私侍高祖。及高祖义师经过处,悉罢之。其多可想。"后来宋、元、明、清各朝的情形,都是一般无二。尤以元、明时统治阶级挑选秀女之事为最奇特。

挑选秀女之事　挑选秀女之事,历代都有,不过元、明时尤其令人注意,《后汉书·皇后纪》云:"汉法常因八月算人,遣中大夫与掖庭丞及相工于洛阳乡中阅视良家童女,年十三以上,二十以下,姿色端丽合法相者,载还后宫,择视可否,乃用登御。"《晋书·武帝纪》云:"诏聘公卿以下子女,以备六宫。采择未毕,权禁断婚姻。"又《武元杨皇后传》云:"太始中帝博选良家子,以后充宫。先下书禁天下嫁娶。使宦者乘使车,给骀骑,驰传州郡;召充选者,使后拣择。后性妬,惟取洁白长大,其端正美丽者并不见留。时卞藩女有美色,帝掩扇谓后曰:卞氏女佳。后曰:藩三世后族,其女不可枉以卑位。帝乃止。司徒李胤、镇军大将军胡奋、廷尉诸葛冲、太仆臧权、侍中冯荪、秘书郎左思及世族子女,并充三夫人九嫔之列。司、冀、兖、豫四州二千石将吏家,补良人以下。各家盛族子女多败衣瘁貌以避之。"《北齐书·后主本纪》云:"武平七年二月,括杂户女二十以下,十四以上未嫁者齐集省。隐匿者家长处死刑。"《北史·后妃传叙》云:"文帝创基,修衽席以俭约。武皇嗣立,节情欲于矫枉。宫阙有贯鱼之美,戚里无私溺之尤;可谓得君人之体也。宣皇外行其志,内逞其欲。溪壑难满,采择无厌,恩之所加,莫限厮皁。荣之所及,无隔险诐。于是升兰殿以正位,践椒庭而齐体者非一人焉。阶房帷而拖青紫,缘恩幸而拥玉帛非一族焉。虽辛癸之荒淫,赵李之倾惑,曾未足比其仿佛也。"上面这些话都是讲挑选女子之事的。不过元、明时,挑选得更利害。赵翼《廿二史札记·元时选秀女之制》一条曰:"选女之制,汉晋常有之。《辍耕录》载:后至元丁丑,民间讹言采秀女。一时童男女,婚嫁殆尽。此虽是讹言,然必非无因。盖元初本有此制。《耶律楚材传》:太宗时托欢请选天下室女,楚材止之，帝怒，楚材曰：向择美女二十八人，足备使令；今复选，恐扰民，乃止。世祖时，耶律铸言有室以采室女，乘时害民。请令大郡岁取三人、小郡二人，择其可者，厚赐其父母，否则遣还。从之。后又以御史中丞崔彧言罢各路选室女。《辍耕录》所记后至元，则顺帝时事也。或世祖虽罢，而累朝尚闻行之耳。元时并有选高丽女之例。文宗以宫中高丽女不颜帖尔赐丞相雅克特穆尔。高丽皇请割国中田，以为资奁。顺帝次皇后奇氏完者忽都，本高丽女，选入宫，有宠，遂进为后。而其时选择未已。台臣言，国初高丽首先效顺，而近年屡遣使往选媵妾，使生女不举，女长不嫁，乞禁止。从之。明永乐中，高丽犹有贡女之例。成祖有妃权氏，即高丽人也。"明代选择女子之事，更寻常极了。《廿二史札记·明代选秀女之制》一条云："《明史》载明祖之制，凡天子亲皇之后妃、宫嫔，慎选良家女为之，进者勿受。故妃后多采之民间。国初惟成祖仁孝皇后为徐中山女。其时法制未定也。嗣后则多出民间。故每新君登极，有选秀女之谣。《明稗类钞》：成化中，命妇入朝，尚书施纯妻，甚端丽，皇太后谛视久之，顾左右曰：曩选妃，何不及此人？又《涌幢小品》：宪宗选妃，江南嘉兴姚善女在选中，发不盈尺；过吴江二十里，一夕，发顿长八尺。故其地遂名八尺。后入宫生皇第九子寿王，册封端懿安妃。又《四友斋丛说》：武宗南巡至扬州，知府蒋瑶力拒嬖幸江彬等；彬传旨要选秀女，瑶曰：止知府有三女，民间并无；彬遂语塞。又赵尔沂《刘大姑传》：大姑京师人，光庙在青宫时，诏选元妃。大姑与郭后及后女弟同入选。郭后选中，后女弟及大姑赐金币还。凡落选女子，贵家争聘致为重。后女弟遂为成山伯夫人。大姑独不肯嫁。贵戚纳聘，悉却之。谓母曰：被选后，与今元妃，同卧起三月。外间何等子，乃议婚耶？遂守贞以殁。此皆前明选秀女之故事也。于慎行《笔麈》云：此事祖宗自有深意。汉宣帝许后起微时，故为后从官舆服甚俭。及霍后立，赏赐动以千万计。且不特此也，来自民间，则习见闾阎生计，可以佐人君节俭之治，若必出于勋旧，则勋而兼戚，戚而兼勋；王氏祸汉，贾氏祸晋，可为前鉴。本朝（清）选驸马亦然。非但不由勋旧，并不由仕宦：其意深远矣云云。今案明代选秀女之制，亦非通行天下。大概多在京师附近之处。初两京并重，故妃后尚有南人。如宣宗胡后，济宁人；孙后，邹平人；吴妃，丹徒人；郭嫔，凤阳人。英宗钱后，海州人；宪宗王后、武宗夏后，皆上元人；世宗方后，江宁人是也。"统治阶级为欲发泄性欲，不惜把民间的良家女子，强夺了去，这事未免太不近人情了。

穷奢极欲　采选良家女子以填欲壑，这是一事。随着这事而发生的奢侈之事,就更数不清了。我在这里,不必多举实例。因为这类的实例太多了,举之不可胜举。并且稍稍读过中国历史的人,也都熟知。我现在只拿一件事来随便讲一讲,以见统治阶级为着要完成性欲统治,奢侈的举动有令人骇怕者。一件什么事呢?清德宗之大婚是也。《史学与地学》里面有柳诒徵作的《清德宗之大婚》一篇。中间胪列《通考》、《会典》所未详的手折十件。第一折是礼仪处恭办的,里面所载的是妆奁器物的费用;第二折也是礼仪处恭办的,里面所载的是邸第陈设的费用;第三折也是礼仪处恭办的,里面所载的是关于礼节的用费;第四折也是礼仪处恭办的,里面所载的是乐器筵宴之费;第五折也是礼仪处恭办的,里面所载的是修饰房舍的用费;第六折是瓷库恭办的,里面所载的是关于瓷铜等器皿费用的;第七折是缎库恭办的,里面所载的是赏项绸缎等费;第八折是瓷库办的,里面所载的是各宫殿差务之费;第九折所列的是办彩绸的费用;第十折所列是续行查出的费用。柳氏云:"都诸折所陈,自外省织造,关道承办诸款,未言用银若干外;予为合计,凡用金四千一百二十六两九钱三分五厘。银四百八十二万四千一百八十三两五钱九分二厘一毫。钱二千七百五十八串四百三十八文。以一人之婚媾,糜如此之巨款。其名以示帝室之尊,其实以饱私人之蠹蚀。不亦大可叹耶?(考历代帝王婚礼之用费,以汉代为最巨。自孝惠聘后,用黄金二万斤;迄桓帝,循此故事。以今日金价计之,殆合银币千万以上。然《汉书》载平帝纳王莽女为后,聘金二万斤。为钱一万万,则一不过十万串耳)不观内务府之各折,孰知其虚糜至于如此哉?然吾观《东华录》,知清帝婚礼之费用,亦以德宗为最侈。世祖、圣祖时,固未纪载筹备婚礼之经费。穆宗时有明文矣。然亦仅谕各省添拨京饷银一百万两。……德宗大婚……遂溢出同治时数倍。《东华录》载大婚之费,虽未详纪用途,然其总数亦明著于册。……盖初拨二百万两……续拨三百万两。……据翁文恭光绪己丑日记,大婚提拨京饷银五百五十万两(部库三百万,外省二百万)。内交进五百十万余。划拨外省制办活计银二十七万。余银二万七千三百六十七两零。又平余银二万二千三百五十七两。则视《东华录》尤详矣。……帝后婚礼,止于德宗。宣统之立后,则余分闰位,不足指数。故清德宗之大婚,亦即千古帝后大婚之结局也。著之史册,亦足以广异闻。抑予观满庭朘民渔利之法,委曲周至;工为掩饰,殊不惮烦。若今之索军需者,则直截了当,坐索数百万数千万耳。何纷纷然开具清册为?此亦今人之智过前人者也。"

性欲统治下之特别官吏　统治阶级,穷极奢欲,把天下最美的女子,抢到京中专供填满性欲之用。所谓朝廷也者,好像充满了性器官,充满了发泄性欲的活机器。情形既已如此,于是又有一大批的特别官吏,随着这种情形而发生。这种特别官吏,是专设来侍候发泄性欲的活机器的。他们的职务既是专侍候发泄性欲用的活机器;那么,他们自己如果也是一些有很强的性欲要发泄的男子,那是万万要不得的。要不得又怎样呢?于是乎设女官。但是女子作事,总不如男之能干中用。于是乎把男子的生殖器割了,拿男子当女子用;从而美其名曰奄人,或寺人,或宦官。女官之设置,以隋炀帝时为最完全。史称炀帝增置女官,准尚书省,以六局管二十四司。一曰尚宫局,管:司言,掌宣传奏启;司簿,掌名录计度;司正,掌格式推罚;司闱,掌门阁管籥。二曰尚仪局,管:司籍,掌经史教学纸笔几案;司乐,掌音律;司宾,掌宾客;司赞,掌礼仪赞相导引。三曰尚服局,管:司玺,掌琮玺符节;司衣,掌衣服;司饰,掌汤沐巾栉弄玩;司仗,掌仗卫戎器。四曰尚食局,管:司膳,掌膳羞;司酝,掌酒醴醢醯;司药,掌医巫药剂;司膳,掌廪饩柴炭。五曰尚寝局,管:司设,掌床席帐帷铺设洒扫;司舆,掌舆辇伞扇执持羽仪;司苑,掌园籞种植蔬菜花果;司灯,掌火烛。六曰尚工局,管:司制,掌营造裁缝;司宝,掌金玉珠玑钱货;司彩,掌缯帛;司织,掌织染。六尚,二十二司,员各二人。唯司药、司膳,员各四人。每司又置典及掌以贰其职。六尚十人,品从第五;司二十八人,品从第六;典二十八人,品从第七;掌二十八人,品从第九。女使流外量局闲剧,多者十余人。以下无定员数。联事分职,各有司存焉。单就指明出来的员数而论,已经有九十四人之多。此外还有无定的员数! 女官之多,真多到可以了。

宦官之害民　男子割去了生殖器,而侍候女子的宦官,在秦时就颇有地位了。汉朝学了秦朝的法子,也用割去了生殖器的男子作中常侍。但有时候也用读书人。不过割去了生殖器的占了主要地位。这种人在汉朝的势力,真吓死人。《廿二史札记·东汉宦官》一条曰:"汉承秦制,以奄人为中常侍。然亦参用士人。武帝数宴后庭,故奏请机事,常以宦者主之。元帝时,则宏恭石显,已窃权干政。……光武中兴,悉用奄人,不复参以士流。"自此以后,宦官在朝,势力特别的大。国家大事,竟由这班人管了! 这班人的数目,也极多。后来被袁术、袁绍等所诛戮的竟达二千余个! 赵翼谓:"袁绍、袁术、闵贡等因乘乱诛二千余人,无少长皆杀之。于是宦官之局始结,而国亦随之亡矣。"国家不能不用奄寺。而一用之,则其害如此。盖地居禁密,日在人主耳目之前,本易窥觑笑,而售谗谀。人主不觉,意为之移。范蔚宗传论谓:"宦者渐染朝事,颇视典故。少主凭谨旧之庸,女君资出纳之命,及其传达于外,则手握王命,口衔天宪,莫能辨其真伪,故威力常在阴阳奥突之间。迫势焰既盛,宫府内外,悉受指挥,即亲臣重臣,竭力以谋去之,而反为所噬。当其始,人主视之,不过供使令,效趋走而已。而岂知其祸,乃至此极哉?"(见《东汉宦官》条)这还是就一般的情形而言,若讲到宦官之如何害民,则更有令人骇怕者。《廿二史札记·宦官之害民》条,有言曰:"东汉及唐、明三代,宦官之祸最烈;然亦有不同。唐、明奄寺,先害国而及于民,东汉则先害民而及于国。今就《后汉书》各传摘录之,可见其大概也。刘瑜疏言:中官邪孽,比肩裂土,皆竞立子嗣,继体传爵。或乞子疏属,或买儿市道。又广娶妻室(我从前在北平听人说:宦官的性欲冲动,并不一定全然消灭;其满足之法,异于常人),增筑第舍。民无罪而辄坐之,民有田而强夺之。贫困之民,有卖其首级,父兄相代残身(做了宦官的儿子,又要遭割去生殖器之祸),妻孥相视分裂。……黄琼疏言:宦竖盈朝,重封累爵;明珠南金之宝,充满其室。单超、左悺、具瑗、徐璜、唐衡五人(皆宦者)第宅穷极壮丽;金银罽毦,施于犬马。仆从皆乘牛车,从以列骑。侯览前后夺人宅三百八十一所,田一百一十八顷。起立第宅十六区,皆有高楼池苑;制度宏深,僭类宫省。……张让(宦者)说灵帝修宫室;发太原、河东、狄道诸郡材木文石。每州郡部送至京,辄诃谴不中用,以贱价折之,十不酬一。又不即收,材木遂至腐烂;州郡复增私调,百姓怨嗟。此犹第宦官之自为苛虐也。更有依宦官之势,而鱼肉小民者。盖其时入仕之途,唯征辟、察举二事。宦官既据权要,则征辟、察举者无不望风迎附;非其子弟,即其亲知。并有赂宦官以辗转干请者。审忠疏言:宦官势盛,州郡牧守,承顺风旨;辟召选举,释贤取愚。李固疏言:中常侍在日月之旁,形势振天下;子弟禄位,曾无限极。……朱穆疏言:宦官子弟亲戚,并荷荣任;凶狡无行之徒,媚以求官。恃势怙宠之辈,渔贪百姓;穷破天下,空竭小人。……天下仕宦,无一非宦官之兄弟、姻戚。穷暴极毒,莫敢谁何。……由是流毒遍天下,黄巾贼张角等,遂因民之怨,起兵为逆矣。"

唐代宦官之祸　唐代宦官之祸,在中国史上,算是最烈的。《廿二史札记·唐代宦官之祸》一条曰:"东汉及前明宦官之祸烈矣,然犹窃主权以肆虐天下。至唐,则宦官之权,反在人主之上。立君、弑君、废君,有同儿戏。实古来未有之变也。推原祸始,总由于使之掌禁兵,管枢密,所谓倒持太阿,而授之以柄;及其势已成,虽有英君察相,亦无如之何矣。身在禁闱,射鼠城狐,本易窃弄威福。此即不典兵,不承旨;而燕闲深密之地,单词片语偶能移动主意,轩轾事端,天下已靡然趋之。……自德宗惩泾师之变,禁军仓卒不及征集;还京后,不欲以武臣典禁兵。乃以神策、天威等军,置护军中尉、中护军等官,以内宦窦文场、霍仙鸣等主之;于是,禁军全归宦寺。其后又有枢密之职,凡承受诏旨,出纳王命,多委之;于是机务之重,又为所参与。是二者皆极要重之地。有一已足揽权树威,挟制中外。况二者尽为其所操乎?其始犹假宠窃灵,挟主势以制下;其后积重难返,居肘腋之地,为腹心之患。即人主废置,亦在掌握中。《僖宗纪赞》谓:自穆宗以来八世,而为宦官所立者七君!……穆宗之立,由陈宏志等之力也;……文宗之立,由王守澄等之力也;……武宗之立,由仇士良等之力也;……宣宗之立,由马元贽之力也;……懿宗之立,由王宗实等之力也……僖宗之立,由刘行深等之力也;……昭宗之立,由杨复恭之力也。统计此六七代中,援立之权,尽归宦寺;宰相亦不得与知。……此可见下陵上替之极也。卒之朝廷纲纪,为所败裂;国势日弱,方镇日强。宦寺虽握兵,转不得不结外藩为助。于是韩全诲等劫天子迁凤翔,依李茂贞;致朱全忠攻围逾年,力穷势迫。帝与茂贞乃杀全诲等四人,韦处廷等二十二人以求和。又杀小使李继彝等十人。城门既开,又杀中官七十余人。全忠又令京兆诛党与百余。既还京师,遂尽杀第五可范以下八百余人;哀号之声,闻于路。诸道监军亦即所在赐死。盖不减东汉末之诛宦官,至有无须(宦官因生殖器被割,生理上受了伤,都无须)而误死者。唐室宦官之局,至此始结,而国亦亡矣。宋景文谓:灼木攻蠹,蠹尽而木亦焚也。而抑知其始,实由于假之以权,掌禁兵,管枢要,遂致积重难返,以至此极也哉?”

明代宦官之祸及宦官之富　明代宦官之祸,虽然没有唐朝那样利害,但是到了魏忠贤当国的时候,其祸也就比东汉时差不多了。明代宦官不独召致大祸,且其搜括所得之富,亦复骇人听闻。《廿二史札记·明代宦官》一条论宦官之祸曰:“有明一代,宦官之祸虽稍轻;然至刘瑾、魏忠贤,亦不减东汉末造矣。……总而论之,明代宦官擅权,自王振始。……魏忠贤窃权,而三案被劾,察典被谴诸人欲借其力以倾正人,遂群起附之。文官则崔呈秀、田吉、吴淳夫、李龙、倪文焕号五虎;武臣则田尔耕、许显纯、孙云鹤、杨寰、崔应元号五彪。又尚书周应秋、卿寺曹钦程等号十狗。又有十孩儿、四十孙之号。自内阁六部,至四方督抚,无非逆党,骎骎乎可成篡弑之祸矣。《明史》载太祖制,内官不许读书识字。宣宗始设内书堂,选小内侍,令大学士陈山教之;遂为定制,用是多通文义。数传之后,势成积重云。然考其致祸之由,亦不尽由于通文义也。王振、汪直、刘瑾固稍知文墨,魏忠贤则目不识丁,而祸更烈。大概总由于人主童昏,漫不省事;故若辈得以愚弄而窃威权。……明代宦官擅权,其富亦骇人听闻。今见于记载者,王振时,每朝觐官来见者以百金为率；千金者始得醉饱而出。是时贿赂初开，千金已为厚礼。然振籍没时金银六十余库、玉盘百、珊瑚高六尺者二十余株，则其富已不訾矣。李广殁后，孝宗得其赂籍，文武大臣馈黄白米各千百石。帝曰：广食几何？乃受米如许。左右曰：隐语也。黄者金，白者银也，则视振已更甚。刘瑾时，天下三司官入觐，例索千金；甚至有四五千金者。科道出使归，例有重赂。给事中周燧戡事归，淮安知府赵俊许贷千金；既而不与，燧计无所出，至桃源自刎死。偶一出使，即需重赂，其他可知也。《稗史》又记：布政使须纳二万金，则更不止四五千金矣。瑾败后，籍殁之数，据《玉鳌笔记》：大玉带八十束、黄金五百二十万两、银五千余万两；其他珍宝无算。计瑾窃柄，不过六七年，而所积已如此。其后钱宁籍没时，黄金十余万两、白金三千箱、玉带二千五百束；亦几及瑾之半。至魏忠贤窃柄，史虽不载其籍殁之数，然其权胜于瑾，则其富胜于瑾可知也。"由上种种观之，可知割了生殖器为人服役的家奴，所谓宦官者，其势力之大，竟可以倾人家国！这种事实，大概也要受一个铁一样的通俗原理支配着的。中国社会上最流行的有一句话，曰："穷无三代，富无三代。"这句话可以说是一条铁一样的通俗的原理。可以用于平民，也可以用于统治阶级。平民家计稍富者，过了几代（大概是三代左右）一定要穷；而且常穷于一般家奴之手。这全由于家里富了几代了，阔少爷全然不懂得生存竞争的方法了；于是家奴便不客气的取了主人之位而代之。乡下为人管田庄的家奴，侵蚀主人的财产，把主人弄穷，把自己弄富，即是最普通之例。一个统治阶级当国，兴盛了几代，也必定要衰落下去；而且也常穷于家奴之手，这种情形，正如前文所谓："总由于人主童昏，漫不省事，故若辈得以愚弄，而窃威权。"我述性欲统治，且暂止于此。历史上本还有男子以色笑取悦于统治阶级总头子的事。如历来的所谓佞幸，最近曹锟时代的人妖李彦青，即是实例。都应该列入性欲统治一节内略为讲一下，以见中国政治史之奇绝。不过我现在手也写酸了，不愿再多写了；且稍稍抄《史记》上几句话收场。《史记·佞幸列传》称："谚曰：力田不如逢年，善治不如遇合；固无虚言。非独女以色媚，而仕宦亦有之。昔以色幸者多矣。至汉兴，高祖至暴抗也；然籍孺以佞幸。孝惠时有闳孺。此两人非有才能，徒以婉媚幸贵，与上卧起，公卿皆因关说。故孝惠时，郎中皆冠鵕鸃，贝带，傅脂粉，化闳、籍之属也。"（犹云变相的闳、籍）统治阶级因得了过分的饱暖，思泄淫欲；于是尽量罗致天下好看的女子列于宫中。女子多了，要人侍候，于是设女官以侍候之。女官不够用，又复抓着男子割去生殖器，拿来当女子用！发泄性欲用女子事太寻常了，又复将男子擦上脂粉，拿到手上来顽一顽。呜呼,吾国中前辈所自夸的精神文明,实在文明到可以了。所谓坤化主义,也万万用不着再费气力,著书立说来提倡了。

选自周谷城《中国社会之结构》第二章
新生命书局一九三〇年出版

中国统治阶级中的官僚与地主

统治阶级的总头子,以及特权者都是统治阶级里的核心。至于满足性欲用的那些活机器,也是统治阶级里的主要成分。除此之外,还有许多成分,要详细讲起来,著一本专书也不能尽其义。现在我们且拿官僚与地主来讲一讲。先讲官僚,然后及于地主。

第一项 官 僚

实际需要之官吏 官吏之为物,原来也是起于事实上之需要的,可以说与生产有直接关系。直到社会上有了阶级对立的事实的时候,就渐渐变化其性质了:由实际上的需要一变而为统治阶级的家奴。这一个变化,更因宗法制度之盛行而益显著。官吏变成统治阶级的家奴以后,一方面侍候着统治阶级,供统治阶级之颐指气使;一方面宰制着人民,教人民努力生产以预备统治阶级的生活资料。在阶级对立的事实,未完全显现的时候,所谓官吏,却不是这样的。与实际上的需要,多少总有一些关系,断不是纯粹一家的家奴。且拿尧舜时代来作一个实例。尧舜时代,人民的生活,正在由流动过渡到固定的过程中。其时的政治,只是由各民族中的优秀分子于互相竞争之中,形成一个互相让步的和平局面;可以说是酋长政治(这一层我们在第一章第二节里已经讲过)。至于生产技术,当然不如后世之精良;生产制度,更是幼稚已极,且都在草创之中。然而人口却是一天一天的繁滋起来了;物质的要求,也一天一天的迫切起来了。于是各民族中的优秀分子所谓酋长者,眼看着全民族中物质要求的迫切,便不得不想一想法子。并且要维持自己民族内部的和洽,以及对外互竞的能力,也非先想法子满足大家物质上迫切的要求不可。同时在民族全体中善于想法子的人,也常各以其特殊能力,表现于众,而为众人所认识了。认识之后,一经大众的推举,及酋长的许可,便成了官吏。尧舜时代的官吏都是这样出来的。

在生产制度尚极幼稚的时代,或固定的农业生活方才萌芽的时代,与大众生产工作有关的最紧要的一件事就是辨别季候。这一件事在农业方面,尤其重要。

所以尧在位时，便首先命羲、和二氏去干这一件事。《书·尧典》云："乃命羲、和，钦若昊天。历象日月星辰，敬授人时。分命羲仲，宅嵎夷，曰旸谷；寅宾出日，平秩东作。日中星鸟，以殷仲春。厥民析，鸟兽孳尾。申命羲叔宅南交，平秩南讹。敬致。日永星火，以正仲夏，厥民因，鸟兽希革。分命和仲，宅西，曰昧谷；寅饯纳日，平秩西成。宵中星虚，以殷仲秋。厥民夷，鸟兽毛毨。申命和叔，宅朔方，曰幽都；平在朔易。日短星昴，以正仲冬。厥民隩，鸟兽氄毛。"仲春、仲夏、仲秋、仲冬，与农事是最有关系的。究竟在天文上要有什么现象，在时令上才可以叫仲春、或仲夏、或仲秋、或仲冬呢？羲仲、和仲、羲叔、和叔，分途去考究这事，毕竟把春、夏、秋、冬弄明白了；这在当时是何等有益于生产的事！崔东壁《唐虞考信录》曰："帝王之治，莫先于授时。四时不爽，然后农桑可兴，政令可布，人物之性可尽，天地阴阳之化可得，而辅相燮理、书契史册之文，可得而次第考核；故《尧典》载尧之政，特详乎此。"（见《崔东壁遗书》）这也可以见得羲、和在实际生产工作上的重要了。辨别季候，固极重要；治平水土，亦为发展农事，及稳定农业生活之先决条件。《孟子》上云："当尧之时，天下犹未平：洪水横流，泛滥于天下；草木畅茂，禽兽繁殖；五谷不登，禽兽偪人；兽蹄鸟迹之道交于中国。"在这种情形之下，人民如何能够生活下去？所以治平水土的事要紧了。尧之时便迁就四岳的意见，命鲧治水。但费了九年功夫，毫无成绩。《书·尧典》云："帝曰：咨四岳。汤汤洪水方割，荡荡怀山襄陵，浩浩滔天。下民其咨，有能俾乂？佥曰：于鲧哉！帝曰：吁，咈哉！方命圮族！岳曰：异哉！试可乃已。帝曰：往！钦哉！九载，绩用弗成。"这不独可见命官治水，为极重要之事，且可见当时官吏是由大家推举的；并且一经推举了，当局也非用不可。到了舜之时，又由大众推举伯禹出任治水之官。《书·尧典》纪此事云："舜曰：咨，四岳！有奋庸熙帝之载，使宅百揆，亮采惠畴。佥曰：伯禹作司空。帝曰：俞！咨，禹，汝平水土，惟时懋哉！禹拜稽首，让于稷、契暨皋陶。帝曰：俞！汝往哉！"禹拜了平水土之命，出治水土，果然成了大功。《孟子》上云："禹掘地而注之海，驱蛇龙而放之菹。水由地中行，江淮河汉是也。险阻既远，鸟兽之害人者消，然后人得平土而居之。"天时也弄明白了，水土也治平了，生产的工作，当然可以大兴了。于是农事可以发展，农官也随着要紧了。《书·尧典》曰："帝曰：弃，黎民阻饥。汝后稷，播时百谷。"《孟子》亦云："后稷教民稼穑，树艺五谷。五谷熟而民人育。"这也可见农官在实际上的重要了。史称舜命九官。除命禹治水、后稷播百谷以外，还命了契敷五教，管教育；皋陶作士，管刑法；垂做工官，管工事；益作虞官，管治理草木、鸟兽之事；伯夷作秩宗之官,管三礼;夔作乐官,管音乐;龙作纳言之官,管出纳帝命。这些官吏,就大体上看起来,都是实际上所需要的。至于垂做工官,益作虞官,于生产的工作,尤其有直接的关系。这可见尧、舜时代的官吏,实际上都是很需要的。因为当时阶级对立之事,尚在酝酿之中,剥削他人,坐食现成的阶级,尚未成立;拿官吏来作家奴用,在事实上为不可能。所以当时的官吏,都是出于实际的需要。

官吏之家奴化　到了周初,情形早已大变了。全部的官吏,通通变成了统治阶级的家奴。这我们拿《周礼》一看就明白了。《周礼》上面所列的官,几乎有十分之七八,是统治阶级的家奴。《新民丛报汇编》里有署名明夷(就这个名字看,当是倒满运动的健者)的某君,作了一篇很详细的《官制议》。其中说周代官制之坏处有曰:"天官之庶司百职,乃无一治国事民事之人。合此庶司百职,皆以奉一君。甚且六卿中六大六少之职,皆以奉君事神事为主。其余百官之专为君事者尚多。自是古所谓设官以治民者,则皆为设官以事君矣。今以《周官》考之,天官之大名义,号曰掌邦治,以经邦国纪万民者。今考其属目,宫正、宫伯、膳夫、庖人、内饔、外餐、烹人、甸师、兽人、獻人、鳖人、腊人、医师、食医、疾医、疡医、酒正、消人、凌人、浆人、笾人、醢人、盐人、幂人、宫人、掌舍、幕人、掌次、玉府、内府、司裘、掌皮、内宰、小臣、阍人、寺人、内竖、世妇、女御、女祝、女史、典妇、典丝、典枲、内司服、缝人、染人、追师、屦人、夏采五十官,皆供奉人主之身,无一及国事民事者。春官之属,若司服、守祧、女祧、世妇、女史、内宗、外宗、巾车、典路、车仆、司常、都宗人、家宗人十三官;夏官之属,若小子、羊人、司爟节、服氏、太仆、小臣、祭仆、御仆、隶仆、弁师、戎右、斋右、道右、大驭、戎仆、斋仆、道仆、田仆、御夫、校人、趣马二十一官,亦皆仅为供奉人主之一身,非有关于国事民事者。又若地官之充人,春官之郁人、鬯人、鸡人、司尊彝、司几延、天府、典瑞、典祀、大卜、龟人、菙人、筮人、占梦、太祝、丧祝、甸祝、司巫、男巫、神士二十一官,皆以事鬼神者。凡此百有五官之职,皆于民治无关,于国事无预。又冬官阙六十职。则统《周官》所有,但地官、秋、冬及夏官之半,百七十五官为治国事民事者耳(实则治国事民事者,也只是统治阶级之家奴;或替统治阶级指挥民众从事生产,以造出奉养统治阶级之物品;或代统治阶级向人民直接征收生产品;或管理能生产之人民,使无损失:其目的都在维持统治阶级之利益)。夫以二官之半而统天下之事,其阙略而不详,蒙混而不清,以视古者九官之职,分职清而为民切,岂不悬殊哉?然且六官之长贰,皆以事神赞君行礼,分其精神,费其日力。……然则复何有余日精神,以炼兵察吏哉?……夫以六官之长贰,无一事不有分职,以仆仆从事;弊其精神于无益之伪文,尚何暇讲求于本职之中,而求其精详,加之进化哉？……自苏绰仿其制,而《唐六典》、宋《开宝礼》因之:凡一切祭祀、朝贺、丧纪、会同,皆使三省六官,分任其事,遂至今成为定制。吾在京师,见京朝大官,日从事于陪祀、侍班、救日、求雨、宾客会同之事。鸡鸣而起,日昃而归。年已耄老,精力颓惫。还宅倦甚,解衣复卧。有人才而不能见,有政事而不能理,甚至有文案而不能尽识,有书札而不能省视。皆此行空文虚礼以累之。夫以空文虚礼,以累实政,(其实在阶级对立的封建时代,空文虚礼,就是实政)其为愚谬亦甚矣。……今之师尹长贰,虽正直自好者,自事神侍君以外,无职事矣。此其谬种流传,真可为叹息痛恨者也。"这段话,不独告示我们:官吏变成了统治阶级的家奴;而且告示我们:官吏是敬鬼事神的要角。

　　官吏成了家奴,在历史上算是牢不可破的事实。无论是在中央接近统治阶级总头子的官吏,或随着受封而为王,或诸侯的特权者服务的官吏,或代统治阶级的总头子或特权者在各地方亲临百姓的官吏,一概都是统治阶级的家奴。如前面所述《周官》里天官属下之五十官,春官属下之十三官,夏官属下之二十一官,地官属下之二十一官,固然是显而易见的统治阶级的家奴;但历代的地方官,亲民之官,实际上负责任管理军政、民政、财政的官吏,也都是统治阶级的家奴。在京中任事的,是直接的家奴;分在各地方任事的,乃是间接的家奴。直接的家奴,其意义很明显,用不着解释。若地方官吏,明明是管理军政、民政、财政等实事的,为何可以称之为间接的家奴呢？这有一个很简单的答复。凡站在人民的地位,对人民负责任,出而管理军政、财政、民政,以图团体生活之改善的,不是家奴。若站在统治阶级的地位,对统治阶级负责任,出而管理军政、民政、财政,以图统治势力之巩固的,便是家奴。中国历史上亲民之官,概是站在统治阶级一方面,对统治阶级负责任的。其出而管理军政、民政、财政等,也只是替统治阶级镇压民众、剥削民众,或指挥民众替统治阶级预备生活资料;所以概是统治阶级的家奴。

　　官吏家奴化之原因　官吏而变成统治阶级的家奴,其原因何在？为什么好好的官吏,本来是直接或间接帮助全体人民从事生产工作的,竟一变而为统治阶级的家奴了？从历史上仔细考究起来有下面的两个原因。一曰由于社会阶级之对立。在阶级对立的事实未完全显现之时,坐食现成,凭政治势力以剥削他人的统治阶级,也就没有完全成立。例如虞舜,自己就是一个从耕稼陶渔出身的;又如夏禹也曾亲自耕稼。这样的人,一旦服从众意,出而为统治者。若就当时一般的生活情形说,他们也就万万没有资格拿着官吏做家奴用。所以当时的官吏如舜所命之九官者,是应实际上的需要,顺多数人的要求,被推举出来治事的;协助人民全体,从事于生产的。到了周初就不同了。经过夏桀时代及商纣时代两次剧变,完全的统治阶级,竟立稳了脚跟。统治阶级自身是有组织的,有政治势力的,有武装准备的;是能尽量剥削人民剩余生产品,以养活多数替他们治事的家奴的。这样一来于是向之站在人民中间服官的,今竟受历史上事势之必然的驱使,站在统治阶级一方面作家奴去了。《周官》里面所列的那些纯粹统治阶级当家奴的官吏,便是实例。所以官吏之家奴化以阶级对立为第一个原因。近来社会上流行一种时髦语,曰:官吏为人民的公仆。其实这句话是不容易讲的。谓官吏是人民的公仆,一定要社会上没有利益相反的阶级之对立了;官吏自己,站在全体人民中间,为全体人民治事,乃可以称为公仆。若社会上利益相反的阶级永久对立着,官吏始终站在统治阶级一方面,为统治阶级管理人民,征收赋税、经理武备;无论如何只能算是私仆,不能算是公仆。私仆者,家奴也。近来许多留学欧美的朋友深信西方资产阶级的德模克来西,为真正的民治主义;拿着官吏为人民之公仆一句鬼话大嚷。野心较大者,且进而唱其所谓"好人"政府,"专家"政治。老实说来,好人政府,专家政治,谁不赞成?不过站在统治阶级一方面,或家奴的地位,来做好人,做专家,未免太无聊了。官吏家奴化的第二个原因,是血统关系之置重。以血统的关系维持一个民族内部的团结,在历史上是很早而且很普遍的事。中国黄帝以前的部落斗争中,多少也必有许多血族的斗争。虽然血统的关系之存在及变化,都受着经济势力的支配;但在封建的或半封建的(名存实亡,或名亡实存)中国资本主义尚未抬头之时,血统关系,是很能影响社会之组织的。这种关系,在社会阶级尚未完全对立之时,可以巩固一个民族对其他民族奋斗的力量。阶级完全对立,统治阶级十分起劲的时候,血统关系,可以巩固统治阶级自存的势力。血统关系既有助于统治阶级的自存,故历代统治阶级的总头子爬上了政治舞台的时候,首先便把血统相近的人高高的位置起来,以期巩固自己一家的势力。例如周初定封的时候,兄弟而有国者已十五人,同姓而有国者,已四十人;还嫌不够,一定要把周室子孙之不狂惑者通通拿出来做诸侯。封建全盛时固是如此。但自秦以后,封建制在半死半活的时候,也是如此。历代的所谓诸侯王或诸侯者,都是宗室子孙。有时竟不问像人或不像人,都一律"王"起来!例如唐高祖,当其初上台的时候,以天下未定,便广封宗室,以威天下。凡皇从弟及侄年始孩童者,便有数十人被封为郡王。汉初的代王,还只八岁,便出就封国！统治阶级的总头子这样的深信血统关系之足以巩固自己的势力，把宗室子孙高高的位置起来；于是统治阶级自身的主要成分，完全出于一家。家天下的制度，名义上及实际上完全成立了。所谓官吏，总是替统治阶级的总头子及其宗室子孙服务的。然则不随着变成家奴，又将怎样呢？

官僚政府　由上面看来，我们晓得官吏之家奴化，完全是历史事实演进的必然结果。社会上既已有了统治阶级与被统治阶级之分，官吏必然站在统治阶级一边。统治阶级的主要成分既属于一家，则官吏也就不得不随之而家奴化。官吏既已家奴化了，统治阶级便倚为手足。拿治理国家的大业，一律交于家奴之手，所谓家奴，竟握着治理国家的一切大权。这种事实，我们殆可以称之为家奴政治。不过家奴政治这个名词太不好听，且以官僚政治四字代之。官僚政治在历史上如何成功的呢？这确有许多原因可述。一曰由于统治阶级的总头子能力有限。统治阶级的总头子以一身要治理一国，就有天大的本事，也治理不好。何况为着宗法制度所限制，有时膺有总头子地位的竟是糊涂虫！竟是小孩！情形如此，当然只有藉助于官僚。二曰由于特权者之无能力。总头子自己无能力，若宗室子孙之享有特权者能力很大；那么治理国家的事，由自己一家人来干，未尝不可。不过宗室子孙未必个个有能力。像周室子孙，只要是不狂惑的，就要做诸侯；汉代子孙，七八岁的小孩，就要出就封国；唐朝子孙，尚在孩童之年，就要做起郡王来。在这种情形之下，不倚靠官吏又怎样办呢？三曰由于生产范围之扩大。总头子或特权者有时既无能力，假如社会上一般的生产能力不增加，生产范围不扩大，一般的生产关系不渐渐复杂起来，也就用不着许多官僚。但社会是一天一天进化的。在这进化的过程中，统治阶级想要多榨取人民的利益，非多用官僚不可。这里我可以引一些史事证之。《容斋随笔·汉郡国诸官》一条有言曰："西汉盐铁、膳羞、陂湖、工服之属，郡县各有司局干之。其名甚多。然居之者罕尝见于史传。今略以《地理志》所载者言之。凡铁官三十八、盐官二十九、工官九，皆不暇纪其处。自余若京兆有船司空，为主船官；太原有捆马官，主牧马；辽东有牧师官；交趾有羞官；南郡有发弩官；严道有木官；舟阳有铜官；桂阳有金官；南海有淮浦官；南郡江夏有云梦官；九江有陂官、湖官；朐忌鱼复有橘官；鄱阳黄金采主采金亦有官。在内，则有奉常之均官、食官；司农之干官；少府之大官主膳食，汤官主饼饵，导官主择米。如是者盖以百数。"主膳食、饼饵、择米之类的，殆已是下等家奴了，相当于周室之膳人、庖人等下等家奴。若铁官、盐官、工官、木官、金官、铜官、捆马官、主船官等，则完全是社会生产范围扩大以后，出而治实际事务之官。由此看来,在一方面,统治阶级的总头子及特权者,以能力有限,不能治事;在另一方面,社会生产范围扩大,社会实际事务日多,非有人治理不可。情形如此,官僚政治,在事实上,殆是出于不得不然。四曰中等阶级之智识分子的众多。统治阶级需要官僚,社会事务需要官僚,固然会促成官僚政治。但担任官职的智识分子,若不众多,官僚政治也不容易实现。然而事有特别凑巧之处。在社会进化的长途之中,因财产私有制的发达,自然发生中等阶级。中等阶级,因生活较优于一般完全被压迫的民众,有机会发展脑力,智识也特别的优良;换言之竟成了凡民之俊秀者,可以入专为统治阶级而设的大事(参看第四章)。这样一来,算是人材了。人材是要求出路的。服官,做统治阶级的家奴,可以说是唯一无二之出路。这个事实,统治阶级看清了,所以历代统治阶级的总头子,无不讲求培植人材,选拔士类。中等阶级的智识分子也看清了。孔子曰:“学而优则仕,仕而优则学。”便是智识分子对于自己的出路的正解。统治阶级需要官僚,中等阶级供给官僚。供给与需要相遇,官僚政治于是告成。自是以后,统治阶级的总头子及特权者,把治理国事之权或治权完全交给官僚,自己仅保有管辖国家之权或政权。官僚握有治理国事之权在统治阶级的总头子及特权者之下服务,作家奴。官僚有治权,不一定有政权;统治者有政权,不一定要治权。这等事实,就是我所谓官僚政治的大意。

官僚之多　官僚政治已经成立了,中等阶级的智识分子,视做官为唯一无二之出路。智识分子日益加多,想做官的人,当然到处皆是。同时统治阶级,需要官僚,社会上生产范围扩大,也用得着官僚。于是官僚之多,竟多得令人骇怕。历史愈加延长起来,官僚之数,也随着一朝一朝多起来。例如周初,人口总数,尚只一千三百七十万零四千九百二十三(据《通考・户口考》),而官僚总数竟有六万三千六百七十五员(《通志・职官一》)。西汉末,人口总数只五千九百五十九万四千九百七十八,而官僚总数竟达十三万零二百五十八员。隋全盛时,人口总数只四千六百零一万九千九百五十六,而官僚总数有一万二千五百七十六员。唐天宝盛时,人口总数五千二百九十万零九千三百零六,而官僚总数有一万八千八百零五员。宋神宗时,人口号为最盛,据黎世衡《历代户口通论》引《博物典汇》所载,也不过一千三百九十一万余人;而宋朝的官吏最多时,总数却有四万三千员之多(见《容斋随笔・今日冗官》一条)。明朝初年,户只千六十五万余,口只五千九百八十七万余(《续通考・户口考》),而官僚总数有二万四千六百八十三员(《续通考・职官考》)。清朝更多了,现代尤其多! 我们若于官僚总数上加上每个官僚所供养的寄生分子至少八人(就现在我们目见的情形而论,最小的官僚如科员者,也必有一个老太太、一个老太爷,至少还有一个太太、一个小姐、一个少爷、一个男仆、一个女仆;合自己共计至少八人。上面所举历代官僚总数,若再以八乘起来,便会多得可怕。如宋朝的四万三千员,八倍起来,便得三十四万四千员)使数目之大,真正大到可以了。小百姓拿劳力制造出来的生活资料,被统治阶级以政治势力夺去一部分。这夺去的一部分,除养活统治阶级的总头子、特权者及满足性欲用的活机器,与夫其他一切的一切而外;剩下的便养活了这数目大得可怕的官僚。官僚之多,在最初,本是应实际需要的。虽然是作家奴,一方面服侍着统治阶级的总头子及特权者;另一方面替他们出死力来治理国事。但末流所极,供人作家奴用的官僚,自身且变成无用的了,家奴固然仍是家奴,但大部分成了多余的了。多余的家奴,叫做冗员。宋理宗时,有监察御史名朱熠者,请裁汰冗员。被裁之数,达二万四千余员之多。其要裁汰之理由也极简单。他说:"庆历时以三百二十余郡之财赋,供一万余员之奉禄。今日以一百郡之事力,担二万四千余员之冗官。欲宽民力,必汰冗官。"(见《续通考·职官考》)宋室官僚最多之时,上面已经说过,只四万三千员。而冗官之数,可以有二万四千余员之多!竟超过官僚总数二分之一以上!这也可见得坐吃现成的,不独诸侯、列侯、恩泽侯一类的特权者而已,官僚也是坐吃现成的。宋朝的这个实例,差不多可以通用于各朝。各朝无用的冗官,都有官僚总数二分之一以上。若在今日,竟是超于二分之一以上之上了!所以打倒官僚政治,在今日实在可以说是一句正经话了。冗官多了,不独养他们的费用多。即他们自己贪污虐民之种种惨无人道的举动,一般绵羊似的被压迫的小民,又如何受得起?

第二项　地　　主

地主之最广义　身为家奴,凭势力以压迫人民的官僚,且讲到这里止。现在且进而述一述压迫人民的地主。地主是什么?若就其最广义而言,统治阶级之全体都是地主。统治阶级,原是征服他人的民族。把他人征服下来了,自己便站在统治者的地位,驱使他人为自己耕种。他人作农奴,自己作地主。中国的汉族把苗族征服下来了的时候,自己的大部分完全是统治者,站在统治阶级开始用剥削的方法坐吃现成。苗族大部分便成了农奴,为汉人耕种土地。虽然汉人中间也有一部分降为平民的,但地位必高于苗民。苗民中间当然也有一部分不服从汉人的,但为势所迫,或则逃亡了,或则被杀戮了。结果只是汉人统治了苗民;汉人是地主,苗民是农奴。征服的民族与被征服的民族,成为地主与农奴的关系,并不是一件稀奇事。就是在元朝和清朝,还有这等遗意。元朝的蒙古游牧民族入主中华的时候,自己完全站在统治阶级的地位,管辖国家,治理国事。汉人只是"耕种"土地,供给赋税而已。清朝的满州民族入主中华的时候,也是一样。自己完全站在统治阶级的地位,汉人只是为之耕种土地,供给赋税而已。不过后来情形稍稍变了一点,不如元朝分别的那样严格。但大体上都是以征服民族,站在统治阶级的地位,以被征服的民族,站在农奴的地位。所以我们可说:凡在工业尚未发达的国家,或农业为主要生产事业的国家;统治阶级的全体,便是最广义的地主。中国几千年以来,完全是一个农业国。在历史上,工、商两者,从没有占过势力。虽然在周、秦之交,商业曾经抬头一次,但到汉朝,又被打下去了。挫折工商,奖励耕战,是历代共用的政策。大政治家如管仲、孟子、商鞅、韩非都挫折商贾,以商贾为贱丈夫。宋朝的时候,曾明定科条,不许业工商者,有当选之权。《宋史·选举志》上竟以业工商者列入不孝不弟之类,均不能当选。前清的时候,工商尤其不能入仕。情形如此,所以几千年来,中国只是一个农业国家。几千年以来,统治阶级的全体,都是地主,被统治者都是农民。所以最广义的地主,就是统治阶级。

比较具体的解释　就大体上说,统治阶级的全体固然就是地主;但这里的意思未免太含糊,不容易了解;须有较为具体一点的解释。具体的解释是怎样呢?约略言之,有下数端:(一)统治阶级的总头子就是一个大地主。诗云:"普天之下,莫非王土。"又古语云:"富有天下,贵为天子。"这都是我这里所谓统治阶级的总头子就是地主这一句话的正解。所以历来做官的,作家奴的,都称自己为吃皇家的俸禄。因为统治阶级的总头子已经富有天下,已经有了普天之下的土地,能从农民手里夺一部分生产品来养自己,养自己的家族,养自己的亲故,进而养成千成万的官僚。所以做官的叫吃皇家的奉禄,不叫做受小民的供养。(二)一切特权者如宗室子孙被封而为王的,外戚亲故被封而为侯的也都是地主。统治阶级的总头子是一个总地主。他的土地是普天之下的王土。这样大的土地,他怎样管得了呢?为事势所迫,把这大土地分割起来,除自己直辖一部分外,其余的便分给宗室子孙及外戚亲故等去经管。分有土地的宗室子孙,及外戚亲故等或叫做王,或叫做侯,名称复杂极了。所分的土地,或称王国,或称侯国,或称食邑;名称之复杂,更是令人头昏。宗室子孙,外戚亲故等都成了地主,都向农民夺取生产品。夺来之物,大部分养自己,作一切穷奢极欲之用。更分一小部分交给统治阶级的总头子,叫做纳贡。(三)一切大官僚也是地主。官僚所食之俸禄,原是统治阶级从人民手中夺来的。但吃俸禄的办法，有时不方便。于是把统治阶级的总头子，及宗室子孙外戚亲故等所管辖的土地之外，余剩下来的土地一块一块，划给官僚自己经管。这样一来，自然较为方便。土地是这样分把官僚的，名称也有种种不同。在晋朝的时候，依人民占田之例，称为占田。官品第一的，可以占五十顷。以下依等级的少下去；直到第九品，也还可以占十顷。隋朝的叫做职田。官列一品的，为职田五顷，五品的有三顷。以下以五十亩为减差。唐朝的官僚，也有职田。官一品的，田十二顷；二品十顷、三品九顷、四品七顷、五品四顷、七品三顷五十亩、八品二顷五十亩、九品二顷。宋朝的时候，也有职田，大藩府长吏二十顷、通判八顷、判官五顷，余皆四顷；节镇十五顷、团防以下州军十顷、小军监七顷。官僚是统治阶级的家奴，事实上站在统治阶级一边。统治阶级的总头子优遇他们，予以土地；所以他们也就成了地主。

狭义的地主　上面的解释，虽很具体，但仍属于最广义的范围。至于狭义的地主，却不是这样：既不是受封的特权者，复不是作家奴的官僚。而是站在人民中间的富人。这等富人之所谓富，完全是以土地多寡为标准。顶富的可以富到什么程度呢？据叶水心所言，可以富到为州县之本及上下之所赖。《文献通考·田赋考》引叶水心之言曰："……小民之无田者，假田于富人；得田而无以为耕，借贷于富人；岁时有急，求于富人；其甚者佣作奴婢，归于富人；游手末作，俳优技术，传食于富人；而又上当官输，杂出无数，吏常有非时之责，无以应上命，常取具于富人。然则富人者，州县之本，上下之所赖也。"富人之意义，我们可以于这一段话中，看出一个大概。又富人之富，既完全是以土地为标准；那么他们的土地，自己是万万耕种不了的。于是不得不叫别人来耕种。别人来耕种富人之土地的，其生活有如牛马。苏老泉曰："井田废，田非耕者之所有，而有田者不耕也。耕者之田资于富民。富民之家，地大业广，阡陌连接；召募浮客，分耕其中。鞭策驱役，视以奴仆。安坐四顾，指麾于其间。而役属之民，夏为之耨，秋为之获，无有一人违其节度以嬉。而田之所入，已得其半；耕者得其半。……是以田主日累其半以至于富强，而耕者日食其半以至于穷饿而无告。"（《文献通考·田赋考》引）这段话不独告示我们什么叫做富人，而且告示我们富人之所以致富的一个道理。由上面这几段看来，我们不独晓得狭义的地主是什么，而且可以晓得地主对贫民穷凶极恶的状态了。

地主之来源　这等狭义的地主是从那里来的？我仔细考究，凡有三个顶大的来源。一是由特权者变来的。历史上之特权者如宗室子孙之受封而为诸侯王的,外戚受封而为恩泽侯的,功臣受封而为列侯的以及其他类此的人,通通都有土地。其土地之大小或以国为标准,或以郡为标准,或以县为标准,或以农民的户数为标准。这,我们在讨论特权者时,已经讲过了。这等特权者所有的爵位及土地,通常当然是父死子继,一代一代的传下去。但却也不能一世、二世、三世以至于万万世而不绝。例如汉初之济南王、菑川王、胶东王、胶西王都因参加了吴楚七国之反,自己固然被诛,国却也一并除了。其享国之寿命,通通只十一年之久。他们的国固然除了,但子孙未必不晓得把土地一块块的占据起来作为私产。再者除他们的国者,只要削了他们的势力,未必一定要使他们的子孙一个个都饿死。这样一来,特权者的子孙,由广义的地主一变而为狭义的地主了。二是由官僚变来的。官僚有职的,已经是地主了。退一步说,职田或不能世袭。但卸了官职的时候,阴据几顷以自私,未必不可能。这个可能,是官僚成为地主的一个途径。再者作官的这种职业,在中国社会上,几千年以来,概为独一无二之优越职业。赚钱之方便,发财之容易,作官为第一。赚了钱发了财作什么呢?中国曩日,不独因生产事业不发达,无处可以投资;即存钱的银行都没有。那么最妙之法,只有拿金钱来广置田地。宋宁宗时,曾明令禁止两淮官吏私买民田。这也可见官僚之广置田产,是极普通之事。往事且不必征引。即以现在社会上之大地主而论,有几家不是官僚的子孙?又有几家没有子弟在军政两界服务?所以官僚必然的是地主的一个来源。三是由平民变来的。社会既已变成一个完全自由竞争的社会了,那么一般的平民当然也是随着大势而竞争的。既有竞争,则自然而然的发生贫富之别。贫的且不管他。然富的却是怎样富起来的呢?这里就有种种原因可述了。或则由于体力过人,或则由于智力过人,或则由于机会好过别人,或则由于环境胜过别人;此外当然还有数不尽的原因。依着这许多原因,一个平民,由水平线的地位,一跃而为富人,也是极寻常的事。所以现在乡下常有以作长工起家而为地主者。民国十五年,革命势力高涨的时候,有人主张打倒地主;连这种由平民起家的地主也要打倒。当时便有人出而鸣不平。这可见由平民起家而为地主,不独是寻常事,而且是社会上所极赞许的。在现代,地主之来源,当然有另外的种种。如洋商人、买办、军阀等即其显者。若在往日,国际资本主义的势力尚未侵入中国时,地主之来源,大概不外上面所列举的三者。

贫富悬殊之原因　上面把地主之来源说了一个大概。既然有了地主,社会上便早已贫富悬殊起来了。但贫富悬殊的情形,在历史上是愈演愈烈的。这种贫富悬殊愈演愈烈的情形,简直可以说通古今中外是一样的。至于在中国历史上地主之所以日富,却有其特别原因;概括言之,约有下列四者:一曰由于经界之混乱。经界之混乱。大概是很早的事。孟子说暴君污吏,慢其经界。是在周末,经界已开始混乱了。崔东璧也说:"春秋之时,王制已废,井疆已紊。……豪强兼并,多寡不均。"(参看第一章第二项)可见经界老早就混乱了。经界混乱了,豪强可以兼并了,自然富者可以愈富。二曰由于土地之私有。土地这东西,在古代是公有的。在土地公有制度之下,富者尽管愈富,但其富有的,一定只是些随身之物。今日所谓动产者。农业国内,这种动产一个人尽管十分富足,也是极有限的。若土地私有制成立了,那富者便可以富至"上家累距万,厥地侔封君",如崔实所云者。三曰由于买卖之自由。土地虽然可以私有了;假如不准自由买卖,那么富者仍是有限之富。但自由买卖之风一开,情形就不同了。贫者因迫于生许,把土地卖出去。富者有钱,便尽量的广量土田。自由买卖土田的习惯,秦汉以来,便已盛行了。朱子《阡陌辩》云:"商君开阡陌,悉除禁限;而听兼并买卖,以尽人力。"土地既已准人私有,自由买卖,殆是必然之事。在自由买卖的制度之下,有钱者当然可以愈富起来。四曰由于强占。强占更是一个使富者愈富的大原因。只要有可以强占的机会,强占了别人的田,立刻就成了富翁。善于强占者,当然愈富。马端临有言曰:"自秦开阡陌之后,田即为庶人所擅。然亦惟富者贵者可得之。富者有资,可以买田,贵者有力,可以占田。而耕田之夫率属役于富贵者也。王翦为大将,请美田甚众,又请善田者五人。可见其时,田虽在民;官未常有授田之法。而权贵之人,亦可以势取之。所谓善田,则属役者也。苏秦曰:使我洛阳有田二顷,安能复佩六国相印;盖秦既不能躬耕,又无资可以买田,又无权势,可以得田;宜其贫困无赖也。"(见《通考·田赋考》三)由上种种言之,可见富者愈富,并非偶然。富者既已富到成为地主了,便开始压迫贫民。前面所引之言,苏老泉之言,完全是地主压迫贫民的写照。而历来的政治,又是保护富者的,是孟子所谓"不得罪于巨室"的。于是富者或地主,也站在统治阶级的一边,而成为统治阶级的成分了。至此我们可以总括统治阶级的成分为(一)总头子。历代的帝王,甚至最近过去的曹锟、段祺瑞等等是也。(二)特权者。历代统治阶级总头子的宗室子孙、外戚功臣等之受封者是也。(三)专供发泄性欲用的活机器,及其附属物。历代的皇妃、宫女、女官、宦官等是也。(四)高等家奴。官僚是也。(五)地主。社会上一般豪富之人靠收地租以生存者也。此外当然还有无数的应该列入统治阶级一边的份子。现为篇幅所限,不能一一数了。地主所收的地租,是农民的;官僚所食的俸禄是农民的;活机器所消耗的是农民的血汗。统治阶级的总头子及特权者所资以过穷奢极欲之生活的是农民的血汗。几千年以来,直至今日,中国的农民,奉养了统治阶级的全体。自己则在统治阶级的威胁之下,剥削之下,苟且的活着。万一苟且都不能活了,便由几个荒谬绝伦的怪杰率领,起而暴动。暴动的结果不独百无一成;而且自己必然的被统治阶级冠以某某贼之头衔御用几个刽子手名叫良将者,杀个落花流水,干干净净!

选自周谷城《中国社会之结构》第二章

新生命书局一九三○年出版

中国古代社会结构中的知识分子

第一节 通 论

智识分子之地位 中国的社会之结构是不平等的。这个不平等的社会,显然是由三部分人构成的:一曰高高在上,以政治为谋生之手段的统治阶级;二曰居最下层,以劳力为谋生之手段的被压迫的民众;三曰调和于此两者之间的智识分子。支配统治阶级的生活的,有一条极通俗的定律,曰:"饱暖思淫欲。"支配被压迫的民众的生活的,也有一条极通俗的定律曰:"饥寒起盗心。"统治阶级以政治手段,剥削民众而得生存,其生活常优,优则常得饱暖;饱暖到不能再饱暖的时候,淫欲(不单是性欲,乃包括一切穷奢极欲的事而言。)便发达起来;这在第二章"性欲统治"一节里,便可看到一个大概。淫欲过度的发达,则剥削民众必繁苛,剥削民众若过于繁苛,则镇压民众必须残忍,这乃是一定的道理。被压迫的民众,以使用劳力而得苟活,同时却要供养统治阶级全体,要受统治阶级繁苛的剥削,其生活总不免于饥寒。偶遇天灾,饥寒更甚;于是受着"饥寒起盗心"的定律的支配,乃由顺民,一变而为盗贼,向统治阶级反抗。这在第三章"民众的暴动"一节里也可看到一个大概。一方面统治阶级以残忍的手段镇压民众;另一方面,被压迫的民众却以贼盗的行为反抗统治阶级。这等事实,我们固然不必定要称之为阶级斗争,但称之为统治阶级与被压迫者相互的冲突却是断断不错。正在这两者互相冲突之中,智识分子便有地位了。他们一方面诚惶诚恐,昧死再拜以苦劝统治阶级,叫统治阶级爱民。另一方面则聚精会神要民众敦孝弟、笃宗族、和乡党、重农桑、尚节俭,并讲求其他一切美德,大家做一做好人以服从统治阶级。他们的职务总是调和统治阶级与被压迫民众相互之冲突的。调和而果有效,则冲突便隐而不显,便构成历史上之太平,或叫做一"治"。调和而果无效,则冲突便显而不隐,便构成历史上之纷扰,或叫做一"乱"。一治一乱,是中国历史的现象,统治阶级与被压迫者的冲突,是中国历史的内容;"饱暖思淫欲"、"饥寒起盗心"是中国历史的哲学基础。由上所述看来,智识分子,差不多是社会上的中坚人物。其使命,其责任,真系了天下的安危。清康熙时,曾颁发所谓圣谕十六条者,悬于直省学宫。这十六条圣谕,把智识分子的责任,或使命说得浑透。历代的统治阶级,虽没有同样的条文,但对智识分子的期望,却几千年来如一日,都是希望智识分子替他们帮忙,替他们维持社会次序。(实际上就是调和统治阶级自身与被压迫民众相互之冲突)所以这十六条圣谕,差不多可以说明历代智识分子的重要及地位。其条文曰:"一、敦孝弟以重人伦;一、笃宗族以昭雍穆;一、和乡党以息讼争;一、重农桑以足衣食;一、尚节俭以惜财用;一、隆学校以端士习;一、黜异端以崇正学;一、讲法律以警愚顽;一、明礼让以厚风俗;一、务本业以定民志;一、训子弟以禁非为;一、息诬告以全良善;一、戒窝逃以免株连;一、完钱粮以省催科;一、联保甲以免盗贼;一、解仇忿以重身命。每月朔望,令儒学教官传集该学员宣读,务令遵守。违者责令教官并地方官详革治罪。"这十六条圣谕,无一条不是要民众好好做人,以服从统治阶级。但必悬于学宫,令学员宣读者,则因教民众做好人,以服从统治阶级,乃智识分子之专责也。

智识分子的意义　智识分子,既有如是之重要,其自身究竟是一个什么东西?就名称而论,在英文中,近来有一个最时髦的字,叫做 intelligentsia,与我们这里所谓智识分子四个字的意思颇相近。但这毕竟是一个外国字,我们不好拿来应用。在国文中,近来也有一个流行的名词,叫做"士大夫",与智识分子四个字的意思也相近。但"士大夫"这一个名词我不想采用,因为(一)"士大夫"三字,原是由"士"与"大夫"两个名词所合成的。士与大夫两个名词在历史上各有各的特殊意义。就拿士来说罢。《礼·王制》上所谓天子之元士,诸侯之上士、中士、下士等等固叫做士;而孔安国所谓辨曲直的理官,也叫做士。这样的士,与我们现在所谓学士、博士、硕士,以及在学校读书的所谓士子,便全自不同了。再就大夫两字说。在历史上,曾有一个时候,所谓大夫,明明是天子、公卿、大夫、士、庶人这个系统中的一级;其意义更是特别。虽然从前曾有人把士大夫三字连缀成一个名词用过:如顾炎武《日知录》所谓:"南方士大夫,晚年多好佛;北方士大夫,晚年多学仙。"即是其例。但(二)现代社会上有许多样式的人,全然是西洋机器文明输进以后新生出来的,原来的士大夫三字决不足以当之。例如现在的大学教授,我们现在如果直称之为士大夫,未免太不自然。又如律师,以及替书店里老板当编辑的,替报馆里老板采访新闻的,也一律称之为士大夫,更是离开了事实。但称之为智识分子，却极自然。所以我们为图意义的明显起见，最好把"士大夫"作为机器文明输入中国以前的智识分子的称呼。把智识分子，作为机器文明输入中国以后的智识分子的称呼。在事实上，士大夫的范围，应该小些；智识分子的范围，应该大些。智识分子可以包括士大夫；但士大夫却很难包括现在机器文明里的新智识分子。我们为着要选定一个名词，以概括新旧两层意义，所以决定用智识分子这一个范围较广的名词来代替"士大夫"。名称确定了。实质呢，智识分子的实质究竟是什么？这很难用一句简单的话来说明。我们现在且从积极与消极两方面来认明其实质。从积极方面说，智识分子的生活内容，主要的成分属于智识。或则创造新智识，如周末的孔、老、墨等，即其实例。或则保存旧智识，如汉代的博士经生，即其实例。或则传播智识，如报馆编辑、学校教师之类，即其实例。或则贩卖智识，如书店里的编译员之类，即其实例。或则以智识作游戏品，或粉饰太平之具，如作《两都赋》《三都赋》的那批人即其实例。至于出而服官，完全站在统治阶级一边，暂时由统治阶级与民众之间的中立地位，一跃而入统治阶级（在第二章第三节里我们说过：官僚是统治者的家奴；但正因为是家奴，同时便变成了统治阶级里的成分，而不是站在中间地位了）的时候，更完全是运用智识以为生。现在且不多举例了。总而言之，智识分子的生活内容，是偏重智识的。再从消极方面说，智识分子的工作，是不生产的。（最近的智识分子，却有帮助生产的趋势了）中国亘古以来，完全生产的，只有农人、工人；商人还只是帮助生产的。若智识分子，则完全不生产。他们的工作，有时虽极忙碌，但与生产无关。他们不是农人，不事农作。虽然智识分子有时也种田；例如陶渊明，本是智识分子，也曾"种豆南山下"，也曾"戴月荷锄归"，好像农人一样。但他究竟不是农人；他只是做官做得不耐烦了，归而享福，归而做隐士。中国向来的智识分子，多有老来种田的。但都只是一些在政治一方面落伍的隐士。《论语》上称："樊迟请学稼，子曰吾不如老农。请学为圃，子曰吾不如老圃。"这便可以表示智识分子之不从事生产的工作了。

智识分子的来源　中国历代的智识分子，共有两大来源。自从阶级对立的事实显著以后，社会上完全立于相反之地位的，便有统治阶级与民众。智识分子的来源，也就恰恰分配于这两者之中。历代智识分子总是由统治阶级与民众两方面出来的。（一）统治阶级里面出来的智识分子，大都是统治阶级的总头子、特权者，以及达官显吏的子弟。这可以拿历代受学校教育的人来作证明。《礼·王制》曰："有虞氏养国老于上庠……夏后氏养国老于东序……殷人养国老于右学……周人养国老于东胶。"上庠、东序、右学、东胶等等，都是大学。养于里面的国老，究竟是谁家的子弟，虽未明言；但可断定：决不是来自民间，而必是与统治阶级关系最密切者。《尚书大传》曰："……公卿之太子，大夫元士之适子，十有三年，始入小学。"又朱子《大学章句》曰："人生……十有五年，则自天子之元子、众子，至公卿大夫元士之适子……皆入大学。"这就明明白白告示我们：智识分子是出自统治阶级自身的了。唐高宗时诏：宗室三等以下、五等以上，未出身……其学业成而堪贵者，宗正寺试送监举。宋元丰时诏：许清要官亲戚入监（即国子监，即大学）为国子生听讲。金海陵天德三年诏：以宗室及外戚皇后，大功以上亲，诸功臣，及三品以上官兄弟子孙，年十五以上者入国子监。元亦以特权者的子弟入国学。明洪武元年，命品官子弟充国子学生。五年，命功臣子弟入国子学。清之太学，更是为特权者的子弟而设的。顺治帝时，祭酒李若琳奏言："学以国子监名，所谓国之贵游子弟学焉者也。"只此一语，便很明白的告示我们：智识分子，多出自统治阶级。（二）但单靠统治阶级自身供给智识分子决不济事。统治阶级当然希望天下的智识分子是自己的子孙。但社会一天一天的进化，事务一天一天的繁多；镇压民众剥削民众的手续，也随着一天一天的复杂起来了。自己的子孙，颇不够用，于是乃从民众中间吸收优秀分子，一方面作为他日充当自己家奴的预备队（历代考试中选的，无论大小，都是统治阶级的候补家奴）；另一方面叫他们去作移风易俗的工夫。后汉章帝诏曰："夫乡里选举，必累功劳。……前代举人贡士，或起畎亩，不系阀阅。敷奏以言，则文章可采；明试以功，则理有异迹。文质彬彬，朕甚嘉之。"即此便可见智识分子，不单由统治阶级方面供给，也还要由民众一方面供给。历史愈往后延长，统治阶级从民众方面吸收优秀分子的事乃随着多起来。到后来，且有很完备的制度，若干民众之中，一定要选出若干优秀分子。就以后汉为例罢。凡郡国有二十万人的，每年要举孝廉一人；四十万人的，要举孝廉二人；六十万人的，要举孝廉三人；八十万人的，要举孝廉四人；百万人的，要举孝廉五人；百二十万人的，要举孝廉六人。不满二十万人的，每两年举一人；不满十万人的，每三年要举一人。一直到清朝，统治阶级每年从民众中间挑选优秀分子，还是随各地人口之多寡，及文化程度之高低，而有一定的数目。统治阶级吸收民间的智识分子，最初是由于事实上的需要，后来却由需要一变而为敷衍，这且容后再说。我们在这里，只要晓得智识分子的来源凡有两个：统治阶级自身，以及与之对立的民众是也。

民间智识分子之所由生 民众向来是蠢如鹿豕的，为何也有智识分子可供统治阶级的挑选呢？这有两个原因：一曰，知识的宝库，渐渐由统治阶级而下移于民间，二曰民间得着了智识之宝库，自由讲学之风渐渐发达。（一）任何国家，智识之所在处，最初必完全在统治阶级里。这我们拿《汉书·艺文志》的话看就明白了。《艺文志》述九流十家之来历曰："儒家者流，盖出于司徒之官；……道家者流，盖出于史官；……阴阳家者流，盖出于羲和之官；……法家者流，盖出于理官；……名家者流，盖出于礼官；……墨家者流，盖出于清庙之守；……从横家者流，盖出于行人之官；……杂家者流，盖出于议官；……农家者流，盖出于农稷之官；……小说家者流，盖出于稗官。"这可以证明统治阶级与民众初分家的时候，智识之为物，随着转到统治阶级方面，而没有留在民众方面。章太炎《检论·订孔》上有言曰："宦于大夫，谓之宦御事师（《曲礼》宦学事师，学亦作御）。言仕者又与学同；明不仕，则无所受书。"不仕，便无所受书，可见智识之储藏，或智识之宝库，全在统治阶级。但后来这种情形却渐渐变化了，智识也渐渐下移，由统治阶级的专有物，渐渐变而为统治阶级与少数民众共有之物了。包藏智识的典籍，也渐渐散布到民间去了。典籍怎样散布到民间去的呢？最初大概是由于少数人的抄写。章太炎曰："自老聃写书征藏，以诒孔氏，然后竹帛下庶人。六籍既定，诸书复稍出金匮石室间，民以昭苏，不为徒役。九流自此作，世卿自此堕；朝命不擅威于肉食，国史不聚奸于故府。"（见《订孔》上）国史不聚奸于故府，是一件幸事。若竹帛，经抄写而下达于庶人，那更是大幸事了。书籍由统治阶级下移到民间，大概是一件很难的事。章氏说："书布天下，功由仲尼；其后独有刘歆而已。微孔子则学皆在官，民不知古，乃无定臬。然自秦皇以后，书复不布。汉兴，虽除挟书之禁，建元以还，百家尽黜，民间唯有《五经》、《论语》，犹非师授不能得。自余竟无传者。东平王求《史记》于汉廷，桓谭假《庄子》于班嗣，明其得书之难也。向、歆理校雠之事，书既杀青，复可移写，而书贾亦赁鬻焉。故后汉之初，王充游洛阳，书肆已见有卖书者。其后邠卿章句之儒，而见《周官》；康成草莱之氓，而窥《史记》；则书之传者广矣。"（《订孔》上注文）我们生在今日，得书很容易。但在古代，却只有统治阶级有书，只有统治阶级里的人有开掘智识宝库的机会。自从孔子首先传布书籍于民间以后，再经过刘氏父子的传播，民间乃渐渐有书了，也有智识之宝库，可供开掘了。（二）民间有了这种智识的宝库，智识分子的发生，是很容易的了。再加以自由讲学之风的盛行，则更见容易。自由讲学这件事，在中国盛行的时候极早。就拿孔子来作例罢，他不但是一个首先传布书籍于民间的人，而且是一个首创自由讲学之风的总头目。孔子生于周灵王时代，曾经做过鲁国的司寇。后来以自己的政策,不能实行,乃弃官周游列国。最后复返于鲁,专心从事著述与教育。其著述工作为:删《诗》、《书》,订礼乐,系《周易》,作《春秋》、《孝经》;其教育精神或自由讲学的精神,真令人骇怕。当时跟着他跑的弟子凡三千人。通六艺的有七十二人。最著名的,乃其四科中之十哲。什么叫四科十哲?论《语有》曰:"德行:颜渊、闵子骞、冉伯牛、仲弓;政事:冉有、季路;言语:宰我、子贡;文学:子由、子夏。"就这些事实看起来,可见自由讲学很可以在民间培植智识分子。太史公《孔子世家赞》曰:"天下君王,至于贤人众矣。当时则荣,没则已焉。孔子布衣,传十余世,学者宗之。自天子王侯,中国言六艺者,折中于夫子;可谓至圣矣。"自孔子以后,自由讲学之风,直到前清末年,还没有停息。宋朝有一位胡安定,其自由讲学的精神,与周末的孔子差不多是一样的。很足以表明自由讲学之能培植民间的智识分子。胡安定在宋庆历中,讲学于苏湖间凡二十余年。束脩弟子,前后以数千计。《宋元学案》云:"先生……教学二十余年。庆历中,天子诏下苏湖,取其法著为令于太学,召为诸王宫教授。……是时,礼部所得士,先生弟子十常居四五,随才之高下而修饰之。人遇之,虽不识,皆知为先生弟子也。"自由讲学的人,有这样大的魄力,民间的智识分子,那得不多起来?民间的智识分子多了,统治阶级乃设法挑选。统治阶级愈挑选,民间智识分子乃愈多。

挑选智识分子的方法　民间智识分子之多,固由于自由讲学之风的盛行,及智识宝库的下移。但自由讲学之风尚未发达的时候,书籍尚未遍布于民间的时候,民间未必就全然没有见多识广,相当于所谓智识分子的人物。所以统治阶级之挑选智识分子,在自由讲学之风盛行的时候以前就实行着。而且最初挑选智识分子,颇有几分师事之意。现在我且抄录前清时刘子壮的一篇文章,以见历史上统治阶级挑选智识分子的方法之一斑。这篇文章的题目叫做《制科取士之法考》。是《皇朝经世文编》从《湖广通志》上转录来的。我们没有闲工夫到线装书里去苦寻,这篇文章颇可一读。其词曰:"古之有天下者,必求圣贤以共之。以为非此,不能安亿万之众也。且以为非此,不能居亿兆之上,而使之相安;故有以天子而下访匹夫之事。其后道微,上以功名为悬,而下有富贵之志;上下交相疑,而以术为御;于是法日密,而治亦日不古矣。尧之举舜也,内有四凶,外有洪水;而其所详者,乃在家人父子之间。又将以是试之,谓夫其道不出乎此也。伊尹乐尧舜之道,而汤与之代夏;武王以吕尚为军师,而所陈者敬义。当其时式币聘之,车载之,学焉而以为师。数千岁后,惟昭烈于武侯有之。此时未有制科,而其所取之士如此。其士固异,其取之也亦不同;其所以相与有成也,亦自非后之所能及。至士出于取,取立以法。则宾师之位虚,而道德之意微矣。周最近古,有三年宾兴之典,此后世制科之原也。然考其制,由乡学者,乡大夫掌之,而用之大司徒;由国学者,大乐正掌之,而用之大司马(当时便已有乡学、国学,可见智识分子的制造,并非专靠自由讲学。自由讲学,不过使民间智识分子,加速率的发达而已)。然皆书其德行道艺,而无所谓文字之观。礼曰:以宾礼礼之。盖尤有尊贤敬士之意,而无一切束缚猜禁,与夫徒隶役使之事。及周之衰,诸侯不贡士,士不养于学。乃各以其所学显于列国。进而为游谈,退而为著述。而上以文取士,士以文自见之原,自此始矣。至汉文帝访贾谊、武帝策董仲舒,遂为天子临轩策士之始。其所言者,皆天下大务,一代治乱之故。惜其君徒能知其言之善,而不能登之师傅,以竟其学。使二君者,能如汤武之于伊吕。其所表见,必有进于古;岂特如是而已哉?隋唐沿之,武后有洛阳殿之亲问。其后直言如刘蕡者,乃不得第!盖其时士人不知有三代之学,而人君又多不自亲问;其言既不得通于上,而上亦无为天下得人之意。故其文不显,而士亦无所见。宋、明以来,视为故事:规规乎声偶之文,字画之整,故宜其无明道知治之士也。此制科之在天子者也。汉用仲舒言,令列侯郡守,择吏民贤者,岁贡各二人,而茂才、孝廉于是始。其后立五经博士,开弟子员,设教射策,又为限年之法;儒者试经学,文史试奏章。魏立九品中正之法,择本州人为中正,吏部凭之授官。斯二者犹兼经术德行,未专以文取士也。至晋举秀异,宋用策试,隋置进士,始专以文取士,而士皆投牒自进矣。唐制有三:自天子有制第,而其在学馆曰生徒,在州县曰乡贡;皆升有司而进退之。其科有十二:而行之久者,进士、明经二者而已。然其法以声韵帖诵为工。当时所尚者诗赋,而后世论善诗者反不在其中。宋承明经、进士之旧,而进士为盛;又分经义、诗赋为二焉。论者曰:能择师儒如胡瑗,以教国学;慎司如欧阳修以主文柄;则士得其养,而文可以正。此皆争之于其末也。有明专用经义,而兼取论策;其意兼以明道求治;而士皆习录纂组,中无实得,苟取科第;其他又往往由于诡道。则士愈贱,而法亦欲变而无所变之矣。此制之在主司者也。合而考之,师焉、宾焉、臣焉,此三代以上之法也。经术焉、诗赋焉、文义焉;此汉唐以上之法也。亲策而不能用其人,不亲策而不能知其人;或得其人,而知之不能深,用之不能尽焉;此天子制科之异也。不待上之、举之,而以名字自进;不必其人之可取,而以文辞为断;又不必其文辞,而以诡道,得使人谓制科可废焉。此主司制科之异也。夫古之时,得一士,可以治天下。今之时取数百士,而天子尚不知其人。何则？古之人以为吾之治天下，惟审乎此。而今之人以为吾之有天下，不恃乎此也，故略之。古之时必先知而后官之；今之时，皆先官其人而后察之。是以上无真确之见，亦无破格之举；而下亦循资守分，无敢自言其有志于天下之大。吾常见国家乏人，至治不著；而蓄道怀志之士，需时待命，而无以显于当世也，不揆疏昧，辄条其考如右，伏维察之。"刘子壮并不是研究考试制度的专家，更不是考古的学者。但从他这篇文章里面，我们却可以看出智识分子与统治阶级之关系，及统治阶级挑选智识分子之方法，与乎智识分子自己所以自见的手段等。

挑选方法之流弊与举业　上面这文章，题目叫做《制科取士之法考》；然中间却有许多批评。原来统治阶级挑选智识分子的方法，自实行以来，本已弊端百出；批评的人向来不少。例如鼎鼎大名的朱子，就是批评得最深刻的一人。他在《学校贡举私议》里论挑选智识分子的方法之弊曰："名为治经，而实为经学之贼；号为作文，而实为文字之妖。主司命题，又多为新奇，以求出于学子之所不意。于所当断，而反连之；于所当连，而反断之。为经学贼中之贼，文字妖中之妖。……怪妄无稽，实足败坏学者之心志。是以人材日衰，风俗日薄。"这总可算是切要的批评了。又黄黎洲《明夷待访录》中论此事曰："科举之弊，未有甚于今日矣。余见高曾以来为其学者，《五经》、《通鉴》、《左传》、《国语》、《战国策》、《庄子》、八大家，此数书者，未有不读以资举业之用也。自后则束之高阁，而钻研于蒙存浅达之讲章。又其后，则以为泛滥，而说约出焉。又以说约为冗，而圭摄于低头四书之上。童而习之，至于解褐出仕，未常更见他书也。此外，但取科举中选之文，讽诵模仿，移前掇后，雷同下笔已耳。"这也可算是切要的批评了。挑选智识分子的方法，虽然流弊很多；但在最初，名义上总是用来选拔人材的。不料后来智识分子多了，竟由挑选之法，一变而为牢笼之法；更扩而充之，竟成了游民政策。原来智识分子多了，自然要成游民。一成了游民，可以为社会之害。既然可以为社会之害，则统治阶级便当设法御防之。游民政策，便是一种极有效的御防政策。这种政策，用来最奏效的，算是前清。前清把一班稍有聪敏的智识分子，一律吸收到北京(现在的北平)，使动弹不得。在北京的工作，有笑死人的地方。我有一次游西湖，偶尔在文澜阁里，看见他们在前清所抄的一部《四库全书》，真个令人佩服他们奴性之强。前清的游民政策，也就的确高明极了。不独前清如此，中国历代都有很好的游民政策。死去了的黄远生在他的遗著《游民政治》一文里有扼要之言曰："吾国数千年之政治，一游民政治而已。所谓学校，所谓选举(古之选官之制)，所谓科举，皆养此游民使勿使崇者也。游民之性，成事则不足,而败人家国则有余。故古之所谓圣帝、明王、贤相、名吏也者,尽其方法而牢笼之,夺万民之肉食而豢养之。养之得法,则称治世;养之不得法,则作祟者蜂起矣。"这段话确实干脆极了。中国历史上所谓学校、所谓选举、所谓科举,从好的一方面想去,固然可以叫做挑选人材的方法;若从坏的一方面想去,称之为游民政策,是千真万确的。

统治阶级有了这种游民政策,或挑选人材的方法之后,许多有聪敏的人就跟随它活动起来。胡适之在他的《白话文学史》上卷第一章有一段扼要之言曰:"……皇帝只消下一个命令,定一种科举的标准;四方的人,自然会开学堂,自然会把子弟送去读古书,做科举的文章。政府可以不费一个钱的学校经费,就可以使全国少年人的心思精力,都归到这条路上去。"这条路的出口在那里? 是什么? 我们且袭用一个旧名词,称之为举业。举业是什么业? 简单说来,就是:"上致名,下泽民;扬名声,显父母;光于前,裕于后。"萧一山《清代通史》896 页,引有《儒林外史》第十三回的一段话说:"举业二字,是从古及今,人人必要做的。就如孔子生在春秋时候,那时用言扬行举做官,故孔子只讲得个言寡尤、行寡悔、禄在其中。这便是孔子的举业。讲到战国时,以游说做官,所以孟子历说齐梁;这便是孟子的举业。到汉朝用贤良方正开科,所以董仲舒、公孙弘举贤良方正;这便是汉人的举业。到唐朝用诗赋取士,他们若讲孔、孟的话,就没有官做了;所以唐人都会做几句诗;这便是唐人的举业。到宋朝又好了,都用的是些理学的人做官,所以程、朱就讲理学;这便是宋人的举业。到本朝用文章取士,这是极好的法则。就是夫子在而今,也要念文章,做举业;断不讲那言寡尤、行寡悔的话了。何也? 就日日讲究言寡尤、行寡悔,那个给你官做? 孔子的道,也就不行了。"知识分子竭心思才力于举业,统治阶级施行着游民政策;两者合巧,野蛮社会,居然也就文明起来了!

第二节　知识分子的功用及态度

在前一节里面,我们把智识分子,约略的讨论了一番。现在我们要进一步来研究。看智识分子在历史上有什么功用;及其对于统治阶级持什么态度。先从前者述起。

第一项　智识分子功用

提倡学术　现在我们且依纯粹的客观的见解来看一看智识分子,试看他们在历史上有过什么功用。我们从历史上一直看下来,我们觉得智识分子在各时代,都能显出最重要的功用。且从周末讲起。周末学术思想之发达,在中国历史上前后各时代都少有能比得上的。据梁任公整理的结果,当时的学派,凡可以分为四个时期来研究(见《饮冰室文集》)。第一个时期叫做南北对峙时期。这个时期有两个对峙的学派:曰南派,曰北派。北派以孔子、孟子、荀子及其他儒者之徒为正宗。南派以老子、庄子、列子、杨朱及其他老学之徒为正宗。第二个时期为三宗鼎立时期:三宗是些什么呢?庄子《天下篇》里所谓老、孔、墨三家的学说是也。这三家的学说,又可以细分为许多小派。例如孔学便有小康、大同、天人相与、心性、考证、记纂各派。老学便有哲理、厌世、权谋、纵乐、神秘各派。墨学便有兼爱、游侠、名理各派。第三个时期叫做六家分立时期。六家是些什么?太史公司马谈所谓阴阳、儒、墨、名、法、道德诸家是也。阴阳、儒、法、名、墨各家,可以算为北派,道家可算为南派。第四个时期叫做分裂混合时期。这时期主要的学说,有《汉书·艺文志》上所列的儒家、道家、墨家、名家、法家、农家、杂家等。由这几家学说发生出分裂与混合的两种作用。到最后只剩下韩非、李斯为分裂混合的总结果;与秦始皇的统一之局相辉映。政治统一了,学说也跟着统一起来!先秦的智识分子在学术方面为什么这样起劲呢?王桐龄在他的《中国史》第一编第四章里举了七个原因:"一由于蕴蓄之宏富也……一由于社会之变迁也……一由于思想言论之自由也……一由于交通之频繁也……一由于人材之见重也……一由文字之趋简也……一由于讲学之风盛也。"这些原因之中,"人材之见重"一条,特别有力。当许多国家并立,互争雄长的时代,统治阶级自己,无不是手忙脚乱的。这个时候,智识分子若能替统治阶级找得一条出路,统治阶级没有不欢迎的。再就智识分子自身着想,智识分子果能替统治阶级找得一条出路,实际上也就无异于替自己找得一条出路。王氏在"人材之见重"这一条下说:"一统独立之国,务绥靖内忧,驯扰魁桀不羁之气,故利民之愚。并立争竞之国,务防御外侮,动需奇材异能之徒,故利民之智。衰周之际,兼并最烈。时君之求人材,载饥载渴,又不独奖励本国之人材而已,且专吸他国者而利用之。盖得之则可以为雄,失之则恐其走胡走越,以为吾患也。贵族阶级,摧荡廓清,布衣卿相之局遂起。士之欲得志于时者,莫不研精学问,标新领异以自取重。虽其中颇有势力无耻者(颇有两个字未免太客气了),而学问以辨而明,思潮以摩而起;道术之言,遂遍天下。"这段话说得十分清白。在一方面统治阶级需要人材;在另一方面,智识分子热中势力;以需要人材的统治阶级与热中势力的智识分子相遇,不知不觉之中,遂发达了学术思想。这样发达出来的学术思想,当然是要便于统治阶级统治人民的,所以老子说:"……为天下浑浑焉;百姓皆注其耳目,圣人皆孩之。"孔子说:"为政以德:譬如北辰;居其所而众星拱之。"墨子说:"……天子之所是,必皆是之;天子之所非,必皆非之。"要帮助统治阶级找出路,当然只有这种讲法最好。中国几千年的学术思想,只有在伦理政治一方面比较的高明,其原因就在"智识分子只帮助统治阶级"这一点。到今日还有许多缙绅先生引以自豪的,所谓精神文明,其基础也就在这一点。

保存古典　诸国并立互相竞争的周季过去了;统于一尊专制万姓的汉代经过秦始皇做了一番披荆斩棘的工作之后,便渐渐到来了。在诸国并立、政治未统一的时候,学术思想,是可以不统一的;若政治已经统一了,而学术思想反纷纭复杂,那是万万要不得的。所以秦始皇三十六年的时候(西历纪元前二一一年),李斯便上书曰:"异时诸侯并兴,厚招游学。今天下已定,法令出一。百姓万家,则力农工;士,则学习法令;今诸生不师今而学古,以非当世,惑乱黔首。闻令下则各以其学议之。主势降乎上,党羽成乎下。禁之便。臣请史官非秦记者烧之。"要统一学术思想,李斯这种办法,当然也是很好的。统一学术思想未必就是消灭智识分子。所以在专制一尊的汉代,学术思想虽然统一了,然智识分子仍是大行其时。智识分子在汉代作什么? 一言以蔽之曰:"保存古典。"在秦以前经过孔子整理的《诗》、《书》、《易》、《礼》,以及孔子自己所作的《春秋》,到了汉代,都是古典了。这些古典里包含着维护统治阶级的两种根本思想:一曰宗法思想,二曰封建思想。政局既经统一了的时候。这些思想照理应该发挥光大;保存,自是绝对必须。汉代的智识分子,就担任了这绝对必须的工作。智识分子在什么地方保存古典? 据历史上说是在太学里。汉武帝元朔五年的时候(西历纪元前一二四年)董仲舒劝皇帝兴太学说:"养士莫大乎太学。太学者,贤士之所关也,教化之本原也。……臣愿陛下兴太学,置明师,以养天下之士,数考问以尽天下之材。"所谓太学,便是一个这样的家伙。智识分子保存古典,更膺有两种好听的名称:一曰博士,是专门讲古典的。他们讲古典,有一定的家法,必须遵守。汉武帝建元五年(西历纪前一三六年)所置的五经博士,后来分而为十四的博士,即是实例。皮锡瑞《经学历史》上说:"刘歆称先师皆出于建元之间,自建元立五经博士,各以其家法教授。……其后五经博士,分为十四:《易》,立施、孟、梁丘、京四博士(依这四家家法讲经的博士);《书》,立欧阳、大、小夏侯三博士;《诗》,立鲁、齐、韩三博士;礼,立大、小戴二博士,《春秋》,立严、颜二博士:共为十四。……汉人治经,各守家法;博士教授,专主一家。"二曰弟子员,是专门习古典的。武帝时弟子员只五十人,昭帝时加至百人,宣帝时加至二百人,元帝时加至千人;后来到了质帝的时候,竟加至三万人,这算多得可以了!包含着封建宗法两大思想的古典,便是这样保存起来了。因几千年以来的政治制度没有变动,历代的统治阶级都需要封建宗法两大思想以作护符;于是博大精深的古典,便整整的保存了几千年;直到张之洞等提倡所谓西政、西艺的时候,还舍不得丢掉了,还曰:"中学为体!"

作好官　保存古典,还算不得最重要的功用。智识分子对于统治阶级最根本的、最重要的功用,在作好官。历代的考试制度、选举制度、学校制度等,都是用以挑选智识分子使之替统治阶级作好官的。统治阶级最大的一种工作,据历史上说,也就在选拔能作好官的智识分子。这种工作如果弄得好,政治便可以清平;这种工作弄不好,政治没有不糟的。这种工作弄得很好的,在历史上我们可以拿东汉时代的事实来说明之。东汉的智识分子,都是从古典里面出来的。保存古典,本是智识分子的一种功用。而在这保存古典的过程之中,却训练一些能作好官的工具出来了。东汉二百年间,颇收了他们一些实效。智识分子很有些替统治阶级作了好官的。例如东汉历代的贤相,则有太尉郑弘,司徒袁安,司空任隗、袁敞,太尉杨震、李固、杜乔、黄琼、杨秉;直臣则有尚书仆射郅寿、乐恢,尚书韩棱,太仆来历,司隶校尉虞诩,光禄大夫张纲,尚书张陵,冀州刺史朱穆,度辽将军陈龟,白马令李云,弘农橡杜众,五官中郎将爰延;循吏则有九江太守宋均,蜀郡太守廉范,雒阳令周纡,临淮太守朱晖,廷尉陈宠,中牟令鲁恭,洛阳令王涣、任峻,冀州刺史苏章、胶东相吴祐、郎陵相荀淑、赢长韩韶、林虑长钟皓、太丘长陈实、雍丘令刘矩、会稽太守刘宠、南阳太守刘宽。凡此等等,都是好官,都能替统治阶级尽了应尽的责任。东汉的统治阶级为什么能得这些智识分子替他们作好官呢?赵翼《廿二史札记》有一条说:"自战国豫让、聂政、荆轲、侯嬴之徒,以意气相尚,一意孤行,能为人所不敢为,世竞慕之。其后贯高、田叔、朱家、郭解辈,徇人刻己,然诺不欺,以立名节。驯至东汉,其风益盛。盖当时荐举征辟,必采名誉;故凡可以得名者,必全力赴之。"名誉可以奖励出好官来,我们也不能说是稀奇事。

毫无用处的智识分子　能作好官,能替统治阶级作极有用的工具,如上节所述者,在历史上,实在是少见的事。与这种少见的事实恰恰相反的,在历史上又有一种很令人注意的事实,六朝时候的清谈之习是也。六朝的时候,智识分子,差不多全然没有用处了。他们当时的好尚之总名称,叫做清谈。这些智识分子,可以分为下列各派：一曰怕惹祸害的韬晦派，管宁、邴原、王烈等属之；二曰高自位置的乡愿派，王祥、司马孚等属之；三曰不自检点的放荡派，嵇康、阮籍、阮咸、山涛、向秀、王戎、刘伶等，所谓竹林七贤者属之；四曰喜说空话的虚浮派，何晏、王弼、乐广、卫玠、阮瞻、郭象，以及竹林七贤属之；五曰穷奢极欲的豪奢派，羊琇、王恺、石崇等属之。这些智识分子究竟是一些什么样的人呢？赵翼《廿二史札记·六朝清谈之习》一条曰："清谈起于魏正始中。何晏、王弼祖述老庄，谓天地万物皆以无为本。无也者开物成务，无往而不存者也。是时阮籍亦素有高名，口谈虚浮，不遵礼法。籍尝作《大人先生传》，谓世之礼法君子，如虱之处裈。其后王衍、乐广慕之，俱宅心事外，名重于时；天下言风流者，以王乐为首。后进莫不竞为浮诞，遂成风俗。学者以老、庄为宗，而黜六经；谈者以虚荡为辨，而贱名检；行身者以放浊为通，而狭节信，仕进者以苟得为贵，而鄙居正；当官者以望空为高，而笑勤恪。其时未尝无斥其非者……而习尚已成，江河日下，卒莫能变也。……其中未尝无好学者，然所学亦正以供谈资。……当时虽从事于经义，亦皆口耳之学，开堂升座以才辨相争胜。……风气所趋，积重难反。直至隋平陈之后始扫除之。"智识分子这样无用；习气变成这个样子。究竟由于一些什么原因呢？蔡元培在《中国伦理学史》上举了五端：一曰经学之反动，二曰道德界信用之丧失，三曰人生之危险，四曰南方思想潜势力之发展，五曰佛教之输入。这五个原因，对于清谈之习之产生，当然都有直接或间接的影响。但人生之危险这个原因最为显著。王桐龄《中国史》第二编第二章论《晋室·士风之雕敝》一节里也颇置重这个原因。其言曰："……东汉末年，名士辈出。尚气节，重名义，委身于道德，不以利害为去就。党祸一起，杀人如草。俊顾厨及，一网打尽。其学节冠一世，位望至三公者，亦皆骈首就戮，若屠羊豕。人心旁皇，罔知所适。于是反对之风起，以隐匿韬晦，为潜身远祸之计。其末流所极，变为风流放诞，浮虚诈伪。"人生危险这件事，本可以逼智识分子走风流放诞这条路。中国史上这样的实例，历代都有；不过六朝时特别的多些，遂引起人家的注意了。

粉饰太平的智识分子　　前面所说的智识分子，是完全没有用的。但有时候实际上毫无用处的智识分子，若站在统治阶级一方面观察却可以发现他们的大用出来。这个大用在那里呢？替统治阶级粉饰太平是也。粉饰太平的这种用处，我们可以称之为无用之用。历代的统治阶级，只要在他们自己那个阶级里面立稳了脚根，没有不想藉智识分子来粉饰太平的。例如汉高祖初爬上统治阶级的时候，四方多事，尚须用干戈，未遑庠序之事。然而对于智识分子，却晓得利用;十一年诏曰:"盖闻王者莫高于周文,伯者莫高于齐桓;皆待贤人而成名。今天下贤者智能岂特古之人乎?患在人主不交故也。士奚由进?今吾以天之灵,贤士大夫,定有天下,以为一家。欲其长久世世奉宗庙亡绝也。贤人既与我共平之矣,而不与吾共安利之可乎?贤士大夫有能从我游者,吾能尊显之。"东汉的时候,光武初爬上了皇帝的地位,也就赶快的勾结智识分子。《通考·学校考》曰:"光武中兴,先访儒雅;四方学士,云会京师。"在晋朝也是一样。武帝初年,当太学生的智识分子,只三千人;到太始八年时候,就增加到了七千余人。隋朝的炀帝,也晓得这个法子。《通考·学校考》曰:"炀帝即位之后,开庠序、国子、郡县之学,盛于开皇之初(较开皇时更盛)。征辟儒生,远近毕至;使相与讲论得失于东郡之下。"到了唐朝,更是入了大一统的时代。太平盛世的景象当然更值得特别粉饰铺张。智识分子,在这个当儿有大用了。我们现在且拿唐朝利用智识分子以粉饰太平的事迹来作个实例。唐代第一件利用智识分子以粉饰太平的事就是开设学校。唐初中央的学校有国子监、弘文馆、崇文馆等。国子监底下有国子学、太学、四门学、书学、算学、律学六者。国子学的学生,据《通考·学校考》所载,凡有三百人;太学学生,凡五百人;四门学学生凡千三百人;律学学生凡五十人;书学学生凡三十人;算学学生凡三十人。中央的学校之外,就是地方的学校。地方的学校有所谓京都学、京县学、府学、州学、县学等。京都学学生凡八十人,府学又分为大都督府学、中都督府学及下都督府学。前两者学生各六十人,后者学生五十人。州学又分为上州学、中州学、及下州学,学生人数,上州学六十人,中州学五十人,下州学四十人。县学又分为上县学、中县学、中下县学及下县学。学生人数,上县学四十人,中县学及中下县学各三十五人,下县学二十人。只有京县学规模大些,学生人数凡有五十。这种现象,在历史上是很少有的。所以当时新罗、高昌、百济、吐蕃、高丽等国,都派遣子弟到唐来留学。真可谓极太平盛世之大观了。

　　第二件利用智识分子以粉饰太平的事就是施行考试制度。唐代选拔智识分子的方法,比任何朝都复杂些。《通考·选举考》曰:"唐制取士之科,多因隋旧。然其大要有三。由学馆者曰生徒,由州县者曰乡贡,皆升于有司,而进退之。其科之目,有秀才、有明经、有进士、有俊士、有明法、有明字、有明算、有一史、有三史、有开元礼、有道举、有童子;而明经之别:有五经、有三经、有二经、有学究一经、有三礼、有三传、有史科,此岁举之常选也。其天子自诏者曰制举,所以待非常之才焉。"合选举与学校两种制度,有唐一代,竟把四方的智识分子通通罗致到统治阶级一边,而为统治阶级作装饰太平之工具!

桎梏人性的智识分子　由上述各节看起来,我们虽不能断然的说,某时代的智识分子只有某种功用;然就大体上说起来,我们却可以说:周末的智识分子有提倡学术的功用,西汉的智识分子有保存古典的功用,东汉的智识分子有作好官的功用,六朝的智识分子功用极少,唐朝的智识分子有粉饰太平的功用。现在我们且看宋、元、明各时代的智识分子,其显著的功用又如何。这几个时代的智识分子,我们可以大胆的说是桎梏了人性,原来这几个时代,是理学最昌明的时代。在北宋有周濂溪、邵康节、张横渠、程明道、程伊川,以及程门诸子等所谓理学大师。在南宋有朱晦庵、陆象山以及朱门弟子等等理学大师。在元朝也有许鲁斋、吴草庐一辈的理学大师。在明朝更盛了。有吴康斋、薛敬轩、胡敬斋、陈白沙、王阳明以及王门诸子等等理学大师。这几个时代里,理学这样昌明。理学是什么?据戴东原说,理学是害死人的东西,是压制人性的东西,他在《孟子字义疏证》上卷里有反理学之言曰:"《记》曰:饮食男女,人之大欲存焉。圣人治天下,体民之情,遂人之欲,而王道修。人知老、庄、释氏异于圣人,闻其无欲之说,犹未之信也。于宋儒则信以为同于圣人。理欲之分,人人能言之。故今之治人者,视古圣贤体民之情,遂民之欲,多出于鄙细隐曲,不措诸意,不足为怪。而及其责以理也,不难举旷世之高节著于义者而罪之。尊者以理责卑,长者以理责幼,贵者以理责贱,虽失谓之顺;卑者、幼者、贱者,以理争之,虽得谓之逆。于是下之人不能以天下之同情,天下所同欲达之于上;上以理责其下,而在下之罪人,不胜指数。人死于法,犹有怜之者,死于理,其谁怜之?呜呼,杂乎老、释之言以为言,其祸甚于申、韩如是也。六经、孔孟之书,岂常以理为如有物焉,外乎人之性之发为情欲者,而强制之也哉?"理学家是否杂乎老、释之言以为言,我们且不管它。但理这样东西既是如此,那的确要不得,的确足以桎梏人性。然而宋、元、明的智识分子所宣传的又大都是这个,所以我们可以说:宋、元、明的智识分子是桎梏人性的。桎梏人性,使人人都变成奴隶,那是统治阶级所最欢迎的。所以桎梏人性这件事,站在统治阶级方面说起来,还是智识分子的一种顶重要的功用。

智识分子的功用,当然不如上面这几节里所说的这样简单。不过我们要尽量说出来,却很不容易。现止于此。且从另外一方面,来看看智识分子对于统治阶级的态度。

第二项　智识分子对统治阶级的态度

乞怜的智识分子　智识分子,对于统治阶级的态度,可以大别为下列数种:

（一）央求统治阶级的垂顾，就是这里所谓乞怜的一种；（二）无耻的谄媚；（三）替统治阶级效死力；（四）不合作；（五）反抗。我们且先从第一种讲起，从历史上看智识分子乞怜于统治阶级，希望统治阶级照顾，这类的事实实在太多了，要详细说起来，非常繁琐。我们在这里只能举几个实例。例如孔子，就是第一个乞怜于统治阶级的人。他自从去鲁，周游列国，后来复反乎鲁，曾不稍嫌麻烦，都是为的要博得统治阶级的垂顾。《论语·阳货》篇述一段故事曰："佛肸召，子欲往。子路曰：昔者，由也闻诸夫子曰：亲于其身为不善者，君子不入也。佛肸以中牟畔，子之往也，如之何？子曰：然，有是言也。不曰坚乎？磨而不磷。不曰白乎？涅而不缁。吾岂匏瓜也哉，焉能系而不食？"这种干进的心，子路那种蛮汉子都阻它不住，总算热到可以了。又有一次，他同子路向两个种田的人叫做长沮、桀溺者问路；他发觉了这两个人颇明世故，同时又感觉自己没有爬上政治舞台之无聊，便长叹一声曰："鸟兽不可与同群。吾非斯人之徒与，而谁与?!"孔子本是智识分子的模范，他对统治阶级是这样的。再拿孟子为例。孟子也是一个向统治阶级摇尾乞怜的。《孟子·滕文公》上述他舍不得离开齐国的故事曰："孟子去齐，尹士语人曰：不识王之不可以为汤武，则是不明也。识其不可，然且至，则是干泽也。千里而见王，不遇，故去；三宿而后出昼，是何濡滞也？士则兹不悦。高子以告。曰：夫尹士恶知予哉？千里而见王，是予所欲也。不遇，故去，岂予所欲哉？予不得已也。予三宿而出昼，予心犹以为速，王庶几改之。王如改诸，则必反予。夫出昼，而王不予追也，予然后浩然有归志，予，虽然，岂舍王哉？王由足用为善。王如用予，则岂徒齐民安，天下之民举安。王庶几改之，予日望之。予岂若是小丈夫然哉？谏于其君而不受，则怒，悻悻然见于其面；去，则穷日之力而后宿哉？"这样厚的脸皮，真不是小丈夫。不过希望齐王叫他打转身那就错了。孟子只有一张空嘴，齐王是不会叫他打转身的。楚国的屈原以及汉朝的东方朔这一类的人，更于文字上，把乞怜于统治阶级的精神表现得十足。屈原的《离骚》全然是这种精神的结晶；东方朔的文章里，也无处不表现这种精神。《楚辞·怨思》篇里有言曰："居愁勤其谁告兮，独永思而忧悲。内自省而不惭兮，操愈坚而不衰。隐三年而无决兮，岁忽忽其若颓。怜余身不足以卒意兮，冀一见而复归……"所说如此，不知后来果得了一见没有。又《汉书·东方朔传》里还有他一段上书自荐的妙文曰："臣朔少失父母，长养兄嫂。年十二，学书三冬，文史足用。十五学击剑；十六学《诗》、《书》，诵二十二万言。十九学孙吴兵法、战陈之具、钲鼓之教，亦诵二十二万言。凡臣朔，固已诵四十四万言。又常服子路之言。

臣朔年二十二,长九尺三寸,目若悬珠,齿若编贝,勇若孟贲,捷若庆忌,廉若鲍叔,信若尾生;若此可以为天子大臣矣。臣朔昧死再拜以闻。"这样向统治阶级乞怜的历史上并不止东方朔,不过我们举了这个例,也就可见一斑了。

智识分子之无耻　　上述的智识分子,当其没有找到主人的时候,便栖栖皇皇,若丧家之狗,向统治阶级摇尾乞怜,真是可怜极了。但未必十分可耻。若比此更进一步,不顾一切,一味向有权势者要求,横竖要插到统治阶级队伍里面去当走狗,那却有些可耻了。然而历史上这样可耻的事情正复不少。倒如唐朝的智识分子,便极无耻。《通考·选举考》引江陵项氏之说曰:"风俗之弊,至唐极矣。王公大人巍然于上,以先达自居,不复求士。天下之士,什什伍伍,戴破帽,骑蹇驴,未到门百步,辄下马奉币刺,再拜以谒于典客者;投其所为之文,名之曰求知己;如是而不问,则再如前所为者,名之曰温卷;如是而又不问,则有执贽于马前自赞曰:某人上谒者。嗟乎,风俗之弊,至此极矣;此不独为士者可鄙,其时之治乱,盖可知矣。"我们读了这段,颇可以替智识分子肉麻一下。然而更有甚于此者。柳诒徵《中国文化史·明季之腐败及满清之勃兴》一章里,引了宗臣报刘一丈的一封极令人肉麻的信曰:"今之所谓孚者,何哉? 日夕策马候权贵之门。门者故不入,则甘言媚词,作妇人状,袖金以私之! 即门者将刺入,而主人又不即出见,立厩中仆马之间,恶气袭衣袖,即饥寒毒热不可忍,不去也! 抵暮,则前所受赠金者出。报客曰:相公倦矣,谢客矣,客请明日来! 即明日,又不敢不来。夜披衣坐,闻鸡鸣即起,盥栉,走马抵门。门者怒曰:为谁? 则曰:昨日之客来。则又怒曰:何客之勤也? 岂有相公此时出见客乎? 客心耻之,强忍而与言曰:亡奈何矣,姑容我入! 门者又得所赠金,则起而入之! 又立向所立厩中。幸主者出,南面召见,即惊走,匍匐阶下! 主者曰:进,则再拜,故迟不起;起则上所寿金! 主者故不受,则固请;主者固故不受,则又固请,然后命吏纳之! 则又再拜,又故迟不起,起则五六揖始出! 出揖门者曰:官人幸顾我,他日来,幸毋阻我也。门者答揖,大喜奔出,马上遇所交识,即扬鞭语曰:适自相公家来。相公厚我,相公厚我! 且虚言状。即所交识,亦心畏相公厚之矣!"这种情形在今日算是普通极了。不过仔细想起来,到底有·点难堪。所以智识分子若运气不好,那是极不容易过日子的。所以今日的智识分子,面皮向来不厚的,也常练习练习,把面皮弄厚起来,以便度那不行时的厄运;不愿把面皮弄厚的,就只好在社会上捣乱。若捣乱捣到统治阶级的门上去了,便叫做革命。

效死力的智识分子　　智识分子,没有找到主人的时候,便栖栖皇皇,若丧家之狗,向统治阶级乞怜。更甚的,便丧尽廉耻向统治阶级纠缠不已。若一旦找到了主人,又怎样呢?最好的便是为统治阶级出死力,以博得忠仆之美名。在历史上,这类的事迹,实在不少。我们且拿明朝直言极谏的士大夫作例。明朝的士大夫,往往有替统治阶级效死力的。其忠实之处,的确令人佩服。王桐龄《中国史》第三编第七章《言路之多事》一节说:"明世士大夫,好以意气用事。对于君主及宰相之举动,督责太严,丝毫不相假借。朝廷有大事起,不能酌理准情,婉言规劝;动辄呼朋引类,明目张胆,喧呼聒噪以争之。彰君之失,明己之直;使君主老羞成怒,无转圜余地,图博一己之名,而于国事毫无补益。若宪宗时之孝庄皇后合葬裕陵议,世宗时之大礼议,神宗时之张居正夺情议及建储议,其尤著者也。而持论深刻,遇事生风,推测过深,其所欲加之罪名往往超出对象者应得罪名之上。若三案问题,其最甚者也。张差一妄男子,持挺入东宫,诸臣必欲加郑贵妃以主使之名!李可灼一庸医,误用药杀人,诸臣必欲加大学士方从哲以弑逆之罪!李选侍一妇人,恋恋于乾清宫;安土重迁,亦人之常情,杨涟责其阴图专擅,以攻选侍!及移宫以后,贾继春又倡言选侍投缳自尽以诬帝。附会宫禁,捕风捉影;猖狂争论,经年不休,积习相沿,几成痼疾。及其末流,卒以此败!魏忠贤一市井无赖,非有操、莽等跋扈之才,李林甫、元载、秦桧、严嵩等阴险之智。诸臣不能防之于机先,用非常手段,诛之以靖内难;而乃摇唇鼓舌,拖笔弄墨,明目张胆,与之打口舌官司!熹宗一黄口孺子,生长深宫,育于宦官、宫妾之手,既未教养于未即位之前,岂能责其明断于已即位之后?对牛操琴,向石说法,甚无谓也。卒之帝之于诸臣所奏,无所可否,一切委之忠贤!忠贤乃诬以罪名,逮捕诸贤;次第受戮,若屠羊豕!正人皆尽,国随以亡。甚矣,狭义之程朱道学养成之八股先生,不足与语通权达变也!"赵翼《廿二史札记·明言路先后习气不同》一条更把智识分子效死力于统治阶级的情形表现得十足。其言曰:"有明一代,建言者先后风气亦不同。自洪武以至成化、弘治间,朝廷风气淳实,建言者多出好恶之公,辨是非之正,不尽以矫激相尚也。正德、嘉靖之间,渐多以意气用事。……然亦有未可概论者。如刘瑾乱政,御史蒋钦疏劾之;廷杖三十!再劾,又杖三十!越三日,又草疏灯下,闻鬼声,钦知是先灵劝阻;奋笔曰:业已委身,不得复顾;死即死,此疏不可易也,遂上之,又杖三十而死!许天锡欲劾瑾,知必得祸,乃以尸谏!夜击登闻鼓缢死,而以疏预嘱家人于身后上之!世宗时杨最等既以谏斋醮杖死,严嵩当国,又杀杨继盛、沈炼等。而御史桑侨、谢瑜、何维柏、喻时、童汉臣、陈绍、叶经、邹应龙、林润等;给事中王韬孟、陈垲、沈良才、厉汝选等犹先后疏劾;廷杖谪戍,至死而不悔!且帝深疾言官,以杜戍未足遏其言,乃长系以困之。如沈束在狱,凡十八年!传赞谓主威愈震,而士气不衰。可见诸臣虽不免过激,而出死力以争朝廷之得失,究不可及也。"智识分子也是人类,竟肯不顾性命,替统治阶级这样出死力的尽忠!我们于此,可以看出统治阶级魔力之大。

智识分子之不合作　　虽然,我们若从反面看去,智识分子对于统治阶级在历史上,也有表示不合作的,甚且有从理论上反对统治阶级的。前者之例,无论何种时代,都寻得出。皇甫谧《高士传》里所列的那九十几个高士,郑樵《通志·隐逸传》及《钦定续通志·隐逸传》里所列的那些隐逸之士,便是实例。这班高士或隐逸之士的不合作,原因也极复杂。有的恨继起的统治阶级比前代被推倒的统治阶级不得高明,而不愿合作。例如殷代的伯夷、叔齐,谓周武王伐纣为以暴易暴,遂不愿与之合作,宁肯饿死在首阳山上,即是其例。有的是恨统治阶级太横暴了不肯合作的。例如商山四皓,本是秦的博士,后来看见秦始皇横暴到不像样子,便逃到商山。直至汉高祖已经爬上了统治阶级,请他们出来,他们还不出来。有的是不愿为人家的工具而不合作的。例如西汉的蓬萌,本曾做过亭长。后来自己叹气曰:"大丈夫安能为人役哉?"遂跑到长安,弃官不作。有的是轻视统治阶级里的人物,而不甘心合作的。例如严子陵对汉光武就是这样的;有的是根本反对统治阶级之存在的,那便不知不觉与统治阶级,完全脱离了关系,而跑到人民一方面来了。这在智识分子中算是凤毛麟角,下一节里,我们特别要来述一述他们反对统治阶级的学说。现在我要把《高士传》里那九十几个人(与《通志》上间有重复的)及《通志》与《续通志》里所列的那许多人的名字通通抄下。从他们的传里,可以找出许多有趣的事,他们的态度,也特别不同。我们有闲工夫的时候,很可以拿他们研究一下;因为他们在历史上,比较算是要脸一点的。

《高士传》里所列自尧至魏不与统治阶级合作的智识分子:被衣、王倪、啮缺、巢父、许由、善卷、子州支父、壤父、石户之农、蒲衣子、披裘公、江上丈人、小臣稷、弦高、商容、老子李耳、庚桑楚、老莱子、林类林、荣启期、荷蒉、长沮、桀溺、石门子、荷篠丈人、陆通、曾参、颜回、原宪(以上列卷上)、汉阴丈人、壶丘子林、老商氏、列御寇、庄周、段干木、东郭顺子、公仪潜、王斗、颜斶、黔娄先生、陈仲子、渔父、安期生、河上丈人、乐臣公、盖公、四皓、黄石公、曾二征士、田何、王生、挚峻、韩福、成公、安丘望之、宋胜之、张仲蔚、彭城老父、韩顺、郑朴、李宏、向长、闵贡(以上列卷中)、王霸、严光、东海隐者、梁鸿、高恢、台佟、韩康、丘诉、矫慎、任棠、挚恂、法真、汉滨老父、徐稚、夏馥、郭太、申屠蟠、袁闳、姜肱、管宁、郑元、任安、庞公、姜歧、荀靖、胡昭、焦先；(以上列卷下)《通志·隐逸传第一》所列不与统治阶级合作的智识分子：伯夷、叔齐(殷)、四皓、严君平(前汉)、野王二老、向长、逢萌、周党、王霸、严光、井叔、梁鸿、高凤、台佟、韩康、矫慎、戴良、法真、汉滨老父、陈留老父、庞公(后汉)、张玠、胡昭、焦先、扈累、寒贫(魏)、孙登、董京、夏统、朱冲、苑粲、鲁胜、董养、霍原、郭琦、伍朝、鲁褒、氾腾、任旭、郭文、龚壮、孟陋、韩绩、谯秀、翟汤、郭翻、辛谧、刘麟之、索袭、杨轲、公孙凤、公孙永、张忠、石垣、宋纤、郭荷、郭瑀、祁嘉、瞿硎先生、谢敷、戴逯、龚元之、陶淡、陶潜(晋)；《隐逸传第二》所列：宗炳、沈道虔、孔淳之、周续之、戴颙、翟法赐、雷次宗、郭希林、刘凝之、龙祈、朱百年、关康之、渔父(宋)、褚伯玉、顾欢、杜京产、明僧绍、臧荣绪、宗测、吴苞、徐伯珍、沈麟士、庾易、刘虬、沈颙(齐)、何点、阮孝绪、刘歊、邓郁、陶弘景、诸葛璩、刘慧斐、范元琰、庾诜、张孝秀、庾承先(梁)、马枢(陈)、眭夸、冯亮、李谧、郑修(后魏)、李士谦、崔廓、徐则、张文诩、郑翻(隋)；《续通志·隐逸传》所列不与统治阶级合作的智识分子：王绩、朱桃椎、孙思邈、田游岩、王友贞、王希夷、李元恺、卫大经、武攸绪、白履忠、卢鸿一、吴筠、潘师正、司马承祯、贺知章、秦系、张志和、陆羽、崔觐、陆龟蒙(唐)、戚同文、陈抟、种放、万适、李渎、魏野、邢淳、林逋、高怿、徐复、何群、王樵、张愈、黄晞、周启明、代渊、陈烈、孙侔、刘易、姜潜、连庶、章詧、俞汝尚、阳孝本、邓孝甫、宇文之邵、吴瑛、张举、松江渔翁、杜生、顺昌山人、南安翁、徐中行、苏云卿、谯定、王忠民、刘勉之、胡宪、郭雍、刘愚、魏掞之、安世通(宋)、褚承亮、王去非、赵质、杜时升、郝天挺、薛继先、高仲振、张潜、王汝梅、宋可、辛愿、王予可(金)、杜瑛、危复之、杜本、孙辙、何中、武恪(元)。

上面这些智识分子，我不惜烂费纸墨，把他们一律抄出者，盖欲表示历代智识分子之中，也有些与统治阶级不合作的，未必人人都尽与统治阶级当死走狗也。

反统治阶级　智识分子，能表示与统治阶级不合作，这比那栖栖皇皇，向统治阶级摇尾乞怜的，固然高出万倍；但单只不合作，未免太老实了。一定要完完全全全站到人民一方面来，替人民说话，正式向统治阶级下攻击，那才算是刮刮叫的智识分子。这样刮刮叫的智识分子，历史上未必全然没有。就是上面所列的这些不合作的智识分子当中，就可以找出许多。盖既到了不合作的程度，要进而发反对统治阶级的议论，相差本只有一步了。几年以前，周予同曾作了一篇《中国古代社会主义的思潮》，登在一种小杂志名曰《工学》上面。他在那篇文里搜集了许多反统治阶级的议论。第一个反对统治阶级的人就是伯夷。伯夷隐于首阳山将要饿死的时候，作了一首歌曰："登彼西山兮，采其薇矣；以暴易暴兮，不知其非矣！神农虞夏忽焉没兮，我安适归矣；于嗟！徂兮！命之衰矣！"章太炎《检论·儒侠》篇阐论这中间的道理说："……伯夷避纣，逖离横政；周兴，乃采薇首阳，槁饿以死。此宁为子氏守节哉？痛君臣立，而夺攻起也。伯夷虽欲去君臣，以子身狷介，无奈之何。"又注曰："伯夷、盗跖，前世举为两耑相对之名，要其主无政府一也。"章氏的话，是否牵强，且不管他。但伯夷之反对以暴易暴却是事实。此外又有狂矞、华士两人，也有反对统治阶级的议论。《韩非子·外储说》曰："太公望东封于齐……东海上有居士曰狂矞、华士昆弟二人者立议曰：吾不臣天子，不友诸侯，耕作而食之，掘井而饮之，吾无求于人也。无上之名，无君之禄，不事仕而事力。太公望至于营丘，使吏执杀之，以为首诛！周公旦从鲁闻之，发急传而问之曰：夫二子贤者也。今日飨国而杀贤者何也？太公望曰……彼不臣天子者，是望不得而臣也；不友诸侯，是望不得而使也；耕作而食之，掘井而饮之，无求于人者，是望不以赏罚劝禁也。且无上名，虽知不为望用；不仰君禄，虽贤不为望功。不仕则不治，不任则不忠。且先王之所以使其臣民者，非爵禄则刑罚也。今四者不足以使之，则望当谁为君乎？"统治阶级不欲听反对之论，那几乎是天经地义。而狂矞、华士的议论，却是前无古人，后无来者的反统治阶级的妙论。老子也是反对统治阶级的，《道德经》上说："天之道，损有余而补不足；人之道则不然，损不足以奉有余！""民之饥，以其上食税之多，是以饥。"这一类的话，是反对赋税的。又说"师之所处，荆棘生焉；大军之后，必有凶年。""夫佳兵者不祥之器。""天下无道，我马生于郊。"这类话是反对战争的。又说民之难治，以其上之有为，是以难治。民之轻死，以其求生之厚，是以轻死。""民不畏死，奈何以死惧之？"这是排斥干涉政策的话，又庄子也是反对统治阶级的。《庄子·在宥》篇曰："解天之经，逆物之情，玄天弗成；解兽之群，而鸟皆夜鸣，灾及草木，祸及昆虫。噫！治人之过也。"这是反对政治的话，《胠箧》篇曰："殚残天下之圣法，而始可议论。"又曰："彼窃钩者诛，窃国者为诸侯。"这是反对法律的话。《胠箧》篇又曰："绝圣弃智，大盗乃止；摘玉毁珠，小盗不起。焚符破玺，而却朴鄙；剖斗析衡，而民不争。"这可以说是反对一切制度的话。庄子反对统治阶级的议论，英国罗素所著《到自由之路》一书（*Roads to Freedom*）里也译得有。《马蹄》一篇，几乎完全译了。

上面所述这些反统治阶级的议论，都是秦以前的。六朝的时候，也有极犀利的反统治阶级的议论。如阮籍的《大人先生传》里面的话，即是一例。《大人先生传》里面有言曰："无贵则贱者不怨，无富则贫者不争，各足于身而无所余也。"又曰："今怀欲以求多，诈伪以要名，君立而虐兴，臣设而贼生；坐制礼法，束缚下民，欺愚诳拙，藏智自神；强者眠瞡而凌暴，弱者憔悴而事人；假廉而成贪，内险而外仁！"又曰："惧民之知其然，故重赏以喜之，严刑以威之。"他这些话，都是反对统治阶级的。他自己的主张怎样呢？他说："明者不以智胜，暗者不以愚败，弱者不以畏迫，强者不以力尽，盖无君而庶物定，无臣而万事理。"这算是他自己极干脆的主张了。又鲍敬言也是反统治阶级的。《抱朴子·诘鲍》篇曰："鲍生敬言……以为古者无君，胜于今世。"何以见得胜于今世呢？他说："曩古之世，无君无臣；穿井而饮，耕田而食；日出而作，日入而息；……川谷不通，则不相兼并；士众不聚，则不相攻伐；……势利不萌，祸乱不作，干戈不用，城池不涉。"（见《诘鲍》篇）他认为古代有这个好处，所以他主张废除统治者。他说："使夫桀纣之徒，得燔人，辜谏者，脯诸侯……若令斯人并为匹夫，性虽凶奢，安得施之？……由于为君，故得纵意也。"（同上）他的意思全然是要打破统治阶级的统治制度的。

　　宋理宗的时候，有邓牧其人者，也是极端反统治阶级的。他在所著的《君道》篇说："天生民而立之君，非为君也。奈何以四海之广，足一夫之用耶？"又说："今夺人之所好，聚人之所争；慢藏诲盗，冶容诲淫，欲长治久安可得乎？"这是反对专制君主的话。他在《吏道》篇上说："小大之吏，布于天下；取民愈广，害民愈深。"又说："天之生斯民也，为业不同，皆所以食力也。今之为民，不能自食，以日夜窃人货殖，攫而取之，不亦盗贼之心乎？"这便是反对统治阶级的经济的掠夺了。直到明末，又有黄宗羲其人者，也有反统治阶级的议论。他在《原君》篇（见《明夷待访录》）反对君主说："……后之为人君者……以天下利害之权皆出于我，我以天下之利尽归于己，以天下之害尽归于人，亦无不可。使天下之人，不敢自私，不敢自利，以我之大私，为天下之公。始而惭焉，久而安焉，视天下为莫大之产业，传之于子孙，享受于无穷；汉高帝所谓某业所就，孰与仲多者，其逐利之情，不觉溢之于辞矣。此无他，古者以天下为主，君为客；凡君之所毕世而经营者，为天下也。今也以君为主，天下为客；凡天下之无地而得安宁者，皆为君也。是以其未得之也，屠毒天下之肝脑，离散天下之子女，以博我一人之产业；曾不惨然曰，我固为子孙创业也。其既得之也，敲剥天下之骨髓，离散天下之子女，以奉我一人之淫乐，视为当然，曰，此我产业之花息也。然则为天下之大害者，君而已矣。"又在《原法》篇里反对法律说："后之人主，既得天下，唯恐其祚命之不长也，子孙之不得保有也，思患于未然，以为之法。然则其所谓法者，一家之法，非天下之法也。……夫非法之法，前王不胜其利欲之私以创之，后王或不胜其利欲之私以坏之。坏之者固足以害天下,其创之者,亦未始非害天下者也。"他一类的议论,对于统治阶级是大不利的。

第三节　现代的智识分子(附录)

旧社会里的旧智识　由上面所讨论的种种看起来,我们已经晓得:(一)中国社会是一个以统治阶级利用智识分子做工具,统治人民的三重结构的社会,(二)在这社会里,智识分子的功用,彻头彻尾是利于统治阶级的;(三)智识分子对统治阶级的态度始终是拥护、勾结、依赖;但也有些不合作的,更有些根本持反对态度的。凡此种种,都是属于旧社会里的事情,都是关于旧时代的智识分子的。现在我们要讨论现代的智识分子了。现代的智识分子,是现代社会的产物。然而现代社会是从旧社会变来的;现代的智识,更是从旧智识变来的。所以这里有研究旧社会里的旧智识之必要。旧社会是什么社会,我们在本文的绪言里已经略述一番。旧社会是一个三重结构(three folds tructure)的社会:最上一层是统治阶级,最下一层是被统治的人民或农工商。夹在中间的中间阶级,最主要的成分,便是可上可下的智识分子。智识分子在这样结构的社会里有什么用处,功用如何,具什么态度,对统治阶级怎样,都已经讲过了。现在要进而考究考究他的智识的性质。他们的智识的性质怎样?这可以一言蔽之曰是利于旧社会的。然而分析讲起来,可以找出下列几个特点:(一)富于封建时代的色彩,(二)备具着宗法社会的精神,(三)藏满了尊古守旧的思想,(四)是维持社会家庭种种关系的伦理和政治智识,(五)而不是征服天行的自然科学智识,(六)是统治阶级用来对付人类的,(七)而不是劳动阶级用来征服天行的,(八)是处理消耗及分配种种关系的智识,(九)而非帮助生产的智识(偶与陶希圣谈及中国智识分子的智识,他也以为中国智识分子的智识,向来是处理消耗及分配等关系的,而不是帮助生产的;他更以为晋代清谈派的智识连消耗及分配等关系都不管了,简直完全无用。他这个意见,我以为对极了),末了我们可以说,(十)中国旧社会里智识分子的智识,最重要的性质,在装饰身份。上列这十个特点,表现在什么地方?这可于古典中求之。中国自秦始皇统一中国直到前清末年,完全是在古典世界中过日子。秦以前虽有智识分子提倡学术,但纷纭复杂的学术,是最不利于专制一尊的制度的。所以秦以后,各种学说,都一齐死了,剩下的只有经过孔子整理的几种古典。自汉以后,中国智识分子的精力,都集中到古典里去了。古典诚哉有用!统治阶级统治人民,要利用古典;智识分子要帮助统治阶级,也要以古典为进身之阶。于是古典之为物，便如乌烟瘴气一般，弥漫了中国全部历史。小孩子读书，以古典作教材、作文章，以古典上的成语做题目；发议论要以古典上的道理做标准；统治阶级考试人材、选拔智识分子，也完全以古典为考试的范围。上述的那十种特点都包括在古典里，所以我们只要举出古典两字。旧社会里的旧智识之全部精神都可以代表出了。

机器文明扰动了中国社会　旧社会里的旧智识是古典，旧智识的特点也都包括在古典里。不过旧社会若有变动，这种古典的智识是必须要跟着变的。现在我们且先看一看中国社会之变动。中国社会是怎样变动的？我们可以一言蔽之曰：是西洋的机器文明扰动的。西洋机器文明最后结果只有两件东西：一曰剩余资本，二曰剩余商品。这两件东西本国消纳不下的时候，是必须要向外国找消场的。现代的中国，便是代替各机器文明的国家消纳这两件东西的尾闾。机器文明国把这两件东西送到中国来的时候，随着便有（一）作宣传队的基督教徒；（二）作后盾的海陆军，这还不济事，必须（三）要与中国订立各种条约，以作保障；（四）要占领中国的土地以为根据地。于是传教的机关：如学校、教会之类布满了中国全境，各国的军舰、兵士、兵营布满了中国的要津，不平等条约占满了中国现代的历史；割让地、租借地扩充到了一切通都大邑。这些可以说是中国社会变动之开始。不过中国究竟不是一个死物，国人眼看着这种情形，毕竟是要想法子抵制的。抵制的唯一妙法，莫如师夷狄之长技以制夷。眼看着外国人的生产制度好，便把它抄袭过来，于是光绪八年（西历一八八二年），李鸿章便奏请在上海试办机器织布局。自是厥后，张之洞便在湖北设汉阳铁政局，设武昌织布局、纺绩局、制麻局、缫丝局，盛宣怀便在上海发起华盛纱厂。直到今日，不像样的新式工厂，居然在各地都有了影子。眼看着外国的教育制度好，也把它抄袭过来，于是同治六年（西历一八六七年）上海有机器学堂了；光绪五年（一八七九年）天津有电报学堂了；光绪六年（一八八〇年）北洋水师学堂出现了；光绪十一年（一八八五年）天津武备学堂出现了；光绪二十二年（一八九六年）南洋公学也成立了。后经光绪二十七年（一九〇一年）张之洞、孙家鼐、张百熙等厘定学堂章程以后，学堂更加多起来了，直到今日，大家都晓得，新式学校遍满了全国。眼看着外国的交通制度很方便，也把它抄袭过来，于是光绪七年有开平矿务局所修之唐胥铁路；自时厥后，便有京奉、京汉、津浦、沪宁诸铁路相继筑成；直到今日，横一条，直一条，装运士兵及枪炮的铁路也颇不少了。自光绪五年（一八七九年）试办电报以后，到今日便有很好的电报机关了；自光绪二十二年（一八九六年）开办邮政以后,到现在便有很好的邮政制度了。眼看着外国的政治修明,便把外国的政治制度也抄袭过来;于是在中国的政治史上,也居然发生过总统问题、内阁问题、国会问题、选举问题等,此外抄袭外国的制度,不知有若干,现在以限于篇幅,不便详述。上面所举的这几端,是显而易见者;这种抄袭外国制度以代替中国旧制的事实,我们可以称之为中国社会变动之过程。等到将来,电影院布满了全国,跳舞场布满了全国,咖啡店布满了全国,西菜馆布满了全国,西装铺布满了全国,厚底皮鞋布满了全国的时候,我们便可以说:中国社会之变动完成了。

智识之变动　社会既然被西洋机器文明扰动了,变化起来了,于是智识也跟着变化起来。从前的智识,我们曾反复说过,是古典。古典在今日以前的任何时代都很行时,例如汉代,便是古典最得势的时代。汉武帝时曾为著名之古典所谓《易》、《书》、《诗》、《礼》、《春秋》等五经立博士。光武时,博士之数,且增至十四。博士所讲的是古典,弟子员所习的是古典。魏黄初五年(西历二二四年)立太学,制五经课试之法……门人满二岁试通一经者称弟子,不通一经者罢遣。明帝太和二年(西历二二八年)诏申敕郡国贡士以经学为先。东晋太兴时,《周易》王氏,《尚书》郑氏,《古文》孔氏,《毛诗》、《周官》、《礼记》、《论语》、《孝经》郑氏,《春秋》、三传、杜氏、服氏各置博士一人。唐代则更有可观了,所有古典分为三类:名曰大经、中经、小经。凡《礼记》、《春秋》、《左氏传》为大经;《诗》、《周礼》、《仪礼》为中经;《易》、《尚书》、《春秋公羊传》、《谷梁传》为小经。智识分子的精力,就消磨在这些东西里面! 宋神宗熙宁二年(一○六九年)议更举贡法,罢诗赋、明经诸科,以经义、论策试进士,八年(一○七五年)颁王安石《诗》、《书》、《周礼》义于学官,谓之《三经新义》。下至元、明、清各朝无不以古典为智识之总汇。所以古典之为物,是中国历代智识分子,寻找智识的源泉! 虽然,间或也有别种东西可以供人研究,如唐朝,有所谓律、算、医、画等;宋朝也有所谓律、算、医等,但都只是附庸,都不重要。重要的只是古典。我们可以说:中国自前清同治六年(一八六七年)设立同文馆以前,几千年之内,古典实充满了一切智识分子的脑筋。这几千年之久的长时间,我们可以统称之为智识变动之前一夜。这一夜过去了,天便亮了,智识便随社会制度之变动而变动起来了。初变的时候,还是以古典与现代智识并重。张之洞所谓新旧兼学,就是这个意思。张在《劝学篇》里论设学之法曰:"……学堂之法,约有五要:一曰新旧兼学:四书五经、中国史事、政书地图为旧学。西政西艺西史为新学,旧学为体,新学为用,不使偏废。"西政、西艺是些什么? 他说:"学校、地理、度支、赋税、武备、律例、劝工、通商,西政也;算、绘、矿、医、声、光、电、化,西艺也(西政之刑狱,立法最善,西艺之医,最于兵事有益;习武备者,必宜讲求)。才识远大而年长者宜西政,心思精敏而年少者宜西艺。小学堂先艺而后政,大学堂先政而后艺。"他之所谓先政后艺,先艺后政等等,当然是毫无意义的糊说,但当时于四书、五经外,还注重所谓西政、西艺的这件事,总算在他的话里面表现得清清楚楚了。这个新旧兼学,旧学为体、新学为用的时代,我们可以称之为智识变动之上半期。直到现在,我们可以说是智识变动之下半期了。这个时期的智识,尽是新的了。处理天然事物的有数学、物理学、化学、生物学、矿物学等等;处理社会关系的,有政治学、法律学、伦理学、教育学、社会学等等。数学之中,又有算术、代数、几何、微分、积分等等;物理学之中,又有动力学、静力学、固体力学、流体力学、热学、光学、磁电学等等。化学之中,又有有机化学、无机化学、理论化学、应用化学等等;生物学中,又有动物学、植物学、动物分类学、生理学、解剖学、植物分类学、生理学、解剖学等等;矿物学中,又有岩石学、化石学、结晶学等等;政治学中,又有主权论、政党论、宪法史、议会史、民权发达史等等;法律学之中,又有民法、刑法、亲族法、婚姻法、财产法、国际法等等;伦理学之中,又有伦理学史、纯粹伦理、实践伦理等等;教育学之中,又有教育心理、教育哲学、教育行政、教育测验、教育史等等;社会学之中,又有社会进化、社会制度、社会问题、社会管理等等。(读者注意:这里只是随便举科学之名,以示现代智识之复杂;并非详细分科学之类,以明学问之系统。)凡此等等,尚未尽现代智识之万一。然以之与古典相较,则有天渊之别了。等到将来线装书在中国绝了种,火酒灯烧遍了一切学校,那么,旧社会里的旧智识便会变到毫末不存了。

经济落后的中国之智识分子　社会变动了,智识也都是新的了,智识分子,宜若可以自豪矣,谁知大谬不然。中国现代的智识分子,大都感着恐慌,大都觉得没有出路。而在事实上看,闲着的智识分子,自己没有找到出路的智识分子,在社会上的确是多得可怕。这种情形的原因究竟在那里呢?我们可以一言答之:由于中国经济之落后;经济落后,一切社会事业,未能发达。智识分子遂变成了多余者,无处可以栖身。在上文里我们曾说过:机器文明扰动了中国社会;那么中国社会事业,应该从此蒸蒸日上,使智识分子有地方安身。但事实上不然。社会事业虽然渐见发达,却不是很快的发达,却不能与智识分子增加的速度成正比例,这个原因又在那里?为何社会事业不能很快的发达?第一因为扰动中国的机器文明,并不是中国固有的而是从西洋输入的。西洋自从十八世纪下半期,产业革命开始,直到现在,一切文明都是由自己建筑起来的。最初有科学,然后有机器,然后有工厂,然后有一切新的经济关系,然后有一切新的社会关系,然后有一切新的社会上层建筑,然后有一切所谓现代的机器文明;新文明是枝叶,物质的变动是根本。西洋人先有根本,然后有枝叶;根本是自己培植的,枝叶是漫漫滋长出来的;所以本末很是一致,遂呈露一种灿然的美观。所谓社会事业,现在竟如日丽中天,发达到无以复加了。因此知识分子,尚觉有地方安插。中国就不然了,从来没有科学这回事,从来没有机器作生产工具,从来没有什么工厂。社会的经济基础,先没有树起来。然而一切上层的建筑,都有一个雏形了。学校制度我们已有新的了,政治制度我们也曾采用过很新的了,学术思想,更是日新月异。智识分子的数目,随社会上层建筑之增加而日多。就经济基础而论,就社会的下层结构而论,中国社会本容不了几个智识分子。然而智识分子的实数,却已多到像样了。于是在事实上,发生一种供过于求的现象。需要智识分子的地方很少,然而自从有了新式学校制度以后,智识分子便一天多似一天;结果遂造成今日中国知识分子的厄运。

今日中国智识分子的厄运怎样?其出路如何?我近两年来,从事实观察,看出三条很显明的出路;换言之,就是三种不同的厄运:一曰帮助统治阶级。这算是一条厄运。现在任大学教授职,在政府里当公务员作秘书,在报馆里当编辑的以及作律师、作医生的种种智识分子,都是走的这条运。二曰烂用其材,这当然也是一条厄运。中国社会事业,原不发达。而事先预备好了的,以供将来发展社会事业之用的,各种各样的专门人材,却早已由新式大学,以及外国大学一批一批的制造好了。人材是要找出路的。现在既无相当的出路,只好随便投身于各种机关。所用是否即为所学,却顾不到了。于是原来学化学的,逼得往政府机关去拟文稿;原来学土木工程的,逼得往学校里去教英文!这个不幸的事实,现在的大学生已经晓得了,所以他们在学校里学理数的时候,也兼练习拟电报稿子,学习学习文科的时髦科学,以便将来万无出路时,也可以到政府机关或学校里混一混!现在的政府机关与教育机关,殆是消纳智识分子的总汇!然而专门人材却从此埋没了。三曰当乞丐。凡流落在大都会上,依赖亲戚朋友吃饭的,或藉卖文字为生的都是走的这条运。走这条运的智识分子,最喜欢谈革命,情性也都因环境的逼迫,变成很暴躁的了。比较的说起来,帮助统治阶级的,因已经找到了谋生之所的缘故,不大想扰乱社会了;反之,颇有维持社会现状的功用(社会现状,应否维持,是另一问题)。烂用其材的是很多牢骚的。遇着喜欢谈革命的时髦人物,便谈革命。遇着帮助统治阶级的稳健人物,便谈十年生聚教训。只有像当乞丐一样的智识分子,却无时无刻不想捣乱。他们大概是最倒霉的智识分子了。我下次有机会,要替乞丐般的智识分子作篇小传。现在以限于篇幅,不便再多说了。

选自周谷城《中国社会之结构》第四章

新生命书局一九三○年出版

近代中国社会之变化中农村的崩溃

　　都市的发展,其反面就是农村的崩溃。使农村加速度崩溃的种种事实,同时就是使都市发展的事实。例如中国的商业资本,因帝国主义侵略之故益形扩大:这是一个事实。这个事实,在一方面,促进了新都市之发展,在另一方面又恰恰使农村加速度的崩溃。又如中国近来资本主义的生产制,因受了帝国主义的刺激,日渐发展:这也是一个事实。这个事实,使都市繁荣起来了,固是显而易见;但同时把农村中的资本及农民吸收到都市上来,便是直接破坏农村。又如银行资本,近来也渐渐成型了。向来农村中流通的现金,渐渐转入银行,再由银行转入工商界。工商界因此增加了活泼的气象,农村却因此增加了枯窘的气象。总而言之,中国近几十年都市发展的事实,恰恰是破坏农村的。农村加速度的崩溃,便促成了都市的发展。将来是否继续如此,应否继续如此,这里暂不论及;但过去几十年的事实却是如此的,在上章里,我们把都市的发展略略述了一个大概,现在且从反面来研究研究农村的崩溃。农村的崩溃,并不是近几十年才开始的事。不过近几十年以来,因帝国主义的侵略,及都市生活的发展,崩溃的速度加大了就是。中国农村,自土地私有制盛行以来,便长期在崩溃的状态之下存在着。所以我们叙述农村的崩溃,必须从土地私有制起。土地私有制所产生的种种弊端,使中国的农村从不能走上一条兴旺之道;反之,且常在七零八落的状态之中。这七零八落的状态,自从帝国主义侵入,都市发展,便加速度的崩溃下去。

第一节　土地私有制下的农村

第一项　土地私有制

　　土地之由公有而私有　邃古的时候,地广人稀;生产方法,极其幼稚。人类除游食各方,采取天生现成果实,或捕杀可以供食之兽类而外;固着于一处,利用土地以生产的事极少。后来因经过长期的进化,生活稍稍固定了一点。但是私有财产的观念,仍没有发生。我们生在今日财产私有制度之下,习见一切财产之属于私人,总以为古代也必同今日一样。实则古代,并没有什么私有财产,一切土地,因地广人稀之故,也是共有,而不是私有的。美洲乌马哈人有句俗话说:"土地如水火,不是属于个人的。"土地为全种族共有的意义,不仅只指全种族现存的人员,而且是指将生的人员而言。例如纽西兰英国政府要收买马欧利人一块土地,第一个条件,是要经过全种族的同意。第二个条件,是每个新生的马欧利人要继续接受一份偿金。马欧利人的意思是说:他们只能卖出他们自己的所有权利;但不能卖出他们未生的人的权利。所以英国政府,只有按年实行"每年出世的小孩,每个接受一份偿金"的办法,才得免除困难。土地共有,在太古之世,各地大概相同。我国古昔的土地,当然也是共有的。

不过在地广人稀的时候,土地固然可以绝对的共有;但经过长久的进化,人口渐渐繁多;而土地的面积,天然的可以资人之生活者,究竟有限。以有限的土地,供日日繁多的人口的生存之用,迟早必有一日,供不应求;人类对于土地迟早必有一日发生占据争夺的事。待发生占据争夺的时候,人类生活,当然大感不安。为求得安全的生活起见,对于前此绝对共有的土地制度,不得不略有所规定。于是半私有半共有的制度乃继之以兴。所谓半私有半共有者,系土地所有权共有,土地使用权、收益权私有之意。我国三代时所谓井田制度,颇与半共有半私有之制相近。井田制度,说者不一。有无其事,也还有人争论。但在社会进化的长途上,有这样一种半共有半私有的土地制度发生,也是极自然的事。井田制是怎样的?《孟子》上说:"方田为井,井九百亩;其中为公田,八家皆私百亩。"所谓私百亩,并非一家私有土地百亩;乃谓百亩土地之使用权、收益权,归一家自由享受也。至于耕者何时有使用并收益公田之权,何时无此项权利,历史上也曾说及。所谓"二十受田,六十归田"是也。大概耕田的人,年在二十岁到六十岁的时候,可以享受此项权利;二十岁以前,无此项权利;生活费用,仰给于公,所谓上所长也。六十岁以后,将田归还于公;生活费用,也仰给于公,所谓上所养也。这种以土地所有权归公,以土地使用权并收益权归私的半共有半私有的土地制度,乃人类社会上必经过的阶段。

从此以后,进化的速度,一天一天加大。人口固然一天一天的繁滋,生活方法,也一天一天的进步。在往日可以资大众的生存,及已经被开辟的有限之土地,竟因人口增加之故,不够用了。又因生产方法的进步,同时本也可以另辟一些新土地。于是向来的井田制或半共有半私有的制度,乃现出多少不方便之处。完全的私有土地制乃应环境的需要,而陆续产生。秦孝公时,曾用商鞅其人,正式的废井田,开阡陌。阡陌据说就是田与田之间的隙地。《风俗通》上称:"东西为阡,南北为陌。"在井田时代,因人口对于土地的要求,尚未到求过于供的程度,这种隙地,面积极宽。迨井田将废的时候,土地的需要大了,乃不得不利用这些隙地,以作耕地。商鞅佐秦孝公废井田,开阡陌,大概是把往日通行的井田制废去,同时把这些隙地变为耕地,以扩充生产范围。朱子《阡陌辩》有云:"商君以其急刻之心,行苟且之政,但见田为阡陌所束,而耕者限于百亩,则病其人力之不尽;但见阡陌之占田太广,而不得为田者多,则病其地利之有移。又当世衰法坏之时,则归授之际,不免烦扰欺隐之奸。而阡陌之地,切近民田,又必有阴据以自私,而税不入于公上者。是以一旦奋然不顾,尽开阡陌,悉除禁限,而听民兼并买卖,以尽人力。开垦异地,悉为田畴,而不使有尺寸之遗,以尽地利使民有田。即为永业,不复归授,以绝烦扰欺隐之奸。使地皆为田,田皆出税,以核阴据自私之幸。"照朱子的话看起来,所谓井田制,便在下列四个理由上废弃了:一曰尽人力,二曰尽地力,三曰免归授的烦扰,四曰防阴据以自私。井田制既废,完全的土地私有制起而代兴。

土地之兼并　完全的私有制既兴,于是兼并土地之事,乃随之而起。《通考·田赋考》引吴氏之言曰:"井田受之于公,毋得鬻卖;故《王制》曰:田里不鬻。秦开阡陌,遂得买卖。又或得甲首者益田宅。五甲首而隶役五家,兼并之祸自此起;民田多者以千亩为畔,无复限制矣。"汉孝武帝时,董仲舒建议"限民名田"也说:"秦用商鞅之法,改帝王之制,除井田,民得买卖:富者田连阡陌,贫者无立锥之地。汉兴,循而未改。"岂独"汉兴,循而未改"?老实说,"富者田连阡陌,贫者无立锥之地"的现象,几千年以来,都没有改变过。在历史上,虽也曾行过许多救济的政策;但效力都极小;这个"富者田连阡陌,贫者无立锥之地"的事实,在任何一朝,都极普通。且有时变本加厉:兼并土地者,不单只是普通的地主富人;而且是官僚,乃至统治阶级里面的贵族。例如宋朝兼并土地的,在一方面,固是富而有势的地主,同时在另一方面,官僚也把土地兼并起来。元朝以北方的游牧贵族统治中国,蒙古人往往凭藉势力,兼并汉人的土地。且其兼并之法,异于寻常;或则将汉人的土地用强力占据,或则庇护汉人中间原有的大地主,从而敲诈特别的收益。宋淳祐六年,殿中侍御史谢方叔言豪强嚣强兼并之患,请限民田,其言有曰:"国朝驻跸钱塘,百有二十余年矣。外之境土日荒,内之生齿日繁;权势之家日盛,兼并之习日滋;百姓日贫,经制日坏;上下煎迫,识者惧焉。夫百万生灵生养之具,皆本于谷粟;而谷粟之产,皆出于田。今百姓膏腴,皆归贵势之家,租米有及百万石者！小民百亩之田，频年充差保役，官吏诛求百端。不得已，则献其产于巨室，以免规役。小民田日减，而保役不休；大家田日增，而保役不及。以此兼并浸盛，民无以遂其生。"这种情形，固然很值得注意；同时官僚凭藉官威，兼并土地的事也极多。宋宁宗嘉定时，曾有明令禁止两淮官吏私买民田之事。这可见宋时兼并土地的风气之一斑了。

元朝游牧贵族，常常任意侵占汉人土地；其方法有如行劫。世祖至元十三年（西历一二七六年）十二月诏：凡军将校及宋官吏有以势力夺民田庐业产者，各还本主。无主，则以给附近之无生产者。到十五年八月，又诏谕军民毋得占据民产。十七年十二月，敕：擅据江南民田者有罪。十九年四月，敕：权贵所占田土，悉给各户。由这些诏敕看来，当时蒙古游牧贵族强占汉人土地的事，大概是很普通的。不独强占汉人土地；有时且保护汉人中间的地主，从而敲诈特别的收益。有阿哈玛特其人，除据民田外，且保庇富户，令富户向他纳税。权势较大的富人这样庇护着权势较小的富人，正如强悍的贫人欺凌怯弱的贫人一样。成宗元贞二年（西历一二九六年）曾举行裁括；裁括巴延阿珠、阿尔哈雅等所据江南民田，以及权豪隐匿之田。其后六年，成宗曾有一次对台臣曰："朕闻江南富户，侵占民田，以致贫者流离转徙。"台臣曰："富民多乞护，持玺书，依倚以欺贫民，官府不能诘诏。"富户占了人家的田，且能到官府拿到护符。官府对之，反无可如何。又武宗至大二年（西历一三〇九年），平章约苏言江南平垂四十年，其民有蔽占王民奴使之者，动逾百千家。贫民本是官府所要剥削的对象；而今富户，竟占去作自己的奴隶！其数之多，可多至万家！由上种种看来，土地兼并是什么意思我们晓得了，且此事在中国历史上，自从土地私有制代替井田制以后便极盛行。并且每朝都有。直到今日，依然存在。

贫富之悬殊　兼并土地之事，既极盛行，贫富的悬殊，也就日甚一日。《通典》引崔寔《政论》之言曰："汉承秦弊，尊奖兼并。上家累巨万，厥地侔封君。行苞苴以乱执政，养剑客以威黔首。专杀不辜，号无市死之子。生死之奉，多拟人主；故下户踦岖，无所跱足。乃父子低首，奴事富人；躬率妻奴，为之服役。故富者余席而日炽，贫者蹙短而岁踧；历代为奴，犹不赡于衣食。岁小不登，流离沟壑。嫁妻鬻子，伤心腐脏，不可胜陈。"这是讲贫富悬殊的一段最动人的话。又《通考》引叶水心之言曰："……小民之无田者，假田于富人；得田而无以为耕，借资于富人；岁时有急求于富人；其甚者佣作奴仆，归于富人；游手末作，俳优技术，传食于富人；而上又当官输，杂出无数，吏常有非时之责，无以应上命，常取具于富人。然则富人者,州县之本,上下之所赖也。"既有土地兼并之事,富者愈富,贫者愈贫。则富人必然会成州县之本,上下之所赖;贫人也一定要成富人的奴隶,处处仰给于富人。上面这段话,讲得颇切实。此外苏老泉有一段讲地主与无土地之农夫的关系的文章,也颇沉痛。其言曰:"井田废,田非耕者之所有,而有田者不耕也。耕者之田资于富民。富民之家,地大业广,阡陌连接;召募浮客,分耕其中。鞭策驱役,视以奴仆。安坐四顾,指挥于其间。而役属之民,夏为之耨,秋为之获,无有一人违其节度以嬉。而田之所入,已得其半,耕者得其半。……是以田主日累其半,以至于富强,而耕者日食其半以至于穷饿而无靠。"(《通考·田赋考》引)这种事实,也只是贫富悬殊之一例。

　　贫富悬殊由于富者兼并土地。但兼并土地这件事之能够盛行,却有种种先决条件。一曰由于经界之混乱。经界之混乱大概是很早的事。孟子说暴君污吏,慢其经界。是在周末,经界已开始混乱了。崔东璧也说:"春秋之时,王制已废,井弥已紊。……豪强兼并多寡不均。"(见《王政三大典考》)可见经界早就混乱了。经界混乱了,豪强可以兼并了,自然富者可以愈富。二曰由于土地之私有。土地原是公有的。在公有制度之下,富者尽管愈富,但其富有的只是一些随身之物,如今日所谓动产者。农业国内,这种动产,一个人尽管十分富足,也是极有限的。若土地私有制成立了,那富者便可以富至"上家累巨万,厥地侔封君"如崔寔所云者。三曰由于买卖之自由。土地虽然可以私有了,假如不许自由买卖,那么富者仍是有限之富。但自由买卖之风一开,情形就不同了。贫者因迫于生计把土地卖出去:富者因此得一广置土田的机会。自由买卖土田的习惯,秦汉以来,便已盛行了。朱子《阡陌辩》云:"商君开阡陌,悉除禁限;而听兼并买卖,以尽人力。"土地既已准人私有,自由买卖,殆是必然之事。在自由买卖之下,富裕者便可以愈加富起来。四曰由强占,强占更是使富者愈富的好法子。凡有势力的,只要有强占的机会,强占了别人的田地,立刻可以成大富。马端临有言曰:"自秦开阡陌之后,田即为庶人所擅,然亦惟富贵者可得之,富者有资可以买田,贵者有力可以占田。而耕田之夫,率属役于富贵者也。王翦,亦为大将,请美田甚众,又请善田者五人。"可见其时,田虽在民,官未尝有授田之法,而权贵之人可以势取之。所谓善田者,则属役者也。苏秦曰:"使我洛阳有田二顷,安能复佩六国相印?盖秦既不能躬耕,又无资可以买田;又无权势可以得田;宜其贫困无赖也。"(见《通考·田赋考》)由此看来,贫富之悬殊,固然是由于土地之兼并;而土地之可以被人兼并,则又不出上述种种原因。

救济兼并之政策　兼并之风既盛,贫富因而愈悬殊:其结果竟至富者田连阡陌,贫者地无立锥。贫富到这样悬殊的时候,社会生活,当然发生极大的动摇,一般人民,当然感着极大的不安。为要免去这个不安,故历代都有一些救济的政策。自秦废井田以后不久,汉孝武帝时,便有董仲舒建议限民名田。董氏说:"秦用商鞅之法,改帝王之制,除井田,民得买卖;富者田连阡陌,贫者无立锥之地。汉兴,循而未改。古井田法,虽难卒行,宜少近古,限民名田,以赡不足;塞兼并之路,然后善可治也。"名田的意思是怎样的呢?颜师古注云:"名田,占田也。各为立限,不使富者遏制,则贫弱之家可足矣。"(见《汉书·食货志》)但这种救济之策,并没有实行。哀帝时,师丹辅政,建议限田之制,以裁抑兼并。天子答应了,丞相孔光、大司空何武更奏明办法曰:"诸侯王、列侯,皆得名田。国中,列侯,在长安公主,名田;县道,及关内候,吏民,名田:皆毋过三十顷。诸侯王,奴仆二百人,列侯、公主,百人;关内侯、吏民,三十人。期尽三年,犯者没入官。时田宅奴婢,贾为减贱。"这里规定诸侯王、列侯、公主、关内候、吏民,名田皆毋过三十顷。其实三十顷这个数目,也就很大了。除对于田的限制以外,更规定用奴婢之数。其数也很大,诸侯王奴婢可以有二百人!

新莽时,干了一回收天下田为王田的事。这事,章太炎说是恢复了千载绝迹。(见《检论·法通》篇)新莽把天下的田收为王田的时候,规定:每一家男子不满八人时,田不得过一井。这个办法,并未成功。其所以未能成功的理由,荀悦以为是由于豪强的怨恨。他以为向来土地多在豪强手里,一旦夺回,归于大众,豪强不免发生怨恨。怨恨一起,纷乱随之,所以不能成功。改革土地制度,自古至今,就不是一件容易的事。新莽的政策,虽未见成功,然也收了相当的效果。章太炎《检论·法通》篇云:"分田劫假之害,自是少息。讫建武以后,乡曲之豪,无有兼田数郡,为盗跖于民间,如隆汉者矣。大功之成亏,亦不于一世也。"这是承认新莽的政策收了相当效果的话。晋自平吴以后,也有一种新的制度,规定:男子一人,可以有田七十亩,女子可以有田三十亩。凡成了丁的男子,七十亩田中,有五十亩要纳税;成了丁的女子,三十亩田中,有二十亩要纳税。次于丁男的男子,减税一半,女子则不纳税。(所谓丁,是以年龄为标准。男女年十六岁以上到六十岁为正丁;十五岁以下到十三岁,六十一岁以上到六十五岁为次丁。其余的为老小,据说有义米做给养)此后元魏、北齐、隋、唐,也都受了新莽的影响,都有一种不利于兼并的政策。章太炎《检论·法通》篇云:"元魏制均田。诸男夫十五以上受露田四十亩,妇人二十亩。奴婢依良丁,牛一头,受田三十亩,限四牛。

所授之田率倍之,三易之田再倍之。民年及课,则受田;老、免及身没,则还田。奴婢、牛随有无以还受。诸桑田不在还受之限。初受田者,男夫一人给田二十亩,课莳;余种桑五十树,枣五株,榆三根。非桑之土,夫给一亩;依法课莳、榆、枣。诸麻布之土,男夫及课,则给麻田十亩,妇人五亩。奴仆依良,皆从还受之法。诸人有新居者三口给地一亩,以为宫室;奴婢五口,给一亩。北齐之授露田,夫妇丁牛,皆倍魏制:亦每丁给永业二十亩,以为桑田。周制,有室者田百四十亩,丁者田百亩。口十以上,宅五亩;口七以上,宅四亩;口五以下,宅三亩。隋居宅从魏,永业、露田从齐。而狭乡每丁财二十亩。唐男子丁中者给永业田二十亩,口分田八十亩。老男疾废,口分半之;寡妻妾,口分三十亩。先永业者通充口分之数。黄小中丁、男丁及老男疾废、寡妻妾当户者各给永业田二十亩口分田二十亩。狭乡所授口分,视宽乡而半;易田倍给。大抵先后所制,丁男受田,最多百亩,少不损六十亩。亩以二百四十步为剂,视古百步则赢,民无偏幸。故魏齐兵而不殚,隋世暴而不贫,讫于贞观、开元,治元文景,识均田之为效,而新室其权首也。”总而论之,(1) 大概自新莽至于唐朝,都行过授田之制:田归公有授诸人民耕种。(2) 授田之数,大抵最多者也只百亩,少者也有六十亩。(3) 这种田制,大概也收了相当的效果;所以魏齐虽有兵灾,而人民不饥;隋室虽行暴政,而人民不贫。不过话虽如此说,究竟事实上是否如此,还是问题。即算真正收了相当的效果,魏齐果然是兵而不殚;隋世果然是暴而不贫。然为时究竟不长。历史上“分田劫假”之时,究竟长些;“民无偏幸”之时,究竟短些。换言之,中国史上,土地兼并之日多,土地平均之日少。土地兼并为正规,土地平均为例外。这在历史上,固然如此,即现在各省亦复如此。并且现在土地兼并之风,较从前更烈;贫富悬殊之度,较从前更大,社会生活,较从前更加不安。

第二项　土地私有制下的经济关系

地主与佃户的关系　土地既可以任人兼并,并且兼并的风气自古至今,没有停止过。结果农村中人有朝两极端分化的趋势:兼并了人家的土地的,土地如果太多了,自己耕种不下或竟全然不耕种,而须利用别人的劳动来耕种,便成了地主。土地被人家兼并去了的,自己的土地太少了或竟全然没有土地,而须租他人的土地以从事耕种的便成了佃户。地主与佃户两者的关系,普通叫做东佃关系。这种关系之成立,通例由地主提出若干条件,令佃户写一张佃约,将所有条件,一一载于佃约上面。佃约写好了,经过中间人的签押,便发生效力,东佃关系,便宣告成立。载于佃约上的条件,最普通的如下。(一)地主每年应得地租若干。地租或为现金,或者谷米;数目多寡,均须规定。(二)佃户应先缴押租金若干。这是地主防止佃户不纳租的担保品。佃户到了纳租时而不纳租,则地主即从押租金中扣除。押租金之多少,各地不同。例如湖南每一石租谷,普通须二圆至三圆的押租金。江苏则每一亩田的押租金由一圆至十四或十五圆不等。(三)佃户对地主的特别义务。佃户除纳额租以外,有许多附带的义务:如湖南习惯,送田鸡、送田蛋、送糯米之类,也有写在佃约上的。(四)租种期间。这有种种的不同,有限定年数的,有不限年数的;有以一两年为限的,有永久租种的。例如湖南濒洞庭湖的湖田(既垸田)因有水灾之故,每年收获,不一定可靠,所以租种年数常不规定。而在江苏苏常道、沪海道一带,则盛行永佃制,佃户与地主之关系,永久不变。

佃约写好了,中间人签押了,地主与佃户的关系成立了,于是地主对佃户的剥削开始。地主对佃户的剥削,遍全国都盛行。这只要看各省农民中佃农的百分比就明白了。各省佃农的百分比,自民国六年到民国十年,据前农商部的统计,有如下表:

省　别	民国六年	民国七年	民国八年	民国九年	民国十年
京兆	四七・五	四五・八	四六・〇	四四・四	—
直隶	二七・一	二六・九	二七・六	二七・五	—
奉天	五九・三	五七・六	—	—	—
吉林	五三・三	五一・五	五九・〇	五〇・三	—
黑龙江	四四・一	四三・一	—	—	—
山东	二九・九	二八・八	二九・二	二六・九	—
河南	四三・六	四四・八	四四・一	四四・五	四四・五
山西	二九・四	二九・二	二九・四	二九・四	二九・四
江苏	五四・一	五三・一	五三・六	五四・二	五三・五
安徽	五三・八	五三・六	五二・三	五三・七	五三・七
江西	五七・七	五七・七	—	—	—
福建	六五・八	六五・八	六一・〇	—	—
浙江	六七・〇	六六・一	—	—	—
湖北	五七・四	五八・三	—	—	—
湖南	八〇・〇(有报告者仅十八县)				

续　表

省　别	民国六年	民国七年	民国八年	民国九年	民国十年
陕西	四二·一	四二·六	三八·三	四〇·二	三八·〇
甘肃	三五·八	三五·八	—	—	—
新疆	二三·六	二五·二	—	—	—
广东	六六·四	—	—	—	—
热河	三二·一	三一·四	三二·一	—	—
绥远	四五·三	四一·八	—	—	—
察哈尔	二七·八	二七·七	一六·三	二八·二	二八·二
全国平均	四九·七	四六·七	四一·四	四〇·〇	四六·三

此外根据各机关及私人调查,有几个特别区域佃农的百分比如下表:

省份	地　　域	最低率	最高率	平均率
广东	(一) 东江十二县	—	—	六五·五
	(二) 中部五县	八〇·〇	九五·〇	八五·〇
	(三) 广州及其邻近	—	—	九六·四
	(四) 河南			九四·九
	(五) 广东大学调查之七县	六〇·〇	九〇·〇	七〇·〇
	(六) 岭南大学调查诸县	—	—	八五·〇
	(七) 全省	六〇·〇	九六·四	七〇·〇
江苏	(一) 金陵道	二三·〇	七三·〇	四九·一
	(二) 苏常道	四五·〇	九三·〇	七八·〇
	(三) 淮泗道	二七·〇	九〇·〇	七〇·二
	(四) 南通	—		八七·〇
	(五) 昆山	—		九二·〇
	(六) 仪征、江阴、吴江	四八·〇	七六·二	六七·四
	(七) 镇江	—		五五·〇
安徽	(一) 宿县 (两种调查)	—	—	五六·〇
	(二) 宿县	—	—	四九·九

续　表

省份	地　　　域	最低率	最高率	平均率
浙江	（一）鄞县	—	—	六七·四
山东	（一）沾化	—	—	〇〇·四
	（二）三十处地方	—	—	二三·〇
直隶	（一）邯郸、遵化、唐山	二·九	一七·五	一〇·七
	（二）盐山	—	—	甚低
绥远	（一）毕克齐	—	—	三〇·〇
	（二）察绥齐	—	—	二〇·〇
全国	（一）民国六年十七处地方之数	—	—	三六·〇
	（二）民国十年至十三年十三七处地方之数	—	—	六〇·〇
	（三）本表所列各总计	二·九	—	九六·四（此为广东全省平均数）

据前农商部的调查，各省区佃农在该省区全体农民中所占百分数，最高的有百分之八十（如湖南）；最低的只百分之十六（如察哈尔）。据各机关及私人的调查，最低的百分数不及百分之三（如直隶盐山），最高的则达百分之九十六以上（如广东全省平均数）。各机关及私人的调查，既只限于少数村落，且又多为极端之例，当然不能代表全国。但我们于此，也就可以知道中国佃农为数不少了（参看刘大钧著《我国佃农经济状况》）。

田租及地主剥削佃户的高度　东佃关系成立了，地主与佃户的关系成立了，地主便凭藉自己的土地所有权做利器向佃户剥削。佃户则拿出自己的劳力以及其妻子的劳力供地主的剥削。被地主剥削去的劳力，化成实物便是田租。地主向佃户征收田租，正如资本家向工人榨取剩余价值一样。田租之为物，照我们看起来，只是地主向佃户夺去的劳力。但别人却不是这样看的。别人对于田租，有种种不同的讲法。有些人从土地的生产功用着眼：他们以为土地有生产的功用；佃户虽能操劳，假若无地主供给土地，则劳力亦无处使用；劳力既无处使用，结果便没有收获。这样看来，佃户能够有收获，差不多完全是地主的土地所赐；因此佃户应向地主纳田租。这种讲法，没有什么道理。土地虽然有生产的功用，但不加劳力于其上，是不能有所收获的。可见得佃户的收获，不完全是土地所赐。另有些人,着眼于酬报地主的勤劳来讲:他们以为地主置买土地的时候,费了一些勤劳。佃户租种他的土地,如有收获,应该要给他田租,以酬报置买土地时所费的勤劳。这里我们姑不问地主置买土地时是否费了勤劳(当然,地主中间,由勤俭起家的,未尝没有)即退一步,承认一切地主都是由勤俭起家,且假定私有土地制应该存在。但事实上以田租酬报地主的话仍讲不通。所谓酬报,在这里实在有两个不同的意义,可以分辨。一则酬报地主的勤劳(承认他是由勤俭起家的),另一则酬报佃户的勤劳。就事实上看,酬报地主之勤劳的,即地主自己的土地所有权;酬报佃户的勤劳的应该是每年收获的全部。地主之勤劳,得了土地所有权作报酬,地主有土地,自己不耕种,那是他的自由。但他一定要利用土地所有权作利器,从佃户的全部收获中,拿去一部分,美其名曰田租,不知者更以为这是报酬他的,事属应当:那就错了。报酬地主的勤劳的(假设地主真是由勤俭起家,假设土地应该私有)是土地,报酬佃户的勤劳的是全部收获。于今地主凭藉土地所有权向佃户征收田租,正如资本家凭藉资本榨取劳动者的剩余劳动。更有些人着眼于金钱的功用来讲。他们以为金钱为有用之物,地主买了土地,租给别人,而不收租;直是化有用之物为无用之物。为承认金钱的功用起见,佃户应该纳租。不过我们的讲法,却不能这样。金钱固然有用,土地又何尝无用?地主以金钱置买土地,只是以有用之物换有用之物。买得土地,自己不耕,那是各人的私事。但利用土地所有权做利器,向佃户征收田租,那便是剥削佃户,是榨取佃户的劳动。榨取的情形,我们若拿实事来讲,最易于明白。例如有土地一亩于此,要想加以耕耘,使每年能出稻谷五石(湖南滨湖各县,每亩都能出稻谷五石)。当未耕耘之先,究竟需要些什么?仔细考察起来,凡需要之事:一曰天然的力量,二曰人力,三曰种子、工具、牛力、肥料等。五石稻谷的收入,是这三种东西造成的。这三种东西,缺一不可。天然的力量,不要报酬,姑且不管。人力应该得多少酬报?照道理讲,除去种子、工具、牛力、肥料等等所耗费者外,其余的应该完全是酬报人力的。假定一亩土地,于种子、工具、牛力、肥料等等需谷一石,则余谷四石,便应该完全是人力的报酬。于今从这四石谷中,拿出一石,或两石,或三石交地主作租谷;佃户却只能实得三石或二石或一石,这就是说:凡耕一亩之田,佃户得谷三石时,地主剥削他的有一石;佃户得谷二石时,地主剥削他的也有二石;佃户得谷一石时,地主剥削他的却有三石。以地主剥削之数与佃户实得之数比较,则地主剥削佃户之高度,或为百分之三十三强,或为百分之百,或为百分之三百。

当然,在事实上,百分之三百,或百分之百这样整齐的数目是不会有的。但地主剥削佃户的程度,高至百分之三百,或百分之百,却不是一件稀奇事。老实说,在今日的中国,却是一件极寻常的事。今日中国各省最通行的纳租标准凡有三种:一曰对分,对于总收获,地主得五成,佃户得五成。二曰四六分,对于总收获,地主得六成,佃户得四成;三曰三七分,对于总收获,地主得七成,佃户得三成。这三种标准,各省都找得出。例如江苏的江宁、海门、六合、淮安、盐城、宝应等县,便是采对分的标准;海门、靖江、常熟、盐城、如皋等县,便是采的四六分的标准;至于三七的标准,海门、如皋、靖江等县也都采行着。(参看刘大钧《我国佃农经济状况》页一三一)四六分的标准,几乎是全国的模范。若按四六分的标准纳租,每一亩田的总收获,地主得六成,佃户得四成;那么地主剥削佃户的程度之高,总在百分之三百左右。例如湖南滨湖各县的情形,每亩田出稻谷五石。按四六分配,地主恰恰得三石,佃户恰恰得两石。佃户的两石之中,除去种子、工具、牛力、肥料以及其他种种消耗而外,实得只有一石,倘这种种消耗为数极少,如只消耗五斗;佃户有幸,可实得一石五斗。但无论实得为一石,或一石五斗,被剥削的程度,总是很高。地主剥削去的既已是三石了;佃户实得的如只有一石,则地主剥削佃户之百分数恰恰是百分之三百。佃户实得的如有一石五斗,则地主剥削佃户之百分数,也恰恰是百分之二百。换言之,地主剥削佃户之数,或为佃户实得之数的三倍,或为佃户实得之数的两倍。这我们就不能不说地主剥削佃户的程度是很高了。这种剥削的程度之高,还只是按四六标准分租的结果。若按三七的标准分租,对于每一亩田的总收入,地主得七成,佃户得三成,如江苏的海门、如皋、靖江等县所通行者,则地主剥削佃户之程度,当较此更高!

押租金与佃户的地位　四六的分配,几乎是全国的模范。每一亩田的出产总量,佃户得四成,地主得六成,几乎成了定律。但有许多人总以为这未必与事实相符;总以为在事实上,佃户所得之部分,总是多过地主所得之部分。假如一亩田,可以出稻谷五石,佃户通常得三石或三石五斗,甚至四石;地主所得,不过两石,或一石五斗,甚至一石。若果如此,不是与上面所谓四六分配的标准不符合吗?讲到这里,我们却有一段理由,要特别申明。照表面的事迹说,的确如许多人所说:佃户所得之部分,总是多过地主所得之部分。但照里面的真相说,却是地主所得之部分多过佃户所得之部分。只因佃户所缴于地主的押租金把事实蒙蔽了,以致真相不明;于是大家便以为地主所得者少、佃户所得者多。其实哪里是这样的？押租金是佃户预缴于地主的一种担保品。地主恐佃户有不纳租之时，于是在事前提出押租金的条件，令佃户遵守。佃户事前既缴了押租金，那么事后如不纳租，地主便可以从押租金里面照数扣偿。这办法于地主，可谓十分稳妥而又方便。押租金的多寡全无一定：有极多的、有极少的。大概地主信赖佃户时，押租金的数目可以少一点；信不过时，必须多一点。但有时地主虽信赖佃户，然自己一时需要现金，便任意向佃户多取押租金。举事例说罢。江苏各县的押租金，便全无一定：有不要押租金的，如丹阳、灌云、淮阴、宿迁等县是也。有每亩田只取押租金二元的，如南京特区、金坛、六合、宝应等县是也。有每亩取四元至五元的，如丹徒、宜兴、武进、江都、泰兴、高淳、溧阳、淮安、江宁、海门等县是也。有取六元的，如昆山、奉贤、崇明等县是也。有取十元的，如常熟、江阴、松江等县是也（参看刘大钧著《我国佃农经济状况》一三七页）。上面所举的这些实例，是以田亩为标准而取押租金的。此外则更有以纳租的数量而取押租金的。例如湖南的押租金便是以纳租的数量为标准每石租通例取押租金二元至三元不等。但也有不取押租金的，也有多至七八元的。每一石租，预取押租金七八元，不是稀奇古怪之例吗？其实并不稀奇，且是极寻常之例。不过在这等实例之下，所谓押租金的原意，全然变了，不能算是担保品了；在事实上已经成了一种抵押金。地主拿土地向人抵押现款，名义上虽是地主，实际上却已不是完全的地主了。佃户以多量的现金抵押他人之土地，名义上虽是佃户，实际上却已渐渐成了自耕农。

　　这等事实，我们在这里应该多说明几句。就一方面讲，所谓押租金本是佃户缴于地主的一宗担保品。但就另一方面讲，却又是佃户放出去的一宗债款。（押租金愈高，债款的性质愈厚。地主如有资力，迟早能将高额的押租金退还给佃户，则所谓押租金，仍只有债款的性质。若地主永久不能退还押租金时，则土地所有权实际上几乎到了佃户手里；押租金也几乎成了买田的业价）在私产制度之下，凡有款放出的，照例要得利息。凡拿了人家的放款的，照例要出利息。今佃户有押租金存于地主之手，无异于有放款存于地主的手里。故实际上，佃户一身，实兼两种资格：一为佃户，一为债权者；地主一身，也兼两种资格：一为地主，一为债务者。于是佃户一方面须纳租，以尽佃户的义务，同时却要收利息，以享债权者的权利。地主一方面须收租，以享地主的权利，同时却要出利息以尽债务者的义务。由是可知：佃户对于总收获分配得多，并非真多；只因自己缴有押租金于地主，照例须从地主应得之租额中，扣出一部分，作为押租金之利息。地主对于总收获分配得少,并非真少:只因自己收有佃户之押租金,照例须从佃户应纳之租额中,退还一部分,作为押租金之利息。例如有佃户于此,租得地主之田十亩,每年收获总额有五十石谷;依四六分配之习惯,佃户应得谷二十石,地主应得三十石。但佃户租田之始,曾缴押租金百元;每年每圆,计利息谷一斗,则一百元钱,一年应得利息谷十石。佃户原来只应得谷二十石,今扣回利息谷十石,共得三十石。地主原来应得谷三十石,今退还利息谷十石,只得二十石。从表面上看来,佃户所得者,似乎过地主;实际上,却依然是地主所得者多过佃户,(押租金每圆每年计利息谷一斗,在湖南颇通行。湖南近来,盛行庄租十八纳之制。例如每一石田,约合六亩三分。每年总收获,有三十石谷。凡佃户缴有押租金三十元者,则只须纳租谷十五石。缴有押租金四十元者,只须纳租谷十四石。无论所缴之押租金为三十元或四十元;又无论所纳之租谷为十五石或十四石:都叫做庄租十八纳。押租金三十元,每年利息三石,与十五石租谷合计,共十八石;押租金四十元,每年利息四石,与十四石租谷合计,共亦十八石;所以都叫做庄租十八纳。所谓"庄",即押租金的利息之意,湖南俗称押租金叫做进庄钱,意谓佃户进地主之田庄时,所预缴之担保品也。因此之故,押租金的利息,亦省称为"庄")由此看来,押租金这东西很能蒙蔽事实的真相。现在既已讲到这里了,我且把押租金的多寡与佃户地位的升降相关之理,概括的说几句。(1)佃户租田之时,如不缴押租金;表面上似甚方便:不出钱可以租种他人之田。但实际上,凡不缴押租金的佃户,其地位差不多与奴隶相当;因不能从租额中扣回多少利息也。(2)佃户租田之时如果缴押租金,那么,他的地位,便随押租金的多少而生差异。缴押租金少许,则可以凭此稍稍扣回租谷若干;多缴则可以多扣。追扣回之租谷,与不缴押租金时所应出之租谷数量相等时,则佃户在名义上虽仍是佃户,实际上却已变成自耕农了。这样看来,押租金的多寡,与佃户地位的高下,切切相关。完全不缴押租金的佃户,地位最低;缴纳少许,地位便稍高;缴得最多,地位便与自耕农相等。

土地资本之累积　地主收得地租,在最初只是用以维持生活;用不完时,便分诸戚族。在这种情形之下,地租之为物,不过造成不劳而食的寄生阶级罢了。其本来养命的功用还没有丧失。到后来,地主与佃户的关系发展到最高度时;换言之,即地主愈富,佃户愈贫,地主愈少,佃户愈多的时候;所谓地租,乃渐渐变化其性质,由养命的食物,一变而为获利的商品。于是农村中往往发生一种怪现象:一方面有食物太多、须售出境外的;另一方面却有缺乏食物、不得一饱的。这时候常常发生俗所谓"阻禁"之事。阻禁之事,凡有两种:一种是贫民自动的阻禁。在年荒岁歉的时候,大家都感着缺乏食物的恐慌;而地主收得多量的地租却趁着年荒岁歉,食物价值高涨的机会,将地租源源不绝的售出境外。这时候贫民忍无可忍了,便结合多人,自动的出面干涉,这是阻禁之一种。贫民为生存的要求所驱使,这样干涉食物出境,往往有被地主诬为匪盗的。但在普通情形之下,阻禁的行为,如不激烈,社会上颇可以默认。不过行为如不稍稍激烈,而去阻禁;那么十回便有九回是无效的。阻禁的另外一种,便是地方当局,眼看着地方缺乏食物的危机,以明令禁止食物售出境外。又近来,地方官厅,在饥荒最甚的时候,常常出而提倡"平粜",甚至组织什么"平粜局"或民食维持会之类,一方面不许地方的食物外溢,另一方面,稍稍抑制食物的价值,以便贫者。这一类的办法,也与阻禁的事相当;不过阻禁的办法,非荒险到万分时,是没有人采用的。所以地主收得之租,总是售出境外。售出之后,便得了现款。对于现款又怎样处置呢?(1)埋在地下不作别用。现款是这样埋起来,不作别用的,我们可以称之为闲空的资本(capital in hoard)。这在从前,工商业未发达之时,无处吸收现款,地主出售租谷所得之现款常常这样埋在地下,因为这个方法最稳妥也。(2)这个方法,虽然稳妥,但不能向他人榨取利息。于是高利贷款的方法乃应运而生。农村中既已贫富悬殊了,富者最少,贫者最多。借贷的关系必然的发达。地主乘此,将出售租谷所得之现款,用高利贷款的方法向贫民榨取利息。(3)投入工商事业或银行中。在现代都市发展的时候,工厂多了,银行也多了;地主有多量的现款,当然愿意投入工厂里或银行中。(4)扩充土地。这个方法,几乎是使农村中贫富悬殊的主要动力。这个方法,无论何时,都盛行着。上面这四种方法之中,第一种,除极小的地主外,凡大地主都不采用了。第三种,将在本章第二节中略略述之。至于第二种,高利贷款的方法以及第四种扩充土地,我且在这里稍为详细说明一下。先从扩充土地说起。

地主收得地租,换了现款,最好的处置法,便是把已经破产的农民的土地,再多买些进来,以便增加地租的分量。这样一来,地主的富源,便日辟日大;资本的分量,便日积日多;推而言之,农村中贫富悬殊的事也愈演愈速。农村中的土地,加速度地集中;农民也被而加速度地离开土地。土地集中的倾向,据武汉中央农民部的调查,有如下表:

	每户亩数	人数的百分比	所占土地的百分比
⎧小农 ⎨中农 ⎩富农	一亩至十亩 十亩至卅亩 卅亩至五十亩	四八％ 二四％ 一四％	六％ 一二％ 一七％
⎧小地主 ⎩大地主	五十亩至百亩 百亩以上	九％ 五％	一九％ 四六％

就这表看，小农、中农两项的人数，已达人数全体的七二％，而这两项所占的土地，却只有土地全体的一八％。再者，小地主与大地主两项的人数，只有人数全体的一四％，而这两项的土地，却占土地全体的六五％。这可见土地集中的倾向是怎样的了。

地主收得地租，将地租换得现款，再拿现款去扩充土地，与资本家拿剩余价值再投入生产行程，以扩大资本很是相像。兹为明白起见，且举一实例说明之。例如地主李某原来只有土地一百亩，每年收租谷三百石（每亩每年总收获五石，按四六分配，佃户两石，地主三石。百亩之地，便有三百石租）。在这三百石中，假如每年食用，需一百石，则存余的尚有二百石。这二百石地租，假设兑现款八百元；八百元现款，又可以置买新土地十亩。这十亩地，每年收租，又有三十石。一年之后，李某存余的租额，便由二百石增加到二百三十石了。将此二百三十石存余的地租，依高利贷与贫农，而为重利之盘剥。或存于银行及投入大工商业里以生利息；不到数年，又可买新土地若干。循此以往，每年收租愈多，则置买新土地的资格也愈易养成。置买新土地的资格愈易养成，则置买新土地的次数，必与年俱进。若干年后，小地主便变成了大地主。这种现象，很像马克思《资本论》中所谓资本之累积。地主愈变愈大，农民便愈变愈多。地主愈变愈少，无土地的农民愈变愈多。于是极少数的地主占有极多的土地；极多数的农民反只有极少的土地。上面的表，便完全代表这种情形。

高利贷资本之发达　地主将地租化成现款，再用现款向将近破产的农民去买新土地，这固然是扩充土地，增加地租的好办法。但事实上断不能年年置买新土地。每年虽有不少的存余现款，然为省却购买的手续之麻烦起见，必定是间数年买一次。不过在不买新土地的几个闲空的年头，存余的现款，年多一年；为地主者断不能任其闲空。既不能任其长久闲空，又不能年年置买新土地；然则怎样办呢？最妙的办法，便是依高利贷款于贫农。依高利贷款于贫农的办法，《东方杂志》二十六卷第九号《中国农民经济的困难和补救》一文里说得最透彻，且举了许多实例。我为省麻烦起见，且照抄一段于下："中国农户耕田在二十五亩以下者，其生活状况，既均在贫穷线以下，则其费用，在不足或急需时，势必借债。中国农村固有之金融机关，只有两种：一种是当铺，一种是私人借贷。……私人借贷，有的是亲友，有的是村中富户；但以放债为业者实居多数。借贷的抵押品，大都是田地或房屋。押价约等于房地价百分之五十。其利息条件，非常苛刻，约为年利三分六厘之谱。至低的也在二分以上。农民因需款孔急，不得不仰债主的鼻息。还有一种，叫做典地的办法，就是放债人租种借债人的田，而不纳租，即以此为借债的利息。债金可抵地价的一半。又有借钱还粮，或借粮还粮的办法，例如借粮一石，至大秋或麦秋时，以一石一斗归还；但大都利息极高。我国乡间借贷利率的高低，不仅视借款人的稳妥与否，且视借款人对于所借款项急需的程度而定。需款愈急，利率愈高；借粮食的人，利率较借现款的人为高。又地方习惯不同，利率高低亦因之而有差异。东三省有几处地方，年息须出六分，才可以借到钱。安徽滁县一带，农民贷银十元，在三个月内，除还本金以外，须加还稻或麦一石，作为利息。以市价计之，约在五元左右。江浙出蚕区域，蚕忙时借钱，要用加一的利息。即借银十元，期限四十天，还时除本银外，须加利息一元。若照年利计算，则为九分利息。南通地方，农民借银一元，在三个月内，须还棉子一石，其贷价约三四元。是则一元本银，在三个月内，竟有三四元之利息！江宁各县，农民借银一元在一年之内，须还稻或麦一石。如当年不还，待下年，则须加还二石。昆山、上海一带，有所谓十元五斗者。即借钱十元，一年之内，须加息米五斗。武进一带，有借米一石，在一年之内，还稻三石者。苏州吴江一带，有所谓'念个头'者，既农民借洋二十元，按年须付利息一元。又有所谓借三还四者，就是借银三元，还时加利息一元，其期限长短，由债主规定。广东农民，在青黄不接的时候，或家中死人的时候，便要借债。在平时每石谷可借六元。到此期限只得三元，利息还须加倍，约在三分至四分之高。期限在二个月至四个月还清。若过期不还，以利作母。高利贷的名目很多；东江一带，有所谓'九出十三归'的办法。即借银一元，实得九角，利息三分，还时本银须交足一元。又有所谓糖房利，利息二分半。半年后，利上加利。阳江地方，有叫做买青苗的；即借谷一石，三个月内归还，以一石八斗为限。遂溪地方，通行一种复利债；即借银一元，利息一钱五分，以三个月至半年为期。期到不还，转利为母一次。佛山的逋桥利，条件更为利害。借银一元每天利息一角，五天为期，过期倍计，转利为母。"由这些实例，我们晓得地主怎样利用地租,以剥削贫民了。地主把地租化为现款,在不买新土地的几年之内,便以现款是这样剥削。剥削数年之久,存余的地租达到了一定的分量,可以置买新土地了,乃买新土地一次。在农村中,地主有钱放债,有钱买田,最是一般人所羡慕的两件美事。从另一方面着眼,却是破坏农村的两个毒气炮。

农民生活的恶化　地主藉放债买田等等方法,把土地资本一天一天的扩大起来。于是农村中的土地渐渐集中于几个大地主手里;同时农民的生活,因受了这种事实的影响,朝着无产的路上恶化。自耕农有变成佃农的趋势,佃农有变成雇农的趋势,雇农则有变成无业游民的趋势。(1)先就自耕农说罢。在土地私有制下,自由竞争,非常激烈;自耕农在农村中的地位,极不稳固。稍富裕的,便有机会走到土地多的一方面去,变成大小地主。不幸的便随时随地可以变成佃农,甚或雇农,乃至游民。就农村中实在情形看,自耕农直接变成游民的事,比由自耕农变成佃农的事还要多。自耕农如不富裕,在大小地主兼并土地的时代,他的土地随时有被人兼并之可能。一旦土地被人兼并去了,自己与土地脱离了关系,立刻就成了游民。自耕农自己的土地为什么可以被人兼并去?这原因很简单。或因他自己的经济势力不雄厚,不足以维持生存,不得不把自己的土地卖出;或因自己奸巧狡猾不及别人,不足以应付大吞小,强凌弱的严重局面,结果变成佃户或游民;或因自己体力太弱,根本不能执苦役,不能在生存竞争之下,维持自己原有的地位;或由于天灾的侵凌;或由于人事的不幸。凡此等等,都足以使自耕农丧失土地,变成佃农或游民。自耕农既随时随地,有变成佃农的倾向;于是全体农民中,自耕农之数减少,佃农之数增加。兹且举一极整齐之例,以解释这个趋势。例如江苏的昆山、南通、宿县三处田产权的分布比较表,如下:(见《中国劳动年鉴》页四四七)

地域 年代 种类	昆　　山			南　　通			宿　　县		
	光　绪 三十年	民　国 三　年	民　国 十三年	光　绪 三十年	民　国 三　年	民　国 十三年	光　绪 三十年	民　国 三　年	民　国 十三年
田　　主	% 二六·〇	% 一一·七	% 八·三	% 二〇·二	% 一五·八	% 一三·〇	% 五九·五	% 四二·五	% 四四·〇
半田主	一六·六	一六·六	一四·一	二二·九	二二·七	二二·六	二二·六	三〇·六	三〇·五
佃　　户	五七·四	七一·七	七七·六	五六·九	六一·五	六四·四	一七·九	二六·九	二五·五

　　这个表非常整齐。每隔十年,田主之百分数大减,佃户之百分数大加,半田主则没有好大的变动。全国别的地方,未必都是这样。但每隔十年,田主之百分数减少,佃户之百分数增加的这个趋势,是布满了全国的。(2)再就佃农说。佃农的经济地位,原有种种之不同。我们在前面曾经说过:有些佃农,缴了很多押租金把地主,可以少纳些租,这是地位较好的。有些佃农,除体力以外,无他长物,本只配做雇农;但一般的心理总以为佃农的地位,高于雇农的地位,于是他们遇了不要押租金可以租田的机会,也租起田来,也大作其佃农;这种佃农的经济地位最坏。更有一种,位于这两者之间的,对于地主所缴,押租金虽不多,但也不是全然没有。其地位虽不与自耕农相等,但也不完全是地主的奴隶。这是佃农中间最普通的。缴押租最多,其地位颇像自耕农的实在是例外,为数极少。完全不缴押租金,全凭地主的信任而作佃农的为数也极少。只有位于这两者之间的这一种,在农村中为数最多。这种佃农,因地租太高,自己实收太少之故,往往延长工作时间,或驱使自己的儿子或老婆从事于能力范围以外的工作,为过量之耕种,以图多种土地,增加收入。这种事实,在农村中最为通行,也是不能免的事实。这种事实,又发生下列的几种结果。第一使耕地缺乏。例如原来一人只耕十亩地,今为增加收入起见,耕十五亩。一人多耕五亩,十人便可以多耕五十亩。这五十亩土地,按一人耕十亩计算,便可以供五人耕种。于今这五十亩土地,竟被过量耕种的佃户租了去,结果便有五人无地可耕。十个佃户如此过量耕种,可以使五人无地可耕:若有一百个佃户如此过量耕种,则可以使五十人无地可耕。所以过量耕种的第一种结果,便是耕地缺乏。农村中农民因缺乏耕地之故,而不能种田;正如都市上工人因缺乏工作之故,而不能做工一样。在农业社会里,土地尽到地主之手。无土地的农民,为生存计,虽被地主取去高额的田租,自己仍愿过量的耕种;结果自己耕田过多,他人感着耕地缺乏。在工业社会里,资本尽到了资本家之手。无产阶级,为生存计,虽被资本家高度的榨取,仍不能不在工厂里作超过定时的工作;结果有工作者过劳,无工作者找不到工作。两者比较研究起来,殊值得我们注意。过量耕种的第二种结果,便是妨害农村儿童的发育。一个佃农要过量耕种,以图增加收入,单只延长自己工作时间是不够的。不得已乃将尚未长大的小儿,一律驱使去从事农作。结果,许多农村小孩,正在受义务教育的年龄,只为工作所累,不能享受教育,因之不能得到充分的发展。现在的义务教育,不是很不易普及吗?农村儿童,不都是蠢如鹿豕吗?而洋式小学校在农村中,依然没有人看得起。原因在哪里?佃农生活太苦,儿童被迫舍教育而从事农作,至少是主要原因之一。过量耕种的第三种结果,便是农村妇女生活的苦。小孩子都被迫去从事农作,妇人们当然不能清闲。所以现在农村中的妇女,真是牛马不如;其状态之不雅洁,都市上着高跟皮鞋的新式女子看见了,真会作呕,谁知他们在农业生产上还有地位。第四种结果,便是使耕种疏略,收入不丰。一个佃户为着要增加收入,拼命的多种土地。他不晓得土地太多了,人力不足以对付,收入依然是不会增加的。一人种地过多,自己延长工作时间,小孩加入工作,妇人加入工作。固然可以勉强对付。但种地太多了,是勉强不来的。结果只有耕种疏略。地主兼并土地,影响所及,竟可以使耕种疏略,收入减少! 现在全国土地百分之六十至七十在地主手里;全国农民百分之五十是佃农。地主只知道收租,收了租又只知道扩充土地以增加租额;绝不肯纳存余的租额用来改良耕种;换言之,只知道加高剥削的程度,却不肯改进生产的方法:这是与纯粹资本主义生产制不同之一点。现在大家都以为中国农村的剥削制是半封建的剥削制,而不是纯粹资本主义的剥削制,大概也是因为这一点的缘故。资本家要剥削工人,同时却晓得改进生产方法。例如现在的所谓合理化,一方面固然在加紧劳动者的工作,另一方面却也尽力的在改善生产方法。地主却不是这样。除收租外,对于生产,毫不负责。近年以来因洋货输入,生活程度一天一天的高;地主则抬高租额,佃农则过量耕种。结果地主的租额虽渐渐上升,而农村中的产额却渐渐下降。

无产农民之生活　自耕农与佃农的生活之恶化,略如上述;现在且进而述一述(3)雇农的生活。雇农除了一身以外,什么都没有,真正可以叫做无产阶级。在地主兼并土地的严重局面之下,除富农以外,贫农则时时有变成佃农或雇农的可能;佃农又时时有变成雇农的可能。所以雇农的候补人数,在农村中是有加无已的。不过雇农始终是要受人雇用的。现在中国农村中,既没有资本家投资于农场,从事于大规模的农业生产(地主只买土地,收田租,却不是投资于农场从事于大规模之农业生产的),雇农候补人数,一天一天加多,除少数的富农容纳之外,谁来雇用呢? 无人雇用的,便由无产农民一跃而为无业游民。我们在叙述无业游民之先,且来略述无产农民或雇农的生活。雇农之种类,大别有三:一曰年工,二曰月工,三曰日工。工资的高下,及工作的时间,各地不同。例如浙江义乌县全体农民中,雇农之数约占百分之十五至百分之二十。工资极低,计年工每年所得工资,不过二十圆至三十圆。如或因劳致病,雇主不但不负医药费,且须扣除工资。每日工作时间极长,计春秋两季,每日约工作十一小时;夏季约十二小时;冬季较短也须九小时。安徽当涂县年工每年工资约四十元。南陵县月工每月工资约四元,日工每日工资自五角至二角不等。湖北各县年工每年工资约七十串或八十串乃至百串;合银洋只二十余元至三十余元。每当收获期间,常有远隔数十里或数百里之农人,成群结队,赴收获区代为割稻割麦者。每日工资可得八百文乃至一串不等。这种情形湖南大致相同。河北昌黎县年工每年工资自四十元至八十元不等;滦县每年自三十元至四十元不等;高阳县每年也是三十元上下。山东德县年工每年工资自四十元至五十元不等。江苏各县年工每年工资最多三十二元至三十五元,最少十一元至十五元;二十五元左右,最为普通。月工每月工资最多六元,最少八角,一元至二元至三元都很通行。日工每日工资自一角到三角最为普通(以上均参看《中国劳动年鉴》页五三九到五四七)。由上面种种综合看来,年工的工资,每年四十元上下,大概是最普通的,月工的工资,每月四元上下,大概也是最普通的;日工的工资,每日二角上下,大概也是最普通的。年工、月工、日工三者比较起来,以年工最苦,月工次之,日工较优。假定年工每年的工资为三十六元,则每月合三元,每日合一角。工作时间每日至少十二小时。我们即从宽计算,以紧急与闲空合在一块折算(通常紧急的时候每日工作时间较长,有长至十四小时乃至十五小时的;闲空的时候,每日工作时间较短,有短至九小时乃至八小时的),每日工作时间至少也不能少到十小时以下。每日工作时间十小时,每日工资一角,每小时的报酬,恰恰合大洋一分,月工每月的工资假定为四元二角,则每日合一角四分。每日工作时间仍以十小时计算,则一小时之报酬也只一分四厘。日工每日的工资假定为二角,每日工作时间也以十小时计算,则一小时之报酬,恰恰为二分。以雇农每小时所得的酬报,与今日大学教授每小时所得的酬报比较,真有天渊之别。现在大学教授,每小时的报酬起码四元,多者有五元乃至六七元。即在私立大学,每小时也有二元五角至三元或四元不等。比起雇农每小时一分或一分四,或二分的报酬来,不是有天渊之别吗?

自古已然于今更烈之匪患　雇农的生活,虽然苦极,倘终年有人雇请,还不要紧。无如被雇者多,雇请者少;事实上总有好多没有工作的。既没有工作,便成了无业游民,而不是无产农民了。无业游民,在农村中有如毒药。他们既已无业而成了游民,然为生存的要求所驱使,却又不能不在农村中活动。于是种种不正当的行为随着发生;种种投机的、冒险的、取巧的事,他们为生活所驱使,均一一去尝试。常于农事稍闲或秋收之后,众农无事之时,开设牌赌小馆,藉投机的手段以博微利,以谋生存。或于年荒岁歉、生活紧张的时候,纠合多数贫苦农民向富豪人家去吃排家之饭(即多数人同时向富户乞食之意)。或于年丰岁熟,大家都欢欣的时候,设台演戏,藉以经营小买卖。总之,勉强可以图存的方法,他们都一一尝试。他们在农村中,最为人所轻视,以其无职业也。当官厅调查人口之时,不能上正册,而须入另册。一个无业游民,大名一经录入另册,便成农村中众矢之敌。东家失了一梱稻草也疑惑他,西家失了一只鸡婆也疑惑他。至是他的生活入了绝境,在原来的农村中不能立足,乃逃到别处。到别处又以无职业、无资本之故,不能活动,于是停留于当地与己境遇相当的人家。生活压迫极紧张时,便实行扒窃。他所停留的人家,因在当地较久,识之者众,不便亲自出而行窃,仅仅做一个庇护者或引导者。他自己则在别人引导之下做扒窃的实行者,一经发觉则房子须被焚烧,叫做焚贼窝;人则须捕入牢狱,未经捕获则又远走他处。这样的人,为数稍多的时候,便成匪类。为生活压迫到不堪时,便正式抢劫。每一次抢劫发生,凡嫌疑犯,均被冤枉,而加入他们的队伍。他们这种队伍既经形成了,凡思想、习惯、行为等,均为生活所迫而特殊化:处处与豪富相反。甚至与社会一般次序完全冲突。他们在社会上也交朋友,但朋友都是与他们命运相同的;他们也讲义气,但义气只能适用于他们同类之中。他们在社会上竟成了特殊势力。这特殊势力,原是社会造成的,既经造成,便又影响社会。凡社会上生活不安定的人,甚至富人之家的子弟,受不住家长的压迫者,随便就与这种特殊势力结合。于是这种特殊势力,日集日厚。更因社会上贫富悬殊、生活落伍者日益众多;加之以天灾兵燹,生活已经落伍者几至不能苟活;这种势力,乃由雄厚而形成匪患。当其不雄厚时,只要年丰岁稔,还可分散而潜伏于农村中。一到年荒岁歉,农村生活紧张,为当地统治势力所压迫,乃潜入统治势力稀薄之处:如大山上、大湖边,以及甲省与乙省交界之处,都为这种势力的家乡。

这种势力,在中国历史上,无论什么时候都有。不过太平的时候,或统治势力健全的时候,里面的分子,都可以勉强图存,因之隐而不显。一到变乱的时候,或统治势力动摇的时候,里面的分子,蠢蠢欲动,便显出大作用来。例如西汉末年,与赤眉贼同时并起的:有所谓铜马、大肜、高湖、重连、铁胫、大枪、尤来、上江、青犊、五校、檀乡、五幡、五楼、富平、获索等;或以山川土地为名,或以军容强盛为号,各领部曲,众合数十百万人所在寇掠。又如东汉末年,黄巾贼消灭以后,复有许多杂色的贼众,如黑山、黄龙、白波、右校、郭大贤、青牛角、于氐根、张白骑、刘石老、髭文八、平汉大计司隶橡哉、雷公、浮云、飞燕、白雀、扬凤、于毒、五鹿、李大目、白绕畦、固苦晒等起山谷间,不可胜数。其大声者称雷公,骑白马者称张白骑,轻便者号飞燕,多髭者号于氐根,大眼者为大目。又如明末除张献忠等领导的所谓流寇以外,还有老狍狍、曹操八、金刚扫地、王射塌天、阎正虎、满天星、破甲锥、那红娘、上天龙、蝎子块、过天星、混世王等等聚于山西。由上面这些实例看来,所谓匪患,真是自古已然。不独自古已然,到今且更烈了。我们拿何亚西《盗匪问题之研究》一书上所记载的一看,便可明白,何书所载的,凡有东三省、热、绥、察、河南省、江苏省、安徽省、湖南省、广东省、四川省、湖北省等地的匪患。(1)东三省。东三省匪患特盛的原因,据何云:一则由于该地有内兴安岭、大青山、完达山、长白山、阴山诸山脉横亘其间。重岭环起,众山连绵,盗贼藉以啸聚而有险可恃;伏莽凭以蟠据,而足资逃逋,此三省盗匪充斥之因一也。东三省土地硗瘠,民生艰苦,饥寒交迫,每至驱使民众铤而走险,此三省盗匪充斥之因二也。加以人民赋性犷狠,凶残好杀,击剑斗械,相沿成风;专于劫夺,不善生产,是又民性之习于趋土匪途径之一大原因也。第二个原因,民生艰难饥寒交迫,是盗匪充斥的真正原因。至于重岭环起,众山连绵,以及民性犷狠,击剑斗械等都不是真正原因。东三省之土匪,尽是胡匪,俗称红胡子。三省之中,以吉林为最猖獗。(2)热、绥、察。热、绥、察三区的匪,多为马贼(也是胡匪),以绥远一区为最发达。(3)山东省。山东省向来多匪,清末的大刀会、白莲教匪等都产于该省。民国十一年临城劫车案,差不多震惊中外。孙美瑶之后,又有老洋人张国信披猖一时。(4)河南省。河南向多大股土匪。豫西新安、渑池一带居民有谣云:"白日不敢出外跑,黑夜不敢听狗叫;一听放枪炮,人人胆破了。"这也可见匪患之烈。(5)江苏省。苏北之丰、沛、萧、砀等县,接近鲁、豫、皖三省边境,山岭起伏,素为盗匪出没之区。徐属八县,尤其为匪众丛集之处。(6)安徽省。该省土匪,皖北多于皖南,以其地接近苏、鲁、豫等匪势最盛之区故也。(7)湖南省。该省土匪,向在湘西;近则湘东、湘南,几于遍地皆是。(8)广东省。该省向多海盗。然平地的匪平码子、山地的匪山码子,为数也极多。此外(9)四川的神兵,以及(10)湖北天门荆门的大刀会都是巨匪。现在且举各地匪众之数已见于调查报告者于次(五年以前之数,见于《盗匪问题之研究》,现在当然变了,不知又增加了多少)。

区　　域	匪　　首	巢　　穴	匪　　众
东三省	绿林好等二十四匪首	长春榆树界等二十四处	约八千人
热、绥、察	刘喇叭等十四匪首	绥远哥白山等十四处	约万八千人
山东省			
曹州区	张得功等九匪首	曹县巨野等九处	三千七百人
兖州区	孙矮子等九匪首	东平藤县等九处	三千八百人
沂州区	徐鼻子等五匪首	临城等五处	二千四百人
胶东区	曹二虎等十四匪首	诸城等十五处	四千六百人
其　他	朱秃宝等十匪首	禹城等十处	四千四百人
河南省			
西　部	董老五等二十八匪首	豫西各县二十八处	三万余人
南　部	斐十阁王等二十匪首	豫南各县二十处	一万千余人
东　部	任大鼻子等四匪首	商丘等四县	六千余人
江苏省	任三秃子等十五匪首	丰沛等十五处	四千余人
安徽省	王珮琳等八匪首	凤台等八县	六千五百余人
湖南省	李春林等六匪首	首安化等县六处	一千三百余人
广东省	姚龙盛等六匪首	东莞等县六处	二千余人
四川省	跳针老横等八匪首	绵阳等八处	四千三百余人
湖北省	路老九等五匪首	平汉路线等五处	四千五百余人

　　上面所列，当然不甚确实。例如湖南只千余人，广东只二千余人，其谁肯信？不过单就已列出之数看，也就够令人骇怕了。其他各省，如闽之尤溪有欧阳春股二百人，永春有杨侬渠股百余人，德化有吴宗鼎股百余人。而上游如浦城、崇安、建宁、龙溪；下游如漳、汀、同、厦诸地，亦时有股匪出现。陕西凤翔有李生辉股三百人、陈树发股六百人，鄠县杨茂林股百余人。河北蓟县王俊杰、张至合二股各有千人。他如浙东沿海的海匪，浙西太湖附近的盐枭，都极著名。匪患本是中国私有土地制下独立产生出来的。但近因国际资本主义的势力侵入，农村经济加速度的破坏，生活落伍的一天一天的多起来，再加以天灾兵燹的逼迫，无业游民无限的增加；匪患遂日以扩大。土地私有制度，国际资本主义，在中国竟能造成这样的恶果！

第二节　农村崩溃中之资本主义

第一项　商业资本与农村的崩溃

由地租到商业资本　在上节里,我们从土地私有制说起,到匪患告终,其中重要之点,全在地租。土地原是公有的。自从私有以后,兼并的风气大开,结果地主与农民分为两大营垒。少数地主,占有多数人的土地,多数农民致无地可耕。地主因占有多数人的土地,于是凭其土地所有权,向多数农民榨取地租;多数农民因无土地之故,只得租种地主之土地任其剥削。收地租者一天一天的富,纳地租者一天一天的穷。贫富悬殊,是农村崩溃的第一步。地主收高额的地租,把多数的农民弄穷了;倘收去的地租,能用于农场,改进农业的生产方法,那么农村中当只有剥削与被剥削之分,尚不至崩溃得十分迅速。然地主收了高额的地租,始终不拿来用以改进农业生产,扩大农业经营的组织;专只拿去扩充土地所有权。于是收租愈多的,土地也愈多,同时农村中穷的人也愈多。所以在土地私有制之下,农村中增加了富人,并不足以表示生产之进步或农业之发达;只足以表示贫人之加多或生产之退步。少数富人的“富”,建筑在多数贫人的“贫”上面。贫人的“贫”,仅造成了富人的“富”。富人的“富”,也恰恰造成了贫人的“贫”。所以我们说:贫富悬殊,是农村崩溃的第一步。这第一步的崩溃,其原动力几乎完全是地租。地租把多数农民弄穷了,把地主的土地权扩大了,把贫富悬殊的程度加高了;到最后却又不停滞在农村里,而直接或间接与商业资本相结合,或增大商业资本。

地租之为物,无论其为现金,或为实物,总是与商业资本相结合的;迟早总是要增大商业资本的。地租要不与商业资本相结合或增大商业资本,只有化成现金埋在地下,以作闲空资本。但埋在地下,作闲空资本,经过了一定的时期,达到了一定的数量,必然会要活动起来,与商业资本相结合。所以在产业未发达的时候,商业资本在社会上占着主要的地位;地租必然的与商业资本相结合,或增大商业资本。地主收到地租,其处置之法,凡有种种:或则化成现金,埋在地下;或则以高利贷于贫农;或则用以扩充土地所有权;或则用穷奢极欲的方法消耗之;结果总必变成商业资本,或增大商业资本。(1)例如地主某甲,收到佃户某乙地租稻谷千石。家中人口,男女大小合计,假设为十人。此十人每年所食之谷,至多只百五十石。千石租谷之中,直接消耗的,只此百五十石;其余八百五十石,则必须化成另外之物;或化成奢侈的食品,或化成奢侈的衣物,或化成奢侈的用具;否则不能消耗。但在化成另外之物之先,又必须先化成货币。盖时代已不是以物易物的时代了,已不是拿着八百五十石谷去直接换取奢侈的食品或衣物或用具的时代了。要拿谷去换取另外之物,必须先拿谷向谷商去换取货币。然后拿货币向其他商人去换取所需要的各种奢侈之物。至是地租一物,凡两次移入商人之手;第一次以谷物的形式移入谷商之手,第二次以货币的形式移入其他商人之手。谷商以货币换取谷物,其他商人,以食料衣物等换取货币。谷商是靠贱买贵卖增大自己的资本的,其他商人也是靠贱买贵卖增大自己的资本的。所以地租两次入商人之手,便两次发生增大商人资本的功用。这是专指地主穷奢极欲消耗地租而言。(2)至于地主拿地租去扩充土地所有权,也一样的在增大商业资本。贫农已经贫至不能保存自己的土地所有权,而须将土地出卖;则其贫困之程度,必到了极点。其所得之卖价,必定是拿去偿债,或拿去直接维持自己的生存。偿债的部分,到了以高利贷款于人的地主或资本家之手;维持自己生存的部分,则直接或间接转入商人之手去了。一到了商人之手,便又发生增大商人资本的功用。(3)地主拿地租以高利贷于贫农,贫农以之换商品,结果也在增大商人资本。(4)若化成现金,埋在地下,似乎与商人资本绝了缘。不过埋在地下,经过了一定的时期,增加到一定的数量,又必出而活动:或则直接利用之以作商业资本;或则又以高利贷于贫农,或则又用去扩充土地所有权,或则又穷奢极欲以消耗之。或消耗,或扩充土地所有权,或以高利贷出,前面已经说过了,都有增大商业资本的功用。若直接用作商业资本,那便是地租与商业资本完全结合了。地主拿地租充商业资本,自己一面为地主,一面站在商人的地位,在农村中,是极寻常的事。在国际贸易未发达的时候,许多地主,是以地主资格而兼商人,尤其是兼作谷商。每当秋收之后,拿着往年从地租实现的现金,廉价收买谷物。到荒象发生或谷价昂贵的时候,便以高价卖出。这是地租直接变成商业资本之例。在新式产业未发达之时,银行、工厂、矿山等可以吸收巨量资本的地方,全然没有,地租一物,无处安放;为地主者,又万万不能任其闲空,长久埋在地下(现在因新式产业发达,投资的地方多了,埋现金于地下的事,差不多没有了),结果无不是直接或间接变成商业资本,或增大商业资本。因地租继续不断的变成商业资本,或增大商业资本;商业资本乃继续不断的扩大起来。商业资本的扩大,是商人与地主结合起来压迫农民,是农村崩溃的第二步(商业资本扩大,如何使农村崩溃,以下陆续说明)。

商业资本的扩大与土地兼并的盛行　　商业资本的扩大与土地兼并的盛行，有很大的作用。土地兼并由于贫富悬殊；贫富悬殊愈足以促成土地兼并。盖贫富既已悬殊；富者如欲扩大其富，只有增置土地；贫者如欲维持生活，只有把土地卖与富人。土地兼并之风，既然因贫富之悬殊而愈盛，于是农村中地主与佃户之关系，或东佃关系乃随着盛行。所以东佃关系之盛行，同时便表示土地兼并之加速。但东佃关系之所以为东佃关系，是以地租为基本的。倘东家或地主不向佃户或农民征取地租；农民或佃户同时也毫无向地主或东家缴纳地租的义务：那么所谓东佃关系，便不成立。所以东佃关系，完全建筑在地租上。地租是劳动的表现，无论其为实物或为现金，都是有分量的。许多农民，年年替地主劳动；父死子继，永不间断。那么地主所收地租的分量，必然继续的增加。农民凭劳动造出地租，尽量转入地主之手。地主凭土地所有权尽量向农民榨取地租。年复一年，农村中的出产，除维持农民牛马不如的生活以外，一概到了地主之手。地主除消耗一部分外，其余的部分则与年俱进的继续增加。这个继续增加的部分，在地主之手，地主是不会任其长久闲空的。不任其长久闲空，便只有拿去再买土地。所以地租在地主手里继续增加，同时便表示地主土地所有权可以继续扩大。但要扩大土地所有权，地租的形式，必须更换一下。至是商业资本，乃显出最大的作用，把地主方面无限增加的地租，继续不断的吸收过去，而以现金转入地主之手（有些地方地租即是现金，但也是先由商人手里来的）。地主拿着现金，又去扩大土地所有权，兼并土地。所以土地兼并之盛行，与商业资本之扩大，是相依的。

　　商业资本之渐渐扩大，土地兼并之渐渐盛行，原来都是独立的。土地兼并的风气未开之候，未必没有商业资本；商业资本未扩大的时候，土地未必不可以兼并。但土地兼并到了相当程度之时，必须商业资本扩大，始能继续兼并下去。地主所收的地租，其存余的部分可以无限的增加。增加到相当的程度，又扩大土地所有权一次。土地所有权屡次扩大之后，地租增加的速度愈大。不过土地所有权之扩大与地租分量的增加，其速度不完全是相应的；换言之，即不完全成正比例。土地所有权屡次扩大之后，因天然的土地面积有限之故，便渐渐感着不能依同速度继续扩大。而地租的分量，则因土地所有权屡次扩大之故，反加速度的增加。所以土地所有权之扩大或集中，在地主看起来，一方面可以使地价加高，不易再扩充；另一方面，则使地租太多，致无处安放。商业资本于此，恰恰调和了这个矛盾。把地主所有的无限增加的地租吸收过去。这样一来，商业资本的自身，固赖以渐渐扩大,而地主所感到的矛盾(地租增加的速度大了,扩充土地所有权的机会少了)也赖以消除。所以土地兼并到相当程度时,必有赖于商业资本的扩大;而商业资本的扩大,确可以消除土地兼并中之矛盾。讲到这里,我们可以总结说:土地兼并之风愈盛行,则东佃关系愈发达,东佃关系愈发达则农民被地主掠夺去的劳动愈多;地主掠夺农民劳动愈多,便是所收地租愈多。地租愈积愈多,则继续不断的置买土地,继续不断的扩充土地所有权。土地所有权扩充到某种程度,便发生矛盾。在一方面,地租可以无限的增加,因农民的劳动,在时间上,可以供地主无限的掠夺。在另一方面,土地却不能无限的置买,因土地的面积,在空间上是有限的,不能永远供人兼并。在这时候,地主与农民的剥削关系,靠商业资本维持。商业资本扩大,把地租吸收过去,地主乃得继续不断的掠夺农民的劳动。资本家欲继续不断的剥削劳动者,必须劳动者的剩余劳动所表现出来的剩余商品,有地方消纳;地主欲继续不断的剥削农民,也必须农民的剩余劳动(实在说,并不只是剩余劳动;因维持水平线以下的生活资料,都送把地主作地租去了)所表现出来的地租,有地方销纳。资本家的剩余商品实现为货币资本以后,如不任其闲空,则须再入生产行程之中。地主的地租实现为货币资本以后,如不再扩充土地所有权,则便直接成为商业资本或高利贷资本。所以土地兼并到一定的程度时,必然的使高利贷资本盛行,或使商业资本扩大。

商业资本吸收地租　商业资本吸收地租,凡有种种形式:一则以贱买贵卖的形式把地租渐渐转到商业资本里面去;二则地租实现为货币之后,直接充商业资本之用。(1)地租实现为货币之后,直接充商业资本之用,而不拿去作扩充土地所有权之用;这是地租直接变成商业资本。这无需多说。(2)至于贱买贵卖,也可以把地租吸收到商业资本里面来。地租之为物,无论其为实物或现金,都要转入商人之手,而与商业资本发生关系,这是无疑的。先说现金的地租罢。佃户拿现金来纳地租,是先以实物向商人交换来的。商人以货币交给佃户,换取实物,以之投入流通行程之中;佃户以实物交给商人,换取货币,以之缴于地主之手。在这种情形之下,佃户须受两层直接的剥削:一则地主的剥削,二则商业资本的剥削。地主的剥削,就是佃户依地租的名义缴于地主之手的现金。商业资本的剥削便是商人从贱买贵卖中剥削去的差数。例如佃户有稻谷一百石,每石实价本有五元;但商人向佃户购买的时候,却只出四元,于是每百石谷之中,商人便拿去了百元。这百元之中,除去运输交通,以及管理保存等等必需的费用之外,其余的便是商人剥削劳动农民的。商人这样剥削去的东西,如果加到原来的商业资本上,商业资本便因之扩大了。至于地主依地租的名义拿去的那一部分现金,也因贱买贵卖的缘故,有扩大商业资本的功用。例如地主收佃户的地租金百元。这百元之数,如须为着生活,而消耗之,那么便要直接或间接转入商人之手。地主拿着此百元,并不能直接消耗,必须向商人换取适于生活要求的实物。商人则拿实物向地主换取这百元之数。但商人是要贱买贵卖的。他拿实物换了一百元现金,却不把这百元现金如数交给实物的生产者,而要从中扣出一部分。这扣出的部分,便又可以增大商业资本的分量。上面所述,是关于以现金缴地租的。至于以实物(如稻谷)缴地租,情形也差不多;地主所收去的地租,也必直接间接转入商人之手发生增大商业资本的功用。例如地主收佃户之地租稻谷百石,地主拿着这百石稻谷向商人换取货币。假如稻谷的实价每石大洋五元,则百石谷当有大洋五百元。但商人循贱买贵卖的原则,每石只付四元给地主;转卖于消耗者的时候,每石却又得五元。这样一买一卖之间,每百石谷之中,商人恰恰剥削去了百元。这百元之数,如要加到原来的商业资本之上,便也可以增大商业资本。不过这百元之数究竟是剥削谁的,还有一点疑问。明明地主拿百石谷向商人换取货币,照实价应得五百元,但商人只给四百元:百元的差数似乎是商人向地主剥削的。不过这里我们应当明白:地主是没有东西给人剥削的。地主的百石稻谷,不是自己的劳动造成的,而是佃农的劳动造成的。商人从地主应得的五百元谷价之中扣去百元,似乎是剥削地主,实则是与地主共同剥削农民。假如商人不扣去这百元,则地主可减少价值百元的租谷。既扣去这百元,则地主便向佃农加收价值百元的地租。至此我们可以总括一句说:地权集中,则地主直接向农民剥削;商业资本扩大,则商人间接向农民剥削。中国历史上限制豪强兼并土地,同时又限制富商大贾贱买贵卖,其理由据说都在重农。不过限制自限制,历史上土地所有权的集中,商业资本的扩大,农民受地主商人的双重剥削,并未受限制政策的丝毫影响。到今日中国原来的商业资本复与国际资本相结合;于是中国农人所受的剥削由双重的变到三重的了:原来只受地主、商人双重的剥削,现在则须受地主、商人、国际资本主义者三重的剥削!我们前曾说过:贫富悬殊(即土地所有权集中)、是农村崩溃的第一步;商业资本的扩大,是农村崩溃的第二步;现在可以加上一句说,国际资本主义的侵入,是农村崩溃的第三步。这第三步,且在下面徐徐述之。现在且把关于商业资本之扩大的两件另外的事先为一述。两事者即货币数量的增加与生产品之地理的差异。

货币数量的增加 由上所述种种看来,我们可以知道:地租是必然要与商业资本发生关系的;地租聚积在地主之手,地主直接消耗不完,必然流入商人之手,商人依贱买贵卖的原则,以地租为商品,扩大自己的商业资本。商业资本的扩大与土地兼并的盛行两者渐渐由分立而互相依靠;土地愈被兼并,地租的数量愈增加,商业资本也愈易扩大。商业资本扩大了,货币的数量也随着增加。因为商业资本扩大了,交易发达了;交换老早就不是直接的,不是以物易物;那么必然会要增加货币的数量。中国货币数量的增加,据陶希圣研究的结果,有如下之四项:(1)自汉到南朝,是用五铢钱。历朝累积的结果,江南一带钱额很多。"五胡"乱华的时候,北方的钱极少,差不多是现物交易。(2)唐统一币制以后,钱额与朝俱增。五季到宋,都增加钱额。(3)钱币发达的结果,于是发生了纸币。蒙古虽本不用钱币,但一入中原,便用钞法。钞法到明,更走入极端。清代,是银、钞、钱并行。(4)而市场上银的数量,自宋以后,更逐渐增加(参看《新生命》第一卷十二号《中国官僚及军备之社会史的观察》一文)。满清时并行银、钞、钱,直到民国还是一样。银以银锭为最通行。凡全国一般贸易及缴纳租税,都可用银锭。惟银锭之铸造,由民间私铸,其成色、大小、轻重,无一定限制;故授受之际,须检察成色、重量。银锭计分三种:即元宝、中锭、小锭是也。这三种是主要的银锭。此外还有所谓碎银、银块、碎元宝等。银锭在银圆未通行以前,使用最广。自银元通行以后,银锭、银圆并行。钞在清同治、咸丰间,曾有钞贯、宝钞等之发行。清末,外人在上海、天津等处设立银行,发行纸币,商人取其轻便,争相使用。国人眼见外人纸币盛行,利权外溢,乃组织大清、通商、裕苏、裕宁等银行发行纸币,通行市面。光绪末年,直、奉、吉、黑、鲁、豫、晋、苏、皖、闽、浙、鄂、赣、湘、秦、陇、川、热、桂、热河等处,次第设立官钱局;又令户部及邮传部筹办大清(后改为中国)、交通两银行,以为兑换铜圆,及发行纸币之枢纽;更颁布银行则例,许官商所设各银行号,得发行银钱票。自是以后,纸币在中国盛行。据民国二年的调查,各省发行纸币数,共有一四五、五七四、一六五元!民国三年的调查,各省发行纸币数:计纸币发行额共一六二、九二〇、五五七元!折价额一一三、四一九、五九七元。又据民国六年的调查,各省官银行号发行纸币总计如下表。

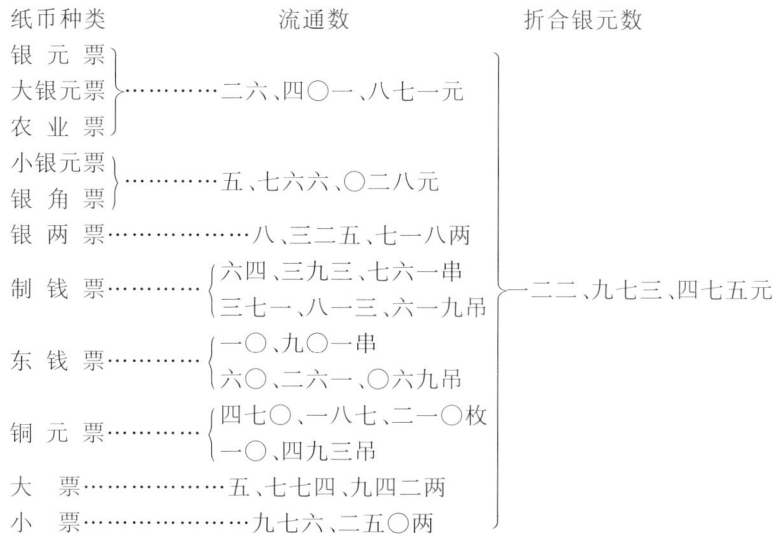

纸币种类	流通数	折合银元数
银元票		
大银元票 }	二六、四〇一、八七一元	
农业票		
小银元票 }	五、七六六、〇二八元	
银角票		
银两票	八、三二五、七一八两	
制钱票 {	六四、三九三、七六一串 / 三七一、八一三、六一九吊	一二二、九七三、四七五元
东钱票 {	一〇、九〇一串 / 六〇、二六一、〇六九吊	
铜元票 {	四七〇、一八七、二一〇枚 / 一〇、四九三吊	
大票	五、七七四、九四二两	
小票	九七六、二五〇两	

　　这还只是一部分的数目,其量也就颇大。至于钱的铸造,就制钱说,则在顺治初年,曾铸有二百万缗,后改为三十万缗;康熙时增为三十八万缗;雍正九年,达百万缗;嘉庆五年,竟达二百五十万缗;道光年间,均依此额铸造。至洪、杨事起,各省官钱局乃废止铸钱。但制钱虽然停铸,而制钱的需要却日甚一日。价格也一天一天的增高。政府乃仿照外国辅币之例,鼓铸铜元。

　　　　光绪三十年的调查,已铸成铜元十七亿枚。

　　　　光绪三十一年,竟达四十五亿枚。

　　　　同年十二月调查,忽增至一千〇七十亿枚,

　　　　光绪三十二年一月增至一千一百亿枚。(参看《中国年鉴》)

　　铸造的速度如此之快,商业上乃受铜元价格低落之影响,各地商民乃请求政府禁止滥铸。由上种种观之,货币数量的增加,异常迅速。货币数量的增加在中国不是表示生产的发达,只是表示商业的发达。自从国际资本主义侵入以来,国际资本,与中国原有的商业资本,互相结合;在中国境内,把商业更推进了。商业更推进了,商业资本也更扩大了。于是外国的制造品,中国的原料品,凭着伟大的商业资本互相流转;农民于此,所受的剥削,也更加利害了。

　　生产品之地理的差异　商业的发达,把商业资本扩大了,货币的数量,也因之与年俱增;但商业发达,须要靠交换的发达。交换的发达,又要靠生产品之地理的分布之不同。假如遍全国或全世界任何处的农产品或手工业品或机制工业品都是一样的,那么交换便无从发生,商业也无从发达。中国原有的商业之发达,是由于国内各处出产之不同;至于最近对外贸易的发达,更是由于各国出产之不一致。中国各地出产之不同,我们可以举米、丝、茶、棉等物为例。米之出产,以浙江、江苏、安徽、江西、湖北、湖南、四川七省为最富。每年的出产量,据《中国年鉴》所载有如下表:

省　名	产量(单位石)
浙　江	二五、九五一、五〇〇
江　苏	二〇、五九六、三七五
安　徽	三三、六六四、五〇〇
江　西	三七、四四四、八三六
湖　北	三一、二八六、二五〇
湖　南	四四、二二三、九四六
四　川	三三、三五一、六六二
总　计	二三二、五一九、〇六九

各省之中,某些地方,产量特别多些。例如浙江,便以绍兴地方、嘉兴地方、嘉善地方、杭州地方、平望地方、湖州地方、硖石地方、钱塘江地方,产量为最多。江苏便以苏州地方、昆山地方、黎里地方、同里地方、芦墟地方、金泽地方、平望地方、莘裕地方、常熟地方、无锡地方、南湖地方产量为最富,其他五省,又无不各有其产量特别富裕的地方。丝之出产,以江苏、浙江、安徽、湖北、湖南、四川、山东、河南、广东等省为最富,据一九二〇年到一九三〇年的英文《中国年鉴》所载,有如下表:

省　名	蚕茧石数	全量中之百分数
江　苏	三五〇、〇〇〇	一〇・五
浙　江	一、〇〇〇、〇〇〇	三〇・〇
安　徽	三〇、〇〇〇	〇・九
湖　北	一〇〇、〇〇〇	三・〇
湖　南	二〇、〇〇〇	〇・六

省　　名	蚕 茧 石 数	全量中之百分数
四　　川	六〇〇、〇〇〇	一八・一
山　　东	六〇、〇〇〇	一・八
河　　南	一〇〇、〇〇〇	三・〇
广　　东	一、〇〇〇、〇〇〇	三・〇〇
其他各省	七〇、〇〇〇	二・一
合　　计	三、三三〇、〇〇〇	一〇〇・〇

　　茶之生产区域,自北纬二十三度至三十二度之中国中部及南部,都盛产茶。如江苏、安徽之南部,湖北之南部,湖南、江西、福建之全部,四川、贵州、云南之北部,都为茶之重要生产地。就地势言,南岭大山支脉之大小丘陵及其倾斜地,尤其适于种茶。就省份言,湖南、湖北、江西、安徽、福建、浙江六省茶业最盛。至于棉之产地范围最广,全国各省产棉最多的,凡有十四省,尤以北平、山东西部、河南、湖北、江苏、浙江等省为最。由上述米、丝、茶、棉四例看来,我们便可以知生产品之地理的差异了。由这地理的差异,便产生交换的必要。由交换的必要,发生盛大的商业;在盛大的商业中,乃形成盛大的商业资本。各种生产品之地理的差异,有这盛大的商业资本为之均衡;于是各地居民乃感觉需要与供给之能相适应。各地需要与供给愈能相适应,商业资本扩大的速度转愈缓慢。换言之,生产品之地理的差异愈弄得均衡,商业资本愈少扩大的机会。到了这时候,若没有另外的成分加入,一般的经济情形,便暂时维持着平衡。若一旦有另外的成分加入,便由平衡的情形转入变动的状态。中国近年以来,经济的变动大极了。究竟由于一种什么另外的成分? 帝国主义的商品是也。

　　帝国主义的商品　中国几千年以来经济的变动,虽然也有;但是慢极了。直到帝国主义侵入,便根本变动起来。帝国主义者挟其剩余商品,尽量的向中国输送。中国商业资本,乃得了一个活动的新机会。中国商业资本,原来是因国内生产品之地理的差异而活动的。自从帝国主义侵入,乃与帝国主义的商品资本,发生关系,而活动于中国与外国之间。这样的活动,现正加速度的扩大。因目前中外生产品之差异非常的大,外国输入的是工业品,且是机制品居多;中国输出的是农产品,且是原料品居多。这个差异愈大,中国的商业资本活动的新机会愈多。

　　帝国主义商品之输入,我们直接间接讲过许多次。在第一章第二节讲中国商业之失败时,曾经讲过,且列有一个历年输出入货物价值比较表,可以参看。在第二章第二节第一项讲商业的发达时,更曾详细讲过,且列有几个详细的表可供参考。兹为明显计,更列举一些事实以见一般。且举自民国元年至十年七大类物品(洋药类、棉货类、绒棉货类、绒货类、杂货匹头类、五金及矿石类、杂货类)输入价值(单位海关两)总计例如(参看《中国年鉴》一六三七页)。

年　　　别	七大类物品输入价值总计
民国元年	四七三、〇九七、〇三一
民国二年	五七〇、一六二、五五一
民国三年	五五七、一〇九、〇四八
民国四年	四五四、四七五、七一九
民国五年	五一六、四〇六、九九五
民国六年	五四九、五一八、七七四
民国七年	五五四、八九三、〇八二
民国八年	六四六、九九七、六一〇
民国九年	七六二、二五〇、二三〇
民国十年	九〇六、一二二、四三九

　　上列的只是七大类物品输入价值总计,七大类物品之外没有计入的尚不知有多少。又在这十年之内英、美、日三国输入品价值(单位海关两)比较有如下表(参看《中国年鉴》一六三八页):

年　　别	英　　国	美　　国　檀香 山附	日　　本　台湾 附
民国元年	七四、八五六、一九六	三六、一九七、六七一	九一、〇一六、六五二
民国二年	九六、九一〇、九四四	三五、四二七、一九八	一一九、三四六、六六二
民国三年	一〇五、二〇七、五八〇	四一、二三一、六五四	一二七、一一九、九九二
民国四年	七一、五五八、七三二	三七、〇四三、四四九	一二〇、二四九、五一四
民国五年	七〇、三五三、〇二九	五三、八二三、七九九	一六〇、四九〇、七二〇
民国六年	五一、九八九、一三五	六〇、九六〇、七七七	二二一、六六六、八九一

年　别	英　国	美　国 檀香山附	日　本 台湾附
民国七年	四九、八九〇、二九三	五八、六八六、〇四四	二三八、八五八、五七八
民国八年	六四、二九二、二三九	一一〇、二三六、七〇六	二四六、九四〇、九九四
民国九年	一三一、七一九、九五二	一四三、一九八、九六二	二一九、一三五、八六六
民国十年	一四九、九三五、六一五	一七五、七八九、六五二	二一〇、三五九、二三七

帝国主义的商品这样大量的加速的输入，中国的农业品原料品当然也有多少输出，否则交易不能成立。不过中国的输出总抵不过帝国主义的输入。因此中国对外贸易，差不多年年是入口价值超过出口价值。这在第一章第二节及第二章第二节也曾详细讲过了。兹再举最近（民国十二年、十三年、十四年、十五年、十六年）对英、美、日三国贸易情形（中国的输出，各国的输入，出入总计，入超情形四项）列表于下（单位海关两）：

国别 年别	中国与英国	中国与美国	中国与日本
十二年	自英入中　一二〇、三九七、二二九 自中入英　四三、二〇七、一三〇 总计　一六三、六〇四、三五九 入超　七七、一七〇、〇九九	自美入中　一五四、四四七、六五一 自中入美　一二六、八〇三、七七二 总计　二八一、二五一、四二三 入超　二七、六四三、八七九	自日入中　二一一、〇二四、二九七 自中入日　一九八、五一七、三四六 总计　四〇九、五四一、六四三 入超　一二、五〇六、九五一
十三年	自英入中　一二六、〇一一、〇二五 自中入英　五〇、二五〇、八五一 总计　一七六、二六一、八七六 入超　七五、七六〇、一七四	自美入中　一九〇、九五六、九四二 自中入美　一〇〇、七五四、四一一 总计　二九一、七一一、三五三 入超　九〇、二〇二、五三一	自日入中　二三四、七六一、八四三 自中入日　二〇一、一七五、九二六 总计　四三五、九三七、七八九 入超　三三、五八五、九一七

国别＼年别	中国与英国	中国与美国	中国与日本
十四年	自英入中　九三、一三七、七七七 自中入英　四七、六四三、一八五 总计　一四〇、七八〇、九六二 入超　四五、四九四、五九二	自美入中　一四二、五一三、四二二 自中入美　一四三、一五三、一二九 总计　二八五、六六六、五四九 出超　六三九、七〇七	自日入中　二九九、七五七、六一一 自中入日　一八六、三三七、〇三七 总计　四八六、〇九二、五四八 入超　一一三、四二〇、五八四
十五年	自英入中　一一六、二六九、四一九 自中入英　五五、八三五、七八三 总计　一七二、一〇五、二〇二 入超　六〇、四三三、六三六	自美入中　一八七、六四七、〇八六 自中入美　一五〇、一一三、一〇三 总计　三三七、七六〇、一八九 入超　三七、五三三、九八三	自日入中　三三六、九〇九、四四一 自中入日　二一一、七四〇、八八九 总计　五四八、六五〇、三三〇 入超　一二五、一六八、五五二
十六年	自英入中　七五、〇七二、三九四 自中入英　五七、九九一、一六九 总计　一三三、〇六三、五六三 入超　一七、〇八一、二二五	自美入中　一六六、七九三、六九〇 自中入美　一二一、七五二、六五八 总计　二八八、五四六、三四八 入超　四五、〇四一、〇三二	自日入中　二九三、七九三、七六〇 自中入日　二〇八、八三八、八一〇 总计　五〇二、三六二、五七〇 入超　八四、九五四、九五〇

上表系依据一九二九到一九三〇年英文《中国年鉴》一五六页到一六四页上之表造成。由这表我们便可知道中国对英、美、日等大国的贸易情形是怎样的了。上表中，只民国十四年中美贸易里，中国输入美国之数，超过了美国输入中国之数。然为数仍极小。其余则概是各国的输入，超过中国的输出。

国际贸易中的商业资本　帝国主义的商品，是这样大量的加速的输入，中国的商业资本与之接触，遂得着一个活动的新机会。中国商业资本，原来是在国内活动的。但国内各地供给与需要达到最相适应之时，商业资本继续扩大的机会渐渐小了。一旦帝国主义的商品输入，商业资本乃由国内活动移到国际上活动。

更因中外生产品之不同(中国的是农业品是原料,外国的是工业品是制造品),商业资本又复继续扩大。其扩大的情形仍与完全在国内活动时一样,仍是依贱买贵卖的原则,直接或间接剥削生产的劳动者。假如中国对英贸易,英国以工业品输入中国,中国以农业品输入英国;无论入超或出超,或平衡;商业资本,都可以依贱买贵卖原则而渐渐扩大。如出入相抵,完全平衡,英帝国主义者以价值千元之工业品,换中国价值千元之农业品。中国商人于此,却可乘机扩大其商业资本。他以千元现金,换取英帝国主义者价值千元之工业品以后,售于中国之消耗者时,则取价千二百元。这多出的二百元,便可投入流通行程之中扩大商业资本之量。再者他以八百元现金收买农人的农业品;售于外人时,则得现金千元,又多得二百元。这二百元也可以投入流通行程之中,扩大商业资本之量。所以出入共计两千元的贸易之中,商人竟可乘机博得四百元以扩大自己的商业资本。这只是就出入相抵的情形而言。至于出超的时候,也是一样。如英国输入品之价值只九百元,中国输出品之价值有一千一百元,出超二百元。中国商人于此也可以乘机扩大自己的商业资本。他以九百元现金换得英之输入品,售于中国之消耗者,可以取价千一百元。他以中国农民所生产出来的农业品换得英人一千一百元现金,却只给九百元于生产的农民。综计所得多余之数,也有四百元,也可用以扩大自己的商业资本。至于入超的时候,还是一样。例如英国输入货物价值之数为一千一百元,中国输出货物价值之数为九百元。出入相抵,入数超过出数二百元。这二百元,就是英帝国主义者自中国农民身上剥削去的。但除去这个剥削之外,中国商人,还可以参加剥削,而扩大自己的商业资本。他拿一千一百元现金换得英国货物,卖给中国消耗者,可以取价千三百元。他以价值九百元的中国货物换英人现金九百元,却只以七百元给货物的出产者。所得多余之数还是四百元。这四百元当然也可以扩大自己的商业资本。不过中国对贸易,如果是入超,那么中国农民所受的剥削更大了:商业资本的剥削一也,帝国主义的剥削二也。然事实上几十年以来,中国对外贸易总是入超,所以中国农民总是受着帝国主义的剥削及中国商业资本的剥削。假如农民是佃农,则须受三重的剥削:地主的剥削、商业资本的剥削、帝国主义的剥削是也。

　　商人阶级的发达　帝国主义的商品侵入,中国对外的贸易发展,中国原来的商业资本得了活动的新机会,得了扩大的新机会;于是商人阶级(阶级两字用在这里,实在不妥,但一时未想到更适当的字),乃因而发达。商人阶级的发达,可以历年商会及会员的数目表明之。计民国元年至七年商会数及会员数逐年增加

状况有如下表(参看《中国年鉴》一五四三页):

年　　别	商　会　数	会　员　数
民国元年	七九四	一九六、六三六
民国二年	七四五	一九二、五八九
民国三年	一、〇五〇	二〇三、〇二〇
民国四年	一、二四二	二四五、七二八
民国五年	一、一五八	一九三、三一四
民国六年	一、一四八	二〇六、二九〇
民国七年	一、一〇三	一六二、四九〇

　　上表所列,只是一部分的情形,且未分别省区。若分别省区而论,则新式商业发达较早的省份,商会及会员增加的速度颇小,例如江苏民国元年商会之数七二,会员数二二、四一八。民国七年商会数只七六,会员数也只二七、二二〇,增加之速度极小。又如浙江,民国元年,商会数七六,会员数一六、九三七。民国七年,商会数虽增到了九二,而会员数却减少了,只一四、四五三。新式商业发达较早的省份,新式商人突增的时期,已过去了,故民国初年,商会及会员的增加颇迟缓。若新式商业发达较迟的地方,新式商人突增的时期未过,商会及会员的增加,在民国初年颇为迅速。例如山西,当然是新式商业发达较迟的地方;民国元年,商会数只二八,会员数也只四、二二〇。民国七年,商会数竟由二八增到一〇四! 会员数也增到了七、八七八! 又如安徽,民国元年,商会数只一七,会员数也只二、九四三。民国七年,商会数竟由一七增到六五,会员数竟由二、九四三,增到一三、六八四! 我们只举这几个例,便可以推想其余的了。再就商业公司逐年增加的情形看,也可以推知新式商人阶级之逐年发达。计民国元年至民国七年商业公司逐年增加之数有如下表(参看《中国年鉴》一五九一页到一五九三页):

年　　别	商业公司之数(只是在农商部注册的一部分)
民国元年	一三一
民国二年	一五一
民国三年	二〇一
民国四年	二〇二
民国五年	五三二

《中国年鉴》上所列，尚有六年、七年之数，但都不完全，都遗落了一些省份。商业公司数目之增加，不独表示商人阶级之发达，且可以表示中国商业资本之日积日厚。新式商人阶级发达了，对于中国有什么影响？这正如轮船、火车一样。中国有轮船、火车，一方面把帝国主义的剩余商品运送给国人消耗；同时又把中国农业品运送给帝国主义者，以维持资本主义的生产。中国的文化，固然因此增进了不少；中国的地位，却也完全因此转到帝国主义支配之下去了。新式商人，在一方把帝国主义的商品，运送给国人消耗，在另一方面又把中国的农业品运送给帝国主义者，以维持资本主义的生产。其促进中国的文化，贬损中国的地位，把帝国主义的势力源源不竭的引入较轮船、火车为更甚。所以在帝国主义的势力支配中国的时候，轮船、火车、新式商人，都有帮助帝国主义发展在华势力之功用。

手工业的崩溃　新式商人阶级发达了，原有的商业资本扩大了，且由国内的活动移到国际的活动了。帝国主义进来了，于是中国的手工业开始破坏。中国商业资本在国内活动未与帝国主义的商品接触之时，其力量虽也伟大，但其功用始终只在国内的流通行程之中；始终只在农业品与农业品、手工业品与手工业，或手工业品与农业品的互相交换之中。所占的地位虽重要，然尚没有破坏手工业之处。反之，且赖手工业之存在，而始繁荣。国内所有的手工业品、农业品固然赖商业资本的活动而行交换，同时商业资本自身的活动也必赖有手工业品、农业品等等之交换乃能久长，所以原来的商业资本，不是破坏手工业的，且是维持手工业的。一旦由国内活动移到国际上来活动，与帝国主义的商品相接触，情形就不同了，就渐渐代替帝国主义来破坏中国的手工业。就代替外国的资本家来压迫中国的手工业者。因之中国的手工业乃渐渐崩溃。自从帝国主义的商品侵入中国以后，中国的地主、土豪、官僚以及一切中产以上的人家，都争着用帝国主义的商品。他们既都争着用帝国主义的商品去了，剩下只有一班穷人还用手工业品。手工业品制造虽艰难，然价值比舶来品总要低些，所以穷人尚能勉强购用。帝国主义的商品制造虽极容易，然价值总比手工业品要高些。只有地主、土豪、官僚以及一切中产以上的人家可以购用。地主、土豪、官僚以及一切中产以上的人家，因榨取了穷人的利益，购买力大，可以用舶来品；一班穷人因受了层层的剥削，购买力小，只能用手工业品。用舶来品的，因购买力大，消耗及需要都大；用手工业品的，因购买力小，消耗及需要都小。情形如此，手工业便不得不崩溃下去。例如桐油，是最有名的手工业品；在从前，几乎全是作点灯用。但现在有煤油了,且有电灯了,用得起煤油的,当然用煤油;再富的当然用电灯。于是桐油成了不能行销的钝货。乡下贫苦的农民虽仍愿用桐油以点灯;但手工业者因行销不动之故,却不愿制造了。又如土布,也是最有名的手工业品。从前无论贵贱都用土布以作衣料。但自西洋呢绒匹头输入以后,中产以上的人家,都争购西洋匹头作衣料,而不屑用土布。至是土布又成了行销不动之物。乡下贫苦农民虽愿土布,而织布之手工业者,却因行销不动之故,不愿再织了。许多手工业,都是这样崩溃下去的。

生活程度之提高与贫民生活之落伍　　手工业之崩溃,凡代表好几种事实:(1)帝国主义商品输入之增加,(2)中产以上的人家争用洋货,(3)手工业者自己生活之走入绝境,(4)全国贫人被迫而为帝国主义的消费者。至是农村中人,勉强可以生活的,生活程度提高了,都要为帝国主义者销纳剩余商品。生活极困难的,便完全落伍,流而为兵匪,为游民。于是农村中剩余人口,一天一天的加多。生活已经落伍了,不为兵匪,或不逗留农村中作游民的,便脱离农村,逃到别处另谋生计。于是农村中乃发生农民离村的事。日人矢田忠夫谓中国农村人口的离村,是古已有之的事,到了现在,依然是流行着这一回事,他且根据许多地方的事实作成了一个农民离村表如次(参看《中国农民问题与农民运动》一八四页):

地　　名	全人口(被调查之数)	离 村 人 数	离 村 率
江苏仪征县	二、〇八四　人	三〇　人	一·四四　％
江苏江阴县	三、四一四	八〇	三·三四
江苏吴江县	一、三七三	六七	四·八八
安徽宿县	三、四七八	一〇五	三·〇二
山东沾化县	五、八五七	五一二	八·七〇
北平遵化县	九、〇八五	二四一	二·六五
北平唐县	六、一七七	二八一	四·五五
北平邯郸县	四、二三六	七七	一·八二
北平盐山县	八〇三	七〇	八·七二
浙江萧山县	一〇、三五五	七九五	七·五八

中国农民的离村,真是古已有之的事:历代的所谓匪患,便是离村农民构成

的。本章第一节末了所述"自古已然,于今更烈的匪患"即是实例。地租的高压,可以逼迫农民离村;商业资本及帝国主义的高压,更可以逼迫农民离村。农民离开了农村,除为兵匪以外,便跑到都市上寻找工作。各都市上近年以来的苦力、运输工人、码头工人、人力车工人以及其他等等执苦役的,都是从农村中跑来的。地租逼迫农民离村,帝国主义藉中国的商业资本为媒,把中国的手工业毁灭,把中国一般人的生活程度提高,把中国农民弄到日益贫穷化,结果也逼迫农民离村。再加以不可测度的天灾兵燹,制造出许多灾民。于是离村的更多了。灾民在中国也是古已有之的事:因为中国农村中的生产方法,几千年以来进步极少,防御天灾的办法,全付阙如,偶有天灾,便可使农民流离失所。若连年不断的天灾兵燹,当然要制造出许多灾民。最近中国灾民之数,其已经调查过的部分,曾有人列成下表(参看《中国建设》第一卷第一期七九页):

省　别	灾　民　人　数
陕　西	一二、五三〇、〇〇〇　人
甘　肃	四、八五四、九〇五
河　南	一一、〇〇二、〇〇〇
河　北	一〇、〇六二、五〇〇
山　东	三、七二〇、〇〇〇
山　西	四八〇、〇〇〇
绥　远	四〇六、〇〇〇
察哈尔	一、二〇〇、〇〇〇
江　苏	二〇八、三五〇
广　东	二四五、〇〇〇
湖　南	四、六三〇、〇〇〇
湖　北	五〇〇、〇〇〇
浙　江	二〇〇、〇〇〇
江　西	六、五二〇、〇〇〇
合　计	五六、五五九、〇〇〇

这十四省灾民的数量,已达五千六百余万。号称富庶之区的江浙,也各有二十万以上的灾民。其他未列的省份,决不能说没有灾民。所以再集合别省的灾

民计算,中国的灾民,总在一万万以上！美国近来有失业人口五百万,英国有二百万,德国有三百万,便都成了空前的大问题。我国单只灾民一项,便可以有一万万以上,便可以占全国人口四分之一以上,这不能不算是空前的大问题了。

第二项　农村崩溃以后的生产事业

农村崩溃总论　由上所述种种看来,中国农村算是已经崩溃了。其所以崩溃的原动力,可大别之为二,一则纵的势力,即历史上传下来的土地私有制度。另一则横的势力,即帝国主义的侵略。自土地私有制盛行,土地兼并之风气便日盛一日。结果少数地主占了多数农民的土地,因之发生东佃关系。东佃关系之存在以地租为唯一之条件。地主向农民(佃户)征收高额的地租,农民长年为地主制造财富,自己则过牛马不如的生活。于是农村中剩余的生产品完全集中于地主之手,地主拿着多量的剩余生产品,又不用以改进农业的生产,反直接间接以之投入商业资本之内,或被吸收于商业资本之内。商业资本至是与地租结了不解之缘:商人与地主乃成了压迫农民的两个同伴。农民受压迫,倘农业的生产方法改进了,农村尚不至继续不断的崩溃下去。乃地主收了农民高额的地租,不用以改进生产方法;农民则因纳地租太多,无力改进生产方法。因此农村中尽管富者日富,地主之财产尽管日积日厚,而农村的总财富并没有增加,且日以减少。结果多数农民生活落伍,农村全部崩溃。这是就历史上传下来的破坏农村的势力而言,其结果是如此。

自从帝国主义的势力侵入中国以后,其剩余商品乃源源不竭的输入。更藉中国原有的商业资本为媒,将此等源源而来的商品直接送达中国的消耗者。帝国主义的商品较中国原有的手工业品为优良,这是三尺童子都相信的。于是一般中产以上的人家,以及地主、土豪、贪官、污吏、军阀等因括了农民的财富,有资格用舶来品。乃不惜用巨金购用帝国主义的舶来的剩余商品。结果手工业崩溃,手工业者生活落伍;贫农因手工业的崩溃,迫不得已也要用舶来品,因之生活程度提高。至是凡生活无法维持的,便相率脱离农村,或为兵,或为匪,或为游民,或到都市上当苦力,农村因此加速度的崩溃。就农村被帝国主义的势力所破坏的这方面言,其结果又是如此。

历史上的势力,几千年以来就在破坏农村;帝国主义的势力侵入,乃与历史上的势力相结合,加速度的破坏农村。这时候中国人乃分两途与全世界两个阶级的人相结合。全世界的两个阶级:即俗所谓资产阶级与无产阶级是也。真正的分别,未必有如此的整齐,但大体这两个阶级在社会上占着主要的地位。资产阶级榨取无产阶级的剩余劳动以自肥,无产阶级则长年在资产阶级高压之下,过其辛苦的生活。帝国主义的势力与历史上传下来的势力结合以后,向来压迫农民的地主、土豪、贪官、污吏、军阀以及其他等等压迫农民的分子,都与帝国主义的资本家、买办、银行家、富商大贾、公使领事以及其他一切直接间接替资产阶级做工具的人互相结合。向来被压迫的农民,与各资本主义国里的无产阶级同处于一种命运之下,也有互相结合的趋势。中国农民生产原料,各帝国主义国内的工人从事制造。于是中国的农民成了全世界经济网里面的分子,而不是生产的单独的中国农民了。

农村崩溃后的生产事业　历史上传下的势力,可以使农民生活落伍;帝国主义侵入的势力,也可以使农民生活落伍。生活没有落伍的或则正在压迫人,如地主之类;或则正在被人压迫,如现尚在农村中的农民。已经落伍的,或为兵,或为匪,或为灾民,名目不一。这批人构成了今日中国社会问题的中心。这批人的数目与年俱增。农村受了历史上传下的势力及帝国主义侵入的势力双重的压迫,崩溃的速度加大了,生活落伍的分子必然的与年俱增。如前述灾民之数,若全国合计,可以多至一万万以上,几乎占全国人口的四分之一。再加以兵匪,那么中国目前只消耗而不生产的分子真多到可以了。这种不生产的分子原是历史上的势力及帝国主义的势力造成的。但既经造成了,便又成了破坏农村的新动力。历史上的势力与帝国主义的势力之破坏农村,是渐进的,这种因被压迫以致生活落伍的不生产的分子,其破坏农村,是突进的,这种分子之继续增加,是中国社会问题的中心;这种分子之收容或安插,是解决这中心问题的第一步。

怎样收容或安插这种分子呢? 在目前唯一无二之法,只有发展生产事业。中国农村中生活落伍的分子是地租和商业资本造成的;要收容或安插他们,只有发展生产事业。地租之为物可以使农民生活落伍,商业资本在帝国主义侵入之后,更是加速度使农民生活落伍的。农民生活既已落伍,感着无处安插的时候,或将要落伍,感着无退步的时候,只有发展生产事业才是唯一无二的救济之法。地租加高,并不是农村中生产发达,只是农村中财富集中。财富集中,少数富者,日见其富;多数贫者,日见其贫。贫到最后,中农变佃农,佃农变雇农,雇农变游民,游民变兵匪。于是生活落伍的不生产分子多了。商业资本发达,商人帮助地主压迫农民;自帝国主义侵入以后,中国原来的商业资本与帝国主义的剩余商品接触,手工业破产,一般的生活程度加高,因此生活落伍不生产的分子也多起来。这班生活落伍不生产的人,只有发展生产事业,把他们吸收过去;由生活落伍变到生活安全;由不生产变到能生产,才是正当的办法。否则只有任其为兵匪,任其为游民,任这个中心的社会问题日渐扩大以至于不可收拾。再者,地租加高,商业资本发达,农村崩溃,生活落伍的一天一天的众多,结果人浮于事,劳动价格低廉。劳动价格低廉是大家所共晓的事。其所以低廉的缘故,只是由于农村的崩溃。农村崩溃,固然是由于地租与商业资本。然最近几十年来,加速度的崩溃,则完全是由于帝国主义。帝国主义之侵略,始则用剩余商品,继则用财政资本,把中国农村弄到完全崩溃的地步,生活落伍者一天一天感着无处安插,劳动价格当然低廉极了。于是帝国主义者又乘机挟着雄厚的资本直接到中国来兴办工业,发展生产。帝国主义者把剩余商品、财政资本移到中国来,只是使大多数贫苦农民生活落伍。大多数贫苦农民生活已经落伍了,又复扩充生产事业把他们吸收过去。使中国人失业的是帝国主义者,使中国人有业的又是帝国主义者,至是帝国主义者遂完完全全操了中国人生死存亡之权。由上种种看来,中国目前吸收生活落伍的分子的凡有两大势力:一则国内兵匪的集团,二则帝国主义的生产资本。国内连年战事不绝,军队的集团,不断的扩大,事实上吸收了不少生活落伍不生产的分子。军队的集团扩大,固然可以吸收生活落伍的分子,但同时也可以使盗匪的集团日益扩大。盗匪的集团扩大,又可以吸收许多生活落伍的分子。所以兵匪两种集团,合起来是吸收生活落伍的分子的一种大势力。帝国主义把生产资本直接移到中国,在中国兴办大工业。在中国境内扩大资本主义的生产制度,也是吸收生活落伍的分子的一种大势力。不过兵匪的集团自身就是生活落伍的,就是不生产的;再把生活落伍的不生产的分子吸收过去,结果只有把中国变成一块荒地。帝国主义的性质,却不同了。倘任其在中国尽量发展产业,把生活落伍的分子吸收过去,的确可以减少许多荒象;但所谓中国也者,必因此完全灭亡。目前中国生活落伍的分子,不为兵匪,便为帝国主义的奴隶;不为帝国主义的奴隶,便为兵匪。想要在这两者之间找出路,只有自己发达产业。在各国,产业发达都足以破坏农村;在中国,则农村早已被地租、商业资本及帝国主义的商品破坏完了,农村既已破坏完了,所有因农村破坏而发生的剩余人口,只有靠产业发达,始有地方立足。所以生产事业在中国农村破坏之后,有其特别的功用。

选自周谷城《中国社会之变化》第三章

新生命书局一九三一年出版

一部斗争的中国史

中国几千年的历史，几乎完全是斗争的事迹所造成。自有史的时候起，一直到今日止，充满全历史的只是斗争。且自今以后，当然仍只有更剧烈的斗争。现在为叙述方便起见，且分作下面的几个时期，各期斗争的主要形式，一并举出。第一期是由种族斗争到阶级对立，或由横的斗争到纵的斗争的时期，秦以前属于这一期。第二期完全为阶级对立的局面或纵的斗争所占据，自秦至清末鸦片战争时属于这一期。第三期则是由阶级对立到新的种族斗争，或由纵的斗争，到另一种横的斗争的时期，自鸦片战争到现在属于这一期。第四期由新的种族斗争到新的阶级对立，或由横的斗争到另一种纵的斗争，自今以后，属于这一期。照我这样看来，全部历史中，几乎只有斗争，而没有和平，未免与事实不合。不过我也晓得，历史上常有和平的时候；但和平的时候，都只是准备战争的，实在就是战争的另一面；因此谓全部历史都是斗争史并无不可。不过要折服这种讲法，也很容易，且可以举出同样充分的理由。谓和平是准备斗争的，既然可以说得过去；难道谓斗争是酝酿和平的，就说不过去吗？历史上大乱之后，不是紧接着太平吗？照这样看，拿全部历史当作一部太平史亦无不可。本来中国历史是治乱相寻的，是一治一乱连续起来的：太平的时候，准备变乱，变乱的时候，酝酿太平。从乱的方面看去，谓全部历史是"乱"的历史；从治的方面看去，谓全部历史是"治"的历史，那当然是各人的完全自由。我于今看重的是乱的方面，所以说中国史为一部斗争史。

第一节　由横的斗争到纵的斗争

一、亚洲民族述略　在叙述中国的主要民族互相斗争之先，为图线索清楚起见，最宜把亚洲的民族略为一述。活动于亚洲境内，彼此互相冲突的民族，就颜色分别，有黄种与白种两者，黄种大都在葱岭以东活动，白种大都在葱岭以西活动。白种与我们所要叙述的对象关系较少，且不管他。至若黄种，则依地势的差异,可分为南方系及北方系两部。北方系的黄人,主要的有通古斯族,滋生于乌苏里江、松花江流域,蔓延于满洲全境、朝鲜北部及黑龙江滨。蒙古族,原来滋生于贝加尔湖东边,后来南下,蔓延于内外蒙古、黄河套及天山北路等地。突厥族,原来滋生于阿尔泰山附近,后来蔓延于西伯利亚以南、天山南北路,及中亚一带。南方系的黄人,主要的有汉族,滋生于中国本部,蔓延于满洲、朝鲜及安南等地。交趾支那族,原居中国本部,后被汉族驱到西南深山中,并蔓延于湖南、广西、云南、贵州、安南、暹罗及马来半岛等地。西藏族,蔓延于青海、西藏、克什米尔、尼泊尔、不丹、缅甸等地。此外有大和民族蕃殖于日本。三韩民族蕃殖于朝鲜。其语言文字颇类北方人,可称之为准北方系的黄人。又有一支东方民族,蔓延于山东东边,及山东以南之沿海,当然属之南方系。南方系的黄人,其语言皆单音,文字多衍形;北方系的黄人,其语言皆复音,文字多衍声。这是两者一个最重要的区别。

二、中国的七族四裔　中国的民族,固然都是亚洲的民族;但亚洲的民族,并不都是中国民族;不过亚洲民族之中,有一大部分是中国民族就是。中国民族究竟是一些什么? 有人说,即汉、满、蒙、回、藏等五族是也。汉族当然是亚洲民族中的汉族全部,满族大概是亚洲民族中通古斯族之最大部分;蒙古族大概是亚洲民族中蒙古族之最大部分;回族大概是亚洲民族中突厥族之最大部分;藏族大概是亚洲民族中西藏族之最大部分。更有人说,中国民族乃六族所合成。除上述五族之外,苗族实为旧日中国境内活动之主要角色。苗族当然是亚洲民族中交趾支那族之一部分。六族说比五族说,当然较为近真。但最近更有人谓中国民族乃七族所合成。除汉、满、蒙、回、藏、苗六族以外,东方沿海居民,往日实为独立的一族。这一说极有道理。历史上所谓东夷,大概就是这一族人。

上述七族人,除汉族外,其余六族,常被称为四裔。何谓四裔? 东夷、西戎、南蛮、北狄是也。东夷大概是指东方沿海民族的一部或全部而言,西戎大概是指西方藏族的一部或全部而言,南蛮大概是指南方交趾支那族的一部或全部而言,北狄大概是指北方通古斯族、蒙古族及突厥族(即满、蒙、回族之所自出)的一部或全部而言。汉族则恰恰位于东夷、西戎、南蛮、北狄之中。拿夷、戎、蛮、狄等名词来作为轻侮各族之用,固然是糊涂之极;但汉族地位,恰恰在东、西、南、北,各方的民族之中间,却是真的。各民族互相斗争,汉族独得胜利(当然不是绝对的全胜),这个"中间"的地位所予的助益不少。

三、无时或息的种族斗争　这些民族,同处在中国境内,究竟是和平相处,抑互相斗争？关于这个问题，西洋有些学说可供参考。有的说：人类在自然状态之下，是和平相处的；有的说：人类在自然状态之下，是互相斗争的。这种纷辩，我们无须于抉择；因为我们只能就事实说话。就事实说，我们在中国历史上所看见的民族，实是互相斗争的；历史上实找不出和平相处的证据。反之，互相斗争的证据，却是不少。例如(1)汉族与苗族的斗争。苗族自始即居于长江中下游的两岸，与汉族对抗。古时候其族曾有强国曰九黎；其君主叫做蚩尤，曾乘汉族炎帝、榆冈之衰，联合许多小苗族，向北方对汉族作总攻击。曾略取了中原的大半，且有驱汉族出塞外之势。汉族诸侯有熊国之君公孙轩辕联合汉族中的许多小族，与蚩尤战于涿鹿，并斩了蚩尤，恢复了黄河流域的地盘。于是苗族退处江南。少皞氏衰，九黎复乱；幸颛顼即位，随即把苗族征服下来了。舜摄政时，三苗又作乱，舜乃驱其顽梗者于三危之地。禹摄政时，苗族还是作乱。最后汉族胜利了，苗族乃窜到今之湖南、广西等地。这是互相斗争的一种。(2)汉族与蒙古族的斗争。黄帝之时，曾有北逐荤鬻的事。荤鬻当属于蒙古族。所以汉、蒙互斗，在黄帝时就开始了。唐虞三代的时候，荤鬻的势力极其猖獗。商朝末年，荤鬻(即獯鬻)且进寇今之陕西，攻豳；豳之君主抵抗不住，竟逃到岐山之下。帝乙在位时，又有命南仲城朔方，备狝狁的事。狝狁大概也属于蒙古族。这是互相斗争的又一种。(3)汉族与藏族的斗争。帝尧十六年，曾有司空代曹魏之戎的事。夏帝癸三年，有畎夷入岐反叛的事。阳甲三年，有西征丹山戎的事。所谓曹魏之戎、畎夷丹山戎等，都属于藏族。藏族之中，只有氐、羌僻处青海，离汉族较远，与汉族斗争的事少一点。若畎夷、西戎等等，杂居于今的陕、甘等地，与汉族互相斗争的事，特别的多。周室勃兴，武乙三十年的时候，周师伐义渠，获其君以归。三十五年，周公季历伐西落鬼戎；文丁元年，周公季历伐燕京之戎；四年，伐余无之戎；七年，伐始吁之戎；十一年，伐翳徒之戎。帝乙三年，命南仲西拒昆夷，城朔方。帝辛三十四年，昆夷侵周；三十六年，西伯伐昆夷。周穆王十二年，伐犬戎；十三年，王西征，这是斗争的又一种。此外汉族与回族的斗争，汉族与满族的斗争，也都没有好多休息的时候。我们标题曰无时或息的种族斗争，实不为过。

这些民族，为什么要互相斗争呢？唯心论者一定会说：人有好斗的天性。专门研究本能的心理学者，一定会把斗争当作先天的本能，而与求食的本能、求爱的本能并列起来。但我们这里所举出的这许多斗争，却用不着拿本能来解释。在我们看来，这些民族之互相斗争，只是为着要占领优越之地，以图生存。最初生产工具极幼稚的时候，人类生存，全靠天生现成之物。但天生现成之物，究竟或多或少，或优或劣，或适于生存的需要，或不适于生存的需要，都的凭气候、地势、地质等等而决定的。各族所处的地位，既不相同；则所遇的气候、地势、地质当然也因之不同。于是各族所能有的天生现成之物也决不能一致。这样一来，凡地位较坏的民族，因天生现成之物不十分适于生存需要之故，常向地位较好的民族进攻。地位较好的民族，因天生现成之物，最适于生存需要之故，便常为各族环攻的对象。历史上无时或息的种族斗争，即原于此，用不着说民族有好斗的天性，用不着说人类有斗争的本能。并且上面所举出的各种斗争，也很足以证明我们这种解释。上面所举的许多斗争之中，汉族显然是各族环攻的对象。苗族与它斗，蒙古族与它斗，藏族与它斗，他如满、回各族，也无不与它斗。但它既被各族环攻，常处四围压迫之中；为何反而常常占着优胜？这不是一件不可解的事吗？其实这并不稀奇。汉族之被各族环攻，正是它能战胜各族的证据。它若不是地位较好，所得天生现成之物较优，决不致被各族环攻。它既有较好的地位，又有较优的可以资生的天生现成之物；因此虽被环攻，却仍能得到相当的胜利。

四、培植斗争能力之天然环境　斗争的原因，是天然环境决定的，已如上述。斗争的能力，也是天然环境培植出来的。各民族所处的地位不同，它的斗争能力也不同；在长期斗争之中，所得结果当然也有差异。中国历史上各族互相斗争，汉族得了最大的胜利，苗族完全失败，满、蒙、回、藏各族所得的胜利不如汉族；所遭挫败，不如苗族，都是天然环境决定的。各族所处的地位，若依气候、地势、地质、出产各方面讲起来，显然可以分为三等。满、蒙、回、藏各族的地位最坏。然而最坏的地位，从另一方面看，却有相当的好处，即养成各族长久存在的能力是也。苗族的地位太好，其实太好便是坏处。坏处在哪里？丧失苗族的斗争能力是也。汉族处于这两极端之间，其地位之坏不如满、蒙、回、藏各族；好处也不如苗族。因之它在南方可以消灭苗族；在北方可以驱逐满、蒙、回、藏；而得到最大的胜利。现在且举一点事实来证明这一段说话。先就满族说罢，满族处于东北，地位恰在北纬四十五度的南北；其气候较内地冷多了；但热的时候，也很严酷难受。其生产品，我们今日所知道的较为重要的几种，直接可以资生之物，不过皮、毛、豆、麦、木材、鱼、盐等等，现在的物产，都只是如此，则几千年以前当更坏。人民的生活很苦，都带有游牧民族的性质，都很粗暴、刚猛、凶悍。几千年以前，当然完全是游牧民族。蒙古族所处之境多是内、外蒙古，大都在北纬四十五度到五十度之间。因地多沙漠，气候的寒或暑都极酷烈。出产直接可以供生活之需要的，只是马、牛、羊、骆驼、骡、驴一类的牲畜。在这种情形之下，人民的生活,当然完全是属于游牧性质的。回族处于今之新疆,地位在北纬三十五度至四十七度之间。天山横贯其中,又有一片大沙漠,气候坏极了。出产只有葡萄、瓜、苹果、盐、马、羚羊之类。这迥然与内地不同了,所以人民的生活,完全是游牧生活。至于藏族,其活动的地方,主要的是青海西藏。这些地方,虽然位于北纬三十五度的上下,气候却依然不佳,寒暑都很酷烈。主要出品顶好的只是豆、麦、青稞之类,其余的都是犁牛、羚羊、山羊等等。所以人民的生活,也是属于游牧性质的。综合看来,满、蒙、回、藏四族,因所处的地位,与汉族及苗族的处境不同,气候、土质、出产等等把他们的生活样式决定了;因之他们斗争的能力也有其不同的地方。苗族的境遇,与他们全然相反;位于今日的长江中下游的两岸。土地既平旷,气候又温纯,物产更丰富。这可以说完全是一片最适于生活的土地。苗族处在这种地方,受了天然环境的训练,生活也形成了特殊的样式。满、蒙、回、藏各族的生活是游牧的,苗族的生活,便可以说是农业的,农业的生活与游牧的生活截然不同,所以农业生活训练出来的斗争能力也与游收生活训练出来的斗争能力完全两样。汉族位于满、蒙、回、藏与苗族之间,天然环境,生活样式,由生活样式里培植出来的斗争能力,与他们各族都不相同。这一个不同,有分别叙述的必要且在下面详述。

五、汉族独占胜利之理由　满、蒙、回、藏各族的生活既是游牧的,苗族的生活既是农业的;照进化的道理讲,应该由满、蒙、回、藏来征服苗族,不应该让汉族独占胜利。游牧民族之征服农业民族,在历史上是很有证据可寻的。根布洛域(Cumplowicz)、赖曾霍夫(Ratzenhofer)及奥本海麦(Oppenheimer)诸氏在这一方面的研究很有成绩,并也寻出了不少的证据。奥本海麦在其所著《国家论》(*The State*),便把游牧民族征服农业民族的事,从理论与事实两方面讨论,说得非常透彻,我们几乎不能反对。为什么在中国独有一个例外? 为什么在中国征服农业民族的不是游牧民族,而是另外的民族? 为什么苗族不消灭于满、蒙、回、藏各族之手,而独消灭于汉族? 这一个事实,我们有法子说明。这一个事实,不独不与奥本海麦的学说相抵触,而且与他的学说相发明。

原来汉族的地位,在各族环绕之中。前面述中国之七族、四裔时,便已讲到。四裔中之北狄,就是满、蒙、回各族;南蛮就是苗族;东夷就是东方沿海的民族;西戎就是藏族。汉族恰恰位于其中。“中”字的意义,在这种情形之下,可以有两个解释。第一向内缩小,中的范围,可以等于零,即“其小无内”之意。就这个意思讲,汉族,几乎没有,所有的只是东夷、西戎、南蛮、北狄。第二向外扩大,中的范围,可以等于无限,即"其大无外"之意。就这个意思讲,东夷、西戎、南蛮、北狄几乎没有,所有的只是汉族。我们于今且折衷于这两个意思之间,不说没有汉族,也不说只有汉族;而认汉族为一个杂种。四裔的外层,作为真正的四裔;四裔的内层,即认为是杂种汉族。为何称汉族为杂种?因其可以为四裔,可以为汉族;同时也可说不是四裔,不是汉族。称为杂种,恰得其当。凡杂种较单纯种优越些,这是生物进化论所证明的。汉族既然为杂种,应该较各族为优越。它能独得胜利,这是第一个理由。

其次,它的地位既然在各族环绕之中,就地理上讲,又恰恰在黄河下游的两岸。例如尧都平阳、舜都蒲坂、禹都安邑,都在于今的山西境内。文王作丰,武王都镐,都在于今的陕西境内。东周都洛阳,在于今的河南境内。地位适中,恰恰介于纯粹的游牧民族与纯粹的农业民族之间。气候既没有纯粹游牧民族所受的那样坏,却也没有纯粹农业民族所受的那样好。土地既没有纯粹游牧民族所处的那样瘠,却也没有纯粹农业民族所处的那样肥。这种天然优越的环境,把汉族的生活形成一种特殊的,高出纯游牧生活与纯农业生活之上。因之,由生活所训练出来的斗争能力,也超于各族之上。这是汉族独得胜利的第二个理由。再其次,它没有游牧与农业两民族之短处,而有游牧与农业两民族之长处。纯粹的游牧民族,多是凶悍粗暴的,更为生活所压迫,只知奋斗,无暇顾及文化的发展。纯粹的农业民族,多是娇弱驯服的;更因生活十分容易,几乎完全丧失抗御外侮的能力。汉族因处境不如此两者,生活不如此两者,竟没有这两者的短处。反过来看,游牧民族的长处及农业民族的长处,它却都能吸收。如赵武灵王之效法蒙古民族,习胡服骑射,便是吸收游牧民族之长处的一证。又如苗族所发明的刑法、战术之类,汉族都能利用;这便是吸收农业民族之长处的一证。能够吸收游牧、农业两民族之长处,而没有游牧、农业两民族之短处;这便是汉族独占胜利的第三个理由。因这三个理由,所以它在长期的斗争之中,得了胜利。

六、胜者对付败者的一般方法　汉族得了胜之后,如何对付败者?在解答这问题之先,应该把胜者对付败者的一般方法讲一讲。关于这一层,前面曾提及过的根布洛域、赖曾霍夫及奥本海麦等有些说明,可供参考。根布洛域论种族斗争,谓战胜者对付战败者的方法,凡有三个最显明的:一则把战败者杀死,并拿其血肉来当食料。二则把战败者当奴隶,要他们替自己做苦工。三则要他们进贡纳税,不一定要他们做苦工了。这三个方法之中,第一个最为残酷,现在看来,也很稀奇,大概是最早或最原始的种族斗争中的现象。但把战败者杀死,却不是稀奇的事;历史上乃至现在,随处都可以发现实例。至于要战败者做苦工,及纳贡税那却寻常极了。奥本海麦的说法,与此略异其方式。他以为胜者之对付败者,凡有四个不同的阶段。在第一个阶段里,胜者毫不客气,以杀戮及掠夺的手段对付败者。在第二个阶段里,胜者为谋自己利益的扩大起见,停止杀戮及掠夺,把败者一律拿来替自己做工。在第三个阶段里,胜者所施的压迫稍稍减轻了,只要败者按期送一部分生产品给他们,虽有小过失,也可以容忍了。在第四个阶段里,败者差不多已经同化了、驯服了,渐渐可以自己管理自己的事了(英人许印度及埃及的部分的自治,以及各帝国主义者渐渐倾向于取消在华的领事裁判权,也很像这个意义)。奥氏虽分了四个阶段,然所说的,根本上与根布洛域所说没有好多不同。我们可以认他们所说为胜者对付败者的一般方法。历史上得了胜利的民族,对付被征服的民族,所采的方法,未必与此全同;然而其根本作用,却初无二致,不过要把被征服的民族训练到驯服的程度而已。

七、汉族对付战败民族之方法　汉族对付战败民族的方法,凡有种种的不同。举其大略言之,可分为政治的、社会的、教育的三方面。先说(A)政治的方法。所谓政治的方法,意即谓汉族不许他族有政权。例如自轩辕至商、周,凡为天子的,都是黄帝的子孙;而受封为诸侯的,也都是黄族的子弟。吴越本为蛮夷地方,受封为君的,不是土著,而是所谓先圣之后。万一不能以本族之君统治的地方,则设监察。史称黄帝画州分野,得百里之国万区;命匠营国邑,置左右太监,监于万国。春秋以前,世卿的制度很盛行;列国执政的大夫,都是贵族;异族绝不能加入。这完全是防止异族取得政权的办法。至于对付异族原有的君主,则采杀戮政策。例如禹会诸侯于涂山的时候,防风氏后至,禹便把他杀了。这便是把异族已有的政权夺归自己的办法。又如武王率诸侯以代殷的时候,同他效劳的本有庸、蜀、羌、髳、微、卢、彭、濮人。但天下大定之后,这些人并没有得着什么。立国七十一,受封而治其所谓兄弟之国的凡十五人;治所谓姬姓之国的,凡四十人。周家的子孙,只要不是糊涂虫,都受封为诸侯。其余受封的,不是同种的功臣,便是先朝的后裔。异族已有的政权,加以剥夺;应得的政权,不许享有:这是镇压异族最扼要的先着。

其次(B)社会的方法。在三代以前,己族人民与异族人民在社会上的地位显然两样。与己同族的,叫做百姓;不与己同族的,叫做黎民。史称黄帝之子二十五人,其得姓的,只有十四人。《书·禹贡》言"锡土姓"。大概姓是极尊贵的东西,必须有待于帝王的锡与。异族于此,是不能妄有所希冀的。又《说文》云:

"民,瞑也,盲也,盖皆愚昧无知之义"。并且"民"字,古文作民,与古文"奴"字(奻)其义相近。所谓民皆含有奴隶之意。而苗民却是九黎之君。可见"黎民"两字,实汉族鄙视异族的字眼。这显见得异族在社会上的地位不如汉族之优。又黄帝问于岐伯曰:"吾子百姓,养万民";百姓则亲之如子,万民则只言养;社会上亲疏之分已可概见。《书》称:"克明峻德,以亲九族;九族既睦,平章百姓;百姓昭明,协和万邦,黎民于变时雍。"这样差等分别,更可见黎民地位之卑贱。然而卑贱之地位,却正是汉族所以待异族的。美国人喊黑人为黑奴,其用意颇与此相仿佛。

再其次(C)教育的方法。三代以前,庠序学校,遍于国中;然都是教育本族人的,不是教育异族人的。我们只要看春秋以前著作淹博之材都出于君相贵族,而不出于异族,便可以明白这个道理。这也可见本族与异族之间教育的不平等。管子曰:"士之子恒为士,农之子恒为农"。大概为士的极少异族人,所以应该尊重,使恒为士。为农的极多异族人,应该轻视,使恒为农。《书·舜典》云:"弃!黎民阻饥,汝后稷播时百谷。"又《国语》云:"天子之田九畡,以食兆民;王取经入焉,以食万官。"民多异族,官是己族。异族的人应常为本族人种田。这与根布洛域及奥本海麦等所说使异族做苦工,意相仿佛。又《夏书·禹贡》云:"五百里甸服,五百里侯服,五百里绥服,五百里荒服。"绥服之中,"三百里揆文教,二百里奋武卫。"文教所及,仅及于绥服之内三百里的地方。至于要服,则三百里夷,二百里蔡;荒服,则三百里蛮,二百里流。这都是文教不及的地方。大概汉族征服他族之时,自己的人,聚居于一个中心地带;他族的人,则散居于较远的地方。受教育最多的人都是本族的人;受教育最少乃至完全不受教育的人,都是他族的人。汉族既然把他族征服了,支配处置之法,当不止政治、社会及教育的三种。然而这三种,却是最有力的,最足以使他族驯服,而为己族中长久的被剥削被压迫者。

八、由横的斗争到纵的斗争　　汉族把异族镇压下来之后,斗争的方式,全然变了性质。前此的斗争为横的,为种族与种族间的斗争。后此的斗争则为纵的,为阶级与阶级间的斗争。这一个转变,未必是起于一朝一夕;并且所谓种族与种族斗争的时候,各种族自己内部,未必全然没有可以构成阶级对立的因子。所谓阶级与阶级对立的时候,各种族间互相倾轧的事情,未必全消灭了。但我们就大体的情势看,很可以把汉族征服异族的这个过程,视为一个由横的斗争到纵的斗争的过程,视为一个由种族斗争到阶级对立的过程。汉族的势力一天一天膨胀,领土一天一天扩大,受其支配的人民,一天一天加多。于是向来与各族并立的汉人,无形之中,成了支配阶级。向来与汉族较胜负的异族人,因战败之故,或则遭杀戮,或则抛弃自己原有的地位而逃跑。未遭杀戮,且未逃跑的,在汉族的新势之下,成了必然的被支配阶级。大概北方的游牧族,战败之后遭杀戮的较少,向北逃跑的较多,后来卷土重来的机会也独多。南方的农业民族,遭杀戮的较多,逃跑的较少,后来卷土重来的机会也独少。

汉族把异族征服了之后,于异族已有的政权,加以剥夺;应有的政权,不予享有;把政权集于自己一族之手。于是一方面有有权的治人阶级,另一方面有无权的被治阶级。异族人被征服了,无享受教育之权;受教育乃汉人独有之机会。但劳苦工作,却是异族人所不能不担任的。于是一方面有受过教育的虚闲阶级,另一方面,有从未受过教育的劳动阶级。虚闲阶级所食的,必出自劳动阶级之手。汉族人拿了政权去向异族人榨取食料;异族人因没有这个权力只好唯命是听。于是一方面有吸取他人的膏血的剥削阶级,另一方面,有供给他人以生活资料的被剥削阶级。有政权的,虚闲的,剥削他人的,成为一个总体,我且称之为统治阶级。无政权的,劳动的,被人剥削的,也成为一个总体,我且称之为被压迫阶级。不过于此有应申明之一点。统治阶级,未必是汉族的全体;汉族之中,未必个个都是统治者,未必无一人落入被压迫阶级之中的。反之,被压迫阶级未必是战败之族的全体,或异族人的全体。战败者或异族人未必个个都是被压迫者,未必无一人跑入统治阶级之中的。但这与阶级对立的事实并不抵触,与由种族斗争到阶级对立的事实并不抵触。我们这里所注重的,只是由种族斗争到阶级对立的事实,我们并没有打算要担保各阶级中成分的血统是如何的清纯。

九、阶级对立的物质条件　阶级既已对立了,要维持这个对立的局面,须有一定的条件。原来阶级对立的局面,是建筑在剥削关系之上的:一方面为剥削者,另一方面为被剥削者。假如没有这个剥削关系,阶级对立的局面,决不能持久。纵令能持久,其性质一定与我们这里所要讨论的不同,我们大可以不讨论。只有建筑在剥削关系上的阶级对立的局面,在历史上才很严重,才值得我们注意。中国的种族斗争既已转入了阶级对立的阶段以后,统治阶级便向被压迫阶级施行剥削。但这种剥削不是偶然可以施行的,必有其可以施行的条件,条件为何?一言以蔽之曰:要生产品有剩余。这一个条件,即阶级对立的局面所以维持长久的物质条件。这个条件的完成,凡有四事可述:一曰劳动人口之增加,二曰生产工具之进步,三曰生产事业之发达,四曰生产物品之剩余。

(A) 汉族征服异族以后,自己族内一部分人甚至全体的人成了统治阶级,要依赖他人的生产品以为生。倘能生产的劳动人口没有增加,则将无所施其剥削,生活必陷入绝境。幸而战胜他族之后,疆土扩大了。随着疆土之大,劳动人口乃日日增加。每克服一块新土地,该地人民没有逃走,或没有遭杀戮的,便一律成了汉族之剥削的对象,替汉族生产。(B) 不过生产者虽然增加了;但生产者自己也是要消耗的,倘他们的生产品,只足以维持自身物理的生存,那么剥削者仍无所施其剥削。又幸这时,生产工具一天一天的进步,可以增加生产的速度。《通考·田赋考》引石林叶氏之言曰:"孔子弟子冉伯牛、司马牛,皆名牛。若非用于耕,则何取于牛乎?⋯⋯孔子言'犁牛之子骍且角',则孔子时固已用犁。此二氏所以为字也。"又《庄子·天地》篇载子贡告抱瓮灌圃之丈人的话曰:"有械于此,一日浸百畦,用力甚寡,而见功多。⋯⋯凿木为机,后重前轻,挈水若抽,效如沃汤,其名为槔。"这都足以证明生产工具的进步。(C) 生产工具进步了,生产事业乃随着发达。汉族占领了许多肥沃的新土地;如以前苗族的地方,都归汉族占领了。又增加了许多劳动的新人口;再加上生产工具的进步;那么生产事业当然发达。发达最快的便是农业。(D) 生产事业既然发达,生产品乃有剩余。《王制》曰:"国无九年之蓄曰不足,无六年之蓄曰急,无三年之蓄曰国非其国也。三年耕,必有一年之食;九年耕,必有三年之食。以三十年之通,虽有凶旱水溢,民无菜色;然后天子食,日举以乐。"这个伟大的计划,非生产品大有剩余是办不到的。凭这个计划,也可见汉族征服他族以后,生产品剩余的一般。生产品有了剩余,剥削关系乃能存在,因之阶级对立的局面乃得长久维持(参看拙著《中国社会之结构》二一页到二六页)。

一〇、强者的阶级哲学　由横的斗争到纵的斗争,或由种族斗争到阶级对立的种种,讲到这里,似乎可以收场了。但我在这里,还要拿出一个这样的小标题,来讲几句。原来阶级对立的局面,是物质原因凑成的;既经成立之后,复又反映为一种思想;这种思想的自身,转又成了维持阶级对立的一个有力的动因。中国阶级对立的局面成立以后,随着发生的,便是阶级思想,即我所谓强者的阶级哲学。先秦时,孔、墨两家,都富有这种思想。孔子谓"民可使由之,不可使知之",早就告示统治阶级如何巩固自己的地位。孟子谓"无君子莫治野人,无野人莫养君子",更是承认统治阶级与被压迫阶级之必须对立。墨子甚倡兼爱之说,语多拥护被压迫者的利益。但同时却又大讲其所谓上同。在"上同"的意义之下,把阶级的组织,定得稳妥之极。然把阶级思想表示得最透彻的,还是孔家。孔家的正统派孟子说:"或劳心或劳力;劳心者治人,劳力者治于人。治于人者食人，治人者食于人。"后来同派的健将韩愈于劳心者及劳力者之外，更找出了一个中间阶级。他在《原道》篇里说："君者，出令者也；臣者，行君之令而致诸民者也；民者，出粟米、麻丝，制器皿，通货财以事其上者也。君不出令，则失其所以为君；臣不行君之令，则失其所以为臣；民不出粟米、麻丝，制器皿，通货财，以事其上，则诛。"这于规定上、中、下三级之意义外，更规定了他们应有的职务。孟、韩都是孔家的正统派，他们的阶级思想太清楚了；所以我引他们这两段话，也不止一次。

阶级的事实先有了，阶级的思想必然发生：这是极平常的事。一八五九年十二月十九号，美国有一个律师名奥孔纳（Oconnor）在"对南方人的公道"一个标题之下，于纽约发表其演说词道："诸君！黑奴的奴隶境遇，是自然所赋予的。他有力气，他适于做工。但自然给了黑奴以力气，同时却又不许他有管理自己的聪敏，及好好做工的心愿。（众鼓掌）幸喜这个自然虽不让他有做工的心愿，却能赐他一个主人；主人能将做工的心愿强交给他，使他在适宜的天然环境之下，为自己及为管理他的主人作一个有用的奴隶。我以为：让黑奴仍处于自然所赋予的地位，派一个主人去管理他，这决不是不公道。并且他的主人要管理他，要使他于己于人，都成有用的，也非用气力用材智不可。所以他若迫不得已而做工以报主人之劳，决不是丧失了什么权利。"（这是从马克思《资本论》三卷四五三到四五四页上转译下来的大意）这一段话，真可以说是强者对弱者所讲的阶级哲学。这个律师，真是强者的最好代表，他竟认强者之支配弱者为天然的。与此相类的思想，在统治阶级立稳了脚跟的时候，一定很发达。发达了便可以巩固统治阶级。中国的阶级思想，也是巩固统治阶级的一个要因。但这个要因的自身，实出于物质的反映，而不可与物质条件并立于一处。我们只能说阶级对立，造成阶级思想；此思想发达了，转足以巩固已有的阶级对立。

第二节　阶级对立之长期的历史

一、历史上的一个关键　我们这里所谓历史上的关键，系指秦始皇统一中国的短时期而言。大概研究中国历史的人，都以秦朝为一个关键。都以为秦以前，中国未曾统一过；到了始皇，才组织了一个真正的统一大帝国。秦之重要，大概在这一点。我们研究历史上斗争的事迹，也可以拿秦朝来做一个关键。秦以前的许多事变只是由种族斗争到阶级对立的过程；秦以后的许多事变，却是阶级对立所表现出来的动态。吴贯因在《庸言》一卷七号《五族同化论》一文中有几句很近真的话说："盖中国前此之专制政体，自秦汉而后，为君主专制平民；自三代而上,为本族专制异族。自秦汉而后,君主对平民为政治之专制;自三代而上,为本族(指汉族)对异族之专制。"这段话颇有几分近真。他所谓三代而上的本族对异族的专制,实在就是我们所谓种族斗争,并谈不到什么本族专制异族。不过当时汉族是各族环攻的对象,后来又得了最大的胜利,史家只知有汉族,而不知有他族;因此推论三代以上的汉族是专制异族的,亦无不可。他所谓秦汉以后的君主对平民的政治专制,就是我们所要讲的阶级对立的长期历史。然则自三代到秦朝的这一段历史是什么呢?我们可以补说一句;即由种族斗争到阶级对立的一个过渡期。阶级对立的局面,在这个时期,随着许多物质条件而成长发展,到秦朝乃确立。秦以后的历史,乃阶级对立的历史。我们在秦以后阶级对立的长期历史中,要把统治阶级的成分,及其对付被压迫阶级的手段,与夫被压迫阶级的反叛,及所以反叛的原因等等略为述及。

　　一二、统治阶级的主要成分　　统治阶级里最惹人注意的,便是元首,我常称之为统治阶级的总头子。即皇、帝、天子、君主一类名词所代表的人。社会上一部份人凭着种种物质条件,得了胜利,要统治其他部分的人时,为什么要弄出一个总头子来呢?政治哲学家的解答,多是站在拥护阶级对立的立场说话,制造出许多麻醉人的解释来。例如荀子,便以为统治阶级的头子是"管分之枢"的人。《富国篇》曰:"人君者,管分之枢也。"什么叫做"分"呢?他在《王霸篇》里说:"农分田而耕,贾分货而贩,百工分事而劝,士大夫分职而听,建国诸侯之君分土而守,三公总方而议;则天子共己而已矣。出若入若,天下莫不平均,莫不辨治;是百王之所同,而礼法之大分也。"天子能管"分之枢",而所谓"分",又有这样复杂。那么统治阶级的这个头子,好像是人人所必尊重的。其实不是如此。在阶级对立的社会里,这个头子,只于他本阶级是重要的。他的主要作用为(1)团结并巩固统治阶级内部的力量,使不崩溃;(2)统一命命,使被压迫阶级的行动有次序,不致危及统治阶级。如是而已。总头子而外,其次重要的便是特权者。特权者有两个最大的特征:一曰坐吃现成,二曰膺有封号。所吃的现成,或以所封之国的收入为标准,或以所封若干县的收入为标准,或以所封的若干人家的供给为标准;或长住京城,坐食租税,不管所封之地的事。情形虽有种种不同,其坐吃现成,则是一样。至于所膺的封号,也有种种不同:或为诸侯王,或为诸侯,或为列侯,或为恩泽侯。称呼虽不一样,其为封号则一。除了这两个特征之外,还有几个消极的条件以限制之。一,特权者只是统治阶级中之一种成分,不可单称为特权阶级,而与统治阶级并列。二,特权者包括功臣以及外戚之膺有封号坐吃现成者言,非单指王族或贵族。三,特权者与官僚不同。官僚无论大小,都有被雇的性质。其所得的报酬是官俸,而不是坐吃的现成。根据这几个限制及上面两个特征,到历史上去寻找特权者,则最引我们注意的有三大类:一曰同姓,二曰异姓,三曰功臣。这些都是统治阶级里面的主要成分。社会上一部分人既已成了统治阶级,或一个种族中大部分人成了统治阶级;这些成分,因事实上的需要及方便是必然要产生的。

　　一三、官僚与地主　　(A)统治阶级之所以为统治阶级,单只有一个总头子作代表,再加上一批膺有封号、坐吃现成的特权者是不行的。支配多数被压迫者,如要支配得适当,不是一件容易的事。况且统治阶级的总头子乃至各种特权者,并不一定是精明强干的。至是官僚乃重要起来了。所谓官僚这种人,在种族斗争到阶级对立的过程中,未必全然没有,未必全然是阶级对立以后才发生的。不过在前一个时期中,统治阶级尚未完全成立;所谓官也者,多是事实上所需要的主要的作用,在帮助人民生产。到了阶级对立以后,官之为物,固然仍是事实上所需要的;但主要的作用,完全变了;不在帮助人民生产,而在帮助统治阶级行劫。阶级对立以后的官,并不是人民的助手,而是统治阶级的工具或家奴。官成了家奴之后,其行动完全不是对人民负责的,而是对统治阶级负责的了。他们的职责,只是帮助统治阶级镇压民众,剥削民众。在中央任事的官是如此,在地方任事的所谓亲民之官,也是如此。所以我们大可以把官僚列在统治阶级一边。

　　此外应列于统治阶级一边,而且很重要的分子,便是地主。地主是什么?就其最广义讲起来,统治阶级的全体,都可以说是地主。例如汉族征服苗族之后,自己成了统治阶级;苗族大部分都成了汉族的农奴;所耕之地,都是汉族所有;这时我们可以说统治阶级全体都是地主。不过这样的解释太广泛、太不中用。若就狭义讲,所谓地主,即是"田连阡陌"的富人。他们有田,自己不耕。耕田的人,自己却又无田,非租他们的田不可,或非做他们的奴隶不可。这种自己有田不耕的富人或地主,是从那里来的呢?归纳地讲起来,大概有四个顶大的来源。一是由特权者变来的。历史上受封而为特权者的人,都有土地。后来因某种关系,特权被取消了,但其子孙,为维持生存起见,把土地占据起来。久而又久,乃成了普通的地主。二是由官僚变成的。官僚多有职田,即用以代替俸禄的。这种职田,官僚退职之时,未必全然退还。历史上因占了职田而成地主的当然也不少。三是由富商大贾变来的。历代政府颇禁止富商大贾买地。但这正是他们成为地主的反证。四是由普通平民变来的。平民之能够变成地主,在土地私有制下,自由竞争最烈的时候,未必不可能。地主资格一经成立,因土地私有制之确定,土地可以自由买卖,又因自由竞争的毒焰高涨;于是土地日积日多;乃成"田连阡陌"的富人。富人在社会上的地位,叶水心说得最明白,他说:"……小民之无田者,假田于富人;得田而无以为耕,借贷于富人;岁时有急,求于富人;其甚者佣作奴婢,归于富人,游手末作,俳优技术,传食于富人;而又上当官输,杂出无数,吏常有非时之责,无以应上命,常取具于富人。然则富人者,州县之本,上下之所赖也。"富人即是地主。为州县之本,为上下之所赖,其在社会上地位之重要,可想见矣。

一四、阶级对立之里面　由上所述看来,特权者是膺有封号,坐吃现成的;是有土地者。官僚吃俸禄,有职田,是有土地者。地主或从特权者变来,或从官僚变来,或从富商大贾变来,或从平民中成长出来,更是模范的有土地者。他们所吃的,都出自土地。但形式却有种种:或是国税,或是地租,或是国税兼地租。大概地主之所食,属于地租形式的多,属于国税形式的少。特权者之所食,属于国税形式的多,属于地租形式的少。官僚之所食,属于地租和国税两种形式的,大概都不少。他们所吃的,既都出自土地;然他们自己都不是直接耕种土地的;耕种土地的,只是农民。所谓农民也有种种之不同:或为农奴,或为佃户,或为自由农民。大概自由农民,系自食其力之稍有土地者;佃户则是与地主成立契约关系的;农奴则自己既无土地,又无资格与地主成立契约关系,唯一的谋生之路,便是为他人在土地上执奴役。

所谓阶级对立,其里面几乎完全是(1) 食土地之出产的,与(2) 在土地上从事生产的两种人之对立。换言之,就是孟子所谓劳心者与劳力者之对立;或治人者与治于人者之对立;或食于人者与食人者之对立;或君子与野人之对立;或治野人者与养君子者两方的对立。在阶级对立的局面之下,地主与佃户的关系,特别值得注意。这个关系之发生,与阶级对立的局面之成立,几乎在同时。我们在前面说过:自三代到秦朝,是阶级对立之局的成长时代。然土地私有制也恰恰在秦统一以前不久成立。历史上都称土地私有制是秦孝公十二年(纪元前三五〇年)用商鞅的计划促成的。土地私有制当然不是成于一朝一夕。但秦统一以前不久发生显著的转变,除封地一类的土地不计外。人民大概可以正式享受私有土地之权了。土地既经可以私有了,因平民之自由竞争,因官僚子弟之占据职田,因封国的后裔之占据封地等等关系,模范的大地主乃一天一天加多。于是一方面有"田连阡陌"的富者,另一方面有"地无立锥"的贫者。贫富的对立,与阶级的对立成了似有区别而绝不可分离的东西。富者成了"巨室",成了"州县之本",成了"上下之所赖"。于是所谓政治,也成了富者专有的工具。关于这一层,下面就要讨论了,我这里却有另外一层须申明的。即贫富的对立,与阶级的对立,初看起来,好像是分途成立的:阶级对立好像成于种族斗争;贫富对立好像成于财产私有。两个对立的局面通成立了,乃又互相结合。这当然也是一种看法。不过我始终不这样看。我以为种族互相斗争的时候,便是私产制度萌芽滋长的时候。种族的斗争,私有制的滋长,实互为因果,互相影响,自始就是只有区别而不可分离的。并不是种族斗争进到阶级对立时,与私产制度进到贫富对立时,忽然互相结合。

一五、所谓政治　种族斗争时,失败了的种族时时有反叛的行为,时时有动乱的行为。得了胜利的种族,被这等行为所威胁,被事实的要求所驱使,便首先学会利用政治的工具。中国种族斗争到周初时,汉族得最大的胜利;所以那时的政治,便渐渐完备起来。大家都知道,周朝行封建政治,著政治史的人,都把这种政治详为说明。这种政治就是汉族镇压异族的工具。汉族之得胜,早在黄帝之时,所以黄帝时封建制便已有了一个起头。黄帝征服异族时,迫于事实的要求,因利乘便,常对异族中稍稍出色的人物,或比较桀骜不驯的东西,加以某种名义,使其分别去统治若干人民或若干地方。这大概是封建制之开始(马端临谓不知所自始,则当在黄帝以前)。其办法正如近代较大之军阀想谋名义上之统一,不惜以威吓利诱的手段,使许多小军阀,在某种虚荣之下,表示服从。一经表示服从,便算统一。在种族斗争时,失败的民族中之领袖,如在某种虚荣之下,表示服从得胜的民族;那么胜者有时因自己力量不足,便一时予以容忍。黄帝时之情形,大可以作如此看。到周初时,汉族已得到最大的胜利了,封建制度也随着完备起来;与黄帝时相较,显然不同;被封者的爵位,极有一定;所封的土地,也极有一定;至于被封的人物,恐已完全不是异族人自己了。这完全是(1)因汉族的力量已大,不必对异族再事敷衍;(2)经过长时期的训练,制度可以详明。直到种族斗争进入完全的阶级对立局面时,情势又不同了;所谓封建政治,又不得不变。于是秦乃废封建制为郡县制;完全用雇佣式的家仆或官僚,来代替封国之君主。这一个转变,及其办法,旧日研究历史的人,看得极重要;讨论,研究,批评,俨然当作一回事。在我们看来,这只是阶级完全对立时,统治阶级出来整顿对立阵容的办法。自秦以后,历代政治上的变动,都只是整顿阶级对立的阵容之法。

政治制度,是阶级镇压阶级的最有效的武器。自从秦朝以后,阶级对立之局长期存在。政治制度,完全是统治阶级所独有的东西。掌握这个东西的主脑,是统治阶级的总头子或特权者;作这个东西的齿轮,或在其里面活动的工具是官僚;受这个东西的保护而得到利益的是地主。地主要收地租,非有政治的武器不可;官僚即是地主家里出来的智识分子变成的,要吃俸禄,非有政治的武器不可;统治阶级的总头子或特权者,要统治农民,以直接或间接榨取经济利益,更非有政治的武器不可。更详言之,掌握政治权力的是君主及特权者;构成政治机括的是官僚;依靠政治保护的是地主。几千年以来的中国政治,便是这种三位一体的政治。至于农民与政治,却只有反面的关系,被其压迫是也。

一六、农民与统治阶级的关系　统治阶级或掌握着政权,或运用着政权,或凭借着政权,站在农民的上面。农民没有政权,但有劳动能力,长期站在统治阶级的下面,从事生产。两方的地位是如此的;两方的关系,则是统治阶级以政治手段,向农民榨取经济利益;农民以劳动力作凭借,养活自己,并养活统治阶级全体。换言之,统治阶级与农民的关系,只是压迫与被压迫的关系,剥削与被剥削的关系。压迫农民,是统治阶级的一种手段,剥削农民,才是统治阶级的目的;以政治支配农民是手段,向农民榨取经济利益是目的。要榨取的多,便须压迫的重;唯有压迫的重,乃能榨取的多。中国历史的全部,除近数十年有巨变外,几乎都是以统治阶级向农民的压迫和剥削为基而造成的。

要压迫加重,压迫的方法不得不多,范围不得不广。于是辅助政治的,有所谓道德伦理。中国历史上的道德伦理,只是巩固统治阶级的工具。忠、孝、节、义是道德的大端;然凡此诸端,无一端不是直接或间接利于统治阶级的。五伦为伦理之大端,然其中却无一伦不是直接或间接巩固统治阶级之地位的。道德伦理之外,又有所谓学术思想。中国的学术思想,以关于政治道德伦理的为最发达。就是这一点,也很可以暗示中国的学术思想是辅助统治阶级的。原来中国的智识分子,概是地主或官僚,或贵族的子孙;他们生来就是统治阶级一边的;第一惹他们注意的问题,便是如何治安天下。所谓治安天下,其里面恰恰是支配农民。因此之故,一切出自智识分子口中的学术思想,无论其为属于政治的,或属于道德的,或属于伦理的;其实都是帮助统治阶级的。上面所述,不过是举例而已。仔细研究起来,全部文化,都带有阶级对立的色彩,都带有利于统治阶级的痕迹。凡著文化史的人们,若依阶级对立的观点去研究中国文化,一定可以得到新奇而有趣的结论。

以学术思想道德伦理等辅助政治,来作压迫农民之工具时,大概是统治阶级最顺利的时候;每朝开创的若干年,多是很顺利的。但顺利的时候,便已埋伏着不顺利的因子。统治阶级之开创新业,因经历过艰险,受过物质环境的训练,很能振作有为。所以开创的若干年,能得到相当的顺利。但正因有相当的顺利,其子孙的统治能力,便渐渐丧失;而穷奢极欲的坏习气,却在祖先的盛业之下完全养成。一方面统治能力没有了,另一方面坏的习气养成了;多经过一些年载,祖先的盛业,乃一变而为衰微。时代已经进了衰微的阶段,穷奢极欲而又毫无统治能力的统治阶级,只好任贪官污吏,用繁刑严诛的手段,向农民施极残忍的剥削。这样的时期进到了相当的阶段,农民往往因特别的机会起而暴动,以造成极恐怖的时代。

一七、农民的暴动　　历史上每朝末年,统治阶级自身腐化不堪,不能统治农民时,农民便起而作大规模的暴动。例如秦朝末年,有陈胜、吴广、刘邦等领导的农民暴动;西汉末年,有所谓赤眉及王郎等所领导的农民暴动;东汉末年,有所谓黄巾的暴动,其实就是农民暴动;隋末,有李密、窦建德等统率的农民暴动;唐朝末年,有黄巢统率的农民暴动;元朝末年,有张士诚、陈友谅等领导的农民暴动;明末,有张献忠、李自成领导的农民暴动;清末,有洪秀全等统率的农民暴动。清末的农民暴动,延至现在,可以说还在方兴未艾的发展之中。自秦至于清末,这个长期的历史,可以说完全被阶级对立的种种形式占据了,所以我们称这期的历史为阶级对立之长期的历史。阶级对立,有两种形式:一曰动的形式,二曰静的形式。动的形式,叫做变乱;静的形式,叫做太平。上面列举几种农民的暴动,不过是荦荦大者,都形成了历史上极大的变乱。其实大小的暴动,几乎是数不清的。只是大暴动,历史上尚有痕迹可寻;若较小的暴动,则因统治阶级要粉饰太平之故,完全湮没了,在历史上找不出丝毫的痕迹。因之,历史上太平的时期好像多过变乱的时期。谁知太平与变乱乃是等量,可以齐观的。

历史上每经过一次极大的农民暴动,便有三件大事得到改造;一则丧失统治能力的旧统治阶级崩溃下去,新统治阶级渐渐从暴动过程中训练出来,重行统治农民:这算是统治阶级的改造。二则不甘压迫起而暴动的农民,在暴动的过程中,死亡流窜,渐就消灭;剩下的只是些柔弱如绵羊一般的顺民,最便于受人统治:这算是被压迫阶级的改造。三则两方对立的局面渐渐由动态进入静态,即由变乱进到太平:这算是阶级对立的局面的改造。虽然三者都改造了,但社会上的制度却丝毫没有变更:统治阶级仍是统治人民,被压迫阶级仍是被人剥削,阶级的对立仍是阶级的对立。社会上尽管有极大的动乱，尽管有长期的纷扰；然社会制度从不变更。阶级对立的局面从不动摇。这种情形，是阶级对立之长期历史的特色，我常称阶级对立的历史为有乱而无变的历史。

一八、农民暴动的原因 农民暴动的原因，前面虽没有特别提出来讨论过，然直接间接讲到的地方，却已不少了。现在为使读者得到明确之印象起见，特再提出来讨论一番。原来的农民暴动之所由起，几乎只有两个原因：一曰统治阶级自身的溃烂，二曰农民生活的不安。每朝的统治阶级，在创业之始，颇能励精图治。但其子孙，因享惯了现成幸福，穷奢极欲过惯了；所有的统治能力，便在前人的所谓盛业之下全然消失。结果剥削民众过度的繁苛起来，镇压民众过度的残酷起来。要维持穷奢极欲的生活，剥削不得不繁苛；剥削既繁苛，镇压的方法不得不残酷。镇压的方法之残酷，便是统治阶级丧失统治能力的象征。历代农民的暴动，都是在统治阶级残酷的镇压之下发生的。

例如秦末民众暴动的原因，《洪容斋笔记》所记张耳之言有曰："秦为乱政虐刑，残灭天下；北为长城之役，南有五岭之戍。外内骚动，头会箕敛，重以苛法，使父子不相聊。"这段话中的意思，只是说秦朝统治阶级镇压民众太残酷，剥削民众太繁苛。又如西汉末年，临淮瓜田仪，琅琊吕母，荆州王匡、王凤，琅琊樊崇，东海刁子都，南郡秦丰，平原女子迟昭平等相继起为盗贼时；王莽遣使赦之，使者称：盗解复合。莽问其故，皆曰："愁法禁烦苛，不得举手；力作所得，不足以给贡税；闭门自守，又坐邻伍铸钱挟铜；奸吏因以愁民，民穷悉起为盗贼。"这段话也只是表示统治阶级镇压民众的残酷，剥削民众的繁苛。又如东汉末年所谓黄巾贼暴动时，皇甫嵩便首先提议解开党禁，出中藏钱，这一个提议可以说是统治阶级镇压民众过于残酷，剥削民众过于繁苛的自白。镇压不是残酷，为什么关那么多人在京里？剥削不是繁苛，为什么有中藏钱可出？又隋末民众暴动的原因，《洪容斋笔记》记马周之言曰："贮积者固有国之常。要当人有余力，而后收之。岂人营而强敛之以资寇耶？"又记柳宗元之言曰："隋氏环四海以为鼎，跨九垠以为炉，爨以毒燎，煽以虐焰，沸涌灼烂，号呼腾蹈。"这也都是表示统治阶级之剥削繁苛镇压残酷的。又唐末黄巢率领民众暴动，也几乎是统治阶级繁苛的剥削，残酷的镇压所激成的。僖宗时用财无度，赏赐动以万计，府藏空虚。小马坊使田令孜有宠，说上籍两市商税，悉输内库；有陈诉者，付京兆杖杀之；宰相以下，钳口莫敢言；关东水旱，州县不以实言：这便可以想见一斑了。他如元、明、清各朝末年民众的暴动，其原因也都很显然，无不是由于统治阶级剥削民众之繁苛，镇压民众之残酷。镇压民众之残酷，与剥削民众之繁苛，可以说是古今中外一切民众暴动的基因。此外虽可找出许多大的小的，直接的间接的原因，然究竟皆可以归于这两者。

一九、民众暴动的导火线 残酷的压迫与繁苛的剥削，加在民众身上，使他们不能不暴动。但每次暴动之开始，尚有许多导火线。这些导火线的性质，原无一定；或则为统治阶级内部的冲突，或则为天灾，或则为流民的煽惑。大多数民众，在残酷的压迫和繁苛的剥削之下，受尽了苦痛，暴动是必然的；加以偶然的导火线。暴动乃开始。(A) 例如东汉末年，统治阶级内部，发生了几种极显著的冲突：一则外戚与宦官的冲突，二则宦官与名士的冲突。外戚利用皇帝的幼弱无能，凭皇后的拿扯，在中央政府里包办一切。宦官因向来得了大宠，势力坐大，也可以在中央左右一切；于是与外戚对抗。到末了竟把外戚势力完全打倒，握有中央行政实权的全部。这时名士看不过意了，起而与宦官对抗；名士之居官者，对宦官的兄弟姻戚，裁治非常厉害。原来名士是由地主家里来的，在统治阶级一边占重要位置；不忍坐视宦官把统治阶级自身弄糟，想加以纠正。谁知纠而不正，统治阶级的统治能力反因此削弱了，民众的暴动得乘虚发生，造成历史上所谓黄巾贼之乱。又如隋末民众暴动之发生，统治阶级内部的冲突，也予了不少的助力。当时的民众，因受不住压迫及剥削，快要暴动了，或已经在开始暴动。恰好其时，统治阶级方面有许多野心家纷纷起来，拆统治阶级自己之台，当时有罗艺，以虎贲将军的资格起而独立；有刘武周，以马邑校尉的资格起而独立，有梁师都以朔方郎将的资格起而独立；有薛举，以金城校尉的资格起而独立；有李轨，以武威司马的资格起而独立；有沈法兴，以吴兴太守的资格起而独立；有王世充以东都留守的资格起而独立；有李渊，以太原留守的资格起而独立。统治阶级内部，彼此是这样拆台，民众的暴动，乃能如风发火起，蔓延得异常迅速。上面两例，颇可暗示一般。(B) 天灾之流行，也是引起民众暴动的导火线。在资本主义的经济尚未发达，生产方法还很拙笨的时候，提防天灾之法极不完备；天灾差不多年年都有。但历史上大书特书令人十分注意的天灾，总在每朝的末年，总在大乱的前后，一若天也有意凑巧，也想乘人之危。这究竟是什么缘故呢？我们可以解释如下。大概统治阶级对民众的压迫不甚残酷，剥削不甚繁苛的时候；民众的生活还勉强过得下去。每年大小的天灾虽也有；但不足以引出民众的暴动，所以大家不甚留意。一到统治阶级对民众的压迫加紧剥削加紧；民众暴动的根本原因完全具备时，天灾乃特别引人注意。为什么？因为它可以引出民众的暴动，作民众暴动的导火线也。因不注意,觉得它没有;因特别注意,觉得它特别的多。天灾在民众大暴动的前后,特别的多,全然是这样的。并非天意凑巧乘人之危;实在是人事已危,大家制造出天意。因人事之危而制造天意,这是古今中外所共有的事。不过中国史上实例特多。例如东汉末年,民众正要暴动时,天灾也大得可怕。自桓帝建和二年起,到献帝建安二年止,无年不有淹没民居,溺死人命,伤害禾稼的大水灾。又唐末民众正要暴动时,天灾也大得可怕。自僖宗乾符元二年王仙芝、黄巢等起事的时候算起;前后三十余年之内,水灾饥荒,差不多年年都有。元朝末至正元年到七年的一个短时期内,民众的小暴动,凡数百处之多。正在这短时期之内,天灾也多极了,正史上几不绝于书。这些例都可以证明天灾为引出民众暴动的导火线。(C)此外流民的活动,也是一个导火线。流民即历来所谓盗匪。当然盗匪也是农民变来的。不过他们的生活长期落伍,长期在生产关系之外,与长期在生产关系之内忽然脱离出来之农民到底有多少不同之处。他们的活动是统治阶级时时引以为虑的。不过在太平的时候,即统治阶级与被压迫阶级保持静态关系的时候,所谓流民虽很可虑,却不至成大问题。一旦到了变乱的时候,情形就不同了,他们很能帮助民众暴动的扩大。甚至民众将要暴动而未开始时,他们可以出来为之首倡。如明末民众将要暴动时,有所谓贼众为之首倡,造成所谓流寇的暴动,便是很显著的实例。综括说来,(1)统治阶级内部的冲突,(2)天灾的流行,(3)流民(即生活落伍的农民)的煽动,乃民众暴动之导火线。

二〇、民众暴动的对象 民众暴动的原因,是统治阶级的压迫及剥削。那么暴动的对象,当然是统治阶级。所以历来暴动的民众每到一处,必陷城邑,杀官僚,焚烧豪富之家的房舍。以示与统治阶级不能两立。例如赤眉起义,乃西汉末年起来暴动的民众。他们对于一般未从他们起来暴动的民众,看待极好,不许杀伤;他们约束自己,凡杀了人的要抵命,伤了人的要偿创。然西向攻长安时,遇了更始诸将,则不惜与之开战。这可见他们暴动的对象完全是统治阶级,而不是一般的人民。又如东汉末年的黄巾起义,也是起来暴动的民众。他们每到一处,便燔烧官府,劫掠聚邑。所过的地方,州郡失守,官吏逃跑。然一般的人民,则不怕他们。当时安平、甘陵等处的人民,且将统治阶级里面的特权者一个一个捉来响应他们。这也可见民众暴动的对象不是一般的人民,而是统治阶级。更如黄巢起义,谁都知道是唐朝末年的大起义:其实也就是起来暴动的民众。他们初起来时,传檄于诸道说:官吏贪沓赋重,赏罚不平。他们攻占了广州时,发表露布，数统治阶级之罪状曰：宦竖柄朝，垢蠹纲纪。他们西向由潼关进攻西京时，大杀统治阶级，把唐朝的宗室子孙，杀一个落花流水。据说所杀的人，凡有八万；血流于路，可以涉行，名曰"洗城"。这可见他们对统治阶级的残酷，及其仇恨之深了。至于明末的所谓流寇，也只是对统治阶级进攻。不过他们进攻统治阶级时，为增加自己的势力起见，对于一般人民，不免施以威胁，使服从自己。他们蹂躏的地方极大：凡陕西、山西、河南、湖北、安徽、湖南、四川等地，无不大遭惨劫。他们每过一处也必杀官僚，屠豪富，屠城邑，烧房舍。每围攻一城的时候，对于被围者，有种种待遇之不同。凡欢迎他们的，他们可以不加杀戮；若死守来抵抗的，他们要按抵抗的时日之久暂，而定杀人之多少。据说守一日的，全城的人，必杀去十分之三；守两天的，要杀十分之七；守三天的，全城的人都要杀一个干净。这种杀法，无论如何，对于普通人民，总是有很大的威胁作用的。大概民众暴动中之威胁作用，是不能免的。历史上民众暴动之令人骇怕，原因也就在此。倘起来暴动的民众，能分皂白，只杀统治阶级，全不波及一般人民，那么一般人民是不会十分骇怕的。

　　民众受不住统治阶级之压迫及剥削，起来以暴力推倒统治阶级；照理统治阶级被推倒之后，民众应能树立自己的政权，建设自己的政治制度。然而中国历史上没有这样的先例。民众用暴力打出来的江山，通通被野心家夺了去。例如秦末民众打出来的江山，被汉朝的新统治阶级夺去了；西汉末民众打出来的江山，被东汉的新统治阶级夺去了；隋末民众打出来的江山，被唐朝的新统治阶级夺去了；唐末民众打出来的江山，被梁朝的新统治阶级夺去了；元末民众打出来的江山，被明朝新统治阶级夺去了；明末民众打出来的江山，被清朝的新统治阶级夺去了。中国的历史，真如我们所说，是"有乱而无变"的历史。其乱之大，可以震惊天地；然大乱之后，社会的次序，依然是统治阶级与被压迫阶级的对立。这其中的原因，很不容易找出。大概土地私有制之未能打破，是其中的重要原因之一。历来暴动的民众，都没有打算废除土地私有制。只有洪秀全所领导的太平天国，主张财产公有，田亩均分。然太平天国却又未能成功。因此之故，暴乱过后，社会上依然是阶级对立。然则历来暴动的民众为什么没有想到要废除土地私有制呢？为什么现代的劳动阶级晓得主张生产工具公有呢？这大概是由于土地私有之害，不如现代生产工具私有之害之显而易见。所以历来起而暴动的民众，只急急于向统治阶级直接进攻，而不摇动他们所凭依的土地私有制度。土地私有制度既未摇动，那么大乱之后，社会的分子，依然属于两群：一方面是地主，是富人,是统治阶级;他方面是农民,是贫人,是被压迫阶级。

第三节　由阶级对立到新的种族斗争

二一、阶级对立时之种族斗争　阶级对立的时候,种族斗争的事实,未必就完全停止了;反之,种族斗争的时候,阶级对立的事实,未必就完全消灭了。不过我们从大体上观察,可以看出某种斗争在某个时代,占着主要的地位;因之,就把占主要地位的斗争来名那个时代。这样一来,一部中国史,分成三个时代:曰由种族斗争到阶级对立;曰阶级对立的长时期;曰由阶级对立到新的种族斗争;在事实上最为方便。我们是这样分期,也只是为着方便。

阶级对立时之种族斗争,我们打开历史看,随在可以看出。例如秦朝与汉朝,我们已经划入阶级对立的时代了;然当时蒙古族之匈奴,仍常与汉族为难。汉初,匈奴的单于曰冒顿者,竟围汉族统治阶级的头子高祖于平城。高祖迫不得已,且用娄敬的下策,以宗室之女作为长公主,嫁与匈奴单于为妻,以结和亲。汉文帝与景帝时,匈奴与汉族的友好关系,时断时续。到武帝时,汉族才畅畅快快的把匈奴赶到漠北。直到宣帝时匈奴始因内乱,屈服于汉族威力之下。又如唐朝,我们也划入阶级对立的时代了;然当时回族中之回纥,常与汉族为难。代宗时,回纥的可汗且亲自带兵入寇。后因郭子仪的力量,才稍稍对付下来。然其族人之留居京师的,非常骄恣,汉族竟莫可奈何。直到文宗时,回纥因受了黠戛斯的打击,才归于失败,不能为患于汉族。至若南北朝时,北方异族之纷纷内侵,以及北宋与辽族(蒙古族)的斗争,南宋与金族(蒙古族)的斗争,都是阶级对立时之种族斗争。若在元朝与清朝,则汉族且全然被异族镇压下去了。元以蒙古族的资格,压倒汉人,在中国境内,建立了一个统一的大帝国。清以满族的资格,压倒汉人,在中国境内,建立了一个统一的大帝国。他们把汉族镇压下来之后,汉族中被压迫阶级,依然是被压迫阶级;统治阶级,或则与他们的新统治阶级结合,或则堕入原来的被压迫阶级。这种情形,与前述由种族斗争到阶级对立的时代,显然两样了。那时代的种族斗争,显然在促成阶级对立的局面;阶级对立时代的种族斗争,则不同了;只使已有之阶级的成分复杂,而不是促成阶级对立的新局面。这种与阶级对立之局平行的种族斗争,固然每朝都有,但在历史上未占主要的地位。在历史上占主要地位的是阶级对立。所以自秦至于清朝与英人开鸦片战争时,我们虽看见了不少的种族斗争,然始终要称这一个时代为阶级对立的时代。自鸦片战争以后,历史又走入了新的阶段,我们称之为由阶级对立到新的种族斗争的时代。

二二、历史上又一个关键　秦朝统一中国时,是历史上一个关键,把由种族斗争到阶级对立的一段历史与阶级对立的长期历史划分了。清朝与英人开鸦片战时,是历史上另一个关键,把阶级对立的长期历史与新种族斗争的历史划分了。鸦片战争以前,中国境内的种族斗争,只是亚洲东南一部分黄种人彼此的斗争;鸦片战争以后,中国境内的种族斗争,有全世界闻名的白种人参加了。在鸦片战争以前,中国历史,是亚洲东南部一部分黄种人的历史。其中虽也不免有与全世界相涉之处;然主要的只是关于一部分黄种人的。关于种族斗争的材料虽不少;然关于阶级对立的事实却特别的多。在鸦片战争以后,中国历史,成了世界史之重要部门。不复单是一部分黄种人的历史了。其中事迹虽有些是与全世界无关的;然与全世界有关的,却特别令人注意。关于阶级对立的材料虽不少;然关于中国与列强斗争的事实却特别的重要。中国与列强斗争,支配了近代中国历史的全部。阶级对立的事实,被中外斗争的事实所遮掩了,几乎不令人注意:这是鸦片战后,中国历史的特色。若在鸦片战前,支配中国历史的,是阶级对立的事实。汉、满、蒙、藏、苗各族斗争的事实,反被阶级对立的事实遮掩了,几乎不令人注意。研究历史的人,于鸦片战前,只注意于历代的治乱兴衰,及典章制度;其实即只注意于阶级对立的静态或动态。国内各种族互相倾轧的情形,似少人留意。于鸦片战后则注意之中心点忽然移到中国与列强相与斗争的事实上来了;国内的治乱兴衰,典章制度虽不会被人忘却;然有眼光的历史家,却都特别注意于中外的斗争。平心说来,历史上的事实,本是前后相续的。但在相续之中却有转变的阶段。倘我们于这急剧转变的阶段,不能看出;各种关键,不能抓住;则于了解历史,必不能得到迎刃而解,辖然贯通之妙处。我把鸦片战争作一个关键,反覆说明,也只在希望读者把历史上的大势弄清。

二三、新的种族斗争史　鸦片战争,固然是一个关键;但新的种族斗争,或中外斗争,并不是直到鸦片战争时才开始的。我们要研究新的种族战争史,最好依斗争的激烈或缓和的情形之不同,而分为若干小段。在鸦片战前不久,中外开始接触:列强的势力,渐渐向中国转移;中国人的眼光,也渐渐注射于国外。这个时期可以说是埋伏战机的时候,或撒布中外斗争的种子的时候。在这时候,彼此相接触的机会颇少,接触的情形也极温和。但正在这温和的接触之中,埋了鸦片战争的种子。鸦片战后,情形截然不同:彼此相遇,动辄以枪炮子弹作礼物。自鸦片战争到庚子联军之役,六十年间,曾经过许多流血惨剧。这六十年,实在是斗争最紧张的时期。庚子联军之役以后,形势又忽然一转,由急剧转到温和。转变的原因,只是因为庚子联军之役以前,六十年内,列强与中国斗争,得了全胜。前一期的全胜植下了后一期的温和之基。因此自庚子联军之役,直到华盛顿会议,中外斗争的表面,似较温和。华盛顿会议以后,又进入了一个新时期,可以说是由温和的极端转到紧张的极端的时候。

我们把新的种族斗争史,分成这几小段:鸦片战前的一段,叫做战机埋伏时期;自鸦片战争到庚子联军之役的一段叫做斗争紧张时期,自庚子联军之役到华盛顿会议的一段,叫做斗争温和的时期;华盛顿会议以后的一段,可以叫做由温和转入紧张的时期。这种分法,读者一看,即知我所采的分期标准,完全在战争一点。中外斗争的表面,固然是武力的战争;但中外斗争的里面,却是经济的侵略。中外相遇,若只有武力的战争,而没有经济的侵略,那于事于理,都说不通。阶级对立时,统治阶级对付被压迫阶级,以政治的支配为手段,以经济的剥削为目的,几乎成了定律。新的种族斗争时,列强对付中国,以武力的战争为手段,以经济的侵略为目的,也几乎成了定律。我们研究阶级对立时,若只注意政治的支配,而不注意经济的剥削;便不能理解阶级对立的真意义。至研究新的种族斗争时,若只注意武力的战争,而不注意经济的侵略也决不能理解新的种族斗争的真意义。新的种族斗争之中,列强对中国所施之经济的侵略,无时或息。然所用之手段,则随事实上的需要之缓急,而有所变更。事实上不需要武力时,则不用武力;事实上需要武力时,则用武力。武力的压迫要加紧时则加紧:武力的压迫可以放松时,则放松。武力为必不可少时,则设法维持;武力可以他物替代时,则以他物替代。武力的压迫是手段,故可以随时变更;经济的侵略是目的,只有逐渐加紧。我们一定要明白这个道理,才知道列强对中国的武力压迫,何以有轻重缓急之不同。鸦片战前,中外初相接触,列强以试探的态度来华,尚未感到用武力的必要。然以鸦片烟来吸取中国的经济利益,毕竟引起了中国人的反感。因之,武力的压迫随着发生。自鸦片战争到庚子联军之役,六十年中,列强为要达到经济侵略的目的,不惜尽量以武力加于中国。结果中国被压下去了,列强的经济侵略,可以畅行;于是武力的压迫,也随着可以稍稍放松。庚子联军之役以后,便是列强对中国稍稍放松武力压迫的时候。直到华盛顿会议的前后,武力的压迫,几乎可以用教育的势力来代替。国人文明的程度,一天一天加高;教育的效力,可以代替武力;于是列强争着到中国来发展文化事业,以保障其经济侵略。但国人文明的程度一天一天加高,同时了解列强侵略的野心,也愈透彻。因之,反抗的运动加紧,引起来的新压迫也愈凶。中外的斗争,至是复由极温和转入极猛烈。

二四、鸦片战前中外斗争大势　在鸦片战争以前,中外斗争的序幕早开始了。与中国接触的势力,凡可以分为两大组:一则从西来海上进来的西方势力;二则自东北陆路进来的俄国势力。前者之中,复包有葡、西、荷、英四国。加入中外斗争的序幕的,当然不止这几国;但这几国与中国接触的事实较为显著,特别值得叙述。葡萄牙人之到中国,早在明武宗正德十一年(一五一六年)就开始了。正德十六年,因葡人行为不检,政府曾下令驱逐他们出境。后来令弛,他们复来,且愈来愈多。到嘉靖时,广东附近有葡人居留之地凡三处:曰上岛,在今台山县南;曰电白,在今电白县南;曰澳门,在今香山县南。当时葡人来华的都是商人;目的只在到中国吸取经济利益。中葡贸易最盛的地方,便是电白;葡商寄居该处的,常达五六百人之多。后来澳门兴盛,且有驾电白而上之势。自是以后,福建之泉州,浙江之宁波,也多有葡商出入。居宁波的葡商,有许多怪举,曾结党四出诱掠妇孺。这一件事,引起了华人的反感。嘉靖二十四年(一五四五年)地方居民起来复仇,曾焚烧葡船三十七艘;并同来之教徒,亦屠杀无数。泉州的葡商,也于二十八年(一五四九年)被吏民所逐。这样一来只剩下澳门为葡人在极东经商的根据地。三十六年(一五五七年)葡国政府且在澳门设官,管理关于侨民的事务。不过当时葡人来华吸取经济利益,完全用的试探态度。反客为主的事尚少。所以在澳门经商,每年还须纳地租二万金。神宗万历十年(一五八三年)葡人要求减租,中政府允了,遂减为每年五百金。这个租额,延至清道光间,还没有改变。这也足证当时中外关系尚是平等的;反客为主的事,尚不易发见。

当葡商垄断东洋贸易之时,西班牙的势力,也正在开始向东方发展。明正德十四年(一五一九年)就有麦折伦(Magellan)率领舰队航大西洋达到太平洋;历时凡三十三月之久。后来西班牙的势力,在斐律宾群岛一带殖了基础。当时中国商人往来南洋各处经商,获利很厚,其势也颇不可侮。两相接触,中、西斗争遂从此开始。当时福建泉州人李马奔,很勇猛,又习于海上生活,常率武装帆船六十二艘,水陆兵各二千,妇女千有五百,进攻斐律宾。万历二年(一五七四年)大破西班牙兵于马尼剌湾;杀其副将,并把西班牙人赶跑。后来西班牙兵,增益补充,转败为胜。然中国人之势力,尚能继续应战。李马奔败后,福建总督复发中国舰队至斐律宾。西班牙人得了这个消息,骇怕极了,很想乘机,与中国订通商条约。万历八年(一五八〇年)西王遣使来申前请。但都为葡萄牙人所阻,未得成功。自彼时以后,中西两国的商船,站在平等地位,互相竞争;马尼剌竟成了两国互争的唯一对象。

　　葡萄牙人在东方的势力就衰的时候,荷兰人与英国人乃起而代之。万历二十三年(一五九五年)荷亚摩斯特登商船创私立东印度会社,从事探险。自是以后,荷兰商船东渡的渐渐多起来了。万历三十年(一六〇二年)东印度会社,得了政府的允许,可于殖民地置兵设官,并与所在国宣战;势力蒸蒸日上。万历四十七年(一六一九年)在爪哇建立政府,且以该地为东洋贸易的唯一根据地。当时中国南部的商业利益,已为葡萄牙人占据了好久。荷兰势力一来,乃渐渐由葡人之手转入荷人之手。清顺治十三年(一六五六年)爪哇政府派人到北京,请求通商。清廷允荷兰商船每八年来华一次,每次船数,且限定只准四艘。这是中荷互相斗争的序幕。至于英国人到东方来探险,大概与荷兰同时。万历二十七年(一五九九年)伦敦商人组织东印度公司与荷兰互相竞争。在印度所培植的势力,极为雄厚。万历二十四年(一五九六年)英女王伊利莎伯遣使与中国修好,但因舟遇飓风而止。崇祯十年(一六三七年)英人 Weddell 率舰队到澳门;然为葡人所拒,乃转至虎门,遣使向中国请求通商。清康熙三年(一六六四年)东印度公司派商船一艘到厦门,不久即返。后因郑经在台湾与英人订了约。以厦门为通商地。因厚利所在,厦门毕竟成了盛大的商场。总观上述葡、西、荷、英四国之来华,其唯一目的都在商业上的利益。初来的时候,都带了几分冒险性质。武力的后盾,尚不足以与中国为难。与中国通商,纵不是处于从属的地位,但无论如何,是处于平等的地位。这种站在平等地位相互通商的关系,直到鸦片战争时,便完全改变了。

　　二五、续前　葡、西、荷、英等国是从海上进来的西方势力。此外从陆上进来的,尚有俄国的势力。俄本为中国北方大国。明崇祯十一年(一六四三年)俄国属部可萨克人自雅库次克省至黑龙江下游;历时三载,熟察当地情形。回去时尽将所察实情报告雅库次克政府,并请派兵经略。清顺治七年(一六五〇年)富商 Khabaroff 募义勇兵数百人至黑龙江北岸之雅克萨,击败索伦兵。后复引兵东略黑龙江下游,至乌苏里江口。当地的部落派人到中国宁古塔请救兵;宁古塔都统派两千人去援助,竟不得结果而还。顺治十一年(一六五四年)俄政府以 Khabaroff 兵纪不好,改派 Stepanoff 代领其众;复沿黑龙江东下,剽掠各部落。十五年(一六五八年)Stepanoff 率可萨克兵五百人出松花江,抄掠村落;宁古塔都统率舰队四十七艘,与战于松花江,大获全胜,把可萨克兵打破,并把 Stepanoff 打死。俄人以武力来攻,目的究在那里:一言以蔽之,无非欲在东方找通商根据地,以图吸取经济利益。顺治十一年及十二年,俄曾两次遣使臣送礼物给清廷,上书请求通商,并在北京窥探虚实。康熙九年(一六七〇年)俄复派人到北京请求订约通商。当时中国方面坚持不许。一方面定欲通商,一方面坚拒不纳;两相争执,彼此都以大军相见。二十五年(一六八八年)时,俄军且大败特败。正当那一年,和议告成,于是双方罢兵。二十八年(一六九一年)订《尼布楚条约》,约中毕竟规定:"两国商旅持有护照者,得自由在他一国经商。"是约成立以后,俄人对中国颇温和,不复常以武力为手段了。其派来中国沿边经营贸易的队商,也都能服从条约;直到咸丰八年(一八五八年)还没有变态。雍正三年(一七二五年)中俄又订《恰克图条约》;约中关于商务之规定有云:"俄国商人,得三年一至北京通商。员数以二百人为限。留京不得过八十日,往来当由官定之路径,不得迂道他往:违者没收货物。"后来乾隆五十七年(一七九二年)增订《恰克图条约》,约中规定严禁俄商负债,发生纠葛,及入边行劫诸不法事。由此种种看来,鸦片战前,中国与俄国斗争,也是站在平等地位。俄虽屡以武力为手段,希图达到吸取经济利益之目的;但中国颇能对付,也可以拿武力与之周旋。综而言之,鸦片战争以前,中外互相斗争,都是站在同等地位无论自海上来的西方势力,或自陆上来的北方势力,中国都能对付。经过鸦片战争,情形就完全不同了。

二六、继长增高的经济侵略　鸦片战争以后,中外站在同等地位相互斗争之局,全然打破。此后列强之对付中国,完全反客为主:一以武力的压迫为手段,施行其经济的侵略。经济的侵略,自鸦片战争之日起至于今日,不独无时或息,而且继长增高。关于这点,我们可拿《海关报告册》上所载历年进出口货价之数字表示之。自一八六五年(鸦片战争在一八四〇年到一八四一年)后每五年一计;自民国成立后,逐年一计。其进出口的货价,以百万海关两为单位;历年数目,有如下表。

年　度	国货出口净数	洋货进口净数
一八六五	六〇	六一
一八七〇	六一	六九
一八七五	六八	六七
一八八〇	七七	七九

年　度	国货出口净数	洋货进口净数
一八八五	六五	八八
一八九〇	八七	一二一
一八九五	一四三	一七一
一九〇〇	一五八	二一一
一九〇五	二二七	四四七
一九一〇	三八〇	四六二(上均为第五年数额)
一九一一	三七七	四七一
一九一二	三七〇	四七三
一九一三	四〇三	六七〇
一九一四	三五六	五六九
一九一五	四一八	四五四
一九一六	四八一	五一六
一九一七	四六二	五四九
一九一八	四八五	五五四
一九一九	六三〇	六四六
一九二〇	五四一	七六二
一九二一	六〇一	九〇六
一九二二	六五四	九四五
一九二三	七五二	九二三
一九二四	七七一	一,〇一八
一九二五	七七六	九四七
一九二六	八六四	一,一二四

　　这张表是刘大钧整理出来的(参看中华国货展览会《纪念特刊》),虽不是起于一八四〇年,止于一九三一年;然而我们只看这六十年的中外贸易情形,就很可以看出:(1)出口数目,继续不断地增加;六十年中,几增到十三倍。(2)进口数目,也继续不断地增加;六十年中,几增到十五倍。(3)进出口数目,虽都继续增加,但进口数目,除一八七五年外,无一年不大过出口数。(4)进口数目增加

的速度,大过出口数目增加的速度;到一九〇五年时,进口数目几高于出口数目的一倍! 这可见列强或国际资本主义者对中国的经济侵略之继长增高了。

二七、武力的压迫　国际资本主义者对华的经济侵略,固然继长增高,逐年加紧;但用以作手段的武力的压迫,却是由猛而宽;自庚子八国联军之役以后,有逐年放松之势。猛的时期,以自鸦片之战到庚子联军之役的六十年为最。这六十年,是国际资本主义者用武力屈服中国的时期。中国屈服了,然后加紧经济的侵略,从中国的工农身上,尽量剥削。这种情形,颇令我联想到牛肉公司屠牛者的手段。屠牛者对于将就屠杀之牛,必先以木棒击其头,使昏眩,然后徐徐杀之。国际资本主义者之对付中国,则先以枪炮子弹攻中国,使中国变成绵羊一般,然后加紧其经济侵略。计自鸦片战争起至庚子联军之役,国际资本主义者对华的武力压迫,最惹人注意,最令人难忘的,便有最大的四次:(1) 鸦片战争。鸦片之输入中国,为时最早。清道光时候,英人自印度输入的尤多。当时朝野上下,多有晓得鸦片烟之危害的。道光十八年(一八三八年)鸿胪寺卿黄爵滋、御史朱臣烈都上疏痛论之;湖广总督林则徐有极剀切之奏语曰:"烟不禁,国日贫,民日弱。数十年后,岂惟无可筹之饷? 抑且无可练之兵!"林氏对鸦片的见解既是如此,所以一八三九年他到广东时便强令英商将价值五六百万元之鸦片烟共二百万零二百八十三箱在虎门陆续烧毁。这事触动了英国之怒,英政府乃于道光二十年(一八四〇年)派伯麦(Bremed)统海军,意律乔治(George Elliot)统陆军,共兵士一万五千人,军舰二十六艘,于道光二十年(一八四〇年)五月抵澳门,见广东有准备,乃北攻福建;见福建又有准备,乃进攻浙江,陷定海,封宁波,进逼天津。英人既占了大沽口,乃向中国投书请和,后因条件未能商妥,继续从印度调兵舰入广东,由璞鼎查(Pottinges)统率,于道光二十一年(一八四一年)再度北上,攻闽浙沿海,连陷厦门、定海、宁波。二十二年,更陷乍浦、宝山、上海;并沿长江进逼南京。结果强迫中国与之订立《南京条约》。(2) 英法联军之役。《南京条约》订立之后,英人欲实现条约上的权力,中国人民不能忍受,广东绅民更为愤慨。卒因广东绅民拒绝英商入广州城的事而发生英法联军攻打中国的大战。这次战事的导火线,为亚罗船事件。咸丰六年(一八五六年)九月,有亚罗船从海外入粤河。船上悬挂英国旗,载有两个英国人,十三个中国人;被巡河水师捕获了,该巡河水师以捕获匪船的名义报告当局。当时英领事巴夏礼以为船上悬有英旗(中国奸商借外国旗以图掩护的事,实在太多了。)出来抗议。谓"擅执华佣为不当,侮辱国权尤非礼"。要求中国当局送还十三个被捕的,并于四十八小时内,向英国谢罪。是时中国当局两广总督叶名琛,一味傲慢,又毫无作战的准备。英舰乃入粤江,攻黄浦炮台,咸丰六年十月竟攻陷广东省城。但因人数过少,不敢久留,随即退出。当时法国正借口广东教士被杀之事要向中国开衅;于是英法乃相与组织联军,攻打中国;竟于咸丰七年(一八五七年)十一月再陷广州,并把总督叶名琛虏去。咸丰八年(一八五八年)四月,联军竟由上海北上,闯入大沽口。结果,强迫中国与订《天津条约》。后又订《北京条约》。

二八、武力的压迫续前 (3)中日战争。这一次的战争,又叫甲午之战(因为发生于光绪二十年,恰恰岁次甲午),其导火线为朝鲜内乱。当清同治光绪时代,朝鲜成了中、日、俄三国角逐的地方;而中日的冲突,更为厉害。恰在那个时候,朝鲜内乱,新旧两党相争;亲中亲日,各走极端,遂激成中日暗斗。后来东学党起事,中日两国都派兵入朝鲜。及大乱平定以后,日本竟延不撤兵。这样一来,中日乃不得不出于一战了。光绪二十年(一八九四年)七月,中日正式宣战。中国方面,因事前毫无准备,海陆各军,都遭惨败。不得已乃与日本议和,并派李鸿章东渡,与日本订立《马关条约》。(4)八国联军之役。这一役因发生于光绪二十六年,岁次庚子,又号庚子之变。清朝末叶,国际资本主义的先锋队天主教,在中国横行,肆无忌惮;因之激成中国农民仇教的心理。当时有义和团,以"扶清灭洋"为口号,起于山东,开始作排外的运动,其实就是作反抗国际资本主义的初步工作。山东巡抚毓贤,颇加保护。后又扩大到直隶,直督裕禄,更为之张目。清当局如载漪、刚毅等都力加奖励。为时不久,义和团的势力,竟遍满了京津一带。他们因势力大起来了,到处戕杀教徒,攻击使馆,为所欲为。政府当局,且正式派人帮助指挥。这样一来,乃惹起了各国的大怒。于是英、法、德、俄、美、日、奥、意等八国,乃组织联军问罪于中国。陷大沽口,攻破天津,直入北京。当时居在北京的统治阶级吓死了,一时北京陷入无政府状态。这时正是光绪二十六年(一九〇〇年)七月。这次事变的结果,经李鸿章的折冲,毕竟与各国订立条约。其条约因订于一九〇一年,光绪二十七年岁次辛丑,名叫《辛丑条约》。综上所述看来,鸦片战争、英法联军之役、中日战争、八国联军之役、实列强以武力压迫中国最猛烈的四次大战。为欲达到经济侵略目的,不惜施行这样最猛烈的军事手段,这是近代历史中最惹人注意的特色。

二九、经济侵略的永久保障 上述四次大战,制造了四种有名的不平等条约,或亡国条约。各条约中所载,恰恰是保障列强之经济侵略的。现在且将其大略录列于次。(A)鸦片战争制造的不平等条约,曰《南京条约》,其要项有八款:

一,中英两国将来当维持和平;二,中国政府向英国政府纳军费一千二百万两,商欠三百万元,鸦片赔偿六百万元,共二千一百万元,限一八四五年(道光二十五年)岁末付清。三,开广州、厦门、福州、宁波、上海五港为通商口岸;准英国派领事住居,并准英商携带家属自由来往。四,以香港之主权让与英国政府。五,放还英人之为俘虏者。六,战役中为英人服役之华人一律免究。七,将来两国往复之文书用平行款式。八,条约得皇帝批准,偿金交付六百万元之后,英国可自当时所占领之长江沿岸等地撤兵。唯舟山及鼓浪屿在条约实行之前,仍由英军占领。(B) 英法联军之役制造的不平等条约有《天津条约》,其要项为:一,英法与中国互派公使。二,准英法教士自由传教,英法人民携带护照自由旅行。三,续开牛庄、登州、台湾、潮州、琼州、镇江、九江、汉口、淡水、江宁等港为商埠。四,予英、法以领事裁判权。五,偿英费四百万两,法二百万两。六,再行协定税率。七,许法国以特惠旷典。其次《北京条约》,其要项为:一,《天津条约》有效。二,开天津为商埠。三,割九龙司地方一区,为英国领地。四,增赔款,英法各八百万两。(C) 中日之战所制造出来的不平等条约曰《马关条约》。其要项为:一,朝鲜完全自主。二,割辽东半岛(奉天南界,从鸭绿江至凤凰城、海城、营口)、台湾及澎湖列岛于日本。三,偿军费二万万两。四,开沙市、重庆、苏州、杭州四口通商。(D) 八国联军之役所制造出来的不平等条约为《辛丑和约》;其要项为:一,惩办罪魁。二,派专使赴德、日谢罪。三,凡虐杀虐遇外人之城市府县,均停止文武考试五年。四,赔款四万万五千万两。五,开拓使馆界,不准中国人住居,且驻兵保护使馆区域。六,毁大沽炮台,及北京至海滨间交通之各炮台;折天津城。七,各国得驻兵黄村、廊坊、杨村、天津、军粮城、塘沽、芦台、唐山、昌黎、滦州、秦皇岛、山海关等处,以保北京至海滨无断绝交通之虞。八,中国政府须颁布严禁排外之上谕;官吏须切实保护外人。九,中国政府承认襄办白河、黄浦江二水路之改善。十,改总理衙门为外务部,位在六部上。

我们只举四次较严重的武力压迫所制造出来的不平等条约为例,便可以看出国际资本主义者所得经济侵略的永久保障,为何等巩固了。施行经济侵略,必须有人调查中国内情;不平等条约上规定外人可以自由旅行中国,这于调查内情方便了。施行经济侵略必须有根据地;不平等条约上规定割地与外国,这于根据地的问题算解决了。施行经济侵略,必须中国自己对外无抵抗的表示;不平等条约上规定中国拆城墙,毁炮台,这中国当无抵抗了。施行经济侵略必须有商埠;不平等条约规定开若干商埠,这于商埠问题解决了。施行经济侵略,必须有保护外商及压迫国人的特权;不平等条约上规定外人有领事裁判权,这外商可以放心了。施行经济侵略,必须能支配中国政府;不平等条约规定任外人驻兵保护使馆,并改中国总理衙门为外务部,位于六部之上,以供外人支配;这样外人可以支配中国的政治了。施行经济侵略,必须有武力作后盾;不平等条约规定,外国可以驻兵于中国,这算有后盾了。凡此等等,不过略举其要。其他一切不平等条约中种种规定,无不是国际资本主义者对华施行经济侵略的永久保障。

三〇、武力压迫与经济侵略的消长　几次大战,把中国打昏了;武力制造出来的不平等条约,又把中国束缚得紧紧的。这结果所发生的影响。便是国际资本主义者对中国武力的压迫渐渐减轻,经济的侵略渐渐加紧。武力的压迫所以减轻,因为经济的侵略得了永久的保障,能够加紧。经济的侵略既能够加紧,那么武力的压迫因把中国打昏了,无妨减轻。武力的压迫与经济的侵略这样一消一长,是新的种族斗争的一个特征,我们最宜认取;并且事实俱在,也不容我们忽视。先就武力的压迫讲罢。八国联军之役以后,各国以武力压迫中国的事,并非没有,但决不如八国联军之役以前的猛烈;因之引起大战的事完全没有。例如英人之侵略西藏,于光绪二十九年(一九〇三年),曾乘俄国与日本有事之时,派兵一千,由印度侵入西藏。但也止于如此。这与前此大战的情形比较起来,算是极温和的了。又如日人之侵略南满,也只在行政方面努力布置。于光绪三十二年(一九〇六年)设南满洲铁道株式会社;于光绪三十三年设关东州都督府。很少用大军压境,造成大战的事。再如宣统三年(一九一一年)英兵之占据片马,也只以占据为止;且驻在片马之兵,来去也无一定;并不如八国联军之役以前那样凶猛的向中国重镇长驱直入。更如葡人之扩大澳门租界,宣统二年(一九一〇年)曾与中国大起争议,然亦止于争议,并未酿出大的军事行动。凡此都足以证明国际资本主义对中国之武力压迫,显系由猛烈而温和。不独由猛烈而温和,并且用文力代替武力。华府会议前后,各国争以教育为保护市场之工具,纷纷在中国提倡文化事业,发展学术机关,促进教会教育。当时国人盛倡反对文化侵略之说。倘非反对而收有相当之效果者,则今日之大学生,恐都在教会大学;国立大学,恐无人上门。这并非我故意瞎吹,乃有眼睛的人都能看见的事实。

武力的压迫,日渐温和,甚至以教育代替武力,这并不是国际资本主义者要对中国施恩,实因经济侵略,可以畅行无忌,无须用武力猛烈的压迫了。八国联军之役以后,国际资本主义者对中国所施的经济侵略,其速度一天一天加大,也是凡有眼睛的人所能看见的。我们在前面论继长增高的经济侵略时所举的一表，便足以证明这个事实。该表所列出入口净数，自一九〇〇年以后，其增加之速度较一九〇〇年以前，显然大多了。且入口净数之增加较出口净数之增加，其速度更大，也一目可以了然。这还只是贸易一方面的情形。至于以雄厚的资本，投于中国的矿山，投于中国的铁路，投于中国的工厂等等，以直接或间接剥削中国工农之血汗，更是显而易见的事，更足以证明经济侵略之加紧。但经济侵略之加紧，与文化的侵略是平行的。两者结合，又引出了极大的反抗运动。五四运动与五卅运动等之相继发生，其直接原因，几乎就是国际资本主义者的经济侵略及保障经济侵略的文化侵略之日益紧迫。

三一、反抗运动举例　反抗运动，实随国际资本主义之侵略以俱生，并不是到五四运动时才开始的。现在且举几个例以见一斑：（A）广东绅民之反英运动。鸦片战争以后，英人欲实现《南京条约》上所规定的权利；到福州、厦门、宁波、上海等处纷纷建设领事馆。独广州绅民，誓死反对，不许英人入城。当时耆英为两广总督，无法制止绅民的愤慨，乃与香港总督结约，保障舟山不割让他国，将广州开放之期延至光绪二十九年（一八四九年）借以平绅民之愤。后因亚罗船事件，中英开衅，英军攻陷广州。但因人数太少，不久即退。退出之时，绅民愤慨极了，群起暴动，大烧洋楼。凡法国人、美国人的住室，以及英国人的商馆，与夫从前的十三行，都一律烧成焦土。这不能不说是一次反抗运动。（B）义和团之"灭洋"运动。光绪中叶，山东有农民利用宗教迷信为手段，纠聚党徒，以拒暴吏，叫做义和团。义和团眼看中国被国际资本主义者（他们自己当然不知道称此为国际资本主义者）压迫得转气不来，乃提出"扶清灭洋"的口号，倡始反抗运动。常常有仇杀外人，焚烧教堂等直接行动。初起于山东时，势力颇厚。后因袁世凯主张剿伐，乃窜入直隶南部。直隶总督裕禄，不唯不加剿伐，且表示信仰。这样一来，他们的势力更凶了。他们以为一切模仿西洋的办法，都是洋人弄出来以祸中国的。于是毁铁路，毁电线，烧教堂；甚至藏洋书洋报者，亦必捕杀之。光绪二十六年（一九〇〇年）四月间，在天津及近畿一带，异常活动。绅民信从的日多。五月十五日，遂在北京大肆暴动，焚毁教堂，劫掠街市。并把日本书记官杉山彬戕杀于永定门外。结果遂引起八国联军入北京之事。（C）五卅惨案及其他。自五四运动以后，反抗国际资本主义的运动，一天一天展开：常以外交问题为导火线而爆发。民国十四年五月卅日，上海学生愤国际资本主义者之压迫太甚，痛工人顾正红被外国资本家打死；乃在租界内分队讲演顾被杀之真相，以期唤起各界注意。公共租界英捕房谓学生援助工人,有意排外,竟捕去学生若干人。学生因此集合大队出发,一面讲演,一面请求释放被捕同学。英捕以武力干涉,捕头爱伏生竟召集巡捕,下令向大众轰击。当场死者四人,后在医院死者七人。至于受重伤的,则不计其数。五卅惨案,于以酿成。五卅惨案发生之后,汉口惨案,及广州沙基惨案亦相继发生。一时反抗国际资本主义的热潮,几已弥漫全国。

　　国际资本主义者向我国压迫,我国民众起而反抗;这种情形便是我所谓新的种族斗争。新的种族斗争正在进行之时,新的阶级对立之局也正在酝酿。但这样酝酿出来的阶级对立之局,与前此的将截然不同。前此的阶级对立,只对立于黄种人中;后此的阶级对立,将扩大至全世界的民族。又新的种族斗争正在进行之时,中国也渐渐变成了外国;渐渐丧失了向来独立国家的资格,成了世界的社会关系中之一员。

选自周谷城《中国社会之现状》第一章

新生命书局一九三三年出版

历史完形论[*]

一、历史完形的基本理论

史料史观非历史　史料是历史之片段。从片段的史料中可以发见完整的历史；但完整的历史之自身，决非即等于片段的史料。举例来说，如新近发见的北京人头骨，如河南、甘肃、辽宁、山西各地先后发见的石器与陶片，如殷墟甲骨，如新郑铜器，如寿县铜器，如汉晋简牍，如敦煌写经，如西夏文字，如大库档案，如太平天国史料，等等，都是史料。史学家从史料中去寻找历史，从而编著史学书籍；但并不把史料当历史，而只把史料当寻找历史的指路碑及历史的代表。若研究只止于史料的本身，考究其来源，分解其成分，加以分类，加以排比；这属于史料学或史学概论的范围。不过史料学亦尝被认为就是史学。蔡元培先生云："史学本是史料学。"（《明清史料序言》）这话于史学界有益，但不正确。治史的人往往轻视史料；其实离开史料，历史简直无从研究起。历史自身虽不是史料，但只能从史料中寻找而发见出来。谓"史学本是史料学"，至少有纠正空疏之弊的作用，故曰于史学界有益。但有益的话往往也有不正确的。谓"史学本是史料学"，同时自不能不承认史料就等于历史。其实史料只可视为寻找历史之指路碑，只可视为历史之代表或片段的痕迹，却并不是历史之自身。

其次，史观也不是历史之自身。史观云云，只可视为对历史的看法。或谓历史即理性发展史，如 Hegel 之所云；或谓历史即阶级斗争史，如 Marx 与 Engels 等之所云。但这都只是对历史的看法。本着这等看法从史料当中去寻找历史是可以的；若谓这等看法就是历史之自身却大不可。

历史之自身乃客观的独立存在；并非因吾人有了看法，加了研究，有了著作，

---

   *　本文系周谷城《中国通史》开明书店 1939 年版的《导论》。解放以后出版的《中国通史》修订本（包括新知识出版社版和上海人民出版社版）《导论》中虽有其内容，但"历史完形论"的部分已经删掉。"历史完形论"是周谷城教授三十年代的主要史学理论，与他以后的"统一整体与分别反映"一脉相承。

而始存在的。讨论至此,最宜把历史一名词所代表的两个意义加以分辨。历史一名词,常代表着历史之客观的存在与历史之文字的表现。但客观的存在与文字的表现一向是未加分别的。其实客观的存在与文字的表现倘不分别清楚,则历史之自身云云,终将被人忽视。这分别在西方近来常有人提及。H. E. Barnes即有其分别之言曰:"史之一辞显具二义:一指过去种种事业及造诣之总相而言;一指此种种活动之笔之于书或传之于口之纪录而言。"(汉译《史学史》第一节)中国学者近亦有留意到这等分别的。冯友兰先生云:

> 历史有二义:一是指事情之自身;如说中国有四千年之历史,说者此时心中,非指任何史书,如《通鉴》等。不过谓中国在过去时代,已积有四千年之事情而已;此所谓历史,当然是指事情之自身。历史之又有一义乃是指事情之纪述;如说《通鉴》、《史记》是历史,即依此义。总之,所谓历史者,或即是其主人翁之活动之全体;或即是历史家对于此活动之纪述。若欲以二名表此二义,则事情之自身可名为历史,或客观的历史;事情之纪述可名为"写的历史",或主观的历史。……"历史"与"写的历史"乃系截然两事。于写的历史之外,超乎写的历史之上,另有历史之自身,巍然永久存在,丝毫无待于吾人之知识。写的历史随乎历史之后而纪述之,其好坏全在于其纪述之是否真实,是否与所纪之实际相合。(《中国哲学史》第一章页一六—一八)

这区别再清楚没有了。不过我不想用"客观的历史"与"主观的历史"等名词。事情之自身或历史之自身,当然称为历史;事情之纪述或写的历史可直称为史书;如依科学方法写的史书,可称之为史学。虽然"主观的"与"客观的"意义并不含混;但为从俗起见,仍以不立"主观的历史"之名为是。且"主观的"云云,亦只是指事情的"记载"(records of events)而言,非谓记载的"事情"(events recorded)亦为主观的。这正如动物学虽以动物为对象,但我们却不必称动物学书本中所描写的动物为主观的动物。

过去活动为历史　史料、史观都非历史,然则独立存在,不因吾人之知识而始存在之客观的历史,究竟是什么呢?这很易回答,即人类过去之活动是也。虽然,历史固为人类过去之活动,且人类过去之活动云云,治史的人也没有不知道的。但截至今日为止,所有历史书籍,都不着重这一点,甚至完全遗漏这一点。于是历史书籍中所见的只是记事文字之摘录,或典章制度之说明,或个别史料之排比,而不是过去活动之显现。换言之,史书中所见只是静止而不是活动。其所以不着重活动,或遗漏活动,其原因或出于无意的忽略,或出于有意的主张。无意的忽略,可随举几端以为例。(一)因忽略了活动之自身与活动之记述的分别,以致只重活动之记述,不重活动之自身。伟大的史家梁任公亦不免有这个忽略。彼尝云:"史也者,人类全体或其大多数之共业所构成。"又云:"史也者则所以叙累代人相续作业之情状者也。"(《中国历史研究法》第一章《史之意义及其范围》)这里前一史字显然是指人类过去活动之自身而言,后一史字显然是指关于过去活动之记述而言。两个意义混而不分;则编著史书之时,自不免视活动之记述为活动之自身,自不免化活动为静止。(二)因忽略了活动之自身与活动之成果的分别,以致只重活动之成果不重活动之自身。这里所谓活动之自身与成果,颇与梁任公所谓活动之情态与产品相似。梁之言曰:"活动之相,……复可细分为二:一曰活动之产品,二曰活动之情态。产品者,活动之过去相,因活动而得此结果者也。情态者,活动之现在相,即结果之所从出也。"(同上)也与马端临所谓"不相因"与"相因"一样。马之言曰:"理乱兴衰,不相因者也。……典章经制,实相因者也。"(《文献通考·自序》)情态为活动之自身,产品为活动之成果;理乱兴衰为活动之自身,典章经制为活动之成果。活动之自身与活动之成果既混而不分,则编著史书之时,自不免视活动之成果为活动之自身,自不免化活动为静止。(三)因忽略了活动之自身与个别的史料之分别,以致只重史料,不重活动。蔡元培先生云:"史学本是史料学。"(见前引)准此而言,则非承认历史之自身等于片段的史料不可。这种的认取,在过去是很普遍的;所以编著历史书籍之时,只重史料而不重历史;只重活动之片段的痕迹,而不重活动之全体的自身。以上所述,还只是因忽略而生的结果。最关重要的,厥为(四)有意的主张,要把活动化为静止。盖过去最重要或最激烈之活动常在朝代与朝代之交。其时旧朝将瓦解,新朝未树立;统治权力,一时动摇;被压迫阶级乘机起而活跃;于是构成剧变,构成最激烈的活动。但这种活动是后来的统治者所厌闻的。于是编著史书的人常把这种活动故意挤到极不重要的地位,或以一二篇逆臣列传或流贼列传了事。这种办法用得最早,成了风气;所以过去的史书大抵只详述已经成立了的朝代,而略述朝与朝之交的剧烈变乱情形,换言之,惯以静止为叙述的对象,不以活动为叙述的对象。

过去史书之只以静止为对象,而不以活动为对象,可举最显著之两事以为证:一分类叙述,二分朝叙述是也。(一)分类叙述的办法是极普遍的。编著史书的人大抵只注意到文字的纪录,个别的史料,与夫典章制度等等;不以为凡此等等之里面,尚有历史之自身或活动之自身;于是编著史书之时,尽量把这等等分成若干子目,如世系,如疆域,如内政,如外交,如文治,如武功,如外戚,如宦官,如实业,如民生,如学术,如思想等;按照此等子目,将材料编入。编得愈有条理系统,而历史自身或活动自身之完整性愈被支离;于是历史书变成了史料书或历史辞典。每一子目均有独立的意义;而从诸种子目的联缀上看去,始终看不出历史之自身或人类过去活动之自身。(二)分朝叙述的办法,近来似有若干更改,如所谓上古、中古、近世、现代等名目之采用是也。其实这也只是形式上的更改,真正着重之点仍在朝代。如上古则以秦朝始皇以前为段落,中古则以清朝顺治以前为段落,近世则以辛亥革命以前为段落。上古、中古等名称虽不是表朝代的,而其包括的单位,仍只是若干朝代,不是特殊活动。朝代既成了叙述的对象,于是将一朝的大事按上面所指出的等等子目,编插进去。前一朝与后一朝所历时期虽有长短之不同;所经变故虽有性质之不同;而子目的分法大体相差不远。至于朝与朝之间的剧烈活动,虽是应该从正面叙述的单位,且是内容最丰富的单位;然为防止读史者的注意起见,则不惜分割为二:一半划入前朝之末,作为该朝灭亡的原因;一半划入后朝之端,作为该朝开创的工作。过去的史书完全以朝代为叙述的对象,固不惜分割朝与朝间之完整的活动。现在治史的人,虽认朝代为不甚重要了;然为旧习所拘,叙述的对象仍限于朝代之内,仍未由朝代之内移到朝与朝之间。换言之,着重之点仍是静止而不是活动。

历史自身之存在 人类过去之活动或历史既有其自身,既为客观的独立存在;初不是因我们加以认识而始存在的;那么我们研究此活动之时,换言之,即研究历史之时,便始终应当追随着维护着它那客观的独立存在;不应当将此客观的独立存在化为主观的。正如矿物学者之研究矿物,不能将矿物化为主观的一样。所谓历史学,也不过是研究人类过去之活动,分解此活动之诸种因素,寻出诸种因素间必然不可移易之关系,从而明白此活动之自身而已。这道理是很显明的,梁任公即有言曰:

> 吾侪今日所渴求者在得一近于客观性质的历史。我国人无论治何种学问,皆含有主观的作用。……唯史亦然:从不肯为历史而历史;而必侈悬一更高更美之目的——如"明道"、"经世"等;一切史迹,则以供吾目的之刍狗而已。其结果必至强史就我,而史家之信用乃坠地。(《中国历史研究法》第

三章《史之改造》)

这明明白白是维护历史或人类过去活动之客观的独立存在之言。但在另一方面，却又毅然决然欲把客观的独立存在完全化为主观的。其热烈之言曰：

> 无论研究何种学问，都要有目的。什么是历史的目的？简单一句话，历史的目的在将过去的真事实予以新意义或新价值，以供现代人活动之资鉴。……吾人做新历史而无新目的，大可以不作。历史所以要常常去研究，历史所以值得研究，就是因为不断的予以新意义及新价值，以供吾人活动的资鉴。……研究历史也同做电影一样：吾人将许多死的事实组织好了，予以意义及价值，使之活动；活动的结果，就是供给现代人应用。(《中国历史研究法补编》第一章《史的目的》)

一方面承认历史之客观的独立存在，另一方面却要把它化为主观的，重行制造，如同做电影一样！一方面反对强史就我，另一方面却只想强史就我！这种矛盾，在过去是很普遍的，史学界几乎都陷入这矛盾中。其起因大抵由于源远流长的资鉴说。编著史书而以资鉴为目的，或供后来人之取法为目的，至迟当从孔子作《春秋》始。《春秋》是否为孔子所作，兹姑不论，但《春秋》之本身，确有人认为是资鉴之书。孟子曰："世衰道微，邪说暴行又作：臣弑其君者有之，子弑其父者有之。孔子惧，作《春秋》。"(《孟子·滕文公》下) 又云："孔子成《春秋》而乱臣贼子惧。"(同上) 司马迁云："《春秋》之义行，则天下乱臣贼子惧焉。孔子在位，听讼文辞有可与人共者，弗独有也。至于为《春秋》，笔则笔，削则削，子夏之徒不能赞一辞。"(《史记·孔子世家》) 果如所云，《春秋》当然是很好的资鉴之书。汉荀悦立五志，唐刘知几立三科，其中亦多半着重资鉴。

> 昔荀悦有云：立典有"五志"焉：一曰达道义，二曰彰法式，三曰通古今，四曰著功勋，五曰表贤能。……今更广以三科，用增前目。一曰叙沿革，二曰明罪恶，三曰旌怪异。(刘知几《史通·书事》)

这里五志三科合共八项。除通古今，叙沿革，旌怪异三项为着重历史自身之存在以外；其余达道义，彰法式，著功勋，表贤能，明罪恶五项，大抵着重资鉴一边。宋司马光之《资治通鉴》，我们顾名思义，当知更是偏重资鉴之书。光之《通鉴》既成，"神宗皇帝以鉴于往事有资于治道；赐名曰《资治通鉴》"（胡三省《音注资治通鉴序》）。其实司马光自己之用意，亦着重在资鉴；故曰："鉴前世之兴衰，考当今之得失；嘉善矜恶，取是舍非；足以懋稽古之盛德，跻无前之至治。"（司马光《进资治通鉴表》）这里嘉善矜恶取是舍非云云完全是为着资鉴而破坏历史之客观的独立存在之办法。直到梁任公，仍坚持着资鉴说不肯放弃。其言曰："史者何？记述人类社会赓续活动之体相，校其总成绩，求得其因果关系，以为现代一般人活动之资鉴者也。"（《中国历史研究法》第一章《史之意义及范围》）

资鉴的观念不打消，历史之客观的独立存在终维持不住。梁任公一面要求客观的历史，同时又不惜将客观的化为主观的，正因未能打消资鉴的旧观念。虽然，历史完形论并不说治史可以不要目的，也不说治史可以不重功利；反之，其所悬之目的也许比资鉴说所悬者为大；其功利观念也许比资鉴说之功利观念为深。不过达到的方法两样。讨论至此，我们最宜把资鉴说与完形论在这一方面之不同点略为指出。简单说来，资鉴说不惜破坏历史之客观的独立存在，摘取个别的先例，以作今人的训条；完形论则务须维护历史之客观的独立存在，明了历史之自身，以增今人的知识。一则治史以受训，一则治史以求真；一则把历史当作一种供我们摘取先例的宝库，一则把历史当作客观的独立存在，应该从正面研究的东西。

历史自身之完整　资鉴说之摘取个别的先例，以作今人的训条，亦必确有先例可摘取，然后乃能完成资鉴之目的。果如是者，则资鉴说也是尊重历史之客观的独立存在的，似不应谓资鉴说为破坏历史之客观的独立存在。不过我们于此有一个分别应当认取，即历史自身之部分与历史自身之全体是也。目的在摘取先例以资鉴，则任取今人所需要之部分便可以；若目的在阐明历史之自身，则非着重此自身之全体不可。历史之全体与部分之关系，亦如世间其他事物一样。

现象世界中诸现象之彼此独立，实即构成一个全体，且完全存在于诸现象自己相关的关系中（G. W. F. Hegel：*Encyclopädie der philosophischen Wissenschaften* § 133）。

无间的关系即全体与部分之关系：存在之内容为全体，且系由部分构成的；部分即形式，即全体之对反。诸部分是彼此不同的，且各有其存在。但是诸部分之所以为部分，只在其彼此相关的同一关系之内；换言之，只在

其彼此一块儿构成全体。然此"一块儿"（Zusammen）却正是部分之对反和否定。（同上§135）

这所论全体与部分之关系，是很确当的：认部分与全体同在，为不可分；部分之所以为部分，只因其构成全体；全体之所以为全体，只因其成于部分。此种理论，实极确当而不可否认。物观论者 J. Dietzgen 更有具体之言曰：

> 真理的自身就是全体，就是无限，就是不灭。真理的任何部分就是无限的一有限部分；所以同时也就是有限和无限，可灭和不灭。任何部分都是与全体不可分的联系着的一部分。……个别的存在倘未参与全体存在之一般性，直是不可思议。（*The Positive Outcome of Philosophy*，论逻辑的第五函）

> 绝对的真理，见于相对的诸现象之中。完全的存在，实由不完全的诸部分而成立。Gotham 村的智人也许认此为无意识的矛盾。但我们可拿支解人体为例，而证实之。一个人的四肢、头颅、躯干若被支解了，当然只是一个死尸之诸部分；然当其未支解时，却的的确确具有生命。所以生的常是由死的而构成；最完全的存在，常是不完全的诸部分之全体。……世间一切部分或事物，除却其不完全的部分性以外，实在都含有绝对存在的全体性。（同上第十二函）

> 所以概括地说起来，哲学之积极的成果有如下之原则：即全体必须从其特殊诸相上了解之；且同时特殊诸相亦只能从其彼此相关中，被认为全体之诸部分时，始得了解。（同上 *The Faculty of Knowledge and Soul*）

凡上所述之理，实自然界、社会界、精神界所共有。历史自身之部分离却历史自身之全体，亦往往不得其解。此疑古辨伪者或考古求真者之所以不能离开历史自身之全体而单独的疑古或考古也。虽然历史完形论明白认取了历史自身之完整，但并不希望以直觉的方法了解之。反之，且认为历史自身之完整的了解，只能使用分析工作于耐烦的分析过程中求得。分析史事不厌精详，正如《逻辑原子论》（*Logical Atomism*）者之分析一切含糊笼统之概念一样。B. Russell 尝以分析工作为认识事物之手段。只以人寿有限，不能不缩短其工作，彼之言曰：

　　"人"与"物"一类的概念也并不是最后可靠而不必加以分析的。例如我说"我坐在桌子旁边"一语,即应当改变其方式曰:某一群依某种方法而必然联系着的事情之一,构成一个全系,被称为"人"者;与另一群依另一种方法彼此必然联系着的,且具有一种空间容积,用"桌子"一词表示的事情之一;有着某一种空间的关系。至若我之不如此说,只因我的寿命太短;不过我若是一位道地的哲学家,我却应该这样说才行。(B. Russell: *Philosophy* 页二四三——二四四)

B. Russell 氏认定自己寿命太短,不能不缩短其分析工夫;治史的人为着时间精力的经济起见,亦不能以分析为游戏;反之,为功利观念所迫,亦只好择取不能不分析之重要史事而分析之,以图窥见历史自身之全体。然这却不是放弃分析;同时且以历史自身之全体的认识,唯分析为有效的工夫。这亦正如《逻辑原子论》者之着重分析工夫一样。B. Russell 氏谓部分依因果关系而存于全体之内,唯分析为能得其真。彼之言曰:

　　　　一个全体倘分裂成许多因素之时,也许丧失其因果性;不过它所含之诸因素原来却是依某种方法而联系着的;只要我们不以全体之因果效用为由个别的诸原子之个别的诸结果所强合而成,则分析工夫是完全可靠的。我称我所主张之哲学为《逻辑原子论》(*Logical Atomism*),乃因为我持这个见解。(同上页二四七——二四八)

治历史而亦着重分析工夫,却并不是为分析而分析;目的只在将人类过去活动之全体或历史自身之全体分析为许多因素,寻出这许多因素间必然不可移易之关系,从而了解此全体。活动的诸因素间有必然不可移易之关系,正与自然科学所指示者相同。J. Dietzgen 云:

　　　　自然科学之寻找原因,不以为原因在诸现象之外边,或后面;而以为即在其内部或本身。近代研究之寻找原因,不以原因为外在的创造者,而以原因为诸种现象在时间相续的次序上出现的一般方式,或方法,或内在的系统。……寻找原因云云,意即将研究的诸现象概括之,将经验的诸事实整理之,使归于一个科学的条理。(*The Positive Outcome of Philosophy* 中 *The*

Nature of Human Brain Work 里的 *Cause and Effect* 项下）

自然科学固然要寻出事物之诸现象间不可移易的关系,始得谓之认识了该事物;历史科学亦必分析人类过去活动之全体的诸因素,寻出诸因素间不可移易的关系,始得谓之认识了历史。

二、破坏完形的各体史书

历史纪录之发展　人类既有历史,终于发明历史的纪录。我国纪录历史事迹之文字,最早出世而留存至今的当推殷商时代的甲骨文字。这等文字,虽大多数系古人举行贞卜之后,得到吉凶的朕兆,而刻在龟甲或兽骨上的,却可视为历史事迹的纪录。因古人行事不能自主,常迷信鬼神,故贞卜以求吉凶之兆的办法几乎适用于一切行为;因之甲骨文字所涉的范围,几乎达到了古人日常活动的任何方面。而且甲骨文字亦有不著贞卜二字而纯为记事用的;如帚矛刻辞即是其例(董作宾《帚矛》说,见《安阳发掘报告》第一期)。唐兰不信甲骨文字中有纯记事文,否认董氏骨臼刻辞为纯记事文之说(唐兰《卜辞时代的文学和卜辞文学》,见《清华学报》第十一卷第三期)。我们凭常识判断,古人于贞卜之后,既能用文字把吉凶记下来;则不贞卜时,如有要事而须记录者,当亦能用文字记下。甲骨文之纯记事的实例,似可承认。

殷商时代不仅有了记事之文,似乎尚有将文字编纂成册之事。董作宾于某两片龟尾甲之尖端发见有“编六”及“册六”之文,且离字不远之处有孔;认为这是编联龟版使成册之证,谓“册字最初所象之形,非简非札,实为龟版。”(《商代龟卜之推测》见《安阳发掘报告》第一期)果如所云,殷商时代已有书籍了。不过这到底只能作为一种参考;是否如此,尚待新证。至于用竹板作书的事情,在殷商时代及其前后大概是很通行的。不过竹板易于消灭,故很少留存至今者;唯剩下甲骨独出风头。甲骨文字已很精美;料中国文字开始发展之时代必远在殷商甲骨文字之前;只惜记载的实物久已毁灭不见了。古时记载的实物,除甲骨外,竹简大概是最重要的。

> 古书止有竹简,曰汗简,曰杀青。汗者去其竹汁;杀青者去其青皮。……新竹有汁,善朽蠹。凡作简者皆于火上炙干之,陈楚间谓之汗;汗者去其汁也。而其用有二:一为刀刻,《说文解字》云,八体之“刻符”是也。

一为漆书,《后汉书·杜林传》,"于西州得漆书古文《尚书》一卷";《晋书·束晳传》,"太康二年,汲郡人发塚,得竹书数十车,皆简编,科斗文字,杂写经史。"又云:"时人于嵩山下得竹简一枚,上两行科斗书是也。"因此推见周秦以前竹书之用甚广。《说文解字》篆籀等字即其明证。如篆曰引书,籀曰读书,籍曰簿书,笺曰识书,皆从竹,而各谐声。《汉志》称书曰多少篇,篇亦从竹;《说文》:"篇,书也。"(叶德辉《书林清话·书之称册》)

既有文字,复有记载的实物,于是专门藏书、读书、作书的人也出现,是曰"史"。史这个字,《说文解字》谓从又持中;中,正也。然中正为无形的,不能用手持。吴大澂谓史为手执简形。然中与简形亦殊不类。江永以中为簿书,义更近真。但簿书何以要叫作中,仍不能得其解。直到王国维,则认中为盛筭之器。筭为射时所用,然与简策相同,故盛筭之器即是盛简策之器;以手持此器,无异于以手持简书。王云:

中者盛筭之器也。……其初当如屮形,而于屮之上横凿空以立筭,达于下横;其中央一直,乃所以持之,且可建之于他器者也。考古者简与筭为一物:古之简策最长者二尺四寸,其次二分取一为一尺二寸,其次三分取一为八寸,其次四分取一为六寸。筭之制亦有一尺二寸与六寸二种,射时所释之筭,长尺二寸,投壶筭长尺有二寸。……射时舍筭,既为史事;而他事用筭者亦史之所掌。筭与简策本是一物,又皆为史之所执,则盛筭之屮,盖亦用以盛简。简之多者自当编之为篇;若在数十简左右者盛之于中,其用较便。……史字从又持屮,义为持书之人,与尹之从又持丿者同意矣。然则谓屮为盛筭之器,史之义不取诸持筭,而取诸持筴,亦有说乎? 曰:有。持筭为史事者,正由持筴为史事故也。古者书筴皆史掌之。……又周六官之属掌文书者亦皆谓之史。则史之职专以藏书、读书、作书为事;其字所从之中,自当为盛筴之器,此得由其职掌证之者也。史为掌书之官,自古为要职。殷商以前,其官之尊卑虽不可知,然大小官名及职事之名多由史出,则史之位尊地要可知矣。……史之本义为持书之人,引申而为大官及庶官之称,又引申而为职事之称。其后三者各需专字,于是史、吏、事三字于小篆中截然有别:持书者谓之史,治人者谓之吏,职事谓之事。此盖出于秦汉之际,而《诗》、《书》之文尚不甚区别。(王国维《观堂集林·释史》)

记载所用的文字,用作记载的实物,以及专司记载的人员,大抵是同时出现的。有了这三者,自然有书籍的出现。春秋、战国时代,著书的人大概很多了。除却作者姓氏可考的诸子以外,姓氏不可考的作家,为适应时代之需要,假托旧说,敷陈己见,以成书的人,在当时大概是很多的。于今所谓《诗》、《书》、《礼》、《乐》、《易》、《春秋》等等经典,大概都成于此时。书中所讲的事情多是很古的;而书之成就,当在春秋、战国时代。说到这里,颇令人想起一件非常巧合之事。即犹太经典,也成于这个时代是也。现在所见《旧约》(Old Testament)中之《摩西五经》(Pentateuch,有时将《约书亚记》(The Book of Joshua)附入,称为《六经》(Hexateuch)《先知书》(Books of Prophecies)以及《笔录》(Writings or Hegiographa)等,据最近的学者考订,大体都是公元前九世纪至四世纪之间陆续成立的,恰当我国春秋、战国时代。这等经典之纂成,原不知出于何人之手。大概是因社会进化,团体生活渐渐复杂,常有作者出来,一面假托旧说,或国王或民族首长,或神的代言人等之说,以取信于当时;一面发挥自己的意见,如民族之生存,秩序之安定,善恶之分辨等见解,以应当时的需要;两者交织在一块,俨然句句话都是前人所说;其实多出自作者自己。中国经典之成立,也是在很长的时间内陆续成立的;其内容也好像出自前人;其实多出自作者自己。

中国经典之中有《尚书》与《春秋》被认为中国最早的两种史书:《尚书》被认为是纪事本末体史书之祖,《春秋》是编年体史书之祖(其实只《春秋》能算历史的著作)。到司马迁的《史记》出,又被认为是纪传体史书之祖。纪传体以人物为对象,着重在个别的人物之描写;编年体以时间为对象,着重在将大事按年代之先后而排比之。本末体则以事情为对象,着重在将某一事情的原委完全述出。

纪传体自汉司马迁的《史记》以下至于唐代,是很当令的一种史书体裁;然自唐以后,用这个体裁编著史书的人,大抵依样画葫芦,没有什么特色了。编年体自后汉荀悦的《汉纪》出世,颇能与纪传体相抗;用此体著书的人亦很多:如张璠之《后汉纪》,孙盛之《魏氏春秋》,干宝之《晋纪》,裴子野之《宋略》,吴均之《齐春秋》,何之元之《梁典》,王劭之《齐志》皆其代表作。到宋神宗时,司马光的《资治通鉴》出,为此体发展到最高度之表现。宋代史书有两大名著:司马光的《资治通鉴》而外,有南宋孝宗时袁枢的《通鉴纪事本末》。《资治通鉴》为编年体之最大史书,《通鉴纪事本末》为本末体之最大史书。

综括说来,《史记》以前,为本末、编年、纪传三体创兴之时代;《通鉴纪事本末》以前,为此三体向上发展之时代。在前一时代,各体史书创兴的趋势,由本末

到编年,由编年到纪传,似亦有若干改良进步的意味。章实斋云:

> 宪法久则必差,推步后而愈密,前人所以论司天也;而史学亦复类此。《尚书》变而为《春秋》,则因事命篇,不为常例者,得从比事属辞为稍密矣。《左》《国》变而为纪传,则年经事纬不能旁通者,得从类别区分为益密矣。(《文史通义·书教下》)

这"稍密"、"益密"的分别,站在章氏的立场,当然是可以成立的。专从史书体裁的演变上立论,《史记》以前之变化,大抵如此。至于《通鉴纪事本末》以前的变化,也似乎有一种改良进步的意味;其趋势却是由纪传而编年,由编年而本末。"司马《通鉴》病纪传之分,而合之以编年。袁枢《纪事本末》又病《通鉴》之合,而分之以事类。"(同上)自袁枢《通鉴纪事本末》以后,中国旧式史书体裁,似已发展到了尽头。直到夏曾佑仿日人之法编教科书,方有所谓新体。章嵚所编《中华通史》也都是这个体;且目前关于通史的编著,几乎只用这一体。这的确可称为新体,与以前任何体裁都不同。事情纵剖,依门类而分,如理乱兴衰,社会生活,学术思想等;时间横断,依朝代而分,如汉唐宋明等。纵横两种界线交织于同一书本之中,俨然坐标;我常称之为坐标体。就史料,或个别的史事,或典章经制之分类排比而言,此体为最进步;若就历史自身而言,则最能破坏历史自身之完整者厥为此体。此体通行,只见动的历史化成静的史料;只见历史之完形化为史料之分类排比。致读者只看见条理系统井然的史料,看不见活跃而完整的人类活动。

两种体裁之批评 (a)纪传体之批评。过去批评纪传体的有大史学家刘知几、郑樵、章实斋诸氏。章之批评着重在史书的内容,着重在作者的学问识见等。至于纪传体体裁之不适于编著通史,虽亦提及,却未严厉的批评。如司马迁的《史记》,往往文不对题;但内容彼认为还好,则谓其体圆用神,犹有《尚书》之遗意。后来纪传体史书很少有可观的了,则谓其无别识心裁,冗复疏舛,芜滥浩瀚。其言有曰:

> 迁书纪表书传,本左氏而略示区分,不甚拘拘于题目也。《伯夷列传》,乃七十篇之序例,非专为伯夷传也。《屈贾列传》,所以恶绛灌之谗,其叙屈之文,非为屈氏表忠,乃吊贾之赋也。《仓公》录其医案,《货殖》兼书物产,《龟策》但言卜筮,亦有因事命篇之意,初不沾沾为一人具始末也。张耳陈

余,因此可以见彼耳;孟子荀卿,总括游士著书耳。名姓标题,往往不拘义
例,仅取名篇。譬如《关雎》、《鹿鸣》,所指乃在嘉宾淑女。而或且讥其位置
不伦,或又摘其重复失检。不知古人著书之旨,而转以后世拘守之成法反訾
古人之变通!亦知迁书体圆用神,犹有《尚书》之遗者乎?(《文史通义·书
教下》)

著书而文不对题,作纪传而因事命篇,不为一人具始末;这已见纪传体之不宜于
编著通史了。不过章只批评内容,故其言如是。纪传体之内容不好的,章亦批
评曰:

纪传行之千有余年,学者相承,殆如夏葛冬裘,渴饮饥食,无更易矣。然
无别识心裁可以传世行远之具;而斤斤如守科举之程式,不敢稍变;如治胥
吏之簿书,繁不可删。以云方智,则冗复疏舛,难为典据;以云圆神,则芜滥
浩瀚,不可诵识。(同上)

这种批评,十分得当;但偏重内容,只能算为"书"评,而不是评书之"体"。郑樵对
于纪传体史书亦有批评。纪传体史书有包括许多朝代的,如《史记》即其一例,往
日称此为通史。有只包括一个朝代的,如《汉书》,即其一例,往日称此为断代史。
其实纪传体如果是好的体裁,朝代之通与断的分别不独无妨,且有必要。朝代多
了,用一书总括之,固很经济;新朝继起,断代为书以续之,又有何妨?而郑樵则
只恭维《史记》,认为能会通古今;痛骂《汉书》,说抛弃了前后(前代后代)相因之
义。(《通志·总序》)而于纪传体本身之是否宜于编著通史,则未有说。总括郑
章两氏对纪传体史书之批评看来,郑偏重朝代之断与通,章偏重内容之优与劣;
都不十分著重体裁之本身。独较早的刘知几对《史记》及其以下诸纪传体史书之
体裁有正面之批评曰:

凡此诸作,皆《史记》之流也。寻《史记》疆宇辽阔,年月遐长;而分以纪
传,散以书表。每论家国一政,而胡越相悬;叙君臣一时,而参商是隔:此其
为体之失者也。(《史通·六家》)

我们着重在纪传体是否宜于编著通史一问题,故认此种批评为得当。总括言之,

纪传体之不适宜于编著通史,厥在破坏历史自身之完整一点。通史所求者为历史自身之完整;纪传体则恰恰破坏之。分别说来:(1)纪传体常将完整之事分散,述于不同的《纪》或《传》之中。例如楚汉之"争",本是一事,参加此事的主要动力为楚汉。《史记》不以此整个的"争"为叙述之对象,而将其分述于《高帝本纪》及《项羽本纪》之内。(2)纪传体常将同一时期同作一事之人不予合并叙述。例如汉代统治本不是高祖一人所创成,实成于高祖与其许多功臣之共同努力。然为体例所限,只好分述。于是同时的人变成不同的了。这真是刘知几所谓"叙君臣一时,而参商是隔"者。(3)纪传体分类以叙事,根本不能不将历史自身之完整加以分裂,加以捣碎。虽然,人类要将自己过去活动中所有重要事情保存无遗,则分类以叙事之书绝不可少;且分类不嫌精细。但这么一来,历史自身之完整便全然破坏。所分之类中,本纪一类,通史意味似乎较多。然本纪所述又只整个社会中极少数得了优势之人,只可视为帝皇家谱。所以纪传体史书到底只合保存史料,不能作为通史。

(b) 编年体之批评。《春秋》向来被认为编年体史书之祖,刘知几对于《春秋》及《春秋》以下若干种编年体史书有一种概括的批评。其言有曰:

> 丘明传《春秋》,子长著《史记》,载笔之体,于斯备矣。后来继作,相与因循;假有改张,变其名目;区域有限,孰能踰此?盖荀悦、张璠,丘明之党也;班固、华峤,子长之流也。惟此二家,各相矜尚。必辨其利害,可得而言之。夫《春秋》者,系日月而为次,列时岁以相续;中国外夷,同年共世,莫不备载其事,形于目前;理尽一言,语无重出:此其所以为长也。至于贤士贞女,高才俊德,事当冲要者,必盱衡而备言;迹在沈冥者,不枉道而详说。如绛县之老,杞梁之妻,或以酬晋卿而获记,或以对齐君而见录,其有贤于柳惠,仁若颜回,终不得彰其名氏,显其言行! 故论其细也,则纤芥无遗;语其粗也,则丘山是弃:此其所以为短也。(《史通·二体》)

在我们看来,这里所谓短,还不能算为《春秋》或编年这种体裁之短。盖"纤芥无遗",与"丘山是弃"的选材失当,属于作者的识见问题;评史家的见解,固无妨及此;若评史书的体裁,则此等失当并不关重要。其次所谓长处,初看似是长处。《春秋》体或编年体于纵的方面着重日月时岁之相续;于横的方面,着重同时事情之并书。"系日月而为次,列时岁以相续;中国外夷,同年共世,莫不备载其事,形于目前"云云,与通史较为接近。不过通史最重历史自身之完整;"完整"云云,与"笼统"不同。把同时间而彼此无关系的许多事情并列起来,只是含糊的笼统,而不是辨证的完整。历史自身之完整,有如复杂的机器一样。由诸部分所构成之全体,固是完整的,而构成全体的诸部分,自身复各有其完整性(参阅第一节《历史自身之完整》)。要得全体之完整,须遵两个条件:一,消极的不破坏诸部分自身的完整性;二,积极的须阐明诸部分彼此间不可移易的关系,或因果关系。编年体以按年月之前后排比事情为特征;然同一年或同一月所发生的许多事情,彼此间未必定有不可移易的因果关系。无关系而并列之,只是杂录。其次每一事情之产生发展完成未必定在同一时限之内:其所历时间往往有数年乃至数十年的。编著史书之时,将整个的一事分散,按年排比其零碎的部分,而与其他许多不相干的事情混合,于是这一事情的完整性亦不能保。杨万里谓:"予每读《通鉴》之书,见事之肇于斯,则惜其事之不竟于斯。盖事以年隔,年以事析;遭其初,莫绎其终;揽其终,莫志其初。……盖编年系日,其体然也。"(袁枢《通鉴纪事本末·旧序》)这正是编年体破坏历史自身之完整的明证。

纪事本末之优劣　在编年体史书之中,每一件完整之事,零碎的分书于数年乃至数十年之中,以致完整性全被破坏。然治史的人如欲了解每一事件之真相,非恢复其完整性不可。于是当浏览史书之时,只好将自己所欲知之事件之被分割出来的诸部分,或分书于历年中之各零件,一一摘录出来;另立一个题目以概括之。这办法虽然未必立即能恢复所欲知之事情的完整性,但于"遭其初莫绎其终,揽其终莫志其初"的散漫情形却纠正多多了。依此办法读史书,实即等于编史书。袁枢之《通鉴纪事本末》即是将《资治通鉴》依此法翻造而成。书既成,居然较纪传编年各体史书为优。章实斋极力恭维之,谓其恢复了《尚书》之遗意。其言曰:

> 司马《通鉴》病纪传之分,而合之以编年;袁枢《纪事本末》又病《通鉴》之合,而分之以事类。按本末之为体也,因事命篇,不为常格;非深知古今大体,天下经纶;不能网罗隐括,无遗无滥。文省于纪传,事豁于编年;决断去取,体圆用神,斯真《尚书》之遗也。在袁氏初无其意,且其学亦未足与此,书亦不尽合于所称。故历代著录诸家,次其书于杂史,自属纂录之家,便观览耳。但即其成法沈思冥索,加以神明变化,则古史之原隐然可见。书有作者甚浅,而观者甚深,此类是也。故曰神奇化臭腐,而臭腐复化为神奇,本一理

耳。夫史为记事之书,事万变而不齐,史文屈曲,而适如其事;则必因事命篇,不为常例所拘,而后能起讫自如,无一言之或遗而或溢也。(《文史通义·书教下》)

章氏认《通鉴纪事本末》较纪传编年各体史书为优,这是不错的。但赞美之语如"不为常格",如"体圆用神"等,颇嫌神秘。读者不察,或竟疑通史之编著,完全要靠天才,绝无常格或标准之可言。其实不然。新哲学上所谓存在之法则即思维之法则云云,在这里正用得着。所谓"因事命篇,不为常格"云云,应改为"因事命篇,一依历史事情发展之次序为常格"。笼统的说来,凡科学都可以说无常格,因无一种完全之常格可通用于一切科学也。然都实有常格;常格即在各科之自身,即各科对象发展之次序是也。矿物学之对象有其发展之次序,矿物学即用之以为常格;心理学之对象有其发展之次序,心理学即用之以为常格。历史学之对象或人类过去活动有其发展之次序,历史学即用之以为常格。袁枢之因事命篇,是有常格的,不过他尚未能完全依循常格耳。其次所谓"决断去取,体圆用神"云云,亦应改为"决断去取,一依历史事情自身之完整为标准"。笼统的说来,凡科学之取材,都可以说无标准;因无一种标准可通用于一切科学也。然都实有标准;各科各自的对象,即是绝对不可移易之标准。各科的学者欲阐明其所研究之对象,欲维护其对象之完整,则于材料之决断去取,早有一定不可移易之标准在。历史学者之取材,如欲"无一言之或遗而或溢",则历史自身之完整,或人类过去活动自身之完整,即是一绝好标准。只惜袁枢尚未能完全识得这个标准耳。

《通鉴纪事本末》之长处,约有两端。一则比较的接近了人类过去之活动。历史不是虚空的时间,不是独立的人物;而是人物在时间上的"活动"。《通鉴纪事本末》不为人物所拘,不为时间所拘;而以个别的事情为叙述之对象,较为接近人类过去活动之义。二则破坏历史自身之完整处较少。章氏谓《通鉴纪事本末》"因事命篇,不为常格";不为常格,而能因事命篇;则其所因之事,自然是整个历史发展次序中之事情之未经十分移易原来地位者。如此的事情,破坏历史自身之完整处当然较少。

《通鉴纪事本末》之长处固不容抹杀,但其缺点,却亦不可秘而不宣。总括言之,其缺点约有三端。(一)事情与事情间,或篇与篇间之没有联系。每一篇所述之一事与前后各篇所述之各事必然的关系如何,全未指出。每一篇都是孤立无援的。这缺点完全由于未能明白认识历史自身之完整性。历史之全体成于个别的诸部分；诸部分固各有其独立性，但其能构成全体，则只因彼此间有不可移易的必然关系或因果关系。《通鉴纪事本末》未能注意及此，故不能充分显示历史之完形。（二）每一事情之内，或每一篇之内没有分析。我们现在任取一篇读之，看不见其中较大的事情如何依赖较小的事情，只看见一条一条尚保留着从《通鉴》中抄下的原形并列在一篇之内而已。如此所成之篇，不是辨证的完整，而是含胡的笼统。此两缺点合起来更显示着《通鉴纪事本末》之基本缺点，即（三）此书未能充分表现人类过去之活动是也。历史之为物，只有从人类过去活动之自身着眼，才能看出全体如何成于诸部分；才能看出诸部分又如何相互依靠着。《通鉴纪事本末》篇与篇间之无联系，每一篇内之无分析，只因没有把人类过去活动当作历史之对象，终于未能成为科学的史书。批评至此，纪传、编年、本末三体已经概括的评了一遍。尚有新体没有批评。但这与下一节有连带关系，可于下节中连带评之。

三、维护完形的通史释义

专史之和非通史　中国过去所谓通史的"通"之一字，至少有四个不同的意义。（一）历代事情前后相续，著于一书，叫做通史。这个意义与断代为书的断代史刚刚相反。刘知几云："书事之法，其理宜明；使读者求一家之废兴，则前后相会。"（《史通·惑经》）郑樵云："孔子曰：殷因于夏礼，所损益可知也；周因于殷礼，所损益可知也。此言相因也。自班固以断代为史，无复相因之义。"（《通志·总序》）马端临云："至司马温公作《通鉴》，取千三百余年之事迹，十七史之纪述，萃为一书。然后学者开卷之余，古今咸在。"（《文献通考·总序》）这几种讲法，都是指历代史事之前后相续而言。（二）历代各种专科史料，如关于典章经制的等等，分类并列于一书，亦得名通；其实这只是若干专史之和；或专科史料之总集。杜佑的《通典》，马端临的《通考》都属这一类。马端临的《通考》包括田赋、钱币、户口、职役、征榷、市籴、土贡、国用、选举、学校、职官、郊社、宗庙、王礼、乐、兵、刑、舆地、四裔、经籍、帝系、封建、象纬、物异等二十四门，实即萃于一书的二十四种专科史料。马分历史为"不相因"的与"相因"的；不相因的相当于通史，相因的相当于专史。他那《文献通考》中之二十四门，几乎完全侧重相因的一边。其言曰：

窃尝以为理乱兴衰不相因者也：晋之得国异乎汉，隋之丧邦殊乎唐；代各有史，自足以该一代之始终，无以参稽互察为也。典章经制实相因者也：殷因夏，周因殷；继周之损益，百世可知，圣人盖已预言之矣。爰自秦汉以至唐宋，礼乐兵刑之制，赋敛选举之规，以至官名之更张，地理之沿革；虽其终不能以尽同，而其初亦不能以遽异。如汉之朝仪官制，本秦规也；唐之府卫租庸，本周制也。其变通张弛之故，非融会错综，原始要终而推寻之，固未易言也。其不相因者，犹有温公之成书；而其本相因者顾无其书，独非后学之所究心乎？（《文献通考·总序》）

(三) 通史与专史之总汇亦得名通。郑樵云："自书契以来，立言者虽多，惟仲尼以天纵之圣，故总诗书礼乐，而会于一手，然后能同天下之文；贯二帝三王，而通为一家，然后能极古今之变。……自《春秋》之后，惟《史记》擅制作之规模。不幸班固非其人，遂失会通之旨；司马氏之门户自此衰矣。"（《通志·总序》）这里所谓"古今之变"相当于马端临所谓不相因的理乱兴衰，与通史同；所谓"天下之文"相当于马端临所谓相因的典章经制，与专史同。郑樵自己所作之《通志》，实即通史与专史之总汇。其中《帝纪》、《皇后列传》、《年谱》、《列传》等文，属于通史一边的；《天文》、《地理》、《礼》、《乐》、《职官》、《食货》等略，属于专史一边的。更详析之，专史中的校雠等略已进入纯史学的范围了；兹为省事起见，只分为通史与专史两门。再其次(四)中国往日所谓通史，还有一极玄之义，与上述三者完全不同，所谓"纲纪天人"是也。章实斋云：

　　　史之大原，本乎《春秋》；《春秋》之义，昭乎笔削；笔削之义，不仅事具始末，文成规矩已也。以夫子义则窃取之旨观之，固将纲纪天人，推明大道。所以通古今之变，成一家之言者；必有详人之所略，异人之所同；重人之所轻，而忽人之所谨；绳墨之所不可得而拘，类例之所不可得而泥。而后微茫杪忽之际，有以独断于一心。及其书之成也，自然可以参天地而质鬼神；契前修而俟后圣；此家学之所以可贵也。（《文史通义·答客问上》）

这种"通"义，完全是指作者之学说主张而言；与通史所讲的通义关系极少。综上所述四义之中，第一义代表着《史记》与《通鉴》一类之史书。这等史书，其体裁或为纪传，或为编年，都不适于编著通史；这在上一节里已经批评过。第二、第三两义，或指专科史料之和，或指通史与专史之总汇。顾名思义，要不能算为通史。

第四义则玄之又玄,几与通史无关。虽然如此,但此四义对后来编著史书的人都有影响,尤以郑樵之《通志》影响为最大。自夏曾佑以下之所谓新体,多是郑樵《通志》之变形,不过愈变愈坏而已。《通志》为总汇通史与专史之书;属于通史的诸部分编在前面,以后则依次编排属于专史的诸部分。今之新体史书也是这样;把历代创业的情形,或内政外交等,或文治武功等,作为理乱兴衰之表象,或竟作为通史,编在前面;以后则依次编排经济情形,民生状况,学术思想,乃至文艺美术等,而成为专史之诸部分。然而新体不如《通志》。《通志》虽把历史事情纵剖,但不横断。如编到通史部分中之帝纪,则将历代帝皇联续的编下去;如编到专史部分中之《食货略》则将历代食货联续的编下去。纵剖出来的诸部门,彼此之间的必然关系,固全不分明,但每一部门,历代演变的情形,却可任人一气看下,较易看明其趋势,于破坏历史之完形,尚未至于极度,这可以说是诸缺点中之一优点;这个优点,《通典》、《通考》也都具有。今之新体史书,连这一个优点也抛弃了。盖今之新体史书,除将历史事情纵剖之外,还按朝代横断之。于叙述某一朝代创业的种种情形之后,不接着叙述继起的朝代,使人容易明白其前后相续之状;而立刻将典章制度等插入。于叙述某一朝代的典章制度之后,又不接着叙述继起的朝代,使人容易明白其前后演变之状;而立刻将经济民生等插入。于是纵剖出来的诸部门间彼此必然的关系固不明白;即每一部门前后相续之状或演变之状,亦令人茫然无知。至是所谓新体或坐标体乃将完整的历史破坏无余;将人类过去活动之完整性捣得粉碎。今之新体史书,全然不能发挥教育的效用;令人循诵数遍,尚不能得一明确之印象,其原因就在抛弃了历史自身之完整性。所有史料之排比,乃至典章制度之说明,虽井井有条,然都离开了完整的历史,或离开了完整的人类活动,成了无联系的零碎东西。Dietzgen 谓"个别的存在倘未参与全体存在之一般性,直是不可思议。"(参看第一节《历史自身之完整》)新体或坐标体史书上所编排的,却都是没有参与全体存在之一般性的不可思议之物。

通史对象为活动　专史之和既不是通史;然则通史究竟是什么? 曰:以人类过去活动之自身为对象的即是通史。如果忽略了这个意义,终不免要把专史之和当作通史。伟大的史学家梁任公为欲指出中国通史之对象,曾列举了二十二项目,共包括四十三问题;复将此二十二项目,四十三问题概括为四要件如下:

第一,说明中国民族成立发展之迹,而推求其所以能保存盛大之故,且察其有无衰败之征。

　　第二,说明历史上曾活动于中国者几何族,我族与他族调和冲突之迹何如? 其所产结果何如?

　　第三,说明中国民族所产文化以何为基本,其与世界他部分文化相互之影响何如?

　　第四,说明中国民族在人类全体上之位置及其特性,与其将来对于全人类所应负之责任。(《中国历史研究法》第一章《史之意义及范围》)

　　这四要件中,第一与第二两要件,完全属于民族史;第三要件属于文化史,第四要件则空洞无所指。若细察那包括四十三问题之二十二项目,也都属专史范围。自第一项到第五项,属于民族史的范围;自第六项到第十一项,属于政治史的范围;自第十二项到第十六项,属于经济史的范围;自第十七项到第二十二项,属于文化史的范围。且这样列举,实在不得要领。二十二项目,四十三问题,乃至四个要件,都只是任意列举的,并没有根据一个不可移易之标准。无标准之列举,多可以至于无限,少可以至于一项。不先确定通史之对象,而作如是之列举;则多举仍不免遗漏,少举仍不免重复;故曰不得要领。

　　不过完形论虽坚持着人类过去活动之自身为通史之对象,却并不是说专史所叙之事情完全不能入通史;反之,通史之美备,也许完全要靠专史之精进。讨论至此,最宜把(一) 通史与专史之分界先为区别清楚。已在前面,我们曾引郑樵之言曰:“总诗书礼乐,而会于一手,然后能同天下之文;贯二帝三王,而通为一家,然后能极古今之变。”古今之变,似近于活动之自身,相当于通史之对象;天下之文(即诗书礼乐等)似近于活动之成果,相当于专史之对象。也曾引马端临之言曰:“理乱兴衰,不相因者也;……典章经制,实相因者也。”理乱兴衰,似近于活动之自身,相当于通史之对象;典章经制,似近于活动之成果,相当于专史之对象。凡此皆为陈说。我们则直以为拿活动之自身作叙述之对象的为通史;拿活动之成果作叙述之对象的为专史。今之新体史书对于通与专,似也有一种分别曰:叙述人类社会活动之各方面者为通史,叙述人类社会活动之某一方面者为专史。其实叙述某一方面者固为专史;叙述各方面者也只是专史之和。除此而外,应补一句曰:叙述人类社会活动之自身者为通史。

　　虽然通史与专史固可区别(can be distinguished),但却不可分离(can not be seperated)。换言之,(二) 通史与专史彼此实相互为用者。要说明活动之自身,可用活动之成果以为手段。如理学,活动之成果也;若进一步曰:理学可以巩固统治;那便成了活动之自身的一种很好的说明。反之,要说明活动之成果,也可用活动之自身以为手段。如阶级斗争,活动之自身也;若进一步曰:阶级斗争之激烈,尝产生烦琐严峻之刑法;那便是以活动之自身作了活动之成果的解释。因通史与专史是相互为用的;故治专史的人倘时时留意通史者,将见他那所治的专史意义愈明朗,反之,治通史的人倘时时留意各科专史者,将见他那所治的通史内容愈丰富。综括说来,通史与专史有绝对不可混同的"区别",各有各的一定之对象;但彼此却是互相为用,而不可"分离"的。只有忽略了过去活动之自身与过去活动之成果的分辨,才不免把通史与专史混同起来,或分离起来。

维护完形之通史　历史完形之基本理论约略说明了,破坏历史完形之各体史书略加批评了,历史完形论之所谓通史的意义也略加解释了。兹且将编著通史,而欲维护历史完形,所不可忽略的几个要件,略为一述,以作结束。(一)选材以历史自身为标准。任何史学家要编著通史,其取材自然要有一个标准。在资鉴说盛行的时代,则取材以资鉴为标准:凡过去的史事,著者认为可供今人取法的,则一一选出。不过这样的选材,非破坏历史自身之完整不可;正如梁任公所云:"一切史迹,则以供吾目的之刍狗而已;其结果必至强史就我。"(参看第一节《历史自身之存在》)今之新体,未必仍持资鉴之说;然其取材,却仍以"强史就我"者为多。编一通史,唯恐读者是政法家,要明白典章制度,于是取典章制度而详说之;因此通史之一部门,成了典章制度的专史。又恐读者是学术家,要明白学术思想;于是取学术思想而详说之,因此通史之一部门又成了学术思想的专史。更恐学者是民族主义者,要培养民族意识;于是取民族英雄之行事而详说之,因此通史之一部门,又成了民族英雄的专史。民族意识,绝对应当培养;学术思想或典章制度,读者也应当晓得。但编著通史,而以满足读者此等要求为选材之标准,结果非化通史为专史不可,也非化历史书为史料书不可。关于历史的专科知识,固为读者所需;然关于历史自身的完整知识,尤为读者所需。故编著通史之时,始终应以历史自身为选材之标准,或以人类过去活动之自身为选材之标准;不能专着眼于读者的特别要求,于无形中化通史为专史之和。

(二)行文以说明史事为标准。选择材料,在乎表明历史之自身;发为文章,则在说明所选之材料。然后者又复依靠前者:文章之有效与否,要看材料之适当与否以为断。倘所选之材料不是构成历史自身之一环;或是一环,而移易了地位,以致与前后各环间的必然不可移易之关系或因果关系,被打断了;则文字无论如何优美,终亦不能显示其所应有之效用。今之新体史书,尤其是中学历史教科书等,每干燥无味至极;令人循诵数遍,也不能得到深刻印象。其唯一原因,即在所选之材料不是构成历史自身之必要的诸环;或是必要的诸环,而因移易了地位,彼此间必然不可移易的关系打断了;以致显不出历史自身之完整性。每一段,每一节,每一章都是孤立无援的;而与前后的章节全无联系。于是读起来有如读历史辞典,历史之完形终不可得;深刻的印象当然更没有了。

欲救此弊,法亦简单:莫毁坏历史之完形即得。分解历史自身之诸因素时,只图寻出诸因素间之因果关系,目的仍在求得历史自身之完整性;那么便可以了。只惜读史书的人未能明见及此,而归咎于史书之文字的干枯,甚至有希望史学家以轻快有趣或带文学意味之文字写历史者。其实文字的趣味,不在其自身,而在其所描写之事实。一本史书之中,每一段事实,倘为读完了其前一段之后所不可不知的,则文字虽拙劣,读来仍有"先得我心"之感,而发生趣味。倘后事不关于前事,突然而起;则文字虽美,仍将是干燥无味的。

凡上所云,系就行文与选材之联系而言。倘材料选对了,是表示历史之完形的一环,且其地位又与前后各环密切联系着;那么当以何种文字表现出来呢?曰:某一事情所在之地位,即是行文所当取之标准。它的地位在前后各事情中倘成了必然不可移易的;那么用文字将此必然不可移易之关系指出即得。或曰:这还是指事情与事情之关系而言,不是指某一事情自身的描写。其实某一事情既在史家的脑中成了一件事情,且被认为构成历史自身之一环了;则其轮廓早已形成,不当另寻描写的标准。

(三)标题以符合内容为标准。历史书之文,每一段,每一节,每一章,每一篇,皆必有其适当之标题;既能表示着内容,又能与内容符合。这在古人著书,也许为不必要。章实斋云:

> 古人著书命篇,取辨甲乙,非有深意也。六艺之文,今具可识矣。盖有一定之名,与无定之名,要皆取辨甲乙,非有深意也。一定之名,《典》、《谟》、《贡》、《范》之属是也。(《帝典》、《皋陶谟》、《禹贡》、《洪范》皆古经定名。他如《多方》、《多士》、《梓材》之类,皆非定名)无定之名,《风》诗《雅》、《颂》是也。(皆以章首二字为名)诸子传记之书,亦有一定之名,与无定之名。随文起例,不可胜举;其取辨甲乙,而无深意,则大略相同也。(象数之书,不在其例。)夫子没而微言绝,《论语》二十篇固六艺之奥区矣。然《学而》、《为政》诸篇目,皆取章首字句标名,无他意也。《孟子》七篇,或云万章之徒所记,或云

孟子自著，要亦诵法《论语》之书也。《梁惠王》、《公孙丑》之篇名，则亦章首字句，取以标名；岂有他哉？说者不求篇内之义理，而过求篇外之标题，则于义为凿也。（《文史通义·匡谬》）

在今日编著史书，则篇内之义理固应当研求；而篇外之题目也须有意义，而与文章之内容相符合。这是应当变通古人之陈法的地方。今之新体史书，于标题一端，往往全无意义。如"周初几十年大事"，"秦楚之际"，或"唐之初政"等类之标题，逐目皆是。"大事"为何事？"之际"为何际？"初政"为何政？谓作者自己不知，而任意编在书内，则断无此理。谓作者已知，而不明示于所标之题，则转令读者疑其真不知，或知得不透。或曰，文章内容复杂，往往非三数字之题目所能标明。然文章内容无论如何复杂，其所叙之事情如果为构成历史自身所不可少者，则其中零零碎碎的诸因素间，必有不可移易之关系，而能构成一单位，可用一有意义之题目以表出。倘因这等关系不明，径以为内容复杂，而以无意义之标题表示之；那到底要算作者的不负责任，或不明白标题之重要作用。

篇章节目，标以有意义之题，凡有两个重要作用。一则明责任，二则明价值。如有史书，就其标题看，若干有意义之题目，前后编排得有条有理；彼此之间，俨然有因果关系。然细按其内容，则往往文不对题。这显然为作者对于编著工夫不负责任。认真编著史书的人，应该以有意义之题目，表明确之内容。题目有意义，足征作者对于自己所叙史事之内容了解得透彻。内容又明确，且恰如其题目，则足征作者对于编著工作之负责认真。其次一书之价值，亦尝由其标题表明之。文章内容虽与题目符合，然若干题目彼此之间全然看不出必然的联系；那便是有内容之文章彼此全无联系，也便是文章所叙之诸事情彼此全无联系。袁枢《通鉴纪事本末》一书，就其前数篇篇目看，彼此似有关联，内容亦果然相互联系着。入后则所有篇目各自独立，果然内容亦彼此全不相关。我们于批评《通鉴纪事本末》时，谓其篇与篇之间，或事情与事情之间没有联系，正是为此。维护完形之通史，其文章之内容应与其有意义之题目相符合；诸有意义之题目所代表的诸事情，应该彼此相关联。事情与事情之联系，反映为文章与文章之联系；文章与文章之联系，反映为题目与题目之联系。倘标题全无意义，那便不能表明文章内容之彼此相关，而显示着历史自身之完整性了。

九百年间的专制

绝对专制自宋初确立以后，一直延到清末才发生动摇。现在且就宋初至鸦片战争时代，约九百年间的专制政治略举实例述之，以见大势的一般。

第一节　宋代的专制

军政的集权　宋代的绝对专制首在集中兵权。削除藩镇，即是集中兵权的事实。集中兵权的办法，最要者有两端：（a）罢功臣典禁兵。宋代的兵大体可分为四类：一曰禁兵，二曰厢兵，三曰乡兵，四曰藩兵。藩兵乃"塞下内属诸部落团结以为藩篱之兵也"（《通考·兵考八》）。非各处皆设，其组织大体与乡兵同。乡兵甚类今之团防兵；虽有好些地方设了，但也不是处处都有的。且名称极不一律，如"天僖间（真宗时）……河北、河东有神锐忠勇强壮。河北有忠顺强人。陕西有保毅强人、砦户强人、弓手。河东、陕西有弓箭手。河北东、陕西有义勇。麟州有义兵。川陕有土丁、壮丁。荆湖南、北有拿手、土丁。广南东、西有枪手、土丁。邕州有溪洞壮丁、土丁。广南东西有壮丁"（《宋史·兵志四》）。这样的兵，显见得不是国家的重要保障。所以藩兵、乡兵两者，在宋的兵制上，不占重要地位。厢兵为诸州的镇兵。一军之额有分隶于数州的，一州之管有兼屯数州的。这样的兵似乎是国家的重要保障，"然罕教阅，类多给役而已。"（《宋史·兵志三》）总括看来，只有禁兵最为重要，且最精锐。《宋史·兵志一》称："禁兵者天子之卫兵也。……皆以守京师，备征伐。其在外者非屯驻屯泊，则就粮军也。"这样重要的兵，宋初握在太祖的好友兼有功之臣石守信、王审琦一般人之手。皇帝的好友而兼有武功，再把天下最重要的兵权握在手里，那是何等的危险！太祖明白了这点，所以采用赵普之谋，把典禁军的权从石等手中拿回了。其拿回的方法颇巧妙，大要如下：

　　石守信开封浚仪人。……建隆二年（公元九六一年）移镇郓州，兼侍卫

亲军马步军都指挥使。……乾德初,帝因晚朝,与守信等饮酒;酒酣,帝曰:
我非尔曹不及此。然吾为天子,殊不若为节度使之乐。吾终夕未尝安枕而
卧。守信等顿首曰:今天命已定,谁复敢有异心? 陛下何为出此言耶? 帝
曰:人孰不欲富贵? 一旦有以黄袍加汝之身,虽欲不为,其可得乎? 守信等
谢曰:臣愚不及此,惟陛下哀矜之。帝曰:人生驹过隙耳。不如多积金帛田
宅,以遗子孙,歌儿舞女,以终天年。君臣之间,无所猜嫌。不亦善乎? 守信
谢曰:陛下念及此,所谓生死而肉骨也。明日皆称病,乞解兵权。帝从之,
皆以散官就第,赏赉甚厚。(《宋史·石守信传》)

兵权拿回,究竟由天子直接管理? 抑另有人管理? 据说是交给那比较容易
驾驭的人管理。邵伯温云:"上因晚朝,与故人石守信、王审琦饮酒。……明日,
皆称疾,请解军政,许之,尽以散官就第。……于是更置易制者使主亲军。而诸
功臣亦以善终。"(《河南邵氏闻见前录》卷一)

(b) 中央则萃集精兵,边城则更番戍守。不让地位高、武功大的人典禁兵,
只是集中兵权的诸要件之一。倘精兵布满天下,则就地称乱,又将如何呢? 解决
这一问题,乃有萃天下精兵于京师的办法,"太祖鉴前代之失,萃精锐于京师"
(《宋史·兵志一》)。其选拔之法亦颇严,且系自下而上,渐次选到京师的。
故曰:

> 建隆初,令诸州召募军士,部送阙下。至,则军头司覆验等第,引对便
> 坐,而分隶诸军焉。其自厢军而升禁兵,禁兵而升上军,上军而升班直者,皆
> 临轩亲阅。非材勇绝伦,不以应募。余皆自下选补。(《宋史·兵志八》)

不过精锐尽萃于京师,京师究竟怎样容得他们下呢? 拿什么给他们吃呢? 此一
问题也。其次精锐尽在京师,边城戍守又归什么人负责呢? 此第二问题也。倘
复以精兵分守边城,则精兵在边,不又有据地称乱的危险吗? 此第三问题也。关
于这些,宋之当局有极好的解决法。恐京师不能容,则有出外就粮之法;恐边城
无守,则仍遣禁兵戍守;恐守边者称乱,则立更戍之法。

> 太祖惩藩镇之弊,分遣禁旅代守边城。立更戍法:使往来道路,以习勤
> 苦,均劳逸。故将不得专其兵,兵不至于骄惰。(《宋史·兵志二》)

太祖太宗，平一海内，征累朝藩镇跋扈，尽收天下劲兵，列营京畿，以备藩卫。其分营于外者曰就粮。就粮者，本京师兵，而使廪食于外，故听其家往。其边防要郡，须兵屯守，即遣自京师。诸镇之兵，亦皆戍边。真宗、仁宗、英宗嗣守，其法益以完密。于是天下山泽之利悉入县官，以资廪赐。将帅之臣，入奉朝请，以备指跛。犷悍之民，收隶尺籍，以给守卫。兵无常帅，帅无常师。内外相维，上下相制，等级相轧。虽有暴戾恣睢，无所厝于其间。（《通考·兵考四》）

民政的集权　其办法略如下：（一）最初对于原有的州刺史或太守，并不急于一律废除；仅于其上设一通判以监督之，于其旁设一知州以分其权。（二）后来则罢去刺史，专用知州，以为经常的州官。（三）州官人选，概用文人，以防武人专权割据的流弊。用此种种方法，终于把民政权集中，这有若干记载可证：

宋初，革五季之患，召诸镇节度使会于京师，赐第以留之。分命朝臣出守列郡，号权知军州事。军，谓兵；州，谓民政焉。（《宋史·职官七》）

外官（京官的对称）则惩五代藩镇专恣，颇用文臣知州，复设通判以贰之。（同上《职官一》）

又以武臣作郡，往往不晓民事，且多恣横；诏新复州郡只差文臣。（同上《职官七》）

宋叶适言，五代之患专在藩镇。艺祖思靖天下，以为不削节度，则其祸不息。于是始置通判以监统刺史，而分其柄；命文臣权知州事，使名若不正，任若不久者，以轻其权。监当知榷税，都监总兵戎；而太守者（原注：即刺史。）块然徒管空城，受诉词而已。诸镇皆束手请命，归老宿卫。昔日节度之害尽去；而四方万里之远，奉尊京城，文符朝下，期会夕报；伸缩缓急，皆在朝廷矣。是宋初本有刺史，而别设知州以代其权。后则罢刺史而专用知州；以权设之名为经常之任矣。（顾炎武《日知录·知州》）

命文臣知州事，消极方面防武人割据，积极方面使政权集中，这当然是促成绝对专制的好办法。但当局鉴于五代军人跋扈的流弊，矫枉不免过正：致州郡的武备太过简单，结果连政务都不能执行。

顾炎武云：

藩镇既罢,而州县之任处之又不得其方。真宗咸平三年(公元一〇〇〇
年),濮州盗夜入城,略知州王守信,监军王昭度。于是知黄州王禹偁上言。
《易》曰:王公设险以守其国。自五季乱离,各据城垒;豆分瓜剖,七十余年。
太宗削平僭伪,天下一家。当时议者乃令江淮诸郡毁城隍,收兵甲,撤武备。
书生领州,大郡给二十人,小郡十五人,以充常从;号曰长吏,实同旅人;名为
郡城,荡若平地。虽则尊京师而抑郡县为强干弱枝之计,亦匪得其中道也。
盖太祖削诸侯跋扈之势,太宗杜僭伪觊望之心,不得不尔。其如设法救世,
久则弊生;救弊之道,在乎从宜;疾若转规,不可胶柱。今江淮诸州大患有
三:城池堕圮,一也;兵仗不完,二也;军不服习,三也。望陛下特纡宸断,许
江淮诸郡酌民户寡众,城池大小,并置守捉军士,多不过五百人,阅习弓箭。
然后渐葺城壁,缮完甲胄,则郡国有御侮之备,长吏免剽掠之虞矣。呜乎!
人徒见艺祖罢节度为宋百年之利,而不知夺州县之兵与财,其害至于数百年
而未已也。(《日知录•藩镇》)

财政的集权　藩镇的势力既除,军政民政都集权于中央了,则财政的集权自
为必然之事。财政集权的办法为:(一)各项收入由直接听命于中央的官员征
收;(二)收得之款,除支付地方应有的用费外,一律直解于中央。款集中央,叫
做财入京师;这当然也是防止地方官专擅及滥用之一法。宋初在中央设三司使,
专管财政,又在各路设转运使以掌一路的财政,都是为的统一财权。但论者也有
认为不满的。顾炎武即有言曰:

唐自行两税法以后,天下百姓输赋于州府:一曰上供,二曰送使,三曰
留州。及宋太祖乾德三年(公元九六五年)诏诸州支度经费外,凡金帛悉送
阙下,毋得占留。自此一钱以上,皆归之朝廷;而簿领纤悉特甚于唐时矣。
然宋之所以愈弱而不可振者实在此。昔人谓古者藏富于民,自汉以后,财已
不在民矣。而犹在郡国,不尽辇京师,是亦汉人之良法也。后之人君知此意
者鲜矣。自唐开成初,归融为户部侍郎兼御史中丞,奏言:天下一家,何非
君土? 中外之财皆陛下府库。而宋元祐中,苏辙为户部侍郎,则言:善为国
者藏之于民,其次藏之州郡。州郡有余,则转运司常足;转运司既足,则户部
不困。自熙宁以来,言利之臣不知本末:欲求富国,而先困转运司。转运司
既困,则上供不继;上供不继,而户部亦惫矣。两司(转运与户部)既困,虽内

帑别藏积如丘山,而委为朽壤,无益于算也。(同上《财用》)

监察的严厉　军、民、财三大权都集中了,绝对专制政治稳固极了。然京中京外各级官员难免营私舞弊的,也难免专权自用的,于是把监察之权提得很高,谏官几乎可以任意纠弹执政的大吏。宋之监察制度约略如下:

> 御史台掌纠察官邪,肃正纲纪。大事则廷辨,小事则奏弹。其属有三院:一曰台院,侍御史隶焉;二曰殿院,殿中侍御史隶焉;三曰察院,监察御史隶焉。……咸平四年(公元一〇〇一年),以御史二人充左右巡使,分纠不如法者。文官左巡主之,武官右巡主之,分其职掌,纠其违失。常参班簿禄料假告皆主之。(《宋史·职官四》)

监察之权太大了,也有流弊,往往使执政的人不敢放胆作事。这流弊北宋仁宗之时便最显著。苏轼有言曰:

> 历观秦汉以及五代,谏争而死,盖数百人。而自建隆以来,未尝罪一言者。纵有薄责,旋即超升。许以风闻,而无官长。风采所系,不问尊卑。言及乘舆,则天子改容。事关廊庙,则宰相待罪。故仁宗之世,议者讥宰相但奉行台谏风旨而已。(苏轼《文集》卷十《上神宗皇帝书》)

又诸州通判也是一种负监察责任之官。他的职责只在帮助州官;州官行事,他负连带责任。且不是遍设之官,员数也极不一定。大郡置二员,余置一员,不及万户之州不置。这当然不是行政上必设之官。然守臣行事,必须通判的裁可;官之善否,事之修废,他又可以刺举。这显然是监察官之所为。大抵宋初为要实行绝对专制,深恐地方权大,中央管理不了;故设通判监临州官,以为巩固绝对专制之一助。《宋史》云:

> 宋初惩五代藩镇之弊;乾德初,下湖南,始置诸州通判。命刑部郎中贾玭等充。建隆四年(公元九六三年)诏知府公事,并须长史通判签议连书,方许行下。时大郡置二员,余置一员,不及万户不置。武臣知州小郡,亦特置焉。其广南小州,有试秩通判兼知州者,职掌倅贰郡政。凡兵、民、钱、谷、户

口、赋役、狱讼、听断之事,可否裁决,与守臣通签书施行。所部官有善否,及职事修否,得刺举以闻。(《宋史·职官志七》)

绝对的专制　由上所述种种看来,绝对专制究竟是什么样,已大可明白了。更综括言之,尚可括为两要点:(一)权力的集中,上面所述兵、民、财三大权的集中即是实例;顾炎武谓"一兵之籍,一财之源,一地之守,皆人主自为之",正是指此。(二)法网的严密,所谓"内外上下,一事之小,一罪之微,皆先有法以待之"是也。

> 宋叶适言:国家因唐五代之极弊,收敛藩镇之权尽归于上。一兵之籍,一财之源,一地之守,皆人主自为之也。欲专大利,而无受其大害,遂废人而用法,废官而用吏。禁防纤悉,特与古异,而威柄最为不分。虽然,岂有是哉?故人材衰乏,外削中弱。以天下之大而畏人,是一代之法度又有以使之矣。又曰:今内外上下,一事之小,一罪之微,皆先有法以待之。极一世之人志虑之所周浃,忽得一智,自以为甚奇,而法固已备之矣;是法之密也。然而人之才不获尽,人之志不获伸,昏然俛首,一听于法度;而事功日堕,风俗日坏;贫民愈无告,奸人愈得志;此上下之所同患,而臣不敢诬也。又曰:万里之远,嚬呻动息,上皆知之。虽然,无所寄任,天下泛泛焉而已。百年之忧,一朝之患,皆上所独当,而群臣不与也。夫万里之远,皆上所制命,则上诚利矣。百年之忧,一朝之患,皆上所独当,而其害如之何!此外寇所以凭陵而莫御,雠耻所以最甚而莫报也。陈亮上孝宗书曰:五代之际,兵财之柄倒持于下,艺祖皇帝束之于上,以定祸乱;后世不原其意,束之不已,故郡县空虚,而本末俱弱。(《日知录·法制》)

宋之集权严法,就政治史看起来,最合进化的原则。顾炎武所辑关于削藩镇、集财权、严法度等等批评,多为反对之论。我们于这些反对之论中,却可以看出宋代绝对专制的确实性。

第二节　明代的专制

宋自太祖削除藩镇,任用文臣以后,绝对专制一直没有动摇过。"五代诸镇节度使,未有不用勋臣武将者。……自宋太祖易以文臣牧民而后,天下渐得苏息;历代因之,皆享国久长,民不思乱。岂非设官立法之善,有以出水火而登之衽席哉?"(赵翼《廿二史札记·五代藩郡皆用武人》)元继宋后,以蒙古的方式统治中国,政治组织自不甚严密。"元太祖、太宗征讨诸国,得一地即封子弟一人镇之。……及取中原后,(虽将辖地分为十二行中书省统治之,似乎有集权中央的规模,然行中书省之规模既不下于中央的中书省,同时)诸王之分封于外者,又各予以内地分邑,如汉唐食邑之制。"(同上《元封子弟驸马于各部》)究不如宋代集权政策的严密。不过为时仅九十年(元至正十七年到明洪武元年,即公元一二八〇到一三六八年)明太祖又起而创立绝对专制。明之绝对专制,可拿下述事实作简单的说明。

藩王的无权　明太祖朱元璋本是贫民出身。及创立帝国,也仿汉晋六朝及有元之制,而分封诸子于各地。太祖共有二十六个儿子,其中除懿文太子、皇子楠及燕王棣等三人有特殊情形外,正式的宗藩凡二十有三。《明史》云:

> 太祖二十六子,懿文太子外,皇子楠未封;成祖以洪武三年(公元一三七〇年)封燕王,后尊为帝系,不得仍列之藩王世次。其得封者二十三王:曰秦愍王樉,曰晋恭王棡,曰周定王橚,曰楚昭王桢,曰齐王榑,曰潭王梓,曰赵王杞,曰鲁荒王檀,曰蜀献王椿,曰湘献王柏,曰代简王桂,曰肃庄王楧,曰辽简王植,曰庆靖王㮵,曰宁献王权,曰岷庄王楩,曰谷王橞,曰韩宪王松,曰沈简王模,曰安惠王楹,曰唐定王桱,曰郢靖王栋,曰伊厉王㰘。而靖江王以南昌嫡孙受封,附载于后。(《明史·诸王世表一》)

这些藩王,只是贵族而已,并无实权。地方政事仍有官吏管理,与他们无涉。他们被封在各地方,虽能凭借其贵族资格,蹂躏当地的人民;毕竟列爵而不临民,分藩而不锡土,和以前的所谓封建有不同。赵翼云:

> 明祖初定天下,分封诸子于各省各府,盖仿汉晋六朝及有元之制而参酌之;外以壮藩卫,而实无事权。其有才者如燕晋诸王,或统兵以镇边塞,然不为例。其分封内地者,不过设三护卫,不至有尾大不掉之患。其用意亦深远也。(《廿二史札记·明分封宗藩之制》)

政权的集中　不许藩王有权,是厉行绝对专制的消极的办法。积极的办法则在把国家整个政权集中于君主一身。这于废中书省一端可以看出。元朝,中央政府的实权在中书省,很易被权臣操纵。明太祖洪武十三年(公元一三八○年)乃废中书省及丞相等官;所有政事,由吏、户、礼、兵、刑、工六部尚书主持,直接受皇帝支配。《续文献通考》云:

> 明初,立中书省,以总天下之文治,都督府以总天下之兵政,御史台以振朝廷之纪纲。太祖即吴王位首建百官时,中书省惟设四部,掌钱谷(户)礼仪(礼)刑名(刑)营造(工)之事。洪武元年(公元一三六八年)八月,立六部以分理庶政。十三年(公元一三八○年)正月,罢中书省,废丞相等官,政归六部;以尚书任天下事,侍郎贰之,而殿阁大学士只备顾问;帝方自操威柄,学士鲜所参决。其纠劾则责之都察院,章奏则达之通政司,平反则参之大理寺。(《续文献通考·职官一》)

不过大权虽归皇帝独揽,而“百官布衣皆得上书言事”。而专门负言责的人,发言的机会尤多。赵翼云:

> 明制,凡百官布衣皆得上书言事。……而科道之以言为职者,其责尤专,其权尤重。《职官志序》谓:御史天子之耳目,凡大臣奸邪,小人构党者劾,百官猥茸贪冒者劾,凡上书乱成宪者劾。遇考察,则同吏部;司黜陟大狱重囚会鞫于外朝,则同刑部。大理平谳之政事得失,军民利病,皆得直言无隐。又有六科给事中,凡制敕有失则封驳;至建议大事,廷推大臣,廷鞫大狱,皆得预,此可见言官之职掌也。(《廿二史札记·明言路习气先后不同》)

这种言官不是人民的代表,而是皇帝的工具。其批评政事或指摘百官的错误,不是站在人民的立场,为人民谋福利;而是站在君主的立场,为君主谋绝对专制。盖百官有错,或政事不修,将动摇绝对的专制;此专制君主之所以看重言官也。

君威的隆重　除集中政权以外,明太祖又把君主的威仪提得很高;凡大臣对君主,须持绝对的卑屈态度,或奴隶态度。君臣之间,有“跪拜”及“廷杖”等规定。1.《明史·礼志》:“大朝仪,赞礼唱鞠躬;大乐作,赞四拜,兴。常朝仪,朔望御奉天殿,常朝官一拜三叩头。谢恩见辞官于奉天门外五拜三叩头。”可见明代无论大朝常朝,臣见君必须跪拜。

2.《明史》卷九十五《刑法》三云:"刑法有创之自明不衷古制者,廷杖、东西厂、锦衣卫、镇抚司狱是已。是数者,杀人至惨而不丽于法,踬而行之,至末造而极。举朝野命一听之武夫宦竖之手,良可叹也。"这种严刑苛法,正是增加君威厉行绝对专制的表现。我们姑举廷杖一端而言。所谓廷杖,即大臣触动了皇帝之怒,当廷用杖责打是也,始于太祖,其后踬行不绝。如《廿二史札记》卷三十四《成化嘉靖中百官伏阙争礼凡两次》条所载编修王相等十八人,因触动了明世宗之怒,被杖至死,即是实例。正德中,群臣因谏南巡,受廷杖者更多。赵翼云:

> 成化、嘉靖两次伏阙,固属大案,而正德中百官谏南巡,被杖之多,亦不减此二案也。武宗南巡诏下,员外郎夏良胜、主事万潮、博士陈九川连疏谏;而舒芬、黄巩、陆震疏已先入。吏部郎中张衍瑞等十一人,刑部郎中陆俸等五十三人疏继之;礼部郎中姜龙等十六人,兵部郎中孙凤等十六人疏又继之。帝与诸幸臣大怒,遂令良胜等百有七人罚跪午门外五日。而大理寺正周叙等十人,行人司余廷瓒等二十人,工部主事林大辂等疏又上。帝益怒,并下诏狱。跪午门者,晚亦系狱;晨出暮入,累累若重囚。签事张英且肉袒载刃于胸,囊土数升;当跸道跪哭,即自刺血流出;卫士夺其刃送狱,问囊土何为,曰:恐污帝廷耳;诏杖八十死。舒芬等百七人跪既毕,各杖三十;良胜等六人及余廷瓒大辂各杖五十;余三十人各杖四十,有死者。然是时南巡之行,究因群臣之谏而止。(同上《正德中谏南巡受杖百官》)

人臣为着政事向皇帝有所建议或有所请求,或触皇帝之怒,则加杖击!杖击至死,亦无怨言!这只因专制淫威既立,大家都视为固然也。"刘瑾乱政,御史蒋钦疏劾之,廷杖三十;再劾,又杖三十;越三日,又草疏灯下,闻鬼声,钦知是先灵劝阻,奋笔曰:业已委身,不得复顾;死即死,此疏不可易也。遂上之,又杖三十而死!"(同上《明言路习气先后不同》)这种状态,正是专制淫威高到极点的反映。

屠杀的策略　君威提高了,除以跪拜廷杖等方法对付臣下之外,而屠杀臣下更是表现并维持君威的有效方法。明代皇帝的屠杀臣下,事例甚多。最初开始创造帝国时,即以屠杀手段驾驭其部下。

> 明祖亲见元末贪黩解弛,生民受害,故其驭下,常以严厉为主。虽不无

矫枉过正，然以挽颓俗而立纪纲，固不可无此振作也。当其用兵之始，命禁酿酒。胡大海方攻越，其子首犯之；王恺请勿诛，以安大海心；帝曰：宁使大海叛我，不可使我法不行。遂手刃之。赵仲中守安庆，陈友谅来攻，仲中弃城走，常遇春请原之，帝不许，曰：法不行，无以惩后，遂诛之。冯胜病高邮，城中诈降，使康泰等先入，敌闭门尽杀之；帝召胜还，决大杖十，令步行至高邮；胜愧愤，竟攻克之；可见其威令之严，不可摇动。（同上《明祖用法最严》）

帝国既立，又大兴文字之祸，当时以文字嫌疑被杀者为数很多。赵翼所辑实例即已不少。

明祖通文义，固属天纵。然其初学问未深，往往以文字疑误杀人，亦已不少。《朝野异闻录》：三司卫所进表笺皆令数官为之。当时之嫌疑见法者：浙江府学教授林元亮为悔门卫作增俸表，以表内作"则"垂宪诛。北平府学训导赵伯宁为都司作万寿表，以垂子孙而作"则"诛。福州府学训导林伯璟为按察使撰贺冬表，以仪"则"天下诛。桂林府学训导蒋质为布按作正旦贺表，以建中作"则"诛。常州府学训导蒋镇为本府作正旦贺表，以睿性"生知"诛。澧州学正孟清为本府作贺冬表，以圣德作"则"诛。陈州学训导周冕为本州作万寿表，以寿域千秋诛。怀庆府学训导吕睿为本府作谢赐马表，以遥瞻"帝扉"诛，祥符县学训导贾翥为本县作正旦贺表，以取法象魏诛。亳州训导林云为本府作谢东宫赐宴笺，以式君父以班爵禄诛。尉氏县教谕许元为本府作万寿贺表，以体乾"法坤"、"藻饰太平"诛。德安府学训导吴宪为本府作贺立太孙表，以永绍亿年，天下"有道"，望拜青门诛。盖"则"音嫌于"贼"也，"生知"嫌于"僧"也，"帝扉"嫌于"帝非"也，"法坤"嫌于"发髡"也，"有道"嫌于"有盗"也，"藻饰太平"嫌于"早失太平"也。《闲中今古录》又载：杭州教授徐一夔贺表有"光"天之下，天"生"圣人，为世作"则"等语；帝览之，大怒曰："生"者僧也，以我尝为僧也；"光"则薙发也，"则"字音近贼也；遂斩之！礼臣大惧，因请降表式，帝乃自为文播天下。又僧来复《谢恩诗》有"殊域及自惭，无德颂陶唐"之句，帝曰：汝用"殊"字，是谓我歹朱也。又言"无德颂陶唐"，是谓我无德，虽欲以陶唐颂我而不能也；遂斩之。按是时文字之祸起于一言。时帝意右文，诸勋臣不平。上语之曰："世乱用武，世治宜文，非他也。"诸臣曰：但文人善讥讪，如张九四厚礼文儒，及请撰名，则曰"士诚"。上曰：此名亦美。曰：《孟子》有"士诚小人也"之句,彼安知之? 上由此览天下章奏,动生疑忌,而文字之祸起云。(《廿二史札记·明初文字之祸》)

文字之祸以外,最大的屠杀厥为胡惟庸与蓝玉之狱。胡惟庸交好太师李善长得为中书参政;见太祖尝杀害勋旧,很不自安,乃谋反。暗中联络日本与蒙古以为奥援;于洪武十三年(公元一三八〇年)正月,以请太祖到他家里看醴泉为名,想在途中加以杀害。但事机不密,被一个小臣所发觉,太祖反攻,置惟庸于死,"磔于市;并其党御史大夫陈宁,中丞涂节等皆伏诛;僚属党与凡万五千人,诛连甚众。"(谷应泰《明史纪事本末·胡蓝之狱》)蓝玉以有军功升迁至凉国公。他的叛变在洪武二十六年(公元一三九三年)。其叛变之主因,据说是欲图升迁,未能如愿,及太祖对他不信任等。事发之后,以失败伏诛,其株连的人数较胡惟庸案所牵涉之人还要多。凡"彻侯,文武功臣,大吏,以至偏裨将卒,坐党论死者,可二万人! 蔓延过于胡惟庸。"(同上)

胡蓝等被杀以后,又有所谓胡党蓝党之狱。胡惟庸死在洪武十三年(公元一三八〇年),到二十三年(公元一三九〇年)又兴胡党之狱,假胡惟庸为题,大肆屠杀,族诛至三万余人。胡党既诛,又于二十六年(公元一三九三年)大诛蓝党。蓝党族诛者万五千余人。非胡蓝二党而遭诛戮者亦所在皆是。赵翼云:

> 胡惟庸之死在洪武十三年,同诛者不过陈宁、涂节数人。至胡党之狱则在二十三年,距惟庸死已十余年。岂有逆首已死,同谋之人迟至十余年始败露者? 此不过借惟庸为题,使狱词牵连诸人,为草薙禽猕之计耳。胡党既诛,犹以为未尽;则二十六年又兴蓝党之狱。于是诸功臣宿将始尽! ……胡狱有《昭示奸党录》,族诛至三万余人;蓝狱有《逆臣录》,族诛至万五千余人。今二录不可考,而胡蓝二传则备载其数。此外又有非二党而别以事诛者。……《明史》于诸臣传,唯蓝玉略见其粗暴取祸之由。他如冯胜、傅友德等但叙其战功,而末即结之以赐死;明见其死之不以罪。……汉高诛戮功臣,固属残忍;然其所必去者亦止韩、彭。至英布则因其反而诛之;卢绾、韩王信亦以谋反有端而后征讨。其余萧、曹、绛、灌等方且倚为心膂,欲以托孤寄命,未尝概加猜忌也。独至明祖,借诸功臣以取天下;及天下既定,即尽举取天下之人而尽杀之。其残忍实千古所未有。(《廿二史札记·胡蓝之狱》)

吏治的整顿　大规模的屠杀只是巩固绝对专制政权的手段,并不是施行的政事。明太祖一方面屠杀功臣,另一方面又整顿吏治,似矛盾而实不矛盾。要巩固专制政权,便不得不屠杀功臣;然政权巩固了,仍必使人民安居乐业,才能维持长久。因此之故,遂不能不重视吏治。《明史》云:

> 明太祖惩元季吏治纵弛,民生凋敝,……府州县吏来朝,陛辞,谕曰:天下新定,百姓财力俱困;如鸟初飞,木初植;勿拔其羽,勿撼其根。然惟廉者能约己而爱人,贪者必朘人以肥己。尔等戒之。洪武五年(公元一三七二年)下诏有司考课,首学校农桑诸实政。日照知县马亮善督运,无课农兴士效,立命黜之。一时守令畏法,洁己爱民,以当上指,吏治焕然丕变矣。下逮仁、宣,抚循休息,民人安乐,吏治澄清者百余年。英、武之际,内外多故,而民心无土崩瓦解之虞者,亦由吏鲜贪残,故祸乱易弥也。(《明史·循吏传序》)

至于整顿吏治的办法,约有三端可述。(一)曰考察严明。

> 明初以十五布政司分治天下;永乐初,遣给事中御史分行天下;有司奸贪者逮治。其后又遣蹇义等二十六人巡行天下,按抚军民,还朝,不为例。寻又遣郭敦以礼部侍郎偕给事中陶衍巡抚顺天,吾绅以刑部侍郎奉敕考察两广福建方面官,有故人官参政者黜之。正统初,又分遣大臣考察天下方面官,刘辰往四川云贵,悉奏罢其不职者。徐珂奉命与工部侍郎郑辰考察南畿官吏,黜不法者三十人。段民为左参政,奉命与巡按考州县吏廉墨以闻。景泰中亦遣大臣行天下,黜陟有司。礼部侍郎邹干至山西,黜布政使以下五十余人。巡抚朱鉴请召干还,干并劾鉴。时已设巡抚,又遣大臣考察,重吏治也。(《廿二史札记·遣大臣考察官吏》)

(二)曰重惩贪吏。

> 洪武十八年(公元一三八五年),诏尽逮天下官吏之为民害者赴京师筑城。帝初即位,惩元政弛纵,用法太严,奉行者重足而立。官吏有罪,笞以上,悉谪凤阳屯田,至万余人。又按《草木子》记明祖于吏治,凡守令贪墨者,

许民赴京陈诉;赃至六十两以上者枭首示众,仍剥皮实草。府州县尉之左,特立一庙,以祀土地,为剥皮之场,名曰皮场庙。官府公座旁各悬一剥皮实草之袋,使之触目惊心。法令森严,百职厘举。《祖训》所谓革前元姑息之政,治旧俗污染之徒也。(同上《重惩贪吏》)

(三)曰奖进循吏。

太祖起间右,稔墨吏为民害,尝以极刑处之。然每旌举贤能以示劝勉,不专任法也。尝遣行人赍敕,并钞三十锭,内酒一尊,赐平阳知县张础。又建阳知县郭伯,泰丞陆镒,为政不避权势,遣使劳以酒醴,迁其官。丹徒知县胡梦,通丞郭伯高,金坛丞李思进坐事当逮,民诣阙言多善政;帝并赐内尊,降敕褒劳。永州守余彦诚,齐东令郑敏等十人坐事下狱,部民列政绩以请,皆复官。宜春令沈昌等四人更擢郡守。其自下僚不次擢用者:宁远尉王尚贤为广西参政,祥符丞邹俊为大理卿,静宁州判元善为金都御史,芝阳令李行素为刑部侍郎。至如怀宁丞陈希文,宜兴簿王复春先以善政擢,已知其贪,旋置重典。所以风厉激劝者甚至。以故其时吏治多可纪述云。(《明史·魏观等传赞》)

第三节　清代的专制

帝国的树立　明代的专制,自太祖创始,一直传到明朝末年,清朝统治中国之时,始告终结。清入主中华,首先树立大清帝国。其树立帝国的努力,凡有较重要的三大端。(一) 消灭明宗室的最后挣扎。清自乘明末流寇之乱,引兵入关,便陆续以大军向明宗室压迫。明宗室为图最后挣扎,纷纷起而立国于南方各省,如福王立于南京,鲁王立于浙江,唐王立于福建,桂王立于广西等是也。但这等最后挣扎,自顺治二年(公元一六四五年)南京被陷,到康熙元年(公元一六六二年)桂王遇害,历时只十七年,便完全被消灭了。(二) 削平吴三桂等的反抗运动。吴三桂原为清兵作前驱,屠戮明宗室,以有功封于云南,叫做平西王。同时尚可喜、耿精忠等亦各以军功分王于广东、福建,合称之为三藩。三藩据地自雄,各拥兵民财等权,势力坐大,复引起清廷疑忌,而有撤藩之议。吴三桂等乃先发制人,起兵讨满,叫做三藩之乱。吴三桂等的反满发动于康熙十二年(公元一六七三年),中间有一个时期,声势颇为浩大。但到康熙二十年(公元一六八一年),

便被清廷平定下来。历时八年(公元一六七三—八一年),蔓延十省(云南、贵州、广西、广东、福建、江西、湖南、四川、陕西、甘肃等省)的反满运动,至是全被消灭了。(三) 夺取郑成功的台湾根据地。郑自桂王遇害以后,因中国本部不能立足,乃渡海入台湾;仍奉明正朔,与清相抗。传至其孙郑克塽,亦被清兵于康熙二十二年(公元一六八三年)完全克服。清贵族自消灭明宗室的最后挣扎,削平吴三桂等的反抗,并夺取台湾以后,大清帝国便已完全树立起来了。

宗室的制裁　大清帝国完成于康熙初年;但如何统治此帝国,也便在康熙时代成了清贵族内部的严重问题。康熙有子三十五人,十四年(公元一六七五年),立皇子胤礽为皇太子;但其他各子如胤禔、胤祉、胤禛(即后来的雍正帝)、胤禩、胤禟、胤祥、胤禵等认太子骄慢,多不满意;于是树立党羽,谋废太子,酿成皇室的大争。迨雍正帝即位,与帝同辈的诸王,复想分其权势,要求封建。不过雍正帝英明果断,卒能打破封建的要求,树立绝对的专制。其驳封建之言有曰:

> 古人之有封建,非谓其制尽善,特创此以驾驭天下也。洪荒之世,声教未通;各君其君,各子其子。有圣人首出,则天下之众莫不尊亲。圣人即各因其世守而封之,亦建立亲贤参错其间。盖世势如此,虽欲统一,而不能也。夏禹涂山之会,执玉帛者万国;武王孟津之役,来会者八百国。岂非夏后、周王之封建耶?孔子曰:天下有道,礼乐征伐自天子出。孟子曰:天下恶乎定?定于一。孔子、孟子深见春秋、战国诸侯战争之流弊,其言已开一统之先几矣。至秦始皇统合六国,制天下以郡县;自汉以来,遂为定制。盖三代以前,诸侯分有土地,天子不得而私,故以封建为公。秦汉以后,土地属之天子;一行封建,私心即多,故以郡县为公。唐柳宗元云:公天下自秦始皇始;宋苏轼云:封建者争之端也。皆确有所见之言也。且中国郡县,亦犹各蒙古之自为雄长,互相战争耳。至元太祖,始成一统,历前明二百余年。我太祖肇基东土,退迩率服,各蒙古复望风归顺,咸凛正朔,以至于今。是中国之一统始于秦,塞外之一统始于元,而极盛于我朝也。自古中外一家,幅员极广,未有如我朝者。

当时封建的要求发于满族诸王;但汉人为欲削减帝皇绝对专制之权,亦尝发出赞成封建之论;如吕留良、曾静、陆生柟诸人便都是主张封建的。结果不幸,诸王的封建运动固然全被摧毁;而从言论上主张复封建的亦遭到最严厉的惩处:

陆生枏处死,吕留良戮尸,曾静被杀,是曰文字之祸。除摧毁封建运动以外,雍正帝对于骄傲的诸王尚多制裁:如削宗室之籍,撤黄带之典(宗室使用黄色带),改禛、禟之名(改胤禛为阿其那,胤禟为塞思黑,均为贱称)等等,都是显例。

政治的机构　清朝的政治机构,中央有下之各部门。一,综持全国政务的有内阁,其最高长官为大学士。雍正时复设军机处,其作用据说在保持军务的机密。《清史稿》云:"雍正十四年(公元一七三六年)用兵西北,虑僎直者泄机密,始设军机房,后改军机处。"(《清史稿·职官志一》)军机处的最高长官为军机大臣。二,处理各种政事的有吏、户、礼、兵、刑、工等六部;部的最高长官为尚书,其次为左右侍郎。三,类似监察机关的为都察院,最高长官为左都御史,其次为左副都御史。这些机关彼此之间,并无很分明的从属关系,或依靠关系;大体都是直接受制于皇帝的。至于各地方的高级长官有总督,有巡抚。在官品上,总督较巡抚高一级,总督为从一品,巡抚为从二品。但实际上也没有什么分明的从属关系,其职掌更无严格的划分。《清史稿》云:

> 总督(从一品)掌厘治军民,综制文武,察举官吏,修饬封疆。标下有副将、参将等官。巡抚(从二品)常宣布德意,抚安齐民,修明政刑,兴革利弊,考核群吏,会总督以诏废置。标下有参将、游击等官。(《清史稿·职官志三》)

绝对的专制　上述政治机构,虽也分了门类,但彼此间既没有从属关系,或依靠关系,都须直接受制于皇帝,故都只是实现绝对专制的政治机构。关于内阁与军机处、六部、都察院、各省督抚等,李剑农有分别的及综合的批评:

> 清政府的主要机关,在中央有内阁与军机处,其下有六部,还有一个行使监察权的都察院;在地方有各省的督抚。……
> 甲,内阁与军机处。…… 一,无论内阁、军机处,都没有一个独高的首长,首长就是皇帝。二,无论内阁大学士,就是军机大臣,都没有向各部或各省督抚直接发命令的权。向各部及各省督抚直接发命令的,只有皇帝。(就是上谕或谕旨。)
> 乙,六部。…… 一,六部虽为中央行政机关,各部的长官却没有向地方长官(督抚)直接发命令的权。(要向督抚发命令,就要奏请皇帝以谕旨行

之。）二，尚书与侍郎，各有单独的上奏权；尚书与侍郎意见不合时，除了两方相互奏请皇帝裁决以外，别无办法。然则就中央与地方言，六部的长官并不是总辖全国的行政首长。就尚书与侍郎言，各部并没有统率全机关的唯一首长；无论对地方，对本机关，最后的解决，也只有问皇帝。

丙，都察院。……监察官自身的责任问题，全以皇帝一人的意旨为断。皇帝喜欢容纳直谏之名的，对于他们的诬参，诬劾，诬说，也不问他们的责任。倘若触犯了皇帝的私好偏爱。就是参劾的确实，也要受谴责；轻则被申斥或降职，重则请他们回家乡去。

丁，各省督抚。……总督固然可以参劾巡抚，巡抚也可参劾在他上面的总督。他们是地方的行政长官，也都是全体政务的监察官。督抚意见不合时，也和六部的尚书和侍郎一样；除了互相奏请皇帝裁决以外，别无办法。所以在形式上，督抚仿佛有上下的关系，实际上还只有皇帝是高高在上的一个人。

就上面所说的几种机关看来，我们可以得到下面两个结论：

一，一切权都在皇帝手里，没有一机关可以宰制别一个机关。二，无论甲机关与乙机关，就是一个机关内的甲人员与乙人员，都有互相监视与互相牵制的意味。要想保持权位，除非取得皇帝的信用，博得皇帝的欢心。所以说中国的专制政体，到了清代，进化达于极点了。（《最近三十年中国政治史》页九到一四）

关于军机处，稻叶君山有批评曰：

军机处地近宫廷，便于宣召；且军机大臣皆以亲臣重臣承旨，一切政治皆出于此。原夫军机处之初，乃内阁之一分局。然帝（雍正）所以渐升为独立之官厅，使成为御前会议，辅弼机务之处者，盖欲达君主独裁万机之旨，绝嬖臣盗弄国柄之忧也。而军机处遂渐成为唯一最高之统治机关矣。……军机处设立之本旨，虽在策画军国大事；既而庶政之机密，亦归裁决，乃渐离内阁之权限而移于军机处。……是故历代帝王完全举君主亲政之实者，以清朝为最。其一虽由于英迈之主继续数朝；又其一则由于君主直接把握政治最高之机关,不委于臣僚之故。盖在专制政体,机密二字为主权发动最切要之事。帝(雍正)以军机处充当此等重大之目的,大著成效矣。(《清朝全史》第四十三章)

清朝之绝对专制,在雍正帝时代,完全确立。雍正帝英明果断,裁抑宗室,亲揽大权,达到了绝对专制的最高峰。传至鸦片战争前后,外有列强的压迫,内有太平天国的反抗运动,整个帝国的情形为之一变;而图强御侮的运动亦萌芽于是时。故中国历史上的绝对专制,发展到了鸦片战争的前后,组织固已十分完全,寿命却亦已逼近终点。

选自周谷城《中国政治史》第四篇第二章

中华书局一九四〇年出版

宋代以来商人地主与专制

第一节　概　　说

商人势力的扩张　专制政治的发展与商人势力的扩张是相依的。在封建时代,一切制度都是依封建地主为中心而形成的,都带有地方主义(localism)的色彩。各封建地主各有其独特的货币制度、税收制度,及度量衡制度等。迨商业发达了,这些制度都成了商人的桎梏。商人为欲拥护其自身的利益,于是消极方面努力冲破地方主义,破坏那带有地方主义色彩,且不便于自己的种种制度;积极方面努力帮助国王,压抑封建地主,建立统一国家,造成集权政治,并施行那统一而且便于自己的货币制度、税收制度,及度量衡制度等。所以商业发达之时,商人势力扩张了,必然有打破地方主义促成绝对专制的趋势。凡此等等,欧洲十四到十七世纪时的历史可为明证。不过这些还只是指国内的情形而言。若就国外的情形而言,统一的国家和集权政府尝为商人所不可少。盖商业发达了,商人经营国外贸易的多了。不能不有强大的集权政府为作保障。这等情形,欧洲十四到十七世纪时的历史所诏示的,更为明显;我们只要涉猎该时代的欧洲历史,便可知道。

中国历史不能与欧洲的全同(实则就是欧洲的各国,彼此也不能全同),但也有若干相似之处,商人的需要集权政府,便是相似的一端。中国自隋唐历宋元明至于清朝,国内国外两方面的贸易都极发达。例如六朝时代的门阀势力或封建地主势力,便是因隋唐时代国际商场扩大了,保护商场的武人抬头了,才逐渐被压下去的。这我们在上篇第二章及第三章里已经讲过了。门阀势力压下去了,典型的封建地主变成了残余的封建地主;这时商人的势力纵不能大过地主的势力,但实际上已有与地主阶级同等重要的地位了。他们为着对外贸易,极需要强有力的集权政府:如保护自身的利益,招来外国的商人,都要有强有力的集权政府才行。宋明时代的市舶制度,便是保护商人利益的;明代尝派大员到各国,便是招徕外国商人的,凡此等等,系国外贸易方面集权政府帮助商人之处。至于国内贸易方面,集权政府帮助商人之处尤多。如统一币制,统一税制,统一度量衡制等等都是最显的。这在下面第二节就要讲到。商人需要集权政府,故帮助集权政府;政府得了商人的帮助,愈能发挥其效用。因此之故,绝对专制的发展与商人势力的扩张是相依的;绝对专制发展之日,就是商人势力扩张之时。中国自宋初至鸦片战争时代,正是商人势力与绝对专制平行演进的时代。

地主势力的削减　商人势力扩张,地主势力便随着削减,这是欧洲专制时代的普通情形。中国历史虽与欧洲不能全同,然大势亦相差不远。所以宋明专制时代的地主与六朝门阀时代的地主大不相同;其势力被削减多了,这可于下列各项见之。(一) 考试的限制。宋明及以后的地主阶级,如欲插入政府,考试一关,势所必经。这与六朝时代地主阶级之凭九品中正品定而入政府者截然不同。中正之品定人物,权操在地主阶级自己(参阅第三篇第一章第三节)。考试之考选人材,权操在政府手中。早在唐初,中正品评之制已完全被政府考试之制所代替了(参阅第三篇第二章第三节《考试代中正》)。故从那个时候起一直到清朝,地主阶级如欲插入政府,都非经过考试不可。虽然明初用人曾有一个时期不拘资格,但这只能算作例外。且不拘资格云云,并非否定考试,反之,乃恐考试不足以考出非常之才,故一时破除资格;这与六朝时代门阀或封建地主之自己品自己,截然不同。

(二) 公役的负担。宋代公役最为繁数;然分配极不公道:中小农民苦于公役;官户地主不服公役。《宋史》云:

> 宋因前代之制,以衙前主官物;以里正、户长、乡书手课督赋税。以耆长、弓手、壮丁逐捕盗贼;以承符、人力、手力、散从官给使令。……然役有轻重劳逸之不齐,人有贫富强弱之不一。承平日久,奸伪滋生。命官形势,占田无限,皆得复役(免役);衙前将吏得免里正户长。而应役之户困于繁数。……每乡被差疏密,与赀力高下不均。……富者休息有余,贫者败亡相继。(《宋史·食货志上五》)
>
> 江南有嫁其祖母及其母,析居以避役者;又有鬻田,减其户等者;田归官户不役之家,而役并于同等现存之户。(同上)

王安石执政,厉行新法,征免役钱及助役钱。凡不愿担负公役的人,可出免

役钱于政府,由政府雇人担负。凡向来无役的官户地主等,则须出助役钱于政府,由政府雇人服役。《宋史》云:

> 免役之法,据家赀高下,各令出钱,雇人充役。(《王安石传》)
> 天下土俗不同,役轻重不一,民贫富不等,从所便为法。凡当役人户,以等第出钱,名免役钱。……寺观品官之家,旧无色役而出钱者名助役钱。(《食货志上五》)

在没有施行新法以前,地主阶级或命官形势之家完全无役。既行新法以后,他们虽仍不必直接担负公役,然必须出助役之钱以雇人代役。这种办法固很平常,但对于地主,却是一种限制。后来施行上或有多少变更;然无论如何,政府却已从分配公役上开了一个限制地主阶级之端。

(三)和籴的强迫。宋明时代,政府尝办和籴。其法即于秋收之后,政府以廉价强迫收买地主阶级的谷物,以备荒年给养贫民之用。和籴的强迫,对于地主阶级有很多不利的地方。宋嘉熙时,陈耆卿奏曰:

> 臣闻丰歉在天,而制其丰歉者在人。制歉之法莫如和籴。和籴将以利民,而民或以为害,其故何哉?夫有粟者之欲钱,犹有钱者之欲粟也。彼既欲之,则唯恐和籴之不行;而乃以为害者,非其懵于事情。盖民与民为市,此其所乐也;民与官为市,此其所畏也。畏官而复虐于官,故宁闭户以失利,毋价困以贾害。市之价增,官之价减,一害也。市无斛面,官有斛面,二害也。市以一人操概量,无他费焉;官之监临者,多诛求无厌,三害也。市先得钱,而官先概粟;有候伺之苦,有钱陌不足之弊,四害也。(《续文献通考·市籴考三》)

政府的牢笼政策　政府对于地主阶级加以限制之时,同时也就是对于他们加以牢笼之时。限制或牢笼,其目的全是一样,都在使他们就范,以期绝对专制趋于强固。至于牢笼之法,以宋代为例,则有下列各项。(一)在官有厚禄。凡用的,有俸钱;着的,有绫绢;吃的,有禄粟;随员佣人,亦有衣粮;家用杂物,有茶酒盐炭;子孙世守,复有职田。一人作官,凡生活所需,概由政府预备;且数量很多。赵翼云:

> 宋……待士大夫,可谓厚矣。唯其给赐优裕,故入仕者不复以身家为虑,各自勉于治行。观于真、仁、英诸朝,名臣辈出,吏治循良;及有事之秋,犹多慷慨报国;绍兴之支撑半壁,德祐之毕命疆场;历代以来,捐躯殉国者,惟宋末独多。虽无救于败亡,要不可谓非养士之报也。然给赐过优,究于国计易耗。恩逮于百官者唯恐其不足;财敛于万民者,不留其有余。此宋制之不可以为法者也。(《廿二史札记·宋制禄之厚》)

(二)退职有恩礼。在官之时,待遇固然很优,退职之时,复有极厚的恩礼。这种恩礼名为优待老者贤者,实际上仍只是牢笼地主阶级,以巩固绝对专制的一种手段。王安石用此以处置反对派,即是显例。这种恩礼的实施,大概不外设闲职,予人以俸给。当时的祠禄之制,就是实施这种恩礼的。

> 宋制设祠禄之官以佚老优贤。自真宗置玉清昭应宫使,以王旦为之;后旦以病致仕,乃以太尉领玉清昭应宫使,给宰相半俸,祠禄自此始也。在京有玉清昭应宫、景灵宫、会灵宫、祥源观等;以宰相执政充使(俸钱:玉清昭应宫月百千,景灵宫七十千,祥源观五十千。见《职官志》)。丞郎学士充副使,庶僚充判官、都监、提举、提点等。各食其禄。初设时,员数甚少。后以优礼大臣之老而罢职者,日渐增多。熙宁中,王安石欲以此处异议者。遂著令宫观无限员数,以三十月为一任。又诏:杭州洞霄宫,亳州明道宫,华州云台观,建州武夷观,洪州玉隆观、五岳庙,并依嵩山崇福宫。舒州仙灵观,置管监提举等名;以此食禄,仍听从便居住。又诏:除宫观者毋过两任。其兼用执政恩例者毋过三任。绍兴以来,士大夫之从驾南来者未有阙以处之;乃许承务郎以上权差宫观一次(月得供给,各依资序降二等支)。不限员数。后以陈乞者多,又定令稍复祖宗条法之旧。一任以定法,再任以示恩(绍兴五年,庆寿赦令:宫观岳庙已满,不应再陈者,今因庆寿恩,年八十以上者特许再陈一次)。京官二年,选人三年。皆于优厚之中寓限制之意。(同上《宋祠禄之厚》)

(三)子孙有荫补。退职之时的恩礼仍限于作官者本身。至若一人作了官,其子孙乃至亲戚族属,以及家里佣人;都因他一人曾作过官之故,得无条件的补官,这叫荫补。

　　荫子固朝廷惠下之典;然未有如宋代之滥者。文臣,自太师及开府仪同三司,可荫子若孙及期亲大功以下亲,并异姓亲,及门客。太子太师至保和殿大学士,荫至异姓亲,无门客。中大夫至中散大夫,荫至小功以下亲,无异姓亲。武功亦以是为差。凡遇南郊大礼及圣诞节,俱有荫补。宰相执政,荫本宗、异姓、及门客。医人各一人。太子太师至谏议大夫,荫本宗一人。寺长贰监以下,至左右司监,荫子或孙一人。余以是为差。此外又有致仕荫补。曾任宰执及见任三少使相者,荫三人。曾任三少、及侍御史,荫一人。余以是为差。此外又有遗表荫补。曾任宰相及见任三少使相,荫五人。曾任执政官至大宗大夫以上,荫一人。诸卫上将军,四人;观察使,三人。余以是为差。由斯以观,一人入仕,则子孙亲族俱可得官。大者并可及于门客医土,可谓滥矣。然此犹属于定例,非所谓特恩也。天圣中,诏五代时三品以上告身存者,子孙听用荫;则并及于前代矣。明道中,录故宰臣及员外郎以上致仕者,子孙授官有差;则并及于故臣矣。只至新天子即位,监司郡守,遣亲属入贺,亦得授官;则更出于官荫之外矣。曹彬卒,官其亲族门客亲校二十余人。李继隆卒,官其子;又录其门外二十余人。雷有终卒,官其子八人。此以功臣加荫者也。李沆卒,录其子宗简为大理评事;婿苏昂,妻兄之子朱涛,并同进士出身。王旦卒,录其子、弟、侄、外孙、门客、常从授官者数十人。诸子服除,又各进一官。向敏中卒,子婿并迁官,又官亲校数人。王钦若卒,录其亲属及所亲二十余人。此以优眷加荫者也。郭遵战殁,官其四子,并女之为尼者亦赐紫袍。任福战殁,官其子及从子凡六人。石珪战殁,官其三子。徐福战殁,官其家十二人。此又以死事而优恤者也。范仲淹疏请乾元节恩泽,须在职满三年者,始得荫子。则仲淹未奏以前,甫莅任即得荫矣。阎日新疏言:群臣子弟,以荫得官;往往未离童龀,即受俸;望自今二十以上始给;龚茂贞亦疏言:庆寿礼行,若自一命以上覃转;不知月添给俸几何。是甫荫即给俸矣。朱胜非疏述宣和中谏官之论曰:尚从竹马之行,已造荷囊之列。则甫荫得服章服矣。熙宁初,诏齐密等十八州及庆渭等四州,并从中书选授;毋以恩例奏补。则他州通判皆可以荫官奏补矣。金安节疏言:致仕遗表恩泽,不准奏异姓亲,使得高资为市。则恩荫并听其鬻卖矣。(同上《恩荫之滥》)

政府既对地主阶级大加牢笼,地主阶级因此挤入政府者便特别多。结果造成人浮于事之局,产生大批的冗官。所谓冗官,即是拿俸钱而不作事的多余之官。

> 宋开国时,设官分职尚有定数。其后荐辟之广,恩荫之滥,杂流之猥,祠禄之多,日增月益,遂至不可纪极。真宗咸平四年(公元一〇〇一年)有司言减天下冗吏十九万五千余人。所减者如此,未减者可知也。……宋祈疏言:朝廷有三冗,天下官无定员一冗也。州县不广于前,而官倍于旧。(同上《宋冗官冗费》)

> 庆元二年(公元一一九六年)四月,有朝臣奏对,极言云:曩在乾道间,京朝官三四千员,选人七八千员。绍熙二年(公元一一九一年)四选名籍:尚左京官,四千一百五十九员;尚右大使臣,五千一百七十三员;侍左选人,一万二千八百六十九员;侍右小使臣,一万一千三百十五员。合四选之数,共二万三千五百十六员。冗倍于国朝全盛之际。近者四年之间,京官未至增添;外选人增至一万三千六百七十员(比绍熙增八百一员),大使臣六千五百二十五员(比绍熙增一千三百四十八员),小使臣一万八千七百五员(比绍熙增七千四百员),而今年科举,明年奏荐不在焉。通无虑四万三千员。比四年之数增万员矣。可不为之寒心哉?盖连有覃霈,庆典屡行;而宗室推恩,不以服派近远为间断;特奏名三举,皆值异恩;虽助教亦出官归正人,每州以数十百。病在膏肓,正使俞跗扁鹊,持上池良药以救之,亦无及已。(洪迈《容斋四笔·今日冗官》)

第二节　专制时代的商人

上面系泛说商人地主与专制的关系,现在且分述专制时代的商人;这可分为三项:一,商人需要专制政府;二,商人支持专制政府;三,专制时代商人政治势力渐见抬头。

需要专制政府　商人为什么需要专制政府?盖有好多便于商人的政策,非有最能集权的专制政府不能施行,例如:

(一)统一货币,这是有便于商人的;商业愈发达,统一货币的政策愈不可少。《文献通考》述统一货币政策的必要曰:

> 钱币之权当出于上;则造钱币之司当归于一。汉时常令民自铸钱;及武

帝则专令上林三官铸之,而天下非三官钱不得行;郡国前所铸钱皆废销,输其铜三官。然钱以铜铁铅锡而成,而铜铁铅锡搬运重难,是以历代多即坑冶附近之所,置监铸钱;亦以钱之直日轻,其用日广,不容不多置监冶铸以供用。中兴(南宋)以来,始转而为楮币。夫钱重而直少,则多置监以铸之可也。楮轻而直多,则就行都印造足矣。今既有行在会子(钞票),又有川引、淮引、湖会(各地之钞票),各自印造!而其末也收换不行,称提无策。……是立法之初,讲之不详故也。(《文献通考·钱币考二》)

专制君主,为统一货币,尝禁止各地私铸钱币;违禁者有重罚。如明景帝景泰七年(公元一四五六年)之严禁私铸,即是一例。

中兵马司指挥胡朝鉴奏:在京买卖惟用永乐钱,苏松等处多伪造来京货卖;其钱俱杂锡铁。在京军匠人等亦私铸造。乞通行禁约,从之。至宪宗成化十三年(公元一四七七年)六月,刑部奏:市用新钱多苏松、常镇、杭州、临清人铸造,四方商贩收买;奸弊日滋,宜移文各处抚按禁约。自后事发,即以为首,并匠依律问罪;其为从及知情买使者,枷示一月,并家属编戍军民分别问遣;职官有犯,奏请处治。从之。(《续文献通考·钱币考五》)

再者各种货币铸造的时代不同,民间使用,不免挑选。专制君主,为统一货币,尝禁人民对各时代的货币任意挑选。如明英宗天顺四年(公元一四六〇年)禁民挑选之令,即是一例。

令:民间除假钱、锡钱外,凡历代并洪武、永乐、宣德钱,及折二当三,依数准使,不许挑拣。至成化十六年(公元一四八〇年)十二月,大兴县民何通上言:前京师钱价,每银一钱仅易八十文;钱贵米贱,军民安业。比因伪钱盛行,银一钱增至一百三十文;钱贱米贵,而又拣选太甚;小民所得佣值,不能养赡。乞出榜禁约。户部奏准,九门税课衙门收钱,除破碎伪造外,其余不拘年代,但系团囤钱,即便使行,不许刁难挑拣;仍出榜禁约,令两厂五城缉访究治。(同上)

各地私铸,或货币之地理的差异,专制政府可以统一之;历代钱币,或货币之历史的差异,专制政府可以统一之。货币统一,商人称便。

(二)统一度量衡,这也是有便于商人的;商业愈发达,统一度量衡的政策愈不可少。专制君主为谋商人便利,尝有统一度量衡的政策之施行。例如明太祖洪武元年(公元一三六八年),便有较勘斛斗秤尺的明令。

> 大明令曰:斛斗秤尺,司农司照中书省原降铁斗、铁升,较定则样制造,发直隶府各州;及呈中书省转发行省,令各府依法制造较勘,付各州县仓库收支行用。其牙行市铺,须赴官印烙;乡村人民所用,与官降相同,方许行使。(《续文献通考·市籴考一》)

> 凡私造斛斗秤尺及作弊增减者,官降不如法者,提调官失勘者,其在市行使不经官司较勘烙印者,仓库官吏私自增减官降收支不平者,监临官知而不举及失觉察者……各定罪有差。(同上)

(三)统一税收制度更是有便于商人的。各地方的税收机关太多了,最足以障碍商业的发展。专制君主,欲便商人,尝能将各地任意设立的税收机关严予取缔。如宋高宗至宁宗时取缔尤严。宁宗开禧元年(公元一二〇五年)罢广东税场八十一墟一事,更是最显之例。

> 初,关市之征,高宗时屡经省罢。其未尽者,孝宗继志,悉推行之。淳熙五年(公元一一七八年)六月,罢诸州私置税场。时知临安府吴渊乞复置西溪寺两处,发引拦税。帝曰:关市讥而不征,去城五十里之外,岂可复置拦税耶;十二年(公元一一八五年),给舍看详赵汝谊乞行下省臣,遇客贩米不得阻遏,其免收力胜钱一项自有见行约束。如有违戾,以喝花为名,故作留滞者,许客人赴诉;监司堂省,重寘宪典;从之。光宗绍熙三年(公元一一九二年)三月,罢雅州税场五;至宁宗时,诸郡商税屡与放免焉。(《续文献通考·征榷考一》)

上述统一货币,统一度量衡,统一税收等三项,未必只有绝对专制时代的商人就需要。严格说来,绝对专制时代以前,老早就有商业,老早就有商人,老早就需要统一的货币、度量衡、税收等制度。再者此等制度之统一的实行,在绝对专制时代,未必完全办到了。严格说来,即在绝对专制早已过去的今日,也并未完全办到。不过就历史的大势说来,宋、明、清等绝对专制时代的商业,比起其以前的各时代来,到底进步多了。商业愈进步,地方主义(localism)愈需要肃清。专制君主努力统一货币、度量衡、税收等制,而逐渐肃清其地方主义,或减少其地方主义的彩色,到底给了商人以极大的便利。至于专制时代已过去,而货币等制度仍有未能完全统一的,那只能算为地方主义的遗迹。

支持专制政府　商人支持专制政府的最大功绩,厥为向专制政府纳税。例如盐、铁、茶、酒等项,自唐以后,贸易都很旺,税款亦特多。政府的一切开支,未必全出自盐、铁、茶、酒等项的税款;然有许多部门的开支,系出自此等税款。如养士兵,养冗官,供宗室的开支,供祭祀的开支。以及帝皇因生活奢靡的额外开支等等,尝取给于盐、铁、茶、酒等项的税款。苏轼有言曰:

> 今天下之利,莫不尽取。山陵林麓莫不有禁,关有征,市有租,盐铁有榷,酒有课,茶有算。……然天下之人方且穷思竭虑,以广求利之门。且人而不急,则以为费用不可复省。使天下而无盐铁酒茗之税,将不为国乎?臣有以知其不然也。天下之费固有去之甚易而无损,存之甚难而无益者矣。……夫无益之费,名重而实轻;以不急之实,而被之以莫大之名,是以疑而不敢去。(《文献通考·国用考二》)

苏轼谓政府老是想从盐铁酒茗诸项货物上增加税款,却不知减去不急需的用费。至于不急需的用费,苏氏曾就自己所知列了好几项;曾巩也列了好几项。马端临则从苏曾二人的议论中概括出四项最重要的曰:"按东坡、南丰二公之论,足以尽昭陵以来国计之本末。然大概其所以疲弊者,曰养兵也,宗俸也,冗官也,郊赉也。而四者之中,则冗官、郊赉尤为无名。"(同上)专制政府要牢笼地主阶级,不能不养冗官。洪迈云:"蔡京三入相时,除用士大夫,视官职如粪土;盖欲以天爵市私恩。"(《容斋四笔·蔡京轻用官职》)又云:"宰相欲收士誉,使恩归己,故只以除用为意,而不任职。及显有过举者,亦不肯任怨稍行黜徙。"(同上《宰相任怨》)而养冗官太多了,便只好向商人征税。至于专制君主因生活奢靡的额外开支,以及对臣下的赏赐,又无不以商税充之。蔡京尝鼓励专制君主过奢靡生活,致扩充茶税;彼自己又尝令"榷货务"支付赏给,动辄以万计。

> 徽宗崇宁后,蔡京为相,增修财利之政,务以侈靡惑人主;动以《周官》惟

王不会为说。每及前朝爱惜财赋减省者,必以为陋。至于土木营造,率欲度前规而侈后观。元丰官制既行,赋禄视嘉祐、治平既优;京更增供给食料等钱;于是宰执皆增。京又专用丰亨豫大之说诔悦帝意,始广茶利,岁以百万缗进。……京又动以笔贴于"榷货务"支赏给,有一纸至万缗者。(《文献通考·国用考二》)

南宋时国家开支几乎全仰给于盐钞;而盐钞又离不开盐的买卖。

淳祐元年(公元一二四一年)臣僚奏南渡立国,专仰盐钞。绍兴、淳熙率享其利。嘉定以来,二三十年间,钞法或行或罢,而浮盐之说牢不可破。……五年(公元一二四五年)殿中侍御史朱熠又言:盐之为利溥矣。以蜀、广、浙数路言之皆不及淮盐额之半。盖以斥卤弥望,可供煎烹;芦苇阜繁,可备燔燎。故环海之湄,有亭户,有锅户,有正盐,有浮盐。正盐出于亭户,归之公上者也;浮盐出于锅户,鬻之商贩者也。正盐居其四,浮盐居其一。端平之初,朝廷不欲使浮盐之利散归于下,于是分置十局,收买浮盐;以岁额计之,二千七百九十三万斤。(《续文献通考·征榷考二》)

这所说本是政府专卖食盐的办法。盐出于自然界,由盐民(即亭户或锅户)制成之,归政府垄断,交商贩售于食盐之人或食户。由自然界而盐民,而政府,而商人,而食户;在这一过程之中,商人负责推销,政府坐收赢利。政府所收的赢利,可以视为盐民的剩余劳动,也可以视为食户的过高代价。但无论如何,总须商人的运输推销,才能实现而为有用的赢利。故就商人与政府的关系言,仍属商人支持政府。元时,盐利也很大;《元史·郝彬传》曰:"国家经费,盐利居十之八,而两淮盐独当天下之半。"明时尝以盐税充边饷,振饥荒。"明朝盐课专以供给边饷;或水旱凶荒,亦借振济"。(同上《征榷考三》)以盐税充边饷,这可以说是自唐代以来的一个老办法。唐代边患甚殷之时,军饷开支浩大,政府尝以茶盐等税充之。这我们在第三篇第二章第二节《武力与商业相依》项下讲过。

商人的政治势力　政府所取于商人的既多,则商人的政治势力自然会大起来。商人的政治势力大了,自然会影响政府的行政。各种病商的制度之取缔,无不有政府官员站在商人利益上向皇帝奏请,而得到允许。例如宋理宗宝庆二年(公元一二二六年)赵至道请减盐商税,即是一例。《续文献通考》云:

> 监察御史赵至道言:产盐固借于盐户,鬻盐实赖于盐商。故盐户所当存恤,盐商亦当优润。庆元之初,岁为钱九百九十万八千有奇;宝庆元年(公元一二二五年)止七百四十九万九千有奇。乃知盐课之亏,实因盐商之无所赢利。为今之计,莫若宽商旅,减征税。庶几庆元盐课之盛复见于今日矣。从之。(《续文献通考·征榷考二》)

论者尝谓中国一向是重农贱商的;这在文化政策或教育政策上讲,或许是真的。但就经济政策或财政政策讲,专制时代的中国,未尝不重商人。政府的重商,固可增加财政的收入;同时商人却亦受了实惠。

至于以商人资格起而称乱,甚至倾覆政府的例子,在商业发达的唐、宋、元、明时代,可随举好些显著的例如次。1. 如唐代安史之乱(参阅第三篇第三章第一节所谓《安史之乱》)的主角安禄山与史思明就是由互市郎而作大官的。且后来都能造反,酿成大乱。

> 安禄山,营州柳城胡也。……忮忍多智,善亿测人情;通六蕃语,为互市郎。……御史中丞张利贞采访河北,禄山百计谀媚,多出金,谐结左右为私恩。利贞入朝,盛言禄山能,乃授……顺化州刺史。使者往来,阴以赂中其嗜,一口更誉;玄宗始才之。天宝元年(公元七四二年),以平卢(河北承德县地)为节度,禄山为之使,兼柳城太守,押两蕃渤海黑水四府经略使。明年(公元七四三年)入朝,奏对称旨,进骠骑大将军。又明年(公元七四四年)代裴宽为范阳节度河北采访使,仍领平卢军。……天宝十四载(公元七五五年)十一月,反范阳。……明年(公元七五六年)正月,僭称雄武皇帝,国号燕,建元圣武。(《唐书·安禄山传上》)
>
> 史思明本名窣干,营州宁夷州突厥杂种胡人也。……解六蕃语,与禄山同为互市郎。……天宝初,频立战功,至将军,知平卢军事。……十四载(公元七五五年)安禄山反,命思明讨饶阳等诸郡,陷之。(《旧唐书·史思明传上》)
>
> 然思明外顺,内实通贼。……乾元二年(公元七五九年)正月朔,筑坛僭称大圣周王,建元应天。……四月,更国号大燕,建元顺天,自称应天皇帝。(《唐书·史思明传上》)

2. 如宋末由南洋来华的侨商蒲寿庚以巨商而任管理市舶之职,驻泉州;后竟弃宋降元。于灭宋兴元,发生极大作用。

> 宋主是舟至泉,寿庚来谒,请驻跸,张世杰不可。或劝世杰留寿庚,则凡海舶不令自随。世杰不从,纵之归;而舟不足,共掠其赀。寿庚怒,杀诸宗室及士大夫与淮兵之在泉者,戊辰,寿庚及知泉州田真子以城降。(《宋史·瀛国公本纪》)

> 宋幼主过泉州,宋宗室欲应之,守郡者蒲寿庚闭门不纳。及张世杰回军攻城,宗室又欲应之,寿庚置酒延宗室,欲与议城宋事,酒中尽杀之。(《泉州志》)

3. 如宋元时代之盐商,尝据地自雄,或与政府相抗。他们破坏政府的禁令,贩运私盐,政府往往不能过问;严加捕治,则或激成变乱。甚至政府军队亦尝贩运私盐!

> 行盐地分有远近之不同。远于官而近于私,则民不得不买私盐。既买私盐,则兴贩之徒必盛,于是乎盗贼多而刑狱滋矣。《宋史》言江西之虔州地连广南;而福建之汀洲亦与虔接。虔盐弗善,汀固不产盐;二州民多盗贩广南盐以射利。每岁秋冬,田事才毕,恒数十百为群,持甲兵旗鼓,往来虔汀漳潮循梅惠广八州之地;所至劫人谷帛,掠人妇女,与巡捕吏卒斗格;或至杀伤,则起为盗,依阻险要;捕不能得,或赦其罪招之。元末之张士诚以盐徒而据吴会。其小小兴贩,虽太平之世,未尝绝也。余少居昆山、常熟之间,为两浙行盐地;而民间多贩淮盐,自通州渡江,其色青黑,视官盐为善。及游大同,所食皆蕃盐,坚致精好;此地利之便,非国法之所能禁也。明知其不能禁,而设为巡捕之格,课以私盐之获,每季若干,为一定之额;此掩耳盗铃之政也。(顾炎武《日知录》卷十《行盐》)

> 宋时盗贩射利,莫甚于虔汀二州之民,马端临既详言之矣。考宁宗庆元三年(公元一一九七年)夏,广东提举徐安国遣人捕私盐于大奚山,岛民遂作乱。八月,知广州钱之望遣兵入山,尽杀岛民。理宗宝庆元年(公元一二二五年),以广州安抚司水军大为兴贩,罢其统领尹椿,统辖黄受,各降一官。(《续文献通考·征榷考二》)

4. 如明嘉靖中的倭寇之乱,则是沿海的富商大贾或所谓豪势之家引倭入寇,而造成的大乱。赵翼云:

> 明祖定制,片板不许入海;承平日久,奸民勾倭人及佛郎机诸国私来互市。闽人李光头、歙人许栋踞宁波之双屿为之主;势家又护持云。或负其直,栋等即诱之攻剽负直者,胁将吏捕之,故泄师期令去,期他日偿;他日负如初,倭大怨,益剽掠。朱纨为浙抚,访知其弊,乃革渡船,严保甲,一切禁绝私市。闽人骤失重利,虽士大夫亦不便也。腾谤于朝,嗾御史劾纨落职。时纨已遣卢镗击擒光头栋等,筑寨双屿,以绝倭屯泊之路,他海口亦设备矣;会被劾,遂自缢死。纨死而沿海备尽弛,栋之党汪直遂勾倭肆毒。按郑晓《今言》谓国初设官市舶,正以通华夷之情;行者获倍蓰之利,居者得牙侩之息,故常相安。后因禁绝海市,遂使势豪得专其利;始则欺官府而通海贼,继又借官府以欺海贼;并其货价干没之,以至于乱。郎瑛《七修类稿》亦谓汪直私通蕃舶,往来宁波有日矣;自朱纨严海禁,直不得逞,招日本倭叩关索负,突入官海劫掠云。郑晓、郎瑛皆嘉靖时人,其所记势家私与市易,负直不偿,致启寇乱,实属酿祸之由。(赵翼《廿二史札记·嘉靖中倭寇之乱》)

5. 如明清之际,郑芝龙也是在泉州管领海舶之人,曾受明官职。后竟弃明降满,对于明宗室的反满运动,予以极大的打击。郑芝龙为福建泉州南安县人。幼习海事,能指挥海盗。明熹宗天启七年(公元一六二七年)降于巡抚熊文灿。崇祯时,因管领东南海上商舶,遂致巨富。满族入关,明宗室唐王立于福建,依郑芝龙。到清顺治三年(公元一六四六年)八月,芝龙忽降于满将洪承畴,致唐王的反满运动无结果而终止。

上举诸例,都足以证明商人势力之大;无论国内或国际贸易中人物,尝能以其雄厚的货财,取得政治的重要地位,以影响一时的政治变局。

第三节　专制时代的地主

宋代的士大夫　宋自太祖平定五代以来的混乱之局,地主阶级或士大夫鉴于已往混乱的苦痛,颇能竭诚拥护专制政府,造成一时醇厚的风俗。

> 《宋史》言士大夫忠义之气,至于五季,变化殆尽。宋之初兴,范质、王溥

犹有余憾。艺祖首褒韩通,次表卫融,以示意向;真仁之世,田锡、王禹偁、范仲淹、欧阳修、唐介诸贤以直言谠论倡于朝,于是中外荐绅知以名节为高,廉耻相尚,尽去五季之陋。故靖康之变,志士投袂起而勤王,临难不屈,所在有之。……人君御物之方莫大乎去浮止竞。宋自仁宗在位四十余年,虽所用或非其人,而风俗醇厚,好尚端方。论世之士,谓之君子道长。(顾炎武《日知录·宋世风俗》)

到神宗熙宁时,王安石执政,厉行新法;地主阶级或士大夫乃分为新旧两派。一派反对新法,专讲崇道德,厚风俗;这可以说是反政府派。另一派拥护新法,注重功利,讲求富强;这可以说是政府派。

神宗朝,荆公秉政,骤奖趋媚之徒,深钼异己之辈。邓绾、李定、舒亶、蹇序辰、王子韶诸奸,一时擢用,而士大夫有十钻之目(原注:钻者取必入之义。班固《答宾戏》:商鞅挟三术以钻孝公)。干进之流,乘机抵隙。驯至绍圣、崇宁,而党祸大起,国事日非。……《苏轼传》:熙宁初,安石创行新法。轼上书言:国家之所以存亡者,在道德之深浅,不在乎强与弱;历数之所以长短者,在风俗之厚薄,不在乎富与贫。臣愿陛下务崇道德而厚风俗;不愿陛下急于有功而贪富强。仁祖持法至宽,用人有序。专务掩覆过失,未尝轻改旧章。考其成功,则曰未至;以言乎用兵,则十出而九败;以言乎府库,则仅足而无余。徒以德泽在人,风俗知义;故升退之日,天下归仁。议者见末年吏多因循,事不振举;乃欲矫之以苛察,齐之以智能,招来新进勇锐之人,以图一切速成之效;未享其利,浇风已成。多开骤进之门,使有意外之得,公卿侍从,跬步可图;俾常调之人举生非望。欲望风俗之厚,岂可得哉?近岁朴拙之人愈少,巧进之士益多;惟陛下哀之救之。当时论新法者多矣,未有若此之深切者。(同上)

自神宗熙宁二年(公元一〇六九年)王安石参政之日起,到徽宗崇宁元、二、三年(公元一一〇二——〇四年)旧党大遭压迫之日止;三十余年间,党派之争,至为激烈。始则王安石等新党得势;继则司马光等旧党得势;又继则旧党分裂为蜀、洛、朔三派,新党再起;最后则旧党完全没落,新党对旧党大施压迫。就事实说,王安石等的新法,与专制政治的发展是相符合的;且有打击封建地主之处。

如方田均税法，使有田而不纳税的地主都要纳税；免役助役法，使有钱而不当役的地主都要出助役钱。至于旧派之偏重道德，偏重风俗；不尚功利，不图富强；固与当时环境不合，且与专制政治发展的趋势不符。

到南宋时，地主阶级或士大夫，因政府对金人议和之故，发生义理派与时势派之分。大体义理派是反对政府的，时势派是拥护政府的。其争执之烈，不亚于熙宁、崇宁间的新旧之争。南宋被金人压迫，曾于高宗绍兴十一年（公元一一四一年）与金人议和一次；孝宗兴隆二年（公元一一六四年）议和一次；宁宗嘉定元年（公元一二〇八年）议和一次。每次议和，都不免屈辱；于是反对议和者专执义理以攻击政府，可算是反政府派；拥护和议者专讲事实以制反对派之口，可算是政府派。赵翼云：

> 义理之说与时势之论往往不能相符，则又不可全执义理者。盖义理必参之以时势，乃为真义理也。宋遭金人之害，掳二帝，陷中原。为臣子者固当日夜以复仇雪耻为念；此义理之说也。……自胡铨一疏，以屈己求和为大辱，其议论既恺切动人；其文字又愤激作气。天下之谈义理者遂群相附和，万口一词，牢不可破矣。然试令铨身任国事，能必成恢复之功乎？不能也。即专任韩岳诸人，能必成恢复之功乎？亦未必能也。故知身在局外者易为空言；身在局中者难措实事。……吕本中言：大抵献言之人与朝廷利害绝不相关。言不酬，事不济，则脱身去耳。朝廷之事，谁任其咎？汤思退亦言：此皆利害不切于己，大言误国，以邀美名。宗社大计，岂同儿戏？斯二人者，虽亦踵桧之故智，然不可谓非切中时势之言也。（《廿二史札记·和议》）

赵说颇带主观成见，且讥嘲义理派，恭维时势派，都是今日的我们所不能同意的。不过对于义理派与时势派的分别，大体指明了。义理派大概为不负实际责任，或负责较轻，而又常批评实际政治的人。其所批评或指责，也不限于和议一点。时势派大概为负实际责任，或负责较重，而又常因事实关系，不满于众的人。他们的敌人，也并不限于韩侂胄所欲禁绝的道学一派。

义理派攻击时势派的最显之例，当推徽、钦以后太学生陈朝老与陈东等之上疏指责朝政，及宁宗时道学家朱熹一派与韩侂胄之激争。宋至王安石变法，想以学校养士，竭力扩充学额，太学生的人数乃开始大增。"元丰二年（公元一〇七九年）颁学令，太学置八十斋，斋容三十人。外舍生二千人，内舍生百人，上舍生百人,总二千四百"。(《文献通考·学校考三》)"崇宁元年(公元一一〇二年)徽宗创立辟雍,增生徒共三千八百人。内上舍生二百人,内舍生六百人,教养于太学,外舍生三千人,教养于辟雍。"(王泳《燕翼贻谋录》卷五)太学生人多了,政治意识浓厚了,乃上书攻击时政。高宗南渡以后的太学尤其骄横。

> 三学之横,盛于景定、淳祐之际。凡其所欲出者虽宰相台谏,亦直攻之,使必去。……其所以招权受赂,豪夺庇奸,动摇国法,作为无名之谤,扣阍上书,经台投卷,人畏之如虎狼。若市井商贾,无不被害,而无所赴愬。非京尹不敢过问。虽一时权相如史嵩之、丁大全不恤行之,亦未如之何也。(周密《癸辛杂识后集》)

这可见太学生打击当局的凶猛。换言之,也就是义理派打击时势派的凶猛。除太学外,攻击当局的,应推所谓道学家。宁宗时,朱熹为道学派首领,率领徒众,结纳赵汝愚,与韩侂胄大起冲突。《宋史》云:

> 宁宗之立,韩侂胄自谓有定策功,居中用事。熹忧其害政,数以为言。……庆元元年(公元一一九五年)初,赵汝愚既相,收召四方知名之士,中外引领望治。熹独惕然以侂胄用事为虑。既屡为上言,又数以手书启汝愚,当用厚赏酬其劳,勿使得预朝政。(《宋史·朱熹传》)

朱熹的学问道德,大概很能团结多数的义理派。"是时士之绳趋尺步,称以儒名者,无所容其身。从游之士,特立不顾者,屏伏丘壑。……而熹日与诸生讲学不休。或劝其谢遣生徒者,笑而不答"。(同上)这样的态度当然是很强硬的。他之获罪,也正因坚持这种强硬态度。所以赵汝愚被韩侂胄挤跑之后,熹等以失了奥援,便都成了罪人。

有主动必有反动。义理派既攻击时势派,时势派便压迫义理派。当时时势派韩侂胄所领导的一班人,以得着政治的优势之故,对义理派压迫,无所不用其极。首则倡为道学之禁,凡不附韩侂胄的,都叫做道学之徒。都在禁逐之列。侂胄后知"道学"二字并非不好的字眼,于是更创"伪学"之名。凡与己立异的,或不肯随声附和的,一律目为伪学之徒,要一网打尽。凡替他检举反对派的,皆得升官;凡被检举的,便成了逆党,便有大罪。计这样获罪的人,凡五十有九。侂胄得势之时：

> 设为伪学之目,以网括汝愚、朱熹门下之士。用何澹、胡纮为言官,澹言
> 伪学宜风厉；或指汝愚为伪学罪首。纮条奏汝愚有十不逊。……刘三杰入
> 对言：前日伪党,今变而为逆党。……而坐伪学逆党得罪者,五十有九人。
> 王沇献言,令省部籍记伪学姓名。姚愈请降诏严伪学之禁。二人皆得迁官。
> (《宋史·韩侂胄传》)

明代的士大夫　　明初对于地主阶级颇施牢笼之策。政府用人不拘资格；只
要是有才能的,都可以不次录用。这固由于开国之初,需才甚急；然也未尝不是
明太祖对于地主阶级的牢笼政策。赵翼云：

> 古来破格用人,或一言契合,立擢卿相,如汉武帝之于公孙弘,唐太宗之
> 于马周,固史不绝书。然未有如明太祖之不测者。尝语吏部曰：资格为常
> 流设耳,有才能者,当不次用之。故职官所加多出非望。洪武十一年(公元
> 一三七八年),由布衣超擢者九十五人；十五年(公元一三八二年),又以经明
> 行修之士二千七百余人各授布政使参议官。此其大较也。……盖当开国之
> 初,急于求才；且以官爵耸动天下；故有此不次之举。而一时人才亦即出其
> 中。经济名行,皆卓然有以自见。
> 固知天下之才,惟上所取,非资格所能尽也。(《陔余丛考·明初用人不
> 拘资格》)

不过专制时代,专制君主常把臣下看作奴隶。稍不如意,即加杀戮。明太祖
之对臣下,尤其残忍。"威断不测,稍不称意,诛谪随之。胡蓝二党(参阅本篇第
二章第二节《屠杀的策略》)外,诸臣之以小故陷重辟者指不胜屈。故解缙上书,
谓进人不择贤否,所谓取之尽锱铢；杀人不论情罪,所谓用之如泥沙也"。(同上)
专制君主对于臣下太过残忍,则士大夫或地主阶级为明哲保身计,只有不作官。
因此明初文人多有不仕的。赵翼云：

> 明初文人多有不欲仕者。丁野鹤、戴良之不仕,以不忘故国也。他如杨
> 维祯以纂《礼乐书》,征至京师,留百余日,乞骸骨去。宋濂送之诗,所谓"白

衣宣至白衣还"也。胡翰应修《元史》之聘，书成，受赉归。赵壎、陈基亦修《元史》，不受官，赐金归。张昱征至，以老不仕。陶宗仪被荐，不赴。王逢以文学征，其子掖为通事司，叩头，以父年高乞免，乃命吏部符止之。盖是时明祖惩元季纵弛，一切用重典，故人多不乐仕进。解缙疏云：陛下无几时不变之法，无一日无过之人！出吏部者无贤否之分，入刑部者无枉直之判。练子宁疏云：陛下以区区小过纵无穷之诛，何以为治？叶伯臣疏云：取士之始，网罗无遗；一有蹉跌，苟免诛戮，则必在屯田筑城之科，不少顾惜。此可见当时用法之严也。武臣被戮者固不具论；即文人学士，一授官职，即罕有善终者。宋濂以儒者侍帷闼十余年，重以皇太子师傅，尚不免茂州之行。何况疏逖素无恩眷者？如苏伯衡两被征，皆辞疾，寻为处州教授，坐表笺误死。郭奎参朱文正军事；张孟兼修史，成，仕至佥事；傅恕条史毕，授博野令；后俱坐事死。高启为户部侍郎，已放归，以魏观上梁文腰斩。张羽为太常丞，投江死。徐贲仕布政，下狱死。孙蕡仕经历，王蒙知泰安州，皆坐党死。其不死者，张宜修史成，受官，谪驿丞；杨基仕按察谪输作；乌斯道授石龙令，谪役定远；此皆在《文苑传》中。当时以文学授官，而卒不免于祸！宜维祯等之不敢受职也。（《廿二史札记·明初文人多不仕》）

已仕而尽忠于朝，则不免遭杀身之祸；要想免祸，唯有远离仕途。是明初的士大夫已有政府派与反政府派之分。文人不仕，可以说是消极的反对政府。到万历以后，东林党成，奖励节操，指责朝政；在朝的人士亦结党羽以打击东林诸人。政府派与反政府派之分显然；两者互相倾轧，一直到明末，还没有休止。这种倾轧可略述如下。

（一）反政府派之攻击政府派。这等攻击，自万历五年（公元一五七七年）王禹爵、吴中行、赵用贤等之攻击张居正"丁忧夺情"开其端。张本是一位有作为的政治家，万历初年政治的澄清，多是他的功绩。万历五年（公元一五七七年），他的父亲死了，照礼是要辞去宰辅之职以居丧的。但当时户部郎李幼孜首倡夺情，主张不必辞职居丧。这么一来，引起了反政府派的不满；王、吴、赵等乃大加批评，俨然成了朋党。后来邹元标、赵南星、顾宪成、高攀龙等继之，党势以成。《明史》云："自是朋党论益炽，中行、用贤、植（李植）、东之（江东之）创于前；元标、南星、宪成、攀龙继之；言事者益裁量执政，执政日与枝拄；水火薄射，迄于明亡。"（《明史·赵用贤传》）

与政府立于正相反对的地位,奋斗数十年的,厥为东林党。东林党之促成,由于顾宪成于万历二十二年(公元一五九四年)在东林书院开始聚徒讲学。此后十年,顾又大会徒众,创立会约,标明宗旨,俨然一个党派。

> 按东林落成于万历甲辰(公元一六○四年)之秋;十月,遍启请同人,始以月之九日、十日、十一日大会东林讲堂。泾阳(顾宪成)爰作《会约》,以谂同志。而景逸先生为之序,首列孔、颜、曾、思、孟,明统宗也。次《白鹿洞学规》,定法程也。申之以饬四要,辨二惑,崇九益,屏九损;卫道救时,周详恳到。其间阐提性善之旨,以辟阳明天道证道之失,尤见一时障回澜之力。是时海内论学诸贤各有宗旨,亦每有会约。而莫如此约之醇正的实者。(许献《重修东林书院志》卷二)

东林党势既成,与一切非东林之人立于反对地位,其间几乎无中立的余地。《明史》云:"方东林势盛,罗天下清流,士有落然自异者,诟谇随之矣。攻东林者幸其近已也,而援以为重。于是中立者类不免蒙小人之玷。核人品者乃专以与东林厚薄为轻重。"(《明史·崔景荣传赞》)而东林攻讦最甚的,当然为政府中人;政府中人因被攻讦之故,亦特别与他们过不去。《明儒学案》云:"娄江(王锡爵)谓先生曰:近有怪事知之乎?先生曰:何也?曰:内阁所是,外论必以为非;内阁所非,外论必以为是。先生曰:外间亦有怪事。娄江曰:何也?曰:外论所是,内阁必以为非;外论所非,内阁必以为是。"(黄宗羲《明儒学案》卷五十八)这样互相非难,正是反政府派与政府派对抗的情势。

(二) 政府派之压迫反政府派。政府诸臣,早在万历二十年(公元一五九二年)的时代就已树立党派。当时湘潭李腾芳劝王锡爵不要主张并封三王,被迁为左谕德。时昆山顾天峻险诐无行,为世所病,被劾去职。腾芳亦投劾归。于是有顾党、李党的名目。到三十八年(公元一六一○年),祭酒汤宾尹与顾天峻召集党徒,专攻东林诸人,于是又有昆党与宣党的名目;盖以顾为昆山人,汤为宣城人也。这等的党,还是从政府里退出的人所创始的。到四十年(公元一六一二年)以后,更有齐、楚、浙三党,则都是盘据要津,以攻讦东林诸人的。《明史》云:

> 台谏之势,积重不返。有齐、楚、浙三党鼎峙之名。齐则给事中亓诗教,周永春,御史韩浚;楚则给事中官应震吴嗣亮;浙则给事中姚宗文,御史刘廷

元,而汤宾尹辈阴为之主。其党给事中赵兴邦、张延登、徐绍言、商周祚,御史骆骎曾、过廷训、房壮丽、牟志夔、唐世济、全汝谐、彭宗孟、田生金、李征仪、董元儒、李嵩辈与相倡和,务以攻东林,排异己为事。其时考选久稽,屡不下,言路无几人,盘据益坚。后进当入为台谏者,必钩致门下,以为羽翼。……诗教把持朝局,为诸党人魁。(《明史·夏嘉遇传》)

东林党人受着政府派的压迫,一时无可如何。直到天启三年(公元一六二三年)赵南星主京察,才稍稍出了一口气。《明史》云:

故给事中亓诗教、赵兴邦、官应震、吴嗣亮在先朝结党乱政,议屈之。吏科都给事中魏应嘉力持不可,南星特著《四凶论》,卒与考功郎程正己置四人不谨。他所澄汰,一如为考功时。……当是时,人务奔竞,苟且恣行。……每文选郎出,辄邀之半道,为人求官;不得,则加以恶声,或逐之去。选郎即公正,无如何。尚书亦叹息而已。南星素疾其弊,锐意澄清。(《明史·赵南星传》)

但东林党人稍稍抬头之日,正魏阉忠贤得势之时。魏专了权。针对着赵南星之所为,向东林党人大施报复。举凡万历以来,朝中一切纠纷,都归罪于东林党人。《明史》云:

比顾宪成殁,攻者犹未止。凡救三才者,争辛亥京察者,卫国本者,发韩敬科场弊者,请行勘熊廷弼者,抗论张槎梃击者,最后争移宫红丸者,忤魏忠贤者,率指目为东林,抨击无虚日;借魏忠贤毒焰,一网尽去之,善类为一空。崇祯立始渐收用,而朋党势已成,小人卒大炽;祸中于国,迄明亡而后已。(《明史·顾宪成传》)

清代的士大夫 明末士大夫中反政府的一派,到清初仍持反政府态度。且在种族战争的过程之中,为发抒民族情感,尝加入各种社盟。明清之际,中国士大夫被满洲族所压迫,多逃到东南各省,订盟立社,借诗文等以发抒其民族情感。

自前明崇祯初,至本朝顺治末,东南社事甚盛。士人往来,无不称社盟

者。(王应奎《柳南续笔》卷二)

明社既屋,士之憔悴失职,高蹈而能文者,相率结为诗社,以抒写其旧国旧君之感。大江以南,无地无之。(杨凤苞《秋室集》卷一《书南山草堂遗集》)

东林诸人多加入了复社。复社的同志,原只太仓七郡的人物,不过七百余人。后把许多小社联合,同志遍布于江西、福建、湖广、贵州、山东、山西各省;总计人数达二千有余(参阅吴铭道《复社姓氏续录》),为当时最大的社。不过社盟的运动,既反政府,又反种族,自然为当局所不能容,于是禁止立盟结社之事乃相继发生。

顺治九年(公元一六五二年),礼部颁天下学校卧碑,第八条云:禁立盟结社。十七年(公元一六六〇年)又为给事中杨雍建言禁妄立社名及投刺称同社同盟。……十六年(公元一六五九年)例则:士习不端,结社订盟者黜革。康熙二十五年(公元一六八六年)查革社学;雍正三年(公元一七二五年)定例究查。(俞正燮《癸巳存稿》)

给事中杨雍建奏:今之妄立社名,纠集盟誓者,所在多有。江南之苏松,浙江之杭、嘉、湖为尤甚。其始由于好名,其后因之植党,相习成风。渐不可长,请敕部严饬学臣实心奉行,约束士子,不得妄立社名,纠众盟会。其投刺往来,亦不许用同社同盟字样。违者治罪。(《东华录》顺治十七年)

与禁立盟社的事实不同,而用意甚同的又有文字之狱。文人之结盟立社,不免流露其反政府与反种族的情绪,故遭严禁。但文人之著书立说,亦不免流露其反政府与反种族的情绪,故亦尝遭严惩。因著书立说而引起的惩罚,厥为文字之狱,随便举例而言,如顺治、康熙间,有庄廷钺刊印朱国祯之史稿,而引起的文字狱;雍正四年(公元一七二六年),有查嗣庭主考江西,以考题"维民所止"而引起的文字狱;雍正五年(公元一七二七年)前后,有曾静以传布吕留良的遗著而引起的文字狱;雍正七年(公元一七二九年)前后,有谢济世批注《大学》,陆生柟编写《通鉴》而引起的文字狱。此外实例,不知尚有多少。清代文字之狱,绵亘凡历数朝,禁绝之书达数千种。

乾隆三十九年(公元一七七四年),既开四库馆,下诏求书,命有触忌讳者毁之。四十一年(公元一七七六年),江西巡抚海成献应毁禁书八千余通,传旨褒美,督他省催烧益急。自尔献媚者蜂起。初下诏时,切齿于明季野史。其后四库馆议,虽宋人言辽金元,明人言元,其议论偏缪尤甚者,一切拟毁。(章炳麟《检论·哀文书》)

凡上所述,系清初士大夫反政府的诸活动及其所受限制的大略情形。至于政府派的士大夫,则除作官以外,尝宣传理学以帮助统治。宋、明、清之时,政治为绝对专制;而与绝对专制最相适应的思想,厥为理学。理学最守旧,"尚保守过于求革新",极便于有权势者的利用。蔡元培云:

宋儒理学,……于实践方面,则以为家族及各种社会之组织,自昔已然。惟其间互相交际之道,如何而能无背于孔子,是为研究之对象。初未尝有稍萌改革之思想者也。(《中国伦理学史》页一〇四)

宋之有晦庵(朱熹),犹周之有孔子。皆吾族道德之集成者也。孔子以前,道德之理想表著于言行而已;至孔子而始演述为学说。孔子以后,道德之学说虽亦号折衷孔子,而尚在乍离乍合之间。至晦庵而始以其所见之孔教,整齐而厘订之,使有一定之范围,……成立有宋以后之孔教。……彼其研究之勤,著述之富,徒党之众,既为自昔儒者所不及;而其为说也,矫枉过于乐善,方外过于直内,独断过于怀疑,拘名义过于得实理,尊秩序过于求均衡,尚保守过于求革新,现在之和平过于未来之希望。此为古昔北方思想之嫡嗣,与吾族大多数之习惯性相投合,而尤便于有权势者之所利用。此其所以得凭借科举之势力,而盛行于明以后也。(同上,页一三〇到一三一)

理学颇能帮助统治,便于有权势者之利用;故宋明以来,专制君主多利用之。清代最能利用理学的为康熙帝。他所特别看重的书籍为《诗》、《书》、《易》、《礼》、《春秋》等五经,及《论语》、《孟子》、《大学》、《中庸》等四书,与夫程朱等关于性理的著作。所特别崇拜的圣哲为孔子、孟子、程子、朱子,并认定尧、舜、禹、汤、文、武的道统即是治统。一心想以古先圣哲及其学术来作厚风俗正人心的工具。所用大臣,多理学家,且都有卓特之行,扬名于一时。汲修主人云:

本朝崇尚正道,康熙、雍正间,理学大臣颇不乏人。如李安溪之方大,熊孝感之严厉,赵恭毅公之鲠直,张文清公之自洁,朱文端公之吏治,田文端公之清洁,杨文定公之事君不苟,孙文定公之名冠当时,李巨来、傅白峰之刚于事上,高文定公、何文惠公之宽于待下,鄂西林之勋业伟然,刘诸城之忠贞素著,以及邵中丞(基)、胡侍郎(煦)之儒雅,蔡闻之博大,龙翰(敏)之笃学,甘庄恪(汝来)之廉,顾河帅(琮)之刚,陈海宁、史溧阳之端方,陈桂林、尹文端之政绩。……皆扬名于一时。谁谓理学果无益于国耶?(《啸亭杂录·本朝理学大臣》)

结语　由上所述种种看来,可得几个要义如下。1. 在绝对专制时代,因商人阶级渐渐抬头;地主阶级已失去了门阀时代或封建势力凝结时代之绝对优势。向来所谓重农贱商之说,可改作如下的解释,即在文化或教育政策方面,专制政府颇牢笼地主;在经济或财政政策方面,专制政府实借重商人。因此之故,地主阶级的地位虽未降到商人以下,然已失去了往日的绝对优势。2. 专制君主欲得到统治的人才,尝利用地主阶级;同时又恐地主阶级叛变,尝牢笼他们。因着利用与牢笼,地主阶级尝分为两大部分。一部分插入政府或与政府接近,构成政府派;其未插入政府或与政府不合作的,则构成反政府派。政府派尝重功利与富强,反政府派则重节操与道德等。3. 若纯从政治进化的观点而言,政府派的活动,比较的合于专制政治发展的趋势。若反政府派的活动,则往往与专制政治发展的趋势相背驰;如反对王安石之新法的一班人,几乎完全违反了政治进化的趋势。就是清初遭受文字狱的士人如谢济世、陆生枏辈之偏袒封建论,若撇开种族问题不谈,便也完全是违反专制政治之一般趋势的。4. 反政府派的活动,如系障碍专制政治之发展的,可视为地主阶级对其自身之存在的挣扎。原来专制时代,就经济发展的阶段而言,正属于过渡的阶段:前乎此为封建时代,典型的封建地主曾占绝对的优势;后乎此为资本主义时代,典型的资产阶级将占绝对的优势。在这过渡期间,商人阶级为着本身的利益,当促进专制政治的发展;然地主阶级,为着本身的利益则当阻碍专制政治的发展。故反政府派的活动,如系障碍专制政治之发展者,都可视为地主阶级对其本身之存在的挣扎。5. 反政府派与政府派之对立,有时又可视为地主阶级与商人阶级之磨擦。政府派能促进专制政治之发展,固与商人之要求相同。但反政府派之活动若障碍专制政治之发展,一任封建的地方主义长期存在,甚至以周初的封建(这与秦汉以后的封建不同,纯系部族联合过程中自然发生的等级制,正是统治权未能完成的表现)为理想,以打击专制君主之集权,那更是与商人的主张相背驰。

选自周谷城《中国政治史》第四篇第三章

中华书局一九四〇年出版

中国史学之进化[*]

一、历史与史学之别

（一）历史为人类过去的活动，属于生活的范围；史学为研究这种活动的结果，属于知识的范围。且取其他社会科学以为譬：如经济生活，属于生活范围；而研究经济生活的经济学，则属于知识范围；社会生活，属于生活范围；而研究社会生活的社会学，则属于知识范围；政治生活，属于生活范围；而研究政治生活的政治学，则属于知识范围。生活为独立自存者，知识则依循生活而起。历史既属生活范围，故系独立自存；史学既属知识范围，则依循历史而起。有历史而无史学，事属寻常；正如有植物而无植物学，有动物而无动物学，有矿物而无矿物学等等，同属寻常之事。但谓有史学而无历史，或史学不是依循历史而兴起，则为自相矛盾而不可思议的奇谈。虽然历史与史学之别，固截然不可混同者；但过去治史者或完全不知有这等区别，或知有这等区别而不十分措意，或十分措意而无适当之词以表示这两个截然不同的范围。最后一点，尤为普通。例如培根氏（Francis Bacon）分知识之类，尝以历史与哲学、科学等并列；是则历史一词，当然代表知识范围内的事情，而非代表生活范围内的事情者。又如叔本华氏（Schopenhauer）之论历史（详见其所著 *The World as Will and Idea* 卷三页220—230），属于史学范围，而彼尝以历史与艺术生活相提并论，其所论者，十九属于生活范围，而非知识范围，然彼仍只以历史一词表示之。生活与知识，显然为两事；然表示之词，则一而已。最近，克罗采氏（Croce）论历史（详见其所著精神哲学第四卷 *The Theory and History of History*），更完全偏重直觉生活一边，然用以作表达之具者，仍为普通常用的历史一名词。我们今日治史，对于历史与史学所涉两个不同的范围，务必分划清楚，否则治史的目标最易流于歧误或

＊ 本文 1944 年发表于《复旦学报》（人文版）第 1 期。

暧昧不明。盖历史为我们所已有者,其实在情形如何,亟待阐明或解释;而史学则尚在创造之中,今所能见的成绩,仅有若干未具系统的史书。治史的唯一目标,在阐明历史,或阐明人类过去的活动,断不能固步自封于未具系统的史书。过去治史的人,忽视这点,常以熟读史书或考证史书,为等于阐明历史。其实不然:阐明历史,固不能不熟读史书或考证史书;而熟读史书或考证史书,则未必等于阐明历史。此中关系,可以一二实例明之。如未有记录之前,固无史书可读:然其时的历史,仍有方法为之阐明;今日石器时代历史之渐明,即其实例。又如已有记录之后,可读的史书固已极多;然其时之历史,亦未必皆已大白于今日;清代考证史书的工夫,颇著成效;但考证史书者,对于我们所已有的历史,究已阐明至如何程度,虽在今日,亦未易言;又是一实例。凭此等等实例,可知阐明历史为一事,考证史书或熟读史书,为又一事;阐明历史,目的也;考证史书或熟读史书,手段也。在史学尚未臻于完全成熟的今日,倘历史与史学的界划不清,最易误认手段为目的,而以熟读若干史书或考证若干史书为等于阐明历史,这便是治史目标的歧误。

二、起于实用的记录

(二)介于历史与史学之间者为记录,记录的后面为历史,记录的前面为史学;史学的发生成长,记录实为第一步工夫。中国古代记录的产生,完全由于实用上的需要,这与其他自然科学发展的途径正相同。未有几何学之先,已有测地术;未有天文学之先,已有观星术;未有物理学之先,已有建筑术;未有化学之先,已有冶金术;未有医学之先,已有诊断术。史学亦然,当其未及成科而具系统之先,记录之术,则早已出现。史之一字,其根本意义,即为记录。史字之形,在甲骨文中,有 𠀇 𠁹 𠀇 𠀇 等,王国维《观堂集林·释史》篇释作手持盛算之器;算与简策相同,手持盛算之器,无异于手持简策;手持简策,正象征记录。但最近又有别解,朱希祖在其所著《中国史学史通论》中,谓王说源出日人,未为的当;史字之形,实等于 𢽬、𠕁 即册字,即为书册,故史非手持盛算之器,实乃以手持书也。此其为说,于义颇谐;但甲骨文中的史字,未有从 𠕁 者,则于形为不合。此外更有谓史为倒持笔形者:以手持笔,其形为 𦘒,即是聿字,亦即笔字,倒持笔形,因得史字。此其为说,于形颇合;但笔而倒持,于义究何所取,尚待说明。因此之故,我们无妨仍采王氏之说,认史字为手持盛算之器,为记录的象征。

(三)今人记录,几乎全在纸上;但古人无纸,用作记录之物,种类颇多:印度人于贝叶上写经,巴比伦人于泥砖上契字,埃及人则用帕皮拉斯(papyrus)为记录之物;帕皮拉斯,乃一种可供书写的植物皮。中国古代的记录,若就可供记录之物而言,种类亦不一而足。最令人注意者曰结绳,此当在文字出现之先。《易·系辞》云:"上古结绳而治,后世圣人易之以书契。"《周易正义》引郑康成注云:"事大,大结其绳,事小,小结其绳。"这是以结绳为记录者。曰画图,即画图形于器物上的意思,安徒生氏(Andersson)考古于甘肃,得绘陶颇多,其上所绘之图,或为人形,或为兽形,或为鸟形,或为器物之形,所有这些都是文字。文字的进化,常由画图进到象形,由象形进到拼音。中国文字,今正介于画图与拼音之间。未有象形字之先,古人以画图为记录。曰勒石,《后汉书·祭祀志》注引《庄子》云:"封于泰山,禅于梁父者七十有二代,有形兆垠鄂勒石,凡千八百余处。"章太炎《检论·尚书故言》云:"古者封泰山,禅梁父者七十二家,而夷吾所记,十有二焉。……楚灵王所谓三坟五典,八索九丘者,坟丘十二,宜即夷吾所记泰山刻石十有二家也。"曰契甲刻骨,即于龟甲上或兽骨上刻字以作记录之谓,今日学者盛称之甲骨卜辞是也;河南安阳殷墟所藏甲骨,自清光绪二十五年(公元1899年)出土以来,直至现在,研究者极多,这是殷商时代的记录。曰镂金,即金属器物上刻字以为记录之谓,古代钟鼎彝器,多著铭文,如颂鼎上有"王呼史虢生册命颂"之文,师奎父鼎上有"王呼史驹册命师奎父"之文,师毛父敦上有"大史册命锡赤市"之文等等,都是实例。这等铭文,在今人看来,实为最可靠的史料。曰刻竹,即削竹为简,以作记录之谓;叶德辉《书林清话》"书之称册"有云:"古书止有竹简,曰汗简,曰杀青;汗者去其竹汁,杀青者去其青皮。……新竹有汁,善朽蠹;凡作简者皆于火上炙干之,陈楚间谓之汗,汗者去其汁也。而其用有二:一为刀刻,《说文解字》云,八体之刻符是也。一为漆书,《后汉书·杜林传》于西州得漆书古文《尚书》一卷,《晋书·束皙传》太康二年,汲郡人发冢,得竹书数十车,皆编蝌蚪文字,杂写经史。……竹书之用甚广,《说文解字》篆籀等字即其明证。如篆曰引书,籀曰读书,籍曰簿书,笺曰识书,皆从竹而各谐其声。《汉志》称书曰多少篇,篇亦以竹,《说文》:篇,书也。"又同书"刀刻源于金石"云:"刻竹削牍,镂金勒石,皆以刀作字之先河。然纪事多用竹木,纪功专用金石。古鼎彝金器,字有范铸者,有刀刻者,划然二途,各有体也。"总上数者观之,结绳与画图,极为幼稚拙笨,当是最早的记录方法;契甲刻骨,多用以记占卜的结果,占卜结果皆指导日常生活者。镂金勒石,用以纪功;刻竹削牍,用以纪事;都是起于实用的记录方法也。

（四）记录必有专司其职的人。史的意义为手持盛筹之器,然则持此器者果为何等人物? 曰：史官是也。殷商时代甲骨卜辞上所见主持贞卜的人,如彀、亘、永、宾、韦、箙、史、大、旅、即、行、□、兄、出、逆、宁、彭、尢、黄、泳等,都是史官。周代史官之见于载籍者,种类极多,任务亦广,《礼·王藻》云："动则左史书之,言则右史书之。"《周礼·春官》有太史,掌建邦之六典;有小史,掌邦国之志;有内史,掌王之八枋之法;有外史,掌书外令,掌四方之志,掌三皇五帝之书,掌达书名于四方;有御史,掌邦国都鄙及万民之治令。至于各国史官,则周有内史过、内史叔兴、内史叔服;鲁有太史克;虢有史嚚;晋有史苏、董狐、屠黍;卫有史华、龙滑、礼孔;齐有南史;楚有倚相。各国史官与周天子似有从属关系,大概各国史官最初多系由周天子派充,而非各国所自设。直到周室衰微,情形乃变。章太炎《检论·春秋故言》论此有曰："史官皆自周出;而诸侯史记,当藏王官,不可私冡,故曰天子之记。案《春秋传》祝佗言成王赐鲁祝宗卜史;而楚有周大史官;晋之董史,则辛有二子自周而出,辛有先世自辛甲,本周大史也,及晋已乱,大史屠黍以图法归周;齐卫大史柳庄死,献公告尸曰：柳庄非寡人之臣,社稷之臣也。柏常骞去周之齐,见晏子曰：骞,周室之贱史也。由是言之,列国大史,皆出五史陪属,隶于王官,而非其邦臣。……王室衰,则为列侯侮弄,虽命卿亦时陵轹焉。侯国既以僭礼自尊,史氏虽王官,寄寓其土,势不得抗,则或屈为其臣。"

史官的职掌,归纳言之,最重要者,约可举下面几项以为例。一曰担任记录。甲骨卜辞,概为主持贞卜的史官所记,担任记录,实为史官的主要任务。刘知几《史通·史官建置》云："田文,齐之一公子尔,每坐对宾客,侍史记于屏风;赵鞅,晋之一大夫尔,有直臣书过,操简笔于门下;至若秦、赵二主渑池交会,各命其御史书某年某月,鼓瑟鼓缶,此则春秋君举必书之义也。"二曰保管文书,记录固由史官担任,记录后所成的文书,亦由史官保管。"夏太史令终古见桀惑乱,载其图法出奔商;商太史向挚见纣迷乱,载其图法出奔周;晋太史屠黍见晋之乱,亦以其图法归周。"(同上)此虽未明言图法即为文书或典籍,然我们若以之与《左传》昭公十五年所引周王告籍谈的话相较,则可信文书实为史官保管者;周王告籍谈的家世有曰："昔而高祖孙伯黡司晋之典籍,以为大政,故曰籍氏。及辛有之二子董之,晋于是乎有董史。女司典之后也,何故忘之? 籍谈不能对。"三曰整理文字,中国字书之最早而可考者,当推史籀篇;关于史籀篇的著作,有两相反对之说：或谓这不是周宣王时太史籀所作,康有为谓古无籀名,王国维以为昔人作字书者,其首句盖云："太史籀书,以目下文;后人因取句中史籀二字以名其篇;(太史籀书)犹言太史读书。汉人不审,乃以史籀为著此书者之人。"说见《观堂集林·史籀篇叙录》。钱玄同氏于《重印新学伪经考序》中力赞其说,以为"足以摧破二千年来某人作某书种种不根之谈。"然持论与此完全相反者亦大有人,吕思勉于所著《史通评·外篇第一》则曰:"中国字书可考最早者,为周时的籀篇,实成于宣王太史籀之手。(原注云:王静安疑之非也。)改革文字,事在秦时,其时之字书《博学篇》亦成于大史令胡毋敬,则无可疑也。"我以为文字由一人独创,未必可信,某人作某书云云,诚为不可靠;但社会共同创造之字,在发展的长途之中,由一二人加以整理,未必不可能。整理文字之人,当为史官;史官识字,必较常人为多,用字必较常人为熟;改变字体,使趋约易,在史官为必要;增造新字,以供实用,在史官亦为必要;盖史官所司为记录与保管文书等,与文字的关系,较任何人为密切也。且史籀或亦确有其人;籀字之义,固为读书;借以名人,亦非不可;如晋的籍谈,以典籍而得名;晋的董史,以董理而得名;则史籀以籀书而得名,亦与此相类之例也。四曰职司神事,即司天道、鬼神、灾祥、卜筮、梦等。汪中云:"天道、鬼神、灾祥、卜筮、梦之备书于策者何也?曰:此史之职也。……周之东迁,官失其守,而列国又不备官,则史皆得而治之。其见于典籍者曰瞽史,曰祝史,曰史巫,曰宗祝巫史,曰宗祝卜史,明乎其为联事也。"联事云云,谓即与史官职掌相联之事也。其说见所著《述学·内篇·左氏春秋释疑》。史司天事之例,如吴始用师于越,史墨以为越得岁而吴伐之,必受其凶,即其例也;史司鬼神之例,如有神降于莘,惠王问诸内(史过),请以其物享焉,即其例也;史司灾祥之例,如陨石于宋五,六鹢退飞过宋都,襄公问吉凶于周内史叔兴,即其例也;史司卜筮之例,如陈敬仲之生,周大史有以《周易》见陈侯者,陈侯使筮之,即其例也;史司梦之例,如赵简子梦童子嬴,而转以歌,占诸史墨,即其例也。西洋古代的学术记录等等,大多出自祭司;中国的史官,则亦直接或间接与学术记录等有关系者。上述诸例而由史官解释,则史官也者,几乎可以视为学术的远源。史官之职,以古代文字教育未能普及,非人人所得而司之,因此其官亦为世守之官,称曰畴人,或世官,或畴官。

(五)史官所记,既成文书,则书册之出现,为时当不甚晚。事实亦诚如此:册之一字,在甲骨卜辞中,屡见而不一见,其形作䇡,作䇡,等等,大概是联编龟板之象,而与后世书册相当之物。果如是者,则殷商时代,即有书了。虽然,此固不可不存疑者:古人的记录,既已不易;则成书的困难,可以想象及之;纵有龟板的联编,当无与今相似的书册。大概书的盛行,在周末及战国时代。在书未出现,或已出现而为用不广之时,口耳相传,则所以代书册者。章实斋谓古人无专门的著述,至战国始以竹帛代口耳。张采田《史微·口说》篇详述口耳相传之重要曰:"官司之职掌……非书契所能具,则治其学者,相与口耳讲习,而世守之;此天下所以无私家著述,而学者非从师不能传道解惑也。"据张所云:道家出于史官,而托始黄帝,即黄帝以来口耳相传之说也;墨家出于清庙之守,而托始夏禹,即夏禹以来口耳相传之说也;儒家出于司徒之官,而托始尧舜,即尧舜以来口耳相传之说也;法家出于理官,名家出于礼官,杂家出于议官;纵横家出于行人之官,农家出于农稷之官,亦皆始为其官者口耳相传之说也。此所谓口耳相传者,多系指学术而言,当与无关学术的史事稍有不同;不过学术既可借口耳相传,则史事当更易借口耳相传者。因此之故,我们又可视口耳相传为介于简略的记录与复杂的书册中间之过渡方法。

三、道德文学与史书

(六)迨文化日益进步,成书稍易,诸书乃逐渐出现,诸书既出,史书随之。自孔子作《春秋》的时代,至司马迁作《史记》的时代,历春秋、战国、秦、西汉,我们且统称周汉之间;这一时期,约八百年,史书陆续出现,而《春秋》与《史记》实为重要的代表。《春秋》为后世所谓编年体史书之祖,《史记》为后世所谓记传体史书之祖。但这等代表著作,亦非单纯的史书:《春秋》,系与道德教训,或政治主张相混同者;《史记》,则俨然与传记文学结有不解之缘。兹且先言《春秋》。

《春秋》之名,杜预谓系错举四时中的两季,以名所记的事情者,其《春秋经传集解序》曰:"《春秋》者,鲁史记之名也。记事者以事系日,以日系月,以月系时,以时系年;所以记远近,别同异也。故史之所记,必表年以首事;年有四时,故错举以为所记之名也。"徐彦《公羊传疏》则云:"春为生物之始,而秋为成物之终;故云始于春,终于秋;故曰《春秋》。"《春秋》本为史书的通称,用此名以冠史书,并不止孔子著的一种;古有许多史书,都名《春秋》。例如《夏殷春秋》,系《汲冢璅语》记太丁时事之名;《晋春秋》,系《璅语》中记献公十七年事之名;《鲁春秋》,左传昭公二年云:"韩献子来聘,见《鲁春秋》。"《孟子》亦云:"晋之《乘》,楚之《梼杌》,鲁之《春秋》,其实一也。"《墨子·明鬼篇下》所引,更有《周春秋》、《燕春秋》、《宋春秋》、《齐春秋》等。《春秋》一类的著作,大概始于周宣王的时代。章太炎《检论·春秋故》言云:"成周故无《春秋》……《春秋》始作,则当宣王之年,故太史年表始共和;先共和即无历谱可次。《墨子》引诸国《春秋》,亦上逮宣王而止。始作《春秋》凡例者,必宣王时代大史官也。"至于孔子所作的《春秋》,实为鲁国一国的史书,其编次方法,系依鲁国最高统治者在位之年相续编次,计自鲁隐公元年(周平王四十九年,即公元前 722 年),至哀公十四年(周敬王三十九年,即公元前 481年),共十二公,凡二百四十二年之事。孔子的《春秋》既出,解释《春秋》经文的传亦随之而起:《公羊传》、《谷梁传》、《左氏传》其最著者。例如"隐公元年,夏五月,郑伯克段于鄢";这是《春秋》的经文,纯为记史事者。《公羊传》于这一条经文之下则曰:"克之者何? 杀之也。"《谷梁传》于这一条经文之下则曰:"克之者何?能也;何能也? 能杀也。"《左氏传》于这一条经文之下则有"初,郑武公娶于申,曰武姜,生庄公"云云,一段长篇记事之文。《公》、《谷》、《左》三传,在今文家视之,《左传》为刘歆破散《国语》,并加以己见,而编入《春秋》逐年之下者;《谷梁传》亦系歆所伪造。崔适《春秋复始·序证》云:"此传宗旨,与《七略》同,亦刘歆所作也;歆造《左氏传》,以篡《春秋》之统,又造《谷梁传》为左氏驱除。"唯有《公羊传》,则被认为自始即与《春秋》合一者,崔适又云:"西汉之初,所谓《春秋》者,合经与传而名焉者也……其始不但无《公羊传》之名,亦无传之名。……公羊子特先师之一……古文家始以《公羊》名传;抑之与谷梁、邹、夹同等,而夺其《春秋》之名,以予左氏者也。"我们于这等问题,不拟详论;但有一事必须认明者:即《公》、《谷》偏重《春秋》的义理,《左氏》偏重《春秋》的史事是也。叶梦得《春秋传序》云:"《左氏》传事不传经,《公羊》、《谷梁》传义不传事。"《朱子语类》八十三亦云:"《左氏》是史学,《公》、《谷》是经学。"事或史,属于史书的范围;义或经,则属道德教训,或政治主张的范围者也。因此之故,我们自始即认《春秋》非单纯的史书,而系与道德教训等相混同者。

(七) 左氏既传事而不传经,故其叙事,具体详明;附在《春秋》经文之下,颇得纲举目张之妙。刘知几《史通·六家》云:"言见经文,而事详传内;……其言简而要,其事详而博。"言相当于大纲,纲举要略;事相当于细目,目述详情;章太炎《检论·春秋故言》云:"经与传,犹宧目与委曲细书。"正谓此也。至于《公羊》、《谷梁》,既传义而不传事,故其所说,全系道德教训或政治主张等;附在《春秋》经文之下,则《春秋》几乎变成道德伦理或政治哲学之书,例如前举"隐公元年,夏五月,郑伯克段于鄢"一条经文,就文字形式言,无论如何,只可视为记录史事者;然《公羊传》于此,则有一长篇议论曰:"克之者何? 杀之也。杀之则曷为谓之克? 大郑伯之恶也。曷为大郑伯之恶? 母欲立之,己杀之,如勿与而已矣。段者何? 郑伯之弟也。何以不称弟? 当国也。其地何? 当国也。齐人杀无知,何以不地?

在内也;在内,虽当国,不地也。不当国,虽在外,亦不地也。"一条极简的经文,传中竟有如此复杂的奥义;除非认定经与传自始即合而不分,如崔适所云,则颇令人难于置信。否则经传既出自两人,立经者心中怀想之义,与作传者文中表现之义,为何符合无间,实为不易解答的问题。虽然,这在我们看来,固似为一问题;但孔子之作《春秋》,怀有道德教训,或政治主张,则又我们所断不能否认者。《孟子·离娄下》云:"王者之迹熄而《诗》亡,《诗》亡然后《春秋》作。"又《滕文公下》云:"世衰道微,邪说暴行又作;臣弑其君者有之,子弑其父者有之;孔子惧,作《春秋》;《春秋》天子之事也。"又云:"孔子作《春秋》,而乱臣贼子惧。"《庄子·天下》篇亦云:"《春秋》以道名分。"据此等等,我们实不能谓孔子所作的《春秋》,不含道德教训,或政治主张。

(八)上所论者为与道德混一的《春秋》,兹且继言与文学混一的《史记》。《史记》为司马迁所作,其所依据之书,有《国语》、《世本》、《国策》、《楚汉春秋》等。班固《汉书·司马迁传》云:"司马迁据《左氏》、《国语》,采《世本》、《战国策》,述《楚汉春秋》,接其后事,迄于天汉,斯以勤矣。"司马迁所依据之书,当然不止此数,此特其重要者。《左氏》、《国语》,历来被认为系左丘明所作。王充《论衡》云:"《国语》,《左氏》之外传也;《左氏》传经,词语尚略,故复选录《国语》之训以实之。"韦昭《国语注序》云:"左丘明采录前世穆王以来,下迄鲁悼智伯之诛……以为《国语》;其文不止于经,故号曰外传。"凡此两说,皆认左氏先作《左传》,然后作《国语》。今文家辈则认《国语》为左氏之原书,而《左传》为刘歆自《国语》中割裂而出,编入《春秋》逐年之下者。崔适《史记探源·春秋古文》云:"刘歆破散《国语》,并自造妄诞之辞,与释经之语,编入《春秋》逐年之下,托之出自中秘书。命曰《春秋古文》,亦曰《春秋左氏传》。"《国语》所记,为周、鲁、齐、晋、郑、楚、吴、越等八国之事,颇似国别史书。然史事之下,常附长篇演说辩论之文,如穆王将征犬戎一事,当然纯为史事,其下即附有祭公谋父之长篇谏词;故此书而为史书,则系与文学相混者。其次《世本》,似为单纯的史书,作者为谁,不得而知,大概为古史官之所记。《史记序·索引》刘向曰:"《世本》,古史官明于古事者之所记也;录黄帝以来帝王诸侯及卿大夫系谥名号,五十五篇。"全书所记,门类众多,颇似专科史的总汇。章宗源《隋书经籍志考证》,考得其篇名曰:"愚按其篇名可见者有《帝系篇》,有《氏姓篇》,有《作篇》,有《居篇》,有《谥法篇》。"作篇所记,包括占验、饮食、礼乐、兵农、车服、图书、器用、艺术等等的起源,俨若今之文化史;故章太炎《检论·尊史》篇慨然曰:"苟史官之无作篇,而孰以知群用所自始乎?"司马迁史记之分门别类,多少系依《世本》的成规。又其次《战国策》,几乎全为战国时代游谈之士的演说辩论文章,性质偏于文学;但演说辩论的题材,仍为当时各国的史事,故仍可目之为国别史书。其书在刘向集录以前,名称极为不一,至刘向始定其名为《战国策》。向之言曰:"《战国策》……或曰《国策》,或曰《国事》,或曰《短长》,或曰《事语》,或曰《长书》,或曰《修书》;臣向以为战国时游士辅所用之国,为之笑谋,宜为战国策。"(语见刘向序录。)《国策》、《国事》、《事语》云云,均有意义;唯《长书》、《修书》、《短长》云云,则不类书名。叶德辉《书林清话·书之称本》有曰:"意其时以一国为一策,随其策之长短而名之。"此种解释,似颇近真。内容所涉,横则涉及各国,纵则涉及春秋以后至于秦之二百余年。王觉题《战国策》云:"自春秋以后迄于秦,二百余年兴亡成败之迹,粗见于是矣。"又其次《楚汉春秋》,为陆贾所撰。《后汉书·班彪传》云:"汉兴,定天下,太中大夫陆贾记录时功,作《楚汉春秋》九篇。"《文心雕龙·史传》篇云:"汉灭嬴项,武功积年;陆贾稽古,作《楚汉春秋》。"《史记》述楚汉之事,专依于此,故《史通·外篇》云:"刘氏初兴,书惟陆贾而已;子长述楚汉之事,专据此书。"

(九)司马迁的《史记》,被视为纪传体史书之祖。迁之先为周室的太史,父谈为汉太史令。父死后三年,迁亦为太史令。其所著史记,自称太史公书(《史记·自序》)。至《隋书·经籍志》以后,《史记》之名乃定。《史记》全书,上起黄帝,下迄汉武,共一百三十篇,分为五类,计本纪十二,世家三十,列传七十,年表十,书八;为中国规模宏大的诸史书中之首先出现者。所分的五个类目,郑樵于《通志·总序》中曾为之解释曰:"本纪纪年,世家传代,表以正历,书以类事,传以著人。"著人之传,完全为纪传文学之文。一百三十篇中,列传占篇七十,超出百分之五十以上,故史记实为文学与史书混一之作。况本纪与世家,亦以人物为中心,与列传相去并不甚远。诸家评论,亦不忽视其文学方面的优点,裴骃《史记集解序》云:"刘向、扬雄,博极群书,皆称迁有良史之才,服其善序事理;辩而不华,质而不俚;其文直,其事核;不虚美,不隐恶。"辩而不华,质而不俚云云,尚只是就文学的形式方面言;若各传的描写人物,生动具体,实传纪文学的最优美者。

四、由史书进到史学

(十)《史记》以后,东汉明帝之时,有班固为兰台令吏,著作《汉书》。其著作体裁,仿司马氏。《史通·六家》云:"寻其创造,皆准子长;但不为世家,改书曰志而已。""其书穷刘氏之废兴,包举一代,勒成一书;言皆精练,事甚赅密。"(同上)

唯郑樵则力辟其断汉为书,失去司马氏会通古今之旨。其《通志·总序》曰:"司马氏……通黄帝尧舜至于秦汉,勒成一书……百代而下,史官不能易其法,学者不能舍其书。……不幸班固非其人,遂失会通之旨;由其断汉为书,遂至周秦不相因,古今成间隔。"这种批评,偏重朝代的通与断,在我们看来,并不甚关重要。朝代既多,用一书总括之,若《史记》之所为,固甚经济;新朝既起,断代为书以续之,若《汉书》之所为,又有何妨?史汉以后,纪传体的史书,已成典型,当为著史书者所模仿。章实斋《文史通义·书教下》云:"迁史不可为定法,固书因迁之体,而为一成之义例,遂为后世不祧之宗焉。"刘知几亦早于《史通·六家》篇云:"汉书家者,……寻其创造,皆准子长。……自东汉以后,作者相仍,皆袭其名号,无所变革。唯《东观日记》、《三国日志》;然称谓虽别,而体制皆同。……自尔迄今,无改斯道。"自东汉至于唐末,为时约一千年,其间重要史书,多为纪传体:如宋范晔的《后汉书》,晋陈寿的《三国志》,唐房玄龄等的《晋书》,梁沈约的《宋书》,梁萧子显的《南齐书》,唐姚思廉等的《梁书》及《陈书》,唐李延寿的《南史》,唐李百药的《北齐书》,唐令狐德棻的《周书》,唐李延寿的《北史》,唐魏征的《隋书》等等,都是纪传体史书。依《史》、《汉》为标准的纪传体史书既已盛行,于是依《春秋》为标准的编年体史书几乎被其压倒,《文史通义·书教下》云:"班马之史,以支子而嗣《春秋》;荀悦袁宏,且以左氏大宗,而降为旁庶矣。"

不过主动之下,常有反动;当纪传体盛行之日,亦即编年体活跃之时。盖纪传体史书与传纪文学混而不分,描写人物,过于烦琐;史书的效用,几乎为文学的效用所遮,所谓于文为烦,颇难周览是也。故东汉末年以后,编年体史书,复盛行于一时。《史通·六家》云:"汉代史书,以迁、固为主;而纪、传互出,表、志相重,于文为烦,颇难周览。至孝献帝,始命荀悦摄其书为编年体。……自是每代国史,皆有斯作;起后汉至于高齐,如张璠、孙盛、干宝、徐贾、裴子野、吴均、何之元、王邵等,其所著书,或谓之春秋,或谓之纪,或谓之略,或谓之典,或谓之志,虽名各异,大抵皆依《左传》以为的准焉。"荀悦,献帝时官秘书监侍中,受献帝之命而著《汉纪》。《后汉书》云:"(献)帝好典籍,常以班固《汉书》文繁难省,乃令荀悦依《左氏传》体以为《汉纪》三十篇……词约事详,论辩多美。"(《荀淑传》附)《汉纪》的价值,推尊者谓系《左氏》以后唯一优良的编年体史书,可与班固《汉书》相伯仲。《史通·二体》云:"荀悦……依《左氏》成书,翦截班史;篇才三十,历代褒之,有逾本传。然则班、荀二体,角力争先;欲废其一,固亦难矣。"鄙视者则谓不如班书远甚。顾炎武《日知录·史法》云:"荀悦《汉纪》,改纪、表、志、传编年。其叙事处，索然无复意味，间或首尾不备。其小有不同，皆以班书为长。"谓汉纪叙事索然无味，正以其书非纪传体，与传纪文学脱离关系也。张璠，晋之令史，撰《后汉纪》。《隋志》云："《后汉纪》三十卷，张璠撰。"晁公武《郡斋读书志》云："东京史籍，惟璠纪差详。"孙盛，晋人，撰有《魏氏春秋》三十卷，《晋阳秋》三十，详见《晋书·孙盛传》。其书贬之者颇多。或谓其模拟《春秋》而未似，《史通·模拟》篇云："孙盛魏、晋二《阳秋》，每书年首，必云某年春帝正月。夫年既编帝纪，而月又编帝名；以此拟春秋，所谓貌同而心异也。"或谓其纪言辞胜而违实，《三国志·魏志·陈泰传》注云："凡纪言之体，当使若出其口；辞胜而违实，固君子所不取。况复不胜，而徒长虚妄哉？"唯干宝的《晋纪》，在这一类编年体史书之中，颇有特点。干宝，晋人，以才器被召为著作郎，领国史，著《晋纪》凡二十卷；其书价值，评者多推尊之辞。《晋书·干宝传》云："其书简略，直而能婉，咸称良史。"《文心雕龙·史传》篇云："干宝述纪，以审正得序。"《晋纪》的内容，颇重风俗道德，其《总论》云："朝寡纯德之人，乡乏不二之老。"又云："妇女庄栉织纴，皆取成于婢仆，未尝知女工丝枲之业，中馈酒食之事也。"故章太炎《文录·五朝学》曰："言魏晋俗敝者，始干宝《晋纪》。"晋纪以下其他编年体史书，或拟左氏，或拟公羊，如裴子野的《宋略》，王劭的《齐志》，均拟左氏而成功者；若吴均的《齐春秋》，则拟公羊而失败者。

（一一）当纪传、编年两体史书发展之日，亦即史学渐趋独立之时。我们所谓由史书进到史学，正是这时的特征。其表现也，有两事最足以引起我们的注意：一则刘歆对于史事的假托，二则王充对于史事的批评。假托史事者，欲利用往事，以贯彻自己的主张；批评史事者，则欲肃清虚说，以明史书的进步。两种精神之相反，正学术上的一转机。兹且略举事实以为例。刘歆在汉哀帝时，乃奉命校理群书者，《汉书·艺文志》云："成帝时，诏刘向校经传诸子诗赋。……向卒，哀帝复使歆卒父业，歆于是总群书而奏其七略。"歆有如此地位，遂能将古笈传于后世，其功自不可磨；但正因其负责校书，乃有假托史事机会。古有周公相成王的故事，刘歆为欲助王莽篡汉，苦无前例，乃将周公相成王之事改易为周公摄行天子之事，践天子之位；以便王莽于辅幼主之时，一变而为真皇帝。但此例一开，援者继起：王莽篡汉以后，曹丕曾篡东汉，司马炎曾篡魏，隋文帝曾篡北周；于是历史先例，几成政治典型。学者忧之，又常伪造与上例相反的史事，以作制裁；例如东晋伪古文尚书，殆即由此而出者。焦循《尚书补疏》自序云："东晋晚出尚书孔传，至今日，稍能读书者皆知其伪。……为此传者，盖见当时曹马所为……上下倒置,君臣易位,邪说乱经,故不惮改益稷,造《伊训》、《太甲》诸篇……以明君臣上下之义,屏僭越抗害之谈。"假托史事者,固可以作伪;制裁作伪者,亦仍以伪为法门。刘歆的恶劣影响,盖亦大矣。与此完全相反者,则为王充对史事的批评。充于消极方面,驳斥虚说的空生,故其《论衡·正说》篇有云:"前儒不见本末,空生虚说;后儒信前师之言,随旧述故。……故虚说传而不绝,实事没而不见。"于积极方面,则倡历史进化论。当时学者谓古胜于今,充则谓古不必胜于今。《论衡·齐世》篇云:"夫上世治者圣人也,下世治者亦圣人也。……上世之民,下世之民也。……古有无义之人,今有建节之士。善恶杂厕,何世无有?述事者好高古而下今,贵所闻而贱所见;辩士则谈其久者,文人则著其远者。"不唯古不必胜于今,反之,今且胜于古。宣汉篇云:"夫实德化,则周不能过汉;……度土境,则周狭于汉。……独谓周多圣人……使太平绝而无续也。"

(一二)史学的进步,固有赖于批评;但汉唐间史学进步的表征,首在史料分类法的演进。史料最初系与其他书籍混同者,刘歆分群书为六略之时,即以史书入于《六艺略》中的《春秋》类,固无独立地位也。钱大昕《补元史艺文志序》云:"自刘子骏校理秘文,分群书为六略(本为七略,但集略一门,乃其余六略的总括,实只六略而已),曰:六艺者,经部也;诗赋者,集部也;诸子、兵书、术数、方技,皆子部也;《世本》、《战国策》、《楚汉春秋》、《太史公书》、汉著记则入之《春秋》类。……是时固无四部之名,而史家亦未别为一类也。"迨晋荀勖分群书为甲、乙、丙、丁四部,始以史书为独立的一部门。钱云:"晋荀勖撰《中经簿》,始分甲、乙、丙、丁四部,而子犹先于史。至李充为著作郎,重分四部:五经为甲部,史记为乙部,诸子为丙部,诗赋为丁部,而经、史、子、集之次始定。"(同上)唐魏征撰《隋书》,复分史部之书为十三类,曰:正史类、古史类、杂史类、霸史类、起居注类、旧事类、职官类、仪注类、刑法类、杂传类、地理类、谱系类、簿录类。这种分类,虽不精当,且亦不知其标准的所在;然较之全不分类者,则胜过多矣。至唐杜佑作《通典》,其分史料之类,则较为合理,且有理论以为根据。陈振孙《书录解题》云:"《通典》二百卷,唐宰相京兆杜佑君卿撰,采五经群史,历代沿革废置,群士议论,迄于天宝,凡为八门,曰食货、选举、职官、礼乐、兵刑、法、州郡、边防。贞元中,表上之,李翰为之序。"李翰序文谓其书"采五经群史,上自黄帝,至于有唐天宝之末,每事以类相从;举其始终历代沿革废置,及当时群士论议得失,靡不条载,附之于事。"《通典》对于史料之分类,颇采管仲仓廪实知礼节,衣食足知荣辱,及孔子既富而教之旨,以为原则,俨若今之唯物史观然,其自序曰:"所纂《通典》,

实采群言；征诸人事，将施有政。夫理财之先，在乎行教化；教化之本，在乎足衣食。《易》称聚人曰财。《洪范》八政，一曰食，二曰货。管子曰，仓廪实知礼节，衣食足知荣辱。夫子曰既富而教，斯之谓矣。夫行教化在乎设职官，设职官在乎审官才，审官才在乎精选举；制礼以端其序，立乐以和其心，此先哲王致治之大方也。故职官设然后兴礼乐焉，教化隳然后用刑罚焉，列州郡俾分领焉，置边防遏戎狄焉。是以食货为之首，选举次之，职官又次之，礼又次之，刑又次之，州郡又次之，边防末之，或览之者庶知节第之旨也。"

（一三）杜佑之书，虽有较为合理的处置史料的方法，然非完全脱离史事，专言方法者。若刘知几的《史通》，则专言处置史料的方法，与史事完全分开，殆纯粹的史学方法论也。刘知几为唐初彭城人，中宗时，为著作郎，兼修国史。其所著《史通》，盖欲将自己的心得，昭示后人；对过去的史书，加以指正。全书内容，凡分内外二篇，内篇三十九，外篇一十三：或明自己的历史，如《自叙》篇是也；或明史料的研究法，如《疑古》《惑经》等篇是也；或明史书的编著方法，如《叙事》《直书》《曲笔》等篇是也；或批评过去的史书，如《六家》《古今正史》《二体》等篇是也。其所主张，有关于史书的体裁者，一曰兼重纪传与编年二体，对于《春秋》与《史记》，均有褒词；盖二体既已通行，另创新体，颇为不易也。二曰表志之外，主张更立"书"之一门，以收古人言论，不使言论杂于史事之中，如《贾谊传》中之《过秦论》然。中国史书，本可分为记言记事两类；《汉书·艺文志》云："左史记言，右史记事，言为尚书，事为春秋。"实则尚书以下，记言之书，不一而足，如《国语》、《国策》，即其例也。《国语》、《国策》中之言，颇与希腊德莫氏（Demosthenes）的演说词相似，亦冶政治、历史、文学及雄辩术等于一炉者也。刘氏主张史书须有"书"之一门，以收古人的言论，其意盖欲使史学脱离文学等等的拘束，而独立成为一科乎？三曰表志。本身亦主变更旧制，表这一门，除年表外，其他皆不必保存；志这一门，主张增设都邑、氏族、方物三志，废去天文二志。关于史书的编著，亦有具体的意见。一曰史贵直书，《史通·直书》篇云："正直者人之所贵，而君子之德也。"《惑经》篇云："良史以实录直书为贵。"二曰不必有论赞。论赞本属作史书者的个人意见，编著史书，旨在阐明历史，殊无所取乎论赞。故中国往日史论之多，虽足以明著作者的意见，但与史学无关，刘氏主废论赞，亦卓见也。三曰文章的烦省不拘，一以叙明史事为主。四曰著作史书，应用当代语言。凡此正纯粹史学所不可忽视者。至若关于著作史书的目的，则为时代所限，未能跳出道德教训的固有范围；故其主张，仍为"申劝戒"一类的陈说。《直书》篇云："史之为务，申以劝戒,树之风声。"其《书事》篇中所述荀悦的五志,及自己新增的三科,亦仍多属于申劝戒之一义。故其言曰:"昔荀悦有云,立典有五志焉:一曰达道义,二曰彰法式,三曰通古今,四曰著功勋,五曰表贤能;今更广以三科,用增前目,一曰叙沿革,二曰明罪恶,三曰旌怪异。"此中除通古今,叙沿革,旌怪异而外,其余五项,则皆申劝戒者。

五、史学的独立发展

(一四)前此所述,乃汉唐间史书演进为史学的大概情形。至若宋、元、明、清时代,亦即北宋初至清乾嘉时,约八百年间,则史学的独立发展,更为显明而无可置疑的事实也。这时代中,纪传体一类的史书,愈演愈趋于庸俗;且书皆官撰,著作等于奉公,更不足以言进步。《文史通义·书教下》云:"纪传体行之千有余年,学者相承,殆如夏葛冬裘,渴饮饥食;……无别识心裁,可以传世行远之具。"梁任公先生《中国历史研究法》评过去的史学界亦云:"唐以前书皆私撰,而成于一人之手;唐以后书皆官撰,而成于多人之手。……于是著作之业,等于奉公,编述之人,名实乖违。例如房玄龄、魏征、刘昫、托克托、宋濂、张廷玉尸名为某史撰人,而实则于其书无与也。"唯宋欧阳修的《新唐书》及《新五代史》,稍具创作意味。原来五代时刘昫曾奉敕撰修《唐书》,宋薛居正曾奉敕撰修《五代史》,然多疏舛谬误。欧阳氏的《新唐书》二百五十五卷,则补刘书之舛漏者。故彼自谓"事增于前,文省于旧。"其书上起高祖,下迄哀帝,分为四类,计本纪十、志五十、表十五、列传一百五十,亦一巨著也。《新五代史》七十五卷,初名《五代史记》,以非官修,未上于朝,欧阳氏死后,乃始付印,后遂列为正史。《四库总目》云:"唐以后所修诸史,惟是书为私撰,故当时未上于朝。"其与薛居正之《五代史》相异处,《四库总目》有简括之言曰:"薛史如《左传》之纪事,本未赅具,而断制多疏;欧史如《公》、《谷》之发例,褒贬分明,而传闻多谬。两家之并立,当如三传之俱存。"其独到之处,则"褒贬祖《春秋》,故义例谨严,叙事祖《史记》,故文章高简"。(同上)欧阳氏《新唐书》、《新五代史》之外,其他照例修成的纪传体史书,则有元托克托的《宋史》及《元史》,元阿鲁图等的《金史》,明宋濂的《元史》,清张廷玉等的《明史》等,然皆陈陈相因者也。

唯编年体史书,在这时代中,有一空前巨著,曰司马光的《资治通鉴》是也。司马光,宋仁宗实元初中进士,神宗熙宁时为旧党的健者。《宋史》本传云:"熙宁新法病民,海内骚动。……光一旦起而为政,凡新法之为民害者,次第取而更张之,不数月之间,刬革略尽。"其著《通鉴》,正新党得势之时,历时凡十九年;所采参考资料,正史之外,杂史至三百二十二种。其书既成,"神宗皇帝以鉴于往事有资于治道,赐名曰《资治通鉴》。"(胡三省《新注资治通鉴序》)全书"上起战国,下终五代,凡一千三百六十二年,修成二百九十四卷;又略举事目,年经国纬,以备检寻,为目录三十卷;又参考群书,评其同异,俾归一涂,为《考异》三十卷,合三百五十四卷"。(司马光《进资治通鉴表》)范围所涉,有政治、社会、教育、文化、礼乐、律数、天文、地理等等方面。本书唐纪开元十二年胡三省注有云:"温公作《通鉴》,不特纪治乱之迹而已;至于礼乐、律数、天文、地理,尤致其详。"对于《通鉴》的批评,凡有种种:关于其述事者,一曰渊博。《四库简明目录》谓其"淹通贯串,为史家绝作;朱子欲修《纲目》以掩之,迄不能掩"。治平《资治通鉴事略》云:"前代未尝有此书,过荀悦《汉纪》远矣。"二曰质实。凡稍涉奇异之事,概弃不录,如"屈原怀沙自沈,四皓羽翼储君,严光加足帝腹,姚崇十事开说之类,皆削去不录,然后知公忠有余,盖陋子长之爱奇也"。(马端临《文献通考·经籍考二十》)至其著作宗旨,则完全以历史书为实践的政治学,或实践的伦理学;竭力阐明纲纪名分等义,以为天子统治天下之具,盖权威时代(age of authority)的代表作也。彼于《进资治通鉴表》中自谓其书足以"监前世之兴衰,考当今之得失,嘉善矜恶,取是舍非,足以懋稽古之盛德,跻无前之至治"。王磐《兴文署新刊资治通鉴序》亦云:"贤君令主、忠臣义士、志士仁人兴邦之远略、善俗之良规、匡君之格言、立朝之大节,叩函发帖,靡不具焉。"兴邦、善俗、匡君、立朝诸项,固全属政治学、道德学范围内之事也。《通鉴》以后,有宋刘恕的《通鉴外纪》,宋李焘的《续资治通鉴长编》,宋金履祥的《通鉴前编》,元陈桱的《通鉴续编》,清徐乾学的《资治通鉴后编》等等,皆依司马氏的著作为中心,而为增补接续的工作,无一能出司马氏之右者。故《通鉴》一书的出现,一方面固足以表示编年体史书的最高发展,另一方面则又表示这类史书濒于没落的关头。总括言之,在前一时代,即汉唐时代,纪传编年两体,尚能"角力争先"(《史通·二体》篇);在这一时代,即宋元明清时代,则情形大异。纪传体固陈陈相因,无复"传世行远之具",(《文史通义·书教下》)而编年体的发展,亦仅为绝后的空前。这所象征者果为何物?曰史学独立发展的时代,旧形式不足以应新要求的事实是也。

(一五)故司马光《资治通鉴》以后,袁枢之《通鉴纪事本末》乃继之而兴。枢生于南宋高宗时,至孝宗时,初试礼部词赋第一,历官工部侍郎,曾知江陵府;其著书的动机,在嫌纪传与编年两体之失。纪传体之失,刘知几于《史通·六家》曾有言曰:"凡此诸作(《史记》以下诸种纪传体史书)皆《史记》之流也。寻《史记》疆宇辽阔,年月遐长,而分以纪传,散以书表。每论国家一政,而胡越相悬;叙君臣一时,而参商是隔。此为体之失者也。"编年体之失,杨万里于袁枢《通鉴纪事本末》旧序曾有言曰:"予每读《通鉴》之书,见事之肇于斯,则惜其事之不竟于斯;盖事以年隔,年以事析,遭其初莫绎其终;揽其终,莫志其初。……盖编年系日,其体然也。"《四库总目》则更综论两者之失曰:"自汉以来,不过纪传、编年两法,乘除互用。然纪传之法,或一事而复见数篇,宾主莫辨;编年之法,或一事而隔越数卷,首尾难稽。"袁枢欲纠这等毛病,乃创通鉴纪事本末体。其书以事为叙述的中心,"每事各详起讫,自为标题;每篇各编年月,自为首尾。"(《四库总目》)与一事复见于数篇的纪传体异,与一事分记于数卷的编年体亦异。章实斋《文史通义·书教下》力言其优点曰:"司马《通鉴》病纪传之分,而合之以编年;袁枢《纪事本末》又病《通鉴》之合,而分以事类。按本末之为体也,因事命篇,不为常格。非深知古今大体,天下经纶,不能网罗剔括,无遗无滥。文省于纪传,事豁于编年;决断去取,体圆用神,斯真尚书之遗也。……夫史为记事之书,事万变而不齐,史文屈曲,而适如其事。则必因事命篇,不为常例所拘,而后能起讫自如,无一言之,或遗而或溢也。"《通鉴纪事本末》一书,一方面固足以纠纪传、编年两体之失,而愈近于有科学意义的著作;另一方面则创立前此所无的新体,而为后世著者的楷模。因此之故,依本末体而兴之其他著作,乃陆续出现:如明陈邦瞻的《宋史纪事本末》、《元史纪事本末》,清李有棠的《辽史纪事本末》、《金史纪事本末》,谷应泰的《明史纪事本末》,杨采南的《三藩纪事本末》,高士奇的《左传纪事本末》,张春治的《西夏纪事本末》,乃其最著者。合袁枢之书,统称九种纪事本末,共六百五十八卷,诚大观也。

(一六)与袁枢通讫纪事本末同时代者,又有郑樵的《通志》。樵为南宋高宗时人,所修《通志》凡二百卷,可分为三类:一曰通史的部分,彼以为"自班固以断代为史,无复相因之义。……会通之道,自此失矣。……前王不列于后王,后事不接于前事"(《通志·总序》)。乃发奋著通史,成《通志》中的《帝纪》十八卷,《皇后列传》二卷,年谱四卷,列传一百二十五卷。二曰专史的部分,《通志》中有略五十卷,除校雠、图谱两略外,余四十八略,如天文、地理、礼、乐、职官、食货、艺文等概为专科史。三曰纯粹史学的部分,校雠略、图谱略均属于此一部分者。校雠略中所涉极广,如论编次,则有《编次不明论》七篇、《编次必谨类例论》六篇、《编书不明分类论》三篇;论搜集材料,则有《校书久任论》一篇、《求书之道有八论》九篇；论解释，则有《泛释无义论》一篇、《书有不应释论》三篇、《书有应释论》一篇。章实斋对郑氏极为推尊，《文史通义·申郑》篇云："郑氏所振在鸿纲，……创例发凡，卓见绝识，有以追古作者之原，自具《春秋》家学耳。"通史，专史与纯粹史学三者，郑氏之书兼而有之；此在中国史学发展的过程中，实为少见者。郑氏以前，有关于通史之书，如孔子的《春秋》，荀悦的《汉纪》，司马光的《通鉴》等是也；有关于专史之书，如杜佑的《通典》，门类虽多，然都是各科的专史；有关于纯粹史学之书，如刘知几的《史通》是也；有兼及通史与专史之书，如各种纪传体史书中之纪传等属通史，书志等属专史，故纪传体史书多为兼及通史与专史之书。唯通史、专史与纯粹史学三者汇于一书之作，则未之见。郑氏以后，亦有关于通史之书，如元陈桱的《通鉴续编》是也；亦有关于专史之书，如元马端临的《文献通考》是也；亦有关于纯粹史学之书，清章实斋的《文史通义》是也；亦有兼及通史与专史之书，各种纪传体史书是也；至于通史专史与纯粹史学三者汇于一书之作，则未之见。郑氏的功绩，或亦由于其著作所涉范围较其他各家为广乎？

（一七）郑氏以后，各科专史汇于一书之作，以元马端临的《文献通考》为最著名。其书系有鉴于杜佑《通典》之缺而作。天宝以前，因杜书而加以补正，天宝以后至宋嘉定时事，则完全由自己续成。全书三百四十八卷，凡分二十四类；其中田赋、钱币、户口、征榷、市籴、土贡、国用各类，属于经济史的范围；职役、选举、职官、王礼、帝系、封建各类，属于政治史的范围；郊社、宗庙各类，属于宗教史的范围；至若学校，则属教育史的范围；经籍，则属学术史的范围；乐则相当于音乐史，兵则相当于军事史，刑则相当于法律史，舆图则相当于沿革地理，四裔则相当于民族分志，象纬相当于天文史，异物相当于博物史。我们今日而欲研究旧制，此书实为最精详而可用者。其述事则利用经史；事实的意义，则取历代奏疏评议等以明之；其有不明者，则更附自己的意见，以为论断。清乾隆时，刊行杜佑的《通典》，郑樵的《通志》，马氏的《通考》，号曰三通。同时又敕修《续通典》一百五十卷，《续通志》六百四十卷，《续通考》二百五十卷，合以上得六通矣。唯所述仅止于明末，于是又敕修《清朝通典》一百卷，《清朝通志》一百二十六卷，《清朝通考》三百卷；合以上六通，号曰九通。唯所述亦止于乾隆时代。最后有刘锦藻《清朝续文献通考》四百卷之作，遂合成今日商务印书馆所印行的十通。我们述马端临的《文献通考》，而牵涉至此，盖欲以类相从，便读者览观也。

马书而后，专门学术史之作，则以黄宗羲的《明儒学案》为开山祖宗。《明儒学案》，凡六十二卷，其著作方法，每述一派学说，先作一简短的导言，即篇首的案语,以指出一派传授的大势;次录该派宗主的传略;再次录其重要著作的原文;然后述该派直接或间接的弟子,其叙述法亦如述其宗主的学说然。《明儒学案》之后,黄氏的弟子全祖望氏又续成《宋元学案》。《宋元学案》的著作方法,与《明儒学案》几乎完全相同。两书的长处,均在选录原文,极为精审,读者可借此以窥见各家学说的真精神。此外江藩的《汉学师承记》、《宋学渊源记》,也都是专门学术史。

(一八)专门学术之外,则以章实斋的《文史通义》等为纯粹史学的巨著。章实斋为清乾隆时人,为中国三大史学家之一。梁任公先生谓"自有史学以来,得三人焉:在唐则刘知几,其学说在《史通》;在宋则郑樵,其学说在《通志·总序》及艺文略、校雠略、图谱略;在清则章学诚(实斋),其学在《文史通义》"。(《中国历史研究法》注:过去之史学界)章氏的学说,博大精深,我们且择其重要之点约略言之:一曰扩大史料的范围。自经史子集分为甲乙丙丁四部之后,学者只知史与史学有关,为必须研究的书籍;若经、子、集三者,则多认为与史学无关。章氏之见,与此不同,认经子集皆为史,意即皆为史料也。《文史通义·易教上》云:"六经皆史也……皆先王之政典也。"《报孙渊如书》云:"承询史籍考事,取多用宏,包经而兼采子集;……愚之所见,以为盈天地间,凡涉著作之林,皆是史学。六经特圣人取此六种之史以垂训者耳。子集诸家,其源皆出于史。末流忘所自出,自生分别,故于天地之间,别为一种不可收拾,不可部次之物,不得不分四种门户矣。此种议论,知骇俗下耳目,故不敢多言。"章氏所谓"凡涉著作之林,皆是史学",意即一切著作之中,皆有史料;经子集中,史料尤多。近人于此,有辩正之者,其言曰:"先生的本意只是说一切著作都是史料;如此说法,便不难懂得了。先生的主张,以为六经皆先王的政典;因为是政典,故皆有史料的价值。故他《报孙渊如书》说六经特圣人取此六种之史以垂训者耳。史考释例,论六经的流别为史部所不得不收;其论《易》,只说盖史有律宪志,而卦气通于律宪,则《易》之支流通于史矣;次论子部通于史者什有八九;又次论集部诸书与史家互相出入。说什有八九,说互相出入,都可见先生并不真说一切子集皆史也,只是要说子部、集部中有许多史料。此种区别似甚微细,而实甚重要,故我不得不为辩正。"(胡适著《章实斋年谱》页137—138)二曰说明史书的进化。自《尚书》以下,至《通鉴纪事本末》,其间各体史书演变之迹,一一指明,并显示其进化的趋势,而极力推尊《通鉴纪事本末》一书。《文史通义·书教下》云:"《尚书》一变而为左氏之《春秋》。《尚书》无成法,而左氏有定例,以纬经也。左氏一变而为史迁之纪传;左氏依年月,而迁书分类例,以搜逸也。迁书一变而为班氏之断代;迁书通变化,而班氏守绳墨,以示包括也。……迁史不可为定法,固书因迁之体,而为一成之义例,遂为后世不祧之宗焉。……自《隋·经籍志》著录,以纪传为正史,以编年为古史,历代依之,遂分正附,莫不甲纪传而乙编年。……《通鉴》病纪传之分,而合之以编年;袁枢《纪事本末》又病《通鉴》之合,而分之以事类。按本末之为体也,因事命篇,不为常格,非深知古今大体,天下经纶,不能网罗檃括,无遗无滥。"三曰分别著作的性质。历来著作,有仅将材料编次成书者,有对材料加以考索者,有能发表独立的判断者;然三者实相伴而不可分。《答客问》云:"天下有比次之书,有独断之学,有考索之功,三者各有所主,而不能相通。……自汉以来,学者以其所得托之撰述以自表现者,盖不少矣。高朋者多独断之学,沈潜者尚考索之功;天下之学术,不能不具此二途。譬犹日昼而月夜,暑夏而寒冬,以之推代而成岁功,则有相需之益;以之自封而立畛域,则有两伤之弊。……若夫比次之书,则掌故令史之孔目,簿书记注之成格,其原虽本柱下之所藏,其用则备稽检而供采择,初无他奇也。然而独断之学,非是不为取裁;考索之功,非是不为按据。如旨酒之不离乎糟粕,嘉禾之不离乎粪土。是以职官故事案牍图牒之书不可轻议也。"上述三者,与我们今日的意见,几乎全同:我们今日亦欲扩大史料范围,认一切著作或一切典籍,皆有史料价值;我们今日亦于比较各体史书之后,发见纪事本末为近乎科学的史书;我们今日亦认独断之学与考索之功彼此相需,且皆依比次之书以为原料。

讨论至此,最宜将浙东学派略为一谈。浙东学派之中,黄宗羲、章实斋等实为重要人物。今述黄章学说既竟,其他可略及之。章太炎《检论·清儒》篇对此一派有扼要之言曰:"自明末有浙东之学。万斯大、斯同兄弟皆鄞人,师事余姚黄宗羲,称说礼经,杂陈汉宋;而斯同独尊史法。其后余姚邵晋涵、鄞县全祖望继之,尤善言明末遗事。会稽章学诚为《文史》、《校雠》诸通义,以复歆、固之学,其卓约近史通。"单就史学而论,黄宗羲、章实斋固浙东学派中之健者:黄首创学术史,章的《文史通义》,则纯粹史学或史学方法论也。

(一九)纯粹史学或史学方法论,所以处理史事或史料者;至若见于记载的史料之或真或伪,或显或隐,则有赖乎考证焉。当章实斋纯粹史学出现之日,亦正考证风气甚盛之时;而经与史的考证,尤著成功。其在初期,以顾炎武、阎若璩、张尔岐、胡渭等为最著。章太炎《检论·清儒》篇云:"昆山顾炎武为《唐韵正》,《易》《诗》本音,古韵始明,其后言声音训诂者禀焉。太原阎若璩撰《古文尚书疏证》，定东晋晚书为伪作，学者宗之。济阳张尔岐始明《仪礼》；而德清胡渭审察地望，系之《禹贡》，皆为硕儒。然草创未精博，时杂糅元明言。"乾嘉以后，分两派发展：一曰吴派，以吴之惠栋为首脑；栋承其父士奇之学，专治经术，撰《九经古义》、《周易述》、《明堂大道录》、《古文尚书考》、《左传补注》等。其弟子江声、余萧客：声有《尚书集注音疏》，萧客有《古经解钩沈》。他如王鸣盛、钱大昕、汪中、刘台拱、李惇、贾田祖、江藩等都属此派。二曰皖派，以皖之戴震为首脑；震受学于婺源江永，治小学、礼经、算学、舆地等。震又常教于京师，任大椿、卢文弨、孔广森等皆问业。其弟子最知名者有金坛段玉裁、高邮王念孙。玉裁著《六书音韵表》，念孙著《广雅疏证》。念孙之子引之，著《经传释辞》。德清俞樾、瑞安孙诒让，皆承念孙之学。近代的章太炎，为俞樾弟子，更为此派的集大成者。此两派的大别，可得而言者，吴派主博闻，皖派主精当。章太炎云："成学著系统者自乾隆朝始：一自吴，一自皖南。吴始惠栋，其学好博而尊闻；皖南始江永戴震，综形名，任裁断，此其所异也。……凡戴学数家，分析条理，皆㴱密严琛，上溯古义，而断以己之律令，与苏州诸家殊矣。"（同上）前言六经皆史，则考证经典，即无异于考证史料。

经典中固多史料，而史书中则史料尤多；故考证经典之风既开，影响乃及于史。梁任公先生《清代学术概论》有云："乾嘉以还，考证学风统一学界；其洪波自不得不及于史。"史书之考证，凡可分为数项：泛考各史者，有王鸣盛之《十七史商榷》，钱大昕之《二十一史考异》，洪颐煊之《诸史考异》等。专考一史者，有惠栋之《后汉书补注》，梁玉绳之《史记志疑》、《汉书人表考》；钱大昕之《汉书辨疑》、《后汉书辨疑》、《续汉书辨疑》；梁章钜之《三国志考证》，周寿昌之《汉书注校补》、《后汉书注补正》；杭世骏之《三国志旁证》等。补作表者，有顾栋高之《春秋大事表》，钱大昭之《后汉书补表》，周嘉猷之《南北史表》、《三国纪年表》、《五代纪年表》，洪饴孙之《三国职官表》，钱大昕之《元史氏族表》，齐召南之《历代帝王年表》，林春溥之《竹柏山房十五种》等。补作志者，有洪亮吉的《三国疆域志》、《东晋疆域志》、《十六国疆域志》，洪尔孙的补《梁疆域志》，钱仪吉的补《晋兵志》，侯康的补《三国艺文志》，倪灿《宋史艺文志补》、补辽金元三史《艺文志》，顾怀三的补《五代史艺文志》，钱大昕的补《元史艺文志》，郝懿行的补《宋书刑法志》、《食货志》等。考证古史者，有陈逢衡的《逸周书补注》，朱右曾的《周书集训校释》，丁宗洛的《逸周书管笺》，洪亮吉的《国语注疏》，顾广圻的《国语札记》、《战国策札记》，程恩泽的《国策地名考》，郝懿行的《山海经笺疏》，陈逢衡的《竹书纪年集证》等。

凡此皆以考证经典的方法考证史书,从而整理史料者也。整理史料,为史学独立发展时期的特征,乃前此各期所无者。

六、创造中的新史学

(二○)整理史料,乃创造新史学所不可忽视的基本功夫。直至最近,又有疑古辨伪之风,此殆可视为乾嘉以来考证风气的继续。疑古辨伪,旨在辨认伪书。伪书之始果在何时?胡应麟《四部正伪》有曰:"赝书之昉,于西京乎?六经既焚,众言淆乱,悬庋附资,假托实繁。……唐宋以还,赝书代作。"伪书既出,辨者随之。宋明以来,即已有辨伪工作:宋朱熹的《朱子语类》卷七十八至八十,即辨《书序》非孔子所作;明胡应麟的《诸子辨》,即专辨诸子中的伪书者;清姚际恒的《古今伪书考》,即辨经、史、子三类中的伪书者;崔述的《崔东壁遗书》,旨在考信,亦非与辨伪无关;康有为的《新学伪经考》,则于辨古文经,尤为独创;钱玄同《新学伪经考序》推尊作者的功绩,谓"惟宋之郑樵、朱熹,清之姚际恒、崔述,堪与抗衡耳"。现在顾颉刚等的《古史辨》,仍疑古辨伪之作也。

疑古辨伪之工作虽极重要,然偏于消极破坏者为多;若积极求真,则有赖于考古的工作。最近考古风气,亦已渐开:凡龟甲兽骨的研究,钟鼎彝器的研究,竹简木牍的研究等等相继发动;其成绩虽只限于若干文字的认明,然认文字而能明,斯可进而求得史料之真矣。国民党统治时的中研院历史语言研究所在河南安阳发掘古物,所得陶器、骨器、石器及金属器物等最多。陶器中凡分鬲、甗、皿、盘、尊、爵、洗、壶、甑、釜、盆、碗、杯、罐、缸等;骨器中凡分武器如矛,用具如柏,饰器如笄等三类。石器中凡分用器如刀、斧、臼、磨石等;礼器如琮、璧等;武器如矛、镞等;乐器如磬等。金属器物中亦有用器如刀、斧、锛等;武器如矛、镞、戈等。其发表发掘的成绩者,则有《安阳发掘报告》。当国人进行考古之时,外人在华从事考古者,亦大有人在:如法人李桑、伯希和、沙畹、色伽兰等,德人格路维德、勒可克等;俄人鄂本笃、柯智录夫、鄂登堡等,日人大谷光瑞、鸟居龙藏、滨田耕作、八木奖三郎、原田淑人等,瑞典人安徒生、斯文赫定等,及美人毕士博,与匈牙利人斯坦因(此人曾入英籍)等,皆其最著者。

(二一)在疑古辨伪与考古求真的过程中,纯粹史学或史学方法论,亦有作者,如梁任公先生的《中国历史研究法》,及《中国历史研究法补编》等是也。先生的著作,有其重要的意义。一曰尊重历史自身的一切联系。彼于中国历史研究法史迹的论次有曰:"史之为态,若激水然,一波才动万波随;旧金山金门之午潮,与上海吴淞口之夜汐,鳞鳞相衔,如环无端也。其发动力有大小之分,则其荡激亦有远近之异。一个人方寸之动,而影响及于一国;一民族之举足左右,而影响及于世界者,比比然也。……人类动作,息息相通,如牵一发而动全身,如铜山西崩而洛钟东应。以我中国与彼西方文化中枢地相隔如彼其远,而彼我相互之影响犹且如此其巨(指汉永元二年连破北匈奴言);则国内所起之事件,其首尾连属因果复杂之情形,益可推矣。又可见不独一国之历史为整个的,即全人类之历史亦为整个的。吾中国人前此认禹域为天下,固褊陋;欧洲人认环地中海而居之诸国为世界,其褊陋亦正与我同。实则世界历史者,合各部分文化国之人类所积共业而成也。"二曰主张史学著作的有机组织。历史自身既为"整个的",则处置历史自身的史学著作,便不能将此整个的自身,寸寸断之,使各自成体,如是则有机组织尚焉。先生之言曰:"古代著述,大率短句单辞,不相联属;恰如下等动物,寸寸断之,各自成体。此固由当时文字传写困难,不得不然;抑亦思想简单,未加组织之明证也。此例求诸古籍中,如《老子》,如《论语》,如《易传》,如《墨经》,莫不皆然。其在史部,则《春秋》、《世本》、《竹书纪年》,皆其类也。厥后《左传》、《史记》等书,常有长篇记载,篇中首尾完具,视昔大进矣。然而以全书论,仍不过百数十篇之文章汇成一轶而已。《汉书》以下各史,踵效《史记》、《汉纪》、《通鉴》等踵效左传,或以一人为起讫,或以一事为起讫。要之不免将史迹纵切横断。纪事本末体稍矫此弊,然亦仅以一事为起讫,事与事之间不生联络。且社会活动状态,原不仅在区区数件大事,纪事纵极精善,犹是得肉遗血,得骨遗髓也。……人类活动状态,其性质为整个的,为成套的,为有生命的,为有机能的,为有方向的,故事实之叙录与考证,不过以树史之躯干,而非能尽史之神理。故为史者之驭事实也,横的方面最注意于背景与其交光,然后甲事实与乙事实之关系明,而整个的不至变为碎件。纵的方面最注意于其来因与其去果,然后前事实与后事实之关系明,而成套的不至变为断幅。"(同上《史之改造》)三曰反对专为权力阶级而作之史书。故曰:"凡作一书,必先问吾书将以供何等人之读,然后其书乃如隰之有畔,不致泛滥失归,且能针对读者以发生相当之效果。例如《资治通鉴》,其著书本意,专以供帝王之读,故凡帝王应有之史的智识无不备,非彼所需,则从摈阙。此诚绝好之皇帝教科书,而亦士大夫之怀才竭忠以事其上者所宜必读也。今日之史,其读者为何许人耶?既以民治主义立国,人人皆以国民一分子之资格立于国中,又以人类一分子之资格立于世界;共感于过去智识之万不可缺,然后史之需求生焉。质言之,今日所需之史,则国民资治通鉴,或人类资治通鉴而已。

史家目的,在使国人察知现代之生活与过去、未来之生活息息相关,而因以增加生活之兴味。……夫如此,然后能将历史纳入现在生活界,使生密切之联锁;夫如此,则史之目的,乃为社会一般人而作,非为某权力阶级或某智识阶级而作,昭昭然也。"(同上《史之意义及范围》)凡此三端,虽具卓见,然先生之史学,仍未足以当纯粹科学之称,盖纯粹科学所持的律令,彼为时代所限,均未能深信而不疑也。

(二二) 今日正在创造中的新史学,果将如何始可成为纯粹科学? 欲答此问,莫如依科学方法,先为著一史书,以觇其科学精神之或多或少;倘科学精神贯于全书,则其书的著成,便无异于纯粹科学的完全实现。虽然史学方法论,或纯粹史学,固亦可以独立成科者:因此之故,我们不妨于创造新史学的过程中,略抒所见。窃以为新史学如欲成为纯粹科学,如其他的纯粹科学然,则下举数端为不可忽视者。

一曰确认史学的对象。凡科学各有其一定的对象,生物学的对象曰生物,矿物学的对象曰矿物;史学亦然,其一定的对象曰历史。历史为人类过去的活动,包括人与自然的斗争,种族与种族的斗争;有阶级时,包括阶级与阶级斗争。梁任公先生于专史的对象,能明言之,而于通史的对象,则未能以一语道出。因此之故,乃不能抛弃习俗之见,仍不能不以通史为等于专史之和。彼欲指出中国通史的对象,曾于其《中国历史研究法》第一章,列举项目二十二,提出问题四十三。实则包括四十三问题的二十二项目,概属专史范围:自第一项至第五项,属于民族史的范围者;自第六项至第十一项,属于政治史的范围者;自第十二项至第十六项,属于经济史的范围者;自第十七项至第二十二项,属于文化史的范围者。积专史之和以为通史,无异于认通史的对象为不能独立自存。实则通史并非专史之和,其对象乃有客观独立的存在者。过去学者,不以客观独立存在的"历史"为"史学"的对象,常不惜寸断之,使各自成体;复于一切断体之中,摘取若干零件,嵌入自己的文章,以炫学问之博,以增文章之美;或又摘取若干零件,灌入他人的脑海,以博他人的信任,以坚自己的主张。凡此等等,皆与史学无关。史学非不重视功用者,特其重视之道,与此截然不同:首在阐明历史的自身,或历史发展的必然趋势。整个的历史发展的必然趋势,如果得到阐明,则其为用,将较摘取零件之用高出万万。史学成立的经过,当在求真;其存在的理由,则为致用。求真以致用可,若欲致用而首先毁灭其真则大不可。

二曰稳定史学的地位。史学与其他科学相较,虽有不同,然非对立。不同者,谓史学与其他科学各有个性,未可强之使同;非对立云云,则谓史学与其他科学,同属科学范围,并非完全相反。任公先生之见,与此截然不同,认史学与自然科学相反者。彼于《中国历史研究法·史迹的论次》有曰:"自然科学的事项,常为反复的,完成的;历史事项反是,常为一度的,不完成的。……故自然科学可以有万人公认之纯客观的因果律,而历史盖难言之矣。……自然科学的事项,常为普遍的;历史事项反是,常为个性的。……自然科学的事项,为超时空的;历史事项反是,恒以时间空间关系为主要基件。"我们于此,不敢苟同。一则自然科学云云,名称即已难定。自然科学乃与精神科学对立之称,为立言遣词的方便计,偶尔用之,未为不可;然欲严格分划,几乎为不可能。例如心理学一科,往日为属于精神科学的范围者,今则公认为属于自然科学的范围矣;又如数学一科,往日为属于自然科学的范围者,今则虽以罗素氏(Bertrand Russell)的高明,亦不能强将数学纳入精神科学或自然科学范围之内。故自然科学之名,纯依方便而设,非绝对正确而无误者。二则纵令其名可立,然科学的事项又非与任公先生所说完全相符:例如地质学的事项,地理学的事项,气象学的事项等,果皆为反复的乎?普遍的乎?超时空的乎?正未易言者。反之,历史学所处理的事项,如封建制度,如专制制度等,东方有,西方亦有;中国有,外国亦有;似又未可完全视为一度的,个性的。退一步言,历史学所处理的事项,固绝对不能超越时空;但其他所谓自然科学的事项,亦均不能逃到时间空间关系之外。爱因斯坦氏(Albert Einstein)的四度空间论,其明证也。准此而谈,史学固与其他各学有别,但不能谓与其他科学性质相反而不相侔;且其他科学的进步,亦正史学本身所依以为进者。

三曰改进史学的方法。往日学者认史学与其他科学为相反,故其他科学所创的方法,史学不能利用之。实则其他科学的新方法,无论为经济学或政治学所创获,抑物理学或化学所创获,皆直接或间接,部分或全体,可为史学用。任何科学方法之用,在于分解该科对象的诸种因素,求出其间不可移易的关系或因果定律。史学方法之用,亦复如此,亦在于分解其对象的诸种因素,求出其间不可移易的关系或因果定律。此理,任公先生亦不以为然。故曰:"说明事实之原因结果,为史家诸种责任中之最重要者。近世治斯学之人,多能言之;虽然,兹事未易言也。宇宙之因果律,往往为复的而非单的,为曲的而非直的,为隔的伏的而非连的显的,故得其真也甚难。自然界之现象且有然,而历史现象其尤甚也。严格论之,若欲以因果律绝对的适用于历史,或竟为不可能的而且有害的亦未可知。

何则？历史为人类心力所造成,而人类心力之动,乃极自由而不可方物。心力既非物理的或数理的因果律所能支配,则其所产生之历史,自亦与之同一性质。今必强悬此律以驭历史,其道将有时而穷,故曰不可能;不可能而强应用之,将反失历史之真相,故曰有害也。"(同上)此其为说,几视历史为神秘而不可方物。我们于此,亦不敢苟同。因果定律,固不易求,但非不能求者。今之新物理学,对于此点,亦屡屡言之,自量子说(Quantum Theory)行,海森堡氏(Werner Heisenberg)发表其"测不准原理"(Principle of Uncertainty)以后,因果定律即为统计定律所代。但统计的事项愈多,因果的关系便愈确;终能使统计定律接近因果定律,或竟完全与因果定律相符。故布兰克氏(Planck)之言曰:"在原子活动之研究中,其最重要之进步,厥为于任何统计定律之下,觅出真正之因果定律焉。倘因果定律所摄诸事,未能分析至与因果定律完全相合,则研究之任务,为未完成。统计定律,固极切实用者,凡物理学、气象学、地理学及社会科学等,皆不得不以此为达到因果定律的先行定律焉。凡此云云,亦适用于人类心理活动之研究。研究人类心理活动者,亦必以发现真正之因果关系为目标。反对此种见解者,恒以自由意志之存在为挡箭牌;实则人类之自由意志,固完全与真正之因果关系相符合者。人类心理之活动,尤其任何个人之意志活动,无时无刻不受其先存之心理状态,或外来之任何影响所决定者。此其为说之逼真,固无可以致疑之余地。故问题之焦点,不在有无此种决定之关系,而在有无其人,寻出此种决定之关系焉。"(大意,非直译原文;说见 *The Universe in the Light of Modern Physics* 页七九至九二)准此而谈,谓心为不可方物云云,谓因果定律为有害于历史云云,非定论也。因此之故,我们所谓新史学,须首先确认史学的对象为客观独立的存在。此存在之体,虽与自然科学所处理的对象有别,然非完全相反而不相侔。历史上,或人类过去活动的诸因素间,或人与自然的斗争间,或种族与种族的斗争间,或阶级与阶级的斗争间,也都有因果定律可寻。上述三者虽被重视,未必就等于新史学的完成。完成的新史学,正在创造中。

评格鲁赛的《中国文化史》

本书是格氏东方文化史四大卷中之一,原名叫《东方文化·中国之部》(*The Civilizations of the East：China*),是由法文译成英文的。格鲁赛氏(René Grousset)是巴黎 Senuschi 博物院的主持人,是巴黎 Gnimet 博物院的名誉主持人,对于东方文化,极感兴趣。曾著有《极东史》(*Historie de L'extreme-orient*),其中关于中国的有两篇,关于印度的有一篇,关于蒙古的有一篇,关于越南半岛的有一篇。

东方文化史全部四大卷中,第一卷是讲近东及中部东方之文化的,第二卷是讲印度文化的,第三卷是讲中国文化的,第四卷是讲日本文化的。这里所介绍批评的,即第三卷,系 1934 年纽约 Alfred A. Knopf 所出 Catherine Alison Phillips 的第一次英译本。书名《东方文化·中国之部》,但内容完全是讲艺术的。艺术固然是文化,但文化却不仅限于艺术;所以就这一点看,未免有以部分代全体之嫌。不过这在西方学者之中是极寻常的事。只要内容可观,这小节实算不了什么。

全书三百六十三面,插图二百八十幅,共分为四章。

第一章为中国艺术理想的构成。所论的重要项目:有远东艺术的起源,详于史前的中国艺术;有殷周时代的艺术,详于殷代骨器上的各种铭刻及周代铜器的各种式样;有秦汉时代的艺术,详于汉代的铜器、玉器、陶器的各种图案以及雕刻等。此外有六朝的艺术及蒙古与中亚草原区的艺术。于草原区的艺术的渊源发展特性以及与六朝艺术的关系,叙述特详。

第二章为佛教对于中国艺术的影响。其着重之点有:希腊罗马(Greco-Roman)的艺术,经由中亚的佛教对中国艺术所生的影响,印度 Gupta 朝的艺术经由中亚的佛教对中国艺术所发生的影响,伊兰境内波斯 Sasanian 朝的艺术经由中亚的佛教对中国艺术所产生的影响。此外于后魏的雕刻,隋代的佛化艺术,唐代的佛化艺术及非佛化艺术如雕刻及装饰等与五代时的绘画,均有论断。

第三章为中国型的艺术的完全确立。这章所述以宋、元为主,特别着重宋代"艺术思想的理智化"(Intellectualization of the Chinese Aesthetic Ideal)。

第四章述中国艺术的欣赏主义及学理研究。特别着重明、清两代的艺术上的特征。

就全书的布置看,是一部很好的艺术史或艺术史论,特别引人注意的,有下列数点:1. 中国艺术之史的发展;2. 中国艺术自身的个性;3. 中国艺术所受外来的影响;4. 中国艺术之社会的解释。

格氏以为中国艺术自仰韶期以至殷商,由殷商以至周、秦,系循一个趋势而发展。秦以前的艺术如陶器、骨器乃至铜器上的图案,或为"云",或为"鹰",或为"龙",或为"雷纹",或为"饕餮";而尤以周代铜器上的"饕餮"为最可注意。饕餮的头,是明显的,而其周身分布于物器的全体,若隐若显,其所表现的,则为静止的力。这样表现静止的力的艺术,在秦时发达到了最高度,到汉朝则变了一个方向。静止的力成了活跃的形(living Forms)。其中充满着运动与进行的姿态。六朝时代艺术的图案,一方面继承着汉以来的活跃的形;另一方面,因当时政治上起了剧烈的冲突,其剧烈的程度,不亚于周、秦时代,故又呈表示力的姿态。其表示的方法或有不同,而力的凝练,则与周、秦时极相仿佛。

由后魏至隋,艺术的发展上颇呈一种趋于"戈代式"(Gothic type)的倾向。隋代的艺术显然为后魏以来"戈代式"之极端的发展。至于唐代则将两汉的特征为继续的发展,正如六朝将周、秦的特征为继续的发展一样。不过这是指没有受外来的影响的那一部分而言。若就受了外来的影响的那一部分而言,则唐代艺术显然是两种东西的合体:一为潜在的力量,一为整齐的形式。前者是土产,是从六朝时代直接遗下的;后者是外货,是从罗马、波斯经由中亚方面的佛化间接传来的。

到了唐、宋之际,中国的艺术发展到了一个转变的关头:艺术品本身的物质方面,发展到了终点,理智方面则新预备了一个起点。宋代的艺术品,表示作用小,而暗示作用则很强;一种艺术品,与其说是诉诸感官的,毋宁说是诉诸理智的;与其说是叫人欣赏的,毋宁说是叫人思考的。一个画家的画风景,与其说是对风景施描画,毋宁说是依思想造风景。这种诉诸理智的艺术特色,直到明、清时代的陶瓷艺术才开始改观。而明、清时代的中国艺术又几乎与前此各时代很少关系。

以上乃就中国艺术之发展而言。格氏对各时代艺术之特征,指点得非常明白,只惜我们很少恰当的字眼为作详尽的介绍。至于中国艺术自身的个性,格氏以为有一个极显明的个性,曰"神秘性"是也。这神秘性,自艺术思想开始构成之殷、周时代起,至"中国型的"艺术思想完全确定的宋、明时代止,无不在艺术品中保存着。例如周时的饕餮,其自身已经是一个莫名其妙的怪物;而其表现却又只露出一个令人望而生畏的头,其周身的展布,竟与其所在之器物同体。这样的东西实充满了神秘性。再如宋人的绘画,也同周人的铜器一样,亦复可以表现其神秘性。铜器的作者把饕餮的各部分为之散开,布于铜器全体,叫人望而觉得神秘。宋代的画家用水墨画风景,刚下笔,即收回,不叫画的目的物完成,即刻将笔缩在云雾里面。令人见了,觉得风景的神韵远在无限的距离之中。这样的画亦充满了神秘性。不过周代的神秘性是恐怖的,宋代的神秘性却是玄学的。长期的发展,得了这一个不同,其表示神秘性之处,却无差别。格氏以为这是中国艺术所以异于一切古典文明国的艺术之所在。

关于中国艺术所受外来的影响一问题,格氏的态度非常慎重,这可从好些地方看出,但无论如何慎重,终逃不了现在较为流行的见解的若干影响。例如谈到远古艺术的起源,很有人以为欧亚两方的艺术是同出一源的。格氏于此,却亦只能稍稍变易其说曰:公元前五千年到三千年之间,整个的欧洲和亚洲实具有一种彩色陶器为特征的共通文化。1927 年与 1928 年德国考古学者 Herzfeld 教授在 Damaghan 与 Persepolis 以及波斯高原的若干处的发掘,很足以帮助我们坚持这个见解。我们因此可以相信:史前文化的许多中心点,现在看来,好像彼此分离孤立,其实是互相联系的。不过 Herzfeld 氏以为由 Tripolie 到河南,由甘肃到 Susa,其间有石器时代文化的联系;我们却不能因此就断定认为文化中心点彼此都是互相从属的,我们最好说:每一个文化中心虽隶属于一个较普遍的共通文化之下,其自身却仍是可以独立的。所以中国这一个文化中心区实有其独立性,这一层道理,自步达生(Mr. Davidson Black)的史前甘肃人种之生理的特征(*The Physical Characters of the Prehistoric Kamsu Race*)问世以后,更为可信。

又如谈到蒙古及中亚一带草原区的艺术(*The Art of the Steppes*),人多以为这是中国的艺术之所从出。许多学者认为中国艺术思想的构成实受了草原艺术的影响。格氏对于草原艺术说得很详;凡源流、特性以及最近的发见,都有所论断;但不承认中国艺术思想是受了草原艺术的影响才构成的。草原艺术的渊源,格氏亦认定在美索不达米亚。1931 年,伦敦举行波斯艺展,其中大部分的铜器,据波斯古物主持人 M. Andre Godard 证明是属于卡色提人(Kassite)时代的。

卡色提人在巴比伦的历史上演过重要的一幕,其时约在公元前1700到1100年之间。他们是波斯境内印度伊兰人(Indo-Iranians)的最好守卫者,故很容易把美索不达米亚方面艺术上的动物图案等直接或间接传给印度伊兰人;印度伊兰人又直接或间接传给其邻族,终于到中亚及蒙古一带草原区内。这样源远流长的艺术,一入草原区,为游牧生活所限,便呈出异样。(1)游牧民族无定居,无大厦,因此其艺术品中没有关于建筑的,没有关于塑像的,没有关于图画的。(2)游牧民族要游行,故其艺术品只限于随身可带的铜器,人身装饰品,马身装饰品以及地毯等。(3)游牧民族所习见的事情为动物的搏斗,故铜器图案多为动物搏斗之形。

这草原艺术的中心区,最近新发现的有两处,均富于具有动物图案的铜器,一为米奴森斯克(Minussinsk)在叶尼塞河(Yenei)上游,与蒙古唐努乌良海相去不远的地方。1929到1930年Cologne的东方博物院主持人Salmany教授在西伯利亚作考古旅行,在该处得到铜器,曾加以新的考察。另一为蒙古境内靠近Urga的Noin-Ola。1924到1925年,俄国考古团Kozlov、Fenplukov以及Borovka等在该处从匈奴人的墓中发见地毯、丝绣、粗瓷器、铜器、装饰品极多。有一块地毯上的图案仍显示着动物搏斗之形。

草原艺术的动物图案与六朝时候的艺术品多有极相仿佛的地方。初看了,很难说中国艺术与草原艺术没有血统关系。格氏于此亦只好极慎重的委曲其辞曰:六朝时代,中国北部常为鲜卑、蒙古以及突厥蒙古(Turco-mongal)的托拔诸族中的游牧人所占据,这些人把中国本部与草原的关系弄得很密切,自不免暂时把草原艺术的意味加一些到中国艺术上。所以Monsieur Vignier谓中国六朝时艺术品上动物图案的阿剌伯风味(Arabesque)为草原艺术的别出,实不足奇。游牧民族在中国北部创造一种生活情形与草原的生活情形相似,我们正宜根据此点,以比较两方的艺术。这些话虽极委曲,但毕竟不是承认中国艺术出自草原。

再如希腊罗马(Greco-Roman)、波斯、印度等地的艺术对中国艺术所生的影响,格氏亦说得极慎重。(1)他以为这三方面的影响概是由佛化而始入中国的。(2)他以为希腊和印度的艺术影响虽都经由佛化于中亚方面传入中国,但希腊的影响于公元初三世纪之内即已传入中国,而印度的影响反而在六世纪时才传入中国。(3)唐代艺术并不是一律佛化了的。已佛化的、未佛化的、半佛化的,分别显然。凡此诸端,足见其立言的慎重而不笼统。

关于中国与法国艺术的相互影响,格氏也谈到了。彼谓1712年Father

d'Entrecolles 即断定欧洲人自彼时以后对中国的瓷器当极感兴趣。后来果然有帘幕一类之物上面的绘画具有乾隆时代的艺术意味。反之,中国的瓷瓶一类之物,现藏在 Guimet 博物院里的亦具有十八世纪的法国艺术意味,这当是中国人模仿欧洲人的艺术之证。

格氏在这本书里,颇想以社会背景解释艺术。每讲一个时代的艺术,大抵先述该时代的社会政治之一般的情形。彼本是相当明了东方历史的人,且著有极东史,故能办此。这算是一个特别之处。不过格氏的解释,有的太机械,有的太贫弱,但终有些是很好的。例如周、秦时代政治极混乱,六朝时代政治也极混乱,中间隔了一个汉代是大一统之时,因此认为六朝的艺术,跳过汉代,重现周秦时的意味,就未免太机械了。又如后魏至隋,中国方面的艺术正趋向"戈代式"而发展,同时欧洲方面的艺术也正趋向"戈代式"而发展;氏谓这种巧合,除承认两方精神生活或哲学思想有相同之点,实无法解释。但当时中国思想有哪些地方是推进"戈代式"的,固全无说明;即欧洲当时推进"戈代式"的是一些什么思想,亦复全无说明,这就未免太贫弱了。至谓周、秦时代饕餮一类的图案之有恐怖的神秘性,乃反映着当时社会政治下一般人的恐怖心理。这倒是说得过去的。恐怖心理固然不是绵延的心理;具有恐怖意味的艺术品,也并不是绵延心理的。反之,实如黑格尔所说,乃引起反感的。反感的作用适足增进消灭实际的恐怖事物的心理(Hegal：*The Philosophy of Fine Art*,卷一页 43—44)。此外如拿游牧生活解说草原艺术的特征,都算解说得很好。

（原载《中国史学之进化》生活书店 1947 年版）

评冯友兰的《新理学》

冯友兰先生的重要著作为《新理学》。《新理学》中,"理"实为其根本要义。我对于他所讲的这个根本要义,认为尚有许多困难不易讲通之处,兹分三点约略说说:一,理及样本说之大意;二,理样本说之困难;三,理样本说之地位。

(一)何谓理?冯先生自己说:理是"无所在而有"的东西。无所在,即不在任何时及任何方的意思:既不在时间之某一段,也不在空间之某一方;既不占空间的一个地位,也不占时间的一段历史。我们平常所有的东西,只要是一件东西,无论它的寿命如何短,也无论它的体积如何小,都是要在时间上占一段,要在空间里占一处的。某种微生物,要几千倍的显微镜,才能看得见:但只要它是存在的,它虽小,仍须在空间里占一地盘。这种微生物活着的时间,或为一秒钟的几千分之一:但只要它是可称为存在的,它所历的时间虽短,它在时间上,仍须有一段历史。冯先生所讲的理,其存在不是这样的,它乃是超时空的:既不在时间上,也不在空间中;换言之,即无所在。就常识讲,凡不在任何时及任何地的东西,应该是不存在的东西:但理不是这样的;它是"无所在而有"的,"有"即存在的意思,故理是无所在而仍存在的东西。这是我们应知道的一事。

其次,理是物之所依:凡存在之物,必依照理,才能成就。否则不能成就。弓有弓之理,矢有矢之理,桌子有桌子之理,飞机有飞机之理。凡此等理,即此等物所依照,以成就其自身的。打个譬喻,理有如一张样本,物是依照这样本成就的。我小时写字,常由先生作一样本,我将白纸套在样本上,依样写之;写完之后,将样本抽去,我依样写出的字,也居然像字。冯先生所谓理与物之关系,单就"依照"之义而言,颇与此相类,故我称之为理样本说。照理样本说的主张,凡物皆必有其依照之理:只要是存在的东西,都必须先有一个理在,以为其样本。这是第二点。

依照云云,本来就是理与物之关系。但冯先生于理与物之关系,仍有极明确之规定。他说:理之于物,可规定之,而不能在之;即理可以规定物,而不能跑到物里面去的意思。其次,物之于理,可依照之,而不能有之,即物可依照理,但不能据理以为己有:换言之,即物虽依理而成,但其自身并没有理。这是第三点。又其次,理先物而存在,后物而不灭。譬如飞机,是最近的产物,但飞机之理是老早就存在的;飞机毁了,其理则长住不灭。这是第四点。

(二)理样本说的大意,约略如此:现在我们且进而指出其困难之所在。理样本说之困难,可从两方面言之:一、理之本源的方面;二、理之所在的方面。

就理之本源的方面言,有一不易解答之问题:即理的自身,是否也需要一种另外的理,以为样本,以为其自身的规定。这一问题,无论从正面解答,抑从反面解答,都有很大的难关。试从反面作解答:

(1)谓理是超时空的,是无所在的;无所在的东西,即不必再有理以为样本,以为其自身的规定。但这个解答,最哲学的哲学不能采用;最哲学的哲学之所谓理,是无所在而"有"的,有即存在,存在即是东西,是东西就必有理,以为样本,以为其自身的规定。

(2)冯先生于此,或者可以说,存在的东西应分为两类:一为抽象的存在,一为具体的存在;理为抽象的存在,物为具体的存在;抽象的存在之理,不必再有理以为样本,以为其自身的规定。唯具体存在之物,必须有另外之理,以为样本,以为其自身的规定。但这样说法,是机械唯物论的旧说。唯物论所说之理,是以物的存在为条件的:最哲学的哲学所说之理,如果也以具体存在之物为条件,则不免堕入机械唯物论的老窠臼里。

从反面作解答,既有困难,无妨再从正面解答之。但从正面解答,困难亦复不少。

(3)从正面解答,即谓:理的自身既是存在的东西,则虽是抽象的,仍必有另外之理,以为样本,以为其自身的规定。这一点,冯先生应该承认:否则最哲学的哲学中所常提及的"大全",即不能成立。大全当是在个别的理之上者,当是与个别的理直接或间接发生规定作用者。

(4)不过承认了这一点,问题反而额外的麻烦。如桌子所以为桌子之理,既是一件东西,其上当更有一理,以为样本,以为其自身的规定;飞机所以为飞机之理,既是一件东西,其上亦当更有一理,以为样本,以为其自身的规定。而且每个"更有的一理"之上,仍必更有一理。如是则问题为不可决。

(5)如硬要解决这一问题,则须有一绝对独立,至高无上之理,俨然若理之大王;其自身为样本,但不须另外之样本;其自身能规定一切,但不是被规定者。

最哲学的哲学中之所谓大全,似与此绝对独立,至高无上之理相当。但这里问题仍多。这个最高之理,若不是绝对独立,至高无上,则不能解决理上有理之纠纷;若是绝对独立,至高无上,则不能为众理所依照,或作众理之样本;换言之,亦即不能为众物所依照,或作众物之样本。

(6) 何以故呢? 因最高之理若不是绝对独立,至高无上,则其自身必仍是被规定者,且亦不是最后的一张样本。反之,最高之理若是绝对独立,至高无上的,则其数目便只有一个。以一个理作样本,作规定者,而为万物所依照,作万物之规定;则依照云云,其式样实极含糊。依照全体乎? 则万物依照一理,其式样当简单纯一至不可思议,然此与事实不相符合,盖今日所有的万物,其式样彼此并不完全相同也。依照其一部分乎? 则自最高的理至于最下的物,如桌子弓矢飞机等,其间每下移一级,依照之义即打一折扣。如是桌子所依照之理,必与桌子不能全同;弓矢等所依照之理,必与弓矢等不能全同;飞机所依照之理,必与飞机不能全同。自最高至最下,每一级仅依照其上一级的一部分,最后的物所依的理必极为有限。

(7) 冯先生于此,或可解释之曰:依照之义,并不是这样机械的,能规定者与所规定者本不必完全一致。不过这样解释,不能保障一物必有一物之理,不能保障桌子有桌子之理,不能保障飞机有飞机之理,反之,且开了一张方便之门:可让一理作众物之规定。至是我们且可进一层曰:桌子或亦依照飞机所依照之理,飞机或亦依照桌子所依照之理,若果如是,则依照之义,将含糊至不可以言。这种情形,在科学上是很顺的,因为科学不说一物有一物之理。它只说:一物之成,乃若干因素构成了某一种不可移易之关系。但最哲学的哲学,先已认定一物有一物之理,今竟谓一物可依其自身以外的他物之理,则依照云云,便不可通。

上所云云,系从理的本源方面,指出理样本说之难关。现在且进而从理的所在方面,指出理样本说之难关:

(8) 最哲学的哲学之所谓理,系无所在而有的:其对于物,系规定之,而不能在之的。照这个说法,物的成就,固有赖于理;物的存在,实无须于理。何以故? 盖理之于物,仅规定之,而不能在之也。换句话说,理只于事物成就之时,发生规定作用;但不于事物存在之时,发生支持作用。这未免太过武断。

(9) 且存在之物,皆是无理之物,则一切科学便无成科之可能。如物理学,系研究物,而得理,而成科者:今谓物无理,则物理学不能成科。动物学,系研究动物,而得理,而成科者:今谓物无理,则动物学亦不能成科。其他一切科学,也都是研究其对象,而得理,而成科者;如谓物无理,则一切科学都不能成科。但事实上,今日之科学,并非于物外追求,而得理,而成科者;反之,乃就物之本身,作观察,作分析,作实验,而得理,而成科者。可见理不在物之说,实在难通。

(10) 且理既不在物,则物之变化,当亦与理无关。但事实上又不尽然。最哲学的哲学之所谓理,凡有两个不同的状态:有物时,曰理之"尊严";无物时,曰理之"无能":尊严与无能,显然为两态也,若果如是,则物在成就的过程中时,亦即自无而趋于有之时,理亦必自无能而趋于尊严。反之,物在毁灭的过程中时,亦即自有而趋于无之时,理亦必自尊严而趋于无能。同是一理,时而自无能趋于尊严,时而自尊严趋于无能,这便是理在变化。不仅变化而已,且系依物之变而变。依物之变而变,则又堕入唯物论之旧窠臼。即退一步,谓理变系与物相应而变,并非依物而变者;但理的自身既已有变,则与物变理不变之说亦不能相容。盖最哲学的哲学主张理不变也。

(三) 上所批评,颇嫌简略,然为时间所限,且止于此。至于理样本说之地位,似徘徊于神学与玄学之间。孔德氏人类知识思想之进化为三阶段:曰神学的阶段,玄学的阶段,科学的阶段是也。假如我们即用这种分段作标志,则最哲学的哲学,实偏于神学一方面者。神或理,都是学者自己设立的,或约定的;其设立或约定之时,都出于武断。但神学的理论,似较最哲学的哲学之论为方便。神学于一次独断设立了神之后,即认神为全能的,为无所不在的;于是说理之时,觉得途途是道,极为方便。但最哲学的哲学于一次设定了理之后,不认理为全能的,且认之为无所不在的;这样一来,说理之时,便觉处处有障碍,颇为不方便。

(原载《中国史学之进化》生活书店 1947 年版)

评冯友兰的《新原人》

一

　　去年我写过一篇《评冯友兰氏之哲学》的短文,发表在 11 月 12 日的《大公报》上;把冯先生所讲的"理"及"理依照说"略略作了一个批评。当时以为冯先生的《新理学》是最基本的著作,其他著作当是由此展开的,不必一一批评。但近来看看他的《新原人》,仍觉有可以商量之处。

　　《新原人》一书中,标举了四种人生境界,即自然境界、功利境界、道德境界、天地境界是也。其解释曰:"在自然境界中的人,其行为是顺才或顺习的;顺才而行,行乎其所不得不行,止乎其所不得不止;亦或顺习而行,照例行事。无论其是顺才而行,或顺习而行,他对于其所行的事的性质,并没有清楚的了解。在功利境界中的人,其行为是为利的,对于自己及利,有清楚的觉解。他的行为,事实上亦可是为他人有利,且可有大利的;但其境界是功利境界。在道德境界中的人,其行为是行义的,义与利是相反亦是相成的。求自己的利的行为,是为利的行为;求社会的利的行为,是行义的行为。在此种境界中的人,对于人之性已有觉解。在天地境界中的人,其行为是事天的。他知人不但是社会的全的一部分,而且是宇宙的全的一部分。不但对于社会,人要有贡献;即对于宇宙,人亦应有贡献。"

　　四种境界的意义,约略如此。又四种境界复有高低之分,复表示一种向上的发展。"所谓高低的分别,是以到某种境界所需要的人的觉解的多少为标准。其需要觉解多者其境界高,其需要觉解少者其境界低。自然境界需要最少的觉解,所以自然境界是最低的境界。功利境界高于自然境界,而低于道德境界。道德境界高于功利境界,而低于天地境界。天地境界需要最多的觉解,所以天地境界是最高的境界。上文所说的四种境界,就其高低的层次看,可以说是表示一种发展。"

冯先生的理论,大略看去,似甚圆满,然稍加考虑,则可以商量之处太多。我且摘出四端以为商量的张本:一曰取消行为的成果,并非境界的发展;二曰境界的发展,非仅系于觉解本身的一边;三曰功利与道德非两相反而不相成;四曰一切不介意,并非真自由。我所说的,如果有不近情理之处,冯先生自己或与冯先生表同情者,可以切实批评。

二

现在先从第一端讨论起。凡云发展,必是有所增加。例如由自然境界到功利境界,既是由低级向高级的发展,则后者必较前者为有所增加;否则不足言发展。这一点,冯先生是承认的,故曰:"在自然境界中的人,虽亦有为自己的利的行为,但他对于自己及利,并无清楚的觉解,他不自觉他有如此的行为,亦不了解他何以有如此的行为。在功利境界中的人,对于自己及利,有清楚的觉解,他了解他的行为是怎样一回事,他自觉他有如此行为。他的行为或是求增加他自己的财产,或是求发展他自己的事业,或是求增进他自己的荣誉。他于有此种种行为时,他了解这种行为是怎样一回事,并且自觉他是有此种行为。"两两比较,显见得功利境界确较自然境界有所增加。

(1)依此而言,则道德境界亦必较功利境界有所增加,才是向上发展。但冯先生于此,忽然掉换说法,竟以减少为增加,竟以取消行为的成果为发展人生的境界!故其言曰:"在道德境界的人,其行为以行义为目的。他所以为目的者,是他的行为的意向的好;他所作的事的成功,是他的行为意向所向的好。在道德境界中的作事,其行为的意向的好,是尽伦尽职。他所作的事如成功,其行为的意向所向的好如得到,其行为的意向的好固已实现;他所作的事如失败,其行为意向所向的好如不能得到,其行为意向的好亦能实现。"行为的意向与所向,相当于普通伦理学上所谓动机与成果:在一个完全的行为之一,两者都不可缺,且都不能不好。今缺其一:仅有好动机,而无好成果;仅有意向的好,而无所向的好。无论如何,不能算为完全的行为。以不完全的行为,接于功利境界之后,而曰这是向上发展,实在令人不敢苟同。

(2)冯先生于此,或者可以说,道德的行为,以行义为目的;这目的就是行为的意向的好。行为既有目的,便不能算是不完全的行为。不过这种说法,犯了"语言重复"(借用维也纳学派的口头禅)的毛病。意向的好,只能随所向的好的实现而实现。例如饥思食,渴思饮,是意向;食而饥得充,饮而渴得止,是所向。

思食思饮的意向或意向的好,如要实现,只能随充饥止渴的所向或所向的好的实现而实现。今竟谓以意向或意向的好为行为的目的,则其语言重复之处,有如所谓演演讲,作作文,抗抗战,建建国。若问结果,则话不必说出,文不必作成,抗战不必有胜利,建国不必有成功。何者? 意向的好,即是行为的目的:所向的好,原不在计较之中也。依此论调,谓道德境界为功利境界以后的向上发展,其谁肯信?

(3) 虽然,行义云云,在《新原人》中,除所谓实现意向的好的一个意义之外,尚有另一个意义,即所谓实现所向的好是也。实现所向的好,即以获得效果为成功,或实现社会的公利为成功。故曰:"在道德境界中的人,其行为是行义的。义与利是相反亦是相成的:求自己的利的行为,是为利的行为;求社会的利的行为,是行义的行为。"照这样讲,所谓行义,当然是很正确的真理。但前面明明说实现意向的好为行义,并不是说一定要实现所向的好才为行义。如果前面所说的行义是对的,则这里所说的行义便不对;这里所说的是对的,前面所说的便不对。谓两者的意义相反而都对,是讲不通的。

(4) 或曰,单有意向的好,虽不能算为完全的行为;但意向毕竟是完全行为中不可或缺的因素,意向如果真好,仍不失为行为者的一种好处。如是则行义的两个解释,便可以并存。不过并存非即相等之谓:意向的好,只是完全的行为的一部分;必须意向所向的好能够实现,才算是一个完全行为的实现。我们若认道德境界较功利境界为向上发展的,则于两者必有所抉择。否则伪君子取意向的好以为好,可以叫做发展向上;笃实诚敬之人,除意向外,并计所向的好以为好,也只是发展向上! 果如是,则世间尚有什么公道可言?

三

讨论至此,冯先生或者可以说,所谓境界的向上发展,原系就觉解的本身一方面而言,并不必计及行为的成果或功利。就功利方面讲发展,原非《新原人》的本意;若就觉解的本身方面讲境界的发展,是讲得通的。其实亦不尽然。

(1) 单有觉解,并不能发展境界,或使境界向上。例如"种豆南山下,草盛豆苗稀,晨兴理荒废,戴月荷锄归"的一种境界,种豆者若觉自己在种地以谋食,那可以说是在功利境界中;若觉自己为社会的一分子,也可以说是在道德境界中;若觉自己为宇宙的一分子,更可以说是在天地境界中。但这不能说是一种境界的向上发展,只能说是三种不同的境界之选择;换言之,把自己想三次而已! 这种的想法,小说家都优为之;自己不出户庭,心中可以有任何境界;而且想象所得,也可"以诚敬存之"。这样想出的道德或天地境界,如果也可以说是由功利境界向上发展而来,那不独满街都是圣人;就是一切贪官,也都可以说是廉吏。何者?盖把自己放在某种境界想一次,便可以算是某种境界中的人也。境界的发展云云,断没有这样简单容易;因此我于昔贤所谓"当下即是"一语,不当引用,也不恭维。

(2)虽然,《新原人》中所谓道德境界及天地境界的人,也并不是仅重觉解,亦复注重力行,故曰:"对于社会,人应有贡献;即对于宇宙,人亦应有贡献。"贡献云云,当不仅觉解而已。又曰:"在天地境界中的人,并不需要作些与众不同的事,他可以只作照他在社会中所有的伦职所应作的事。他作公务员,他即作为公务员者所应作底事;他作军官,他即作为军官者所应作底事。"境界不同云云,并不是抛却应作的事不作;这是我们所赞成的。但冯先生说了这些之后,随即取消其原意曰:"在天地境界中的人,自大全的观点以看事物,则知此事物之成或为彼事物之败,此事物之败或为彼事物之成。《庄子·齐物论》说:其分也,成也;其成也,毁也:凡物无成与毁,复通为一。郭象注说:夫成毁者,生于自见而不见彼也。自见而不见彼,是见其偏而不见其全;若见其全,则见成不必只是成,败不必只是败。他持如此看法,并不是因为他玩世不恭,而是因为他能从一较高的观点以看成败。他虽知凡物无成与毁,复通为一;而仍竭力作事,以事天赞化。因为他知大化流行是一动,人必动始能赞化。至于其动是否能得到其意向所向的好,则与其行为的意向的好的实现,是不相干的。在天地境界中的人所作的事的失败,固不足妨碍其行为的意向的好的实现,而且不足以介其意。"这种讲法,作为历史上一派病态学说的解释,我们当然不予反对;但冯先生拿来作为《新原人》的主张的注脚,我们就不得不予以严格的批评。我们今日尚没有雅量,把日寇与我们自己看为一体:我们只能要日寇毁灭下去,不能让自己跟着毁灭;我们只能图自己成功,不能让日寇一道成功。我们不能从一较高的观点看成败,把日寇与我们两方面的成功与失败看为一体;更不能认抗战失败为不足介意的事情。

(3)且在自然境界中的人,对于成功与失败,原来不了解:而在天地境界中的人,对于成功与失败,虽有了解,而又丝毫无动于衷。成功与失败,在自然境界与天地境界,都不成为问题。就这一点言,道家对自然与天地两境界,分辨不清,实在不足为病;冯先生把这两境界分辨清楚了,然又随即取消其分辨;分辨取消了,仍谓天地境界是最高境界,比自然境界要高三级,这又令人不能无疑。

四

取消行为的成果,以讲境界的发展,讲不通;偏重行为者的觉解,以讲境界的发展,又讲不通。然则《新原人》的困难究竟在何处呢?

(1) 曰:把功利与道德截为两端是也。把功利与道德截为两端:以为道德只重行为者的觉解或意向,不重行为的成功或所向,功利只重行为的成功或所向,不重行为者的觉解或意向。于是讲境界的向上发展时,不知不觉抑一边,扬一边;把行为者对自己的觉解,扬得与天地同大;把行为所应有的成果,抑得等于可有可无。这种见解,可于《新原人》对于"我"的解释上见之。"我"的解释,在《新原人》中,凡有两义:一曰主宰的我,二曰有私的我。主宰的我,与觉解或意向同一范围,应该扩大;有私的我,与功利或所向同一范围,应该缩小。故其言曰:"若就有我无我说。我们可以说,就所谓我的有私之义说,在自然境界中的人不知有我,在功利境界中的人有我,在道德境界中的人无我,在天地境界中的人亦无我。……就所谓主宰之义说,在自然境界中的人无我,在功利境界中的人有我,在道德境界中的人真正的有我,在天地境界中的人亦真正的有我。"四种境界中,我则由无扩大至真正的有,私则由真正的有缩小至等于零。我即有觉解的主宰,能有意向;私即行为所获的成功,属于所向。扩大一边,取消一边,故境界终不能发展向上。

(2) 如要境界真能发展向上,则自我觉解的范围固应扩大,行为成功的范围亦应扩大。自我的觉解,由小己的扩大而为社会的,更由社会的扩大而为天地的;则行为的成功,亦应由小己的扩大而为社会的,更由社会的扩大而为天地的,道德与功利,并非两不相容,实乃两两相函者。为要使行为获得具体而较大的成功,乃努力扩大自我觉解的范围,以增加道德的价值,这是可以的,而且是必需的。为要扩大自我觉解的范围以增加道德的价值,乃厌闻功利之说,甚至以行为之有无成功为丝毫不足介意,则万万不可。人家讲功利,以道德为手段;结果社会日进于文明,而道德也并未完全破产。我们讲道德,而厌闻功利;结果社会已腐烂不堪,道德亦随社会之腐化而化为乌有! 这是空谈觉解之扩大或专重意向的好,忽视行为之成功或不重所向的好,必然要产生的结果。

(3) 或曰:自我觉解的范围,可以扩大至与天地同等;而行为成功的范围,如欲与之俱扩,亦扩大至与天地同等;则世间哪有这等奇人,能完成与天地同等的大事? 关于此问,我们正好采冯先生的说明。冯先生说:"在天地境界中的人,并不需要作些与众不同的事,他可以只作照他自己在社会中所有的伦职的应作的事。"这是我们同意的。至于我们不能同意的,是冯先生所谓行为的成功与失败不足介意一点。行为的成功与失败倘不足介意,则这次抗战如果失败,大家当无动于心;失败可以无动于心,则今日的抗战为不必要。我料这在冯先生自己,当亦决不以为然。

(4) 或又曰: 行为如果必须成功,才算具有道德价值;那么我们这次抗战中牺牲的许多英勇将士,不都成了没有道德价值的人? 死守衡阳的将士已牺牲了,衡阳并未守住,道德的价值果在何处? 冯先生所谓行为的成功与失败不足介意,当然包括这类极有道德价值的行为而言。这类的行为,不必有成功,然而不是无价值;所谓意向的好已实现,所向的好不一定实现;道德的价值,只在意向的好,与所向的好不相干。这种解释,我们不能同意;我们的解释,恰恰与此相反。就事实分析,这种行为之意向的好并未完全实现,而所向的好却实现了一部分。所向的好在守住衡阳: 今守衡阳的人虽牺牲了,但延缓了衡阳的失陷,或少失陷几个其他的衡阳: 故曰所向的好实现了一部分。至于意向的好,更在衡阳之能够守住;若自始就不打算守住衡阳,便不能算为意向的好;今衡阳竟失陷了,故曰意向的好未能完全实现。意向的好虽未完全实现,而所向的好却实现了一部分,故守衡阳的行为是有价值。

五

《新原人》中,把行为之意向与所向分割为两端:只以意向的好为道德所必需,不认所向的好亦为道德所不能缺:于是论自由时,亦更令人不能满意。冯先生的自由论,完全从私的立场出发,一方面为进取者讲自在逍遥;另一方面为贫贱者讲安贫乐贱。

(1) 兹且先言前者。冯先生以为进取者之不得自由。是受了才与命的拘束;如要摆脱这等拘束,最好是莫向功利追求。"在功利境界中的人,其行为都有自觉的目的,其目的都是求利。求利都要利之中取大,都要取大利。利之是大是小,是比较的,相对的:囊空如洗的人以得到数百元为大利;及有数百元,又以得到数千元为大利;及有数千元,又以得到数万元为大利;如是既得陇又望蜀,无论得到多么大的利,他总觉前面还有更大的利未得。他求大利,可以说是如形与影竞走:形与影竞走,形总有走不动的时候。人继续求大利,总有求不得的时候。求不得,如不是由于命穷,即是由于才尽。如是由于命穷,他感到受命的限制;如其由于才尽,他感到受才的限制。"故进取者如要寻到逍遥自在,只有放弃功利的追求。放弃功利的追求云云,就个人的逍遥自在着想,是对的;若就民族国家之生死存亡着想则不对。例如我们反攻,收复了华中之时,还要收复华北;收复了华北之时,还要收复东北;收复了东北之时,还要收复台湾;收复了台湾之时,还要帮助朝鲜独立。我们今日士兵的体弱,或是由于才不足;我们今日缺少炼钢厂,或是由于命不好。但为民族国家着想,还是以同前奔驰,迎头赶上他人,冲破才与命的限制为好。

　　(2)冯先生的自由论的另一边,便是劝贫贱的人安贫乐贱。"一个人的命的好坏,影响到他在社会上所处地位的贵贱。在功利境界中的人,对于所谓贱,有清楚的觉解;他好贵而恶贱;贵则欢喜,贱则悲伤。在道德境界中的人,对于所谓贵贱,亦有清楚的觉解。但他又觉解尽伦尽职与一个人的所有的在社会中的位的贵贱,是不相干的。他在社会中,无论处什么位,都可以尽伦尽职;他的行为,以尽伦尽职为目的。所以在社会中,无论处什么位,他都以为是无关重轻的。在天地境界中的人,知其于社会的民之外,他还是天民;人爵之外,还有天爵。所以他虽对于社会上的贵贱,有清楚的觉解,但他还是大行不加,穷居不损。他并不需有意努力而始能如此。从大全的观点看,社会上的贵贱本来是不足介意的。"在社会中,无论处什么位,都可以尽伦尽职;在社会中,无论处什么位,都是无关重轻的;从大全的观点看,社会上的贵贱,本来不足介意。凡此云云,在主张维持社会阶级的人看来,是对的;在主张泯除社会阶级的人看来,则不对。在压迫并剥削他人的人看来,是对的;在反对压迫并剥削的人看来,则不对。在反对民主的人看来,是对的,在主张民主的人看来,则不对。他人为主人,自己为奴隶,何以无关重轻? 他人为刀俎,自己为鱼肉,何以不足介意?

　　(3)就上面两者看来,冯先生的自由论,只能说是取消自由与否之问题,不能说是解决自由与否之问题。未来的成败,一切不考虑;或未来的成功,放下不追求;于是则所谓主宰的我,对自己的将来,不必有所主宰。主宰的我对自己的将来不必有所主宰,则自由与否之问题无形打消。已有的成败,一切不介意,或已有的失败,视之为固然;于是则所谓主宰的我,对自己的现在,亦不必有所主宰。主宰的我对自己的现在,不必有所主宰,则自由与否之问题亦无形打消。我们的自由论,则与此不同;我们以识得必然为自由,以实践必然为自由。历史发展的必然趋势,我们必须识得;识得此必然的趋势,努力推之前进,是我们的自由。敌人的失败与我们的成功,是必然的趋势,我们必须识得;识得此必然的趋势,努力推之前进,是我们的自由。反民主的失败与民主的成功,是必然的趋势,我们必须识得;识得此必然的趋势,努力推之前进,是我们的自由。

(原载《中国史学之进化》生活书店 1947 年版)

评熊十力的《新唯识论》

一

　　熊十力先生的哲学观点,见于商务印书馆所印行的《新唯识论》一书。《新唯识论》的要旨,首在说明纯一寂净的本体,次在说明生化不已的妙用。寂净的本体,印度的空宗讲得最透彻;生化的妙用,中国的儒家讲得最透彻。儒家非不讲体,但比较的偏重用;空宗非不讲用,但确实只重体。为使学理圆满,熊先生乃汇通儒佛,于寂净的体上加以生化的用,于是体用合一,印度的空宗,中国的儒家,汇合起来了。体用合一了,于是体外无用,用外无体;即体即用,即用即体;体是用之体,用是体之用。此外更于生化的妙用上,施设一个物理世界,或外在世界,以为科学知识的安足处,于是西方的科学在东方的哲学中似乎也有地位了。这是新唯识论中最要紧的意思。

　　不过物理世界或外在世界,熊先生始终认为是假的,不是实有的;因之,他替科学所设的一个安足处,自己又一笔勾销,说非遮拨不可,或非取消不可。其言有曰:"宇宙万象,唯依大用流行,而假施设。故一切物,但有假名,都非实有。(不独现前桌子、几子,乃至日星、大地,都是假名,而无实物。即原子、电子等等,也都不是实在的东西,也只是假名。——原注)""大用流行,虽复生灭宛然,而实泊尔空寂。……如其执有物界,又从何澈悟一真耶。故知遗相而实相斯存。(遗相,谓不计执有实物界或宇宙万象也。实相谓本体。——原注)观变而不变可悟。(变,用也。不变,体也。诚知用非实有,则无执物之迷,故乃于用而见乎体。——原注)……夫宇宙万有,本自空无。(万有,唯依大用流行之迹象而假设,本无所谓万有故。——原注)哲学家于此,犹多不悟,矧乃欲其了知大用无实,是事诚难。(无实二字吃紧。大用流行,刹那刹那,都不暂住。本无形相可求,故非实有。非实有故,即等若空无,故云非不空也。此中理趣深微,读者宜霍怀沉玩。——原注)不了用之无实,即不了神变无方。……所以本论从大用之非不空的方面来说,却是即用而见体。因此,在科学上所施设的宇宙万有,或外在世界,在玄学上,不得不遮拨。同时,玄学也要超过知识,而趣归证会"。宇宙万有,或外在世界,在玄学上,不得不遮拨云云,是我们不敢苟同的;我以为科学世界,实在不必予以遮拨;如要遮拨科学,或科学的安足处,则熊先生的整个哲学体系,都要重新加以考虑。

<h1 style="text-align:center">二</h1>

兹且不揣冒昧,提出几个要点,来和大家共同考虑考虑。首先应考虑者,熊先生谓宇宙万有是空无非实有;但从事实与理论两方面寻证,都只能证明宇宙万有是实有而非空无。(1)凡现前的桌子、几子,乃至日星、大地,与夫原子、电子等等,都是凭感官直接或间接可以证明其为实有而非空无的。这道理太通俗了,熊先生或者不予重视;(2)熊先生之意,以为现前的桌子、几子,乃至日星、大地,至夫原子、电子等等,都是变化的,故是空无而非实有。这种意见,与事实不符。变化与空无,并非同义的形容之字;变化的并非就是空无的。正因现前的种种都是变化的,故我们认之为实有的;唯实有的始有变化可言,若空无则不可以言变化。(3)熊先生或者可以说,变化虽不等于空无,但万有在变化之中,刹那刹那,都不暂住,既不暂住,则应是空无而非实有。这种意见,我们不能接受。刹那刹那,固然都不暂住;但前一刹那与后一刹那是相接连的,并不是有所隔而越过的。倘是有所隔而越过,则变化有时为不可能;今既先认万有常在变化之中,则必承认刹那刹那之相连不隔。刹那刹那之相连不隔,实即等于常住;因之所谓变化的万有,应是实有而非空无。(4)即退一步,承认万有是空无的而非实有的,则又与生化的妙用不相符合,或与生生不已的道理不相符合。生化云云,如果不是空洞抽象的,则必有实物以为表现之具;倘无表现之具,则是空洞抽象的。空洞抽象的生化,不足以当生化之称。因此之故,所谓宇宙万有,只能为实有,不能为空无。如查为空无,则无法显出生化的妙用。(5)生化的妙用,是中国儒家讲得最通畅的,是熊先生拿来加到印度空宗所讲的寂净的本体上的。今谓生化的妙用无法显出,则一方面固与儒家之说相违,另一方面又堕入空宗原有的窠臼。汇合儒佛的新唯识论,不应有这样的结局。

综上各点看来,科学上所施设的宇宙万有,或物理世界,或外在世界,应该是实有而非空无,亦只能是实有而不能是空无。果如是者,则科学的安足处,真个可以安足;西方的科学,不必在东方的哲学中予以遮拨了。

三

熊先生或者可以说：阐明生化的妙用,固然不能遮拨科学的安足之处,但证会寂净的本体,则非遮拨科学不可。至是我们又有另一要点,须予考虑:熊先生谓寂净的本体是实有而非空无;但从事实与理论两方面寻证,始终只能证明寂净的本体是空无而非实有。(1)现前所有的,只是森罗万有的宇宙,只是物理世界,只是外在世界,并不见有所谓纯一的寂净本体。物理世界,或外在世界中所森罗的,只是个别的,具体的,众多的东西,如桌子、几子,乃至日星、大地,与夫原子、电子等等是也;凡此等等,并不是纯一寂净的本体。(2)假令化学家可以制出某种炸弹,将电子等等炸成碎片;每一碎片之体,较电子本身可以小若干万倍,近于零而未等于零;但合起来,仍只是个别的,具体的,众多的,仍不是纯一寂净的本体。若说这些就是纯一寂净的本体,这无异于把印度的有宗当作空宗,这与新唯识论的本旨相违。(3)熊先生或者可以说:宇宙万有之中,无论何物,都可以遮拨或分解至等于零。万有等于零了,纯一寂净的本体便可得而有。但这于理为不可通。有便是有,岂可遮拨或分解至等于零? 即退一步,不严守逻辑的律令,硬说万有可以遮拨或分解至等于零;但既已等于零了,便是空无所有,仍不能得纯一寂净的本体。若谓纯一寂净的本体是空无,则与新唯识论的本旨也相违。新唯识论固明明白白不满于空宗者,不认纯一寂净之本体为空无者。(4)熊先生或者以为从空无所有一极端,到森罗万有的另一极端之间,可以由想象推出一个纯一寂净的本体;且本体与妙用同在,其所在应该就在空无与万有的两极之间,只是它的状态较电子等等还要纯一,就是较今日新物理学上所讲的"波粒",也还要纯一;同时我们也不必采印度空宗那样严格的遮拨方法,继续遮拨下去,权且让此为真正纯一寂净的本体。但这毕竟出自想象,想象的就是想象的,不能谓想象的就是实有的。虽这种想象既已限定在万有与空无的两极之间,想象所得,当然不会空无;但亦断不同于熊先生的证会所得。(5)且这样想象出来的纯一寂净的本体,其存在只有一回;自生化的妙用开始以后,森罗万有的宇宙,或物理世界,或外在世界,即已取本体的地位而代之,或完全遮盖了纯一寂净的本体。虽然此物理世界,或外在世界,自今以后,继进化的大势而推移,或亦重返于纯一寂净的本体,是本体之存在,可以有第二次。不过,这也是想象的,何时始有这第二次,更非熊先生的会证所能决。且在这第一第二两次的纯一寂净之间,世人所能认取名,只是一森罗万有的物理世界,或外在世界。(6)或曰:熊先生曾反复说明体用同在,认定体即是用,用即是体,体外无用,用外无体,体是用之体,用是体之用。理论如此周密,还有什么可以批评?不过我们于此,乃有非批评不可者在。既曰体外无用,用外无体,则求本体、方法,当在综合森罗的万有,不在遮拨森罗的万有;遮拨倘能至于极端,亦不过复活印度空宗的旧说而已;倘不能至于极端,则纯一寂净的本体,且终不可得。

综上而言,所谓纯一寂净的本体,如果不是出于想象,便是空无;如果不是空无,便是出于想象。但无论如何,不是实有的。实有的只是森罗万象的物理世界,或外在世界。果如是者,则科学的安足之处,虽遮拨亦等于未遮拨,换言之,即不能遮拨而已。

四

讨论至此,最宜把体用关系之真相,略予批评。熊先生所持体用同在之说,应该是圆满无缺,可以接受的;但依其所为之解说看来,始终不能有同在之体用。(1)熊先生于森罗万有的物理世界,或外在世界,始终予以遮拨唯恐不到极端;其目的在要得到本体。我们于此,姑无论本体能否得到;但物理世界或外在世界既已遮拨尽净了,则体与用之同在,终不可得。一则本体如能在遮拨世界之后面得到,则所存者,仅有体而无用,不能谓之体用同在;二则本体如不能在遮拨物理世界之后而得到,则体用两者都没有,更无谓体用同在。(2)或曰:熊先生所遮拨的,只是森罗万有的物理世界,或外在世界,并不是中国儒家所说的生化的妙用;于是则体用同在之说,可得完成。不过这里仍有问题:生化的妙用,如果剥去森罗万有的物理世界,则完全成了空洞而抽象的:空洞抽象的用,与出于证会所得的体,如果同在,则不免混同;于是同在之说或可完成,而体用之分转成暧昧。熊先生所谓体用之分,实在就是这样体味的:彼尝以寂净的本体为恒转,生化的妙用为翕辟。实则恒转云云,动而已;翕辟云云,剥去森罗万有的物理世界,也只是辟而已;动与动同在,实在没有多少分别可言。是故体用同在之说,到底不能完成。(3)或又为翕之动势为凝聚,凝聚则有形相出现,而成森罗万有的物理世界或外在世界;这样,则体用同在云云,便没有什么可批评的了。不过也不尽然:物理世界或外在世界之成就,熊先生又以为这是替科学施设的安足处,是虚假的,非实有的,非遮拨尽净不可。于是体用同在之不可得,正如本节(1)项所批评。(4)且物理世界或外在世界,并不是空无的,而是实有的,非从语言文字方面来遮拨即可尽净的;那么熊先生的体用同在之说纵令可以完成,而这不能遮拨尽净的物理世界或外在世界,转成赘疣,无处安插。体用之外,多余一块,成何体用?

至于我们所讲的真正的体用同在之关系,其说明另是一番。一则体之为体,只能综摄万有而构成,不能遮拨万有而另行寻觅;万有不是掩蔽本体的,而是表现本体的,故我们只能综摄万有以成体,不能遮拨万有以寻体。二则用之为用,是包括森罗万有的物理世界而言的,并非只是空洞抽象的生化之妙用;故体虽是抽象的,用则是具体的。三则抽象的体是全体,具体的用是部分;体与用之同在,无异于全体与部分之同在;体与用之有区别而不可分离,无异于全体与部分之有区别而不可分离。在这样的体用关系之中,万有是不能拨的。因之,科学也是不能遮拨。

五

熊先生依他的哲学的体系而讲修为,修为的方法就在反本;反本的意义,消极方面,在反对逐物,反对向森罗万有的物理世界,或外在世界追逐;积极方面,在证会本体,期使生活与纯一寂净的本体相符。我们所谓本体,是综摄万有而构成的;如云反本,则必利用科学,使我们的行为能与万有间的必然关系相符合。熊先生所谓本体,是遮拨万有而觅取的;如要反本,则必遮拨科学,使我们的行为赶快退到纯一寂净的空无。这一点更是我们所要重新考虑的。

逐物的行为是如何起的? 熊先生说是起了生活方面的不足,故曰"吾人生活方面,则以拘于形,而陷于相待之中,遂常常感得不足,并且不足之感极迫切。因此有一个极大的危机,就是要向外追求"。谓逐物的行为,起于生活上的不足,这是最正确的真理;但谓危机在向外追逐,不说生活的不足为最大危机,这就未免倒置因果,而与真理不符。向外逐物,是解决生活上不足之问题的,不能算是危机;生活上不足之问题不得解决,那才真正是危机之所在。熊先生把因果倒置了,故他的所谓反本,始终用不着科学,而且必须遮拨科学。科学是实用的,是解决生活上不足问题的,换言之是逐物的,是故反对逐物的必须遮拨科学。熊先生所谓反本,有几个不同的名称,如除障,如复理,如创新,是其最要者;不过名称虽有不同,意义则没有不同。除障云云,反本而已,不是逐物,不是利用科学以解决生活上不足之问题;复理云云,及本而已,不是逐物,不是利用科学以解决生活上不足之问题;创新云云,反本而已,不是逐物,不是利用科学以解决生活上不足之问题。

　　或曰：果如所云，则维护科学，便非逐物不可。这我们可以正言答曰：诚然诚然。科学之用只能用于逐物之中。不过逐物并非罪过，罪过在公私不分。何谓私？我的生活建在他人的牺牲上，或一部分人的生活建在另一部分人的牺牲上，这虽不是私的全部意义，但是一个最重要的意义。何谓公？我的生活建在自然物的效用上，或全人类的生活建在自然物的一切效用上，这虽不是公的全部意义，但是一个最重要的意义。行为而果徇私，或倾向于徇私，虽反本也是逐物；行为而果为公，或倾向于为公，虽逐物也是反本。因此之故，我们能利用科学，不必遮拨科学。

　　　　　　　　　　　　（原载《中国史学之进化》生活书店 1947 年版）

古史零证*

自　　序

中国古史尚须大加研究。从书本上研究,从文字上研究,从实物上研究,都无不可。古史零证里几篇文章是从文字方面研究古史的,想提出向同人请教,故印出。

乱 为 乐 之 结

乱这个字现在最通行的意义有两个:一为混乱,一为治理。这两个意义并不是平等的:有一个是基本的意义,便有一个是派生的意义。认混乱为基本意义的,则以治理为派生的意义;所谓"反义为训",把乱字解成治字,就是这样办的;这办法今日最为流行。认治理为基本意义的,则以混乱为派生的意义;如云乱"治丝也,象丝棼乱,受以理之,引申目为治乱字",就是这样办的;这办法研究古文字学的人大概都采用。在我看来,乱这个字的原义,既不是混乱,也不是治理,而是结合或亲近。

乱字即《番生殷》之䡰字,即《毛公鼎》之䍐字,即《说文》䜌之古龱字。郭沫若先生以为龱是讹变之尤烈者,我则颇以为是最少讹变的。郭在《毛公鼎》之释文中云:"朱䍐即《番生殷》之朱䡰。三体石经《书·君奭》乱之古文作龱,即此;《说文》䜌之古文作龱,讹变尤烈者也。"郭认"朱䡰"为朱鞣皮,故以龱为讹变之尤烈者;我疑"朱䡰"为朱丝结,故以龱为最少讹变的。郭在《番生殷》之释文中云:"朱䡰……它器作朱虢,虢乃假为鞹,皮也;䡰义当亦相近,殆假为靼,鞣皮也。"朱䡰如果解为朱鞣皮,那当然很不像龱;如果解为朱丝结,便很像龱了。龱作动词用,为打结或结合;作名词用,则是打成了的结子。

---

* 《古史零证》1956 年新知识出版社出版线装单行本。

《番生殷》之䚂，其形为𢆶;《毛公鼎》之䚂，其形为𤔔;三体石经《书·君奭》乱之古文作𤔔;《说文》䜌之古文作𤔔。这四个形式中，以𤔔为最像打结或结合，为最少讹变。䜌字里的言，我颇以为是𠃜与8之讹变。𠃜写成个，写成十，是很容易的。8写成3，写成吕，写成言，也是很容易的。偶阅《鸣沙石室佚书》隶古定《尚书》，其中乱字有作𤔔的，如:

> 乱其纪纲的乱字作𤔔，
> 废时乱日的乱字作𤔔，
> 沈乱于酒的乱字作𤔔。

也有作𤔔的，如:

> 惟以乱民的乱字作𤔔，
> 礼烦则乱的乱字作𤔔，
> 乱正四方的乱字作𤔔。

照这样看起来，吕8实在就是8。因此我以为:

> 𢆶是省去左右两旁之8者，
> 𤔔即𤔔，是省去上面之𠃜者，
> 𤔔即𤔔，是什么也未省去者。

乱即䜌字，即𤔔字，就形音义三方面讲，都只好解为结，是结散丝之义，而不是理乱丝之义。上面是手，下面是手，中间是丝;象两手相向把一根一根的散丝搓拢去，决不是把一团乱丝来分开。至今我们家乡的女子谓绩麻为䜌（吕员切）麻;俗话有所谓"䜌麻绩线"者。故乱字的基本意义实在是结合;凡团结，终结，综结等，是它的最原始的意义。稍稍引伸，为亲近，为密切，为牵连，为不舍，为不绝，为紧促，为屈曲，为曲折。凡从䜌之字，多半含有上面这些意义，如:

> 鸟相和鸣曰鸾:《埤雅》鸾鸟雌曰和，雄曰鸾;《礼》云在舆则闻鸾和之声，盖取诸此。古时鸾舆顺动，此鸟飞集车上，雄鸣于前，雌应于后。

铃子声音和顺像鸾鸟声音的曰銮：《说文》人君乘车，四马四镳八銮铃，象鸾鸟声和则敬也。

山迂回绵连曰峦：徐悱《登琅琊城诗》，襟带尽岩峦，正是迂回绵连的意思。

两木相重曰栾：《西京赋》结重栾以相承，薛注柱上曲木两头受栌者。

心相系念不舍曰恋：《汉书》兄弟相恋，正是这个意思。于今所谓恋爱，应该是两心相念，不舍不绝之意。《说文》䜌下云乱也。一曰治也，一曰不绝也；乱与治两义都不对，只有"不绝也"云云，尚有一些原来的意思，即牵连系念之意。

凡双生子曰孪：《说文》云一乳两子也；《玉篇》云双产也；

扬子《方言》云东楚间凡人兽乳而双生谓之釐孖，秦晋间谓之僆子，自关以东谓之孪。

手足害了一种伸不直的病曰挛：《说文》云：凡拘牵连系者皆曰挛；《易·中孚》有孚挛如，疏云相牵连不绝之名也。《史记·蔡泽传》云蹙齃膝挛，即手足曲病。于今我们早晨起床之时，如果脚麻，伸不直，我们谓之脚挛了筋。

身体害了伸不直的病曰瘛：或作痸，或作瘈，通作挛，都是身体拘曲的意思。

水流遇了障碍，折而横流曰滦：沙丘绝水横流之意；又舟绝流渡也叫滦。

伸不直的东西曰弯东西，从䜌。

小而圆的东西曰圞东西，也从䜌。

把乱字的基本意义找出来了，确定它的最原始的意义为结合，为亲近，我们可得一极大的方便；过去许多讲不通的文句都可以讲通了。古书上有许多文句中的乱字，作混乱讲讲不通，作治理讲，也讲不通。唯有用"结"或"亲"等意思来讲，则可以畅通。如：

《论语·泰伯》的关雎之乱，如解为关雎之混乱，当然讲不通；即解为关雎之治理或条理,仍无意义,仍极勉强。若解为关雎之终结,与师挚之始恰恰对偶成文,便畅通了。

《离骚》的乱曰,如解为混乱曰,当然不成话;即解为治理曰或条理曰,也无意义,也极勉强。若解为总结曰或终结曰或结语曰,便畅通了。

《书·盘庚》的惟以乱民,如解为惟以混乱人民,当然讲不通;解为治理人民,讲固然可以讲得通,但意义并不很好。若解为惟以亲民或团结人民,那便好多了。

《书·梓材》的厥乱为民,朋友中也有解作厥变讹民的,我却看不出其中的意思。若解为厥亲吾民(为即吾字),或团结我人民,便畅通了。

《荀子·解蔽篇》的故学乱术足以为先王者也,如解为学与术混乱,当然不通;解为学与术治理,亦极勉强;解为学与术结合,则畅通了。

《书·皋陶谟》的乱而敬,如解为混乱而敬,固不成话;解为治理而敬,又毫无意义。只有解为亲近而敬,便畅通了。

《论语·泰伯》的予有乱臣十人,如解为叛乱之臣十人或治理之臣十人;不是不通,便是毫无意义。若解为亲近之臣十人,便畅通了。

《书·盘庚》的兹予有乱政同位,亦只能解作亲臣同位。

《左传》襄公二十八年传的武王有乱臣十人,亦只能解作亲臣十人。

《尚书·洛诰》的四方迪乱,乱为四辅,若解为四方进乎治,治为四辅,便毫无意义。解为四方顺亲,亲为四辅,便畅通了。

结合,亲近等义,固为乱字的基本的,原始的意义;但流行的混乱之义是怎样来的呢?这很易回答,是从结或亲等义引伸出来的。丝绳结得太紧了,很容易乱;男女关系太亲了,也很容易乱。乱字是引伸义,不是原始义。至于与治理之治则全无关系。

附:丁山先生来信

谷城兄左右:拜读

释乱,至为心折!屈原赋的"乱曰",与《论语》的"关雎之乱",蓄疑者有年,今得兄"结合"之说,均涣然冰释了!乱为䜌字所派衍。䜌、甲骨文作𢇍、金文作𤔔,皆象以手结合丝缕形,实即𤔔字本字。𤔔、许书训"系也",不碍。𤔔字本谊,即系部所谓"纂,似组而赤也"。似组而赤,即《毛公鼎》、《番生殷》"朱䨎"的碻解。组字本谊,许书以为"绶属",又说"其小者以为冠缨",《左传》又有所谓"组甲"者。《虢季子组毁》,组特从又作𦈪、与㝮从受从糸之谊相应。弟意"朱㝮"之㝮,或为绶属,或为冠缨,或为组甲,必于此三谊中占其一;而其语根,则为组合,可为尊说作旁证。甲骨文似尚未见㝮或𣂪字,此字则已盛行西周,如《𤲀卣》之𦈪,《貉子卣》作𦈪,《毛公鼎》作𦈪,孙仲容始释为縪,弟意即㝮字繁文,必读为篹。篹者继也。虽于组合之谊未符,而仍涵有绳绳不断之理。意者"关雎之乱",乱碻如今语的"结束",犹元曲的"尾声"。㝮所以从H、与束杲米诸字相同,碻有束缚的涵意。贵省方言的"繺麻",敝县称为"搓麻";搓正组字的音转,繺则牵字古意的遗存。要而言之:𢆶实纺埵发明以前牵麻绩线的原始纺绩技术之遗存(纺埵、见于仰韶文化,故云原始),倘自纺绩技术的发展论㝮、组、篹诸字的通训,尤见尊说之不可易矣。《大学》之道,在"亲民",宋以来改为"新民",得尊说"惟以乱民",即是"亲民"证之,自然不烦改字了。积年以来,常疑商周之世,似由氏族社会(即封建前期)超越奴隶社会,直入封建社会,由"亲民"观念见于《盘庚·梓材》论之,弟益笃信此说可以成立矣! 拜读

巨制,旧疑冰释,画蛇添足之谈,敢以奉请

教益,不尽! 即此,敬颂

著安

　　　　　　　　　　　　　　弟丁山敬上 4 月 20 日青岛

释　　辰

　　辰字古文字学者或释为蚌壳,或释为犁头。其实这个字既不像蚌壳,也不像犁头。然则像什么呢? 就形体言,正像人在崖下凿石之状。辰字甲骨文作𢅶,作𢀇,作𢀇,作𢀇,作𢀇,作𢀇,作𢀇,作𢀇,作𢀇,作𢀇,作𢀇,作𢀇。分开来看,实包括两大部分。上面一部分为石头,这大概没有什么疑义了。石在甲骨文中,几乎都如此形。亦即石崖。

　　至于辰字的下半部,则为人在崖下凿石之状,包括人形,手形,器具如槌形与凿形之类。我们就字的全局看去,也确可看出这些因素的一种或两种以上。若拿与畏字下半部比较研究,还可以看得更清楚些。畏字的下半部与辰字的下半部完全相同。吴夌云《小学说》谓畏字上从田,下从辰省,这是不错的。畏与辰较,不过一从鬼头,一从石头而已。畏字甲骨文作𤕟,作𤕟,作𤕟,作𤕟。金文作𤕟,作𤕟,作𤕟,作𤕟。鬼头之下,有人形,有手形,有器具形;而且最完全的形式中,器

具有两件。商承祚先生不懂这个道理,谓既从卜,又加支,初形已失矣;其实这正是一个最完全的初形。器具两件,左右手各执一件,不是很好吗?我们常于旱灾严重之时,看见农民用纸扎成雷公之形以求雨。其形为头上有两角,全身墨黑,牙齿长而露出,眼球白而突出,左手执凿子,右手拿槌子;初看很觉可畏。据农民云,雷公能把天凿一个洞,雨就会落下来。这纸扎的雷公形,最足以帮助我们了解畏字的下半部,同时也恰恰足以帮助我们了解辰字的下半部。畏字的下半部大概是以手持杖击人之状;辰字的下半部则象征右手拿槌子,左手拿凿子,在崖下以槌击凿凿石之状。

以槌击凿凿石,必有震动,必发大声,必有崩溃,必有破裂,必有分开,必有开启,必有溃散等等现象。这等等现象,正是辰字的基本意义。我们的祖宗拿这辰字作字根,造出许多派生的字来。如代表蚌壳之蜃,代表农具之槈或鎒,便是由辰派生出来的,其他如震、振、侲、晨、农、蒌、薅、耨、脣、辴、宸、賑、脈、娠等字无不含有辰字的基本意义。我们现在且用科学方法,一一证明如次:

雷发声,连房屋都可以打破,叫做震。《说文》云,劈历,振物者;从雨辰声。《易·说卦》云,震为雷。《春秋》僖十五年震伯夷之庙,疏云雷之甚者为震。《释名》云,震战也;所击辄破,若攻战也。《春秋》文九年云地震,疏云:《公羊传》曰,震者何?动地也。《周语》伯阳父曰:阳伏而不能出,阴迫而不能蒸,于是有地震。震字含有震动,破裂等义,这是人人晓得的,且不多说。

使潜伏的东西爬起来叫做振。《说文》云,振,一曰奋也;《广韵》云,裂也,又动也。《礼·月令》云,孟春蛰虫始振,便是说潜伏的东西爬起来了。敲锣鼓使发声也叫做振,《孟子》里面所谓金声而玉振之,也都属这类的意思。把人家的智慧发掘出来也叫做振;《庄子·田子方》篇是必有以振我也云云,便是启发我的意思。

以震动身体为业的小孩们叫做侲。《说文》云,侲僮子也,从人辰声。《方言》云,燕、齐之间谓养马者曰侲;《广韵》云,侲子逐厉鬼童子也。养马者必能跳动,逐鬼者必须舞动,故以辰字为偏旁描写之,侲从辰,含有震动之义,故又可与振字互用。《史记·淮南王传》以令名男子若振女,《集解》徐广曰《西京赋》(西当作东)振子万僮,骃按薛综曰振子童男女;是古字作振,今《东京赋》及注文皆作侲;《西京赋》侲童程材,李注引《史记》亦作侲,并后人所改谓之振者。再其次侲不独与振互用,且与万对偶,振为动,万为舞;上面所谓振子万僮,意即动的孩子与舞的孩子。《左》庄二十八年《传》振万注云:振动也;万舞也。振与万义,同是舞动。

胎儿在母体内分别成长活动曰娠。《说文》云,娠女妊身动也,从女辰声。《左》哀元《传》后缗方娠Ⅲ注,怀身也;《广雅·释诂四》云,娠傌也;《晋语》太任娠文王注,有身也,假借为祳;《尔雅·释诂》云,娠动也,注犹震也。这些说法,都说明母体之内有小体,分别成长而活动。

军队被打败,分裂溃散曰昼。胡厚宣教授提供这一例子,谓甲骨文中有文曰"师无昼",即军队不会被击溃之意。

屋檐自屋脊分开,向两边斜披曰宸。《说文》云,宸屋宇也。什么叫做宇呢?《释名》云,宇羽也,如鸟羽翼自覆藏也;这正像屋檐自屋脊分开,向两边斜披之状。屋脊或栋有时叫做桴,即中央之意;屋檐或宸有时叫做桭,即两边之意。《说文》段注云,屋者以宫室上覆言之,宸谓屋边;故古书言桴桭者即栋宇也。《甘泉赋》日月才经于桴桭,伏虔曰:桴中央也,桭屋梠(即楣,即檐)也。是知桴桭即上栋下宇之谓;桴即央字,桭即宸字。这里所谓上栋下宇,实即屋脊屋檐;脊高檐低,故分上下。再者这上与下之分,亦中与边之分。徐笺曰,许云屋宇者,浑言之也;赋云桴桭,亦兼举中边之辞。盖屋宇覆下,通谓之宸;指其中栋而言,则曰宸极。"宸极"即屋檐分开之处,即栋,即桴;"宸"即已分开之屋檐,即宇,即桭。

祭社之肉,一块一块分开,赐给部下,叫做祳。祳即《说文》里的祳字。不过许氏把这字完全解错了。《说文》云:祳社肉,盛以蜃故谓之祳,天子所以亲遗同姓,从示辰声,《春秋传》曰石尚来归祳。既曰盛以蜃,又曰从示辰声;然则蜃与辰到底是一件东西,还是两件东西?我想许氏自己一定答不上来。老实说,祳或祳这个字,并非成于蚌壳盛肉之义,而实成于辰字的分开之义。《左》昭十六年《传》受祳归祳注云:受祳谓君祭以肉赐大夫;归祳谓大夫祭归肉于公。从这两句里,只能看出把肉分开或归还的意思,看不出以蚌壳盛肉的意思。又《公羊》定十四年《传》云:祳者何?俎实也。这更只能看出一块一块分开之义,看不出以蚌壳盛之之义。以蚌壳盛肉之说虽讲不通,但居然有人明知其不通,却曲为之辩。清王筠《说文释例》硬曰:祳下云社肉,盛以蜃,故谓之祳;言故者取其义也。石尚来归祳,经注皆直作蜃,是也。而第云辰声,不云蜃省声者,《说文》究是眼学,不必穿凿。这辩护实在没有力量。既曰盛以蜃,又曰蜃省声;自己莫衷一是,总由先把辰字看成蚌壳之故。倘识得辰字的分开之义，便没有问题了。且春秋时代，金属器物盛行，还要以蚌壳盛肉吗？

把仓里的粮食分给贫民，振起他们来，叫做赈。《史记·平准书》云：于是夫子遣使者虚郡国仓廥，以赈贫民。《前汉·文帝纪》云：发仓庾以赈民。

太阳从东方爬出来，冲破黑暗，叫做晨，俗曰破晓：《释名》云：晨伸也，旦而日光复伸也。陆机《挽歌》，侧听阴沟涌，卧观天井悬，广宵何寥廓，大暮安可晨？大暮安可晨，即黑暗何时可以冲破之义。

开发山林叫做薅。

开发土田叫做晨。薅、晨两字，大家或以为是一字；其实不然：一为开发山林，一为开发土田。或又以为这两字都只是农字的变体，其实亦不然：这两字是正体，农字才是一个容易被人误解之形。农字所从之曲，当是井田的田字。井与田是一件东西，都表示横直界画之意。我们若注意于横直相交之十，则四个十恰恰成一井字。我们若注意于横直所包围之方形，则四个方形恰恰成一田字。这道理我在《中国通史》里讲井田时已说过。把井与田合起来，很容易写成𝌆，或曲字，实则井田而已。甲骨文農字作𦥭，作𦥸，作𦦄，作𦥯。商承祚先生《殷虚文字类编》云：《说文解字》農耕田也。从晨囟声。籀文从林作𦦃，此从林从辰，或加又象执事于田间，不从囟。《謀田鼎》作𦥲，予所藏《史农觯》作𦥲，并从田。《散盘》作𦥱，亦从𠂇，与卜辞同；从田，与《謀田鼎》、《史农觯》同。知许书从囟者乃从田之讹矣。商说极是，但仍把薅与晨看为一字。实则不是一字：薅为开发山林，晨为开发土田，都取了辰字的开发之义。

抓破面皮曰辱。《说文》云，辱耻也，从寸在辰下；失耕时于封畺，戮之也。说辱的意义为耻为戮，都讲得通。抓破面皮是耻辱；又戮与辱同声，戮之也当然也可以解为辱之也。《荀子·非相篇》为天下大僇（戮），《史记·田单传》僇及先人，都把戮当辱字用。只有失耕时于封畺一句，不必排在中间：盖犯着其他错误，也可以辱之或戮之也。辱又可解成污。郑氏注《礼记》云，以白造缁曰辱，《老子》曰大白若辱；把辱与白对举，是污的意思。破坏白的，使成不白，是为污辱。贾谊《新书·道术》篇放理洁静谓之行，反行为污；《书·胤征》旧染污俗。破坏了行为之洁，破坏了风俗之纯，都可称为污或辱。又《释名·释言语》辱衄也，言折衄也，《说文》云，衄鼻出血也；《广韵》云，衄挫也；《纲目集览》，败北曰衄，这些解释，又几乎都与抓破面皮有直接联系。

借抓破面皮之义解释除田之器，又得槈字，鎒字，及作动词用的耨字，薅字等等。《说文》云：槈，薅器也，从木辱声；或从金。徐锴曰：薅音蒿，即耘田也；槈，其器也。清沈涛《说文古本考》槈下云：涛案《一切经音义》卷八、卷二十一引作除田器也。盖古本如是。除读为粪除之除，为除去田草也。《易·系辞》引《释文》孟注云，耨除草；《淮南子·氾论训》注云，耨耨除田秽也；皆与除田义合。今本作薅器也；案薅训拔去田草，亦即除田之义。《国语·晋语》注云，耨茠（古文薅字）也，《释名·释用器》云，耨以锄姁薅禾也。耨与薅皆从辱，同声。薅器之训，其义甚精。照这说看来，槈与鎒为除田的器具，是名词；耨与薅为除田的工夫，是动词。然皆从辱，取了抓破面皮之义。

嘴有缘能自由开启曰唇。《说文》云，唇口耑也；《玉篇》云，口唇也；《释名》云，唇缘也，口之缘也。《春秋元命苞》唇者齿之垣，《谷梁传》僖三年，语曰唇亡则齿寒，都是讲的嘴缘。嘴缘何以要用辰来描写？因其自由开启，符合了辰字开启之义。

发笑至于张口曰鞬。左思《吴都赋》云，东吴王孙鞬然而咍，注云，楚人相调笑曰咍。《庄子·达生》篇云，桓公鞬然而咍。束皙《玄居释》云，束子闲居，门人众侍下帏深潭，隐几而咍。咍究竟是一种什么笑呢？《说文》云，蚩笑也。蚩字的意义，据《六书正讹》云：凡无知者皆以蚩名之。无知蚩笑，张口不合，就是鞬然而咍。

蚌有壳能自由开启曰蜃。《说文》蜃下云，雉入海化为蜃，从虫辰声。这是对的：辰并非蜃，取其开启之义，加在虫上，可成蜃字；正如它并非蛇，取其卷起之义，加在虫旁，可成蛇字一样。古文字学者知道蜃是蚌壳，于是把辰也当蚌壳看待。辰既视为蚌壳了，则农具如槈如鎒当然也可以视为成于蚌壳了。更进一步，或竟把辰解为犁头。其实不然：辰既非蚌壳，也不是犁头，只是人在崖下凿石之状而已。

释它、也、他、蛇、虺

它与也为一字；其形为虫，甲骨文作𝆑，金文作虫，作虫，作虫，作虫，作虫等等形式。这个字既没有他字的意义，也没有蛇字的意义，更没有虺字的意义；仅仅只有糯米汤团那个团字的意义，不过读成阴声而已。团即团字，即夷字，即夷字，古文作𝟠。小孩称豆子曰粒粒，意即小小的它它。蚊子咬了一口，皮肤突起来，曰咬起了一个它。额头碰了一下,皮肤突起来,曰碰起了一个它。叀的古文𠭖字,上面系屮初出现之状;下面是种子,就是两个它它。其声音也还是它。例如断字,系从𠭖得声,但与它同声;又如躔字,系从𠭖得声,亦与它同声。不仅同声而已,且均含有它字的基本意义。果子结在树枝上,是一个一个的它;用刀去割,便叫做断,是断义缘它义而生。粘土上面,用足踏去,成一个一个的洞,亦即凹下的它,便叫做躔,是躔含有它义。𠭖之为它它,从"幼"字上看,更易看得清楚。幼字从𠭖,《说文》云:𠭖小也,象子初生之形。《说文》的原义是很对的,意即象种子初生之形。但历来读《说文》的人误以子为儿子,因此始终不得其解,盖以儿子并不象𠭖也。若把子作种子解,则畅通了;种子是树上结的果子,是小它它。幼字甲骨文作𢆶,古文字学者谓是从幺力,我则以为系从树枝及树枝上新结的果子。新结的果子当然是幼小的,借此形容晚生的儿子亦很好讲。故把幼字里的𠭖认为果子,认为种子,认为它它,其义畅通。

我们这样来认它字,发现它字的基本意义为种子,为核心,为重心;由核心稍稍引伸,为一个圈,为一个饼,为一个球。由重心稍稍引伸,为下垂,为拖尾,为飘扬。凡从它的字,都有类此的意义。例如:

兽的背上有肉隆起像一个球的曰驼驼。《前汉·西域传》云:鄯善国多驼驼;注师古曰脊上肉鞍隆高若封土,俗呼封牛。古诗云:少所见,多所怪,见驼驼以为马肿背。马肿了背,固然不是驼驼;但驼驼确是肿背如球形的动物。

鸟的身体像驼驼的曰鸵鸟。《汉书·西域传》云:安息国有大马爵(即大麻雀)。师古注《广志》云:大爵颈及膺身蹄似橐驼,色苍苍,头高八九尺,张翅丈余,食大麦。

鱼的身体圆如球形的曰鲍。《尔雅·释鱼》鲨鲍注云:今吹沙小鱼,体圆而有点文。《左传》卫祝鲍字子鱼,《古今人表》以佗为之,大概是一个背脊弯曲,像负了东西的人。

人的背上负了东西的曰佗。《汉书·赵充国传》云:以一马自佗,负三十日食。本来要人负物才叫做佗,但畜牲而能载负的,未尝不可用佗或驼或驮来描写。《司马相如传》骃骒驼驼注言其可负驼驼物,故以名云。

短矛左右分开弯曲成一个饼子样的曰铊。《说文》云:铊短矛也,亦作鉈鉇。《晋书》丈八铊矛左右盘,盘即左右弯成饼子的样儿。

丝制物品卷成球形，其计算单位曰纻。《诗·召南》素丝五纻，传云纻数也，疏云此言纻数，下言总数，谓纻总之数有五。纻数有五云云，意即成五球也。又妇女们用手工纺成的纱，亦曰纱纻子。

大江分支后又合流，恰恰构成一个圈曰沱。《书·禹贡》岷山导江，东别为沱；《诗》江有沱。所谓沱并不是特别名词，只是大江分支所构成的一个圈而已。《尔雅·释水》江为沱在今四川成都府郫县北，一名郫江，至泸州复入江。正因自郫县分流后到泸州又合流，构成了一个圈，故这一段得沱之名。

权衡轻重，悬在称尾，与法码相当的东西曰称它。称它云云，只因其形像球而已。

曳于船尾，决定船行方向，俨然若船之重心的东西曰柂。柂，《玉篇》云：正船木也，设于船尾，与舵同，一作柁。《释名》云：舟尾曰柂，柂拖也，后见拖曳也；且弼正船，使顺流不他戾也。

衣前襟下垂曰袉，亦作袘，作袘；假借为扡。《说文》引《论语》朝服袉绅，今本作拖。

旌旗下垂，迎风飘扬曰旑施。

树枝下垂，迎风飘扬曰橢施。

它字的意义既确定为核心，为圆饼，为圆球；那么现在有好几个字，如也，如他，如蛇，如虵，我们认为过去解错了的，无妨拿它字新确定之义来试作新解。

也即它字，《说文》云，女阴也。女阴之说，今日古文字学者不以为然，认是"望文生训，形意俱乖"。在我们看来，把也解成女阴，或许不错。也即它，其形为它，其意为种子，为核心。大家熟识的桃仁、杏仁、枣仁等，正是如此：两头尖，中间大，外有壳，内有核；且幼苗亦出自种子。女阴之形与它字相似，且婴儿亦出自女阴。由此看来，把女阴来解也字，实在形意俱顺，不能谓为形意俱乖。

他即佗字，却不是它字。它字并无他字的意义，只有糯米汤团那个团字的意义，只有种子核心等意义。而佗字却可以有他字的意义。佗为负荷，亦即背上负了包袱的人。背上负包袱者，不是由他乡到本乡作客的人，便是由本乡到他乡作客的人。故佗为真正的他字，它则与他字无关。

蛇休息不动的时候，不是伸长成一直线形，而是卷起成一圆饼形。我们的祖宗没有替蛇造一个独立的字,故以具有圆饼之义的它字摆在虫旁作为蛇字。这办法很合情理,并不是商承祚先生所说的重复无理。故它与虫同一之说,我们不敢苟同;合它与虫为蛇,我们亦不认为重复。

壱是甲骨文上常见的字。古文字学者认为是它字,具有他义。其实它、他、壱三字各不相同:它既无他义,壱亦非它字。它与他,我们在前面已经讲过了,然则壱究竟是一个什么字呢?答曰:是蹉跎的跎字。是一个合体字,而不是一个独体字。止即是足,它即头大如圆球之虫。古人草居,偶一不慎,踏着这种大头虫儿,必定失足,失足即蹉跎,蹉跎即差池。把壱字解成差池,在甲骨文上,无不畅通。把壱字解成他或它故,在甲骨文上,都讲不下去。甲骨文上,有几个极短简而最常见的句子,即"壱","亡壱","不我壱"等是,是卜辞完了之断语。把壱解成他故,则他故,无他故,不我他故三句话中,除无他故一句外,其余两句在文法上实在讲不通。若把壱解成差池,则差池,无差池,不我差池三句话,便很畅通了。

古代对天地的认识

(释玄黄)

玄黄两字,向来被解释为两种颜色:玄为黑颜色,黄为黄颜色。《易·坤卦》云,玄黄者天地之杂也,天玄而地黄;意思就是说:天是黑的,地是黄的。这个解释,我不赞成。我以为玄黄不是两种颜色,而是两种状态:玄就是悬字,黄就是横字;天玄地黄,不是天黑地黄,而是天悬起,地横铺。照旧的解释看,我们的祖先对于天地的认识未免太幼稚;若照我的解释看,我们的祖先的认识比较近于真理。

先讲玄字。《说文》云:𤣥,幽远也,黑而有赤色者为玄,象幽而入覆之也;凡玄之属皆从玄;𤣥,古文玄。许氏这些解释,是错了的。清王筠《说文释例》便曾指出过。我们若把玄字解成悬字,则形音义三方面都很畅通。就形来讲,𤣥就是悬起的东西,如树上结的果子之类。《说文》云:𤣥小也,象子初生之形。这话是不错的。但学者误以子为人的儿子,认为儿子并不像𤣥。其实若以子为树上新结的果子,那就很像𤣥了。不独如此,而且小的意义,县的意义,都一齐涌现出来。至于𣎤,大概就是果子上面覆着的两片树叶,就是果子县挂之处。两者合起来,就成了𤣥或𤣥或𤣥。玄字的县义,最初大概是从果子县在树上的县义来的,后来引申,凡县,都用玄来表达。再就音来讲,玄与县完全相同,声与韵都一致。更就意来讲,玄字就是县字;《释名》里《释天》、《释亲》都还保存了这个意义:天谓之玄,意思就是说有物县在上面;玄孙谓之玄,意思就是说上县于高祖,本身排在最下。《淮南子·览冥训》里的玄圃,也以解作县圃为较有意思。巴比伦当加尔提帝国时代,国王内波查(Nebuchadnezzar)曾建花园,高耸天空,至今尚为世界最著名的奇迹之一。西洋历史书里写作 Hanging Garden,何炳松译作空中花园,我译作县苑,最文雅的译名莫过于译为玄圃。《览冥训》云:昆仑去地一万八千里,上有层城九重,或上倍之,是谓阆风;或上倍之,是谓玄圃。我们固不必把《淮南子》里面的玄圃认为就是巴比伦的县苑;但把玄圃的玄字解成县字,意思要好得多。此外凡从玄的字,几乎都含有县的意思;我们可以举些较明显的例子如次:把出售的东西县在十字路口叫卖曰衒。《广雅·释诂三》,衒卖也;《楚辞》,疾世欲衒鬻兮莫取。

　　玩的小鼓,用绳系起来,县在架上曰乐。《说文职墨》云:案8象两鼓县系之形。木部乐象鼓鞞;段注鞞当作鼙,鼓大鼙小,中象鼓两旁象鼙也;然统言则象五鼓耳。乐字两旁之8即玄字;中作⊖者,今篆文作白,亦差误也。县当以玄为正字;玄本象鼓,《诗·有瞽》篇所谓应田县鼓是也。广其义,则凡钟磬之属亦称县;县行而玄字之本义晦,本义晦乃遂为别义所专;惟《释名·释天》、《释亲属》并云玄县也,则玄字之义仅存者矣。《职墨》发现了县系之义,是不错的;但把所县之物一概称之为县,那就讲不通了。首云玄象两鼓县系之形,继谓玄本象鼓,前后未免矛盾。玄如果象鼓,则应田县鼓云云不成了应田鼓鼓吗!钟磬之属都是一件一件的东西,为什么要称县?分析不清,弄出错误;我们这里只能取其县系之义。

　　菽粟之类,当成熟的时候,一串一串,县在田中曰畜。《说文》云:畗田畜也,《淮南子》曰:玄田为畜。单就这两句看,许说是不错的;只是他自己并不懂得这是什么意思,所以于重文畾又曰:鲁郊礼畜从田从兹,兹益也。从田从兹云云,就完全错了。畜字历来被认为与畜牧是分不开的:田畜云云,大家总以为是田里养的牛马之类。玄田为畜云云,则根本没有人懂得。其实田畜并不是田里养的牛马之类,玄田为畜更非全不可懂。清俞樾《儿笘录》对田畜二字的意义,首先扭转过来:认为与畜牧无关,而是田中所积之物。故曰:田畜者田中所积也;《一切经音义》曰,蓄古文稸,同是蓄字,有从禾者,则蓄亦田畜可知矣。我们认为一串一串,悬在田中的东西就是畜,就是粟。这里蓄、稸二字给了我们一个极大的帮助,使我们更信悬在田中的东西,不是属于禾本,就是属于草本。玄田为畜,就是悬田为粟,就是悬于田中的粟。

引牛的绳,一端穿在牛鼻上,一端拿在人手里曰牵。《说文》云:牵引前也,从牛,象引牛之縻也。《广雅·释诂一》,牵引也;四,牵连也;《释言》,牵挽也。《西京赋》,此牵乎天者也;注,犹系也。只要牵起,便是县系。

半月县在天空曰弦。《释名·释天》,弦月半之名也;其形一旁曲,一旁直,若张弓施弦也。半月就是弦,弦就是半月,阴历每月初八九或二十二三的夜里,有半月出现,正像悬在天空的一把弓,并不要另加张弓施弦的解释。不过把弦看作系于弓的两端,绷得很直的弦线,也可以;弦线是县在空中的,仍有县义。眼睛害了一种病,时时觉得好像有东西县在眼前动荡曰眩。《释名·释疾病》,眩县也,目视动乱,如县物摇摇然不定也。如县物摇摇不定,断不是指眼睛自身而言;眼睛限在眼眶里,并不能摇动。能摇动者当是眼前所县之物。事实上眼前并无物;不过生了病,视觉乱了,觉得好像有物县在眼前摇摇不定。

眼泪从眼眶流出,县而未落;露水在花瓣上凝结成珠,县而未落曰泫。《礼·檀弓》云,孔子泫然流涕;谢灵运诗云,花上露犹泫,都是县而未落的意思。

玄的意思就是县,可以断言了。现在我们再来讲黄字。黄字是田字与古文光字合成的。古文光**灷**,上面大概是可以燃烧之物,或可以盛燃烧之物的东西,下面是火。与田字结合,便成**黃**字;金文里的黄字,几乎都是这个形。用火把东西燃烧起来,一方面获得照耀,曰光,所谓光明是也。另一方面被烧的东西烧完了也曰光,所谓烧光是也。黄字所从之田,就是有横直界画的土地。农耕开始的时候,地里有丛林野草之类,用火把它烧去,如"益烈山泽而焚之"的办法一样,所剩下的是一片光土,这大概就叫做黄。《说文》云:**黃**地之色也,从田从茣,茣亦声,茣古文光,凡黄之属皆从黄。所谓黄地之色也云云,大概就是丛林野草烧光之后土地的情况。这情状是横铺的一个平面。由此看来,光、黄、横是一家。清潘奕隽《说文解字通正》云:《春秋左氏传》,陈侯之弟黄,《公羊》、《谷梁》作光;《书》光被,《汉书》作横被;光与黄通,故光与横亦通。岂独通而已?就黄与横言,简直是一个字。其意义就是横铺,就是广大,就是无边无际。凡从黄之字,几乎都有这类基本意义。现在且举些例子于后,以作证明。

与直线成正交的线曰横。例如织布的线,经线为直,纬线为横。《楚辞·沈江》不别横之与纵注,纬曰横;《仪礼·大射仪》坐横弓注,人东西向,以南北为横。横字的意义大家都很熟悉,且不多说。薄金属片或竹叶横亘管口,吹使震动,就能发声曰簧。《说文》云:笙中簧也。《释名》,簧横也,于管头横施于中也;以竹叶作,于口横鼓之也。

横佩起的玉石曰璜。《诗·郑风》杂佩以赠之传,杂佩珩璜琚瑀冲牙之类。《释文》,半璧曰璜,佩上有衡,下有二璜,作牙形于其中,以前衡之,使闭而相击也;璜为佩下之饰。徐锴《说文系传》云:锴按《毛诗传》说佩上有双衡,下有二璜冲牙琚瑀以纳其闲;然则璜上应于衡,亦当横也。《白虎通》,瑞贽阳气,横于黄泉,故曰璜。由此可见璜有横意。

房屋宽敞,或地面辽阔,或东西开张曰广。朱骏声《说文通训定声》云:广殿之大屋也,从广黄声。按堂无四壁者,秦谓之殿,所谓堂皇也;覆以大屋曰广。《尚书大传》,天子之堂广九稚;《孟子》,居天下之广居。这都是讲的房屋宽敞。

《易·系辞》广大配天地;疏云;大以配天,广以配地。《左》庄二十八传,狄之广漠注,地之旷绝也。这都是讲的地面辽阔。《荀子·王霸》,人主胡不广焉注,开张也,假借为横。《周髀算经》句广三,按横者谓之广。《周礼·大司徒》周知地域广轮之数,马融说东西为广,南北为轮。这都是讲的东西开张。

水面一望无际曰潢。《说文通训定声》云:潢积水池也,从水黄声。《周语》,犹塞川原而为潢污也注,大曰潢,小曰污。《史记·司马相如传》,灏溔潢漾,《正义》,水无涯际也。

地面一望无际曰圹。《孟子》,兽之走圹也的圹,当是一望无际之地。《庄子·应帝王》,以处圹垠之野,崔注犹旷荡也。《释名·释丧制》,圹旷也,藏于空旷处也。

此外还有许多从黄的字,无不含有横铺,广大或无边无际等意义之一部或全部。现在我们可以综括玄黄作一总结了。《易·坤卦》所谓天玄地黄,意思就是天县地横。古人对于天地的认识,本来是很近情理的,但一向被我们误解。于今这个误解应该改正了。天玄就是天县起;地黄就是地横铺。天县地横的解释,比《易·坤卦》注里天玄地黄之说好得多;比《淮南子·天文训》里天圆地方之说也好得多。至于《诗·周南》里我马玄黄,向来被释为马病,那完全是从双声里面求出来的意义;并不是说马病了,颜色忽然由黑变黄。王筠《说文释例》说虺隤,玄黄,瘏矣都是病;虺隤叠韵字也,玄黄双声字也,瘏矣则直言其病。然则虺隤玄黄皆瘏也。凡双声叠韵,例皆形容之词,不可泥字生义;马虽病,不能黄也。这说甚是,故与天玄地黄之玄黄截然不同。

庶 为 奴 说

庶字金文里很不少。其形式,《孟鼎》作撚,《毛公鼎》作撚,《伯庶父敦》作撚,

《伯庶父簋》作⿰厂㕔，《子仲匜》作⿰厂㕔，《邾公华钟》作⿰厂㕔。这些形式，一一分析，可得三件东西：一、厂相当于小屋子；二、口相当于煮东西的锅子；三、小相当于锅下所烧的火。合起来看，应该是厨房或杂屋或如上海人所谓"灶披间"之类。就形式而言，固然可以得到这样的解释；就音与义而言，也可以得到与此相符的解释。庶通煮，《周礼·秋官·庶氏》注：庶读如药煮。单就这一例看，庶与煮实含有相同的声音与相同的意义。且煮字的形式，也包含锅子与火。火很显明，大家都看得清楚，不必多说。至于锅呢，即者字的下半，更可从者字看出来。者字在金文里有好些形式，《或者鼎》作㸒，《或者尊》作㸒，《王孙钟》作㸒，《殳良父壶》作㸒，《诸女觥》作㸒作㸒，《者汈钟》作㸒。上面大概是蒸气之类，下面一定是锅子。《颜氏家训·书证》篇有云："火旁作庶为炙字"，还可想见庶煮含有相同的声音与意义。

　　由上种种，我们断言庶字的基本意义为杂屋，为灶披间，为烧饭或住佣人的地方。稍稍引伸，有三个较为明显的意义：一曰卑贱，常用来形容最下层社会分子；古代所谓庶民，大概就是贱民或奴隶之类，其住居规定在杂屋里，不在正屋里；故他们常被称为庶民，意即住杂屋或灶披间的人。这个意思，一直到东汉时，还在民间流行着。《后汉书·刘玄传》云："其所授官爵者皆群小贾竖；或有膳夫庖人，多着绣面衣、锦裤、襜褕、诸于（大掖衣也），骂詈道中。长安为之语曰：灶下养，中郎将。"二曰旁出，常用以形容非正妻所生之子，所谓庶子是也。清徐灏《说文解字注笺》云："古者诸侯之世子曰适子，余子谓之庶子。庶犹众也。后世专以侧室所生为庶，古无是也"。这里徐灏错了，庶的根本意义并不是众多；所谓庶子实在就是侧室之子；后世专以侧室所生为庶，倒是援用了古意。徐认庶为众，不懂得后世的解释含有古意。其实适与庶老早就是对立的：适为正出，庶为旁出。三曰眇小，即俗所谓差不多的意思。《诗·抑》"庶无大悔"，《礼记·檀弓》"其庶几乎"，庶字都是差不多的意思。差不多即所差无几，即是几微之差，即眇小不必十分介意的差。眇小的意思，也与卑贱旁出一样，是很流行的。

　　庶字所含卑贱，眇小，旁出等意义，在许多从庶的字里还寻得出。我们现在且举大家都熟识的几个字为例，以见一般。例如：

　　　　语不扼要，打断别人的讲话曰嗻。《广韵》谓嗻为多语之貌，《集韵》谓嗻为不重要之语，《说文通训定声》则云：嗻遮也，多语之儿，遮遏人言也。小语遮遏人言，有卑小旁出诸义。

伏于道旁,出阻别人的行程曰遮。《史记·卫世家》云:乃使太子伋于齐,而令盗遮界上杀之。《后汉书·班超传》云:伏兵遮击。伏兵遮击,是用小计出奇制胜的办法,有卑小旁出诸义。

著书立说,剽窃别人的意见曰掫。《史记·十二诸侯年表》云:各往往捃掫《春秋》之文以著书;《汉书·艺文志》云:捃掫遗逸;《汉书·刑法志》云:萧何攟掫秦法。剽窃别人的东西,有卑小旁出诸义。

有一种扁扁的小虫,常居于墙壁下的曰蟅或䗪虫。《本草》云:䗪虫一名地鳖,生人家墙壁下土中湿处。陶隐居云:形扁扁如鳖,故名土鳖。《周礼·赤友氏》凡隙屋除其狸虫注云:狸虫䗪肌蚳之属。陆心源《释䗪》云:《周官》以为狸虫者,狸者薶也,言其薶于土中也。扁小虫类居于壁下或薶于土中,都有卑小旁出诸义。

有一种胅弱的小鸟,常躲在树叶下的曰鷓或鷓鸪。清王玉树《说文拈字》云:"鷓鸪鸟名,按《本草集解》鷓鸪性畏霜,早晚稀出,夜栖以木叶蔽身。"《埤雅》亦云:"臆前有白圆点文,多对啼,常向日飞,畏霜露,早晚稀出;有时夜栖则以木叶自覆其背,故《广志》作遮姑,义盖本此。"照这一段文章看,这种鸟实在可怜,具有卑小旁出诸义。

卑贱,眇小,旁出诸义中,尤以旁出一义为最突出:用以形容动作时,有掩盖不让别人看见的意思,如掫拾他人之文章的掫,伏兵遮击的遮,薶居墙下之䗪虫的䗪,躲于树叶下之鷓鸪的鷓,都是实例。若用来形容沉沦于社会最下层的人民时,则有挤居在杂屋不让抬头的意思。人而只能住杂屋或灶披间一类的屋,不能抬头,不能居正屋,那一定是奴隶或贱民或小人。庶字的基本意义,只是卑贱,眇小,旁出等。古书中的庶字,照这种基本意义来解释,文意都很顺;若把庶的意思看成"众多",来解释古书,有些地方,总不甚顺,或者完全不通。我们现在且举几个最显之例如次:

《书·皋陶谟》无旷庶官之庶,若解作众多,总不甚顺。众多之官究竟是指一些官?还是指一切官?如系指一些官,则其他的官似为可旷,断无此理。如系指一切官,则众多云云便没有意义。若解作眇小,便畅通了。无旷小官,意即谓虽小官亦不任其空旷。

《诗·灵台》庶民子来之庶,若解作众多,总不甚顺。民之来者既极踊跃，如儿子之帮父亲一样；那么人数断不是单一的，一定是多数。再于其上加以众多来作形容词，成为多数的多数，便不顺了。若把庶解为眇小，则小民子来云云，便畅通了。

《商书》庶草繁无之庶，若解作众多，总不甚顺。草而繁无（芜）一定众多了。再于其上加以众多来作形容词，成为多数的多数，便不顺了。若把庶解为眇小，则小草繁芜云云，便畅通了。

《书·皋陶谟》庶明励翼之庶，若解作众多，不但不顺，根本不通。众明励翼，有什么意思？难道天明之明是可用数来计算的吗？若把庶解作眇小或微弱，则微明励翼一句话便畅通了。

李斯《谏逐客书》王者不却众庶之庶，若解作众多，不但不顺，根本不通。庶既为众，则王者不却众庶便成了王者不却众众，还有什么意思？若把庶解成卑贱或眇小，则不却众庶等于不拒绝一切卑贱微小的下层人民，意义便畅通了。

像上面这类的例子，不能一一举尽；由此我们该可相信庶的意思是卑贱，是眇小，是旁出；庶民在古代几乎是奴隶的专称。但庶字之众多的意思，也确是有的。如《书·尧典》庶绩咸熙，《史记》作众功皆兴，并不能算不通顺；又如《书·禹贡》庶土交正，郑本作众土，也不能算不通顺。其他与此相类之例还很多。然则众多的意义是从哪里来的呢？曰，从卑贱微小而居于杂屋里的人数引出来的，且与卑贱等基本意义同时流行着。许氏《说文》云："庶屋下众也。"正是指的这个引伸之义。许氏这说，最为正确，道出了庶民的真相。庶民即卑贱的小民，即只能居杂屋的奴隶，人数很多；故曰屋下众也。学者解庶为众，也有一些讲法；但都不如许说妥帖。或谓庶所从之廿为廿为二十，二十是多数，故谓庶有多数的意义。其实廿不是二十，而是锅子。或谓庶所从之炗为光，谓光有众盛的意思，其实炗并不是光，而是锅在火上，含有煮意，杂屋或灶披间的意思就是凭此构成的。就退一步讲，认炗为光。但当时量子物理学还没有出现，并不晓得光粒子这类的名称，怎么好把光称为众多呢？所以徐铉也只能说"光亦众盛"，这是多么牵强的说法呵！唯独许氏谓庶为屋下众，为最得真相。且许氏所谓屋，亦只是遮蔽风雨的极简陋的东西，与今日临时搭盖的茅棚或竹棚颇相像。徐笺云："古之所谓屋，非今之所谓屋也"。《大雅·抑》篇上不愧于屋漏，毛传云屋小帐也。车上蔽风雨的东西亦谓之屋，《秦风·小戎》篇载其板屋之屋，大概就是车上蔽风雨的木棚。引申其义，凡覆盖于上者皆谓之屋。《郊特牲》曰，丧国之社屋之；《公羊》哀四年

《传》亡国之社蓋揜之。揜其上而柴其下；屋之即揜之也。均有马马虎虎搭盖茅棚之意。又为障翳之称。《易·丰》上六，丰其屋与丰其蔀丰其沛文同一例，蓋褐气笼罩蔽塞如屋然。由此看来，许氏所谓屋下众，正是杂屋或灶披间一类之屋下挤满的大众，正是庶民或奴隶的正确解释。

附：郭沫若先生来信

谷城先生

“释庶”很有见地。“庶”即厨的初文，您说为“灶披间”是不错的，唯在周初已失其原义，而成为“庶人”之庶了。“者”亦即煮之初文。“者”假为诸，亦犹“庶”训为众。

敬礼！

郭沫若　1月4日

圭　田　辩

什么叫做圭田？旧说谓是清洁的上等田，分给士大夫作祭祀用的。《孟子·滕文公》上云：“卿以下必有圭田：圭田五十亩，余夫二十五亩。”赵注云：“古者卿以下至于士皆受圭田五十亩，所以供祭祀也；圭，洁也，上田，故谓之圭田。”这说完全不对，圭并没有清洁上等的意思；据我们研究，恰恰与此相反；圭只有不方正，不平坦，不整齐或不正常的意思。这可从它所寄居的其他合体字里寻出来。

圭在闺中，含有上圜下方或上锐下方之尖锥的意思。《说文》云：“闺，特立之户，上圜下方，有似圭，从门圭声。”《说文通训定声》据此，谓特立之户，上圜下方，既有似圭形，则圭并不单只表示声音，而实表示上锐下方的尖锥的意思；并引《左传》襄公十年《传》里筚门闺窦之人一句的注云：“闺窦小户，穿壁为户，上锐下方，状如圭也。”上锐下方的圭状，只是尖锥状。圭在奎中，也表示尖锥状的意思，其形状大概像人。《说文》云：“奎，两髀之间，从大圭声。”《庄子》云：“奎蹄曲隈”，向秀注云“股间也”。《西京赋》云：“奎踽盘桓”，薛综注云：“开足也”。两股之间，或两足张开，都构成两线所夹之尖顶角。《天文书》云：“西方十六星象两髀，故曰奎。”圭在鞋中，仍表示上锐下方的意思，鞋即农民用在草坪里耙枯草的耙子，其形大约像。王筠《说文句读》云：“案今语齿少而向前者谓之乂，齿多而向后者谓之耙。”《方言》云：“杷，宋、魏之间谓之渠拿，或谓之渠疏。”渠拿连读，即成鞋声；渠疏连读，即成欋声。《释名》云：“齐、鲁谓四齿耙为欋”，是即渠疏的连读；

《说文》云:"耤……可以划麦,河内用之。"是河内把渠拿连读成耤也。我们今日把疏散的东西如稻草或麦秆之类握在手里,叫做一把耤。手握之处尖小,下悬部分方大,构成𠁥形,仍有上锐下方之意。

上面所讲,主要为不方正的意思。下面且来讲不平坦的意思。

圭在厓中,表示不平坦的意思。《说文》云:"厓,山边也。"山是突出于地平面上的东西,其最基本的形式为∧,山边曰厓,显见圭在厓中含有不平坦的意思。圭在洼中,也含不平坦的意思。《说文》云:"洼,深池也。"池是陷入于地平面下的东西,其最基本的形式为∨,深池曰洼,显见圭在洼中含有不平坦的意思。山向上突出,池向下陷入,都用圭来描写,因为圭的本身只是不平坦的意思,故都用得着圭字以为描写之助。《吕览》云:"子能以窒为突乎?"高注:"窒容汙下也,突理出丰高也。"汙下与丰高,即是陷落与突出;都是不平坦而已。根据向上突出的不平坦,与向下陷入的不平坦,更可引出许多不同的字。例如崖,段氏《说文解字注》谓是山的高边,是就向上突出的意思讲的。又如洼,《玉篇》谓是牛蹄积水,是就向下陷入的意思讲的。

上面所讲,主要为不平坦的意思。下面且来讲不整齐,或不正常的意思。

圭在恚中,表示不正常的意思。《说文》云:"恚,恨也";《诗·大雅·绵正义》引作怒;王筠《说文句读》云:"恚恨也,恨怨也,怨恚也,此多字相为转注之例。"恚、怒、怨、恨都是心理的不正常;怒、怨、恨既都可以为恚的转注,显见圭在恚中有不正常的意思。心理不正常曰恚,声音不正常则曰哇,曰𪛇。哇,徐锴谓是人言淫哇之声;𪛇,《汉书》颜注谓是乐之淫声。桂馥《说文解字义证》云:"李善注《笙赋》引《法言·吾子》篇:'或雅或郑,何也?曰,中正则雅,多哇则郑。'或借鼃字:《汉书·王莽传赞》'紫色鼃声',颜注'鼃者乐之淫声也。'"人讲话发出来的不正常的声音叫做哇;人奏乐发出来的不正常的声音叫做𪛇;可见圭在哇中,在鼃中,在𪛇中,代表了不正常的意思。声音不正常曰哇,言语不正常则曰诖,亦即误人的言语。《史记·吴王濞传》"诖乱天下",《汉书·文帝纪》"诖误吏民"云云,诖都是误的意思。《潜夫论·交际》篇"不信则失贤,信之则诖误人";《后汉书·光武纪》"吏人为隗嚣所诖误者";《寇恂传》"故狂狡乘间相诖误耳"。凡此云云,显见得诖是误人的话,不正常的话,也正显见圭在诖中代表了不正常的意思。言语不正常曰诖,行动不正常则曰跬曰跬。《说文》云:"蹞半步也,从走圭声,读若跬同。"《司马法》谓:"凡人一举足曰跬,跬三尺,两举足曰步,步六尺。"《贾谊书·审微》篇:"墨子见衢路而哭之,悲一跬而谬千里也。"一跬可以谬千里,可见行动的不正常,亦可见圭在趌中或赸中有不正常的意思。

由上看来,圭的意思,主要为不方正,不平坦,不整齐或不正常;毫无清洁或上等的意思。所谓圭田,就是不方正,不平坦,不整齐的田。拿《九章算术》上的几个实例来看,更可证明这个论断。《九章算术》卷一有云:

> 今有圭田广十二步,正从二十一步,问为田几何? 答曰一百二十六步。
> 又有圭田广五步二分步之一,从八步三分步之二,问为田几何? 答曰二十三步六分步之五。

术曰半广以乘正从。

　　刘注曰:半广者以盈补虚为直田也。亦可半正从以乘广。按半广乘从,以取中平之数,故广从相乘为积步亩法除之即得也。

这样的圭田与历来所谓井田恰恰相反。井田即豆腐干块式的四方四正之田,其基本形式为□□□□……。圭田即尖锥或尖劈式的不方不正之田,其基本形式为△△△△……。井字或田字只是代表田垧之形式的,并无理想的田制之意(详见拙著《中国通史》)。圭字亦然,也只是代表田垧之形式的,并无虚构的祭田之意。两者不同之点只是:一为四方四正,整整齐齐;一为不方不正,不整不齐。四个口合成田,四个△合成㕞。田即井田,㕞即圭田。

由上面所说井田与圭田的形式之不同,又可得出井田与圭田单位面积数之不同。假定井田一垧的面积为一百亩,则圭田一垧的面积便只有五十亩。照孟子所说,井田一垧是一百亩,圭田一垧是五十亩。《孟子·滕文公》上云:"卿以下必有圭田;圭田五十亩。……方里而井,井九百亩,其中为公田;八家皆私百亩。"孟子这段话,我们若看作理想的田制,那问题就多了。家庭人口增减无常,分合无常;要使每八家成一组,每一家人口不变动,钳在一个井字式的九区内,那是不可能的。但孟子这段话里所谓"百亩"、"五十亩"云云,则可以完全相信。古人划野为田,使之成垧,每一垧的面积数,为着计算方便,一定会用整数如"百"之类,决不会采用奇零数字。所以我们大可以相信井田每垧为百亩。井田每垧既是百亩,则圭田每垧面积自然只有五十亩。井田四方四正,其面积数,即从与广的乘积。圭田如尖锥形,即令从、广与井田同,然其面积数却是"半广以乘正从"或"半正从以乘广",因此必然只有井田一半那样大。一坵井田如为百亩,则一坵圭田只能有五十亩。《说文》云:"田五十亩曰畦。"段注云:"按孟子曰圭田五十亩,然则畦从圭田会意兼形声与?"段说是不错的,畦即圭田会意兼形声字,也就是五十亩一坵的不方不正的田。

从井田与圭田两者的形式之不同,及面积之不同,又可得出两者所在的地位之不同。井田大概在平原,圭田大概在丘陵地带。古人划野为田,使之成坵,当然先从平原开始,划成四方四正之田。迨平原划分完了,然后及于丘陵。但丘陵不如平原那么容易划,很难划出豆腐干块式的四方四正之田;反之,却只能划出尖锥或尖劈式的不方不正之田。

由两者所在方位的不同,又可得出两者出现先后的不同。照常理推测,四方四正的井田应该先出现,不方不正的圭田应该后出现。这先后相去当然不会很远,但总可以想到有一个先后之分。即如开荒,总是先开好地方;迨好地方开完了,然后来开较坏的地方。曾记郭沫若先生有古代豪门开荒之说,现已忘其原文,大意似指于占领好地方之外,再向较坏的地方垦田。

总上所述看来,圭田即与井田对待之田,与所谓祭田或上田丝毫没有共同之点。

农夫田民两级考

一

《说文》田部畯下云:农夫也,从田夋声。又𤱿下云:田民也,从田亡声。畯与𤱿是不是同意义的字,农夫与田民是不是同阶级的人,很值得研究。我作了初步的研究之后,觉得畯与𤱿不是同意义的字,农夫与田民不是同阶级的人。

二

畯字所从的夋,《说文》里有单独的解释曰:夋行夋夋也,一曰倨也。什么叫夋夋?徐锴曰:舒迟也。即高视阔步的意思。什么叫倨?《说文》云:不逊也,即倨傲不逊的意思。高视阔步,倨傲不逊,就是夋的特征。从形体上看,夋这个字甲骨文作🐾,作🐾,作🐾,作🐾,作🐾,作🐾,作🐾。象兽形,长爪,有耳,有尾。王征君疑即《说文》里的狻。狻是食虎豹的兽类;夋如果是狻,那当是最厉害的,其高视阔步,倨傲不逊,可以想见。又高视阔步,倨傲不逊的意思,还可以从用夋来描写的人或其他动物的特征上看出来。

例如上面所已提到的最厉害的兽曰狻。许书引《尔雅》解释曰:狻,狻麑,如虦猫,食虎豹者。《穆天子传》云:狻麂日行五百里。一种兽而能食虎豹,而能日行五百里,当很厉害,当可以用行夎夎,或倨傲不逊等词来描写。狻又叫狻猊,也就是师子。薛综注《西京赋》云:狻狻猊也,一曰师子。郭璞注《穆天子传》云:狻猊师子,亦食虎豹。神俊的鸟曰鵕,也就是鵕鸃。《水经注》浪水云《南越志》曰:增城县多鵕鸃,鵕鸃山鸡也,光采鲜明,五色炫耀,利距善斗。《广雅》谓鵕鸃即凤凰之类;《仓颉篇》谓鵕鸃为神鸟,一飞就是一整天;《楚辞·九叹》注谓鵕鸃为神俊之鸟。《新论·从化》篇谓赵武灵王好鵕翢,国人咸冠鸃冠。鸃冠大概就是以鵕羽为装饰的帽子。桂馥《义证》谓周有鹜冕,汉有鵕鸃冠,皆以其羽为饰。现在京剧中常有帽子上插两片羽毛的角色;出场时颇有高视阔步,倨傲不逊的样子;所插的两片羽毛可能就是鵕鸃或鵕鸃的羽毛,插上可以增加英勇气概。狡狯的兔曰魏。《玉篇》谓魏为狡兔。魏这个字,徐笺谓古时字少,常用逡代替,后来才作出魏字;所以古书上的逡就是魏,就是狡兔。这大概不错。所以《战国策·齐策》淳于髡曰:东郭逡者海内之狡兔也。《集韵》狡狯也,疾也。会跑的马曰骏。《说文》谓骏为马之良材者,《一切经音义》引作马之才良者。《穆天子传》天子之骏注云:骏者马之美称。《楚辞·七谏》驽骏杂而不分兮注云:良马为骏。骏就是会跑的马。才大的人曰俊。《孟子》俊杰在位注云:俊美才出众者也。《书·皋陶谟》俊乂在官,郑注云:才德过千人为俊。《尹文子》云:千人才曰俊。《申鉴》云:力称乌获,捷言羌亥,勇期贲育,圣云仲尼,寿称彭祖;物有俊杰,不可诬也。由这说看来,凡有特长的人都叫俊。

由上举诸例看,厉害的兽曰狻,神俊的鸟曰鵕,狡狯的兔曰魏,会跑的马曰骏,才大的人曰俊。人不独才大的叫俊而已;凡力大的,敏捷的,勇敢的,圣哲的,长寿的等等具有任何特长者都叫俊。根据这些例子,我们已可推知畯的大意。但《说文》中更有关于畯的具体解释曰:畯农夫也。农是种田,我们晓得。夫是什么?《说文》云:夰丈夫也。周制以八寸为尺,十尺为丈,人长八尺,故曰丈夫,凡夫之属皆从夫。照这个意思看,夫只是长人,只是大个子,或如上海话所谓大块头。农夫云云,只是农场上的大个子或大块头。农场上的这种大块头,用夎来描写曰田畯,用夫来描写曰农夫,一定有其特别的用意,断不是一般种田的人或甿或田民可能比。

三

甿所从的亡,与畯所从的夎,恰恰相反。夎的意思为高视阔步,倨傲不逊;亡的意思则是畏罪逃亡,不敢见人。《说文》云:乚,逃也,从入从乚,凡亡之属皆从亡。入是逃避的意思,乚是可以逃避的偏僻地方。所以段注解从入乚,谓是会意,谓是入于迟曲隐蔽之处。畏罪逃亡,不敢见人,是亡字的基本意义。《书·牧誓》乃惟四方之多罪逋逃是崇是长,是信是使;传云:纣尊长逃凵罪人。《史记》张耳凵命;晋灼曰:命者名也,谓脱名籍而逃匿;则削除名籍,故为凵也。凵这个字,若与勾合看,意更明显。《说文》谓亡人为勾。朱骏声《通训定声》谓勾即逃亡在外,求食于他乡的人。田民或种田的人要用亡来描写,称之为畞,也一定有其特别的用意,不能看为与上述田畯或农夫同阶级的人。畞与畯固不同,夫与民更大有区别。夫为长人,为大个子,为大块头;民则为小人,为凡民,为蒙昧无知者。《说文》云:民众萌也,从古文之象,古文作㠯。章太炎《文始》谓:三体石经直作㫃,与古文女同,其本义恐直为萌芽,象草生形。《通训定声》谓民之古文从母,取其蓄育的意思。这都讲得过去。草生蓄育便已包括有细小众多之意。凡民的意思,可从《孟子》里找出来。《孟子》"待文王而后兴者凡民也"注谓凡民为无异知者。岂独凡民无异知而已;民的含义,由萌声引出来的,恐怕最主要的就是蒙昧无知。桂馥《义证》引了一长串的例子,都只证明这个意思。桂云:《一切经音义》一案,氓冥昧貌也,言众庶无知也;《汉书》氓氓,群黎也;《书·吕刑》苗民弗用灵,郑注民者冥也,言未见仁道;《诗》氓之蚩蚩,传云氓民也,蚩蚩者敦厚之貌;《灵台》序笺云:民者冥也,其见仁道迟;论语民可使由之,郑注民冥也,其见人道远;《孝经·援神契》民者冥也;《春秋繁露·深察名号》篇民者冥也;又曰,米出禾中而禾未全美,善出性中而性未全善,民之号取之瞑也;《贾谊书·大政》篇夫民之为言萌也,萌之为言盲也,故惟上之所扶而以之,民无不化也。这一长串例子个个都只证明民是蒙昧无知的人。

除了蒙昧无知的人以外,其他的人是不是有时也可以用民字来表示呢?可以的。但那样,民的意思就不是民,而是人了;对于民的原意则加下、贱、小等字来区别。王筠《说文句读》云:民亦人之通称:《诗》曰厥初生民,谓始祖也;曰民之初生,由子孙以溯先人也;曰先民有作,犹云昔吾有先正也;曰民之秉彝,则就上下言之也。是以黎民曰下民,曰齐民,特为贱者区别其词;许君主谓小民者,经典中此义为多也。下、贱、小民云云,竟是经典中民字的最广义!总上所述,可见畞或田民直是农场中蒙昧无知的下贱小民;显然与高视阔步,倨傲不逊的畯或农夫不属同一阶级。

四

畯与畞或农夫与田民既不属于同一阶级,然则他们彼此的关系究竟是怎样的呢？曰：主与奴的关系。畯或农夫属统治阶级，剥削阶级；为奴隶主的爪牙，为直接监督劳动农人者。甿或田民为被统治阶级，被剥削阶级；为奴隶主的财产，为直接提供劳动生产品的人。民或萌或甿常与隶连称，例如《史记·周本纪》以振贫弱萌隶云云，是与隶连称；《陈涉世家》甿隶之人云云，是与隶连称；《司马相如传》以赡萌隶云云，是与隶连称。隶究竟是什么？《说文》云：隶附箸也，从隶柰声。段注云：《周礼》注隶给劳辱之役者；汉始置司隶，亦使将徒治道沟渠之役；后稍尊之，使主官府及近郊；《左传》人有十等，舆臣隶；隶与仆义同，皆训附箸。民又可能与奴同义。民字古文作㞢，三体石经直作卪，与古文女同，前面已经讲过。但与古文奴亦极相近；《说文》古文奴从人作仂，这个字除从入的部分外，余与三体石经的民字毫无区别。再从恨与恢两字上看，似亦可以找出民与奴同义的线索。《说文》云：恨恢也，从心民声；恢乱也，从心奴声。《诗·民劳》以谨惛恢，《释文》引《说文》作以谨恨恢。恨恢连称，既非双声，又非叠韵，很可能由于民奴同义。又秦称民曰黔首，《吕览·大乐》注秦谓民为黔首；汉称奴为苍头，《后汉记》讨彭宠者封侯，宠苍头奴子。黔首苍头没有区别，一定是由于民奴本身没有区别。

　　畯就不同了，他是骑在甿或田民背上的。他的任务可归纳为数项：一曰主持农事，《月令》命田舍东郊，郑司农曰，田谓田畯，主农之官也。二曰作好准备，《周语》命农大夫咸戒农用，农大夫就是田畯。三曰教人种田，《周礼·籥章》以乐田畯，郑云，田畯古之先教田者。四曰统率众农，《通训定声》云，畯之为言俊也，率众农者也；夫也者以知帅人者也，故亦曰农夫。从这些任务看，畯或农夫只能是统治阶级、剥削阶级的爪牙，决非被统治、被剥削的甿或田民的同一阶级；而是压迫甿或田民者。

史学与美学

一、由史的创造到美的创造

（一）美的源泉只能从斗争中来。没有斗争，便没有成败可言；没有成败可言，感情或情感便不会发生，情感不发生；美的来源一定枯竭。人的生活，可能不一定都有情感；但美或艺术或艺术品，却是以情感为其源泉的。情感之发生总由于斗争有成败。有人说，所有艺术品，其萌芽之时，都带有戏剧意味，这不一定正确。但所有艺术品都或多或少反映着斗争所引起的情感，则是真的。如引水抗旱，对自然作斗争；成千上万的人工作于一处，有纪律，有干劲，其场面的伟大，已很动人，大家眼看着水所到之处，将近枯萎的稻田，渐渐复活，且欣欣向荣。愉快之感，油然而生。艺术家作抗旱图，所表现的重点，是油然而生的情感。又如反帝爱国，对压迫阶级作斗争；几十万人集合于一处，唱爱国的歌，呼愤怒的口号；一人唱，千人和，或万人和；其场面的伟大也很动人。报上纷传，帝国主义者到处碰壁，到处挨打；其所扶植的傀儡，一个一个崩溃下去；将见帝国主义者自己也崩溃下去。大家的愤慨，不断增长；对敌人的仇恨，也与日俱增。艺术家作反帝爱国图，或编反帝爱国歌；其所表现的重点，是愤慨或仇恨。愉快、愤慨、仇恨等等情感都只能从斗争中来。由此推广一点说，一切情感之产生，都由于先有斗争。斗争即历史过程；其自身，可以引出情感，其结果更能引出情感。

（二）历史过程是不断的，但在历史上所演的斗争却是一段一段的。因此，不断的历史实成于一段一段的斗争。换句话说是断而相续的。正如宇宙，是统一的整体，但构成这统一整体的物，却是无数的部分。换句话说，是多统于一的。宇宙若不是成于无数的部分，不是多统于一；那将没有发展变化可言，从而没有一切千差万别的存在。历史若不是成于无数的阶段，不是断而相续；也将没有发展变化可言，从而没有一切千差万别的事情。我们自己的生活，也是如此，也是由无数阶段构成的，也是断而相续的。我们种地，只能一季一季地种，不能在一年的三百六十五日之内,天天同样地种。前一季的工作为后一季作准备是可能的,后一季的工作完全同于前一季是不会的。种地也是斗争;一切斗争,都有阶段。每一阶段的斗争过程都是辩证的:即由"在自"到"外自",由"外自"到"为自"是也。拿"土改"来说吧。我们原来安于一种土地私有制,这是一个客观现实。但到某阶段我们与私有制不能相安了,即提出一种土地公有制的理想。公有制的理想一方面要否定私有的现实,另一方面,其自身却要实现为新的现实,即土地公有。私有的现实为"在自",则公有的理想为"外自"的,即外化其自身,使自身变为非自身的。公有的理想为"外自",则公有的新现实为"为自"的,即复返于其自身,使自身成为较高一级的。任何斗争过程,都由"在自",外化其自身;由外化了的自身,复返于其自身,成为较高的一级。

(三)辩证的过程反映出来的精神状态,有知、意、情等。由"在自"到"外自"之交,即由安于现实到与现实不能相安的时候,精神的活动表现为思考,为找出路,为制订方案,即理知的活动。方案是要否定原来的现实的,同时也是要实现其自身而为新现实的。一经制订,我们即照着做;不犹豫,奋勇前进,以期它的完全实现;这即意志的活动。方案完全贯彻了;新的现实完全出现了,主观与客观之间没有距离了;我们的要求与新的现实融合无间,心情无不舒畅,这即情感的活动。构造派的心理学者如温德(W. Wundt)辈,喜言知、意、情的三方面;好像有一个独立的心由知、意、情等原素构成的;心为总体,知、意、情为部分,部分既构成全体,又分别各司其事。其实我们的斗争过程所反映出来的精神活动,并不是同时的三个方面,而是相续的三种状态。谓心的三个方面,同时可作三种事情,是不符事实的;谓斗争过程,反映为相续的三种精神状态,倒还可以想象。

(四)理知的活动,主要在由"在自"到"外自"之交;意志的活动主要在由"外自"到"为自"之交;情感的活动主要在"为自"的完全实现。三者虽相续,却是有区别的:由"在自"到"外自"之交,分析情况制订方案,或作出实践的蓝图,其活动又为科学的。由"外自"到"为自"之交,根据方案,依照蓝图,努力实践,以期方案的实现,其活动又为道德的。实践完成获得成绩,引起无限的快慰,其活动又为艺术的。理知的、意志的、情感的活动之相续而有区别,无异于科学的、道德的、艺术的活动之协作而不能混同。拿打仗说吧,我们必须先开军事会议,分析敌情,制定作战计划,其活动主要为理知的,科学的。作战计划制定,遵照执行,进行战斗,其活动主要为意志的,道德的。战斗的结果或为胜利,或为失败;我们的心情或为兴奋愉快,或为沉重悲伤,其活动主要为感情的,艺术的。由理知到意志,由意志到感情;三者分明,可以区别。换句话说,由科学的到道德的,由道德的到艺术的;三者也是分明可以区别的。

不过可以区别,并不意味着可以分割。恰恰相反,三者彼此是相续而不能分割的。不仅不能分割,而且彼此常是交错的。我们作科学研究时,不能说只有理知活动,毫无意志的支持,或感情的流露。我们努力进攻敌人时,不能说只有意志活动,毫无感情的流露,或理知的指导。我们摄取艺术源泉时,不能说只有感情的活动,毫无理知的分析或意志的支持。知、意、情等彼此不能分割,固然如此。同时三者的活动,更与生理情况分不开,与社会情况分不开,与自然情况分不开,与历史情况分不开。我们的斗争,首先依靠我们自己这具有生理情况的有生之物,由斗争中引出的知、意、情等精神状态,何能离得了生理情况的影响。我们的斗争,不是对自然的,就是对阶级的;由斗争中引出的知、意、情等精神状态,何能离得了社会情况或自然情况的影响? 不过知、意、情等状态的自身,彼此总是有区别,而不能混同的。

(五)美的源泉只能从斗争中来,无斗争即不可能有美的源泉,换句话说,即不可能有情感。美的源泉,可能不单纯是情感,但主要的一定是情感。依源泉而创造的艺术品,其作用可能不单纯是动人情感;但主要的作用一定是动人情感的。历史过程即斗争过程。每一阶段的斗争,都必反映出知、意、情等精神状态。情的这一状态与美或艺术品结了不解之缘。斗争过程及斗争结果,历史家可据以编史。斗争过程及斗争结果所引出的情感则是艺术家据以创造艺术品的。斗争的结果或为成功,或为失败,历史家可据以编写历史书,以教育人,使继续斗争。成功所引出的愉快之感,或失败所引出的悲恸之感,艺术家可据以创造艺术品,以感动人,使继续斗争。历史家与艺术家所处理的对象几乎全同: 前者以斗争过程及斗争成果为处理的对象;后者所处理的对象与此实分不开。反转来说,历史家与艺术家所处理的对象,又几乎全异: 前者所处理的为斗争过程及斗争成果;后者所处理的则是过程与成果所引出的感情。叔本华(A. Schopenhauer)谈艺术,喜把没有意志的静观搬出来。其实不先在斗争的过程中有意志的贯彻,则没有意志的静观亦根本不可得。

斗争有属于阶级的,感情之生,又因阶级而异。奴隶与奴隶主斗争,前者胜,则后者沉痛悲伤,前者愉快兴奋。后者胜,则前者沉痛悲伤,后者愉快兴奋。由此推广一点说,农奴与地主斗争,无产阶级与资产阶级斗争,民族国家与帝国主义斗争,以及一切被压迫者与压迫者斗争,其成败所引出的情感,在正反两面,完全不同,前者得胜,则后者沉痛悲伤,前者愉快兴奋。反之,后者得胜,则前者沉痛悲伤,后者愉快兴奋。人类中间,阶级斗争还没有结束之时,由阶级斗争所生的情感,在不同的阶级中,彼此总是不同的。

二、美的创造的科学过程

(一) 有了感情,自然会表现出来。乐极而笑,悲极而哭,就是简单的表现。表现于物质,能留下来供人欣赏的,就成艺术品。艺术家在一切斗争过程之中,流露了自己的情感,或摄取了群众的感情,便是有了艺术的源泉,或艺术的原料。有了源泉或原料而不用物质表现出来,或不表现于物质,便不能有艺术品。克罗齐(B. Croce)之流,谓直觉即表现,实无异于以主观的精神状态代替客观的物质表现。这种违反事实的讲法是任何人所不能接受的。所以同是资产阶级学者,如鲍山葵(B. Bosanquet)也忍不住要说,克罗齐错了。就事实看,艺术品的美,或美的形象,虽“不是”物质的本身,“却在”物质的本身。例如建筑艺术的形象虽不是钢骨水泥、石灰、砖瓦等的本身,却在钢骨、水泥、石灰、砖瓦等的本身,因为离开了这些,建筑艺术的形象即无处存在。又如雕刻艺术的形象,虽不是青铜、白玉、乌木、象牙等的本身,却在青铜、白玉、乌木、象牙等的本身;因为离开了这些,雕刻艺术的形象即无处存在。又如图画艺术的形象,虽不是黄绢、白纸、木版、粉墙等的本身,却在黄绢、白纸、木版、粉墙等的本身;因为离开了这些,图画艺术的形象即无处存在。又如音乐艺术的形象,虽不是小提琴、五线谱等的本身,却在小提琴、五线谱等的本身;因为离开了这些,音乐艺术的形象即无处存在。又如诗歌艺术的形象,虽不是五言、七言、平仄、格律等的本身,却在五言、七言、平仄、格律等的本身;因为离开了这些,诗歌艺术的形象即无处存在。我们有很多艺术品是历史上传下来的,但这些艺术品都与物同在:如一座座的古建筑,一件件的古雕刻,一幅幅的古图画,一册册的古诗歌,一本本的古乐谱,都是物的存在。离开了一座座、一件件、一幅幅、一册册、一本本,将只有艺术品之名,而无艺术品之实。

(二) 感情一经有了物质的表现,成了艺术品或艺术活动,其自身又能动人,又是唤起感情的。例如图画、音乐、诗歌、戏曲、雕刻等独立的艺术品,完全没有直接生产作用,只以感人或动人情感而存在。书法、舞蹈、建筑等艺术,常附丽于其他事物:书法附丽于文字,舞蹈附丽于行走,建筑则附丽于避风雨之物;然而这些东西,虽附丽于其他事物,却仍能感人或唤起感情。至于有表现而不能动人或唤起感情的,亦是常有的事。例如比赛篮球或足球等,比赛围棋或象棋等,就其不具直接生产作用这一点而言,颇与艺术活动相类似;然其本身,既不是表现感情的,又不一定能动人情感,这是与艺术不相同的。又如表演杂技或幻术等,表演打拳或竞技等,就其不具直接生产作用这一点而言,也与艺术活动相类似;然其本身也不是表现感情的,也不一定能动人情感,这也是与艺术不相同的。再如工艺用的艺术,如香烟包上的画,广告用的艺术,如报章上的图;与图画艺术并无不同。然其作用只在推广商品,帮助广告,仍不是表现感情的,仍不能动人情感,仍是与艺术不相同的。至于本属艺术范围,几乎人人都知其为艺术品的东西,如图画、音乐、诗歌、戏曲、雕刻等,为作者水平所限,既未表现感情,又不能动人情感,则当别论。所有这些,仍是艺术品,只不过不是优秀的而已。我们却不能因此说,艺术品是不必表现感情、不能动人情感的。

(三)表现感情,动人情感,方法可能很多。但从事实看,有最宜注意的一条:即不能用概括说明,代替具体描写;不能用诉诸理知的办法,代替诉诸感情的办法。我们参观某种艺术展览会,首先即看到大幅说明。我们看电影或京剧,亦常有说明书可看。说明可以帮助理解,使人易受感动;似乎无异于帮助艺术品本身,使多发挥作用,更能感人。但帮助理解,并不等于帮助感人;增加读者的理解力,究竟不等于增加作品的感染力。某些图画上作者自己常有题辞,某些诗词中,作者自己常有注解。似乎概括说明,可以帮助具体描写。其实不然:题辞有时只是一个题目,例如辋川图,并不帮助作品表现更多的情感。如有帮助表现更多情感者,则题辞本身已成了作品的构成部分;白石老人的小鸡相斗,题曰"他日相逢",即属此类。至于注解,多只注明诗词中的典故,作者自己感情的活动,从未见有用注解说明的。如有用注解说明感情活动者,则注解当成了诗词本身的构成部分。初学作画的人,可能利用概括说明的题辞,帮助表情;初学作诗的人,可能运用概括说明的理论,代替表情;那都属前进中的小疵,并非认为概括说明为表现感情或动人情感的正当办法。

(四)不用概括说明代替具体描写,并不意味着艺术创作排斥科学技术的工夫。柏格森(H. Bergson)之流好言生之冲动,以为科学技术的细致工夫,与艺术作品的创作活动是不相容的。其实不然,科学技术,随处可用。即柏格森本人那些反科学的著作,便是用分析、研究、组合等与科学有关的方法,一篇、一章、一节、一段、一句写成的,而不是什么生之冲动。我们的电影是动态,但成于千千万万的静体。积静以成动,无异于积点以成长。推广一点说,积许多科学技术的细致工夫,可成表现感情而又动人情感的艺术作品。旧话有曰:"七步成诗","即席赋诗","文章本天成,妙手偶得之"。这些话只告诉我们:有天才的人,可以七步成诗,可以即席赋诗,可以随手成文;并不是说有了感情,有了艺术的源泉,不能运用科学技术,精工细作,以求如量表达。七步之内所获得的感情,宴会席上所获得的感情,当场以诗表出固然好;藏在记忆中,从容不迫,仍以诗表出来,亦未尝不好。问题所在,不在于科学技术能否用于创作过程;而在于有无感情,有无源泉,供我们表达。

有了感情,有了艺术源泉,可以运用一切可能的方法,予以表达。一切可能的方法,有属物理学范围的,如左右对称等,如重心适中等;有属心理学范围的,如苦乐对比等,如高峰促成等;有属艺术学范围的,如设计布局等,如变异同一等。因此我们无妨有艺术物理学、艺术心理学、艺术艺术学等专门学问。至于表现过程中所需要的技术,更是多种多样的。例如建筑可以有图样,作画可以打草稿,吟诗可以费推敲,舞蹈可以有步法。其他一切艺术作品,无不各有各的技术工夫。国画颇重笔法,笔法诚然可取;西画常用油漆刷子,亦可刷出画来。有人说,诗不必苦吟,但如有了真情,苦吟而能成诗以表达之,亦未尝不可。

(五)一切艺术作品,务必表现感情;但感情的表现,必借有形的物质。欢喜而笑,必缩短面孔,发出笑声;伤心而哭,必拉长面孔,发出哭声。达尔文(C. Darwin)著《情绪的表现》,曾畅谈这个道理。我们的诗,有所谓"兴"、"比"、"赋"者。"兴"即"先言他物以引起所咏之词"的意思,"比"即"以彼物比此物"的意思。他物、彼物,当是有形的物质,之词、此物,当是无形的感情。感情是无形的,如须表现出来,必定要借有形的物质。故图画、法书、诗歌、音乐、戏剧、舞蹈、雕刻、建筑等,都是物质的表现。不过物质的自身,并不就是艺术或艺术作品;必须作者从物质中摄取部分,进行加工,才能成为艺术或艺术作品。因此,一切艺术作品,都有所谓母题;所有母题都是客观存在于我们生活中的一件一件的东西,一桩一桩的事情,一个一个的故事。如果没有客观存在于我们生活中的东西、事情、故事等,作为母题,则任何艺术品都将无人懂得,因此也就没有所谓艺术品。

艺术作品,既然要有客观存在于我们生活中的东西或事情或故事等以为母题,那么创作云云不就等于模仿了吗?答曰不然。作品虽是反映我们生活中的客观存在的,但并不等于客观存在,必须有更多的一点。有这一点,虽模仿,亦创作;没有这一点,虽创作,亦模仿。这更多的一点,究竟是什么呢?歌德(J. W.

Goethe)答曰：是存在中的神秘法则。神秘法则云云，真够神秘！教人莫知所云！毛泽东同志在《在延安文艺座谈会上的讲话》则曰，是"比普通的实际生活更高，更强烈，更有集中性，更典型，更理想，因此就更带普遍性"的生活。这才把创作的标准，明示给我们了！更理想，更带普遍性的生活，既出自普通实际生活，其自身又将实现为较高级的实际生活，既是斗争的反映，又将推动继起的斗争。艺术家在斗争过程中，感到这一点，立刻捉住，藏于记忆；千方百计，再表现出来，使能感人。这一过程，就叫创作。

（六）艺术作品既须先有感情，又须经过创作，这是无可怀疑的。但于此有一问题发生：即自然风景，是否亦先有感情，亦经过创作？如果不具感情，不经创作，为什么有人欣赏，也能感人？要解答这一问题，先须消去一种成见。什么成见？即误以创作先于现成是也。其实我们的生活，是先与现成的客观存在相周旋，或打交道的，不是先与创作的艺术作品相周旋，或打交道的。只因主观客观由浑然一体进到两相对立，由平衡一致，进到对立矛盾，由隐而不显的斗争进到强而又烈的斗争；两方之间，失去了平衡，主观客观之间形成了差距；天然现成的东西，不能与我们相周旋或打交道了，于是有创作发生。首先创作的东西，自然是切于实际需要，而为生活所不可少的东西。这些东西既经创造出来，如能满足我们的需要，克服困难，解决问题，则引出成功兴奋的情感。反之，如不能满足需要，克服困难，解决问题，则引出失败悲伤的情感。情感停留下去，则又另选现成的客观存在之物来予表达。成功兴奋的情感表达出来，可感动继起的人，使能更兴奋，获得更大的成功；失败悲伤的情感表达出来，也可感动继起的人，使由悲伤转而为兴奋，避免可能的失败。表现情感的工具，最初都是天然现成的东西，如飞禽、走兽、游鱼、梅、兰、竹、菊、人、物、山、水、日、月、风、云、雨、露、雪、霜等，无不可以表现情感。但不予集中，不一件一件从其周围的环境划分出来，表现的力量即不能显出。这一划分，便开始创作。自然风景，或由人划分、指定，或由人看守、培养；划分、指定、看守、培养，无异于创作活动。至于远道旅行，访问山水，其活动亦与创作相当。如嫌旅行访问不便，则绘于绢帛或纸张，化自然风景为山水图画。宗炳序山水画，谓"竖画三寸，当千仞之高；横墨数尺，体百里之迥。……如是则嵩华之秀，玄牝之灵，皆可得之于一图矣"。可见现成的先存，创作的后起。现成的风景，经过划分、指定、看守、培养、访问等活动，即无异于经过创作。至于美与不美，自然本身不能言语，从未告诉过我们；天、地、日、月、风、云、雨、露、飞禽、走兽、游鱼、梅、兰、竹、菊等物，自己美与不美，都未告诉我们。

但有一点,是确定的,我们的情感,可在它们身上表现,前面所谓"不是"物,"却在"物是也。自然风景,只要是成了风景的,如庐山面目、黄山面目、桂林山水等,无不可以表现感情,所谓"雄健"、"伟大"、"惊险"等词,在科学家都不能接受,然欣赏山水者却津津乐道。科学家所看到的是自然,欣赏者所看到的却是自然所表现的人的情感。山水能表现人的情感,与飞禽、走兽、梅、兰、竹、菊等之能表现人的情感是一样的。

这里又有两个问题随着发生:一则人的情感是有阶级性的,是否也表现于自然风景?二则自然风景是没有阶级性的,能否表现有阶级性的感情?关于前者,我们可以明白地说,人的阶级感情,也常表现于自然风景,或借自然风景以为表现;游山玩水的人,因阶级不同,对自然风景的选择亦不同,即是明证。旧话有谓"知者乐水,仁者乐山",知者仁者,并非阶级不同,对山水可有选择;至于阶级不同,感情不同的人,对山水的选择,当然更是不同。关于后者,我们也可明白地说,没有阶级性的风景,能表现有阶级性的感情,描写自然风景的诗,常露出不同的阶级感情,即是明证。有些人说,描写自然风景的诗,不可能有阶级性。这说有误,即误以诗所写的"景"为人所写的"诗"是也。景无阶级性,人所写的诗则是可能有阶级性的;至于实际上有不有,是另一事。自然风景,并非出于创作,尚可表现不同阶级的不同感情;完全出于创作的艺术品,如图画、音乐、诗歌、戏曲、雕刻、舞蹈、建筑等之可以有阶级性,当更是毫无疑问的了。不过实际上或有或无,是另一事。

三、由美的创造到史的创造

(1)既能表现感情,又能动人情感的艺术作品,是没有直接生产作用的,如一张画,一章乐,一曲歌,一首诗,一出戏,一场舞等等,都没有直接的生产作用。就是建筑艺术也是不发生直接生产作用的,有作用的是避风雨的建筑物,而不是附丽于其上的艺术。书法家的书法,也是不发生直接生产作用的,有作用的是作交际用的文字,而不是附丽于其上的书法。这一事实,引起了一切资产阶级艺术学者的武断,曰艺术无用!其实艺术不是无用的,其用不在生产而在感人。优秀的艺术作品,感人之深能使人变化气质,改造品性,树立崭新的世界观,从而作出惊天动地的事业,或参与其中,贡献力量。这种作用,远非一般生产作用所能比拟。一场电影,如《白毛女》可以使我们的人民解放军流泪,持枪杀敌,奋不顾身。京剧场中,关于斗争失败的表演,有时使人伤心落泪;关于斗争胜利的表演,有时使人鼓掌欢呼。电影戏剧等感人之深,显而易见,其他如诗歌、音乐、图画、雕刻、建筑等,其优秀者都能表现感情,动人情感;从而影响人的品性,帮助树立崭新的世界观,进而改造历史。感人的作用,并不亚于生产的作用。为艺术而艺术的事,是没有的。偶与友人、建筑艺术专家闲谈,笑指有图画的屏风曰,这该是没有什么实际用处的了,答曰有,屏风是也;又指墙上所悬的画曰,这该是没有什么实际用处的了,答曰有,补壁是也;又想起北海公园的九龙壁曰,那该是没有什么实际用处的了,答曰有,辟邪是也。闲谈告终,相视而笑,盖彼此都不相信这些东西有实际用处,或生产作用者。不过生产的作用虽没有,感人的作用是应该有的。艺术品而不能感人,或动人情感,必然会丧失其存在的理由。

(2) 艺术感人,能帮助人的品性的改造,但与教育教人,以改造人的品性者不同。教育说理以改造人,如教材、讲演等,都是提供知识,说明道理的。教育过程之中,虽有人格感化等,也重感人;但主要的任务却是提供知识,说明道理。艺术不然,表情以感动人。例如"诗可以兴,可以观,可以群,可以怨",都只诉诸人的感情,而不诉诸人的理知。兴、观、群、怨,旧的解说多不相同。但有一点,是可以断言的,即不是诉诸理知。如诉诸理知,其用即近乎教育。艺术之感人,也常用说理的手段,以达到感人的目的,如电影戏剧之有说明、图画展览之有题解,都是说理的;但主要任务却在表情,以动人情感。教人,则说理唯恐不透,感人则表情唯恐不真。诗有所谓无病呻吟者,意即没有感情要表现,偏偏要为作诗而作诗;这正如没有生病的人,偏偏要睡在床上哼,以表示痛苦,其不能动人是一样的。没有感情或感情不真,而又迫于环境,非有表现不可,这在旧社会是常有的事。例如不欢而笑、不恸而哭,是常有的事。在旧式礼教的压迫之下,婆婆死了,儿媳妇必为之哭丧。但媳妇多是被婆婆压迫折磨的人,对婆婆多只有仇恨,并无感情,婆婆的死,几乎是媳妇所最欢迎的,当然不能引起动人情感的表现。因之媳妇的长篇大哭,虽也数得出许多事实,但由哭丧转入说理,根本不能动人。反之,戏剧表演,常是假的事情;但剧本表现了真情,观众明知事为假的,有时却被感动至于流泪。京剧有《劈山救母》一出,颇能感人。母被镇压在山内,儿子长大了,劈开山头救出母亲。演的都是虚构的神话故事,却能使观众受感动而欢呼。无情哭丧,虽有真事,亦不能动人情感;有心救母,虽演假事,然而可以引起真情。旧话有曰,"不诚无物",在艺术的感人方面,更是容易讲得通的。一种艺术作品,如不能表现真的感情,便不能动人情感。是亦可以说"不诚无物"。

(3) 感人的艺术品,就其能反映实际生活上的要求而言,又可称为理想或理想的代表。在反动统治时代的封建社会里所有艺术品,不代表地主阶级的理想,即代表农民阶级的理想。雕刻如福禄寿三仙,表示着地主阶级希望升官发财,多福多寿。戏剧如《蝴蝶杯》,表示着农民激烈反抗压迫,打击恶霸。其他任何一种艺术,无不各自代表多少理想。时代变了,阶级变了,艺术品所反映的要求或理想亦随着变,或表示农民的热诚,或表示工人的刚毅,或表示士兵的英勇,或表示广大人民反帝爱国斗争中的愤慨。社会主义时代的今日,所有艺术品都表示着新的理想。新的理想或巩固新的现实,或把自身实现于较高的新现实。历史家从现实中抽出规律,组成理论,以为理想,艺术家从现实中捉住感情,造成艺术品,以为理想。历史家的理想是指导人的,艺术家的理想是感动人的,然而都是载道的,都推动斗争,使不断前进。就其实现自身为新现实这一点而言,其作用有如桥梁:原来的现实,是"在自"的;理想出自现实,外化其自身,比原来的现实更带普遍性,可称为"外自";理想实现其自身为新的现实,复返于自身,是"为自"的。任何艺术品,如果是优秀的,不能不代表多少理想;否则不成其为艺术品。反之,任何艺术品必是新旧现实的桥梁:由旧现实的母胎中产生,又实现其自身为新的现实。

　　(4)斗争的发展是无穷的,出自斗争而又为斗争服务的艺术,其发展也是无穷的。在斗争过程之中,我们遇到困难,发生问题,主客观即分裂为二,对立矛盾。这时我们即放慢行动,或完全停止行动,进行科学分析,企图制出蓝图,克服困难,解决问题。蓝图制定了,照着行动,主客观又恢复统一,融为一体,或达到平衡。主客观的统一平衡或融为一体,是克服困难、解决问题的结果,并非如席勒(F. Schiller)所云物欲与理性妥协的结果。绝对的平衡统一,平静无波,可能是我们热烈所求的,但不是事实许可的。事实许可的,总是对立斗争与平衡统一互相交错。历史的发展与生活的发展,总是以对立斗争为推动的原因。每次平衡统一动摇,对立斗争出现,历史家可进行科学分析,制出蓝图,以便遵行,获得主客观的再统一。艺术家对此,则捉住感情,创作艺术品以感动人,使各自寻找蓝图,或另制蓝图,以统一主观和客观。毛泽东同志在《在延安文艺座谈会上的讲话》有曰:"革命的文艺,应当根据实际生活创造出各种各样的人物来,帮助群众推动历史的前进。例如一方面是人们受饿、受冻、受压迫,一方面是人剥削人、人压迫人,这个事实到处存在着,人们也看得很平淡;文艺就把这种日常的现象集中起来,把其中的矛盾和斗争典型化,造成文学作品或艺术作品,就能使人民群众惊醒起来,感奋起来,推动人民群众走向团结和斗争,实行改造自己的环境。"革命文艺如此,一切艺术亦无不如此。斗争的发展是无穷的,为斗争服务的艺术,其发展也是无穷的。

（原载 1961 年 3 月 16 日《光明日报》）

礼乐新解

一、祖国美学原理有最突出的一条,曰由礼到乐。用现在的话来说,就是由劳到逸,由紧张到轻松,由纪律严明到心情舒畅,由矛盾对立到矛盾统一,由对立斗争到问题解决,由差别境界到绝对境界,由科学境界到艺术境界。这条原理可以贯通于一切美术品的创造过程,而得到体现。尤其在礼与乐的实践中,体现了不少。但古人于此,未必完全意识到了,我们在这里最好用现代话表而出之。

二、礼是什么? 就字面说,礼即豊。豊是什么? 即玨、凵、豆之合。玨据说是一条一条的玉石,凵即盛玉石的盆子;以一条一条的玉石放在盆子里,即成玨的样子,即盛了玉石的盆子的样子。豆可能就是盛盆子的架子。盛了玉石的盆子放在架上,即成豊;拿这样的东西去供神即成礼,即是礼品。这解释未必对,但颇连贯自然,拿与孔子的话对照看,更像合乎实际情况。孔子曾说:"礼云礼云,玉帛云乎哉!"意即谓:经常把礼挂在嘴上,难道礼就只是玉帛而已吗? 从这话看,礼的最早的意义,就是供神的礼品。供神的礼品为什么要用玉石呢? 这可能出于希望死不速朽的意思。活着的人,总希望不死;就是死了也希望慢一点腐朽,或完全不朽。以玉供神的习惯,可能出于不欲速朽的希望。礼为礼品,是第一意义。《说文》示部礼下"所以事神致福也"云云,正是这个意思。由此引伸出来的意义,还有较明确的两个,即客观事物的规律,和人类行为的纪律是也。《礼记·乐记》所谓"礼也者,理之不可易者也";《荀子·礼论篇》所谓"天地以合,日月以明,四时以序,星辰以行";都是指的事物的客观规律,或规律的体现。《左传》昭公廿五年传所谓"夫礼,……民之行也";《国语·晋语》所谓"夫礼,国之纪也";都是指的行为的纪律或纪律的遵行。行为的纪律又以客观的规律为基础。人类根据客观的规律,遵循行为的纪律,而努力奋斗,获得成果,一定快乐,进入乐的境界,或艺术境界。

什么叫乐? 就字面说,甲骨文作𣞤,作𤲟;金文作𤲞,作𣍘,作𣍲,作𣕊,作𣞤。有人说,这字从丝附木上,是琴瑟之象;或增白以象调弦之器,如今日弹琵琶者用拨以代指甲一样。这说颇有理,但于形不甚似,我颇倾向于另一种说法。《说文诂林》引《系传通论》曰:"**樂**小言之曰喜,大言之曰乐,独言之曰喜,众言之曰乐。乐者出于人心,布之于管弦也。乐弥广则备鼓鼙,故于文木**㯥**为乐。**凵**象鼓形,**❀❀**左右之应棘也。应,和也;棘,引也。小鼓挂在大鼓之旁,为引为和也"。中间的大鼓,和左右两边的小鼓或应与棘,一并悬在木架上,这木架子叫做虡。就大小鼓来说,乐是乐器。孔子曾说:"乐云乐云,钟鼓云乎哉!"意即谓:经常把乐挂在嘴上,难道乐就只是钟鼓而已吗?乐当然不止乐器,但乐器确是乐的基本意义。除此之外,也有两个引伸的意义,即快乐与音乐是也。上面所谓小言之曰喜,独言之曰喜云云,即快乐的意思。所谓乐者出于人心,布之于管弦云云,即音乐的意思。人类的社会斗争,或生产斗争,获得了胜利,自然快乐;把快乐用乐器表现出来,即成音乐。快乐、音乐、乐器三种意义,都是乐字所具有的;正如规律、纪律、礼品三种意义,都是礼字所具有的一样。

三、礼与乐两者,性质完全不同。就纪律这个意义而言,礼完全属于斗争过程;就快乐这个意义而言,乐完全属于斗争成果。换句话说,前者是偏于客观方面的,后者是偏于主观方面的;前者是偏于先行的,后者是偏于继起的;前者是偏于独立的,后者是偏于依附的。然在古籍中,礼与乐总是相连、并举,好象结了不解之缘。这于经典的排列次序,可以看出一个大概。古代经典,有《诗》、《书》、《易》、《礼》、《乐》、《春秋》等六种。这六种经典,经学家中的古文派谓是六种历史,应按它们产生时代的早晚来排列,因而排成易→书→诗→礼→乐→春秋的次序。经学家中的今文派则谓是六种教典,应按它们内容程度的深浅来排列,因而排成诗→书→礼→乐→易→春秋的次序。详见周予同教授的《经今古文学》和《群经概论》。事也真巧,六种经典的排列次序,在古文、今文两派学者中尽管不同,但礼与乐的相连、并举,在两派的排列中,却是不变的;无论《易》、《书》、《诗》、《礼》、《乐》、《春秋》,或《诗》、《书》、《礼》、《乐》、《易》、《春秋》,尽管排法不同,而礼乐总是相连并举。相反的东西,俨然是相成的,至少是相连的。

不独止此。在《礼记·乐记》中,两者始终是相连并举的。书名既曰《乐记》,顾名思义,应该是单讲乐的。然而不然,自始至终,拿礼与乐相连并举。如"乐由中出,礼自外作",如"大乐与天地同和,大礼与天地同节",如"乐统同,礼辨异",如"乐者为同,礼者为异",如"礼节民心,乐和民声",如"乐胜则流,礼胜则离",如"礼乐不可斯须去身"等等,无不是礼与乐相连并举。这其中自然有一个窍。其窍为何?曰:由矛盾对立到矛盾统一的原则是也。人类总是先有劳然后才有逸,总是先有紧张然后才有轻松,总是先有纪律严明然后才有心情舒畅,总是先有矛盾对立然后才有矛盾统一,总是先有对立斗争然后才有问题解决,总是先有差别境界然后才有绝对境界,总是先有科学境界然后才有艺术境界。因此先有礼然后才有乐,有礼也一定有乐。礼与乐是相反而相成的,因此必然是相连并举的。

四、礼与乐是怎样产生的?《乐记》中说:"乐由中出,礼自外作。"这里的中与外,我们用现代话加以新解,即主观与客观。"乐由中出,礼自外作"云云,应解为乐出于主观,礼出于客观。我们的生活就是斗争;斗争或是对自然的,或是对社会的,都属客观存在。如克服自然灾害,打倒帝国主义,克服者与被克服者,都是客观存在的;打倒者与被打倒者都是客观存在的;克服的斗争过程,打倒的斗争过程,更是客观存在的活动。离开了客观存在及存在的活动,便没有斗争可言。正如发矢射的,举矛攻盾,矢与矛,的与盾,都是客观存在的;执矢与矛的人,当目标之的与执盾的人,都是客观存在的;发矢射击的斗争过程,举矛进攻的斗争过程,更是客观存在的活动。离开了客观的存在及存在的活动,便没有斗争可言。这客观的斗争是礼所涉的范围。

斗争必有成功或失败;成功或失败必然引起喜、怒、哀、乐、爱、恶等感情。感情虽是客观的斗争过程所引出,然其自身却是主观的。这主观的感情则是乐所涉的范围;扩大一点说,也是一切艺术所涉的范围。感情一被引出,又必寻找物质,以表现其自身。在走路上表现,则成舞蹈艺术;在作文、写字、画图上表现,则成诗、书、画等艺术;在制用具或造房子上表现,则成雕刻、建筑等艺术。至于在发声上表现的,则成音乐。为求把情感表现得真切,音乐与舞蹈又常相伴随。《乐记》云:"凡音之起,由人心生也;人心之动,物使之然也。感于物而动,故形于声;声相应,故生变;变成方(方疑是文之误。原注云,方犹文章也,其实方并没有文章的意味。但下文"凡音者生人心者也;情动于中,故形于声;声成文,谓之音。"可证方或为文之误。)谓之音。比音而乐之,及干戚羽旄,谓之乐。"《正义》云:干是盾,戚是斧。是举行武舞时舞者所执的东西;羽是翟羽,旄是旄牛尾,是举行文舞时舞者所执的东西。这所说是否正确,固不敢说;但有一点却可断言,即为着把情感表现得真切,音乐与舞蹈常相伴随。

五、出于主观的乐与出于客观的礼,又以整个天地或宇宙或自然的存在与发展为依据;故《乐记》曰:"大乐与天地同和,大礼与天地同节。"天地或宇宙或自然的存在与发展是由矛盾对立到矛盾统一的。就太阳系来说吧,许多行星围绕着太阳旋转,各走自己的轨道,彼此不相逾越,构成一个大的和谐,即矛盾的统一。但这大的和谐或矛盾的统一是由不和谐或矛盾的对立发展过来的。即在今日,太阳系的和谐仍是与不和谐同在的,它的统一仍是与对立同在的。两相反对的力量,彼此互相牵引,互相干扰,是对立,是不和谐。然而这个对立,这个不和,竟矛盾到或冲突到使运行的星体形成自己的轨道,不越自己的轨道,遵循自己的轨道而进行;便成和谐,便成统一。由此看来,有对立然后有统一,有不和然后有和谐。

行星围绕太阳运行,是空间的活动;"然后"云云,不是进入时间的历史了吗?是的,不仅进入,而且自始就是与历史分不开的。一个行星的运行,倘不占时间,是它自己的寿命等于零,根本不存在,何来旋转运行?没有时间的运行之不合理,正如没有空间的存在之不合理一样。一个行星,倘不占空间,是它活动的范围等于零,也是根本不存在的。推广一点说,凡存在的东西,其存在,其运动,都是与时空分不开的。一个东西的存在,不仅只有前后、左右、上下,而且有过去、现在、未来。运动的展开,就是历史的发展。例如地球围绕太阳旋转,完成一个圆周,自转凡 365 又 1/4 圈。这是就空间说的;若就时间说,则为 365 又 1/4 日。地球所过的方位,即我们所历的时间。把 365 又 1/4 日以 4 分之,则得春、夏、秋、冬等 4 个季节;以 24 分之,则得立春、雨水等 24 个节气。季节、节气前后不乱,构成和谐,也是由对立而得到的统一,正如我们生活的由礼到乐一样。我们不违季节和节气,与自然作斗争,发展生产,获得满足,产生感情,即是由礼到乐。《荀子·礼论篇》云:"天地以合,日月以明,四时以序,星辰以行,江河以流,万物以昌,好、恶以节,喜、怒以当……万物变而不乱,贰之则丧。"这里"天地以合……万物以昌"云云,是天地由礼到乐的结果。"好、恶以节,喜、怒以当"云云,是人类由礼到乐的结果。人类是要改造自然,利用自然的;但须发现自然规律,遵守自然规律;故曰"大乐与天地同和,大礼与天地同节"。换句话说,即出于主观的乐与出于客观的礼,以整个天地或宇宙或自然的存在与发展为依据。

六、礼乐的由来及依据,大约如此。至于礼乐的功用,则可分三层讲:第一层在发现规律,统一信仰,《乐记》所谓"乐统同,礼辨异"是也。统同建筑在辨异上,由辨异可以达到统同。由分析情况,发现规律,可以达到认识一致,信仰统一。故曰"乐者为同,礼者为异"。为异即分析情况,为同即建立信仰。我们的生活是斗争过程。希望斗争获胜,必须分析情况,发现规律。例如种地,是生产斗争,也是对自然的斗争。为图斗争有效,获得丰收,则季节的气候,土壤的肥饶,播种的适时与否,人工的恰当与否,都在必须分析研究之列。分析研究,发现了规律,按照做去,才可以希望有所收获。又如打倒帝国主义,是社会斗争,也是对侵略的斗争。为图斗争有效,获得胜利,则帝国主义的由来,帝国主义的现状,帝国主义的本质等,都在必须分析研究之列。分析研究,发现它的腐朽性、寄生性等,知道它已由盛转衰,正在一天一天烂下去,我们才可树立必胜之心,与之斗争到底。《乐记》有云:"穷(穷)本知变,乐之情也;著诚去伪,礼之经也。"著诚去伪云云,就是由分析研究而发现规律;穷(穷)本知变云云,就是由认识规律而树立信心。

由分析研究可以达到树立信心,并不等于说一个从事分析研究的科学工作者可以成为一个迷信上帝的宗教徒。发现规律,树立信心,是应该的;放弃分析,迷信上帝,则不可以。现代常有一些人,自己已是科学家了,而又按时到教堂作礼拜,是不合理的。如仍合理,必是教堂的礼拜,在科学家看来,变了性质。现在许多礼拜堂里的礼拜,确实是变了性质的。礼拜日的上午,大家穿上新衣,携着儿女,到礼拜堂,听听音乐;听完之后,同朋友谈谈闲天,说说笑话;青年男女,还可乘此讲讲爱情。这样的礼拜,性质是完全变了的;科学家也去参加,自然没有什么格格不入之处。蔡元培曾主张以美育代宗教;如果所欲代的是迷信上帝的坚决信仰,则"代"为不可能。如果所欲代的,是上述这样的社交性的会聚,则其本身已在美化,根本用不着代了。

七、礼乐的第二层功用,比第一层更前进一步。第一层只在发现规律,树立信仰。第二层则在根据规律,遵守纪律;改造现实,实现信仰。遵守纪律,是礼所道的行;改造现实,消去矛盾对立,达到矛盾统一,进入艺术境界,是乐所道的和。《庄子·天下》篇谓"礼以道行,乐以道和";《荀子·儒效篇》谓"礼言是其行也,乐言是其和也"云云;正是指的礼乐的第二层功用,即比第一层进一步的功用。第一层功用分析研究,发现规律,相当于科学的阶段。规律找到了,信仰树立了,我们的斗争过程只完成了一半。必须把客观存在的规律,化为我们遵守的纪律;把树立起来了的信仰,化为新的现实,我们的斗争过程才算完成了全部。

所有的礼,一方面固然反映着客观的规律;另一方面,却又必须是行为的纪律。章太炎《礼隆杀论》谓:"礼者法度之通名,大别则官制、刑法、仪式是也。"官制、刑法、仪式,都是规定行为的,都属叫人遵守的纪律范围。坚持着纪律,投入力量,进行斗争改造现实,获得成果,则斗争过程,便趋于完成。现实改造了,战果丰收了,斗争过程全部完成了,生活便由劳转入逸,由紧张转入轻松,由纪律严明转入心情舒畅,由矛盾对立转入矛盾统一,由对立斗争转入问题解决,由差别境界转入绝对境界,由科学境界转入艺术境界。换句话说,即由礼转入乐。我们种地,获得丰收;不禁狂欢,搭台演戏,以表快乐;古人如此,今人亦莫不如此。我们打仗,获得胜利;不禁狂欢,开会庆祝,以表快乐;古人如此,今人亦莫不如此。唯有投下力量,经过斗争;改造了现实,解决了问题;才有可能进入绝对境界。希腊的新柏拉图派普罗迪纳士(Plotinus)好谈精神快乐,好谈"消魂大悦"(ecstasy)的经验;宋朝的程明道好谈"定",谓"动亦定,静亦定,无将迎,无内外"。消魂大悦,动静皆定,未尝不令人羡慕。但没有实际斗争,这等境界决不可得;即谈者自己,当亦只是谈谈而已,未必常有这等境界。我们不必高谈这等境界,只要坚持纪律,坚持斗争;解决问题,获得成果;则自然心情舒畅,随时都可进入绝对的境界。而且这样的境界,虽不是永恒存在的,却是常常出现的。因此我们的生活,不是只有礼而无乐的,亦不是只有乐而无礼的,而是由礼到乐,由乐到礼……的。

八、礼乐的第三层功用,即第一层和第二层上的加工。第一层发现规律,树立信仰;第二层依规律为纪律,化信仰为现实。第三层则于此二者之上加工,使心理习惯倾向于发现规律,遵守纪律;使感情表现,固定于几种方式,自然中和。《乐记》谓"礼节民心,乐和民声",正是指此。人生虽是斗争过程,问题虽要随时解决;但指导解决问题的规律,有可以通用者,并非一切都要临时发现。至少掌握了若干基本规律的人,于解决临时发生的新问题,当较一般人为方便。这便是专科教育的效力;就其作用而言,就是节民心。民心有节,则其行动所引出的感情,可能也是有节的。《礼记·中庸》云:"喜、怒、哀、乐之未发谓之中,发而皆中节谓之和。"感情中节,是可能的。节民心的专科教育,可以称之为礼的教育;和民声的感情教育,可以称之为乐的教育。教育就是加工。我们的祖先对于礼与乐的教育,都很重视。《礼记·经解》有云:"君子审礼,不可诬以奸诈。是故隆礼由礼,谓之有方之士;不隆礼不由礼,谓之无方之民。……故礼之教化也微,其止邪也于未形;使人日徙善远罪而不自知也,是以先王隆之也。"这是重视礼的教育的。《荀子·乐论篇》云:"夫乐者乐也,人情之所必不免也。故人不能无乐,乐则必发于声音,形于动静。而人之道,声音动静性术之变尽是矣。故人不能不乐,乐则不能无形;形而不为道,则不能无乱。先王恶其乱也,故制雅颂之声以道之。"这是重视乐的教育的。

同是礼乐的功用,就其在生活过程或斗争过程上的位置看,是相续的三层,而不是并立的三种。我们的生活,总是由矛盾对立到矛盾统一的过程。当矛盾对立之时,正问题待决之时。我们于此,如要继续生活下去,只有分析研究,发现规律,寻求问题解决之道。迨规律找到了,解决问题的关键找到了,于是信心随着树立起来。这在生活上是由异到同的阶段,即由礼辨异到乐统同的阶段。把客观存在的规律化为主观遵守的纪律,投下力量,奋勇前进;信心变为现实,紧张变为轻松。这在生活上,是由虚到实的阶段,即在严明的纪律之下,信心变而为现实。礼以道行,乐以道和,正在生活的这段。前后两段,性质不同:前者由分析研究到树立信心,是由客观到主观的;后者由遵守纪律到信心变而为现实,是由主观到客观的。无论前段或后段,都要求我们在生活上习以为常,于是教育要紧了,因而有礼节民心,乐和民声的礼乐教育。是为第三层的功用。

九、礼乐有功用,但礼乐的功用亦有限度。超过某种限度,则其功用便变成与原来方向相反的东西。故曰"礼甚则离,乐甚则流。"乐记的这两句,正是表示礼乐功用的限度的,表示礼乐超过一定限度,便变成与其自身相反的东西。礼而至于离,乐而至于流,便都与自身原来的功用相反了。凡事发展,超过限度就变成与自身相反;是最常见的。黑格尔曾举过一串的例子:如最公道,越过限度即成不公道;抽象的对,推到极端即成错,在政治生活中,极端的无政府常导致极端的专制;极端的专制也常导致极端的无政府;骄傲之来,来在失败之先;过多的智慧,转成不智;极端的痛苦转成快乐;极端的快乐转成痛苦;愉快至极常掉下泪来;忧郁至极常化为微笑。这些例子,不见得个个都正确。但其精神却可以证明凡事发展越过一定限度,即成与自身相反的东西;礼与乐即其实例。

礼的第一层功用在"辨异"。科学分析方面,为求获得最高精密度,辨异唯恐不能深入。若忘记了本质,只注意末节,有如"明足以察秋毫之末,而不见舆薪";本质看不见,末节上大用工夫,那便离开辨异的本旨了。乐的第一层功用在"统同"。发现了问题的规律,在集体方面获得了同一的信仰;在个人方面建立了专一的信心,才可以言统同。否则独乐众乐,都不可得。礼的第二层功用在遵守纪律,所谓礼以"导行"是也。为求改造现实,实现信仰,纪律在所必遵。若抛开主要目的,只注意繁文缛节,那便是离开导行的本旨了。乐的第二层功用在布快乐于音乐,所谓乐以"导和"是也。否则音乐不能表示感情,成了形式,便谈不上导和了。《乐记》云:"乐者德之华也;金、石、丝、竹,乐之器也。诗言其志也,歌咏其声也,舞动其容也;三者本于心,然后乐器从之。是故情深而文明,气盛而化神;和顺积中,而英华发外;唯乐不可以为伪。""伪为"就不能算导和。礼的第三层功用在"节民心"。节民心须先有条件。条件为何?曰物与欲相持而长。《荀子·

礼论篇》云:"礼起于何也?曰,人生而有欲。欲而不得,则不能无求;求而无度量分界,则不能不争;争则乱,乱则穷。先王恶其乱也,故制礼义以分之,以养人之欲,给人之求;使欲必不穷乎物,物必不屈于欲,两者相持而长,是礼之所起也。"物欲相持而长,两者以礼分界,不使有所偏至,就是节民心的条件。真能节民心,便可以和民声;乐的第三层功用也可以不期然而自显。因为生活顺,品德好而发光,声音自可合乐。《乐记》云:"耳、目、口、鼻、心知、百体皆由顺正以行其义;然后发以声音,而文以琴瑟,动以干戚,饰以羽毛,从以箫管,奋至德之光。"礼的教育做到物欲相持而长,乐的教育做到能奋至德之光;那便是最合理想的了。

十、礼乐在文献中相连并举,由于它们在生活过程上是相继发生的。人不能一刻无生活,因之也不能一刻无礼乐,故《乐记》曰"礼乐不可斯须去身"。换句话说,就是人生不能一刻没有礼乐。生活过程就是斗争过程。在这过程中,随时有问题,随时要解决。解决问题的办法,起码就要运用理智,进行科学分析。迨客观规律找到了,解决问题的关键找到了,便提出解决问题的方案。把方案付诸实行,根据规律,定出纪律,投入力量,奋勇前进;这便是贯彻意志,进行道德的实践。在前进的过程之中,现实依方案而变更,问题终于完全解决,心情为之舒畅;是为感情的活跃,生活已进入艺术境界。由理智的思考到意志的贯彻,由意志的贯彻到感情的活跃,其过程是断而相续的。由科学的分析到道德的实践,由道德的实践到艺术的境界,其过程是断而相续的。问题时时出现,斗争时时展开,生活时时向上。由理智而意志而感情,由科学而道德而艺术,断而相续,前进未有已时。因此由礼到乐,由劳到逸,由紧张到轻松,由纪律严明到心情舒畅,由矛盾对立到矛盾统一,由对立斗争到问题解决,由差别境界到绝对境界,由科学境界到艺术境界,亦断而相续,前进未有已时。故曰礼乐不可斯须去身。

(原载 1962 年 2 月 9 日《文汇报》)

艺术创作的历史地位

一、无差别的境界不能产生艺术

为着要说明创作,最宜把创作之前的情况先考察考察。一件东西,我们如要加以了解,从其本身直接研究,固然是好办法;但有时从其前身考察,亦即从其未出现之前的情况,加以考察,更容易获得了解。创作之前的情况是怎样的?我们可以勉强用一句概括的话曰:生活上无差别的境界是也。生活充满问题,充满矛盾;而且问题解决一个,又来一个;矛盾解决一次,又来一次;怎样好说"无差别的境界"呢?不错,生活上的问题是一个又一个的来,矛盾是一次又一次的来。但来了,就逼着我们去解决;问题或矛盾解决了,生活上必有无差别的境界出现。出现的时间可能是很短的,但必有一段时间;如果没有一段时间,必是问题或矛盾完全没有解决,或没有完全解决。

生活上无差别的境界,是随时随地都可以找得着的。婴儿睡在摇篮里,由母亲推到公园;正当风和日暖,鸟语花香的时候,呼吸着新鲜空气,享受着宜人的景物;这时的生活应该是进入了无差别的境界的。小学生在操场上拍球,他的精神兴趣附在球上;全身活动围绕着那小小的圆东西进行;疲倦了的时候,喝温开水一杯,从口袋里摸出糖果,不等嚼完,又继续着拍;这样的生活是没有问题或矛盾的,应该是进入了无差别的境界的。婴儿小孩,年龄太小,我们或可武断地说,他们什么都感觉不到,根本谈不上生活上有无差别境界。谈不上是真的,感觉不到则不见得。他们这样的生活,如果碰上了问题或矛盾,他们便会哭起来,不能说感觉不到。简单的游戏生活,固是无差别的;激烈的足球比赛,亦复如此。雄赳赳的运动员,全副精神,全身运动,与皮球融为一体;双方激烈竞赛之时,每个人的精神活动,生理活动,全然一致:生理的几乎就是心理的,心理的几乎就是生理的。活动虽很激烈,生活却是很安详而无差别的。竞赛的运动,固然如此;即复杂的技术工作,亦莫不然,亦有进入无差别境界的时候。《庄子》中述庖丁为文惠君解牛,就是一个很好的例子。解牛或屠牛是多么艰险的技术;庖丁为文惠君解牛,却奏刀骚然,恢恢乎游刃有余! 一刀下去,恰到好处,如同没有遇到什么障碍一样。这是寓言,这是故事,不可信以为确有其事。但复杂的技术活动巧妙到了极境,活动者的精神与身体完全统一,却是常见的。平常我们所谓主观与客观,在这里竟是没有区别的,生活上呈现着无差别的境界。这境界哲学家很羡慕,例如程明道所谓"动亦定,静亦定,无将迎,无内外"云云;可能就是这一类。不过哲学家如以为生活永恒如此,那却是不可能的;如以为不经过问题或矛盾的解决,而能达到,那更不是事实。

生活上无差别的境界,只能从解决问题或消除矛盾而达到;不是像我们的理学家那样,把欲屈于理之下所能达到的;更不是像德国席勒(F. Schiller)那样,叫感性的冲动与理性的冲动相互妥协所能达到的。无差别的境界,从正面说又叫绝对境界。这样的境界,若用旧话说,可以说是"自得的",如"足下已无待于外"云云,可为写照。也可以说是"有重心的",如"自自在在,无罣无碍"云云,可为写照。艺术生活是超越差别,进入绝对的,如听音乐或听京戏的人,听到入神之时,自我和音乐,和唱腔完全融为一体,可以说超越了差别,进入了绝对。不过这究竟只是生活的艺术境界,而不是艺术创作活动。艺术的创作活动恰恰在这个境界过去之时或未来之时,而不在这个境界之内。

二、生活上的波澜

无差别的境界,不仅没有艺术创作,而且没有一切创作的活动可言。创作活动的开始,只能在生活发生波澜或震动时,只能在生活发生问题或矛盾时。没有波澜或震动,没有问题或矛盾的宁静生活,像没有微波的秋水一样:既没有客观的任何变动,也没有由这变动引起的任何主观的要求;主观客观云云,完全统于一体;这样的境界,固不能发生任何创作活动,事实上其本身的存在也是很短暂的。我们固不能说我们的生活总是充满对立斗争,充满问题矛盾,但事实上平静无波的境界毕竟不常有,而充满问题或矛盾的时候却是常有的。

就像上面所说,婴儿在摇篮里,享受着慈母的抚爱,一切自在,固然是在无差别的绝对境界中,他的生活上固然没有什么尔、我、内、外的分别。但当阳光刺了他的眼睛,或人影遮了他的视线,他便要叫起来。这时他自己虽不能有解决问题或消除矛盾的活动;为慈母者必然要为他作一番调整。拍球的小孩,也是一样;天真活泼,什么尔、我、内、外的分别,全然不知。但是他那只球如果掉在水里去了,他便要千方百计捞起来。这时他便进入有创作活动的时候了。他的创作活动虽不是艺术的,却是解决问题、消除矛盾所不可少的。同时也证明一件事情:即创作活动的由来,全在生活上发生了问题或矛盾。参加足球竞赛的运动员的生活也是如此。他们的活动是全人格的,心所到之处,就是体所到之处;活动虽很激烈,然而时时刻刻都是很稳定的;真可以说是"动亦定,静亦定"者。不过其技甚巧,心身统一,是一回事;这统一的境界之动摇,又是一回事。竞赛过程之中,偶尔跌伤手足,便随即引起震动。虽老于运动者,此时的心与身,便不能是统一的;绝对无差别的境界,随即溜走了;他立刻要发动思维,停止体力活动。哲学家所谓"动亦定,静亦定"的宁静生活,无差别境界,似为生活的正面;而事实上我们的生活却总是充满问题或矛盾的,不是平静无波的。

这样不平静的生活,分开来看,有几个特点:一则客观的情况明白显现,与自我相违,即与主观对立起来,阻挠着身体的活动,使不能畅快的前进。二则主观的心理活动,原是与身体的活动融合无间的,现则分别显现,跳出来独立活动。三则生活陷入不稳定,甚至很痛苦的境界中;主客观互相分离,心、身不能统一,统一的活动受着阻挠。

三、理 想 的 由 来

心身统一的活动受到阻挠,生活陷入困境,这是不好受的。于是心理的活动从心身不分的统一中,分别显现,跳出来独立活动。这种活动就是为着要摆脱困难的。独立的心理活动,在这时已成了一般所谓思维。瓦特生(J. B. Watson)谓思维即无声的语言。其实思维的任务,首在缓和生理的活动;接着消除当前的障碍;然后恢复心身的统一。思维要完成任务,必须于问题突出、矛盾重重的困境中,找出可行之路。这可行之路就是理想。

人类最早的理想是信神。例如生病,是生活上的困境;我们的祖先最早想出来的却病之法,就是信神;以为病是神所降的,是神用来处罚我们的;我们如果得到神的欢心,神就可以替我们把病除掉。其他天灾、人祸,都被视为神所降临;解除之法,只在向神祈祷。神不是先人类而存在的;恰恰相反,是人类自己创造出来以解决生活上的困境的。但最早的神,一被创造出来,我们的祖先即无异于获得了渡过困境的理想。有人说,神而能引导我们渡过困境,虽不存在,也可视为真的。希腊哲人普洛塔哥拉士(Protagoras)首创这种谬说,近代英国的希勒(F. C. S. S chiller)与美国的詹姆士(W. James)竟附而和之。宗教迷信,是麻醉剂,是鸦片烟;他们好像乐于叫人饮麻醉剂,抽鸦片烟者。

信神是最要不得的理想。除此之外,用以渡过困境者,还有各种各样很不正当或不切实际的办法。例如反对婚姻不自由的青年,激于火热的感情,以手枪自杀。自杀是何等不争气的办法呀!居然有以此渡过一时的困境者,少年维特即其一例。空想也是一种,这比信神和自杀,当然好多了,有时空想竟可成为现实。不过空想而可成为现实的,自始就一定有其近于现实的因素或可能。至于一般所谓空想,总是离现实很远的;邹衍的空谈,摩尔(Thomas Moore)的空想,都属这类。达观也有被视为理想的。社会充满了问题或矛盾,生活到处是困难和麻烦;被压迫和被剥削的人随处可见。对这样的情况,不想加以改造,反而视压迫与被压迫为没有分别,视剥削与被剥削为一样的。持这样达观的人,在历史上是常有的。信神、自杀、空想、达观,以及其他与此类似的办法,在历史上虽都有人采行,以为是可行之路;但真正可行之路,却与此不同。

真正可行之路为创新,即于问题突出、矛盾重重的困境中,创造一个崭新而又可行的计划是也。生活陷入了困境之时,不能苟安,仍要前进;既要前进,便不能不另辟新路。另辟新路之时,不能与原有的现实完全脱离关系,也不能完全拘守原有的现实而不分离。完全脱离原有现实,不免流于空谈;完全拘守原有现实,不免流于守旧。正当的办法在寻出问题或矛盾之所在,分析其性质;根据分析拟出一个计划或蓝图,这计划或蓝图,即是可行之路,即是理想。付诸实行之时,它可以引导我们一步一步摆脱旧的困境,一步一步进入新的坦途。它介于两个现实之中,一方面逐步抛弃原有的现实,另一方面逐步实现新的现实。原有者如为"在自的",则理想便为"外自的",即自原有中外化其自身者;理想如为"外自的",则新现实便为"为自的",即通过理想复返于现实,即较高一级的新现实。

四、理想的实现

理想的实现,可以分为两种:即实际的实现和虚拟的实现是也。一个理想提出来,诉诸理智,付诸实行,获得成果,可称之为实际的实现。这样的实现,即历史的实践。历史是斗争过程:或为人类与自然的斗争,或为阶级与阶级的斗争。每一次斗争,都有理想以为指导。理想可能是很高的,也可能是不高的;但无论如何,一定要有。没有理想的斗争,即没有目的的斗争,实无异于盲动。依理想而斗争,所获得的成果,可能是很大的,也可能是很小的,但终必有成果。完全没有成果的斗争是极少的;即理想自身丝毫没有实现,似乎全无结果,然参加斗争者所获得的经验教训,可为继起的活动作准备,也便是成果。由理想而实行,由实行而获得成果,是理想的实际的实现过程。

　　与此相反,一个理想提出来,只诉诸情感,不付诸实行;体现情感的东西之自身,即无异于实行的成果。这样的实现,可称之为理想的虚拟的实现。这样的实现,即艺术的实践。艺术实践就是艺术的创作过程。作家创作一件东西,体现着自己的情感,正如鲍山葵(B. Bosanquet)所说"使情成体"。情感自身是不具形体的;虽很真切,却无法感人;摄入形体,成为一件东西,便能任人用感觉器官接触,使整个人格受到感动。形体构成之日,即创作成就之时。不过创作的成就,虽具备了形体,就理想说,仍只是理想的虚拟的实现,而不是实际的实现。因为感人的艺术作品,其所代表的理想,并不是在实际生活中已成为现实的。一首诗,一幅画,一支曲,所代表的理想虽很高,体现的情感虽很强,然其作用只在感人,并不是完成了一次实际斗争的成果。由理想而创作,由创作而成就艺术作品,是理想的虚拟的实现过程。

　　虚拟的实现过程所成就的艺术作品,其本身倒不是虚的。恰恰相反,实体现了一种真实的情感。真实的情感由生活的困境逼出,或由生活的顺境引起,形成理想,体现而为艺术作品,或形象化而成为具有形象的艺术作品。艺术作品,只要是体现了真实情感的,都是可以动人的。就这点说,理想的虚拟的实现,其作用可以是很长远的:一件作品存在几十年,或几百年,甚至几千年;只要它所体现的情感还是人类中可能有的,其感人的作用亦必随着存在,是曰不朽。不朽的作品是很多的,艺术博物馆里所陈列的多是不朽的作品。至于理想的实际的实现,恰与此相反,其作用只到获得历史成果时而止。人与自然的斗争,或阶级与阶级的斗争,虽都出自理想,虽都以理想为指导;但斗争获得成果之日,就是理想停止作用之时。当然,历史陈迹,历史人物,也多有能感人的。不过历史陈迹或人物而能感人,其自身又常常变成了艺术品;否则斗争获得成果之日,总是理想停止作用之时。理想的实际实现,其作用止于本身;理想的虚拟实现,其作用及于长远。这个区别是很重要的。美国杜威(John Dewey)对此不分,或分得不甚清楚;因此照他的理论发展下去,艺术只可能有创造过程,不可能有不朽的作品。有人说他的理论是虚无主义,似非偶然。

五、创作中的模仿

　　"使情成体",首先须有物质作条件。如绘画,必须先有黄绢、白纸、粉墙等以为条件；如雕刻，必须先有玉石、象牙、黄杨等以为条件；如建筑，必须先有砖、瓦、木、石、钢骨、水泥等以为条件；如音乐，必须先有钟、鼓、琴、瑟、箫、管等以为条件；如歌唱，必须先有喉头上的发声器官以为条件；如舞蹈，必须先有能舞善蹈的手足以为条件。情感自己是不具形体的，不借外物以为条件，即不能成体。如喜、怒、哀、乐等等情感，虽极简单，亦必有物质以为条件。张口哈哈，可以表示喜；张开的口，哈哈的声，便是物质；没有这等物质，喜的情感即不能成体。咬牙切齿，可以表示怒；所咬的牙，所切的齿，便是物质；没有这等物质，怒的情感即不能成体。哀、乐亦复如此；没有物质以为条件，哀、乐的情感即不能成体。

情成了体，未必就能动人。为着要使成体之情能发生作用，而动人情感，必须有形象。形象是什么？从实物说，一切占据时空，可以看得见，可以听得出，可以触得着的东西，当是具有形象的。具有形象的东西，可以是天然现成的，可以是人工制出的。如人物、山水、如飞禽、走兽，如梅、兰、竹、菊，如虫、鱼、草、木，如高楼、大厦，如城、郭、沟、池，如风、云、雨、雪，如崖石、清泉等等，都是具有形象的东西。这些东西，虽不一定体现人类的情感，然都有体现情感的可能；虽不一定都感动人，然都有感人的可能。自然景物，常能体现人的感情，也常能动人情感。我们欣赏自然景物，毫不加工是常有的事。稍稍加工：或就自然景物予以培养，如制造景物那样；或就自然盆景划个范围，如开辟花园那样；或将自然景物移到自己的住所；如栽花养鸟那样；或将自己移就自然景物，如游山玩水那样；凡此种种活动虽不能算创作，然离创作活动，已不远了。

创作活动的起码一步，常为模仿。模仿云云，意义也不止一个；但把具有形象的客观存在，作为主题，移入作品，仿制出来，是常见的。就这个意义说，模仿几乎是创作所不可少的：任何创作，没有客观存在之物以为主题，观赏起来将无法了解。据说有某种新派艺术，其所创作令人全然不知；那样的作品，如仍叫做艺术的，其理由当别有所在。就一般说，任何作品，无论是雕刻、建筑、绘画、音乐、诗歌、舞蹈，只要是艺术的，都必是有主题的。主题或属于自然的，如高山流水等；或属于人为的，如竹篱茅舍等；或属于运动的，如骏马骄行等；或属于静止的，如杯盘果实等。无论客观存在之物形象如何，艺术作品之中，必有感觉器官所能识别之物以为主题，才能叫人懂得。模仿不是创作；但创作不能不有模仿。

六、超出模仿的东西

然则要如何才叫创作呢？曰，要有超出模仿的东西。例如画一枝竹笋，题曰

"不肯让人"，颇表现了傲岸反抗的精神。这精神不是对竹笋的模仿，而是超出模仿的东西。画一个算盘，题曰"唯利是图"，颇表现了鄙视贪婪的气概。这气概不是对算盘的模仿，而是超出模仿的东西。竹笋、算盘，一则类似比喻，一则类似象征；比喻与象征，都不见得是艺术创作所必不可少；而且都借题词以诉诸理智，不全凭形象以震动感情；看起来不是了不起的杰作。尽管如此，然而超出模仿的东西却明白新鲜！绘画如此，他如雕刻、建筑、音乐、诗歌、舞蹈、戏剧等等，只要是成功的艺术作品，无一不有超出模仿的东西。这超出的东西或多或少，可以有程度的不同；然而总得要有。如完全没有，创作意味将等于零；对观赏者将不发生任何感染作用。模仿仅只达到形似，毫无超出模仿的东西，以发生感人作用的作品，事实上将因观赏者赏鉴程度的提高而不能久存，甚或根本不能出现。

　　超出模仿的东西，就一方面说，虽属出于创作；然就另一方面说，却是广泛流行整个社会的时代精神。在原始氏族社会，因着人与自然的斗争，部落与部落的斗争，常形成各种不同的思想意识，汇合而为氏族社会的时代精神。在奴隶制社会里，生产力比以前大大进步了，社会分裂成为剥削与被剥削的不同阶级，压迫与被压迫的不同阶级。随着阶级而出现的有国家制度。这时的人，除与自然作斗争外，尚有阶级与阶级的斗争，民族与民族的斗争。所有这些，又形成较前此更复杂的思想意识，汇合而为更复杂的奴隶制社会的时代精神。由奴隶制社会进入封建社会，由封建社会进入资本主义社会，生产关系随着不同；各种斗争亦随时代而有异。封建时代，农民反抗封建地主的剥削和压迫，不断暴发斗争；资本主义时代，工人反抗资产阶级的剥削和压迫，也不断暴发斗争。因此封建时代又有各种思想意识，汇合而为当时的时代精神；资本主义时代又有各种思想意识，汇合而为当时的时代精神。各时代的时代精神虽是统一的整体，然从不同的阶级乃至不同的个人反映出来，又各截然不同。这种种的不同，进入各种艺术作品，即成创作的特征或独创性，或天才的表现。就其广泛流行于整个社会而言曰时代的精神；就其分别反映于具体作品而言曰天才的表现。

　　天才人人具备，但各人所有的，大小有不同，表现的方面有不同：或表现于生产工作，或表现于艺术创作。即在艺术创作方面的表现，也有各种不同：或表现于作画、吟诗等，或表现于歌唱、舞蹈等，或表现于雕刻、建筑等。表现于生产工作等方面的，有人力胜天的工程；表现于艺术创作等方面的有巧夺天工的艺术品。人力胜天的工程，为历史的陈迹；巧夺天工的艺术品，为文化的内容。一属理想之实际的实现，一属理想之虚拟的实现。亚理士多德在他的"伦理学"里把行为的对象分为"造作的"和"执行的"两种;在他的"声诗学"里,把模仿的对象分为"实然的"和"能然的"两种;"执行的"和"实然的"即理想之实际实现的,"造作的"和"能然的"即理想之虚拟实现的。不过亚理士多德于此,仅透露了端倪,并没有讲个明白;因此在他的著作里,声诗固然是艺术,至于建筑是否也可为艺术,就模糊不清了。

七、创作的历史意义

历史过程就是斗争过程。艺术创作之所以有意义,就只因为在这过程中发生了作用。倘在这过程中不发生任何作用,将没有艺术创作的意义可言。斗争过程有种种不同:如人类的征服自然,被压迫阶级的打倒压迫阶级,都是斗争过程。在任何一种斗争过程中,艺术创作可以发生作用。我们若依其作用的性质而言,可以勉强分为较大的三项:一曰填补不足,二曰纠正错误,三曰发扬优点。如防洪水,除猛兽,驱蛇龙,是对自然的斗争,都需要勇敢机智;打倒贪官、污吏、土豪、劣绅,是对压迫阶级的斗争,也都需要勇敢机智。我们所有英雄的诗歌,复杂的故事,精细的雕刻,多能描绘勇敢机智,促使斗志昂扬,是即艺术作品发挥填补不足的作用处。反动势力统治人民的封建时代,农民因被土豪劣绅蹂躏,常直接起来打击豪绅,推翻官府;正义、公道,从而得到伸张。所有民间流传的故事,表演的各种戏剧,多能反映类此的事实。是即艺术作品发挥纠正错误的作用处。至于生活相当圆满,问题矛盾不易爆发,斗争一时进入隐而不显的时候,常有艺术作品从正面描写生活圆满,心情舒畅,使圆满者更圆满,舒畅者更舒畅。是即艺术作品发挥发扬优点的作用处。旧话有曰,"充实之谓美",亦即填补不足的意思;有曰"锦上添花",亦即发扬优点的意思;有曰"绳牵纠谬",亦即纠正错误的意思。有不足,要填补;有错误,要纠正;有优点,要发扬。艺术作品于此,都能发挥作用。

或曰填补不足,纠正错误,发扬优点,并不限于艺术;科学技术、道德、伦理、政治、法律等,无一不是如此。既是如此,艺术作品,与科学、道德、政法等有什么不同呢?不错,就究竟目的说,艺术与科学、道德、政法等,完全相同,同是实现理想,使生活向较高阶段发展的。但作用之所以发生,却有其绝不相同处。艺术作品之发生作用,在于以情感人:一件艺术作品,一方面体现情感,另一方面则动人情感。科学、道德、政法等之发生作用,在于以理服人:科学、道德、政法等之构成,包括着事情存在、发展的理论;其使人信服,在于诉诸人的理智,而不在于震动人的感情。当然,诉诸理智的东西,亦有多带情感的;如农民的政治演说,以形象出之,多带情感,常能娓娓动听。不过这样的演说,已近乎诗,而有艺术意味。反之,名为艺术品,也有借助于理智的;如一出戏,每一幕都有长篇说明;一首诗,每一句都有详细注解;一幅画,每一部都有介绍的题词;处处充满着理智,借以帮助读者的理解。不过这样的作品,虽仍有意思,然已近乎科学的说理之作,艺术意味,将随说理的明白而淡薄起来。

真正的艺术作品,不是以理服人的,而是以情感人的。以情感人,被感动者全人格受到震动,而不自知其所以然。如读一首好诗,看一幅好画,常常拍案叫绝,曰好、好、好;然而说不出所以好的理由来,是即全人格受到震动的明证,颇近乎一般所谓直觉。被理说服者,可以参加对自然的斗争或对阶级的斗争,推着历史前进;被情感动者,更可以参加对自然的斗争或对阶级的斗争,推着历史前进。历史前进云云,即斗争过程中的矛盾一次一次的获得解决,无差别的境界一次一次的获得接近。无差别的境界是可以接近或达到的,却是不可以久留的。因之,艺术的源泉可以无穷,艺术的历史作用亦将无限发展。是曰艺术创作的历史地位。

（原载《新建设》1962 年第 12 期）

《世界通史》影印本新序

《世界通史》共三册,于1949年由商务印书馆印行以后,虽也重印过几次,但没有作过什么修订。这次仍不加修订重印,特说明几句如下。

本书第一次印行时,在弁言里提出了几个意见:一曰世界通史并非国别史之总和,而是一个有机的统一体;故叙述时,力求避免分国叙述的倾向,而特别着重世界各地相互的关系。二曰欧洲并非世界通史的中心所在;故书中叙述,力求平衡,希望不太偏重于某一方面或区域。三曰世界史发展的阶段,不能因不容易明白区别,就给以否认;故书中于奴隶制时代、封建时代、资本主义时代等,可以指明的,仍随时指明。四曰概括的叙述不能转为抽象的空谈;故书中的篇、章、节、目,都是从具体的事情中概括出来的,而不是离开具体事情的抽象概念。

照这样作,必须把供阅读用的,而不是专供参考用的世界通史的编写方法研究出一个体系。参考用书的体系,可以不必十分讲求,至于供阅读用的书,为着阅读方便,能起爱国主义教育作用,非研究出一个很好的体系不可。在编写本书时,我为发扬读者的爱国热情及其了解世界全局的心理倾向,定出了自己编写世界通史的一个体系。这个体系,在消极方面,完全排斥了以"西方为主体",以"西方外为附庸"的偏向;在积极方面,力求突出世界史在发展中各部分的"日趋联系",从而得出一个比较完整的"有机统一体"。这个"有机统一体"分而言之就是:第一篇远古文化之发展,第二篇亚欧势力之往还,第三篇世界范围之扩大,第四篇平等世界之创造。只惜第四篇因当时时间迫促,未及写完,只列举了目录。我的写法未必很好,但与西方或欧美学者的写法完全不同。

西方或欧美学者一般的写法,总是:首先写埃及,其次写希腊、罗马,再次基督教,再其次欧洲中世纪,再其次地理大发现,再其次欧洲的向外发展,再其次世界各地的动乱等等。当然也还要写些其他的东西,但大体都是作为"西方外的附庸"写的。这种写法,自我开始研究世界史以来整整半个世纪,没有根本的变化。直到最近,西方有些学者因受了民族解放运动的影响,也想有所改变,至少在外表上有所改变。70年代,出版了很多供阅读用的《世界通史》;我偶尔翻阅了几种,发觉其中的改变,都是有名无实的,或名改而实未动! 有一本书的目录很漂亮,篇章的名目都是抽象的,响亮的,使你看不出"西方的主体"与"西方外的附庸"之别;但它的具体内容仍是以欧洲为中心。另一本书讲二十世纪的一章,标一新名,叫"欧洲的结束";这样的标题,很能动人,但全书内容仍是旧的。自始至终,贯彻了以欧洲为中心的论点。还有一本,我认为是写得比较好的,并对青年不止一次地推荐过;这就是美国哥伦比亚大学历史教授约翰・加拉迪(John A. Caraty)与雅礼大学历史教授帕塔・格(Peter Gay)两人合编的三卷本《世界通史》。这书在导论的第二段里明确地宣布说:世界文明的发展由于受了西方技术、思想的影响,正日趋"齐一";因此西方史与非西方史的传统分划以及以"西方为主体",以"西方外为附庸"的自大思想或恩人思想,已成为过时的了。真的成为过时的了吗? 并不见得;西方的史学界固不必说,即在国内,这种思想也并未完全肃清,何况以文明"齐一"为解除附庸地地位的条件根本就不公道。

因此拙著《世界通史》还有重印的必要;重印出来或能发生一点抛砖引玉的作用,引起史学界同志的注意,进而考虑如何编写世界通史的问题。现在复旦大学历史系,已接受了教育部的安排,要编写世界通史的教材,系里的同志已征得我的同意,共同来完成编写任务。但新教材何时编成还不易说,不得已,只好先将拙著《世界通史》第一、第二、第三册先印出来以应急需。

(1982 年 10 月 23 日)

《世界文化丛书》总序

今天我们立足于祖国的现代化,放眼世界,放眼未来,不难看出:现在世界各国彼此之间的关系,在历史发展过程中,正日益趋于紧密,各国家或各地区之间的往来日益方便;经济的、政治的、文化的以及其他各方面的关系日趋紧密,几乎成了不可逆转的必然趋势。但要使这些关系发展得很好,甚至合乎我们的理想,则研究、考察、寻找正确方向或理想前途的工夫,为不可少。着眼于文化方面的关系,组织学者、专家研究世界文化,出版《世界文化丛书》,已成了我们当前的迫切要求。

研究世界文化,先定出题目,请学者进行研究,写成专书,是可能的。学者自己先有研究计划,甚至已有研究成果,拿出来寻找适当的题目,更是可能的。我们组稿工作的进行,大体不外这些方式。每一本书所涉的地区、时间、文化内容都不加限制,是可以的,如"世界文化史"即属此类;估计这类著作不会很多。与此相反,每一本书所涉的地区、时间、文化内容都加以限制,也是可以的,如"欧洲中世纪的教会研究"即属此类;估计这样有限制的著作,一定相当多。介于这两极端之间,有的著作只在地区、时间上有所限制,如"中国先秦文化"或"美国现代文化"即是实例。有的甚至只在地区上有限制,如"印度文化"或"拜占庭文化"即是实例。此外研究文化的方法或理论,如"文化与时间"或"多维视野中的文化理论"等都是实例。范围这样无定,体例这样不齐,只是由于世界文化从来就是不断发展的,到今天更是日新月异,不易把范围体例固定下来。不过,不把范围体例固定下来,反而使学者、专家易于着笔或易于发挥各人的独创性。

至于文化发展的方向或理想的前途,则不能忽视。发展的方向或理想的前途是不易明确的,这就要诉诸比较研究。即使诉诸比较研究,如果只拿现在与过去比,或拿中国与外国比,充其量只能了解文化的大势;必须进一步有具体细致的比较,才能把方向找出来。分别举例,如手工生产与机器生产相比,则知手工生产为落后,机器生产是进步的,于是反对落后,追求进步成了我们的方向。又如宗教迷信与科学真理相比,则知宗教迷信为落后,科学真理是进步的,于是反对迷信、追求真理成了我们的方向。又如压迫和剥削,是政治和经济方面的事情;拿压迫剥削与平等互利相比,则知前者为可恨,后者是可贵的,于是反对压迫剥削,追求平等互利成了我们的方向。方向不能忽视,比较研究则大有助于方向的阐明。研究世界文化的学者、专家未必完全没有涉及过比较:把研究的对象完全孤立起来,不顾上下古今,不顾前后左右,是不可能的。今天谈比较,不过希望把比较的范围扩大再扩大,使比较的对象力求具体更具体。果能如是,则研究文化的方向或追求理想的前途决不会落空。余不多谈,即以此为序。

1986 年 10 月 6 日　写于北京

论世界历史发展的形势

一、最 早 的 形 势

历史的发展就是斗争的过程。分别说来,或为人类与自然的斗争,或为阶级与阶级的斗争。每一个国家都在斗争过程中发展着。许多国家同时并立,又不能不发生关系;其关系或为经济的,或为政治的,或为文化的,或为军事的。关系构成形势,更直接或间接影响各国内部的斗争。内部的斗争为各国自己发展的内因,外部的关系或形势,则常通过内因而起作用,影响各国的发展。

1. 世界最早诸国间的关系,自始就是很显明的。相邻诸国的关系,固不待说。例如中国与东南亚诸国的关系,与葱岭东西诸国的关系;波斯与中国和印度的关系,与两河流域诸国的关系;两河流域与尼罗河流域的关系,与克来特岛的关系,都是很显明的。其关系随时随地不同:或为经济的,或为政治的,或为军事的,或为文化的。但彼此直接或间接发生关系,则是常事。即距离较远的国家,彼此间的关系,亦有考古发掘的材料可为证明。例如古代印度文化,据最近考古发掘看,早在公元前三千年左右,就很发达。达罗毗荼人的生活水准,已经很高,他们的农业及手工业,都相当进步。在农业及手工业的基础上,商业也很发达。他们的商业势力,经过雅利安人的媒介,甚至已达到两河流域。据考古研究看印度最早的经典《梨俱吠陀》中有一表示金子重量的字,曰"manâ";这个字在古巴比伦具有同样的意义,后来传入希腊币制中,变成"mna",到拉丁文中成为"mina"。有人认为这可能就是两方通商关系的一证。另外也还有些佐证:如印度产的柚木,很早在古巴比伦的建筑物中即已见到;又如古巴比伦称细纱曰"sindhu",这个字又恰恰是"印度"的同声。至于流行于小亚细亚的地母神像,印度出土古物中亦有;流行于克来特岛的斗牛像,印度出土物中亦有。进步的考古学者把尼罗河流域、两河流域、印度河流域作为最早的三个文化重要区域;其附近诸地如克来特,如希腊半岛,如叙利亚,如亚述,如伊朗,如巴鲁吉斯坦等地作为文化上有联系的地带,不是没有理由的。

2. 至于西南亚与东南欧最早的关系,可举古波斯的西进与亚力山大的东征为例。古波斯自从居鲁士创始到公元前五百年左右,即已成为西亚方面一个强大的奴隶制帝国。当其全盛之时,东侵到达印度河流域,进攻印度的结果,即收印度河以西之地归入波斯版图。西侵到达欧洲的多瑙河流域,虽胜而复败,亦终保有兹雷斯(Thrace)及其以南的地带。所有北部希腊的大部分,中部希腊的一部分,和爱琴海中许多岛屿及克来特等地一概转入波斯势力之下;希腊人民成了波斯帝国统治和剥削的对象。到公元前五世纪上半期,波斯、希腊之间爆发长期大战。波斯军队长驱直入,进攻希腊;公元前 490 年时,曾达雅典东边的马剌顿,公元前 480 年时,曾达雅典南面的色拉米(Salamis)。波希之间的关系,就其性质而言,既是经济的,也是政治的,既是军事的,也是文化的。单就文化一项讲,波希战争,对东方文化的西传,有直接影响。波斯统治阶级曾吸收巴比伦、亚述乃至埃及的古文化加以融汇,予以生命,然后在这一次战争中输送于欧洲。欧洲人自波斯帝国兴起以后,确曾从波斯人手里获得东方文化。

公元前四世纪下半期,希腊奴隶制社会的文化早已发达到了高峰,正开始向东西各地传播。这时有崛起于黑海左岸的较为落后的马其顿人,向南方发展,一方面直入希腊,据希腊以为己有;另一方面则渡达旦尼尔海峡,侵入亚洲。公元前 335 年时,马其顿统治者亚历山大既征服希腊;334 年春季,即由马其顿出发,开始东征。333 年,与波斯军大战于伊索士(Issus),亦即由小亚细亚入叙利亚之门户。332 至 331 年征服埃及之后,又回军入两河流域,进入亚述,更南下占巴比伦城;由此出发,占领波斯首都;由波斯首都转向东北,于 328 年占阿姆河上游,今阿富汗一带;327 年五月更越过兴都库什山进入印度河以东。在印度境内,历时十九个月,然后回军西进,于 324 年在巴比伦病死。亚历山大在短短十余年间,把军事势力强加在西亚人民头上,树立所谓亚历山大帝国。帝国对东方的影响,可略举三大端:一、打破了东西的隔阂,开辟了印度与西方的水陆交通。二、把欧洲某些思想传入了印度,如佛教之采用偶像便与希腊思想有关。三、把希腊的许多艺术影响,加到印度的佛教艺术上,成为一种希腊化的佛教艺术,在印度西北部以白沙瓦(Peshawer)为中心的乾陀罗(Gandhara)地方发展,传播于各地;后更由此经中央亚细亚而入中国。

3. 亚历山大死后,其继承势力因互相斗争,凡分三大部分,埃及为一部分,马其顿本土为一部分。至于西亚这一部分,则由部将色流古统治着,因成色流古帝国。色流古本人自始就想贯彻亚历山大的主张,想把希腊文化移植于亚洲;势力所到之处,即建立希腊化城市,前后所建共达几十所,都是推行希腊化的。公元前三世纪中叶,色流古正有事于西方,对帝国东部各地的控制,渐渐松懈,于是由其内部相继起而独立的有大夏与安息。大夏于公元前 256 年宣布独立,位于今日中央亚细亚及阿富汗一带地方。其地位很重要:在东西通商要道上是一个中心,在东西文化交流上也是一个中心。其势力直到公元前 139 年被安息、月支的夹击才告终结。安息独立于公元前 250 年,位于里海东南一带。自击溃大夏以后,更取整个色流古帝国的土地而代之。当其盛时,国土之大,东抵印度河,西达幼发拉底斯河,与罗马相接;南濒印度洋,北达里海左右。就当时世界形势看,安息位于西亚,东与秦汉帝国相接,西与罗马帝国相接,构成自太平洋沿岸到大西洋沿岸的并立三大帝国。就其在历史上的地位看,安息实继古波斯帝国、亚历山大帝国、色流古帝国等等的传统而兴起,而统治着西亚,成为东西两大帝国中间的桥梁。自公元前 250 年独立,至公元后 226 年被复兴的煞珊波斯所推倒,历时整整四百七十余年!古代世界历史发展的形势,到这时我们当更看得清楚了:既不应以欧洲为中心,更不必以亚洲为中心。我们注意的,应该是各国内外斗争发展形势的完整统一体。

4. 当时的世界,东起太平洋,西抵大西洋,有三大帝国并立着:秦汉帝国全盛之时,国土之大,东起太平洋,西达帕米尔;罗马帝国,亦值全盛之时,地跨亚、欧、非三洲,西起大西洋,东抵幼发拉底斯河流域。安息帝国位于西亚,介于中国与罗马之间;其与中国的关系,偏于贸易方面的接触为多;其与罗马的关系,偏于军事方面的冲突为多。安息与罗马两大帝国之间,并无不易越过的天然屏障;各为扩大疆土,巩固帝国势力,常向对方用兵。自公元前一世纪中叶到公元后三世纪,安息就衰,萨珊波斯兴起的时代,安息与罗马之间的军事冲突,常常发生。与中国则不然,军事冲突极少,贸易的接触为多。中国与大夏、安息、萨珊波斯发生直接的贸易关系;经过这些国家,更与西方的罗马发生间接的贸易关系。中国销售于西方各国的物品,主要为丝织物,也有铁与皮货等。罗马销售于中国的物品,主要为石绒、药材、颜料、宝石、金属器物等。中国与罗马的贸易,既须经过安息而间接进行,因此便不能没有阻碍。例如汉和帝永元九年,亦即公元 97 年,中国曾有班超遣甘英使大秦的事。甘英行抵安息西境的波斯湾上,想从波斯湾绕阿剌伯半岛,入红海到大秦,亦即到罗马。但为当地安息船户所阻,未能动身。安息的阻挠,为的是要垄断中国与罗马间丝织物的贸易。当时罗马人常从海道与安息及印度通商;罗马的当局想派遣使者直通中国,但安息想垄断丝织物贸易,不让中国人与罗马人直接通商。这也可见当时中西贸易关系之发达。正因贸易关系发达,阻挠是无效的,所以到汉桓帝延熹九年,亦即公元 166 年,罗马皇帝安敦(Antonius)毕竟遣使循海道到了中国,并送来了象牙、犀角、瑇瑁等物品!

二、十五世纪以前的发展

十五世纪为世界历史发展形势大转变时期。前乎此,历史的发展,主要限于大陆内部各地;后乎此,则扩大到海外各地去了。大陆内部各地历史发展的形势可列举几大端,首有各地各族人民的大移徙;接着就在移徙的各族人民之中发展宗教势力;宗教势力的大发展,又增进了各地封建秩序的大巩固。

1. 例如东亚方面,在公元三世纪时,有西北各族人民向东南移徙;进入汉族的晋帝国,与汉族杂居。举其名称而言,有匈奴族、羯族、鲜卑族、氐族、羌族等所谓"五胡"。他们陆续向东南移徙,每到一处,即建立自己的王国,如日尔曼各族向西南移入罗马帝国境内,建立自己的王国一样。计自公元 304 到 439 年的一百三十六年中,各族所建的王国,前后合计,共十六国。这些国家又陆续归并,最后由鲜卑族的拓拔氏建立很大的魏帝国,与南迁的汉族帝国相对;如欧洲日尔曼族诸国与东罗马帝国相对一样。南移各族与汉族相对峙,到公元 581 年隋帝国建立时才告结束。是后又出现长期的统一帝国。

在各族人民移徙、定居或彼此融合的过程之中,起于印度的佛教正向东南亚各国发展。中国、朝鲜、日本及其他东南亚国家,多是佛教盛行的地方。佛教传入中国,始于公元前二世纪之末;但大规模的传入,却在公元后一世纪月氏帝国成立之后。一世纪末,中国东汉明帝派人到月氏抄写佛经,搜求佛像,并引高僧东归。从此以后,印度的佛教乃盛行于中国,更由中国传入朝鲜、日本等地。佛教传入中国之后,一切与佛教有关的文化,也都随着传入中国。例如文字、文学、哲学思想等,以及艺术如图画、音乐、雕刻、建筑等,都给中国文化增加了新的因素。甚至印度所受希腊艺术的影响,也随佛教传入了中国。中世纪中国社会各阶层都有人站在不同的地位信奉佛教或利用佛教。最高的统治者如帝皇,利用佛教以为统治人民的手段;封建地主,利用佛教以避免公役,以保护财产,并帮助巩固统治;贫苦农民亦有利用佛教以麻醉自己者。

2. 东亚方面,西北各族人民向东南移徙进入汉族帝国之时,欧洲方面,东北日尔曼各族人民亦正向西南移徙,进入罗马帝国。早在奥古斯特时代,日尔曼族就有进入罗马边境的。到三世纪末及四世纪初,他们便大举南进。他们因受匈奴族的压迫,向西南移徙,越过多瑙河、来因河,进入罗马帝国。这时罗马的奴隶阶级与贫苦农民被压迫剥削,正在反抗统治,乃与他们联合,于公元476年推翻西罗马帝国。日尔曼各族进入罗马帝国之后,亦分别建立自己的王国。高卢方面有佛兰克人所建的王国;西班牙半岛左面,有西峨特人所建的王国;意大利半岛方面,有东峨特人所建立的王国;北非方面,有凡达人所建的王国。尤以佛兰克王国为最重要,后有首领查理曼竟以日尔曼族身份,想复兴西罗马,于公元800年正式受教皇里何第三(Leo Ⅲ)加冕,为所谓西罗马皇帝。西罗马帝国,并未真正因此复兴,但基督教在日尔曼族中的影响之大则于此可见一般。

　　基督教是继犹太教发展出来的,发源的地方原在亚洲;公元后不久,即向亚欧各地发展,尤其在欧洲得到盛行。这正如佛教,原出印度,公元后不久,在东南亚各地发展,尤其在中国得到盛行。基督教初入欧洲之时,贫民为图得到自我麻醉,常信奉之;凡小工、手艺人、小店主、小商人、奴隶阶级都有信奉基督教者。封建地主阶级多挂基督之名,加入教会,或以财产献给教会,以取得优越地位;这既可以保护财产,又可以避免兵役,更可以帮助巩固统治,如中国封建地主之加入佛寺一样。至于最高的统治者如帝皇为图巩固统治,自三世纪以后,亦大力利用基督教以为工具。公元311年加勒流帝首先发布敕令,保护教会;两年以后,君士坦丁帝正式宣布对基督教义的容忍;四世纪之末,焦多休帝且定基督教为国教。日尔曼族南进入罗马帝国以后,一方面吸收罗马文化,另一方面自己又渐渐转化而为基督教信徒。基督教在日尔曼族诸王国中,发挥巩固封建秩序的作用,有如佛教在东南亚诸国中帮助封建秩序的巩固。

　　3. 日耳曼族向南迁移,基督教向西发展的时候,资产阶级历史学者常谓这是中世黑暗时代。其实谓当时欧洲为黑暗,或无不可;但世界其他各地,并不都是黑暗的。中国汉唐时代,文化盛兴,固不应说;即邻近欧洲,横亘西亚、北非及西南欧的阿剌伯帝国亦复如此,阿剌伯帝国亦即回教帝国,是阿剌伯半岛上回教信徒所创建的。所历时代,自公元632年教主穆罕默德逝世以后开始创造,到公元1258年为蒙古帝国所攻克而告终结,足足六百余年。八世纪时,帝国达到全盛;版图之大,为历史上所未有:东起印度河流域,西达大西洋流域。所有的地方,欧洲方面,包括西班牙全境;非洲方面,包括整个北非沿海诸地。亚洲方面,所占领的地方最多:印度河以西,地中海以东,高加索以南,波斯湾以北,都在其统治范围之内;西北与东罗马帝国相接,东北则与中国相接。

　　帝国由开创到成长发展,军事势力所到之处,商人的足迹随之。积时既久,商人势力大张。他们经商,几乎不论地方远近:东至亚洲东南部,如中国、朝鲜、印度等地;回教商人常以糖、枣、樟脑、棉花、铁器、玻璃器等售于中国。西至欧洲西南部,大西洋沿岸,非洲西北部大西洋沿岸。北至波罗的海沿岸诸地;过去考古学者在波罗的海沿岸及爱沙尼亚北部诸地发现十一世纪的回币凡一万三千余枚,足证回教商人曾因经商而达到波罗的海,南至非洲腹地及西南沿海诸地。最大的国际商业中心,在阿剌伯人控制之下者,凡有三处:一曰报达,这是亚洲方面位于底格里斯河畔的一个国际商业中心;二曰哥多瓦,这是欧洲方面位于西班牙境内的一个国际商业中心;三曰亚历山大市,这是非洲方面位于埃及境内的一个国际商业中心。商业中心同时又是文化中心。报达方面,自亚巴斯朝诸人于749年在这里建立统治以后,到1258年被蒙古攻克,历时凡五百余年。在此时期,这里实为东西文化交流的中心。报达方面,回教学者的重要表现,在希腊古学的研究。哥多瓦方面,回教学者的重要表现则在东西文化的沟通。前者把希腊学问传入亚洲,后者则把回教的学问传入欧洲。十世纪时,阿米雅朝势力最盛,哥多瓦已成了一个文化中心。当报达与哥多瓦的回教文化全盛之时,非洲方面的亚历山大市也是一个回教文化中心点。这里非狄马朝诸人的促进学术也不遗余力。这方面的学问之发达,有时可与报达比美。总的说来,回教帝国时代的学问,非常发达,尤以历史学与地理学为最有名。历史学的著作,据海立非(Hajt Khalifah)说,不下一千二百种,此外湮没无闻的,还不知有多少。这与欧洲中世的黑暗,当是截然不同的。

　　4. 回教帝国最后的两百多年中,东部各地,亦即印度河到底格里斯河间各地,事实上几乎全为突厥人所支配,帝国在这方面仅保有空名。突厥人中发迹于突厥斯坦,以色尔柱(Seljuk)为首的一支称色尔柱人;他们进入回教帝国,得到帝国承认之后,便大大地发展其势力于西亚各地。当其全盛之时,势力之大,西南及于埃及,西北及于东罗马帝国,东部且达葱岭以东! 色尔柱人在西亚的地位,可与欧洲的佛兰克人作一对比,且所居时代亦复相同。佛兰克人在罗马帝国的基督徒看起来,为北方的蛮族;色尔柱人在阿剌伯帝国的回教徒看起来,也是北方的蛮族。佛兰克人虽为蛮族,然忠心奉行基督教;色尔柱人虽为蛮族,然亦忠心奉行回教。当十字军东征时,佛兰克人常代表基督徒向东方作战;色尔柱人亦常代表回教徒向西方作战。

　　东西宗教的冲突,自萨珊波斯时代起,中经阿剌伯帝国之全盛,直到色尔柱突厥人之得势,未有已时。萨珊波斯时代,有国王沙布尔(Shapur)大杀基督徒的事;阿剌伯帝国盛时,有统治者苗塔瓦克(Mutawakkil)虐待基督徒的事;色尔柱人得势时,有所谓刺客派对基督徒的大暴行。所有这些,对基督徒固为大压迫;对东罗马帝国更是大打击。1071 年时,东罗马帝国,因军队败于色尔柱人之手,乃向西方的基督教世界呼吁求援,教皇乌尔本第二(Urbán Ⅱ)起而应援,于是所谓十字军起。自 1095 年到 1291 年间,十字军的东征,近两百年! 这一长期战争,对欧洲的经济影响很大。在这两百年中,东方与西方的商务关系极为密切。东方的回教商人常自东方各地把珍奇物品运到巴勒斯坦及叙利亚各大商业城市。而意大利威尼斯等地的商人又把这些物品运到欧洲封建贵族手里。这样一来,欧洲封建贵族生活日益奢侈,而货币制度亦在他们中渐渐流行。此外有一最大的间接影响,即迫使欧洲商人向海外发见新地是也。因十字军东征,使欧洲商人知道东方地大物博;后来东西陆路交通中断,遂迫使他们循海道东航;结果竟因东航的欲求,发现许多新地,造成世界史上由中世向近代转化的开端。

5. 十字军东征,虽绵延两百年,然对回教徒的打击并不很大,对回教帝国的统治并未推倒。推倒回教帝国者实为蒙古人。十三世纪之初,蒙古各族,曾被成吉斯汗逐步团结起来,成了后来建立蒙古帝国的基础。公元 1206 年,成吉斯汗自立为最高统治者,同时并命大将忽必烈、者别等向各地征战,首先攻占西夏及女真金国,其次征服天山南路一带地方,再其次征服朝鲜并计划进攻日本,最后征服安南并回头攻克南宋。以此为基础,成立蒙古帝国。帝国盛时,颇发展了文化:首先创造蒙古文字,接着便翻译汉族的典籍,尤其有关政治道德等书;对各种宗教亦颇尊重,佛教固所尊重,其他如基督教、回教、犹太教等亦在尊重之列。在蒙古统治之下,葱岭东西诸国学者颇有研究中国哲学、文学、美术的。

帝国建成之时,其武力早已由者别、速不台几个部将发展至于西亚、欧俄各地,并进展至多瑙河流域。首先攻占中央亚细亚及伊朗一带,灭花剌子模国;然后进攻里海以西诸地并进攻小亚细亚等地方;1222 年到 1223 年间更攻克欧俄许多地方,建立所谓钦察汗国,直接隶属蒙古帝国,统治欧俄,历时凡两百余年。蒙古人的西进,不仅达到欧俄而已;他们更深入多瑙河流域;1240 年到 1242 年间,在拔都领导之下,长驱直入,先攻波兰,由波兰而奥大利,由奥大利而匈牙利,由匈牙利而塞尔维亚,直达地中海为止! 声势之大,震动了全欧。至于推翻回教统治,则在公元 1258 年的攻克报达。报达为底格里斯河下游的大城,为回教帝国首都所在。自回教帝国或阿剌伯帝国的统治者亚巴斯于公元 749 年移都于此以后,直到这次被攻崩溃,历时凡五百余年。由上所述种种看来,中世纪世界历史舞台,固不仅欧洲一隅而已。

三、由中世到近代

中世纪世界历史舞台,虽不限于欧洲一隅,但毕竟限于亚、欧、非三洲的范围之内。在十五世纪以前,亦即新大陆未发现之前,世人的活动,我们所晓得的,多只在这三洲的范围之内。当时东西贸易往来,虽然发达,然交通要道多靠陆路。但到十五世纪,情形不同了,东西陆路的活动,扩大到了海外。活动的范围由亚、非、欧三洲一部分地方,扩大到亚、澳、欧、非、南北美各地去了。更因欧洲诸国海外活动的成功,向来亚洲黄种人的主导地位亦为他们所夺去,从此造成世界历史发展形势的大转变。

1. 亚洲的海外活动,其开始较欧洲为早。例如中国,郑和出使各地,到海外活动,就在十五世纪之初到三十年代。郑和出使,前后一共七次;自明永乐三年,亦即公元 1405 年起,到宣德五年,亦即公元 1430 年,共二十余年;所到地方,凡三十余国。印度沿海诸国如古里、柯枝、大葛兰、小葛兰、西洋琐里、加异勒、阿拔巴丹、甘巴里、锡兰山、溜山、榜葛剌等都因此与中国发生了贸易关系。波斯及阿剌伯沿海诸国如忽鲁漠斯、祖法儿、剌撒、阿丹、天方等都因此与中国发生了贸易关系。非洲东部沿海诸国如木骨都束、麻林、比剌、沙里湾尼、竹步等都因此与中国发生了贸易关系。

中国的海外活动为时虽较欧洲为早,然未能如欧洲各国之获得成功。就拿贸易一项来说,自始就是失败的。一、对近邻东南诸国的贸易,在朝贡的名义之下进行,数量并不甚大;二、对日本的贸易关系,更始终没有建立起来,仅得到所谓"倭寇扰华"的悲惨结局;三、西方诸国与中国的贸易关系虽勉强建立起来了,然居主动地位的实为西方诸国,而非中国自己。中国对近邻东南诸国通商,似居主动地位,然这些国家地盘较小,人口不多,消受物品有限,不足以刺激中国的生产,不足以使中国的产业趋于激进。至于对西方欧洲诸国通商,中国更完全居于被动地位;近邻诸国的市场,且完全为欧洲诸国所夺。

2. 欧洲诸国如西、葡、荷、法、英等的活动,与中国截然不同,先后都获得了极大的成功。欧洲与东方的贸易往来,在中世纪,全凭陆路。自土耳其人兴起,于 1453 年攻陷东罗马帝国的首都君士坦丁堡,正式结束东罗马帝国的统治以后,东西贸易形势渐渐变更:欧洲商人感到东来的陆路不如前此的方便了,乃转向海外活动。他们首先于十五世纪末叶及十六世纪初期,开辟东西航道,海上航行,获得极大方便。由欧洲出发,沿北非、西非,绕过南非,可直达亚洲各地;由欧洲出发,到北美、中美,绕过南美,也可直达亚洲各地。

东西航道既已畅通,于是葡、西、荷、法、英等国乃相继到海外活动,在争商业霸权,以进行资本主义的原始蓄积活动。首有葡萄牙人的东侵。葡萄牙人之开辟东行航道,最大目的在建立远东的商业霸权,伸张其势力于印度、中国、日本及其他各地。其次有西班牙人的海外发展。与葡萄牙人东侵的同时,西班牙人伸张其势力于美洲的中美、南美落后民族中,其主要目的在获得金银矿产。十七世纪初期,荷兰人的海上势力亦蒸蒸日上,不独能雄视欧洲各地,且能在东西印度群岛,握得商业霸权。当其全盛之时,一方面压倒葡萄牙人的远东商业势力,另一方面则打击英国人在印度的贸易发展。并从此取得葡萄牙人的地位,独占香料岛的贸易,进而与中国及日本直接通商。以上各国在海外争霸之时,法国对外贸易也很发达。十六、十七世纪的时代,法国与西班牙、葡萄牙及意、德、荷、英诸国的贸易关系都很密切。与美洲及东南亚各地的贸易,也正在这时大大增加。海上商业活动获得最后成功者实为英国。美洲方面,如北美的纽芬兰、新英格兰,中美的西印度群岛,南美的西班牙殖民地,无不有英国的贸易中心或殖民事业的根据地。亚洲方面,印度为一个中心;印度西南沿海如孟买;东南沿海如加尔各答,如麻德拉斯等地,都为英国人活动的中心。东南亚的摩鹿加群岛,早在1802年,英国的商船即已到达。至于非洲方面,几内亚沿海诸地,都为英国人活动的范围。

3. 欧洲诸国海外活动的成功,使世界历史发展的形势,发生崭新的转变:从此以后,亚洲黄种人的主导地位,固然为欧洲的白种人所夺去;即欧洲资本主义生产制的发展亦因比较早于世界其他各地方。海外活动的成功,无异于原始蓄积的成功。这一成功推动着国内的生产,使生产激进;更因技术的革新,机器的使用,形成所谓产业革命。产业革命之日,就是资本主义生产制飞跃发展之时。在这发展过程之中,资产阶级力量壮大了;力量壮大了,便要推翻封建的统治,并解除一切封建的束缚;于是各国先后发生资产阶级革命,或与此相类似的斗争。首先有尼德兰的资产阶级革命,有英国资产阶级革命,有法国资产阶级革命。这都是欧洲的,在北美则有独立运动。北美独立运动成功,其资产阶级亦加入欧洲资产阶级之列,一方面推进资本主义,另一方面,则又与欧洲资产阶级一样,向外发展,奴役世界其他落后地方。这是美洲的革命;在亚洲则有日本的明治维新,中国的戊戌维新和辛亥革命。不过亚洲,尤其中国,因海外活动失败,资本主义生产制并未成功,资本主义亦未发达;与此相反,却长期陷入半封建半殖民地的状态中;印度及其他亚洲诸国,资产阶级之没有成功,就更不应说了。这是亚洲的情形;介于亚欧之间的大国如俄罗斯,在欧洲资产阶级革命成功,亚洲资产阶级革命失败的过程之中,亦早有欧洲化或西方化运动;虽终于完成了资产阶级革命,推翻了封建统治,然时间则较欧洲资产阶级革命晚多了。

海外活动,欧洲诸国获得了最早的成功;资产阶级革命,又以欧洲诸国的成功为较早。他们在海外活动,进行原始蓄积之时,已开始奴役东南亚诸国、非洲诸国及拉丁美洲诸国的人民;在资本主义发达,推销商品之时,又向各地人民直接或间接加紧奴役;到帝国主义时代,他们加于各地的奴役就空前残酷了。

4. 欧洲资产阶级的势力未侵入各地之时,各地人民都有自己的生活,自己的地位,与欧洲诸国人民原没有两样。但自欧洲资产阶级的势力侵入之后,这些地方的人民生活加速恶化,国家地位亦随着丧失;所有东南亚诸国、非洲诸国、拉丁美洲诸国,几乎完全成了欧洲诸国的殖民地,而为他们的附庸。拉丁美洲原有土著人民,其历史很长远,其文化程度亦很高。但自拉丁语系民族如西班牙人、葡萄牙人、法兰西人等侵入之后,他们几乎逐渐消灭;能保持原有血统,维持生存的,人数已不多了! 所有南美、中美、墨西哥及西印度群岛等地,亦因此统称拉丁美洲。原有土著人民的命运,今日几乎无人说起了! 至于拉丁美洲之名流行以后新来的人民,虽曾于十九世纪上期,相继革命,脱离欧洲宗主国而独立,应该真是独立的了。然而不然,独立之后不久,随即又转到新兴的美国资产阶级支配之下,成了他们的附庸! 非洲的土著人民,其历史也很长远,其文化程度也很高。但自欧洲诸国资产阶级的势力侵入之后,他们的国家地位随即丧失,成了欧洲诸国的附庸。人民陷入奴隶地位,被摧残而消灭者不知有多少;例如今日大家所最关心的刚果人民,就被比利时资产阶级消灭了很多! 这样的命运,几乎是非洲人民所共同遭遇的;即世界文明发展最早的埃及人民亦不能例外! 至于东南亚诸国,历史都很长远,且多是文明古国。自从欧洲资产阶级势力侵入之后,所遭遇的命运,几乎与非洲及拉丁美洲诸国的命运相同。印尼曾为荷兰的殖民地,越南曾为法国的殖民地,缅甸曾为英国的殖民地,泰国曾为英法的殖民地,印度曾为英国的殖民地! 即伟大的中华人民共和国,历史发展既很长远,文化遗产亦很丰富;然亦曾沦为各国共同的殖民地。直到解放前夕,仍是半殖民地半封建国家!只有日本,曾得苟安,后来且挤入帝国主义之列,与美国挤入帝国主义之列,后来居上一样。

5. 亚、非、拉丁美洲诸国人民开始遭受欧洲资产阶级奴役之日，就是他们对世界历史发展，作出贡献之时。从那时就，他们直接或间接转到欧洲资产阶级势力之下，为他们生产，为他们创造剩余价值。不过他们的创造，为欧洲资产阶级垄断独占去了而已。欧洲资产阶级，挟其本国的军事势力、政治势力、宗教势力，在亚、非、拉丁美洲各地，进行经济侵略。他们或经营商业，把本国的剩余商品，输入各地，利用当地反动统治者的帮助，销售于各地的封建地主或官僚买办；而货价则由广大劳动人民负担。他们或经营工农生产事业，把本国的剩余资本输入各地，利用当地反动统治者的帮助，在各地直接经营生产事业，或与各地封建地主、官僚买办互相勾结，经营生产事业；而剩余价值，则由广大劳动人民创造出来。他们或经营采矿事业，交通运输事业，把本国的剩余资本，以贷款形式交于当地反动政府，直接支配使用；而还本付息，则概由广大劳动人民负担。

资本所到之处，首先利用当地土著人民，作为奴役剥削的对象。因此在外来资本势力之下，提供剩余价值者，全是土著人民，后以资本势力扩大，甲地土著人民不够，则从乙地捕贩，作为补充。例如非洲土著人民，被捕贩到拉丁美洲，以供欧洲资产阶级奴役剥削者不知有多少。拉丁美洲初开发的时候，土著人民，曾被大批奴役剥削。后以外来资本势力扩大，当地劳动人民不够用了，欧洲资产阶级乃从非洲捕贩内格罗人，运到拉丁美洲，使终身为外来的资产阶级，从事辛苦劳动，提供剩余价值。贩奴的风气，发生颇早；各国商人从事于此者亦颇多：如葡、西、荷、英、丹麦各国商人多到非洲捕贩内格罗人，运到拉丁美洲作终身奴隶。巴西一地，自内格罗人初被运入以后，陆续增加，到1850年时，曾占全国人口一半。贩奴的残酷活动盛行之时，内格罗人每年被捕贩到拉丁美洲为奴者，常达五万至十万人；他们过着牛马不如的生活，全是为欧洲资产阶级创造剩余价值者！

四、发展的新形势

各地人民被外来资产阶级奴役剥削之时，也就是他们开始反抗之时。帝国主义者的疯狂进攻，更使反抗斗争空前激烈。

1. 资本主义发展至1873年，经过一次较大的恐慌以后，便进入了独占时期。1873年到1900年间，所有联合组织如卡德尔，如托拉斯，如辛地克等已渐盛行，帝国主义已经开始了；再经过1900年到1903年间的大恐慌以后，乃由独占时期进入帝国主义时代，亦即资本主义的最后阶段。在这时代，帝国主义者为经济恐慌所威胁,常向国外夺取市场,夺取殖民地,借以输出剩余商品,输出剩余资本,夺取国外的原料,利用国外的劳动,以图避免恐慌,继续扩大生产;因此必然要发生分割世界市场的争夺战。第一次世界大战的原因,即是如此,1914 年中,第一次世界大战,以奥国皇子被刺为导火线而爆发。大战爆发以后不久,许多国家都卷入旋涡,各站一边:英、法、俄等国站一边,曰协约国;德、奥、意等国站一边,曰同盟国;各为侵略目的而相互战争。直到 1918 年底,所谓协约国获胜;同盟国除意大利中途退出外,德、奥等国乃与协约国停战议和。这次战争,损失之大,实世界历史上空前所未有的。自 1914 年到 1918 年间,交战各国共动员了七千万人;阵亡的不下一千万,受伤的达一千九百万,残废的亦有三百五十万。此外有大批人因疾病饥饿致死。就物质的损失言,交战各国的许多城市和乡村,都成了废墟;桥梁、铁道、工厂等,多被完全破坏。帝国主义者为争市场,为争殖民地,结果竟至如此!只有新兴的美帝国主义者反在大战中发了横财。一方面因参战较迟,损失较少;美帝直到 1917 年四月,因自己的商船被德潜艇炸沉,才加入协约国一边,对德作战,损失极为有限。另一方面,欧洲各国在战争中所负债款都是从美国借来的,美帝因此成了债权者,握到了欧洲的经济霸权。

2. 在第一次世界大战进行的过程之中,有一震动全世界的事情发生,即 1917 年十月社会主义革命是也。1917 年 11 月 7 日,亦即俄历 10 月 25 日,俄国劳动人民在列宁领导之下,化帝国主义的战争为国内的革命战争;在俄国爆发社会主义革命,树立起无产阶级的政权。到 12 月,他们单独与德议和,接受了德国的和平条件,使俄国退出了帝国主义的掠夺战争。1918 年 3 月 3 日与德国签订《布列斯特和约》。从此世界历史上出现了社会主义大国,动摇了世界资本主义阵营,开始了世界历史发展的新形势。十月革命在世界历史发展上,是具有划时代的意义的。它使自有历史以来被雇佣者、被驱策者、被压迫者、被剥削者第一次升到主人地位,以身作则,鼓舞着全世界的无产者。资产阶级的生产工具和资料被宣布为社会公有的财产,社会主义生产制从此正式成立。十月革命开辟了一个新的时代,使全世界被压迫国家的人民得与无产阶级联盟,并在无产阶级领导之下,进行殖民地革命。十月革命树立了世界革命的基础,它第一次实现了无产阶级专政,为世界革命运动建立了一个强大的中心。这个中心鼓舞着全世界无产者和被压迫民族,联合起来去反对帝国主义。十月革命以后,漆黑一团的资本主义统治着的世界分裂为二:一方面是资本主义世界,另一方面则是社会主义世界。社会主义世界的力量逐渐上升,资本主义世界的力量则逐渐没落。亚、非、拉丁美洲诸国人民从此所得到的鼓舞,是前所未有的。

3. 社会主义世界出现以后,资本主义世界的力量虽在逐渐没落,但并不是已经没落了的。不仅如此,各帝国主义者且在没落的下坡路上,作垂死的挣扎,企图挽救危亡,对被压迫各国人民,继续进行奴役剥削。为图避免彼此之间的冲突,获得苟安,他们曾试行过一系列的方法。首先有所谓国际联盟的组织,其次有所谓华盛顿会议,再其次有所谓《洛迦乐条约》,再其次有所谓《巴黎和平公约》,再其次有所谓伦敦限制海军会议,再其次有所谓日内瓦裁军会议。以为有了这些可以使彼此苟安,从容不迫地向被压迫国家的人民进行奴役剥削。谁知不然。当社会主义世界日益向上发展之时,资本主义世界却遭到1929到1933年间的经济恐慌的大袭击。1929年底,美国首先发生经济恐慌,随即蔓延到全世界,形成整个资本主义世界的经济恐慌。恐慌到来,各帝国主义者所提出的挽救方法,凡有种种,或提高关税,防止进口货物的增加;或压低币值,奖励出口货物的增加;或加紧对工人的剥削,以图一时的繁荣;或发展军用工业,以制造变相的繁荣。然定期恐慌转入了一般恐慌,普遍繁荣终不可得。各帝国主义者在经济恐慌不断威胁之下,要度过难关,除扩军备战,准备彼此厮杀,争夺市场,向亚、非、拉丁美洲诸国人民疯狂进攻以外,几乎没有其他出路。于是相率扩军!英国军费,自1932到1936年间,由一万万零四百万镑增到了一万万零六千万镑。美国自1933到1936年间,由六亿二千八百万美元增到了十一亿六千一百万美元。日本自1933到1936年间由四亿五千四百万日元增到了十三亿二千二百万日元。德国战后被解除了武装,然自希特勒法西斯匪徒执政以后,又重振军备;1933到1935年间军费竟增到了十五亿镑!1933年,希特勒执政,就厉行侵略政策;到1936年3月,公开宣布废止《洛迦乐公约》,重行驻兵于来因区,并向各国侵略,首先攻克奥国与捷克。这时意大利法西斯所控制的部队已侵入了阿比西尼亚,日本军阀亦正进攻中国的东北。1937年7月7日,日本公开进攻芦沟桥,世界第二次大战开始。历时八年,到1945年下半年,德、意、日战败,相继签订投降书,大战告终。

4. 在反法西斯的第二次世界大战中,中苏两国人民,对打击法西斯,作出了具有决定性的贡献。大战期间,英、美、法等帝国主义者唆使德、意、日法西斯主义诸国首先与社会主义的苏联作战,希望他们两败俱伤,自己坐获全胜。结果事与愿违:法西斯诸国固然败了,英法等国亦随着削弱,而社会主义的苏联却屹然不动,更有东欧社会主义诸国的相继出现,扩大了社会主义的力量。至于中国人民,曾经过一百余年的反侵略斗争,二次大战中作战时间又最久,受过钢铁一般的锻炼;终于在共产党领导之下,于 1949 年取得了反对帝国主义、封建主义和官僚资本主义的人民革命的伟大胜利,因而结束了长时期被压迫、被奴役的历史,建立了人民民主专政的中华人民共和国。中华人民共和国的成立,在世界历史的发展上是划时代的事情：它壮大了社会主义力量,鼓舞了民族解放运动,打击了帝国主义的力量。

（原载《历史研究》1961 年第 2 期）

评没有世界性的世界史

一、以欧洲为中心的世界史

世界史,顾名思义,应该是关于世界整体的历史,应该具有世界性。事实不然,所有的世界史教科书,截至今日为止,无论是进步的或不进步的,几乎都以欧洲为中心,俨然欧洲史一样,这表现在几个方面:

1. 借亚非古国为开端。欧洲历史发展较晚,没有资格构成中心。资产阶级学者著世界史只好以亚洲古国如巴比伦,非洲古国如埃及冠在欧洲史上,以为开端;称之为近东古国。范围广一点的,加上中国、印度,曰远东古国;更广一点的,加上中美墨西哥湾上的于加丹(Yucatan),曰远西古国;或者去掉中美洲这一区,用一古代东方总名称,包括亚非诸古国,以为开端。亚非诸国,出现较早,应该先讲。但欧洲资产阶级学者,受了以欧洲为中心的思想的支配,对这些国家的叙述,不是单纯把他们作为亚非古国叙述的,而是把他们作为欧洲史的开端叙述的,因之加上了近东、远东、古代东方等称谓。自己站在欧洲,把这些古国的历史冠在欧洲历史之前,造成以欧洲为中心的世界史,非加上这些称谓不可。字只有几个,表现了一种特殊思想。

2. 以欧洲为世界史的中心。例如古代史就只讲希腊、罗马。中世史讲了基督教、封建制、文艺复兴、民族国家、专制政府、地理大发现等,所有这些,又都只限于欧洲。地理既有大发现,照常理说,应述一述新发现的地理。事实亦完全不然,地理的"发现"叙述了,发现了的"地理"仍略而不谈,好象谈了就会动摇欧洲中心。整个欧洲中世,自五世纪到十七世纪,一千余年,所述历史,几乎完全限于欧洲。资产阶级学者所著世界史固然如此,即进步的学者所著世界史也是这样。偶阅两本世界中世史书,内容几乎全是关于欧洲的;关于欧洲以外的却少极了。就土地面积说,欧洲只有一千一百余万平方公里,亚洲有四千一百余万平方公里;就人口数目说,欧洲只有五亿余人,亚洲有一十五亿余人。然而亚洲历史在这两本书中所占篇幅却少极了：一本共 328 页,讲亚洲者只 18 页;另一本共 371页,讲亚洲者只 23 页。这种现象如要解释,我们只好说：由于以欧洲为世界史的中心,过分重视欧洲,因而阻碍了对亚洲的重视。

3. 地理大发现后,仍以欧洲为中心。地理大发现,是世界历史大转变的一个标志。在此以前,世界范围,限于旧大陆;在此以后,则扩大到了亚、澳、欧、非、南北美。在此以前,世界历史上占主导地位者为黄种人;此后,世界历史上的主导地位渐渐转移到白种人方面去了。在此以前,白种人的活动范围,主要限于欧洲;此后,他们的活动范围扩大到欧洲以外的各地方去了。这些人多是富商大贾,属资产阶级;他们与各自的政府勾结一气,在欧洲以外各地横行无忌。或则在东南亚建立商业霸权,伸张其势力于印度、中国和日本,如葡萄牙人之所为。或则侵入中美、南美等地,从墨西哥及秘鲁各处,把金银运回欧洲本国,如西班牙人之所为。或则在亚洲东南沿海各地活动,继承葡萄牙人的霸权,垄断中国、日本及香料岛的贸易,如荷兰人之所为。或则在北美殖民经商,开拓新地,同时又在印度设立商行,以为在东南亚进行商业活动的基地,如法国人之所为。或则集商业活动之大成,在美洲北美、中美、南美各地,在亚洲东南沿海各地,在非洲西南沿海各地,经商殖民,造成所谓"日不落国",如英国人之所为。所有这些,以欧洲为中心的世界史家只称为欧洲的向外扩张,不就新遭侵略的地方作正面的叙述。

4. 至于侵略各地,使各地变为欧洲的势力范围和殖民地,反曰是"白种人的负担"。这竟是拥护侵略,不仅以欧洲为中心而已。欧洲资产阶级未侵入欧洲以外各地之先,各地土著人民,都有自己的生活,都有自己的文化。自从他们侵入以后,土著人民惨遭压迫剥削,土地亦被瓜分占领,变成了欧洲的。例如美洲,原来的土著人民几乎消灭完了,完全变成了欧洲的美洲。非洲,除原来土著人民被捕贩到美洲为奴以外,一再遭到分割,完全变成了欧洲的非洲。至于亚洲,所有文明古国的人民,多被压迫剥削,土地多被瓜分占领,也几乎成了欧洲的亚洲。这样横加在各地人民头上的欧化过程,英国诗人克普林(Rudyard Kipling)嬉笑怒骂曰是"白种人的负担"。资产阶级史学家,拥护侵略,惊为新颖,采入自己的著作里,中国学者也照样翻译,允予使用流行！

二、世界史不应以欧洲为中心

欧洲资产阶级的史学家讲世界史,以欧洲为中心,如不坚持侵略,不以欧洲为侵略中心,原没有什么不可。但我们自己讲世界史,如果也以欧洲为中心,则大不可。就爱国的思想说,不应该;就地理的方位说,有错误。我们自己在中国,也称巴比伦、埃及为近东,则听者除先假定我们在欧洲以外,将莫知所云。近东、远东、古代东方云云,在他人说来对;在我们说来则不对。因此我们不能追随以欧洲为中心的思想。

1. 希腊、罗马,并非驾于其他各地之上的世界文化最古摇篮。进步的考古学者就早已见到这一点。例如赫诺兹尼(Bedrich Hrozny)以西亚、印度和克来特并举,而希腊、罗马不在并举之中。又如柴尔德氏(V. Gordon Childe)以埃及、巴比伦、印度并举,而希腊只占这三个中心附近诸地之一。故曰:公元前三千年左右,尼罗河流域、幼发拉底及底格里斯河流域、印度河流域,都已出现了很多城市。城市文明由这三大中心及其附近诸地如克来特、希腊半岛、叙里亚、亚述、伊朗、巴鲁吉斯坦等地发展。赫诺兹尼及柴尔德氏的看法未必就成了定论,我们的看法未必同他们的完全一样。但有一事是确定的:希腊、罗马并非世界古代史上驾于其他各地的文化中心。我们发言不必一定只称希腊,印度、中国、希腊、罗马是可以相提并论的。

2. 中世的封建社会,并非最早出现于欧洲。欧洲封建的开始,一般地说,始于五六世纪之交。公元 476 年西罗马帝国崩溃以后,一般认为即已进入封建社会。但五六世纪之交,并非世界史上封建社会出现的唯一时期;欧洲更不是世界史上封建社会出现的唯一地域。讲欧洲史,如果一定要依社会发展史的阶段来分期,则以五六世纪之交作为一条界线分划古代与中世,未尝不可;但讲世界史,分划古代与中世,如果不打算追随以欧洲为中心的思想,便不能以此为界线。就拿中国说,封建社会的出现,有认为出现于周初的;果如是者,则较欧洲早一千五百余年。有人认为始于春秋、战国之交,也较欧洲早一千年。有人认为始于秦汉之交,也较欧洲早五百年左右。有人认为始于南北朝,仍较欧洲早半个世纪。中国封建社会早出现这么多年,这个事实无法抹煞。我们纵不能要求世界各国历史学者,讲世界中世史,一定要以中国封建社会的出现时期为开端;但以五、六世纪之交为中世史的开端,却只能适用于欧洲史,而不能适用于世界史。我们讲世界史,如果忠于事实,就不能追随以欧洲为中心的思想。

3. 海外活动,并不限于欧洲人。世界范围的扩大,以海外活动为条件。十五世纪以前的世界,限于旧大陆即亚、欧、非三洲一部分地方。没有海外活动,其范围就不能扩大到亚、澳、欧、非、南北美。欧洲人的海外活动,为时虽很早,然达到北美、中美、南美的时期都在十五世纪九十年代。中国的海外活动,为时还要早些;就拿郑和出使诸国的时期来说,都在十五世纪之初到三十年代。郑和出使前后一共七次,自明永乐三年,亦即公元 1405 年起,到宣德五年,亦即公元 1430 年止,所到地方,凡三十余国。印度沿海诸国如古里、柯枝、大葛兰、小葛兰、西洋琐里、加异勒、阿拨把丹、甘把里、锡兰山、溜山、榜葛剌等都因此与中国发生贸易关系。波斯及阿剌伯沿海诸国如忽鲁谟斯、祖法儿、剌撒、阿丹、天方等也因此与中国发生贸易关系。非洲东部沿海诸国如木骨都束、麻林、比剌、沙里湾泥、竹步等因此与中国发生贸易关系。难者或曰,欧洲人的海外活动虽较亚洲人稍晚,然影响却远比亚洲人的为大。他们自地理大发现以后,海外贸易特盛,形成所谓重商主义,引起国内产业革命,使资本主义飞跃发展。结果竟使世界史上的主导地位由亚洲转移于欧洲,亦即由黄种人转移于白种人。不错,这是事实:十五世纪以前,世界史上的主导地位确为亚洲人亦即黄种人所占据;十五世纪以后,这等地位,渐渐转移于欧洲人亦即白种人。但正因如此,我们不能追随以欧洲为中心的思想。我们忠于历史事实,更应先讲海外活动较早者,以见世界大势转移的真相。

4. 我们不能让白种人替我们"负担欧化的包袱",亦即所谓"白种人的负担"。自地理大发现以后,欧洲富商大贾与各自的政府勾结,奴役亚、非、拉丁美洲的广大劳动人民,使亚、非、拉丁美洲逐渐欧化,变成欧洲的。欧洲资产阶级学者嬉笑怒骂,称此为"白种人的负担"。是可忍,孰不可忍? 有奴役便有反奴役,有侵略便有反侵略。重商主义时代的侵略,经过资本主义时代进入帝国主义时代,一天一天更加残酷。我们讲世界史,不能只讲侵略,不讲反侵略,只讲欧洲资产阶级的向外扩张,不讲反扩张;更不能只让他们负担"欧化的包袱",而不替他们解除"包袱"。但这是与以欧洲为中心的思想不相容的。只注意扩张和侵略,自然会以欧洲为中心;要反扩张和侵略,就不能不从亚、非、拉丁美洲诸国本身的历史,作正面的叙述。

三、欧洲中心的动摇与我们的希望

欧洲中心,自地理大发现以后,就是一个以经济利益为目的的侵略中心。这个中心,一入帝国主义时代,便进入了绝境;今则摇摇欲坠,并进一步自取灭亡。

1. 经过两次世界大战,欧洲中心就开始动摇起来。1914 年以前,所谓世界,原来只有一个,即帝国主义统治着的"统一"的世界。第一次大战期间,俄国劳动人民在共产党领导下,将国际的侵略战争转为国内的革命战争;1917 年 10 月,一声炮响,爆发社会主义革命。从此以后,"统一"的世界,变成了两个对立的世界:一是资本主义世界,另一则是与资本主义完全相反的社会主义世界。世界既已成了两个,所谓欧洲中心,自然动摇起来,事实上也确实动摇了:例如,第一次世界大战期间,伦敦的经济中心便转移到了纽约。所谓协约国如英、法等都借美国的钱打仗,战争结束,要向美国偿付债款;所谓同盟国如德、奥等都是吃了败仗的,要向美国缴付赔款。因此美国大发横财,经济中心由伦敦转到纽约;所谓欧洲中心竟由美国继承过来。美国资产阶级史学家,尤其所谓文化学派,如韦士勒(Clark Wissler)之流,向来以欧美并称,以欧美为一个单位,然而这一切都不能掩盖欧洲中心的动摇。第二次世界大战期间,英、美、法等帝国主义者唆使德、意、日法西斯主义诸国首先与社会主义的苏联作战,希望他们两败俱伤,自己坐获全胜。结果事与愿违:法西斯诸国固然败了,英、法等国亦随着削弱;而社会主义的苏联却屹立不动,更有东欧诸社会主义国家的出现。资本主义世界的侵略中心至是更摇摇欲坠。

2. 侵略中心的动摇过程,无异于反侵略力量的壮大过程。自从欧洲侵略势力侵入亚、非、拉丁美洲诸国之后,这些国家的人民便不断进行反侵略的斗争;其力量更随侵略的加紧而日益壮大。亚洲诸国是如此,非洲诸国亦如此;拉丁美洲诸国,除脱离欧洲宗主国而外,又被美帝国主义者支配着,其反侵略的力量的壮大也是如此。中国人民经过一百余年的反侵略斗争,最后因有共产党的英明正确的领导,完全从帝国主义势力之下解放出来,到今天已成了社会主义强国。中华人民共和国的成立,在世界史的发展上是划时代的事情:它壮大了社会主义力量,鼓舞了民族解放运动,打击了帝国主义的力量,尤其打击了美帝国主义者。

3. 帝国主义(包括社会帝国主义)日益感到不安,却不会坐以待毙;在没有完全没落之时,正作挣扎。在国内,破坏人民的正常生活,使全国的活动,倾注于扩军备战的一途;在国外,破坏一切民族国家的独立,强其接受所谓援助政策。但这都不足以挽回帝国主义的厄运。扩军备战,要人民为他们当炮灰,只能加强人民反抗的意志。至于援助,更是自取灭亡的东西。不援,则眼看着各民族国家的反动统治阶级就要崩溃;援助他们,使镇压人民,阻挠人民的解放运动,则事实上只足以加速人民的反抗,使援者与被援者及早同归于尽。但这需要有一个斗争过程,还须我们努力。今日各大学开设亚、非、拉丁美洲史,是具有斗争意义的。世界史书中如果也从正面叙述亚、非、拉丁美洲史,那便是新体系之一端。

客观的历史正在改变之中,主观的历史亦必力求改变,以加速客观历史的大改变。否定以欧洲为中心的世界史,建立具有新观点、新体系的世界史的时候已经到了。

（原载《文汇报》1961 年 2 月 7 日）

迷惑人们的欧洲中心论

——评《世界史简易丛编》

  《世界史简易丛编》,原名为 *The Concise Encyclopaedia of World History*,1958 年伦敦出版,是约翰鲍尔(John Bowle)等二十余人分章负责编写的,为《新视线丛书》之一种,全书五百余页,除导论和结论外,共二十章;译成中文,约有一百万字。作者多是各大学担任过讲授或研究工作的,多半都有著作,有的且有好几种。总的看来,这本书颇能详人之所略,略人之所详;并从全面着眼,叙述世界各地历史的发展。但实际上仍是一本拥护资本主义,反对社会主义,并以欧洲为中心的世界史。

  一,就全书目录看,可以看出作者们颇想用一种较为全面的世界眼光,来观察世界历史的发展。首先是导论,接着就是:人类思想的萌芽,新石器时代的革命,地中海文化,东方诸帝国,亚力山大、加泰吉和罗马,巴勒斯坦和基督教的创造,阿剌伯人和回教的发展,拜占庭帝国,亚洲游牧帝国,西方的中世纪,欧洲的向外发展,非洲的固有文化,美洲的固有文化,印度和远东的文明,欧洲民族国、唯理论和科学,法国大革命、拿破仑的欧洲和十九世纪,欧洲海外诸国,非洲和亚洲的变化,产业和环境的革命,世界大战、共产主义和社会民主主义;最后是结论。这样的排列,固然受了丛编形式的影响,但不能说与作者们主观愿望无关。他们的主观愿望是什么呢?就是想用一种较为全面的世界眼光,来观察世界史。

  二,他们认为欧洲人所想的只是自己国家的实力政策;绝大多数人对于世界其他各地人民的文化和历史全然不知。今日时代变了,这种欧洲自大的旧观点不行了,人们不能不全面地从整个世界来看世界历史。因此,前些时候,有风行一时的威尔斯(H. G. Wells)著的《世界史纲》,现在有支配一时的汤因比(A. J. Toynbee)著的《历史研究》。他们以为这两家的著作是有世界眼光的,他们自己想用《世界史简易丛编》赶上去,想把人类整个历史都包括到这个丛编里。于是不能不详人之所略,略人之所详了。欧洲够详了,要大大地略起来;亚、非、拉丁美洲太略了,要大大地详起来。

叙述非洲固有文化时,认为非洲固有文化是很复杂的:创始文化的种族有不同,外来文化的影响有不同,各地文化的成就有不同。直到最近半世纪,才有较详的研究;至于系统的研究,尤其对十九世纪以前整个非洲历史的研究,还才开始。非洲人今日的文化与古代的文化是相连续的。但古今之间,没有沟通。除北非和伊却比以外,还没有非洲人自写历史来沟通口语流传与考古所得之间的关系。非洲固然有自己的固有的长远的历史文化;美洲亦然,也有自己的固有的长远的历史文化。哥伦布并不是发现新大陆,只是把两个旧大陆的关系建立起来,把具有长远历史的美洲人民告示欧洲人而已。这具有长远历史的人民,大概是在一万或两万年以前由亚洲渡过白令海峡进入阿剌斯加,漫漫分布于北、中、南美各地的。哥伦布称他们叫印地安人,较为近真,即在今日也很少考古学者怀疑美洲印地安人之从亚洲移入。这些人虽是从亚洲移入的,但有自己的固有文化。他们离开亚洲,正在文化发展的原始阶段,后来逐渐发展出自己的文化,与旧大陆的文化截然不同。

三,非洲、美洲固有文化历史的悠久,固然为欧洲人所惊奇;但更有令人惊奇者,即欧洲历史上所谓黑暗时代,世界其他各地并不黑暗是也。不仅不黑暗,而且文化的发展是很高的。拜占庭帝国的文化在当时固然很高;即在东方,印度古文化正达到高峰,其时正在笈多帝国全盛的公元 320 到 500 年的时代,亦即梵文文学光辉灿烂的时代。当时不列颠正被罗马驻军放弃,而沉沦于半开化的地位;在北印度却是科学、数学极昌明的时代,哲学思想亦有高度的发展。再者西方文化因受日耳曼人南下的影响,暂呈衰退之时,远东文化却正在大发展。例如中国文化持久的力量,没有其他社会能与比拟。其发展的方法,几千年间,与欧洲人所熟悉者都不相同。不独东方如此,就是美洲,在欧洲黑暗时代,文化反而特别发达。在中美洲的马耶人中,文化正生气勃勃。秘鲁的文化基础正在这时树立,印加人的文化亦于十二世纪开始居于支配地位。总之,美洲自有文化以后,并没有什么黑暗时代。

再者欧洲种族优越的看法,到现在也是很不合时宜的。种族优越的成见,虽不是欧洲人所独有。但这种成见是应该在世界文化发展的事实前面予以抛弃的。欧洲人总以为东方文化是静止的,不能适应时代的;现在证明,这看法不对。古波斯虽曾在希腊的沙勒米(Salamis)和布拉梯(Plataea)被打败过,但波斯人的统治术确实曾影响过罗马帝国、拜占庭帝国,甚至中世纪的欧洲。

四，资产阶级学者具有世界眼光，能从全面看问题，注意世界各地历史的发展，重视亚、非、拉丁美洲的文化，甚至批评欧洲中心及种族优越等谬论，这是不是就同我们的意见相近了呢？不然，不是相近了，而是更远了。因为彼此出发点完全不同。我们从拥护社会主义，反对资本主义出发，《世界史简易丛编》诸作者从反对社会主义，拥护资本主义出发。社会主义是要消灭剥削的，永无向外侵略的必要，它能够反对欧洲中心、种族优越等谬论，并重视亚、非、拉丁美洲正进行民族解放运动诸国的历史文化。资本主义是要维持剥削的，发展到最后阶段，注定要向外侵略，这就谈不上反对欧洲中心及种族优越等谬论；其重视亚、非、拉丁美洲诸国的历史文化，为的是获得丰富的奴役剥削之资，不是为的帮助民族解放运动。

事实果然如此。就拿欧洲中心和种族优越等谬论来说吧，《世界史简易丛编》诸作者始终是阳批评而阴拥护的。他们始终认为欧洲人高于世界其他各地的民族，他们谓欧洲人的天才在征服环境方面，获得了最大的成功；它创造了世界文化的技术基础。各种文化尽管不同，但社会基础却大体相似。产业革命和环境革命，显然正在提供进步的共同基础。目前虽有民族主义及思想冲突等激烈活动，但技术的进步却推着人类，超越民族界限，一步一步向前。他们认为技术的进步正在创造一种新人，其观点一定是世界的；技术的进步将来可能创造一种新的文化，它能融汇各地各种较大的文化。这所说很足以迷人，然而是彻底拥护欧洲中心和种族优越等谬论的。

五，这样固足以迷人，但掩护谬论，混淆是非，以及与此相类的地方还不少哩！明明自己坚持种族优越谬论，却把社会主义国家牵在一起，谓欧洲人无论是"亲西方的"或"信共产的"，依然高于其他各民族；他们的产业力量、物质财富，增长很快。世界最富饶的地方，都属于他们；即使人口过剩，亦大有向外发展余地。明明坚持种族优越谬论，却把中国牵在一起，谓持种族优越成见的决不限于欧洲人，中国人就是特别轻视外人的。明知欧洲资产阶级受到非洲人民的排斥，却把亚洲人民牵在一起，谓亚洲人民比起欧洲人来，不幸得很，他们最穷，受到人口过剩的痛苦最大。世界上肥沃而仍闲着的地方，他们多不能接近。"非洲人的非洲"这个口号，固然排斥欧洲，也一样排斥亚洲。至于"亚洲人的亚洲"云云，无论出于共产主义的鼓舞或西方民主的鼓舞，却都嫌不够。明明坚持资本主义的剥削制，却无耻地拿它与社会主义相提并论。谓社会主义国家生产者掌握生产，为社会作出贡献；资本主义国家政府控制生产，向富人征税以帮助贫民。美国竟也被说成是反殖民主义的国家了！

六，《世界史简易丛编》诸作者拥护资本主义，反对社会主义，固然有他们的巧妙方法，或混淆是非的方法；其敌视中国历史文化的优越性，也有一套巧妙方法或混淆是非的方法。他们对中国文化发展的悠久历史，持敌视的态度，谓中国有一种传统，总认为自己的文化发展是很早的，但考古发掘的事实完全不能证明这一点。自从1920年以后，大量考古工作所得结果，似乎只能明示一点，即中国有文字记载的文化，不能早于公元前二千年代的中叶。文化发展的早晚，是一个事实问题，但他们的说法，却意存讥讽。他们仍持中国文化西来的谬论，企图低估中国文化的独创；谓中国仰韶文化以彩陶为特征，它与西南亚早期的彩陶似有若干联系。西方彩陶文化，向东传播，经过突厥斯坦而入中国，似乎是可能的。这实在是一种落伍的滥调。1904年，安诺(Anau)曾出土了些遗物。安诺位于现在苏联加盟共和国土库曼西南阿什哈巴德(Ashkhabad)附近。其出土的遗物与西方的伊兰(Elam)乃至埃及，与中国的仰韶乃至沙锅屯，有相似的地方。但进步的考古学者如柴尔德(V. G. Childe)等只认为是同时并起的一系列的文化。《世界史简易丛编》诸作者也涉猎了柴尔德的书，却偏要坚持西来说，这是有特别用意的。不独止此，他们还重复早已过时的关于文化传播的谬论。斯密士(G. E. Smith)等谓世界文化发源于埃及，由埃及向世界各地传播，世界各地的文化，最早都是由埃及传入的。这是早已过时的谬论。《丛编》诸作者竟重复这种谬论，认为中国能分享世界文化最早的成果，实得力于复杂的传播过程。真是荒谬之极！

《世界史简易丛编》这本书应不应该读呢？答曰：应该细心的读：一则从它可以获得"知识"，知道历史事实是歪曲不了的；二则从它可以知道资产阶级学者在作什么，怎样欺骗世人；三则可以提高我们的警惕，进而加紧我们的工作。

（原载《文汇报》1961年9月10日）

论西亚古史的重要性

　　这里所谓西亚,指的是葱岭以西,印度河以西,小亚细亚以东,底格里斯河以东,里海及咸海左右以南,波斯湾及阿剌伯海沿岸以北的整片土地;包括于今的巴基斯坦、阿富汗、伊朗、塔吉克、乌兹别克、土库曼等地。研究古代、中世世界史,如果忽视这等地方,其失当如研究近代、现代世界史,而忽视非洲、拉丁美洲诸国一样。研究近代、现代世界史,而忽视非洲、拉丁美洲诸国,则是对反帝斗争的力量,未能顾到;对民族解放运动的国家,未能顾到;对整个世界历史的完整体系未能全面顾到。研究古代、中世世界史,忽视西亚,其损失也是很大的,因此我们要从下列各方面着眼于西亚史,予以足够的重视。

　　为着纠正欧洲中心论的偏向,须重视西亚。黑格尔著《历史哲学》,把人类精神发展的程度分为三级,中国人的精神发展得最不好,完全没有自由;希腊人的好些,有半自由;德国人的精神充分发展了,体现于国家的组织,有完全的自由。这种说法,便是欧洲中心论的表现之一种。讲古代世界史的,除就幼发拉底与底格里斯两河流域作正面叙述外,以希腊、罗马为世界中心,也是欧洲中心论的一种表现。较好一点的,加上中国与印度,略予谈谈,以资点缀;对西亚史,很少从正面作有系统的说明,这还是被欧洲中心论的偏向所限制了。例如亚历山大帝国,明明在西亚,是直接于古波斯之后的,常被放在希腊史上讲。虽然,为着重视希腊文化的对外影响,把亚历山大帝国提到讲希腊化时谈谈,未尝不可;但它毕竟还是西亚古史的一段,不是希腊古史的一段。阿甫基耶夫著《古代东方史》,于古波斯之后,接着就讲亚历山大帝国,是正确的。海克索斯人曾有一个时期统治着埃及,我们决不把埃及放在海克索斯史上讲;加色提人曾有一个时期统治着巴比伦,我们也决不把巴比伦放在加色提史上讲。按照同样的道理,我们如果能完全摆脱欧洲中心论的影响,亚历山大帝国这段历史,最好以所在地为准,作为西亚古史的一段,加以叙述。

　　为着完成古代、中世世界史自身的体系,须重视西亚。西亚古代、中世的历史,是有系统可寻的。首为古波斯时代。在公元前二千年左右,古波斯已萌芽;到公元前五百年左右,波斯便已达到全盛,其范围所及,非洲方面包括埃及的一部分,欧洲方面包括兹雷斯的一部分;至于西亚本土,西从地中海起,东达印度河流域,北起里海左右,南达阿剌伯海的海边,都在它的范围之内。其次为亚历山大统治的时代。公元前四世纪下半期,古波斯趋于衰落。当时马其顿人向外发展,一入希腊,一入亚洲。入亚洲的部分,在亚历山大统治之下,占领波斯全境,把外来的势力,加在当地人民头上,称亚历山大帝国。再其次为色流古帝国时代。公元前 323 年,亚历山大死后,所谓亚历山大帝国,被分裂为三部分。亚洲这一部分,由部将色流古统治着,称色流古帝国。当时土地之大,西起爱琴海,东达印度河,整个西亚几乎都包括在内。再其次为安息时代。安息兴起于里海东南地方,原为色流古帝国的一个省区。公元前 250 年独立,建立帝国,统治西亚达四百七十余年。再其次为萨珊波斯时代。公元 226 年,萨珊朝兴起,推翻安息,创新波斯。新波斯自公元 226 年起到 641 年被阿剌伯人推倒,雄视西亚,历时凡四百余年,介于中国与罗马之间,为东西贸易往来和文化交流的要地。再其次为阿剌伯时代。阿剌伯人推翻萨珊波斯以后,不久即建立回教帝国;当其盛时,国土之大,东起印度河流域,西达大西洋沿岸。所有的土地,欧洲方面,包括西班牙全境;非洲方面,包括整个北非沿海诸地;亚洲方面所占领的地方最多:印度河以西,地中海以东,高加索以南,波斯湾以北,都在其范围之内;西北与拜占庭相接,东北则与中国相接。阿剌伯帝国凡有三个国都,欧洲西班牙方面的为哥多瓦,非洲埃及方面的为亚历山大市,在西亚方面的国都则为报达。再其次为蒙古帝国时代。公元 1258 年,蒙古帝国推倒阿剌伯帝国;其支配各地方的有四大汗国,西亚则为伊儿汗国及察合台汗国所支配,直到蒙古势力就衰为止。上面所举这些时代,前后贯串,不能说西亚古代、中世的历史是没有体系可寻的。只因史家限于欧洲中心论的偏见,不从正面予以叙述;偶有从正面叙述者,其目的又常在为帝国主义服务或寻找势力范围,这是我们所当特别防止的。

为着明了东西经济关系与文化关系,须重视西亚。古代和中世的西亚,实东西两方贸易往来和文化交流的中心。例如中国与大夏、安息、萨珊波斯,常发生直接的贸易关系;经过这些国家,更与西方的罗马发生间接的贸易关系。中国销售于西亚或罗马的物品,主要的有丝织物及皮货等;罗马销售于中国的物品,主要的有石绒、药材、颜料、宝石及金属制品等。中国与罗马间的贸易是经过安息或萨珊波斯而进行的,因此常为安息或萨珊波斯所阻。汉和帝永元九年,亦即公元 97 年,中国曾有班超遣甘英使大秦的事。甘英行抵安息西境的波斯湾上,想从波斯湾绕阿剌伯半岛,入红海到大秦,亦即到罗马,但为当地船户所阻,未能动身。安息的阻扰,为的是要垄断中国与罗马间的丝织物贸易。当时大秦商人从海道与安息及印度通商;大秦的当局常想派遣使者直到中国,但安息人想垄断丝织物贸易,不让中国人与大秦直接通商。《后汉书·西域传》里曾说罗马王"常欲通使于汉,而安息欲以汉缯采与之交市,故遮阂不得自达。至桓帝延熹九年(公元 166 年)大秦王安敦遣使自日南徼外献象牙、犀角、玳瑁,始乃一通",这可见古代西亚在东西经济关系方面的地位之重要。这种重要性更可于中国在西北边区大设屯田看出。汉为保护与西亚通商要道起见,曾在西北大设屯田。当时的屯田,大体可分为三方面:敦煌以东为一方面,天山南麓为一方面,昆仑北麓为一方面。

至于东西文化的交流汇合,也常以西亚为中心。例如萨珊波斯的王宫,就曾请过东西学者交换关于人生问题的意见。据说波斯国王有一次提出"什么是人生最大的不幸"一问题,请大家讨论。一希腊学者曰:"老而贫弱,是最大的不幸。"一印度学者曰:"身病而心不闲,是最大的不幸。"国王的大臣某则曰:"以愚见看来,人生最大的不幸,莫过于眼见自己的寿命即将告终,而于道德却又毫无实践。"他这一说竟把许多外国学者的意见改变过来,对国王及其继承人据说发生了很大的影响。又如各种宗教信仰的汇合,萨珊波斯也是一个中心;如著名的摩尼教,即是在波斯境内,折衷佛教、祆教、犹太教、基督教等而组成的新教。萨珊朝时代,古波斯的祆教已随国家之中兴而中兴;佛教亦早已越过印度国境西入萨珊波斯境内;至于犹太教,原是西亚方面的旧物,当时仍很流行;基督教在当时亦正向西亚方面大发展。这些不同的宗教,在一个区域里并存,很易促成一种混合诸教为一体的理想。果然公元三世纪中叶,便有摩尼出创摩尼教。

为着识别西方文化因素对祖国的影响,须重视西亚。有人以为中国殷代铜器上的艺术图案,颇有与加色提人的艺术图案相似的地方。加色提人约在公元前 1700 到 1100 年间,曾统治着巴比伦,他们是古波斯境内印度伊兰人的前卫,可能把美索布达米亚方面艺术上的动物图案等直接或间接传给印度伊兰人;印度伊兰人又直接或间接传给其邻族,终于达到中亚及蒙古一带草原区内,形成所谓草原艺术,叶尼塞河上游的米奴森斯克,即其中心之一。由这中心影响中国艺术,固有可能,但须识别。又如希腊、罗马、波斯、印度等地的艺术都对中国艺术发生过影响;有人以为都曾经过"佛化"而始传入中国的。希腊和印度艺术影响虽都经由"佛化"过程从中亚方面传入中国;但时间先后稍有不同:希腊的影响于公元三世纪之内即已传入中国,而印度的影响反而在六世纪时才传入中国。而且唐代艺术也并不是一律"佛化"了的:已佛化的,未佛化的,半佛化的,都不能不加分别;至于有无加色提人的影响,更是应该慎重考虑的问题。

在东西文化交流之中,西方的各种植物,传入中国者也很多,有人研究有六十种以上。常见的名称如目宿、葡萄、胡桃、石榴、胡麻、胡荾、胡瓜、胡葱、豌豆、蚕豆、红花、郁金、茉莉、胡桐、胡椒、金桃、附子、胡介、茴香、菠菜、甜菜、苦菜、蓖麻、杏子、橄榄、桂皮、胭脂、刀豆、甜瓜、胡萝卜、胡芦巴、水仙花、波斯枣、甘露蜜、天竺黄、凤仙花、五倍子、阿月浑子、巴尔酥麻香等都是直接产于西亚,或产于其他地方经由西亚或中亚而传入中国的。是否如此,都不能贸然一律承认。但外来因素,经由西亚或中亚而传入中国增添文化因素,对人民发生影响者当不少,这是可以断言的。

为着阐明祖国文化对世界文化的贡献,须重视西亚。在东西贸易过程中,中国的蚕种曾传到罗马。蚕种产在中国本部;但中国西部的和阗,在中西丝织物贸易发达时,也是一个贸易中心。和阗原不产丝,其蚕种是从中国本部输去的;输去之后,再由和阗传入罗马。六世纪上期,罗马史家普洛科(Procopius)有一种记载,说是由印度人把它传入罗马的。六世纪下期,罗马史家迪俄凡(Theophanes)也有一种记载,说是由波斯人传入的。至于从什么地方传到罗马这一问题,前者说是从赛林达(Serinda),亦即印度;后者说是从赛里斯(Seres),亦即中国。但一般人都认为是从中国本部传到和阗,由和阗传到罗马的;其传去的时代,在五世纪的二十年代。其次造纸技术也曾传入西方。蚕种向西方传播之时,造纸技术也在向西方传播。中国古代书写的材料,有龟甲、兽骨、竹简、木牍等。到东汉和帝时,中常侍蔡伦始以树皮、麻头、破布、鱼网等材料造纸,成为中国纸的发明家。纸既通行,因军事及贸易等方面的使用,便在各地流布。最近考古学者曾在中国西部发见许多古纸的遗物,很足以表现中纸西传的趋势。例如敦煌附近有所发见,楼兰有所发见,吐蕃有所发见。不过这些地方纸的使用都还在中国影响的范围之内。至于传到西方,则以公元 750 到 751 年唐帝国与阿剌伯帝国争夺石国一战为其媒介。在这一争夺战中,唐的军队失败,阿剌伯虏去许多士兵,其中有会造纸的,于是造纸术因此传入阿剌伯。造纸术既已传出去了,不久就在撒马尔干被应用于造纸;于是有撒马尔干纸流行于各地。十一世纪时,阿剌伯学者泰来比(Tha'libi)云:撒马尔干纸既美观,又方便;已代埃及纸卷及前所流行的羊皮纸而兴起。这种纸只有撒马尔干与中国才有。……纸的由中国传入撒马尔干,实经由俘虏之手。战将齐雅得(Ziyad)自中国军队中俘去很多人,其中有会造纸的,于是设厂造纸。自造纸业发达,不独足供地方的需要,而且成为撒马尔干出口贸易的重要商品。其由撒马尔干传入欧洲,有三个著名的途径:一直入西班牙,二由杜美斯卡经君士坦丁堡入欧洲各地,三由非洲经西西里岛入欧洲各地。再其次印刷技术的西传。印刷术的西传与造纸术的西传颇有连带关系,因为纸系印刷用的基本材料,有了纸,印刷术便容易发达。造纸术由中国传入欧洲,曾经过当时支配西亚的阿剌伯人之手;至于印刷术之传入欧洲,则系经过当时支配西亚的蒙古人之手。中国雕板印刷之事,大概始于隋唐时之模印佛像。印刷术既已通行,印刷出来的东西便大量流行于各地,尤以西北吐蕃一带流布的最多。最近吐蕃发见的雕板所用文字凡有六种,其中维吾尔文一种为最多,这是维吾尔人早已直接从汉人手里学会了这一技术之证。当蒙古人征服维吾尔时,又把这种技术完全承袭下来,然后在蒙古所支配的西亚流行,并直接或间接传入欧洲各地。此外由中国发明,经由中亚、西亚传入欧洲的尚有火药与罗盘等。火药可用于作战,罗盘可用于航行,都在十一世纪末或十二世纪初,经由阿剌伯人之手传入欧洲的。

所有这些发明,如蚕丝种,如造纸术,如印刷术,如罗盘、火药等,传入欧洲,曾发生很大的影响。蚕种及丝织品传入欧洲,使欧洲人的生活物资更丰富了;火药传入欧洲,成了国王用以削平封建地方主义,造成统一国家之一助。罗盘传入欧洲,欧洲商人的航海经商几乎非此不可。此外如造纸术,如印刷术,传入欧洲,便利了文化传播,也是促进创作,解放思想的有利条件。在海上交通未开之先,中国与西方的关系,必须经过西亚,才能建立起来;古代、中世,完全如此。西亚古代、中世历史的阐明,于认识祖国文化对世界文化的贡献,有直接关系。

（原载《文汇报》1960 年 11 月 20 日）

附:金兆梓《关于世界史研究中欧洲中心论偏向》
——致周谷城同志的一封信

谷城同志:

读了你在 1960 年 11 月 20 日《文汇报》发表的《论西亚古史的重要性》一文,大有“实获我心”之感。

　　目下一般关于现世界的记载或论述,似乎都还带有欧洲中心论的偏向;例如"近东"、"中东"、"远东"乃至"古代东方"等等区域名称,不是还时常在我国刊物上见到吗? 我想,从我国所在地看起来,所谓"近东"实是远西;"中东"实是"中西";所谓"远东"实是"近西";所谓"古代东方",也实是"古代西方";我以为必如此称谓,方合事实。有些人这样指西而话东,其所以说者如是说,听者如是听,我看完全是由习惯于以欧洲为中心看世界了,才会闹出这种笑话。这便是所谓"习非成是"。试以"古代东方"一语为例。以我国所在地论,明明在我国之西,即是大作中的"西亚",但现在人们写作时,偏不称它为"古代西亚",这不是习非成是是什么? 无非因看惯了西洋史上称那一区域为"古代东方"罢了。其实上古时代这一世界文化摇篮,原也已有人称它为"亚非文化"的了,为什么也不沿用呢? 我在三十年前写的一部高中用外国史,就曾采用"亚非"这一名称以代替"古代东方"一名,但仍不能不于其下用延折号加注一语道"即欧人所谓'古代东方'",并且连标题也不敢用"古代亚非诸国"而用"所谓古代东方诸国"。所以如此做,无非因"亚非"一名,比较陌生,不如"古代东方"为人所习见,深恐教者学者对之有些隔膜,因而就从俗用了"古代东方"一名而加上"所谓"二字以明示此名之不合理。于此可见习惯这东西真厉害,明知不对还不能不故犯之。

　　我当初写此书时,在写世界上古史时,就首先并提埃及、巴比伦、印度和中国四个文化摇篮而说明前两者汇流于欧洲,后两者会合于东亚,并划定其分野即在你文中所提出的西亚。在这一章中,更于一般所谓世界史所共有的埃及、巴比伦之外特辟"叙利亚"和"波斯与印度"两专节,来说明世界文化的渊源除四大摇篮外还有叙利亚、腓尼基、希伯来、马太与波斯而上溯至希泰忒。这一来总算把整个西亚都搬上世界历史舞台了。写到中古史时,我提出"佛教的宏布"一个专章,用以叙述大月氏、安息、大夏、康居、朝鲜、日本以及南洋诸国先后开化的大概;接着写希腊时,又写了希腊化时代一专节来叙述西亚;写罗马时,又带述匈奴、柔然、保加利亚、马扎儿等民族的西征。接着希腊、罗马的叙述,我又辟了"回教之兴起及其与基督教之争衡"一个专章,以次叙述大食、塞尔柱突厥、新波斯、花剌子模、蒙古、阿斯曼突厥(即土耳其)的代兴。总之,我那书的中古史,有关西亚史的叙述,起码要占一半以上的篇幅。我在叙述欧洲民族大迁移之前特别说明这大迁移的动力是匈奴人的西征;叙述回教与基督教之争衡时,又特别说明大食人的回教文化是将上古史中四种古文化遗产揉合为一,好好保存下来而加以发展,以便交给近世欧洲人而成文艺复兴的准备;叙到蒙古人的混一欧、亚时,说明了蒙古人对打开东西四种文化交通通路的重要贡献。换个说法，就是说没有大食人，就没有近世的欧洲文化；没有蒙古人，就没有近世史上缩环球若户庭的局面；也都不为过。

所有希泰忒人、马太人、叙利亚人、波斯人、匈奴人、柔然人、保加利亚人、马扎儿人、大食人、突厥人、蒙古人、土耳其人，无一不是亚洲人，其活动的舞台都离不开你所说的西亚。正因此，我在那书的近世史的开端，谈到世界上古、中古史的人类活动道："近世史初年，是黄白两色人种势力消长易向的一个时代——前乎此，推动世界历史的演变者为黄色人种；后乎此，则一易而为白色人种。"我当时所谓黄白两色人种的区分，原只意识着欧亚两洲人。由今看来，黄白人种和欧亚人的这种区分都不适当，都应该加以修改。我的这些说法，是否还有偏向，请你不客气地予以批评。

（原载《文汇报》1961 年 2 月 7 日）

古代西亚的国际地位

这里所谓古代,指的是公元前六世纪中叶到公元七世纪中叶一千余年的时期。公元前六世纪中叶,正是古波斯帝国开创成长的时候;公元七世纪中叶,正是萨珊王朝波斯帝国灭亡的时候。所谓西亚,指的是中国西部边境以西,直到地中海东部沿岸的一大片土地,西北包括小亚细亚半岛,西南包括阿拉伯半岛。东北有靠近中国的阿姆河流域的很多地方,东南有靠近印度河流域以西的很多地方。北边靠近里海,南边即是印度洋。这一大片土地,在历史上是世界有名的"丝绸之路"经过之地,现在是我们的友好邻邦所在之地。它在历史上的国际地位,是很重要的:它是东方与西方贸易往来或交流之地,它也是东方与西方文化发展、接触或交流之地。它是东方与西方之间的桥梁。东方如中国与印度等贸易、文化向西方发展,如要达到西方,必须经过西亚。西方如希腊与罗马等贸易、文化向东发展,如要达到东方,也必须经过西亚。西亚在历史上,尤其在公元前六世纪中叶到公元七世纪中叶,确实发挥了这样的桥梁作用。

一、古波斯帝国时东方文化的西进

(一)古波斯帝国是雅利安人(Aryans)中波斯人创建的。雅利安人这个名称是从雅利安语系而来的,属于雅利安语系的人有印度人、希腊人、罗马人、日耳曼人、克尔特人以及斯拉夫人等等。波斯人,在语言方面,也属雅利安语系。不过这种人虽同属雅利安语系,他们的骨骼、血缘、发式、眼睛、头盖等并不完全相同。波斯人最早发迹之地,大约在里海的西北方面。他们南下到波斯湾上,与原有的米地亚人相处,并受其统治。公元前六世纪中叶,波斯人中有一杰出的人物,叫居鲁士,因不堪米地亚人的暴虐统治,乃号召广大人民,推翻米地亚人的统治,把米地亚并入波斯,创立了波斯帝国。居鲁士革命成功,于公元前546年,登上波斯王位;接着便是彻底克服米地亚的统治势力;其次便是征服吕底亚,统治小亚细亚全境;再其次是征服加勒底或后巴比伦;最后便是征服埃及。埃及被征服后,古波斯帝国即已告成。其国土之大,东到印度河以东,西达地中海东部沿岸,北达里海及阿姆河流域,南临印度洋;于今中亚细亚南部、阿拉伯半岛北部、欧洲色雷斯、非洲的尼罗河下游,都在帝国统治之内。

（二）古波斯帝国开创之时,就是武力向各方面扩大之时。帝国成立以后,对西方更有几次推进,深入到了欧洲多瑙河流域及希腊半岛。居鲁士的统治告终以后,继起的大流士即于公元前512年率大军远征欧洲:首先进抵黑海沿岸,然后过博斯普鲁斯海峡,沿黑海西岸前进,达多瑙河下游,并用浮桥渡多瑙河,深入斯克泰人的心腹之境。这时斯克泰人已闻风逃走,大流士的军队即为古波斯帝国在欧洲开辟了马其顿及色雷斯两地。然当大流士远征斯克泰人之时,有一希腊人名叫希斯夏,因保护多瑙河桥,便利远征军有功,大流士为报答他的功劳,以所占色雷斯地方的一个城市交他镇守。这个人后以背叛嫌疑,被召回波斯首都加以软禁。谁知软禁竟成了导火线,引起希腊人的暴动,构成波斯、希腊间的长期战争。自公元前490年马拉松之大战起,到公元前479年色多斯的被陷止,凡十余年,是波斯与希腊间大战的时候。波斯远征希腊的基本原因,为商业殖民与帝国统治的对立。希腊在当时商业很盛:凡黑海沿岸,小亚细亚沿海地区,尽是希腊的商业殖民地或自由城市。波斯帝国武力发展到这些地方时,尽把这些地方纳入自己的统治之下:构成剥削与被剥削,统治与被统治的关系。这是波斯与希腊战争的基本原因。战争开始,波斯武力,或由小亚细亚靠近萨摩斯岛的地方出发,直渡爱琴海,达到希腊西南的雅典;公元前490年大流士的舰队就是循这条海道,直达希腊本土的。或由小亚细亚的撒迪斯出发,渡达达尼尔海峡,入色雷斯,经马其顿到希腊北部,然后南下入雅典。公元前481年到公元前480年,大流士之子的陆军便是循这条路而达希腊本土的。此外还有一条很长的路线,不是直渡爱琴海,而是沿着爱琴海边航行,直达希腊本土的。

（三）波斯与希腊的战争,对于双方文化的交流,固然有很大的促进作用,而对东方文化的向西方传播,促进作用更大。原来波斯的统治势力与希腊的商业势力,在小亚细亚方面关系很密切,东西文化的交流传播非常方便,而波希大战之中,波斯竟成了东方文化向希腊传播的主力:它不仅把自己的创作向西方输送,而且把从巴比伦、埃及和爱琴海中克里特岛等地吸收来的远古文化(这些文化都属东方系统)也向西方输送。考古学家柴尔德云:"小亚细亚,实由亚洲突出,而与欧洲接近的一个地区。自波斯首都苏萨到小亚细亚西端的撒迪斯的一千五百余英里的驿道,正经过这一地区的中心。"波斯军队曾沿着这条驿道把东方文化向希腊输送。而外交家、科学家以及商人等更沿这条驿道把巴比伦的思想输入希腊各城邦中。

这里还可以举一个更具体的例子：波希战争，曾把"苜蓿"(Alfalfa)输入了希腊。苜蓿是喂马的一种很好的饲料，希腊人称之为 Mēdikē，因为大量生产于波斯境内的米地亚，而由波希战争时传入希腊的。中国音译为苜蓿，可能出自波斯境内靠近里海一个地方的土语 būso。希腊人又称桃子为波斯苹果，杏梅为亚美尼苹果。他们以为桃子出自波斯，杏梅出自亚美尼亚。劳费尔(Berthold Laufer)在《中国伊兰》一书里说，希腊人错了：桃子原来出自中国，杏梅原来也出自中国。波斯人和亚美尼亚人，不过做个媒介，把桃子和杏梅从中国经由波斯输入地中海地区而已。这就更清楚了，波斯人是把东方文化向西方推进的人。平常所谓文化，英文叫 culture，原意为栽培。波斯人把苜蓿、桃子、杏梅等及其栽培方法一并传到西方，真正是东方文化西进的推动者。

二、亚历山大帝国时希腊文化的东移

(四) 西亚的古波斯帝国，自大流士大帝死后，似已开始衰落。正在这时，南欧方面，希腊半岛之北，有马其顿人渐渐兴起，最后创立帝国，向东方进逼。马其顿与希腊相接，但马其顿人的文化与希腊人的文化却是远远不一致的。当希腊人已进入文明的高级阶段时，马其顿人似乎还停滞在半开化阶段之末。两方的种族虽同出一源，同属印欧民族或雅利安族；两方的语言虽同出一系，同属印欧语系或雅利安语系；但因文化程度远不一致，彼此是敌对的，没有什么密切的关系。到了公元前 360 年时，马其顿人中有一杰出者，名叫腓力普(Philip)，是一个受过希腊教育的人，且深知当时希腊内部政治的不团结。他于是首先向抵抗最少的北方和东方扩充土地，把他的国土扩大到多瑙河及希勒斯泮(Hellespont)，然后率领大军南下，向希腊进攻。当时希腊有两派：一派是由伊索克拉迪(Isocrates)领导的，他们认为腓力普是友好的，是希腊的救星，愿意同他友好相处。另一派是由德莫东尼(Demosthenes)领导的，他们认为腓力普是一个半开化的霸者，是奴役希腊人的，他们激烈地反对他。结果前者获胜，到公元前 338 年时，腓力普竟成了全希腊的首脑，统一了希腊全境。

(五) 此后两年，腓力普被内奸刺死，他的儿子名叫亚历山大便继承了父业。他一方面肃清一些反叛残余，另一方面计划远征亚非各地，建立空前庞大的帝国。他于公元前 334 年春季，由马其顿出发，先进攻小亚细亚，在撒迪斯一战打败波斯后,便向东南发展,然后沿地中海东部海岸南下,更向西进入埃及。在埃及尼罗河下游没有停好久,又向东北折回,越过两河流域,深入波斯腹地,并经过它的首都苏萨。从苏萨再向东北前进,达到阿姆河上游地方;然后从这里向东南发展,越过印度河。在印度河以东停了些时候,然后沿印度河直下,再分海陆两路向西方回去。他自己走的陆路,于公元前 323 年,回到巴比伦,因热病死了。总计约十二年,亚历山大从南欧到西亚,由西亚到北非;再由北非回西亚,东向入印度,绕了一个空前未有的大圈子,建立了一个空前未有的庞大奴隶主帝国。帝国版图之大,南欧包括希腊全境及其北边的马其顿和东北的色雷斯;非洲包括尼罗河下游埃及的土地;亚洲包括整个西亚,东边靠近了中国,东南到了印度河以东。

(六)这个庞大的疏松的奴隶主帝国的开创过程,就是传播希腊文化的过程。马其顿人、希腊人以及被他们威逼一道远征的人,每到一个重要地方,他们如果认为必要,就在那里建立希腊化城市。例如埃及的亚历山大市,就是一个以亚历山大大帝为名的,留传至今的希腊化城市。初建之时,居民分区居住,有犹太人区,有埃及人区,有希腊贵族奴隶主住宅区。围绕城市的是村庄。在希腊化的城市里及其周围,征服者或战胜者便把希腊文化向被征服者或战败者直接或间接传播。这样的城市,到处都有,如小亚细亚,如巴比伦或两河流域,如波斯中心地带,如阿姆河流域,乃至印度,都有类此的城市。

亚历山大死后,继起统治西亚的为塞琉古,也是一个马其顿人。他继承了亚历山大的遗志,也要大力传播希腊文化;也建立了很多希腊化城市,并以他自己的名字为名,称塞琉古市。这样的城市之多,以数十计。城市居民主要为马其顿人、希腊人及希腊奴隶主贵族。当地居民,亦即被征服的波斯人被迫接受了希腊文化:凡希腊人的生活方式,风俗习惯、文艺美术,乃至整个思想意识,都以希腊人为榜样。当时正是所谓希腊化盛行之时,因之希腊文化便在西亚各地流传发展。

尤其是艺术思想和风格影响最大,深入了印度,影响了佛教艺术,从而促成了有名的希腊化的佛教艺术。印度的佛教,原来是没有偶像的。自从希腊艺术影响传入,佛教仪式里便也有了偶像。而佛像的塑造,最为突出,最富有希腊色彩。希腊化的佛教艺术是希腊艺术与佛教艺术的混合体,称为犍陀罗艺术。因为它盛行于阿富汗与印度间,以白沙瓦为中心的犍陀罗地方。犍陀罗艺术后更随佛教传入中国;中国艺术中有希腊的色彩,当是从犍陀罗艺术来的,也就是从印度境内希腊化的佛教艺术来的。追溯远源,还要提到亚历山大的东进,还要提到亚历山大帝国时希腊文化的东移。

三、大夏、安息时文化与贸易的活动

(七)大夏即巴克特里亚,在中国西部边境之西,居于阿姆河与兴都库什山之间,为古波斯帝国的一个省区。亚历山大东进时,曾屈服于其统治之下。亚历山大死后,又为继起的塞琉古所统治。其地物质条件颇好,土地肥沃,宜于生产。其人即巴克特里亚人,是波斯人的一支。公元前 256 年,他们势力壮大时,曾脱离塞琉古的统治而独立。他们在贸易方面,远与希腊有间接的关系,近与中国和印度有直接关系。亚历山大东进到大夏,即以此为东西贸易交接的一个重要中心。中国运销罗马的丝织物,要经过这里。它与中国和印度的关系,我们的《汉书·西域传》里及《张骞传》里都有很好的记载。记载说,汉武帝时张骞曾到大夏,亲见大夏商人从印度购入的中国产物邛竹杖和蜀布。这足见印度与大夏有直接的贸易关系。张骞出使大夏时,同行的凡三百多人,所带的马、牛、羊数以万计;金币帛的价值也以千万计。去的目的,除政治方面进行联络外,经济方面更有一大目的,即是购买西方的好马。据记载说,所得好马确实不少:来自乌孙的好马,称之为西极马;来自大宛的所谓汗血马,称之为天马。此后往来贸易还延续了很久,每年有大批人往来。这足证大夏与中国间贸易之盛。

至于大夏与印度的文化关系,更大有可观。亚历山大东进时,就以大夏为一重要据点,在这里设有许多亚历山大市,进行希腊化;因此希腊文化便在这里向各方面传播。亚历山大活着时,情况固然如此;他死了以后,在继起的塞琉古统治时,情况还是如此。最特别的一点,即大夏国王米兰德于公元前 160 年对印度大力推行希腊化。从此以后,旁遮普、兴都库什山麓以及阿富汗边境,出现许多希腊化的小国和城市。其中心在印度境内的山格拉。以山格拉为中心的印度希腊化,曾盛极一时。直到公元前 139 年左右,大夏因月氏与安息的夹击,终于灭亡;自亚历山大东进以来,希腊文化东移的影响,才逐渐衰落。

(八)安息就在大夏之西,里海东南,也是古波斯的一个省区,也曾受亚历山大及其继起人塞琉古的相继统治。它在塞琉古帝国统治之下,渐渐扩大自己的势力。自公元前 250 年脱离塞琉古帝国,并取其地位而代之,成立一大帝国。它的人民为帕地亚人,依其创国之主阿萨息斯之名,称安息帝国。安息帝国全盛之时,版图之大,东达印度河,西达幼发拉底斯河,南濒印度洋,北达里海沿岸。整

个西亚,几乎全在它的统治之下:东与中国相接,西与罗马帝国相接。在历史上,它是继承古波斯帝国、亚历山大帝国、塞琉古帝国等等的传统而兴起的,所以受希腊化的时间已很久。在地区上,它的国土内有封君领地,有希腊化的城邦,以及希腊化的自由城市,所以希腊化的地方面积也很宽。安息人的整个文化生活,几乎都希腊化了。他们的文学,大半带希腊意味;希腊戏剧,他们特别喜欢。希腊文字在全国也很通行。最近,在过去安息境内,米地亚的西边,发现两件希腊文书。就年代看,一件是公元前88年的,一件是公元前22到21年之间的。其中所讲的事情为买卖葡萄园订立的契约。就这个例子看,当时的希腊文字,在安息大概也是很流行的,甚至是全国通行的文字。在雕刻艺术的旁边,常常附有希腊文的铭刻。例如比希斯通岩上的雕刻旁边,就有许多这样的铭刻。

(九)安息在当时,正是世界三大帝国之一。当时东起太平洋,西抵大西洋,有三个并立的帝国,即中国、安息和罗马。中国当时正值汉代,帝国之大,东起太平洋,西达帕米尔。罗马亦当帝国全盛时代,地跨欧、亚、非三洲,西起大西洋,东抵幼发拉底斯河流域。安息帝国正介于东西两大帝国之间,它与罗马的关系,比较偏重于军事方面;与中国,则以贸易关系为最突出。《汉书·西域传》说:汉武帝最初派遣大使到安息,安息国王曾组织两万骑兵到边界上迎接。由边界到首都,路程很远,经过几十座城市,到处都是人民。回来时,国王又派遣使者一道来汉帝国考察,并赠送很多驼鸟蛋及犁轩地方的魔术师给汉武帝,汉武帝很高兴。至于《后汉书·西域传》更提到后汉章帝章和元年(公元87年),安息曾遣使献狮子、符拔(一种可以玩赏的动物)等物。和帝永元九年(公元97年),汉帝国曾由都护班超遣甘英经安息访罗马,被大海所阻,未能达到。永元十三年(公元101年),安息国王复遣使献狮子及大鸟或所谓安息鸟给汉帝国。从史书记载可见安息与汉帝国的贸易关系一开始就是很好的。

四、萨珊波斯的国际地位

(十)当安息帝国开始衰落之时,萨珊波斯便开始兴起。安息帝国的民族主要为帕提亚人,但并不纯粹,其中杂居了很多外来的黄种人,如斯克泰人等。它的统治自始就因此而不甚稳固。在这种统治之下,古波斯人的后裔中有阿尔戴西尔这么一个人,他可能是安息帝国内的一个封君,因不堪斯克泰人等的歧视,便团结波斯后裔,推翻安息统治,建立一个新的王朝,以他的祖先萨珊为名,称萨珊王朝。萨珊波斯在当时,亦即公元226到641年的时代,实处于文明世界之正中,东有中国,西有罗马,其强大几乎胜过此两者。它控制着东西方的贸易往来。中国的蚕丝和丝织物品要运销罗马,必须经过西亚的萨珊波斯。萨珊波斯人对中国与罗马间的蚕丝及丝织品的买卖,控制很严,正如安息人控制这种买卖一样。中国丝织品最初运销印度,然后由印度运销罗马。不过中印间的交通困难,后来有人走里海附近,经过突厥斯坦这条路直入中国,把中国丝织品直运罗马。但这仍须受波斯的控制。对罗马人来说,最好莫如自己养蚕出丝。罗马早在凯撒时代就需要蚕丝,以作丝织品的原料。但养蚕的方法却在中国人手里,罗马人一直不知道。直到六世纪中叶,中国养蚕方法才经由波斯人之手,传入欧洲。当时东罗马皇帝查士丁尼发觉丝的西运,常被萨珊波斯所阻,乃秘密雇请久居中国的波斯人,为他服务,把中国蚕种秘密运到罗马。其手法便是把蚕种藏在用作手杖的竹管里,带至东罗马首都。从此,萨珊波斯控制蚕丝西运的局面被打破。事情是否如此,当然可以怀疑。

(十一)萨珊波斯在贸易方面的国际地位固然很重要,在文化方面的国际地位也是很重要的。例如上面所提到的丝织物品,就可作为一个例证。在我国吐鲁番地方曾发见很多丝织物品,上面具有花纹。花纹有的是印的,有的是织的。花纹的图案或母题,有些完全是中国的,但有很多与萨珊波斯及近东诸地所出者相仿佛。中国丝织物上的花纹图案,竟具有萨珊波斯的风格! 即此一端,也可见萨珊波斯艺术的国际影响。其次,就哲学思想而言,萨珊波斯对人生问题的看法,也包含了一些国际因素。塞克斯氏在他的《波斯史》中说,许多东方故事中讲到萨珊波斯国王洛施万同他的大臣博札米曾请印度、希腊等许多东西方学者到宫廷中讨论人生问题。问题的中心是:什么是人生最大的不幸。有一希腊学者说,老而贫弱是最大的不幸。另一印度学者说,身病而心不闲是最大的不幸。博札米则说,人生最大的不幸,莫过于眼看自己寿命即将结束,而于道德却毫无实践。他这一说,压倒了其他许多意见,对后来的人影响很大。就这种故事看,也可见萨珊波斯的哲学思想是带有国际性的。再其次,宗教思想方面,有摩尼这么一个人,曾折衷东方的佛教,西方的犹太教、基督教,及波斯本土的祆教,成为一种新的宗教,名曰摩尼教(Manicheism)。就这一点看,显见得萨珊波斯的宗教思想也是有国际性的。摩尼于公元 215 或 216 年出生于一个波斯人的上层家庭,他幼年时就同他的父亲一块,在各种宗教影响之下生活。直到二十五岁或三十岁时,才开始宣布他的新宗教。他在波斯居留不久,长期带着徒弟在外传教,曾到过中国、印度及其他一些国家。他自以为他是最高的预言家,他的宗教启示较前此任何宗教启示为完整。他著有很多书,如《密书》、《魔书》、《宣教书》等等,凡七种之多,尤以《宣教书》流行最广,有希腊文及拉丁文的译本。他的宗教思想是一种不折不扣的二元论,其形式是一种自然哲学的定命论。在他的宗教思想中,物理与伦理是不分的,他把善与光明联系起来,把恶与黑暗联系起来。而且光明本身就是善,黑暗本身就是恶。宗教的知识就是对自然及其一切因素的知识;人类的解脱,就在脱离黑暗进入光明的物理过程中。这与波斯的祆教的基本精神,并没有很大的出入。祆教认为世间一切都是善恶二神斗争的过程,善神总是最后得胜者。虽然包含了朴素唯物论因素,但仍是宗教迷信。

（原载《世界历史》1979 年第 1 期）

评柴尔德的古史研究

一、考古学家柴尔德(V. G. Childe)教授于 1892 年出生于澳洲新南威尔士东南靠海的雪尼市。他是雪尼大学及英国牛津大学的毕业生。1919 年到 1920 年时,他曾任新南威尔士总理的私人秘书。此后他到世界各地游历,曾经过南美洲极南端的合恩角及南非洲极南端的好望角。欧洲许多国家,以及苏联、伊拉克、土耳其、埃及、印度各国的许多博物馆及许多考古发掘遗址,他都亲自参观访问过。1927 年,正三十五岁的时候,他第一次担任爱丁堡大学史前考古学教授。此后,曾主持苏格兰及北爱尔兰许多考古发掘工作。收获最多的地方是在苏格兰东北奥克尼岛上的斯克拉布雷。这个地方每年有成千的人来游览,是一个保存石器时代遗物最丰富的村落。1936 年,美国哈佛大学曾组织过一次文艺与科学工作者会议,出席作报告的,据说是全世界著名的六十几个科学家和文学家。柴尔德以代表史前考古这一门被邀请出席。就在那一次会上,美国人曾送他一个文学博士头衔;第二年朋雪威尼亚大学又送他一个科学博士头衔。1939 年时,他曾任加利佛尼亚大学的访问教授;1940 年,他被选为英国科学院研究员。后又担任伦敦大学考古研究所所长。

他的著作,我所见到的,主要的有下列各种:

1. 《欧洲文明的曙光》(The Dawn of European Civilization)

2. 《最古的东方》(The Most Ancient East)

3. 《苏格兰史前史》(The Prehistory of Scotland)

4. 《人类创造自己》(Man Makes Himself),这书曾由周进楷译成中文,书名改成《远古文化史》,中华书局印行。

5. 《史前不列颠社会》(Prehistoric Communities in the British Isles)

6. 《历史上的大变化》(What Happened in History),曾由洪廷彦译成中文,交书局审阅付印时被遗失了。

7. 《工具发展小史》(The Story of Tools),是替英国共青团写的,也由周进楷译成中文,上海科学仪器公司印行,现在没有卖的了。

8.《印欧人的起源》(The Aryans：A Study of Indo-European Origins)

9.《论历史》(History)

10.《论社会进化》(Social Evolution)

11.《进步与考古学》(Progress and Archaeology)

12.《史前的多瑙河》(The Danube in Prehistory)

13.《论考古材料》(Piecing Together the Past),其副题为《考古材料的解释》(The Interpretation of Archaeological Data)

14.《最古东方新探》(New Light on the Most Ancient East),不同于《最古的东方》,因为它出版于 1954 年,增加了新材料。

柴尔德是进步的考古学家,他的书都有参考价值,我曾多次发动青年大批翻译。但以适当的译者不易找到,仅译出了三种,而且有一种未印出来。

柴尔德的工作虽然很多,但研究范围却是很集中的,即从大量考古发掘所得材料,研究旧石器时代末期到西罗马帝国灭亡之间的文化发展过程。这可以称为古史的研究,也可以称为古文化的研究。他所得出的结论,我抽出三点在这里谈谈:第一,由旧石器时代末期到新石器时代的变革,他自己称为新石器时代的革命。第二,由新石器时代末期到金属器物时代的变革,他自己称为城市生活的革命。第三,远古文化的传播,即古代各地文化的接触及传播是也。

二、史前第一次革命或新石器时代的革命,概括说来,即由旧石器时代末期进到新石器时代的变革;就是由采掘经济进到生产经济的变革,就是由野蛮阶段进到半开化阶段的变革。在这变革以前,人类所用石器,多是由敲击而成的粗器;在这以后,则多是由琢磨而成的精器。在这以前,人类靠天然现成食物以为生;在这以后,则主要靠人工培植食物以为生。在这以前,人类没有发明陶器,正属摩尔根(L. H. Morgan)所谓野蛮人类;在这以后,则陶器制作术大进,人类进入半开化阶段。这一变革的发生与气候的变化有直接关系。据说在后冰期结束之时,气候转暖;此后不久,人类栽种麦子,饲养动物渐渐有可能了,于是变革渐渐发生。

这种变革把人类的经济完全改变,使人类能控制自己的食物。人类从此开始选择可供食用的植物加以栽培,加以改进;可供食用的动物加以饲养,加以保护。于是可吃的东西大量增加。植物经过栽种之后,可供食用的种类颇不少。但是在历史上对于文化遗产的建设有大贡献的要算小麦与大麦。这两种植物的优点特别多：养分丰富一也，容易贮藏二也，收获最好三也，费力不大四也。虽然布置农场，撒播种子，预备收获，均须许多人同时工作，但工作是有季节性的。忙碌的时候过去，闲暇的时候便很长。小麦出产的地方极广，古代埃及、小亚细亚、西欧，到处都有。而美索不达米亚、突厥斯坦、波斯、印度各地，也非常多。至于大麦，据说出自北非、巴勒斯坦、小亚细亚、外高加索、波斯、阿富汗、突厥斯坦等地。早在公元前三千年以前，古文化区尼罗河流域，便已布满了很繁盛的农民村落。栽种植物的观念之传播是很快的。考古学者在北部叙利亚、伊拉克、波斯高原，发现许多农村遗址，其时代之早，不亚于埃及古农村。至于欧洲的栽种植物方法，大概是从北非及西亚方面传去的。

就欧、亚、非三洲所发现的最古的农村遗址看来，当时的生产事业，并不是单纯的农业；除栽种谷物外，也饲养动物以为食物的补充，这种农业兼畜牧的生活，是新石器时代经济的特征。饲养动物，最初只认为是供给动物性食品的一个最方便的来源。其附带的功用是后来才发见的。后来发见：凡做过牧场的地方，如栽种谷物，收获特别丰富；动物的粪可充肥料，便是从这里知道的。至于取动物的乳以充食料，那是人类习见牛羊等类动物以乳哺子之后，多方研究，才慢慢懂得的。不过一旦懂了这一点，动物的乳便成了第二个食物的大源。更后，牛皮、羊毛等等的用途也都发现了。不过羊毛用途的发现为时很晚。埃及人甚至在公元前三千年以后，还不知道羊毛的用途。但是在美索不达米亚方面，在这个时代以前，便知保护羊类，以取羊毛，至于利用动物负重、拉犁、拖车等，那更是后来的事情。动物的肉、乳、皮、毛，甚至骨、角，都有用了，于是动物的价值突然提高，饲养的人便设法使其繁殖。迨动物的数量增多了，饲养及保护的方法也不得不复杂起来。有时须伐去林木，以作牧场；有时则利用水土肥沃的地方，培植草地，专作畜牧之用；有时须把牛羊赶到远方去觅食。地中海沿岸、波斯、小亚细亚等地的山区，冬季虽然积雪，夏季则为良好牧场。因此有牛羊者常于春季即把牛羊等牲口赶到山区牧场上去。至是农村居民中，必须经常有一部分人照顾牛羊等牲口，并从事取乳等工作，这一部分人因工作任务的不同，又必须把食粮用具等随时带到身旁。这样的人，只有夏季因寻找牧地而离开农村，其数目或不很多。但是在气候酷热而很干燥的地方，如波斯，如苏丹东部诸地，如喜马拉雅山西北部诸地，照顾牛羊的人，常成群结队，离开农村，随着牛羊等牲口生活于较凉爽的山区，只留少数人在农村照顾耕地与住所。这样的生活方式，离所谓纯畜牧经济便不甚远了。经营纯畜牧经济的部族，在旧大陆方面也颇多：如阿剌伯的游牧部族,如中亚的蒙古部族,都是显明的实例。

以农耕、畜牧为手段的生产方法,早在去今九千年到七千年时就已有了。1909—1910 年,华清格氏(Sellinand Watzinger)在巴勒斯坦耶路撒冷区死海北面约旦河下游的耶利可(Jericho)村进行发掘,发现世界最早的农作物遗迹,其时代去今约九千年到七千年。早在去今七千年的时候,尼罗河流域、北部叙利亚,以及伊朗高原的山坡地带的人民便是以人工生产食物为生的,而不是靠天然现成食物为生的。稍后,这样的生产方法,又在克里特岛上、小亚细亚高原及希腊半岛上建立;更后又在西班牙、乌克兰与比沙拉比亚的黑土带、多瑙河下游、匈牙利平原,乃至中欧各地建立起来。由中欧传至西欧,更发展到丹麦、瑞典及德国北部,其时代大概不至早于公元前二千年以前。

新石器时代的生产经济,虽然是自给自足的;但每一单位,或每一村落,并不是完全与其四周的人隔绝。据考古发掘看起来,新石器时代已有贸易的痕迹,即用以作交换的媒介的贝壳是也。不过当时的贸易,并不是村落居民经济生活上的重要部分;交换的物品,当然不是生活上所不可或缺的物品。贸易之外,工艺制作方面,倒有很多显著的特征,如木器的制作,陶器的制作,纺织技术的发明等,乃其最显著者。尤其陶器的制作与纺织的发明,几乎是由野蛮进入半开化的最大标志。

三、史前第二次革命或城市生活的革命,概括说来,即由新石器时代末期进到金属器物时代的变革。就工具来讲,这是由石制及骨制工具进到金属工具的变革;就经济讲,这是由偏重农耕畜牧进到农工商并重的变革;就阶级讲,这是由阶级不分进到阶级对立的变革;就政治讲,这是由部族组织进到国家组织的变革;就文化讲,这是由半开化进到文明的变革;就整个社会讲,这是由农村生活进到城市生活的变革。这种变革的基本原因是生产技术的进步及知识经验的增加。自史前第一次革命,亦即新石器时代的革命发生以后,生产技术及知识经验日积日多;到公元前四千年左右,其作用足够产生一种新革命了,于是有城市革命发生,或由农村生活进到城市生活的革命发生。

城市生活的发展,与商业是分不开的。自从公元前四千年左右以后,西起地中海东部沿岸,东至印度河流域,许多地方的人民,因着生活上的需要,常向外发展或经商,于是又把这种生产技术或知识、经验等向各地传播。商业传播技术知识,技术知识促进工业生产。迫工商各业都发达了,城市生活便随着工商业而兴起。到公元前三千年左右,尼罗河流域、幼发拉底斯河流域、底格里斯河流域、印度河流域,都已出现了很多城市。在公元前四千年左右,西起地中海东部,东抵印度河流域,这一带广大半干燥地区,原来住有许多人民。他们的生活方式或经济状态,因为各地环境不同,差异也极大;有的从事渔猎,有的经营锄耕,有的为纯粹游牧部族,有的为完全定居的农民。他们曾把新石器时代第一次革命以来所有的发明和发见,以及知识和技能,如耕作方法、制作方法、冶金术、建筑术,乃至魔术、迷信等,一一积累起来,作为一种文化的宝物。当他们向外发展或经商的时候,又把这一切文化宝物或知识技术,向所至之处传播。因此之故,他们自给自足的独立经济,固不能不有所变更,他们历来所累积的知识技能,也随着在各地发展。尤其在河流附近的肥沃之区,如尼罗河流域,如幼发拉底斯河与底格里斯河两流域之间的肥沃地区,如印度河沿岸,发展更快。这些地方,因土地肥沃、生活容易,人口特别众多。他们虽富有食粮,然而人民生活所需的其他物质原料,却非常缺少。例如尼罗河流域,便缺少建筑用的木料;苏末地方,缺少制器用的石头;印度信德及旁遮普也缺少这类物质原料。因此这些地方的居民不得不建立一种贸易制度,以便向外获得物资。同时他们自己的出产丰富,也很容易偿付进口货价。这样一来,自给自足的经济不得不变更;崭新的新经济结构不得不建立。自己所有的剩余物品,不但必须要用以换取外来物资;同时且必须用以维持若干商人,使从事贩运;维持若干技工,使从事制作。

工商发达,城市兴起,社会阶级日益分殊,于是保护阶级利益,维持社会秩序的政治组织,也随着日益完备。当公元前三千年左右,埃及、美索不达米亚,以及印度河流域各地的人民最引起考古学者注意的,已不复是村落中单纯的农民了;而是在政府管理之下的各种职业不同的居民并形成不同的阶级。就这些人的地位讲起来,首为祭师、国王、官吏,其次为专门技工,又其次为专门打仗的兵士,最后为被剥削压迫的劳动者。考古学者所发见的这一时代的遗物,不复是农耕用的工具及游猎用的武器了,而是神庙、宫殿、坟墓等等建筑。这些建筑的本身,及其中的设备与日常用品,很足以证明:当时的经济实已起了变革。与经济变革相因而至的,就是新的社会阶级。如祭师,如官吏,如商人,如技工,如兵士,都是新兴的阶级。这些阶级,在原始的自给自足的生产经济条件之下,是不存在的;在采掘经济时代,当然更不能出现。惟有生产进步,工商业发达,城市兴起,他们才有出现的可能。新兴城市可以容纳许多职业不同的人,比起农民的村落来,便复杂多了。

由农村自给自足的生产经济,进而为城市工商业发达的交换经济,一旦在埃及、美索不达米亚、印度这三个主要地区建立起来了,又不断地向其他各地区传播。首先在埃及、巴比伦、印度河流域的附近,如克里特,如希腊半岛,如叙利亚,如亚述,如伊朗,如巴鲁吉斯坦等地发展;然后向希腊以北的大陆,小亚细亚的安纳多高原,以及南俄等地展开。在这些地方,许多农村都转变为城市了;许多自给自足的生产经济,都转变为工商业发达的交换经济了。这种传播发展,几无止境。在公元前三千年到二千五百年之间,青铜文化,亦即城市工商业发达的古代文化,已扩充到了下列各地:如希腊半岛北部的大陆,达达尼尔海峡上面的托罗伊,高加索北部的库班盆地,小亚细亚高原,巴勒斯坦与叙利亚、伊朗及巴鲁吉斯坦等处。这些地方的文化,固然各有其独立的特征,但无不显出与埃及、苏末、印度河流域的渊源关系。(新石器时代的革命和城市生活的革命,在拙著《世界通史》第一册里曾讲过。该书现已绝版了,特在这里补出。)

四、远古文化的传播,概括地说,即各文化中心的文化,随着人口的移徙,贸易的往来,战争的频繁,向附近各地传播是也。关于文化的发展,有传播派和进化派的对立斗争。进化派认为:由于人类心理的大体一致,任何社会,在技术、经济及一般发展达到一定阶段时,只要有机会,就会出现一些相类似的文化。传播派不然,认为:凡是重要的发明,如冶金术、制陶术、耕种术,以及斧子、磨石、弓箭等重要发明,在历史上只能出现一次;各地同时所有,都出于传播。柴尔德反对传播派的主张,说他们低估了进化派正确的一面。不过单只有进化,而没有传播,有许多事实是讲不通的。因此他颇重视传播。不过他一方面承认传播的重要性,同时却绝不忽视进化的作用。他反对传播派,却承认传播的事实;他不同于进化派,却重视进化,这是实事求是的态度。

人类的移徙,如有组织的群体定居于一个新的地方;人类的贸易,如个人及其家属到各地做买卖;都能传播文化。蒸汽机之传于非洲,主要由于战争和殖民;传于日本及俄罗斯,则完全由于贸易。回教的传播,主要由于阿剌伯战士们的移徙;基督教与佛教的传播,主要由于传教士的努力。传播文化的方式方法以贸易一项为最明显。考古学所发现出来的,包括方面很广:如同族之间或朋友之间的自由交换赠品;或如近代手工机匠的巡回活动;或如英国手艺工商业者之寄居外国城市等,亦列入贸易的范围之内。象这类广义的贸易活动,早在旧石器时代末期就已有了痕迹。在新石器时代自给自足的经济生活中,更常有物品交换,以补从事农耕畜牧者之不足。不过当时交换的物品,多限于装饰及奢侈品之类。直到青铜器时代,贸易活动还是以限于奢侈品方面的为多。贸易的经常化,始于金属器物的时代。金属器物是任何地区的居民所不可少的,他们为了自卫,需要金属武器或制造金属武器,也常设法向外获得经常的供应。

不过商业之首先获得高度发展,却在尼罗河流域、幼发拉底斯与底格里斯河流域、印度河流域、黄河流域耕种肥沃土地的诸社会中。这些地区,虽很肥沃,但所缺乏的,不单止金属,就是建筑用的木料,也是缺乏的。美索不达米亚、信德等地,连做磨子及建筑用的石料也缺乏。另一方面,这些地区,河流畅通,运输方便,从外地运入物资,并不困难;因此,这些地区城市生活的及早出现,可能以从外地运入物资为其主要原因。无论如何,从公元前三千纪的古墓及古建筑物中出现的文物可以看出,这些地区很早以前就从外地运入物资,其种类且很不少。例如埃及,便从西奈半岛运入铜,从弩比亚运入金子,从黎巴嫩运入洋杉木,从阿富汗运入方解石,从爱琴海诸岛运入大理石;美索不达米亚,从小亚细亚运入铜、锡、银、铅,从印度半岛运入方解石;信德,从喜马拉雅山运入杉木,从缅甸运入玉石。在考古学者看来,原材料的运入,固为贸易盛行的可靠指标;但精制物品,亦到处都有,更可以为商业盛行的证据。早在公元前三千年左右,在美索不达米亚流行的印章,曾出现于中部小亚细亚及希腊诸岛屿;埃及的石瓶,也是同样古老的东西,亦出现于克里特及北部叙利亚。最令人注意的为印章:印度河流域诸城市中所制印章,曾在美索不达米亚的乌尔、乌玛、克什及爱施弩纳等考古遗址中大批出现,据考证,大约是公元前二千六百到二千一百年间的遗物。

贸易之外,战争也是传播文化的。公元前二千四百年以后不久,美索不达米亚南部,阿卡提诸王曾用武力在亚述及叙利亚建立许多庙宇、宫殿,其中保留不少铭刻。因此许多半开化的农村居民因受影响,渐成有文化的城市居民。这种文化影响,后来一直发展着。在铁器时代,腓尼基人和希腊人,在地中海西部沿岸曾用武力建立了许多城市;这些城市都是地中海东部诸城市的翻版,都成了城市经济生活的中心。亚历山大大帝及其继承人在亚洲的征战,一直到了乌浒河及印度河流域,他们对文化传播的影响也很大。希腊艺术及希腊技术曾因此撒布于亚洲许多当地人民中。其影响之明显,在雕刻、图画以及农耕方法等方面,在希腊人去后很久,仍看得很清楚。同样,罗马征服西欧,也把地中海式的城市生活带到西欧各地。战争的征服固然可以传播文化;即没有长久的征服,单只军队本身的活动,也是传播文化的。

文化的接触或传播,无论出自和平的贸易或战争的征服,其最具体的结果,都可凭考古发掘所得城市文物来加以测量。公元前二千五百年左右,具有文化的城市,还寥若晨星,屈指可数;只在尼罗河下游,底格里斯与幼发拉底斯河流域及印度河流域,陆续出现。从此以后约一千年,城市大兴:从埃及、克里特及中部土耳其,到西部伊朗的山区,随处都是城市;而黄河流域,也发出了大城市的光辉。在公元前五百年以前,地中海盆地、黑海沿岸、伊朗、印度、南部阿剌伯及中国许多地区,形成一条银河似的地带;有文化的城市,星罗棋布于其中。公元后五十年左右,这条银河似的地带,向西扩充,到了爱尔兰、北海沿岸;并越过阿尔卑斯山,达到了多瑙河流域;而中国的城市文明亦正向外发展,达到中亚细亚,与西方的城市文明相接触。公元五百年以后,一条横亘亚欧的文化带,东起太平洋,西到大西洋。

五、柴尔德的上述意见,在1954年所出版的《最古东方新探》(已由周进楷[①]与商务约定翻译)里,又有更具体的叙述。他揭举城市革命时代的四大文化区域,苏末、肃沙(Susa,现在伊朗西南迪士富尔[Dizful]南面约十五公里的地方)、埃及、印度河流域,确认苏末的城市革命较其他三处为早,然而其他三处的文化却不是苏末的翻版。例如埃及、印度在达到文明阶段以前,肯定都与苏末有直接或间接的关系,但是他们的政治制度、国家制度,彼此是各不相同的。苏末或美索不达米亚方面,国王神化的观念,可能是从埃及传入的。但谓所有具有人格的神都是埃及法老的翻版,就说不过去了;美索不达米亚方面,乌鲁克(Uruk)王朝时代的艺术品证据,是不足以证明这一点的。同时美索不达米亚方面佛惹吉(Frech)与布拉克(Brak)两地的石刻人头像与印度哈拉巴(Harappa,位于印度河流域,巴基斯坦的西旁遮普南面茂尔顿[Multan]区)出土的石刻舞女头像虽都可为比较两方文化的艺术标准,然却不能说与埃及方面神化了的国王或法老的石刻头像一定有什么关系。就是作记录用的文字,埃及与苏末虽有密切关系,埃及的书写吏可能从苏末学过一些象形字,然而彼此是截然不同的,不能混而不分。

不过,尽管如此,四大文化区域间的文化传播,仍是不能否认的。某些技术方面的发明,如车轮、帆船、彩陶、印章、冶金等,都是传播的明证。举例说吧,有轮盘的车子及制陶用的轮盘,两者都可能在城市革命之前,出现于苏末的乌鲁克王朝时代。而公元前三千纪时,从印度河到奥伦特河(Orontes,叙利亚西面),从波斯湾到乌浒河,所有车轮,其起源,其式样,都是一样的。这当然有一个中心

---

①　周进楷,乃周谷城长子,生前是华东师范大学历史系副教授,曾译有柴尔德《远古文化史》(群联出版社1954年出版)和史密斯《文化起源论》(商务印书馆1949年11月出版),均周谷城校。

点。麦可温（D. McCown）假定伊朗为中心的说法，自不能绝对排斥；但底格里斯河以西发现的事例，足证车轮由该处传到亚西里亚（Assyria），传到克哈布（Khabur），传到奥伦特的渐进次序。至于制陶器用的轮子，则由此传到哥惹（Gawra），传到奥伦特，传到比布拉（Byblos），传到巴勒斯坦，甚至在金字塔时代传到埃及。埃及地形特别，凡运输，用船不用车。制陶用轮虽需要，车轮却是不需要的。至于水上运输用的船，也很可能是从外面传入的。前不久，吉色（Gerzeh）出土的瓶子上固然有画外国船为装饰图案的，但远在此前，苏末方面，乌尔王朝时代所造作的图样的船当老早就从幼发拉底斯河下游港口伊立多（Eridu）传入了埃及。至于彩色陶器却与此相反，很可能首创于埃及；由埃及传到美索不达米亚，再传到伊朗高原，最后传到印度。到美索不达米亚时，正值乌尔王朝时代；到印度时，则早在哈拉巴文化时代之前。

　　另一种发明，与技术无关，但很可能是与迷信有关的东西，即印章或钤记是也。这种东西，在城市革命的高潮时，已在北部美索不达米亚的哈拉甫（Halaf）出现，是作装饰用的悬挂之物。到乌尔王朝时代，则成为钮扣式样的印章；在乌鲁克早期，已传到了克卡哈（Kerkhu）；从这里经过南部波斯，达到波斯泊里（Persepolis，波斯古都，现在中部伊朗西南的一个大商业城市夏拉寺〔Shiraz〕东北十五公里处），更往前传播。稍后，在波斯西北部，出现钤记，但与印章的作用不相干了。更向东传，则以宗教迷信用的印符形式达到印度河流域。至于从创始地向西传播的，则早就到了奥伦特，在那里却变成了在陶器未烧干时加盖钤记用的东西；更往西传，则达比布拉、巴勒斯坦，往南即达埃及。在小亚细亚出现的则有泥制或铜制或石制的印章；渡过爱琴海，达到北部希腊的帙散里（Thessaly），多与陶器上所印花纹连在一起。往北则传到色雷斯（Thrace）及多瑙河流域。最早在克里特岛上米诺王宫出现的印章，其远源仍在美索不达米亚，不过传播路线更为曲折，是经过埃及而传入克里特的。

　　冶金术之传播，为时也很早。公元前三千纪之初，埃及、美索不达米亚及印度河流域，就已有不少带地方性的冶金术出现。苏末方面的冶金术从肃沙等地发现者看，至迟当属乌鲁克王朝后期的东西。从银制或铅制器物的使用时期判断，早在公元前四千纪的下半期，肃沙、美索不达米亚、比布拉，乃至埃及等地，冶金术必已达到了一个相当高的程度。在公元前三千年以前，铜制器物纵令使用的不多；然从其他出土之物分析，可以断言已经出现了。不过出土金属器物分布情形很不规则，不易找出一个中心来；可能是各地分别独立出现的。比较有代表性的月形斧子,在埃及方面,直到早期法老时代,在幼发拉底斯河中游,直到早期王朝时代,才开始出现。不过在腓尼基方面、叙利亚方面,公元前两千年以前,月斧已早为众所周知,公元前三千纪后期正向肃沙等地传播。公元前二千年以后,情形就不同了,各地金属器物发展很快。

金属器物的使用,须有经济组织,须有技术知识。所以冶金术之传播,无异于这两方面的传播。城市革命,颇刺激了经济组织。美索不达米亚方面,埃及方面,财富越积越多,使分工有利,于是有专门制造金属器物的,也有专门采办金属原料的;埃及法老时代的铜,采自西奈半岛;苏末王朝,亦有商旅出外采办金、石、木头及其他建筑材料者。两河流域,尼罗河流域,商旅互相往来,冶金术的传播,从而更快。自从经常的商业活动发达以后,凡军事用的武器,日常用的工具,因交换买卖的方便,乃大量在各地流行。除开商业可以传播冶金术之外,战争本身,也同样发挥传播作用。一个地方的统治者,一旦经济独立了,常用武力夺取他人的金属物资,或抵抗他人夺取自己的金属物资。金属物资可制武器;需要多,刺激采集、交换、传播。

六、总括说来,柴尔德的古史研究,从旧石器时代末期一直到罗马帝国灭亡的时代,完全是考古学的,这里有几点可以注意:一则,他所谓由旧石器时代末期到新石器时代的革命,及由新石器时代末期到金属器时代的革命,其所指时代,颇与摩尔根和恩格斯所指时代相合。由旧石器时代末期到新石器时代,即由摩尔根、恩格斯所谓野蛮时代到半开化时代;由新石器时代末期到金属器物时代,即由摩尔根、恩格斯所谓半开化时代到文明时代。二则,他颇尊重马克思主义的功绩。他说,资产阶级传播派学者,惯于低估马克思主义对文化发展的强有力的解释。其实马克思主义的论证,我们应坦白承认,其解释事实,远较传播派学者的假说为优。三则,柴尔德也常替英国共产党写写稿子;例如共青团所出的为青年阅读的一部《工具发展小史》,就出自他的手笔。他的工作,是从考古发掘所得可靠材料证实历史唯物主义所昭示的原理。他的结论是实事求是的,即如文化传播一端,他虽不是传播派,然而传播的事实,不能抹杀者,他却坚持不放。正如他虽不是进化派,然而进化的事实,不能抹杀者,他亦坚持不放。

（原载《复旦大学学报》（哲学社会科学）1962 年第 1 期）

评斯坦因的《古代中亚之遗迹》

《古代中亚之遗迹》(*On Ancient Central-Asian Tracks*)一书,又叫做《亚洲极中部与中国西北部三次考古旅行简述》(*Brief Narrative of Three Expeditions in Innermost Asia and North-Western China*)。著者名叫斯坦因(Sir Aural Stein),出版者麦美伦书局(Macmillan & Company Limited)。

斯坦因这个人,在中国是颇有名的,他盗走了我国的大量文物。早在1925年,王静安先生在清华大学讲演最近二三十年中中国新发见之学问时,就给他一个独特的地位。

当光绪中叶(1900—1901年),英印度政府所派之匈牙利人斯坦因博士访古于我国和阗(Khotan)于尼雅河下流废址,得魏晋间人所书木简数十枚。嗣于光绪季年(1906—1908年),先后于罗布淖尔东北故城,得晋初人书木简百余枚;于敦煌、汉长城故址,得两汉人所书木简数百枚(原物均归英国博物馆收藏);均经法人沙畹教授(Ed. Chavannes)考释。其第一次所得,印于斯氏《和阗故迹》(Sand-Buried Ruins of Khotan)中。第二次所得,别为专书,于癸丑、甲寅间(1934年间)出版。此项木简中有古书(《苍颉篇》、《急就篇》)历日方书。而其大半,皆屯戍簿录。(又有公文案卷信札等)于史地二学,关系极大。……至光绪丁未(1944年),斯坦因氏与伯希和氏(Paul Pelliot)先后至敦煌,各得六朝人及唐人所写卷子本书数千卷(斯坦因氏所得约三四千卷,伯希和氏所得约六千卷,携之过京),及古梵文,古波斯文及突厥、回鹘诸国文字无算;我国人始稍稍知之。乃取其余约万余卷,置诸学部所立之京师图书馆。前后复经盗窃,散归私家者,亦当不下数千卷。(学衡45期)

斯氏考古旅行至亚洲极中部及中国西北部凡四次(因第四次曾被扣留过,有

时亦称三次）。考察所得,著成专书,为量最多。其重要的有:

《中国土耳其斯坦考古旅行初步报告》(*Preliminary Report of a Journay of Archaeological and Topographical Exploration in Chinese Turkestan*)一卷。

《和阗沙迹中的遗物（或《和阗故迹》)》(*Sand-Buried Ruins of Khotan*)一卷。

《古代的和阗》(*Ancient Khotan*)二卷,其第二卷全是实物的照片。

《迦泰荒墟的遗物》(*Ruins of Desert Cathay*)二卷。

《塞林地亚》(*Serindia*)五卷。

《亚洲极中部》(*Innermost Asia*)四卷,其第四卷全是实物的照片。

《亚力山大远征至印度的遗迹》(*On Alexander's Track to the Indus*)一卷。

《印度西北与伊朗东南考古记》(*Archaesgical Reconnaissances in Northwestern India and Southeastern Iran*)一卷。

此外散见于考古杂志中的零篇论文亦多。这些专门书籍中,以《亚洲极中部》及《塞林地亚》两书规模为最大,共计凡九大卷,其中彩色图片之多而且精,令人惊叹。至于我这里要批评的《古代中亚之遗迹》一书,可以视为研究斯氏著作的一个导论和结论,全书系统极整齐,图片极精美,论断极简括。看了这部书之后,一定想看其他各部书;看了其他各部书之后,又一定想看这部书。这部书是从其他各部著作中抽出精彩的部分,组成一篇一篇,为美国大学生而作的有系统的演讲稿;且是极通俗之作,不一定要考古专家看了才觉有意思。斯氏自己说:美国哈佛大学校长请他在波士顿洛维研究院(Lowell Institute)作有系统的讲演,他便利用机会,把他自己在亚洲极中部三次考察的经过,及所得的成绩,紧缩为一种讲演稿,使成为一种较通俗的著作,供多数学人使用(本书序言)。

斯氏的考古旅行,系从印度出发,过兴都库什,达帕米尔,由苏勒南下,沿昆仑北麓,东行,经和阗,过楼兰故址,到敦煌,沿长城东南行,抵甘州,然后回向西北,越长城,到哈密,沿天山南麓,经吐鲁番、库车等地西行,再到苏勒。又由此逾葱岭,经过中亚许多要地,然后回至撒马尔干,复返于印度。其所经过,恰成一个圈子。

斯氏的考古旅行,前后凡四次。第一次在 1900 年到 1901 年间,第二次在 1906 年到 1908 年间,第三次在 1913 年到 1916 年间,第四次在 1931 年到 1933 年间。所经路程,据他自己说,整整二万五千英里,且完全凭步行或乘马而达到的。

其路线的方向,书后有自作的详图表示着。该图所概括的区域,为中国土耳其斯坦(Chinese Turkestan)及中亚与甘肃附近诸地。

全书有图一百四十七幅,其内容皆为著者考察所得的实物。有佛画,有丝织物上的花纹,有古代的钱币,有古印度、波斯等文字的文书,有器物,有古建筑遗址,及其他各种艺术品等。精美明朗,最为可观。书分二十一章,见其章次,即可窥见其考察的过程及着重之点。

计第一章,亚洲极中部的鸟瞰;第二章,中国在亚洲的开拓,及中亚方面各地文化之汇合;第三章,过兴都库什,到帕米尔,而达昆仑;第四章,一个沙迹废墟的首先考察;第五章,尼雅河废墟的诸种发见;第六章,旧地重游的尼雅河及安碟烈之遗物;第七章,鄯善之遗物;第八章,楼兰废墟之诸种考察;第九章,干涸的罗布泊中古代通行之道的探访;第十章,一条古界线之发见;第十一章,沿中国城之诸种发见;第十二章,千佛洞;第十三章,一座淹没了的古寺之诸种发见;第十四章,千佛洞的佛面;第十五章,南山山系间之考察;第十六章,由弱水到天山;第十七章,吐鲁番之诸种遗物;第十八章,由库车到疏勒;第十九章,由疏勒到阿尔楚帕米尔;第二十章,妫水上游;第二十一章,由若善(Roshan)到撒马尔干。

全书的价值,最重要的,在文化方面;是西域文化史的极好资料。研究古代各地文化在中亚方面汇合的情形,或中国、印度、希腊三大系文化在该地交流的情形,此等著作最为有用。不过我以目前需要的不同,偏重经济史料的寻找;尤其是古代中西的陆路交通,及商旅往来等,为我所比较留意的东西。但这书居然也使我在这些方面得到极大的满意。如往日交通或通商要道之证实,便是一端。关于中国与葱岭以西的往来,《汉书·张骞传》里有一段,说张骞曾到乌孙,其一同出去的几个副使,也曾分别到了大宛、康居、月氏、大夏诸国。各该国亦复派人同来中国。原文云:

> 骞为中郎将,将三百人……牛羊以万数,赍金帛,直数千巨万,多持节副使,道可,便遣之旁国。骞既至乌孙,致赐谕指,未能得其决。……骞即分遣副使使大宛、康居、月氏、大夏。乌孙发译道送骞,与乌孙使数十人、马数十匹报谢,因令窥汉,知其广大。……其所遣副使通大夏之属者,皆颇与其人俱来,于是西北国始通于汉矣。

张骞等所到之国都在葱岭以西。计:

乌孙在今伊犁河流域,中亚细亚可萨克地方(原在今甘肃,因一面逐大月氏,一面又被匈奴所逐,遂辗转至此)。

大宛在今中亚细亚南部乌兹别克之东北部。其都城贵山城,大概就是今之霍占(Khojen)。

康居在大宛之北,今中亚细亚锡尔河东北与西南两岸之地,大约即其属地。

大月氏,原在今甘肃,后西行至大夏,遂君临大夏之地。

大夏在今中亚细亚东南部阿母河以东,葱岭以西及阿富汗北境。

这些地方的人来到中国;中国人出使到这些地方;其来往的路道,在我们的脑子里,从来只是一种鸟道或箭道式的道,总没有确定的路道之印象。尤其是被称为世界屋脊的地方,约两千年前,居然有商人从上面爬过,几乎是不可思议的事。在未得实证之先,纵有记载,几乎只可当小说看。

同时西洋人方面也有一种关于古代中西陆路通商要道的记载,见于Ptolomy 的地理著作中。Ptolomy 为公元二世纪时之地理家,他从他的前辈学者 Marinus 手里得到关于古代中西陆路通商要道的知识。此等知识的本身又是 Marinus 从马其顿商人 Maes(又叫做 Titanus)的许多代办人的直接报告中得来,最为重要而详尽。这些代办人常旅行大夏;由大夏到"产丝之国"(Country of Seres)或中国,贩买丝物,所以有详尽的通商要道的记载。(《亚洲极中部》页848)

不过这等记载虽甚重要而详尽,来源虽甚可靠;但未得到实地的证据之时,也终只是一种记载而已。Ptolomy 的著作中所记 Scythia 的里部与外部,虽就是葱岭上中西通商要道之 Alai 谷的西边与东边;然也未得证实。裕尔爵士(Sir Henry Yule 为解释古代游记最有名的人,为译《马可波罗游记》译得最完全的人)虽有极好的论断,认定马其顿商人到东方通商的要道,正经过葱岭上 Karategin 迤东之谷;然也只是个人的论断。

东西两方的文献中都有关于中西陆路通商要道的记载,却都不能确切指出所谓"世界屋脊"上所应爬过的一段在何处,为何状。直到斯坦因,在亚洲极中部作第三次考察旅行,详察葱岭上之 Alai 谷,才确知往日中西陆路通商要道是经由该谷的;才晓得马其顿商人的报告及 Ptolomy 的记载与裕尔爵士的推断,均为正确而无误。斯氏谓,他的第三次考古旅行,自始即要越过帕米尔及俄属妫河附近的许多山地;其主要理由之一,即在希望因此能实地研究古代中西通商要道之许多地点问题。在东方各处所得的经验,在在足以暗示这样实地去研究关于历史地理诸问题,最为有益。事实所示,果然不错。当他开始行经葱岭上 Karategin

迤东之 Alai 谷时,便感到异常的满意。

　　凡地理的形势,气候的情形,以及当地的物产,在在足以帮助我们确认,葱岭上沿 Alai 谷之天然大道,就是古代丝商从中国及塔里木盆地达到妫河中流所必经过之地。这个地方,介于塔里木盆地与妫河上游之中,为塔里木河与妫河之分水岭。实是从妫河上游到塔里木盆地之最平易的交通线。天然的障碍极少,特别便于东西的交通往来。西边从俄属军路进入 Alai 谷,谷口有宽达六英里至十一英里的广阔之地。东边从疏勒进入 Alai 谷,谷口的广阔之地,与西边的一样,既广阔,又平坦。又因气候适宜之故,处处有平坦的草地,在夏季,最便于畜牧。积此种种优点,该处便很少不住人的地方。完全无人之境,不到七十英里。一年有八九个月最便于通商往来。就是冬季冰雪交加之时,还可通行(《亚洲极中部》页 848)。所以该处实为葱岭上天然现成的通商要道。

　　当公元前后的几百年之内,大夏尚为中国与波斯及地中海间丝织物贸易之中心点时,葱岭上的地理条件逼着商人不得不从疏勒而 Alai 谷,由 Alai 谷而妫河。于是 Alai 谷乃成为天然的必须经过的通商要道。再者,实际上考得之地,与往日的若干记载对勘,又无不符合。例如 Ptolomy 述中西通商要道时,有一大段涉及一个名叫 Komedoi 的山国。这个国的地位,裕尔爵士早断定为 Alai 谷所在地 Kara-Tegin。其次玄奘也曾用一个名词,曰 Chumito(大唐西域记云“拘谜陁国,……据大葱岭中……”)代表一个地方,其地方亦恰恰相当于 Karategin。再其次,中世纪阿剌伯的地理家也曾用 Kumedh 一名,名这同一之地。而今实察这个地方,确为中西通商要道。可见实察所得,与记载所示,无不符合。

　　中西通商最难的一段既然这么寻找出来了,其全线可大致考定如下:自中国本部(Iand of Seres,案:这简直就是丝国本部,因为 Seric Fabrics 就是丝物,Sericulture 就是养蚕法,可以比看)到敦煌为一段,自敦煌西北行沿天山南麓到疏勒;西南行,沿昆仑山北麓也到疏勒;这敦煌与疏勒间的两线,合为一段。自疏勒经过葱岭之 Alai 谷到妫河上游为一段。自妫河上游,可分三个路向:一北向入妫河东北各地;另一南向,入印度;其中一线由大夏西向,入安息、波斯等处,此也可称为一段。自安息、波斯到地中海东岸,最后入希腊、罗马为一段。

　　道路开通的那一天,也就是贸易发达的那一天。中西的贸易,以丝织物为最重要。斯坦因氏利用他发现的许多丝织遗物,作推论的基础,得到关于丝织物的交易结论不少。斯氏三次考古旅行所得遗物,以丝制的为最多。自疏勒以东,敦煌以西,沿昆仑山北麓,及天山南麓的许多要地,如和阗,如楼兰,如敦煌,如吐鲁番以及其他沿此两线的地方,几乎处处有丝制遗物的发见。其数量最多,其种类亦至不一。有丝包,有丝袋,有绢画,有行囊,有旗帜,有面帕,有垫褥,有花毡,有花缎及其他种种。这些东西,都是中国本部去的。

斯氏在中国土耳其斯坦曾发见一个黄色丝袋。从各方面考证,认为是古代中国与该地作丝织物贸易时所遗下之物品。……自从在鄯善旧地发见一保存原形有十九寸宽之丝织品以后,斯氏深信中国丝织物向西方销售的事实,为不可致疑(《迦泰荒墟的遗物》卷一,页 381)。这是关于中丝西销的话。

至于中国丝织物销售于西方的时代,斯氏以为在公元初及其继起的几世纪之内。他以为中国向中亚细亚方面的开拓,不在版图的扩大,而在贸易的获利。所以中国声威向西方传播之时,便是西方商人远来东方之时。中国之政治势力,自班超得胜以后,便已扩充到帕米尔以西去了。当时中国与安息已建立了外交关系;与远方的大秦或西里亚,更以公元九七年派遣使节进抵波斯湾之故,发生了直接因缘。彼时中国之声威与势力,在中亚方面,算达到了最高度。恰好在这时候,马其顿的商人,正由大夏东向,越过葱岭,达到中国(他们称之为 Faroff serike 或称之为 The Land of Seres,意即 China);将丝织物运往西方。这是关系中丝西销之时代的话。

至于销售的地方,几乎达到了地中海沿岸。中国的军事势力深入中亚细亚以后,随着就派遣政治的使节出使各国,如大夏,如波斯,都派有大员。其重要目的,在夸示中国的声威及出产的丰富。所以中国之出产物中,随着这些使节而向西方畅销的,以优良的丝织物为最惹人注意。当时的丝织物已开始经由安息及西里亚而直达地中海。并且不久以后,就从这等地方把"织丝的中国人"(Silkweaving seres,即是 Chinese)一个美名,传到了希腊、罗马的文化中心地。这是关于中丝西销之地方的话。

不过于此有一问题。中国丝织物固然畅销于西方,所发见的丝制遗物固然是当时贸易的残品,但是这些遗物当中有具有"波斯式之花纹"的。如敦煌所发见的丝制垫褥,其上面的花纹便具有波斯式样。如着翼之狮子,有很长的卷发,两个彼此相向之类是。此等花纹式样,斯氏以为是从希腊的美术中转来,经由美索不达米亚,然后到伊朗,再由伊朗到此间。然则中国产的丝物何以要采西方的花纹式样呢?对此问题,斯氏有一个解答。他以为中国丝物采取西方的花纹式样,大概由于要运销西方之故。因为要运销西方,故采西方花式,以投消受者之所好。正如十七世纪及十八世纪时,中国的磁器,为要运销欧洲,遂采取欧洲的花色,事同一理(《迦泰荒墟的遗物》卷二,页209—210)。这解答也很近情。即如现代中国妇女的旗袍料,多是外国来的;然其花色,又多中国式样;这使我们明知为外国的商人与资本家在投中国妇女之所好。以此例彼,斯氏的解答亦说得去。

其次,关于产丝的中心地,也有一个问题。畅销于西方的丝物,为中国所产;中国在希腊、罗马方面,亦负有声名,也由于丝产之多。因此,产丝的中心地应限于中国本部,毫无疑义。但斯坦因认为和阗也是一个产丝的中心,这就颇费解释了。丝业是可获利的,自中国丝开始销与西方以后的几世纪之内,丝的生产都为中国所独占,不许别人仿行。若谓和阗也是一个产丝的中心,这于事理,未免有点矛盾。和阗在西域(当时的西域,主要范围,乃敦煌以西沿天山南麓及昆仑山北麓的各地,并不是单指葱岭以西而言)如何能仿行丝业? 其方法果从何来? 关于这问题,斯氏凭一张画板,一个破庙,再参以玄奘所记的一个故事;三者相较,乃发见和阗仿行丝业及中国养蚕法传入和阗的线索。

照玄奘所讲的故事讲,有一个中国的公主,大家相信她曾经把中国的养蚕法传到和阗。其时盖在香客盛行烧香敬神之时,产业颇为旺盛。大家都以为这位公主曾把中国所严禁出口的头等蚕种藏在自己的帽子之下带往该处。因这有价值的舞弊,所以她后来死了,就被当地的人民供奉于其国中。和阗城外不远,香客们所常进谒之庙,就是纪念这位公主的。这未必可靠。

玄奘所记的故事,大意如此。至于那张画呢,其中意思如何,人民老早就不懂了。画的中央,坐一位衣服很讲究的妇人,头戴高帽,两旁有娘儿们跪着。画之一端,有一个篮子,其中所盛最易被人误认为小小的果子。其另一端,有一个破烂的架子,初看不知何物。妇人的左边有一人以左手指着她的帽子。画之大略如此,拿来与玄奘所记的故事一比,意思立即显明。她那被人以手指着的帽子下面藏着从中国偷来的蚕种。篮子里所盛的,不是果子,而是蚕茧。至于另一端的那个烂家伙,乃是一架织丝之机。这未必对。

和阗既有了养蚕法,能仿行丝业了,于是也成了一个丝业中心。斯氏因此断云:和阗一地实为古代移植养蚕法之中心,或丝业中心。与葱岭以西妫河流域诸地及伊朗的关系甚密,能以花色毕肖波斯式之丝织物品运销于各地(《迦泰荒墟的遗物》卷二,页210)。这么一来,葱岭以东的丝业中心点,除中国本部外,又加上了和阗。

上述中西陆路通商要道之证实,与丝织物贸易之说明,乃斯氏这本书在经济史一方面所昭示的。但这不是他这本书的中心所在。其中心之所在,乃美术的以及一般文化的发见。其价值显而易见,这里也不作介绍。兹且单就他所发见的实物上归纳出来的关于文化的论断,略录几句,以见一般。斯氏谓中国土耳其斯坦及其附近诸地,西至妫河,东至中国本部,虽为荒墟;然在历史上,却表现了极重要的作用;有许多世纪,曾为印度、中国及希腊化的西亚三方文化交汇之所。这地方为历史上之重要舞台,远东文化、印度文化以及西洋文化交织于其间者,足有一千年之久。从他这些论断上,再进而看他考古旅行的经过,及所发见的诸种实物,以及所加的各种说明,都极有趣。这本书的确是一部关于西域文化史的很好的参考书。

（原载《中国史学之进化》1947 年生活书店版）

古典文明研究在我国的空白必须填补

周谷城　吴于廑　林志纯

　　自十八世纪末至今不到二百年间,随着近代考古学的发展,大量久为世人所不知道的古代文字的材料陆续出土。由于这些死文字的释读成功,各个有关的上古文明历史,得以根据遗留下来的文献进行研究。其中尤为著名的,例如在西方,有古代埃及象形文字的释读和随之兴起的古代埃及文明的研究;古代苏美尔·阿卡德语楔形文字的释读和随之兴起的古代美索不达米亚文明(苏美尔·阿卡德、巴比伦·亚述文明)的研究;克里特·迈锡尼线形文字的释读和随之兴起的前希腊爱琴文明的研究;而在东方,则有古代中国甲骨、钟鼎、石鼓、竹简、木牍等文字的发现和随之得到补充和订证的对殷周及稍后文明的研究。苏美尔史学者Ｓ·Ｎ·克拉美尔于五十年代写了一本小册子,名为《人类成文史的二十七个“第一”》(1956),后来改为《历史起源于苏美尔》(1959),其中列举许多开创于苏美尔人之手的历史文化,而“苏美尔”这个名字是到上世纪后期才为人们所知道的。中国殷周文明的历史虽然早有成文记载传世,但甲骨文字材料之出现,使古代中国历史文化可信的纪录提早了许多年代。以前,西方的汉学家曾认为直到公元前六至五世纪中国的天文学还没有产生。可是,殷墟出土的甲骨卜辞证明,古代中国早在公元前二千年代中叶就有了记录天文现象的信史。

　　这些古文字的释读成功,和同时出现于世的大批古代物质遗留,使古代史许多方面的研究从无到有,大大丰富起来,因而在古代史这门学科中产生了许多分支学科,包括埃及学、亚述学、克里特·迈锡尼文字学,以及我国的古文字学。对这些分支学科作出重大贡献的学者中,有的很年轻,如埃及学的创始人法国的商坡良(1790—1832),线形文字Ｂ的释读成功者英国的文特里斯。

　　这些分支学科的产生,这些古文字的释读,除中国的甲骨学外,大体上有一个共同之处,就是说,并非由同一语言文化的本族人、本国人而是由不同语言文化的异族人、异国人来完成其任务的。创立埃及学,从事埃及考古发掘,释读成功古代埃及文字的，不是古埃及人的直系子孙，不是金字塔文化的直接后人，而是后世的法国人、德国人、英国人等等；创立亚述学，从事美素不达米亚考古，释读成功古苏美尔文字的，也不是古苏美尔人、巴比伦·亚述人的直接后嗣，而同样是近代的西方各国学者。可见，语言、文化、民族的不同，不足构成对古代世界各古典文明研究的障碍。关键在于：一、掌握足够的已发现的资料；二、运用近代的科学方法，对所研究的问题锲而不舍，不辞艰辛困苦，不断从事对学术未知领域的探索。这就终能使沉埋已久的古老文字死而复生，重新成为历史科学文化宝库的组成部分。

中国古代的甲骨卜辞，也一样是久埋地下，自孔夫子至太史公以下，也都已经久无所知，但是有一点和埃及、古西亚文字的命运不同。由于中国的历史几千年来未尝中断，中国这些甲骨文等古文字的发现、释读和研究，就毋须假手于近代语言、文化远不相同的异族，而是由中国古典文明的后嗣子孙来进行。在法国学者追随拿破仑马后前往埃及开创近代埃及考古学之后整整一百年，即1898—1899年，中国开始在河南安阳发现甲骨卜辞的材料。五年之后，1903年，《老残游记》的作者刘鹗发表他的《铁云藏龟》。经学家、金石学家、《周礼》研究者孙诒让，以此作为材料，写成了《契文举例》，开始了甲骨学的研究。又过十年，1913年，罗振玉开始出版《殷墟书契》。四年之后，1917年，王国维发表《卜辞中所见先公先王考》以及《殷周制度论》，甲骨学材料开始应用到古代史的科学研究上来。自发现甲骨卜辞至产生科学成果，前后约经二十年，基本上是在中国传统的历史学和金石学的指导下从事搜集和研究的。不过时代已进入二十世纪，西学东渐也已浸渍日深，后起的研究者必然会在自己的工作中接受西方学术思想和方法的熏陶。1928年，殷墟遗址采用近代方法进行大规模发掘，接着是对发掘的结果进行科学整理和研究。从此，由中国的传统金石学发展起来的甲骨学，嫁接入于由西方引进的近代考古学。甲骨学的这一发展过程，也说明了很可注意的一点，即：对于有悠久学术文化传统为背景的古典文明研究者，除了直接掌握所发现的资料而外，同样需要运用近代的科学方法。

埃及学、亚述学等等古文字和古代史研究的分支学科发生和发展的将近二百年，正是西方工业革命和向东方扩张的两个世纪。埃及学、亚述学等等学科的文物，大部分被集中到西方各强国的博物馆中。中国在解放前是沉沦于半殖民地地位的老大国家，自己所有的，特别是甲骨文字材料，不少尚流落国外，更谈不上分享西方国家所发掘夺取的埃及学、亚述学等等文物资料。我们在这方面一无所有。解放前的学校和研究机关,根本没有,也很少有人想引进什么埃及学、亚述学等学科。结果,我们没有埃及学,没有亚述学,既无专门研究的人才,又无可供专门研究的图书设备。可以说,这些古代史的分支学科对于我们都是空白学科。对西方古典希腊罗马文明的研究,前希腊的爱琴文明的研究,以及和我国文化发展关系甚密的古典印度文明的研究,其基本情况也是这样。辗转引述的较多,根据原始古典文献和考古发掘的资料作独立研究的很少。这些历史科学空白点的存在,显然同我们目前的国家地位是不相称的,和我们作为一个有悠久文明历史大国的地位更是不相称的。

时至今日,历史科学的研究和认识,既要从局部以理解全局,也要从全局以认识局部。古代埃及、古代美索不达米亚、古代爱琴海区,是历史上较早出现文明和国家的地区。研究埃及古代文字、苏美尔·阿卡德古代文字、迈锡尼古代文字以及古典希腊文字等等,通过这些古文字基础以掌握有关的材料,进而研究和理解这些古代文明,这对于研究我们自己的以及其它的古代历史和文化,无疑会得到启发和助益。另一方面,我们中国有数千年从未间断的文明史,我们在古文字学、古代史学方面的一点一滴的收获,也许会同研究其它上古文明有互为印证的作用。以亚述学的最早部分苏美尔学为例:美国的苏美尔学者耶可布森从苏美尔泥板文书看到了历史上最早的两种会议的国家制度,苏联的苏美尔学者贾可洛夫从苏美尔土地买卖的泥板文书中看到了古代西亚最早的古典土地所有制。这些科学研究成果不仅改变了西方史学家对西亚古代社会的传统观点,而且也开阔我们研究本国和其它国家古代史的视野,加深对人类历史多样性和统一性的理解。我国古文字学者有因声以求义的一条原则。埃及象形文字与苏美尔楔形文字之学者,也有因声以求义的。例如埃及之那尔迈调色板,以"锥"与"鱼"代表"那尔迈"(Nr,m)之名。据已故埃及学者伽丁奈尔的见解,即因古埃及人称"锥"为"那尔"而"鱼"为"迈",假借其声以读之也。举此一例,可见东西方古文字的研究,有些问题是可以相互印证的。这一点,只要积之既久,有识者即可得之。

埃及象形文字,苏美尔·阿卡德楔形文字等等外国古文字,的确是难学的文字,对不同语言文化传统的学者尤其如此。但这些古文字都经一二百年来或至少数十年来西方学者的钻研努力,读解之法早已成规。我们今天来学习,入门既不难,深入钻研也不是不可能得到效果。关键在于搜求必要的资料,立志攻坚,以严密的科学态度和方法,参照我们研究本国古文字和古文化的经验,经过努力,完全有可能为古典历史学科在我国的空白补缺。现在我国已经有学校试办古典历史专业,其中以攻读这些古代文字为起步,为学习基础,以培养能对世界古典文明作独立研究的年轻学者。我们迫切期待,象我们这样从事于古代史这一学科研究的老的一辈人所遇到的文字和资料上的局限,能够在未来年轻一代学者的手中得到克服。

(《世界历史》1985 年第 11 期)

史学上的全局观念

　　历史的部分与全局是同在的,正如人的手、足、耳、目等是与人的整体同在的一样。离开了手、足、耳、目等不能有整体的人,离开了整体的人不能有手、足、耳、目等。部分是全局所有的部分,全局也可以说是部分所有的全局。一部有系统的历史著作,常分析为篇章节目等:全书分为若干篇,篇下有章,章下有节,节下有目。就全书言,篇是部分,书是全局;就一篇而言,章是部分,篇是全局;就一章而言,节是部分,章是全局;就节与目而言,关系亦复如此。假如一本很大的史书,内容很丰富,却章节不分;一本很小的史书,内容很贫乏,却细分章节;这都不能算很好地反映了历史的部分与全局的关系。历史自身是复杂众多的统一整体,它的各部分互相联系着,互相依靠着,互相制约着:既不是空洞的"一",也不是散漫的"多"。历史书籍是反映历史自身的;篇、章、节、目分明,应该或多或少地代表了历史自身各部分的互相联系、依靠、制约等。历史自身,既有具体事实,又有有机组织;既是部分,又是全局;部分是全局所有的,全局也是部分所不能离开的。

　　但在研究或叙述的过程中,常有偏于一方面的现象:我从前曾见过一本文学史讲义,内容相当丰富,近十万字,但从头到尾,章节不分,缺少体系,未免繁琐。至于体系完整,内容嫌贫乏的书,也是常有的,这当然不免于空疏。这两种偏向,都有一定的原因:材料太丰富了,一时见不到整体,很易趋于第一种偏向;急于要把整体告示人,来不及把内容充实,很易趋于第二种偏向。这些偏向,只能算是偏向,充其量是缺点,不能算错误。至于不注意部分与全局之分,对于研究与叙述,都有不好的影响:一方面可能使我们只见树木,不见森林,结果不免于繁琐。另一方面也可能只见森林不见树木,结果不免于空疏。例如,研究世界史,不能不利用国别史;但国别史之和,究竟与世界史不同;我们不能把国别史之和看成世界史。又如研究会通各部门的历史,不能不利用专科史;但专史之和与会通史不同;我们不能把专史之和看成会通。又如研究纵贯各朝代的历史,不能不利用各朝史;但各朝历史之和与贯通史不同;我们不能把各朝史之和看成贯通史。又如研究历史,不能不利用史料;但考释史料,与说明整体不同;我们不能把个别史料的考释之和,看成整体历史之有机组织。此外历史与人物的关系,亦复如此。我们研究历史,不能不评价人物;但评价人物,如果离开了人物所在的历史,评价云云,便成为不可能。部分离不开全局,全局为部分的最后决定者。经济建设,有全国一盘棋的整体观;历史亦然,亦有决定部分的全局观念。

历史的全局观念是逐渐形成的,不是从来就被史学家掌握的,其内容也因时代及阶级而异。早在公元前二世纪,有希腊奴隶主阶级史学家波勒比(Polybius, B. C. 205—123 年)的全局观。波勒比参与了罗马的政治军事外交等活动,所到的地方很多。当时罗马的国土,已逐渐由意大利半岛扩大到了地中海沿岸各地。这对于他的观点的形成很有影响。他的全局观有两方面的意义:一,横的方面,他把罗马及地中海沿岸与罗马犬牙交错的许多国家看成一个整体;西自西班牙,东至叙利亚,南至埃及,作为一个整体叙述。二,纵的方面,他把各地所有凡足以说明他的观点的因素,一律吸收入史;如民族特点、政治军事、地形地志,乃至重要人物的品德,都融为一体,而综述之。在资本主义时期,有德国哲学家黑格尔(Hegel, 1770—1831 年)的全局观。黑格尔所见到的全局,即他所谓"世界精神"。"世界精神",照他讲,原来只是概括抽象的,或隐而不显的;经过自觉的努力,认识自己,实现自己,把自己化成明白具体的,或显而不隐的。世界历史的发展,就是世界精神认识自己,实现自己的过程;其方法曰辩证法,亦即一、二、三的方法,正、反、合的方法,由"在自身"到"外自身"、由"外自身"到"为自身"的方法。世界精神认识了自己,实现了自己,便是获得了它的自由;因此世界历史发展的过程,又是世界精神实现自由的过程。照黑格尔的看法讲,古代东方各国人的自由,完全没有实现:因为他们只知道一人是自由的,不知道自己的不自由;也正因此,那有自由的一人只知纵情任性,成为专制的主,不是自由的人。希腊人幸运些,实现了部分的自由。何以只实现了部分的自由呢?因为希腊人保有奴隶,奴隶是没有自由的。只有德国各族不同,在基督教的影响之下,首先达到自觉,知道人是自由的。但要获得完全自由,仍须长期的培养。只有个人的欲望与国家利益趋于一致的时候,只有个人觉得自己的利益要在国家组织内才有实现之可能的时候,自由才能完全实现。

黑格尔的辩证法是要得的,他的全局观却要不得:一则把世界精神视为先于一切而存在的全体,不合事实;二则世界精神何以要实现自己,没有说明。只有辩证的唯物主义才有真正的全局观。恩格斯力言事物间相互联系之重要。在这一点上，他认为希腊哲学比后来的许多反对者还要高明，还能把自然看成统一的整体。十七、八世纪的形而上学在英国的培根、洛克辈手里，在德国的瓦尔甫（Wolff，1679—1754 年）手里反不如前了；它为虚妄所障，不能由部分的了解进到全局的了解，从而洞察事物间彼此互相联系的整体。狄慈根（Joseph Dietzgen，1828—1888 年）则直言过去、现在、未来一切存在和一切现象之绝对的、全般的总和即是真理。他有具体而轻松的解释曰："就形式讲，任何东西必有其原因。但实在地说，任何东西，不独有一个原因，而且有无数的原因。我的存在，不独父亲、母亲是原因；而且祖父、曾祖父以及他们所吸的空气，所吃的东西，所行的道路，乃至道上所受的阳光等都是原因。并非单独一件东西，一个过程，一种变化，为另一件东西的充足原因；而是任何东西却由绝对的全局决定着。……全局真是普遍的、无限的；它所含的一切矛盾，都交融为一整体。"（《哲学之成果》中论逻辑四条法则）列宁最了解狄慈根，曾引狄慈根所讲的全局与部分的不同曰："我们最易看出，世界之自身，与世界之显现于我们眼前的现象，彼此的不同，只是全局与部分的不同而已。一种现象与产生此现象的东西之不同，正如一条路的十哩长，不同于这条路的自己一样。"他又自作补充曰："这里没有，也不可能有任何'本质的不同'，任何'超越的存在'或'本来的差异'。但'不同'却一定是有的，即越出感觉范围，进入事物自身的存在的过程是也。"（《唯物主义与经验批判主义》第 2 章第 3 节）

部分与全局，同在而有别，有别而同在；部分不能不影响全局，但全局终必决定部分。这等道理应用于历史研究中，可得解释问题的方便。例如国别史的地位如何，毫无疑问是要取决于全局的。1954 年，在一次讨论高教课程会上，曾发生亚洲史的地位问题。苏联专家坚持要把亚洲诸国史放在世界史里讲，有些教授不以为然，坚持要分出来。我当时曾不揣冒昧地说：就科学的体系讲，亚洲诸国史是世界史的部分，当然要放在世界史里；但就处理的方便讲，分出来又未尝不可。话似两可，好象等于不说；其实事情确实是这样的：亚洲诸国史是世界史的部分，可以分出来讲授；正如中国史分别讲授，并不等于说中国史不是世界史的一部分。其次专科史的地位如何，亦未尝不取决于会通各部门的会通史。现在研究文学史或哲学史或艺术史的专科学者常对历史家说，请把中国古史分期问题赶快解决，以便专科历史好分期。我常笑谓最好先把专科历史分好期，以便史学工作者进行古史分期问题的解决。当然，会通史与专科史是互相为因的：

治专史的人倘随时留意通史,将见所治的专史意义愈鲜明;反之,治通史的人倘随时留意专史,将见所治的通史内容愈丰富。不过专史是部分,通史是全局;虽相互为原因,最后决定专史之分期者仍必为通史。再其次,中国古史分期问题的讨论,事实上也或多或少是取决于全局的。中国奴隶阶段与封建阶段的分界线究竟要划在何时,最好先参考中外古今历史的大段;即不如此,亦宜参考中国历史自己上下古今的大段。目前学者的讨论文章,似颇偏于专题研究,而不是参考中国自己的上下古今,更不是参考中国与外国的上下古今;似为以部分决定部分,而不是拿部分取决于全局。其实不然。所有学者的讨论虽不一定取决于中外古今的全局,却是取决于社会发展史的全局的。再其次,个别史料考证的地位更必须取决于全局。考证而离开全局,便是为考证而考证,将是没有意义的。反之,如是对全局有关键性的东西却非考证不可。例如“众”字的意义是否即奴隶,对于古史的性质有说明的作用;能考证清楚,是很有价值的。又如昆仑北麓某古庙里发现的一块破旧画版,有证明中国丝业西传的作用;能考证清楚,价值更是很大。要考证清楚的东西是部分,被证明的历史是全局。考证有无价值,要看它是否为全局服务。

最后,我们还可以拿部分与全局的观念来衡量旧有的三种不同体裁的史书。旧有的,体裁不同的三种史书,即以人物为重心的“纪传体”,以年代为重心的“编年体”,以事情为重心的“本末体”。这三种史书作者心中当然都有部分与全局的观念,但没有表现出来。我们读的时候,要重行组织,才能寻出全局及其与部分的关系;因之读书等于著书。纪传体史书为体裁所限,常将一件完整的事情,分述于不同的“纪”或“传”之内。例如楚汉之争,本是一事;参加这事的主体为楚与汉。司马迁的《史记》却不以这整体的斗争为叙述的对象,而将其分述于《高帝本纪》及《项羽本纪》中。纪传体又常将同一时期同作一事的许多人分别叙述。例如汉代的统治,本不是高祖一人所树立,实高祖与其同时的许多人共同树立的。然为体裁所限,只好分述,于是同时的人变成不同的了,这真如刘知几所云,“叙君臣一时,而参商是隔”。编年体与此恰相反:不是把相同者分开,而是把不同者混合。但亦是没有显出全局及其与部分之关系的。历史事情的发生、发展、完成,未必在同一时限之内:其所历时间往往有数年乃至数十年的。司马光的《资治通鉴》为体裁所限,只能将完整的事情分散,按年记录其零碎的部分,而与其他许多不同的事情混合,交织在一起。这正如杨万里所谓“予每读《通鉴》之书,见事之肇于斯,则惜其事之不竟于斯。盖事以年隔,年以事析;遭其初,莫绎其终;

揽其终,莫志其初。……盖编年系日,其体然也。"(袁枢《通鉴纪事本末》"旧序")
只有袁枢的《通鉴纪事本末》,就体裁说,较纪传与编年两体为优。它不为人物所
拘,不为时间所拘,而以一个一个的历史事情为叙述的对象,至少突出了每一事
情的全局。但这一体并不是无可批评的:一则事情与事情之间,或篇与篇之间
没有联系;每一篇所述的一件事,与前后各篇所述诸事,关系如何,都未指出,都
是彼此孤立的。二则每一事情之内,或每一篇之内,没有分析;我们任取一篇读
下去,看不出其中较大的事情如何由较小的事情构成;只看见一条一条,尚保留
着从《通鉴》中抄下的原形。因此本末体亦不能表现全局及其与部分的关系。

全局观念是很有用的,特述于此,以供参考。

（原载《学术月刊》1959 年第 12 期）

中外历史的比较研究

　　不久以前,比较研究不大有人提,因为有一种顾虑,恐怕有人认为"生搬硬套"。其实比较研究并不发生"生搬硬套"的问题;恰恰相反,它只帮助我们更好地进行研究工作,获得更好的研究成果。

　　(一) 比较研究,即经常拿彼此不同的东西对照着看的意思。这样作,可以使我们易于看出一些不应有的偏见。例如"古典时期"一词,原来本是只适用于希腊、罗马。但学者们为着要完成一个以欧洲为中心的历史体系,便不得不把印度、中国、波斯等,也纳入古典时期之下。又如基督教时代,本只适用于欧洲,但为着完成以欧洲为中心的历史体系,便不得不把日尔曼人、波斯人、阿剌伯人等一律纳入一个过渡时期即由古典的到基督教的过渡时期。此外,为着同样的目的,不得不把阿剌伯人的兴起,说成入侵,不得不把世界联系的扩大,说成是欧洲的扩张,不得不把被侵略者的翻身说成"白人的负担",在"白人的负担"之下,竟列上日本的革命,中国的觉醒,非洲的征服。如上所述这类情况,我们如果不采比较研究的方法,或者自始即读世界史,而不研究一点中国史,换句话说,即不拿中外历史对照着看,就很不容易看得清,就很不容易作进一步的考虑,或更切合现实的考虑。

　　(二) 用比较研究,可以使我们较易看出: 由古代到中世纪时,亚、欧、非三洲有些政治势力的发展,有由分区并立,倾向于往来交叉的趋势。我们研究世界古代史,如果自始就有一个什么什么为中心或为开端,例如以埃及或巴比伦为开端,就不易看出有并立的诸种政治势力。反之,却很容易看出许多政治势力的分区并立。例如埃及尼罗河流域的势力,西亚巴比伦及波斯的势力,南欧爱琴海的势力,希腊、罗马的势力,东亚中国的势力,印度河流域的势力等,都是分区并立的。我在拙著《世界通史》第一篇里也曾列举了六个古文化区,即尼罗河流域、西亚文化区、爱琴文化区、中国文化区、印度河流域、中美文化区等。

　　分区并立是一方面,其反面必然是往来交叉。古代到中世时,亚、欧、非三洲各种政治势力的往来交叉是很显明的。如古代波斯势力的向西方发展,如崛起于希腊半岛北部,马其顿人亚力山大率领的希腊势力的向东方发展,如崛起于阿拉伯半岛的阿剌伯回教势力的向西亚、北非、南欧发展,如崛起于南欧的十字军的向西亚发展,如崛起于蒙古的蒙古人向亚洲各地乃至欧洲许多地方发展,都是最显著的实例。这些实例,一方面证明分区并立的各种势力并不是静止的,另一方面则证明由古代到中世纪时,亚、欧、非三洲交通要道如何开辟的,贸易往来如何发展的,文化交流如何进行的。如果不用比较研究或对照看的方法,则不易看出其重要性,即使看到了,也不易从正面突出,给予应有的叙述。

(三)分区并立往来交叉是表面的外在的情况;与此同时,又有里面的内在的情况与它相应,即由大体相似到极不相同是也。古代文化区,都属奴隶制时代,无论埃及或巴比伦,希腊或罗马,波斯或安息,印度或中国,都是如此,社会阶级方面,都有奴隶与奴隶主的对立,政治方面都有城市王国到统一帝国的发展。尤其统一帝国的出现,几乎是普遍的:例如,有埃及帝国、亚述帝国、罗马帝国、波斯帝国、安息帝国、秦汉帝国等。凡此等等,都是很相似的,尤其各奴隶主帝国彼此相似。

然而到了四、五世纪之时,东西两方,尤其中国与罗马,出现了民族大移徙的运动。中国自晋惠帝永兴元年,亦即公元 304 年,到南朝宋文帝元嘉十六年,亦即公元 439 年,前后一百三十余年间,匈奴、鲜卑、羯、氐、羌从西北部进入晋帝国,构成中国史上所谓"五胡乱华"。罗马自三世纪之末到五世纪之初,即所谓蛮族从东北向罗马移入,到五世纪之末,正当蛮族大举移入之时,东西两方,民族移徙的事实,固很相似;其时间亦相距不远,都在四、五世纪时。特别巧合的为东西两方的帝国,都在这期间处于分裂状态,东方的晋帝国曾分裂为北朝与东晋;西方的罗马帝国,亦正分裂为西罗马与东罗马。这可能是东西两方民族移徙的原因之一。移徙的原因,移徙的事实以及移徙的年代,都很相似;然而发展的结果,东西两方,却极不相同。中国方面从西北移入的所谓"五胡"虽曾在晋帝国内,先后建立过所谓"五胡"的十六国;然不久即消灭于无形,继起者仍为统一帝国,如隋帝国及唐帝国等。罗马方面,则完全不同,从东北移入的所谓蛮族,也建立了许多或大或小的国家,然而在这些国家的基础之上继起的,却不是统一帝国,恰恰相反,而是许多不同的民族国家。中世纪世界史上这一不同情况凭比较研究可以看得很清,且可引起我们的考虑;若只注意一方,而不拿另一方对照着看,则不容易看出。

（四）由大体相似发展到极不相同的事例，在世界史上并不是孤立的。中世纪后期，中国与欧洲都有海外活动，可能是国内贸易发展的结果，也都促进了国内外贸易的继续发展。国内外贸易的发展都需要专制政治，事实上也都促成了专制政治。然而最后有一个很大的结果是中国与欧洲极不相同的，即欧洲曾有盛极一时的重商主义，中国却没有出现重商主义，这也可以引起我们的考虑。公元十五世纪上期，中国早于欧洲几十年，就有海外活动；最显明之例，为郑和七次出使所谓西洋，这种伟大的活动，既表现了当时中国的富足，也促进了中国与东南亚各国及东非沿海诸地的贸易往来，培植出空前的专制政治。这情况与欧洲类此的情况是很相似的。欧洲在十五世纪下期到末叶，开始有人进行海外活动。公元 1492 到 1503 年间，意大利人哥伦布得西班牙女王伊沙白拉（Esabella）之助，先后四次航行到中美等地。在此同时及其前后，更有人从欧洲沿海出发绕美洲南端进入太平洋，也有人从欧洲沿海出发，绕非洲南端进入太平洋，最后终于有人在 1522 年完成世界一周的航行。此后欧洲经济进步，国内外贸易发展也终于培植出空前的专制政治。由海外活动到国内外贸易的加速发展，由国内外贸易的加速发展到绝对专制的空前发达，中国与欧洲是很相似的。然而最后一个很大的结果，两方却完全不同：欧洲自十六世纪以后，盛行"重商主义"（Mercan Tilism）；中国的重商主义则没有出现。这是值得特别注意的。

（五）欧洲的重商主义，广泛一点说，可以说是一种致富与图强的主义；是民族国家成长、专制政治发达的最后成果。民族国家与专制政治的成长发达，颇得力于商人，商人与国家，与政府立于一边，一方面肃清地方主义，发展工商各业；另一方面发扬国家权威，促成海外贸易。对内对外活动的目的，都不外致富和图强；致富和图强，又相互为因果：要致富便须图强，要图强便须致富。所以重商主义可以说是十六、十七、十八世纪的致富图强主义。其活动于海外的各国人，首为葡萄牙人、西班牙人，其次为荷兰人，最后为法国人、英国人。严格说来，不能把先后分得如此明确。不过从彼此势力的消长或盛衰看，大体是这样的。葡萄牙人于公元 1517 年曾到日本，1542 年曾到中国的广州，于是他们在欧洲与亚洲各大国之间，树立了直接通商的基础；他们垄断欧亚之间的贸易，达一百多年。西班牙人的海外活动与葡萄牙人恰恰相反：葡萄牙人所接触的为亚洲的文明古国，如中国及印度等；西班牙人所接触的则为美洲落后民族，如中美及南美的土人等。葡萄牙人到东方，主要目的在夺得香料贸易的霸权。西班牙人的西进，主要目的则在获得金银矿产的独占。荷兰人在东方与葡萄牙人竞争，自从 1595 年商业舰队绕好望角东行以后,一天一天发展,到十七世纪上半期达于全盛。他们一方面压倒葡萄牙人的东方商业势力,另一方面则打击英国人在印度的贸易发展,并进而与中国及日本直接通商。法国人在十六、十七世纪的时代,与西班牙、葡萄牙及意大利、德国、荷兰、英国等的贸易关系都很密切;与新大陆及东方的贸易,也在这时大大增加。他们的海外政策主要为鼓励出口,奖励造船,垄断运输,及大力支持对外贸易的各种大公司。英国人在各个商业帝国的海外竞争中,实为最后的胜利者。英国人的海外贸易活动,可分为三大方面:在新大陆方面,北美、中美、南美很多地方都为他们的商业中心;东方则以印度为中心,1608年时,竟以商业势力完全征服印度并垄断着东南亚各地的贸易;在非洲方面,几内亚沿海诸地,全在他们的商业势力范围之内。他们在海外的商业势力这样大,需要出口的商品特别多,终于引起国内的产业革命,在世界史上成为最先进入近代史时期的国家。中国与欧洲比较,情形恰恰相反。一点点重商主义刚刚萌芽,即被从欧洲发展、弥漫全世界的重商主义所压倒。

（六）当中国尚停滞在中世前期封建地方主义全盛之时,欧洲许多大大小小的国家已进入了中世后期弥漫世界的重商主义时代,尤其在葡、西、荷、法、英几个商业帝国互争雄长之时,英国竟抢先进入世界史的近代阶段,首先发展产业革命,成为世界资本主义国家的先驱。在这过程之中便培植出一批新人,叫做资产阶级,出现了生产以剥削为目的的资本主义;随着资本主义的发达又产生一整套资本主义社会的文化或文明。所有这些与我们的情况是恰恰相反的,因为我们的情况既没有完成过重商主义,也没有完成过产业革命,更没有真正的资本主义。一位中国学者写《中国哲学史》时说中国哲学史上没有近代阶段,其实即中国经济尚未进入近代,尚未形成真正的资本主义。毛泽东同志曾说过,我们多的是封建主义而不是资本主义。这可见历史的发展虽有阶段可循,然时期的到来中外并不平衡,先后并不一致。

（七）讲到这里,我们应该谈一谈中外历史分期的比较。这里有两个较大的分期问题:一是古代的,即奴隶制时期与封建时期的分界线,究竟应该划在什么时候;二是近代的,即封建时代与资本主义时代的分界线究竟应该划在什么时候。关于前者,我根据阶级剥削程度有不同的原则和全局可能决定部分的原则把中国的奴隶制时期与封建时期的分界线划在西汉后期,为着有一个固定的年代,即以王莽篡汉元年,即公元九年为分界线。在奴隶制时期奴隶的整个人身都是奴隶主的,封建时期则不然,农民的身分是半自由的,但他们的农产品被地主剥削去的,至少有一半或一半以上。《汉书·食货志》里说:"小民……或耕豪民之田,见税十五。"对这句话,如淳说"什税见五",颜师古说"言下户贫人自无田,而耕垦豪富家田十分之中,以五输本田主也"。这种剥削关系即产品对分或各半的关系,秦以前是没有的,故以西汉末期为奴隶社会、封建社会两时期的分界线。其次全局对于部分常有决定或说明作用。古代许多文明发达的奴隶制国家,其各自的历史现象,在各国彼此之间,有很多相似处。就社会讲,希腊、罗马、中国、印度都有工商奴隶主的出现,都有富族与平民的斗争。就法制讲,印度有法典,巴比伦有法典,中国有法家,罗马的法学思想更是特别发达。就学术思想讲,希腊有极发达的哲学思想,印度有佛教以外的所谓外道诸宗,中国有所谓儒、法、名、墨、道诸家。就宗教经典讲,印度有吠陀经典,中国有儒家经典,西方有犹太经典及基督经典,波斯有袄教经典等。彼此之间的现象如此相似,中国所具有的种种,也必原于奴隶制时代,而不是封建时代的。依全局决定或说明部分的原则,我们似可断言中国封建社会始于东汉,或公元开始以后,因其他各国的封建都在这个时期以后也。

至于封建时代与资本主义时代的分界线在欧洲方面,现在的学者认为在英国所谓产业革命之时,亦即公元 1642 年。就社会发展史讲,1642 年以后,英国的产业革命固已开始了,资本主义亦在大发展,以这个时期为分界线,是可以的。我们的近代史的分界线则与此不同,写在 1840 年中英鸦片战争之时。这一点,西方学者有的不以为然,以为不符合社会发展史的分期,不符合马克思主义,而主张把我们近代史的开始定在明朝,甚至有主张定在宋朝的。但宋朝既不是中国产业革命开始期,也不是中国资本主义发展期。我们把中国近代史之起头定在公元 1840 年中英鸦片战争这一年,是以反抗外国侵略为标志的。鸦片战争爆发之时,革命导师就有西方落后,东方先进的说法,亦即着眼在反侵略。我们定近代史的开始时期,依社会发展史为标志,因符合马克思主义,依反抗外国的侵略和压迫为标志,更符合马克思主义!

（八）反抗侵略和压迫固然是中国近代史开端的标志,同时也是近代、现代全世界一切被压迫国家或民族争取独立的主要任务。自从第一次世界大战以后,有许多被压迫的国家争得了独立;第二次世界大战以后,争得独立的国家就更多了。1945 年 10 月,联合国成立时,签字加入者只有五十一个;到 1978 年底,联合国的成员已增加到了一百五十二个,足证被压迫国家或民族反抗侵略和压迫,取得成功,获得独立者之多。过去西方学者中虽有人说,日本的革命,中国的觉醒,非洲的征服是"白人的负担";今天则大不同了,全世界反抗侵略和压迫的人民或民族或国家正在走向团结,奋勇前进,争取创造建设世界的新经济秩序。不独止此,西方资产阶级历史学者中,也有对西方或欧美以外表示要另眼看待的人。1975 年,美国哈佛大学历史系一位教授和耶鲁大学历史系一位教授合编了一部世界通史,其序言有一句,认为西方比西方以外各地都高一等的思想已一去不复返了。这当然是夸大其词;但我们也深信世界并不永远是铁板一块;相反,争独立,争自主,反侵略,反压迫的人民或民族或国家正在日益增加。所以我们于坚持四项基本原则,进一步调整经济,进一步安定政治,努力从事于社会主义的四个现代化以外,力争台湾早日归回祖国;在国际方面,力争团结反霸,促进没有压迫和剥削的世界新经济秩序,是完全正确的,用比较的方法研究中外历史,势不能不这样作。

（原载《光明日报》1981 年 3 月 24 日）

着重统一整体　反对欧洲中心论

　　四十年代初,我进入复旦大学教世界通史,世界通史教材如何编法? 我首先考虑到的一个问题是怎样得出一个客观存在的统一整体。历史之存在,虽是客观的,但统一整体不易体现;这在一国如此,在世界更是如此。编写世界通史,统一整体、有机组织非常必要。近代科学发达,交通工具日益进步,世界交通日趋便利。客观形势迫使史学家著世界通史时力求得出世界史发展的统一整体或有机组织。但这并不容易,往往只能使人得知一些较大的事情的叙述,比较有条理,比较易懂而已。至今世界通史的著作,仍是单纯堆砌零碎事件者多,阐明有机组织、统一整体者少。于是世界通史有如百科全书,按目录或索引检查,可以查到个别事情的知识,这是优点;阅读全书、了解世界全局或统一整体,则很不容易。今日大学历史系学生对世界史不感兴趣,这是原因之一。

　　着重统一整体来编写世界通史,如何开始呢? 从单一的一个角度还是从全局的本身? 从单一的角度开始,贯彻下去,必有所偏;今日的欧洲中心论,就是这样产生出来的。我写世界通史之前,曾翻阅了许多著作,发现其中有一共通之点,都是从埃及开始,接着便是希腊罗马,所谓古典世界;古典世界之后,则是基督教。这种作法,便是欧洲中心论。二十余年以前,我曾写过一篇《评没有世界性的世界史》,稍稍予以批评,发表在《光明日报》上,随即引起了国内外一些人的反驳。有一位外国史学家的批评,极其不合情理:一则曰中国不配批评欧洲中心论,只有他们才配;再则曰周某的文章是奉命写的。这样的批评,除谩骂以外,没有学术气味。这位学者至今还在批评,并变本加厉曰:周某某的《世界通史》,不仅仅是以中国为中心的中国中心论,而且是以汉族为中心的汉族中心论。由此可见,较正确的意见,要人家接受,固然很难;即使要人平心静气来讨论,也很不容易。这样只凭意气的批评,不能使我放弃自己的看法。我以为编写世界通史时,不能从单一的角度写起,而是须着眼全局或统一整体,从有文化的或文化较高的许多古文化区同时写起。我所著的《世界通史》第一册,为了反对欧洲中心论,使读者对世界古史有一个全局的了解,便一连举了六个古文化区:曰尼罗河流域文化区,曰西亚文化区,曰爱琴文化区,曰中国文化区,曰印度文化区,曰中美文化区。这可以称为中国中心论的世界史吗?这可以称为汉族中心论的世界史吗?为使读者对古史得一个全局的了解,而不是一隅的了解,我还是主张写世界通史时,不要从一个角度出发,以致铸成欧洲中心论。

诸区并举,同时叙述,不又成了多元,而得不出统一整体吗?不然。历史是存在、发展、变化的;若诸区并存,只是并存,而无发展变化,不仅得不出统一整体,而且根本得不出历史的本身。相反,若承认并存的东西有发展变化,则并存的古文化区,自始就包含着互相往来,互相交叉,互相渗透的必然趋势。我不怕多元,多元只帮助我说明整体,有多区存在,才有统一整体。因此,我在《世界通史》第一册里讲诸区并立,在第二册里则讲亚欧势力的往还;没有并立,便无所谓往还。所谓亚欧势力的往还,实即亚、欧、非三洲间相互的关系。在十五世纪地理大发现以前,所谓世界史,几乎只限于亚、欧、非三洲之间。而这三洲之间的历史,西方史学家为欧洲中心论所蔽,从未从正面叙述过。其实这里是十五世纪以前,世界史的重点所在。我在《世界通史》第二册中,几乎用全部篇幅叙述了这里的历史。

以亚、欧、非为重点,加以较集中的叙述,不又成了亚、欧、非中心论吗?与欧洲中心论有什么不同?答曰:截然不同。欧洲中心论的世界史贯串古今都以欧洲为中心;亚、欧、非三洲重点突出叙述,所重者只是一个时期,一个区域突出的重点。反对欧洲中心论,并不等于抹煞世界史上突出的重点;若没有重点,不仅没有世界史,也将没有历史本身。上面我讲了亚、欧、非三洲间的重点,只是在十五世纪以前。而十五世纪末和十六世纪初,欧洲因经济发达,人口增加,交通工具进步等原因,海外活动的要求,特别加强了,迫切要求向外寻求海上通道,于是形成了所谓地理大发现。其后,海上贸易一天一天扩大,终于形成所谓重商主义。广泛一点说,重商主义是一种致富与图强的主义;重商主义的发展,一方面肃清地方主义,发展工商各业,另一方面发扬国家权威,促成海外贸易,对内对外活动的目的,都不外致富图强。致富与图强又互为因果;要致富便须图强,要图强便须致富。所以,重商主义可以说是十六、十七、十八世纪欧洲人,特别是西班牙、葡萄牙、荷兰、法国、英国人等的致富图强主义。在重商主义下,西、葡、荷、法、英各国的商人先后到世界各地活动;几百年中,竟使亚洲各国震动不安,非洲土人加速奴化,南北美洲全为欧洲移民所占领。欧洲人称此为欧洲的向外发展。

十六、十七、十八世纪,欧洲在世界历史的发展上,确实成了重点,这是事实,不能否认,如实叙述是应该的。着重世界史的统一整体或有机组织,并不抹煞某一时期有突出的重点。对此,我在《世界通史》第三册里有充分的说明。

(《文汇报》1982 年 5 月 10 日)

论中西文化的交融

（一）所 谓 文 化

（1）所谓文化，无论是中国的或世界的，东方的或西方的，都只能是一个概括的、复杂的统一体，决不是铁板一块，针插不进，水泼不进的东西。近代自然科学，特别是二十世纪新物理科学多少也暗示我们这样称呼，甚至支持我们这样称呼。

（2）梁漱溟先生所著《东西文化及其哲学》一书中谓西方文化的特征为"向前进取"，印度的为"向后倒退"，中国的为"调和持中"（大意，非直录原文）。泛泛地讲，当然可以备一说，但严格地讲起来，横说吧，每一种里都可能包含此三者的成分；竖说吧，每一种都可能经过此三者所经历的阶段。

（二）中西文化的交流

（1）今天所谓文化交流，只能是相互渗透，决不会由一方取对方而代之，换句话说，即谁也不能吃掉谁，彼此可能有消长升沉，但也决不会同归于尽；如果同归于尽，便是又一种新东西。有人认为，世界文化的发展会向东方文化（中国文化）复归。我看这是机械论。今后世界文化的发展，不会是纯粹的东方模式或西方模式，而是会走向综合。

（2）自对方流入的文化因素，当然以需要大而能容者，流入多而快；如今日西方先进科学技术等之流入中国即是一例。来多少，来什么东西？你需要多少，又用得了，它就来多少；你完全不需要，它就不来。比如今天引进科学技术，这是最需要的，它来得就快，来得就多。那么西方呢（这里的西方指西欧、北美、日本等）情况也是如此。中国哲学、文艺，如《老》、《庄》、《周易》、诗、词、书、画、雕刻，乃至盆景、园林设计等中国文化的精华之流到西方，也是实例。据说美国朋友很欣赏这些中国文化精品，他们把一些中国园林搬到美国去，这正是我们的精神文明向西方流,西方先进的科学技术向中国流的双向过程。

（3）上面所说的这个交流过程,可能需要一个很长的时间,不是几年几个月所能完成的。当双方的差距不太大的时候,这种交流就会减少而略趋于平衡。这种平衡即生态平衡。所谓生态平衡是古希腊人讲的生物与环境之间的和谐与发展。但在古希腊那里,这个意义只限于生物与环境之间。现在,生态平衡这个名词用得比较广泛,生物学、社会学、政治学乃至历史、文化学上都已使用。一般认为,人类文化在历史上的发展过程,就是生态平衡过程。有位美国学者,著了一本书,叫做 *Perspective in the History of Science and Technology*,作者认为,所有世界文化的发展过程,就是生态平衡过程。这个意思讲的很好。

（三）中西文化交流的结果

（1）西方文化到中国来,中国文化到西方去,其结果如何呢? 我是乐观派,在我看来,只会使双方的文化更为丰富多彩,更为进步,不会有消极的结果,不会破坏或有损于各自的固有文化。文化的发展,用损、益这两个字最为妥帖。文化的交流与发展决不是谁吃掉谁,而是损益者有之。孔夫子说:"殷因子夏礼,所损益,可知也;周因于殷礼,所损益,可知也。"文化在历史上从来都是变化的,这种变化就是损益。东西方文化的关系,也只是损益,总的结果是双方都有提高,不会出现下坠的情况。中国引入西方科学技术、管理方法及法制精神等是提高;西方吸收中国哲学、文化艺术……如《老》、《庄》、《周易》、诗、词、书、画、盆景、园林设计等,也是提高。当然,提高的程序、性质不一。

（2）中国过去以为旧的精神文明如儒家学说等,实为生产进步的阻碍。今则不然,因补上了生产技术一课,生产发达了,可能用得着一些固有传统的文化中之精华。中国的现代化,无论如何,不会完全消灭中国文化的优良传统。中国文化的精华如文学、诗词、绘画、雕刻、建筑等一类东西,决不会随着现代化的进程而衰退,恰好相反,它们将越来越活跃,比任何时候都发达。著名数学家苏步青先生,就喜欢作些诗,他的诗与过去的士大夫诗一模一样,只是内容好一些。不久前在日本过世的华罗庚先生,所填的词用宋词的腔调,韵用得非常好,一点都不走样。毛主席原来认为旧诗是坏透了的东西,是毒药,要把它们消灭掉。然而他自己的诗照样印。我当初也是这个讲法,现在我放弃这个主张,我自己也写歪诗,而且批评了毛主席的主张。我作了一首诗,其中:"莫再谦称君谬正,敢讲敦厚育英才。"就是说不必客气地讲谬种了,要敢于以诗教育人,这是一个好办法。可见封建士大夫所享受的诗词歌赋，并没有因为现代化而衰退，而且越来越多。在现代化条件下，今天的文化不同于封建时代士大夫所享受的那种文化，但这些文化形式和好的传统都不会泯灭。作为科学的东西，都会得到发扬光大。西方的科学很发达，但仍把中国的诗书字画拿去，我大胆地说，他们这样做决不会损害科学技术，不会影响他们的现代化，只会丰富他们的现代化生活。总之，损益者有之，一个代替一个很少，同归于尽者更少。

西方向来生产技术发展较快，伦理或人生观，比较起来，似乎不如中国的突出。今天因为国际的社会关系较密切，可能对中国的传统文化比过去更感兴趣。

（3）凡此种种，可以视为今后中国传统文化发展的优势之一助。这样，大家就要问，中国文化究竟是什么？我告诉诸位，我没有下定义，我只是说文化不是铁板一块，而是一个综合的整体，这个综合整体究竟是什么？在座诸公可以展开百家争鸣，或自由辩论，仔仔细细地研究。我等着我们的《中国文化史丛书》出一百种，至少出五十种的时候，当我再有所得，我就来告诉大家。本人自己则以为儒家的礼、乐之类的精神，可能优先活跃（详见拙著《礼乐新解》，收在《周谷城史学论文选集》中）。

（四）文化交流之后民族主义问题的变化

（1）东方和西方之间的民族问题过去几度紧张。今后，我们的精神文明有人欣赏，他们的科学技术，我们也十分地欣赏。久而久之，到了一定的时候，双方的发展就能达到一种接近状态，民族紧张的问题必然趋于缓和。这是因为中西文化的交流，生态趋于平衡，中西对中国文化或儒家学说，似乎都比过去有兴趣，民族主义问题的严重性可能逐渐减少。

（2）另外，发展中国家与发达国家之间的民族关系可能一度继续紧张，发展中国家或第三世界，因自卑感转而为自豪，努力迎头赶上先进者。至于发达国家，他们虽然科学技术先进，但他们也晓得自己的经济与发展中国家没有办法一下子分开，也会采取缓和。这是我的乐观态度。

（3）至于中国的民族问题，我以为民族有三个因素，即血统、宗教信仰、语言文学。三个东西也不是钢板一块。我们过去没有基督教，现在它来了。过去有教案，现在没有了，这说明它们相安无事，宗教信仰的冲突可能逐步减少。

在语言文字方面。现在英语差不多成了世界性通行语言，同时中文也很发达，整个世界尤以英语的学习及汉语的学习为特别盛行。上几个月北京开的汉语国际学术讨论会,我以为都是中国人,哪知道一大半都是西方人。西方学汉语的多得很,今天在座的德国学者傅敏怡先生的汉语就比我讲得还要好,还要准确。英语的发达,有其历史原因。而汉语现在在东南亚一些地区特别兴盛,这是因为中国的语言文字字少、辞多,便于速成。有人以为不改变汉语,采用拼音文字,是阻碍学术发展的。英国学者李约瑟博士不然,他指出,你们不要把汉语的作用看得那么厉害,它并不是科学的阻碍物。比如日本文字并不是拼音,日本的科学技术就不能说不发达。当然,我这样说并不是反对汉语拼音化和汉字改革。

关于血统问题,随着文化的交流,也将有些变化,中西通婚之事当逐渐加多。中国青年与外国小姐结婚的多得很,人家反对,我不反对,也不提倡。我的话讲完了。

（《文史知识》1987 年第 1 期,原题为《如何看中西文化的交流》。）

以研究世界史来庆祝党成立六十周年

1981 年 7 月 1 日,是中国共产党成立六十周年的节日。在举行庆祝之时,党中央发布了两个文件:一是《关于建国以来党的若干历史问题的决议》;另一是胡耀邦同志《在庆祝中国共产党成立六十周年大会上的讲话》。这两者都是总结过去、指导将来的伟大历史文件。我们对过去六十年的历史,如要获得深刻的了解,必须好好地学习这两个文件;对今后社会主义建设工作,要采取有效的行动,必须好好地学习这两个文件。

1921 年,也就是中国共产党成立的这一年,在中国近代、现代历史上,是划时代的一年。在这以前,从 1840 年中英鸦片战争起,到 1919 年“五四运动”,中国一直在列强及封建统治压迫之下,日益贫弱。虽也有所谓“同治新政”、“戊戌变法”以及“辛亥革命”等等活动,以图强御侮,然而都没有成功。“辛亥革命”虽然推翻了几千年来的皇帝制度,但不久政权即被军阀夺去,终未建成在国际上自由平等的国家。唯一原因,由于没有共产党领导,未能唤起群众。1921 年中国共产党成立了。此后,党以马克思主义武装自己,领导全国人民进行革命斗争,终于建成了初步繁荣昌盛的社会主义国家,足证“没有共产党就没有新中国”是任何人不能否认的。

从 1921 年到现在,这六十年中,中国在共产党领导之下,建设的成就是空前的。从党成立到 1949 的二十八年中,推翻了帝国主义、封建主义、官僚资本主义三座大山,肃清了建设的障碍,开辟了建设的大道。从 1949 年到现在的三十二年中,虽只建成初步繁荣昌盛的社会主义国家,然成就之大是空前的。就国内成就说,经济发展之快,政府权力之强,文化教育和科学技术的迅速发展,以及人民生活的大大提高,是史无前例的。就国际地位说,今日中国地位之高是前所未有的。“四人帮”得势之时,国家各方面都受到破坏。“四人帮”被摧毁之后,党和国家的地位屹然未动,威望较前更隆,且加速向前发展。“只有共产党才能建设新中国”,是任何人所不能怀疑的。

中国的社会主义建设，其利益是与全世界人民的利益相一致的，这是党的性质所决定的。共产党之创立，自始就以解放全世界被压迫人民为自己的任务。胡耀邦同志的讲话很明确地说："我们历来把自己的命运同全世界人民的正义斗争，同人类进步事业紧密联系在一起。我们的斗争一直得到世界人民的支持，我们也一直支持全世界被压迫民族和被压迫人民的解放斗争，一直支持世界和平事业和人类进步事业，一直坚决反对帝国主义、霸权主义、殖民主义、种族主义。我们的社会主义现代化建设事业，是爱国主义，同时又是国际主义的事业。它的成功，将是对世界和平和人类进步事业的巨大贡献。"因为我们的利益是与全世界人民的利益相一致的，在斗争过程之中，既要研究自己的经验，也要研究别国的经验。故曰："我们要在努力研究和总结自己的经验的同时，努力研究和分析别国、别地、别人的东西。"

这就迫使我们不得不研究世界历史。研究世界历史，为的是改造世界历史。自1949年解放以来，党在建设祖国的同时，一直在做改造世界历史的工作。抗美援越是改造世界历史的活动；团结反霸是改造世界历史的活动；世界三分是改造世界历史的活动；我们的外交工作者，在联合国讲坛上根据党的方针政策发表演说，是改造世界历史的活动。这是偏于消极方面的。至于积极方面的活动，胡耀邦同志很明确地说："中国共产党永远同世界上一切为人类进步事业和民族解放事业而斗争的政党和组织平等相处，友好合作，借鉴他们的有益经验，我们决不干涉任何外国党的内部事务；社会主义的中国将来富强起来，也永远属于第三世界，永远同全世界人民在一起，致力于世界和平和各国人民的友好交往，信守和平共处五项原则，继续扩大同世界各国的经济、文化、科学技术的交流和合作，永远不损人利己，恃强凌弱，永远不称霸。"总而言之，无产阶级国际主义运动，实无异于世界历史的改造运动。

所可惜的是我们改造世界历史的活动走在前面，自解放以来从未停顿过；而研究世界历史的活动却落在后面，自解放以来没有加强过。就实际情况看，研究机关特别少。例如上海的学术研究机关，无论是独立的或附属于生产单位的，数以百计，其中却没有一个世界历史研究所。上海大专院校凡五十余，其中却没有一个世界历史系。全中国各省市所有综合性大学，几乎都有一个外文系，独没有一个世界历史系！这足以证明今日中国研究世界史的机构地位很微弱，或者完全没有地位。就人员或研究队伍说，比起研究中国史的人数来要少得多。去年四月，中国史学会在北京举行第二届全国代表大会，出席代表凡一百六十余人，研究世界史者仅二十六人，不到全体代表的五分之一！上海史学会有会员六百余人，研究世界史者不到一百人，不到全体会员人数的六分之一。研究世界史的人数比例这样小，不一定是民族主义的表现，但从国际主义的需要来说，它是很不相称的。

　　研究世界史的活动，远远落后于改造世界史的活动，是一种反常现象。为着贯彻无产阶级的国际主义，必须把这种反常现象扭转过来。首先要大力宣传，使大家知道这种反常现象不利于无产阶级国际主义。自俄国十月社会主义革命以后，中国革命早已成为世界革命的一部分，中国人民早已和全世界被压迫的民族、被压迫的国家和被压迫的人民联成一气了。忽视这种事实，无异于忽视无产阶级国际主义。其次，增设世界史研究机构：国内综合性大学，都设一个世界史系，或设一世界史研究所；中国社会科学院或地方分院，多设几个世界史研究所。不属于大学，不属于社会科学院的独立研究所亦未尝不可分设。再其次多吸收世界史情报：一个世界史系或研究所，应有懂得英、俄、德、法、日等五种外国文的人才。学者、研究者、教者每个人只懂一种或两种外文就行了；但全系或全所的五种外文历史书或历史杂志，必须有人能阅读，哪怕只有一人能阅读也很好。开小组会或教研组会时，由一人作传达介绍，每次开会都这样做，世界史学情报必然会大大地丰富起来。最后，委托外交官在大使馆或领事馆所在国附带研究该国历史。我们祖先所著外国史书，多是这样著成的。过去外国人在中国作外交官或传教士的，也有喜欢研究中国史的，在他们自己看来，也是研究外国史或世界史。我们的外交官自己或随员今后要负责研究所在国的历史。

　　庆祝党成立六十周年时，学习两个文件，即学习决议与讲话，深受启发，觉得世界史的研究须大大加强。

（原载上海《社会科学》1981 年第 4 期）

附录

周谷城与中外历史研究

姜义华

周谷城近百万字的《中国通史》1939年由上海开明书店出版,至1949年,共印行12次。1955年至1956年,修订至80万字后改由上海新知识出版社出版。1957年,再次修订至70万字,由上海人民出版社出版。"文化大革命"后又一次修订,仍由上海人民出版社出版。至2004年,上海人民出版社共印行《中国通史》25次。近70万字的《世界通史》则于1949年由商务印书馆出版,其后亦多次印行。在独自撰写了一部产生重大影响的《中国通史》之后,又独自撰写了一部很有特色的《世界通史》。在现代中国,除了周谷城之外,没有第二位历史学家做到过;在现代,也不见其他人这么做过。

两部通史的撰著,是周谷城积极投身中国社会变革、深切了解中国社会的产物,也是他在学术上锲而不舍长期发奋努力的结果。

1898年9月13日,正是戊戌变法开始最后搏击的日子,周谷城出生于湖南益阳长乐乡一个农民家庭。八天后,慈禧太后发动政变,幽囚了光绪皇帝,戊戌变法以失败而告终。幼年在族立小学就读时,周谷城经历了废科举、预备立宪和辛亥革命,受到了皇冠落地和共和制度建立的洗礼。1913年至1917年,他在长沙省立一中就读,1917年毕业后考入北京高等师范学校英语部。这正是新文化运动蓬勃展开的岁月,他广泛接触到各种新知识、新思潮,并积极参加五四爱国运动,在运动中摇旗呐喊。1921年春,他提前半年离开高师,返回长沙,在省立第一师范任教,与毛泽东相识。也正是凭借这一机缘,大革命期间,他应毛泽东之邀,任湖南省农民协会顾问、农民运动讲习所教员,发表专论农村阶级剥削问题的长篇论文《论租谷》。1927年春,他到武汉,在邓演达所领导的国民党中央军事委员会总政治部工作,在毛泽东所主持的全国农民协会任宣传干事,发表

《中国农村社会之新观察》,亲历了正如火如荼发展的中国农村社会的大变动。这番经历,使他对中国社会特别是中国农村有了比较真切的了解。

大革命失败后,周谷城离开武汉来到上海,先后在中国公学、劳动大学等校任教,以译书及为报刊撰稿的收入为主要生活来源。他和陈翰笙、许德珩等人联合成立了社会科学研究会,团结社会科学家们继续奋斗。同时,他还秘密参与邓演达所领导的筹组新党、反对蒋介石独裁统治的活动。面对中国革命和中国社会的急剧转变,周谷城继续认真思考中国农村问题,1929 年出版《农村社会新论》。同年出版《中国教育小史》,对中国教育的发展做了梳理。1930 年秋,他来到广州中山大学,任教授、社会学系主任,讲授中国社会发展史、英文社会科学名著选读。结合讲授中国社会发展史,他撰成并出版《中国社会之结构》、《中国社会之变化》、《中国社会之现状》三书,对现实的中国社会与历史的中国社会做了全面的考察,反映了在经历了从五四到大革命失败这段社会实践后,他对于中国历史与现状重新思考的成果。

返回上海后,1932 年秋,周谷城被聘为暨南大学教授,担任史地系主任,主要讲授中国通史。在这里,在对中国历史和中国现状研究的基础上,结合教学的需要,他撰写了两卷本《中国通史》,更为系统地阐述了他对于中国历史的认识,作为大学通用教材,于 1939 年由上海开明书店出版。不久,他又撰成《中国政治史》,1940 年由中华书局出版,阐述了他对中国政治历史的见解。

在努力重新认识中国历史和中国现状的同时,周谷城又努力重新认识世界的历史和世界的现状。早在湖南长沙省立第一师范任教期间,他就从日本函购了英文版和德文版两部马克思的《资本论》,阅读后,不仅对马克思的思想学说有了较深的了解,而且对世界历史尤其是欧洲历史产生了浓厚兴趣。大革命失败后,他在上海翻译出版了美国学者尼林(Scott Nearing)的《文化之出路》、英国学者亚诺得(R. Page Arnot)的《战后世界政治之关键》及有关苏联外交和教育的一批论著。在广州中山大学,他在所开设的英文名著选读中,指定学生必读的著作有恩格斯的《家庭、私有制和国家的起源》、摩尔根的《古代社会》、黑格尔《历史哲学》等著作,都和世界历史相关。

在上海暨南大学后期,周谷城已开始开设世界史课程。太平洋战争爆发后,他无法继续在上海存身,辗转向西南大后方转移。途经杭州时一度被日伪逮捕。脱身后,经陈望道等介绍,到迁移至重庆的复旦大学新闻系、史地系等院系任教,同其他进步教授一起积极参与抗日民主运动。1946 年春,复旦大学迁回上海,他出任历史系系主任。在重庆期间,他在文学院开设西洋通史课,在史地系开始西洋近古史课,翻译出版了《美国与战后新世界之关系》《新英国与新世界之计划》等著作。回到上海后,他继续积极参加民主运动,参与发起成立大学教授联谊会,反对国民党当局发动全面内战,支持学生爱国运动,保护进步学生。在这期间,他发表许多政论文章,如《论中国之现代化》(1943 年)、《论民主趋势之不可抗拒》(1944 年)、《论民主政治之建立与官僚主义之肃清》(1945 年)、《人民时代之中国农民》(1946 年)、《近五十年来中国之政治》(1947 年)、《中国之独立地位》(1947 年)、《彻底肃清封建势力》(1949 年)等,都有相当影响。结合教学需要,他购置了一批有关世界历史的英文名著。在此基础上,他集中全力编撰《世界通史》,至 1949 年完成前三卷,正式出版。

周谷城编撰两部通史,不仅是他进行两门通史课程教学和对中外历史进行研究的需要,更因为他在积极参与社会变革的实践中,在阅读已经出版的中外相关著作中,特别强烈地认识到,中国极为迫切地需要正确认识本国的和世界的现状,而现有的绝大多数著作都难以满足这一要求。西方各国的世界史著作大多持有非常强烈的欧洲中心主义,对中国历史和现状缺乏真切的了解,他们的概括带有许多偏见。中国不少历史学家继续热衷于对某一历史事件或某一历史人物详尽的考证,漠视对历史整体性的研究;也有一些学者常常简单地重复别国政治家与学者基于对中国历史与现状的一知半解而作出的若干武断性结论。周谷城希望通过自己的实践,努力改变这一状况。

究竟怎样做才能够比较正确地认识中国的历史与现状,以及世界的历史与现状?周谷城认为,首先要善于作长时段的整体性的全面考察。他编著的两部通史具有一个共同的鲜明特点,这就是他力求能清楚说明,所有历史事件如何互相有机联系而构成无法分割的统一整体。他在《我是怎样研究世界史的》中曾坦言:"我著《中国通史》时曾力求得到通史的统一整体,其初版导言曰《历史完形论》,意在指出历史事情的有机组织和必然规律。"同时,他强调:"编纂世界通史在认真审核史料的同时,务必力求有统一整体和有机组织,以便得出历史的规律性。"《历史完形论》对他所坚持的这一方法,做了详细说明。

周谷城指出,史料只是历史的记录或历史留下的痕迹,史观则是人们对历史的看法,二者都不是历史自身。

以史料而论,他指出,史料是历史之片段。从片段的史料中可以发现完整的历史;但完整历史之自身,决非即等于片段的史料。新近发现的北京人头骨,河南、甘肃、辽宁、山西各地先后发现的石器与陶片、殷墟甲骨、新郑铜器、寿县铜器、汉晋简牍、敦煌写经、西夏文字、大库档案、太平天国史料等,都是很重要的新史料。史学家从史料中去寻找历史,从而编著史学书籍,但只能把史料当寻找历史的指路碑及历史的代表。若研究只止于史料的本身,考究其来源,分解其成分,加以分类,加以排比,这是将史学等同于史料学。他批评蔡元培"史学本是史料学"(《明清史料序言》)一说,认为"这话于史学界有益,但不正确"。于史学界有益,因为它有利于让治史的人克服轻视史料的倾向、纠正治史中空疏之弊的作用。但有益的话并不一定是正确的话。谓"史学本是史料学",便是承认史料就等于历史,而其实史料只可视为寻找历史之指路碑,只可视为历史之代表或片段的痕迹,却并不是历史之自身。

以史观而论,周谷城指出,史观云云,只可视为对历史的看法。像黑格尔那样将历史视为理性发展史,或像马克思与恩格斯那样将历史视为阶级斗争史,都只是对历史的看法。本着这等看法从史料当中去寻找历史是可以的,若谓这等看法就是历史之自身却大不可。

周谷城强调:"独立存在,不因吾人之知识而始存在之客观的历史",乃是"人类过去之活动"。历史研究者的使命,就是"研究人类过去之活动,分解此活动之诸种因素,寻出诸种因素间不可移易之关系,从而明白此活动之自身"。这里所说的"诸种因素间不可移易之关系",就是历史活动的有机联系和发展规律。周谷城认为,人类过去之活动或历史既有其自身,既为客观的独立存在,并不是因我们对它加以认识而始存在的,那么我们研究此活动之时,即研究历史之时,"便始终应当追随着、维护着它那客观的独立存在,不应当将此客观的独立存在化为主观的"。正如矿物学者之研究矿物,不能将矿物化为主观的一样,"所谓历史学,也不过是研究人类过去之活动,分解此活动之诸种因素,寻出诸种因素间必然不可移易之关系,从而明白此活动之自身而已"。

为确保历史研究的客观性,周谷城要求克服中国以史为资鉴的固有传统。他说,编著史书而以资鉴为目的,或供后来人之取法为目的,至迟当从孔子作《春秋》始。汉荀悦立五志:一曰达道义,二曰彰法式,三曰通古今,四曰著功勋,五曰表贤能。刘知几更广以三科:一曰叙沿革,二曰明罪恶,三曰旌怪异。五志三科合共八项,除通古今、叙沿革、旌怪异三项为著重历史自身之存在以外,其余达道义、彰法式、著功勋、表贤能、明罪恶五项,大抵着重资鉴一边。宋司马光的《资治通鉴》,顾名思义,更是偏重资鉴,如他自己所说:"鉴前世之兴衰,考当今之得失,嘉善矜恶,取是舍非,足以懋稽古之盛德,跻无前之至治。"(司马光:《进资治通鉴表》)这里嘉善矜恶、取是舍非云云,完全是为着资鉴而破坏历史之客观的独立存在。直到梁启超,仍坚持着资鉴说,说:"史者何? 记述人类社会赓续活动之体相,校其总成绩,求得其因果关系,以为现代一般人活动之资鉴者也。"(《中国历史研究法》第一章《史之意义及范围》)周谷城指出,历史完形论并不说治史可以不要目的,也不说治史可以不重功利。反之,其所悬之目的也许比资鉴说所悬者为大,其功利观念也许比资鉴说之功利观念为深。"简单说来,资鉴说不惜破坏历史之客观的独立存在,摘取个别的先例,以作今人的训条;完形论则务须维护历史之客观的独立存在,明了历史之自身,以增今人的知识。"二者在方法论上的区别,就在于对"历史自身之部分与历史自身之全体"相互关系的认知和取舍很不相同:"目的在摘取先例以资鉴,则任取今人所需要之部分便可以;若目的在阐明历史之自身,则非著重此自身之全体不可。"

周谷城认为,历史之全体与部分之关系,亦如世间其他事物一样:部分与全体同在,为不可分;部分之所以为部分,只因其构成全体;全体之所以为全体,只因其成于部分。绝对的真理,见于相对的诸现象之中。完全的存在,实由不完全的诸部分而成立。历史自身之部分离却历史自身之全体,亦往往不得其解。但历史完形论虽强调历史自身之完整,却并不认为用直觉的方法就可以加以了解。反之,认为历史自身之完整的了解,只能使用分析工作于耐烦的分析过程中求得。分析史事不厌精详。他赞成罗素《逻辑原子论》"部分依因果关系而存于全体之内,唯分析为能得其真"的观点,认为"治历史而亦著重分析工夫,却并不是为分析而分析;目的只在将人类过去活动之全体或历史自身之全体分析为许多因素,寻出这许多因素间必然不可移易之关系,从而了解此全体"。

在这里,周谷城所反复说明和特别坚持的,其实就是马克思主义历史学的一个基本观点:历史是一个极其复杂、充满矛盾而又是有规律的统一过程,它是不以历史学家个人意志为转移的客观存在。仅仅满足于收集一大批未加分析的零星史料,或只关注历史过程的个别方面,是不可能深入而全面地了解历史的真实状况的。

周谷城的《中国通史》和《世界通史》的重心,正是将中国及世界"过去活动之全体或历史自身之全体分析为许多因素",进而"寻出这许多因素间必然不可移易之关系,从而了解此全体"。

以《中国通史》而论,周谷城将整个中国历史分作五篇:一、游徙部族定居时代——中国民族初步形成(周平王东迁洛邑以前);二、私有田制生成时代——社会关系发生剧变(自周平王元年至新莽元年);三、封建势力结晶时代——由内乱到种族战争(自新莽元年至北宋元年);四、封建势力持续时代——种族战争愈演愈烈(自北宋初至鸦片战争);五、资本主义萌芽时代——工国农国相摩相荡(自鸦片战争至现在)。很明显,周谷城是在借鉴马克思的历史发展阶段理论来把握中国历史发展全局,但是,他又努力依据中国历史实际,在重视社会经济发展的同时,特别关注中国民族的形成和其后长时间存在的种族冲突。在社会性质问题上,他认为,中国古代没有一个奴隶制社会阶段,上古时代的部族战争,结果是导致封建制兴起,而不是奴隶制兴起,因为当时主要产业是农业,从事农业生产的劳动者是农奴,而不是奴隶。当时的奴隶,大多数是从事家务劳动的家内奴隶,家奴不可能构成一个时代。关于中国封建势力的形成、结晶、持续,关于中国资本主义萌芽,《中国通史》都有自己的独立见解。

　　《中国通史》还有三个关注点在当时史著中非常突出。其一,关注广大下层民众的生活状况和他们的反抗运动,对历代农民暴动、农民战争的起因、过程、正面的与负面的实际后果,作了较为客观的叙述和评价;其二,关注各不同阶级、不同阶层、不同集团如何互相对立、互相冲突的同时,还注意到他们如何在一定环境、一定条件下互相依存、互相转化,而使社会成为一个相对稳定的共同体;其三,关注历史上分分合合、十分曲折、十分复杂的民族关系,力图说明各民族在中国历史上的贡献,客观地反映他们相互交流、相互冲突、相互融合的过程。

　　在20世纪30年代的中国,周谷城《中国通史》的这些见解,可谓惊世骇俗。而究其学术价值而言,原版应当更值得人们珍视和重视。江泽民和李岚清在见到周谷城时都说过,大学时读到周先生的《中国通史》,印象极深,很受教益。他们所读的,便是原版的《中国通史》。

　　以《世界通史》而论,它完全不是各个国家国别史的叠加,它考察的重点,就是整个世界如何通过不同地域复杂而曲折的联系互相影响、互相制约,一步步形成密切而不可分割的有机整体。全书分成三篇。第一篇"远古文化之发展",研究人类起源,研究尼罗河、西亚、爱琴海、中国、印度河、中美六大远古文化区的形成与演变,讨论文化传播与文化创造的不同功能,强调"没有创造,文化的发展便无法开始,没有传播,创造出来的东西便无法展开",并说明,文化传播确实不能简单化地归结为一者放射,一者模仿,更应重视的是传播者的挑战,如何刺激应战者自创一种崭新的文化。第二篇"亚欧势力之往还",叙述波斯势力之兴起,由亚历山大东征、大夏与安息的独立和波斯中兴、阿拉伯势力西进、十字军东侵、蒙古的兴起和西征这五大事件造成的亚欧政治社会版图的巨大变化及不同文化的广泛交流,研究欧洲文化和亚洲文化如何各自演进,以及东西方之间如何通过商业贸易活动、交通道路开辟、科学技术与艺术宗教交流而逐步联系在一起。第三篇"世界范围之扩大",依次论述欧洲社会政治的演变、欧洲由大陆活动向海外开拓、西方重商主义的成功、东方重商主义的失败、重商主义下世界的变化、东西方思想的发展。这部世界通史,将世界视为一个整体,重视欧洲以外各大文明区域、各大民族在世界发展中的功能与贡献,将中国历史融入世界历史之中。周谷城原计划还要撰写第四篇"平等世界之创造",叙述产业革命以来世界历史的新格局,并已列出各章题目,依次为:产业革命之展开、民主政治之发达、帝国主义之演进、社会主义国之成功、资本主义国之挣扎、平等世界之创造。由于中国革命的胜利,亚非拉民族民主运动蓬勃发展,世界格局开始全面重组,许多重大变化需要继续观察,这一卷迟迟未能动笔。"文化大革命"结束后,他仍想找几个助手协助写出第四篇,他们已写出大部分初稿,但他觉得和其初衷距离较远,搁下未去统稿和修改。这是他的终生憾事。尽管《世界通史》仅完成三册,仍不失为中外史坛一朵奇葩,因为它打破了在世界史研究中一直占据支配地位的欧洲中心论,以真正的世界,对于世界联系形成的历史作了提纲挈领的整体考察。

综观两部通史,不可能不强烈地感受到,书中思路特别清晰,内容取舍和纵横结构独具匠心,谋篇布局很有讲究,逻辑性非常强。这显然是以坚实的史学素养为基础的,同时,也反映了周谷城深厚的哲学、社会学、美学、逻辑学修养。他晚年曾回顾说:"五四时代我博览群书,社会学、心理学我读得最多,各派哲学家,罗素的,柏格森的,詹姆士的,杜威的,英国席勒的,都涉猎过不少。""我很喜欢读社会学,各种各样的社会学都读。"(《教学科研与反帝爱国》)至于逻辑学,他熟悉黑格尔的《逻辑学》与《小逻辑》,曾翻译《黑格尔逻辑学大纲》,熟悉事物肯定—否定—否定之否定发展的辩证法。形式逻辑,则更是他的擅长。

从出版的《生活系统》一书,可以大致了解作者后来编撰两部通史及他整个学术思想最初的哲学基础。这部著作提出,在讨论人生观之前,必须"先把生活本身弄个明白"。书中讨论了生物与环境的关系问题,批评温德心理学将知、情、意看成并立的三种精神活动,而认为情、智、意是人脑活动三个连续的过程,这就是人类的科学生活、艺术生活、信仰生活,它们分别与智、情、意相对应。周谷城提出:"科学的生活,是以我御物的生活,我与物相竞争的生活。"而艺术的生活即自然的生活,是"物我浑融的生活,不知其然而然的生活,无所为而为的生活"。所谓"信仰的生活"即在福、祸多变的社会,必须立住一种信仰,"依着信仰,向前走去"。这三种生活前后相续,并构成前后连贯的循环:"由我们研究的结果看起来,生活之全体,是变动不息的。其状态是时时变换的。物我浑然一体之境,有时不能不折入痛苦难堪之境。痛苦难堪之境,绝对不能不折入纯粹思想之境。纯粹思想之境,绝对不能不折入信仰之境。信仰之境,绝对不能不复入物我浑然一体之境。生活是这样轮转一次,便是进化一周。轮转不已,便是进化无穷。"知是"物我分显之境"(科学),意是"心理行动均有定向"之境(信仰),情是"物我浑融一体之境"(艺术)。这正好是一个肯定—否定—否定之否定的过程。周谷城要求历史研究必须"寻出诸种因素间不可移易之关系,从而明白此活动之自身",实际上,就是努力揭示客观历史自身辩证的发展过程。

正因为一贯如此重视生活本身,一贯如此重视生活从肯定到否定再到否定之否定的发展过程,周谷城的两部通史便很自然地能够高屋建瓴,统揽全局,以此为主干,条分缕析,清楚展现历史发展的基本进程和人们生活的各个主要方面。这也正是这两部著作至今仍不失其价值而继续为许多人所爱读的原因之所在。

我于1957年9月做了复旦大学历史系学生,第一学期周谷城就为我们开设世界上古史。复旦大学1946年迁回上海,他和其他师生一道返沪,并担任了历史系主任。1949年上海解放后,他被任命为华东军政委员会教育委员会委员,并应邀出席中国人民政治协商会议第一届全体会议,参与中华人民共和国的创建。他担任复旦大学教务长期间,正逢院系调整,为吸引许多著名教授来复旦,他做了大量工作。但我们进校时,他只担任世界古代中世纪教研室主任。印象特别深的,是在第一节课上,他开宗明义就说,进行历史研究,必须做到博大精深。对于博大精深四个字的内涵,他逐一作了讲解。每次一进教室,他就拿着纸质已经发黄的旧讲稿,照着在黑板上写上整整一版,然后,逐字逐句作一些解释,接着,就开始开"无轨电车",介绍各种学术掌故、名人轶事。这常常是同学们最感兴趣的内容。而下课铃一响,他一秒钟也不耽搁,就宣布下课。1958年"教育革命"中,人们批评他讲稿陈旧。他理直气壮地回答说:世界古代历史本来就是那样,没有重大的新的发现、新的突破,我的讲稿自然不需要改动。

我第一次到茂名公寓周府去拜访,是学期中拿了我讨论亚细亚生产方式的一篇习作向他请教,因为我认为苏联学者以家内奴隶为特征的所谓东方奴隶制说难以成立,中国古代社会性质只能从中国实际出发,作出符合中国实际的概括。周先生竟不以为忤,亲切接待,不久,还亲笔写了一封长信,给予鼓励。

其后,周先生再没有给我们开过课,但以他为中心而展开的形式逻辑与辩证法、史学与美学、时代精神汇合论、无差别境界论等争论,我们却都熟知;他的那些逻辑性极强的雄辩文章,读了也令人们精神为之一振。新编历史剧《海瑞罢官》批判开始不久,他就成了上海集中火力批判的第一号"资产阶级学术权威";"文化大革命"大幕一拉开,他又升级为"资产阶级反动学术权威"。

和周先生较为密切的接触,是"文化大革命"期间,曾同住一间"牛棚",一道接受每日训话,一道接受各种批斗,一道在学校中进行"劳动改造"。所谓"牛棚",是历史系一间最大的办公室,撤除全部办公桌椅,全系"牛鬼蛇神"集中起来一个个紧挨着打地铺住在里面。当时,周谷城、周予同、陈守实、谭其骧等历史系最有名的教授和我们这些年轻的"牛鬼蛇神"天天生活在一起。我印象最为深刻的,就是在批斗中,周先生对于他所提出和坚持的重要学术观点,一如既往,照样坚持。面对那些批判者气势汹汹的詈骂,他或轻蔑地不予置理,或奋力据理抗辩,经常令对方理屈词穷,难以招架,以致在后来的批斗会上,批判者知趣地不去触动这些问题。

我那时正年轻力壮,在劳动中总尽可能地自己多做一些,设法照顾一下这几位老师,不让他们过分劳累。几位老师中,周谷城先生最为豁达,在没有集中居住时,他每天早晨六点钟就已从市区淮海路家中赶到系里,坐在系门口台阶上安安静静地等候开门。相比之下,周予同、谭其骧先生精神负担最重。所以,只要有机会,我总要劝劝他们两位。我给周予同先生说过:当年,您和匡互生领头翻过围墙,火烧赵家楼,将"五四"爱国运动推到高潮,历史是不会忘记你们,会给你们以公正评价的。给谭其骧先生,我则和他一起分析:既然一再说要团结干部与群众两个百分之九十五,而现在批判打倒的人数至少已超过百分之十五,这些人中的大部分必定要"解放"出来。毛主席交办的重新绘制《中国历史地图集》,除去您谭先生,谁能主持?所以,您的"解放",是迟早的事。心一定要放宽。周谷城先生面对巨大的压力,一直比较镇定,几次涉及他和毛主席交往的情况时,我总说:我相信,毛主席是不会忘记您这位老朋友的,总有一天,会想到您的。

正因为如此,几位老先生对我特别亲切友好。陈守实先生于1974年去世;周予同先生身体不好,"文化大革命"结束后不久就离我们而去。周谷城和谭其骧先生,晚年都在学术上作出了卓越的建树。两位老师,一直继续关心着我辈的成长。尤其是周谷城先生,包括他做了全国人民代表大会常务委员会副委员长以后,对我辈依然爱护有加。凡是我们出面有求于他,无论是主持编撰大型《中国文化史丛书》、《世界文化丛书》、《民国丛书》,还是请他出席或主持各种国内、国际学术研讨会,他无不一口答应。

周谷城先生先后四次题字相赠。1984年题师母李冰伯亲绘山水画相赠,所题为周先生旧作两句:"横扫千里无斧钺,俯冲万壑有波澜。"1985年题词:"居处恭,执事敬,与人忠。"20世纪90年代一题:"汝惟不矜,天下莫与汝争能;汝惟不伐,天下莫与汝争功。"又一题:"不矜不伐,有猷有为。"四帧题词,是对后辈的勉励和告诫,同时,也是周谷城先生自己立身行事、治学立言的生动写照。这四段题词,可以帮助我们在更深的层次上理解周谷城先生的两部通史。

现在编选的这部文集,起初三篇是自传与学术自述,其他大体按照时间顺序,选入各时期代表性著作。两部通史,篇幅过大,自然无法选入。《中国通史》中只选了绪编"历史完形论",《世界通史》只选了再版序言,并将它与其他论世界史研究的文章合并集中,编为最后一部分。不当之处,敬请批评。

2014年12月22日于复旦

周谷城自传

我于 1898 年 9 月 13 日生于湖南省益阳县农村的贫农家庭。

1905 年，7 岁时，在家乡周氏族立小学读书，经过 8 年，无所谓毕业。1913 年赴省城进第一中学，读书 4 年。1917 年考入北京高等师范英语部。1921 年春到湖南省立第一师范学校教英语和伦理学，直到 1925 年春。1925 年春到 1927 年秋，因受毛泽东同志的影响参加了大革命。大革命失败后，1927 年秋到 1930 年秋，在上海主要以卖文及译书为生。1930 年秋到 1932 年秋，在中山大学任教授兼社会学系主任。1932 年秋到 1942 年春，在暨南大学任教授兼史社学系主任。从 1942 年春开始，一直在复旦大学任教授，并曾兼任过历史系主任及教务长等职。

"五四"运动时期，我正在北京高等师范学校英语部读书，思想活跃，兴趣广泛。除学外语而外，"喜欢哲学，喜欢读原文，喜欢看课外书，走的是另一条路"。曾投入反帝爱国运动。1921 年至 1927 年，曾同徐特立、柳直荀等同志组织教育工作者协会，帮助革命，曾到船山学社教书。在湖南第一师范任教期间，同担任一师附小主事的毛泽东同志结下了友谊，曾参加省农民协会为顾问，参加省农民运动讲习所为讲师。还曾接受毛泽东同志的委托，在武汉担任全国农民协会的宣传工作。在长沙发表了两篇论租谷的文章，公开指出租谷是对农民的剥削。在武汉，受毛泽东的鼓励，发表了《农村社会之新观察》一文。大革命失败后，国共分裂，我逃到上海，湖南反动当局以此文及租谷论等为依据要捉拿我。

1930 年秋，我到中山大学任教授和社会学系主任，请杨东莼等教历史唯物论，自己教社会发展史，颇有影响，遭到学校妒忌。后来，以社会学系主任身份，接纳了一些受淞沪战争影响而逃到广州的进步青年到社会学系借读，而遭到学校当局的咒骂，诬蔑我破坏学校，并唆使人组织所谓的"护校委员会"给我写恐吓信，声称以手枪对付我，竟以此逼迫我离开学校。1932 年秋，进暨南大学后，校长郑洪年被国民党反动派赶走。新校长因为我曾支持进步学生的反帝爱国活动,反对所谓"本位文化",而撤了我的系主任职务。这时,我就埋头写书,希望把《中国通史》写好。但《中国通史》刚刚出版,反动的系主任竟说我的书有马克思主义嫌疑,而不让教,指定我改教《世界通史》及《世界史学史》。当时,南京中央大学的教授诬蔑我写的《中国通史》是拿了俄国人的卢布写的。这部书在杭州、西安等地被没收。我的处境很危险。1941年底,在上海做党的地下工作的张育民女士(我爱人的母亲)资助了我,到内地重庆。

1942年春,进步教授陈望道、张志让介绍我到复旦大学。复旦当局因为我是爱国民主人士,可以敷衍进步学生,而聘请了我。但是身为天主教徒的反动的历史系主任却不让我开课。陈望道先生请我到他自己领导的新闻系教书,从英文报刊上选文章,让学生翻译,由我批改,工作得很好。有一次,陈望道与我邀请翦伯赞、丁燮林同志到系里开座谈会,谈语言学问题,学生来听的很多,影响很大。学校当局慌恐万状,大骂:"搞民主的滚出去!"我和陈望道先生都很愤慨。我认为爱国无罪,毫不妥协,我更积极地投入反帝爱国运动。曾被聘为民主政团同盟的顾问,曾同陶行知等人发表宣言,拥护联合政府的主张,支持进步学生的反帝爱国活动,帮助陶行知办夜大学。

1946年,我随学校迁回上海。与张志让、潘震亚、沈体兰等组织了地下团体——大学教授联谊会。同翦伯赞一起起草了反蒋宣言,由张志让修订后,在《大公报》上发表。联同签名的六十余人。虽被报馆挖去几句,开了天窗,但影响很大。同时,我经常支持进步青年的反迫害、反扶日、反饥饿等革命活动。因此,被撤掉系主任职务,被禁止公开发表反帝爱国言论,不可与学生开座谈会等。1949年4月26日,竟被伪警备司令部逮捕。由学校当局具结保证随传随到,直到5月26日上海解放获得自由。

全国解放以后,我得到党和政府的无微不至的关怀和照顾,先后担任了全国人民代表大会第一届、第二届、第三届、第五届代表会议的代表;全国政协第一届候补委员,第五届常务委员;上海市人民代表大会第三届、第四届、第五届的代表,人民委员会委员;上海市人大常委会副主任;上海市政协第一届、第二届、第五届常务委员;第三届、第四届副主席。历任中国史学会理事、常务理事、主席团执行主席,上海史学会会长,上海市社会科学联合会副主席,中国农工民主党中央委员会副主席、上海市委员会主任、中国农工民主党中央委员会主席等。

我在教学同时坚持著书立说,60年来积累了几百万字的著述,纵论古今,横说中外,从哲学到史学,从社会学到政治学,从美学到教育学,无不论及。主要著作有:《生活系统》一卷(商务印书馆 1924 年出版),《农村社会新论》一卷(上海远东图书公司 1927 年出版),《中国社会史论》三卷(新生命书店 1931 年出版),《中国通史》二卷(开明书店 1939 年出版),《中国政治史》一卷(中华书局 1940 年出版),《中国史学之进化》一卷(生活书店 1946 年出版),《世界通史》三卷(商务印书馆 1949 年出版),《古史零证》一卷(上海群联书店 1956 年出版),《形式逻辑与辩证法》一卷(北京社会科学出版社 1960 年出版),《史学与美学》一卷(上海人民出版社 1980 年出版)。

我对教育学的研究兴趣很浓。早在 20 年代,就在《教育杂志》上发表了多篇讨论改造中国现代教育的论文,并著有《中国教育小史》。以后,在讲话、短文、其他著作中也时常论及教育理论。

我对我国史学很重视:曾以一人之力,在十分困难的条件下,写出《中国通史》上下两册和《世界通史》三册,成为当代史学家中仅有的两部通史一个人写的前例。这两部书,自成体系,具有自己的独特风格。

在撰写两部通史的同时,我仍从事中国政治的历史和现状的研究。除写专著《中国政治史》之外,还在国统区的共产党和民主人士主办的报刊上发表了大量的政治论文。如:《论中国之现代化》(1943),《论民主趋势之不可抗拒》(1944),《论民主政治之建立与官僚主义之肃清》(1945),《人民时代之中国农民》(1946),《近五十年来中国之政治》(1947),《中国之独立地位》(1947),《莫让教育与社会分家》(1948),《彻底肃清封建势力》(1949)等。

在逻辑学与美学领域,我也取得一些成绩。30 年代,我就翻译过《黑格尔逻辑大纲》和《小逻辑》部分,撰文论述过黑格尔逻辑学的有关问题。1956 年,在"双百"方针鼓舞下,发表了《形式逻辑与辩证法》一文,认为形式逻辑与辩证逻辑属于两个范畴,应该注意二者的联系,更应该注意二者的区别,因为形式逻辑偏重推理过程是否正确,不能同辩证法的要求相混淆。论文发表后,在逻辑学界引出不同意见,我再三答辩,并认为"争辩讨论是推进学术的最好办法"。但后来遭到不应有的"批判"。在重压之下,我坚信党的百家争鸣方针,没有被帽子压倒。

为了促进社会主义文化学术的繁荣,我在 1957 年发表论文,讨论史学与美学的关系。我认为:"历史是人民创造的,艺术是艺术家创造的。就创造而言,两者相同。不过历史之创造,其实现之理想是'真正的'。实现了的理想即成为新的历史现实。艺术之创造,其实现之理想则不然,是'虚拟的'。实现了的理想不是历史现实,而是艺术作品。我们拿艺术作品去感动人,使之创造历史,那是完全可能的,也是应该的,不过那已是进入历史创造的范围了。"为说明这个道理,我写了一系列文章。其中《艺术创作的历史地位》一文,"有两点引起了极大的争论:一,为'无差别境界'或'没有矛盾的境界';二,为对'时代精神'的解释,或所谓'时代精神汇合论'。"关于史学与美学的关系的见解,遭到反动文痞姚文元的恶毒攻击,我本人也身遭迫害。但我坚持自己的见解,即使身陷"牛棚"、触及皮肉也拒绝声明放弃自己的见解。

现在我虽已年老力衰,感到困难,但在力所能及的范围内,量力而行,还可以写一些东西。为着替祖国的社会主义的四个现代化添砖加瓦,一息尚存,不容稍懈。

1983 年第六届全国人民代表大会上,我很荣幸被选举为全国人大常务委员会副委员长,并兼教科文卫委员会主任。1988 年全国人民代表大会上,经选举继续连任。

附注:《中国政治史》一卷、中华书局版,《中国近代经济史论》一卷、复旦大学出版社,《中国通史》(简本)一卷本、山西人民出版社,《中国通史》两卷本、上海人民出版社,《史学与美学》一卷、上海人民出版社,《世界通史》三卷、商务印书馆,《周谷城史学论文选集》一卷、人民出版社,《形式逻辑与辩证法》一卷、三联出版社;以上各书,80 年代都有新印本。另外已整理待出的有《哲学论文选集》、《政治论文选集》和若干种翻译选集。

(1987 年 12 月 12 日谷城)

周谷城学术著述系年[①]

傅德华

一、著 译 著 作

*《实验主义伦理学》	上海商务印书馆 1923 年
《生活系统》	上海商务印书馆 1924 年、1928 年，
	《民国丛书》第 1 编第 3 册
*《文化之出路》	上海新宇宙书店 1928 年
*《战后世界政治之关键》	上海春松书局 1928 年
《中国教育小史》	上海泰东书局 1929 年
《农村社会新论》	上海远东图书公司 1929 年
《中国社会之结构》	上海新生命书局 1930 年，
	《民国丛书》第 1 编第 77 册
《中国社会之变化》又名	
《现代中国社会变迁概论》	上海新生命书局 1931 年，
	《民国丛书》第 1 编第 77 册
《中国社会之现状》	上海新生命书局 1933 年，
	《民国丛书》第 1 编第 77 册
*《社会学大纲》	上海大东书局 1933 年
《泛说小品文》	上海生活书店 1935 年
《中国通史》上下册	上海开明书店 1939 年，1948 年再版，
	上海人民出版社 1957 年，

[①] 本年表内书名前的"＊"号系为周先生的译著书名目录，"＊＊"号则为其主编之《丛书》书名目录，"＊＊＊"号系表示与他人联合主编《丛书》之书名目录。

	《民国丛书》第 3 编第 62 册
《中国政治史》	中华书局 1940 年,1982 年再版
*《美国与战后世界之关系》	上海独立出版社 1943 年
*《新英国与新世界之建设计划》	上海独立出版社 1943 年
《中国史学之进化》	上海生活书店 1947 年
	《民国丛书》第 1 编第 72 册
《世界通史》1—3 册	上海商务印书馆 1949 年,
	《民国丛书》第 1 编第 71 册
*《黑格尔逻辑学大纲》	上海商务印书馆 1951 年
《爱科学》	上海新知识出版社 1955 年
《古史零证》	上海群联书店 1956 年,
	《周谷城史学论文集》1983 年,
	《周谷城学术论著自选集》1992 年
《世界通史》	北京商务印书馆 1958 年
修订本第 3 册	
《形式逻辑与辩证法》	北京科学出版杜 1959 年,
	三联书店 1962 年
《史学与美学》	上海人民出版社 1980 年
《周谷城史学论文选集》	北京人民出版社 1983 年
**《中国文化史丛书》	上海人民出版社 1984—1990 年
《诗词小集》	湖南人民出版杜 1985 年
***《世界文化史丛书》	浙江人民出版社 1986—1991 年
《中国通史(简本)》	山西人民出版社 1986 年
《中国近代经济史论》	复旦大学出版社 1987 年
《周谷城全集》第 1 卷	上海社会科学院出版社 1988 年
《中国社会史论》上下册	山东齐鲁书社 1988 年
《周谷城学术精华录》	北京师范学院出版社 1988 年
《辩证法原著选读》	山西人民出版社 1989 年
**《民国丛书》1—5 编	上海书店 1989—1995 年

《哲学与逻辑》①	辽宁教育出版社 1990 年
《周谷城文选》	辽宁教育出版社 1990 年
《周谷城教育文集》	吉林教育出版社 1991 年
《周谷城文化·艺术文集》	辽宁教育出版社 1991 年
《周谷城学术论著自选集》	北京师范学院出版社 1992 年

二、报刊论文部分

《中国农村社会之新观察》	《武汉(中央日报)》1927 年 4 月
《孔子的政治学说及其演化》	《民铎》1927 年第 9 卷第 1 号
《秦以前之政治思想》	《民铎》1927 年第 9 卷第 2 号
《今日中国之教育》	《教育杂志》1927 年第 19 卷第 11 号
《董仲舒的政治思想》	《民铎》1928 年第 9 卷第 3 号
《教育新论》	《教育杂志》1998 年第 20 卷第 1 号
《教育与占有欲》	《教育杂志》1928 年第 20 卷第 4 号
《苏俄最近之工艺教育》	《教育杂志》1928 年第 20 卷第 4 号
《教育界之党派观》	《教育杂志》1928 年第 20 卷第 7 号
《中国教育之历史的使命》	《教育杂志》1929 年第 21 卷第 2 号
《国家建设中之教育改造》	《教育杂志》1929 年第 21 卷第 4 号
《官场似的教育界》	《社会与教育》1930 年第 5 期
《论殖民地的新教育》	《社会与教育》1931 年第 2 卷第 10 期
《现代中国经济变迁概论》	《读书杂志》1932 年第 2.7.8 合刊
《论幽默》	《论语》1933 年第 7 期
《文字与教育》	《东方杂志》1933 年第 30 卷第 24 号
《文章天成论》	《论语》1934 年第 32 期
《论雅与俗》	《论语》1934 年第 38 期
《说美》	《论语》1934 年第 40 期
《世界现势与教育》	《大夏学报》1934 年第 1 卷第 3 期
《论创作》	《论语》1934 年第 49 期

---

① 　此书 1990 年被教育出版社与 1980 年上海人民出版社出版的《史学与美学》并为一册,改名为《周谷城文选》。作者对此曾提出异议,并要求"必须改正"。详见王增藩主编的《复旦大学教授录》,复旦大学出版社 1992 年 10 月,第 101 页。

《中学生活的回忆》	《青年界》1935 年第 7 卷第 1 期
《对中日问题之意见》	《现世界》1936 年第 1 卷第 7 期
《莫错过了暑假》	《青年界》1936 年第 10 卷第 1 期
《考察史学教育报告》	《高等教育》1943 年第 2 期
《论中国之现代化》	《新中华》(复刊)1943 年第 1 卷 6、9 期
《中国史学之进化》	《复旦学报》1944 年第 1 期
《政治民主化》	《宪政月刊》1944 年元旦特大号
《复兴民族之民主政治论》	《宪政月刊》1944 年第 2 期
《论民主趋势之不可抗拒》	《宪政月刊》1944 年第 4 期
《辟几种有碍民主的言论》	《宪政月刊》1944 年第 9 期
《论东方哲学不必遮拨西方科学》	《民主世界》1944 年第 11 期
《世界民主政治之倾向与中国民主 　政治之创造》	《东方杂志》1944 年第 40 卷第 1 号
《论世界民主政治之最后胜利》	《东方杂志》1944 年第 40 卷第 6 号
《目前青年运动的主要任务是争取 　政治的民主》	《新华日报》1945 年 4 月 3 日
《论扩大功利境界以兴邦》	《民主世界》1945 年第 1 期
《论民主政治之建立与官僚主义之 　肃清》	《中华论坛》1945 年第 1 卷第 2 期
《英国民主政治之发展》	《中华论坛》1945 年第 1 卷 5.6 合刊
《一九四五年世界民主展望记念》	《大学月刊》1945 年第 4 卷第 1.2 期合刊
《青年奋斗的方向》	《中国学生导报》1945 年第 4 期
《历史与人生》	《中国学生导报》1945 年第 14 期
《纪念鲁迅先生》	《中国学生导报》1945 年第 24 期
《西北交通之历史的观察》	《东方杂志》1945 年第 41 卷第 11 号
《人民时代之中国农民》	《文萃》1946 年第 1 卷第 16 期
《论土地与地租》	《青年学习》1946 年第 3 期
《中国社会之现阶段》	《青年学习》1946 年第 6 期
《赞学生运动——步季龙兄原辑并 　就正于沫若先生》	《民主星期刊》1946 年第 20 期
《近五十年来中国之政治》	《时与文》1947 年第 1 期

《念亡友李石岑先生》	《人物杂志》1947 年第 2 卷第 3 期
《新思潮之历史的意义》	《文汇报》1947 年 4 月 12 日
《现阶段中国之政治与教育》	《时与文》1947 年第 6 期
《近五十年世界政治史之线索》	《大学月刊》1947 年第 7 期
《吃的简史》	《论语》1947 年第 8 期
《斯坦因氏所考见之中西交通》	《历史社会季刊》1947 年第 3 期
《中国之独立地位》	《时代批评》1947 年第 59 期
《考古学上所见之史前的革命》	《中国建设》1947 年第 5 卷第 3 期
《为庸众服务》	《时代批评》1948 年第 1 期
《莫让教育与社会分家》	《现代教学丛刊》1948 年第 4 辑
《个人在文化发展中的地位》	《时代批评》1948 年第 5 卷第 79 期
《戊戌维新五十周年》	《中国建设》1948 年第 6 卷第 4 期
《青年大众现在的伟大任务》	《文汇报》1949 年 6 月 22 日
《暑期学习会的意义》	《文汇报》1949 年 7 月 21 日
《彻底消灭封建残余》	《中国建设》1949 年第 7 卷第 2 期
《大局在晦明之间》	《中国建设》1949 年第 7 卷第 2 期
《革命人生观》	《文汇报》1949 年 8 月 10 日
《1950 年的新希望》	《新闻日报》1950 年 1 月 1 日
《希望于青年学生者》	《文汇报》1950 年 1 月 1 日
《解放后的大学教育》	《新教育》1950 年创刊号
《"五四"的历史地位》	《文汇报》1950 年 5 月 4 日
《一年来,上海风气的转变》	《大公报》1950 年 5 月 28 日
《上海大学生的进步》	《解放日报》1950 年 5 月 28 日
《中国奴隶社会论》	《文汇报》1950 年 7 月 27 日
《美帝对我国侵略的毒辣》	《大公报》1950 年 11 月 23 日
《"东学西渐"——中国文化的历史地位》	《解放日报》1951 年 1 月 1 日
《奴隶社会意识形态的研究》	《新建设》1951 年第 5 号
《忆卢志英烈士》	《大公报》1951 年 5 月 4 日
《古代对于天地之认识——释玄黄》	《光明日报》1951 年 9 月 1 日
《胡适的道路》	《大公报》1951 年 12 月 16 日

《以马列主义观点进行史学研究工作》	《解放日报》1952 年 11 月 29 日
《吸取苏联先进经验改革历史教学工作》	《光明日报》1953 年 1 月 6 日
《圭田辨》	《历史研究》1954 年第 6 期
《实用主义批判》	《新建设》1955 年第 3 号
《庶为奴役》	《文史哲》1955 年第 5 期
《形式逻辑与辩证法》	《新建设》1956 年第 2 号
《再论形式逻辑与辩证法》	《新建设》1956 年第 7 号
《三论形式逻辑与辩证法》	《新建设》1956 年第 9 号
《萨珊朝波斯》	《历史教学》1956 年第 10 期
《四论形式逻辑与辩证法》	《新建设》1957 年第 1 号
《赫罗兹尼:〈西亚、印度及克来特古史〉》	《学术月刊》1957 年第 1 期
《争辩讨论是推进学术的最好办法》	《人民日报》1957 年 5 月 3 日
《美的存在与进化》	《光明日报》1957 年 5 月 8 日
《对〈学术月刊〉如何贯彻"百花齐放、百家争鸣"方针的意见》	《学术月刊》1957 年第 6 期
《五论形式逻辑与辩证法》	《新建设》1957 年第 6 号
《发展学术的大好时代》	《人民日报》1957 年 7 月 10 日
《庆祝十月革命四十周年》	《解放日报》1957 年 10 月 23 日
《历史发展与学术变迁》	《复旦学报》1958 年第 1 期
《史学如何为现实服务》	《文汇报》1958 年 4 月 14 日
《历史与现实》	《光明日报》1958 年 4 月 23 日
《六论形式逻辑与辩证法》	《人民日报》1958 年 6 月 14 日
《文教界当奋勇前进》	《文汇报》1958 年 8 月 29 日
《七论形式逻辑与辩证法》	《哲学研究》1958 年第 6 期
《评古田对〈中国通史〉的书评》	《新建设》1958 年第 7 期
《反对侵略　保卫和平》	《学术月刊》1958 年第 8 期
《八论形式逻辑与辩证法》	《新建设》1959 年第 2 号
《论张与弛》	《光明日报》1959 年 3 月 26 日

《形式逻辑与辩证法的区别与关系》　《光明日报》1959 年 4 月 17 日

《五四运动与青年学生》　　　　　　《解放日报》1959 年 5 月 4 日

《继续改造　力求进步——纪念上　《文汇报》1959 年 5 月 26 日
　　海解放十周年》

《增加我们工作力量的伟大文献》　《学术月刊》1959 年第 6 期

《论实践和推理、真理性和正确性的　《新建设》1959 年第 6 号
　　统一——与李世繁先生商榷》

《九论形式逻辑与辩证法》　　　　　《新建设》1959 年第 7 号

《教授的光荣》　　　　　　　　　　《文汇报》1959 年 9 月 27 日

《关于形式逻辑的几个问题》　　　　《光明日报》1959 年 8 月 30 日

《崭新的国家,崭新的学术》　　　　《文汇报》1959 年 10 月 1 日

《评马特先生的真实性和正确性的　《哲学研究》1959 年第 11、12 期
　　关系》

《史学上的全局观念》　　　　　　　《学术月刊》1959 年第 12 期

《评"也来谈谈演绎推理在认识　　　《新建设》1959 年第 12 期
　　过程中的作用"》

《评张尚水先生的新知获得说》　　　《光明日报》1960 年 1 月 31 日

《评江天骥先生的工具作用论》　　　《新建设》1960 年第 3 号

《高举红旗奋勇前进》　　　　　　　《解放日报》1960 年 5 月 16 日

《评高崇会先生的客观基础论》　　　《光明日报》1960 年 7 月 1 日

《新形势对我们的新要求》　　　　　《文汇报》1960 年 10 月 3 日

《再评高崇会先生的客观基础论》　　《光明日报》1960 年 11 月 18 日

《论西亚古史的重要性》　　　　　　《文汇报》1960 年 11 月 20 日

《支持不知可推、不定可论的意见》　《光明日报》1961 年 1 月 10 日

《坚持古为今用》　　　　　　　　　《学术月刊》1961 年第 2 期

《论世界历史发展的形势》　　　　　《历史研究》1961 年第 2 期

《评没有世界性的世界史》　　　　　《文汇报》《光明日报》1961 年 2 月 7 日

《史学与美学》　　　　　　　　　　《光明日报》1961 年 3 月 16 日

《要有精辟独到之见》　　　　　　　《文汇报》1961 年 7 月 21 日

《略论朝代学在历史研究中的地位》　《学术月刊》1961 年第 8 期

《迷惑人们的欧洲中心论——评〈世　《文汇报》1961 年 9 月 10 日

界史简易丛编〉》

《评划清主义界线——评马特"形式　　《哲学研究》1961 年第 11 期
　　逻辑"的对象和作用问题》

《评柴尔德的古代史研究》　　　　　　《复旦学报》1962 年第 1 期

《斯坦因与亚洲及中部文物》　　　　　《学术月刊》1962 年第 2 期

《礼乐新解》　　　　　　　　　　　　《文汇报》1962 年 2 月 9 日

《纪念孔子, 讨论学术》　　　　　　　《学术月刊》1962 年第 7 期

《发扬祖国史家研究外国的精神》　　　《新建设》1962 年第 8 期

《制裁美帝罪行》　　　　　　　　　　《文汇报》1962 年 9 月 18 日

《艺术创作的历史地位》　　　　　　　《新建设》1962 年第 12 期

《评〈关于艺术创作的一些问题〉》　　《新建设》1963 年第 6 期

《评王子野的艺术论评》　　　　　　　《文艺报》1963 年第 7.8 期

《评茹行先生的艺术论评》　　　　　　《新建没》1963 年第 9 期

《统一整体与分别反映》　　　　　　　《光明日报》1963 年 11 月 7 日

《评朱光潜的艺术论评》　　　　　　　《文艺报》1964 年第 4 期

《逻辑推不出真理》　　　　　　　　　《复旦学报》1978 年第 1 期

《〈罗马帝国衰亡史〉翻译答问》　　　《复旦学报》1978 年第 1 期

《秦汉帝国的统一运动》　　　　　　　《教学通讯》1978 年第 6 期

《奴隶主与经古今——略论奴隶主　　　《中华文史论丛》1978 年第 7 期
　　阶级的变动与儒家经典的分派》

《怀念郭沫若先生》　　　　　　　　　《中华文史论丛》1978 年第 8 辑

《回忆毛主席的教导》　　　　　　　　《光明日报》1978 年 12 月 20 日

《因明、逻辑、墨辩是帮助实践的　　　《学术月刊》1979 年第 1 期
　　工具》

《古代西亚的国际地位》　　　　　　　《世界历史》1979 年第 1 期

《评〈文艺报〉特约评论员的评论》　　《新文学论丛》1979 年第 2 期

《逻辑能推出新东西吗？——与李　　　《复旦学报》1979 年第 2 期
　　继宗先生商榷》

《怀念周总理》　　　　　　　　　　　《光明日报》1979 年 3 月 3 日

《"五四"时期的自由辩论》　　　　　　《复旦学报》1979 年第 3 期

《继往开来的史学工作》　　　　　　　《中国史研究》1979 年第 3 期

《再论"无差别境界"》　　　　　　《复旦学报》1979 年第 4 期

《关于〈艺术创作的历史地位〉》　　《社会科学战线》1980 年第 1 期

《与余大行先生商量》　　　　　　　《复旦学报》1980 年第 1 期

《自传》　　　　　　　　　　　　　《晋阳学刊》1980 年第 2 期

《仁的教育思想》　　　　　　　　　《教育研究》1980 年第 3 期

《相互客气　明辨是非》　　　　　　《新文学论丛》1980 年第 3 期

《论古封建》　　　　　　　　　　　《中国社会科学》1980 年第 5 期

《中外历史的比较研究》　　　　　　《光明日报》1981 年 3 月 24 日

《毛主席对我的鼓励》　　　　　　　《解放日报》1981 年 6 月 29 日

《怀念周予同教授》　　　　　　　　《文汇报》1981 年 7 月 31 日

《赵充国的"千古之策"》　　　　　《解放日报》1981 年 8 月 27 日

《封建长期　似乎不长》　　　　　　《社会科学战线》1981 年第 1 期

《中国历史知识及其年代学的处理》　《文史知识》1981 年第 2 期

《以研究世界史来庆祝党成立六十
　　周年》　　　　　　　　　　　　《上海〈社会科学〉》1981 年第 4 期

《毛泽东同志的历史功绩是第一
　　位的》　　　　　　　　　　　　《前进》1981 年第 9 期

《莫逆于心两共鸣》　　　　　　　　《前进》1981 年第 11 期

《所谓意境》　　　　　　　　　　　《艺术世界》1982 年第 2 期

《我是怎样研究世界史的》　　　　　《历史教学问题》1982 年第 3 期

《办好历史系的几点意见》　　　　　《高教战线》1982 年第 4 期

《着重统一体,反对欧洲中心论》　　《文汇报》1982 年 5 月 10 日

《建设社会主义精神文明,培养
　　青少年的心灵美》　　　　　　　《复旦学报》1982 年第 6 期

《社会主义宪章确定了民主与法制》　《前进》1982 年第 6 期

《立大志　学理论　能刻苦——我所　《上海青运史资料》1983 年第 5 期
　知道的毛泽东同志青年时代二三事》

《五四时期的自由辩论》　　　　　　《文化史料丛刊》1983 年第 7 辑

《我是怎样研究起史学来的》　　　　《文史知识》1983 年第 10 期

《在历史课中进行爱国主义教育的
　　建议》　　　　　　　　　　　　《前进》1983 年第 10 期

《〈现代西方哲学讲演集〉序》	《光明日报》1983 年 12 月 5 日
《我随毛主席从事农民运动的回忆》	《光明日报》1983 年 12 月 10 日
《历史与爱国主义教育》	《红旗》1983 年第 32 期
《毛泽东的四位老师》	《纵横》1984 年第 1 期
《中国文化史研究的意见和希望》	《中国文化研究集刊》1984 年第 3 期
《〈中国现代教育家传〉序》	《人民日报》1984 年 11 月 8 日
《谈〈周恩来统一战线文选〉》	《光明日报》1985 年 1 月 7 日
《古典文明研究在我国的空白必须填补》	《世界历史》1985 年第 11 期
《〈传统蒙学丛书〉序言》	《人民日报》1986 年 3 月 3 日
《略谈教育与经济的关系》	《教育与经济》1986 年第 3 期
《九年义务教育的师资问题》	《群言》1986 年第 4 期
《悼念章伯钧同志》	《人民政协报》1986 年 6 月 13 日
《文化不是铁板一块》	《中国文化报》1986 年 7 月 9 日
《西方资产阶级民主不是一朵花》	《北京日报》1986 年 12 月 28 日
《如何看中西文化的交流》	《文史知识》1987 年第 1 期
《关于民主协商的体会》	《前进》1987 年第 10 期
《〈中国普及义务教育调查〉序》	《教育研究》1987 年第 11 期
《全社会都来关心基础教育改革问题》	《人民日报》1987 年 12 月 26 日
《接见中国农工民主党全国党刊工作座谈会代表时的讲话》	《前进》1987 年第 3 期
《与〈瞭望〉杂志记者谈文物保护工作的重要性》	《瞭望》1987 年第 34 期
《世界是个多元的整体》	《文汇报》1988 年 3 月 6 日
《加强近现代史的研究》	《光明日报》1988 年 6 月 15 日
《世界史上"现代化"的加速发展》	《文汇报》1989 年 1 月 31 日
《把中国近代史放在世界现代化中去研究》	《求索》1989 年第 2 期
《在中国殷商文化国际讨论会开幕式上的讲话》	《殷墟博物苑范刊》1989 年创刊号

《五四精神与中国现代化》	《求是》1989 年第 5 期
《七十年后看"五四"》	《求是》1989 年第 8 期
《对史学工作的几点意见》	《求是》1989 年第 8 期
《共产党引导中国走上强盛的路》	《中国教育报》1990 年 9 月 8 日
《再谈中国古代历史分期的看法》	《文汇报》1990 年 10 月 3 日
《毛主席鼓励我参加农民运动》	《中国青年报》1991 年 6 月 28 日

三、论 文 集 部 分①

《近代欧洲政治演变之动力》	《公论丛书》第 3 辑 1938 年
《评斯坦因的〈古代中亚之遗迹〉》	《史学与美学》1980 年
《评格鲁赛的〈中国文化史〉》	《史学与美学》1980 年
《我所感受的团结》	《统战作史料选辑》第 1 辑 1982 年
《历史完形论》	《周谷城史学论文选集》1983 年
《评冯友兰的〈新理学〉》	《周谷城史学论文选集》1983 年
《评冯友兰的〈新原人〉》	《周谷城史学论文选集》1983 年
《评熊十力的〈新唯识论〉》	《周谷城史学论文选集》1983 年
《五四时期的北京高师》	《五四运动与北京高师》1984 年
《〈中国历代名人小传〉序》	《中国历代名人小传》1985 年
《〈中国现代教育家传〉序》	《中国现代教育家传》1986 年
《〈论师、为师、尊师〉序》	《论师、为师、尊师》1987 年
《商务印书馆与中国现代化》	《商务印书馆建馆九十周年特刊》1987 年
《论中西文化的交融》	《中国传统文化再估计》1987 年
《〈四个时代的我〉序》	《四个时代的我》1987 年
《〈世界文学丛书〉序》	《世界文学丛书》1987 年
《中美文化区》	《太平洋文集》1988 年
《〈中国普及义务教育调查〉序》	《中国普及义务教育调查》1988 年
《蔡元培先生与北京大学》	《论蔡元培》1989 年

---

①　此部分指周先生未见诸报端的单篇文章,有的或为其专著再版和影印本写的"新序",有的则为其主编之丛书以及为他人之文集所作的序言。

《〈民国丛书〉序》　　　　　　　　《民国丛书》1989 年

《我所感受的团结(续篇)》　　　　《统战工作史料选辑》第 9 辑 1990 年

《教师的快乐是无穷的》　　　　　《周谷城教育文集》1991 年

《〈晏阳初文集〉序言》　　　　　　《周谷城教育文集》1991 年

《现代中国人和历史的集大成》　　《周谷城文化·艺术文集》1991 年

《〈世界文化丛书〉总序》　　　　　《周谷城文化·艺术文集》1991 年

　　　　　　　　　　　　　　　　《周谷城学术论著自选集》1992 年

《关于加强世界古典文明史研究　　《周谷城文化·艺术文集》1991 年
　　工作的意见和建议》

《热切希望教育的基本法规早日　　《周谷城文化·艺术文集》1991 年
　　诞生》

《重商主义下世界之变化》　　　　《周谷城学术论著自选集》1992 年

《〈世界通史〉影印本新序》　　　　《周谷城学术论著自选集》1992 年

复旦百年经典文库书目

第一辑

修辞学发凡　文法简论　　　　　　　　　陈望道著/宗廷虎、陈光磊编(已出)

宋诗话考　　　　　　　　　　　　　　　郭绍虞著/蒋　凡编(已出)

中国传叙文学之变迁　八代传叙文学述论　朱东润著/陈尚君编(已出)

诗经直解　　　　　　　　　　　　　　　陈子展著/徐志啸编(已出)

文献学讲义　　　　　　　　　　　　　　王欣夫著/吴　格编(已出)

明清曲谈　戏曲笔谈　　　　　　　　　　赵景深著/江巨荣编(已出)

中国土地关系史稿　中国土地制度史　　　陈守实著/姜义华编(已出)

中国经学史论著选编　　　　　　　　　　周予同著/邓秉元编(已出)

西方史学史散论　　　　　　　　　　　　耿淡如著/张广智编(已出)

中外历史论集　　　　　　　　　　　　　周谷城著/姜义华编(已出)

中国问题的分析　荒谬集　　　　　　　　王造时著/章　清编(已出)

中国思想研究法　中国礼教思想史　　蔡尚思著/吴瑞武、傅德华编(已出)

长水粹编　　　　　　　　　　　　　　　谭其骧著/葛剑雄编(已出)

古代研究的史料问题　五十年甲骨文发现的总结

　　五十年甲骨学论著目　殷墟发掘　　　胡厚宣著/胡振宇编(已出)

古史新探　　　　　　　　　　　　　　　杨　宽著/高智群编(即出)

《法显传》校注　我国古代的海上交通　　章　巽著/芮传明编(已出)

滇缅边地摆夷的宗教仪式　中国帆船贸易与对外

　　关系史论集　男权阴影与贞妇烈女：明清时期

　　伦理观的比较研究　　　　　　　　　田汝康/傅德华编(已出)

诸子学派要诠　秦史　　　　　　　　　　王蘧常著/吴晓明编(即出)

西方哲学论译集　　　　　　　　　　　　全增嘏著/黄颂杰编(即出)

哲学与中国古代社会论集　　　　　　　　胡曲园著/孙承叔编(已出)

儒道佛思想散论　　　　　　　　　　　　严北溟著/王雷泉编(即出)

《浮士德》研究　席勒　　　　　　　　　董问樵著/魏育青编(已出)

图书在版编目(CIP)数据

中外历史论集/周谷城著;姜义华编. —上海:复旦大学出版社,2015.8
(复旦百年经典文库)
ISBN 978-7-309-11364-8

Ⅰ. 中… Ⅱ.①周…②姜… Ⅲ. 世界史-文集 Ⅳ. K107-53

中国版本图书馆 CIP 数据核字(2015)第 069159 号

中外历史论集
周谷城 著 姜义华 编
责任编辑/胡春丽

复旦大学出版社有限公司出版发行
上海市国权路 579 号 邮编:200433
网址:fupnet@ fudanpress.com http://www.fudanpress.com
门市零售:86-21-65642857 团体订购:86-21-65118853
外埠邮购:86-21-65109143
山东鸿君杰文化发展有限公司

开本 787 × 1092 1/16 印张 32.5 字数 521 千
2015 年 8 月第 1 版第 1 次印刷

ISBN 978-7-309-11364-8/K · 527
定价:92.00 元